미래를 위한 과거로의 산책

세상을
움직이는 책

에게 드립니다

Oriental classics-Mokminshimseo(Admonitions on Governing officials)

정약용 원저 | **박일봉** 역저

목민심서

개정판

육문사
Yukmoonsa

Oriental classics–Mokminshimseo

세상을 움직이는 책

일봉 목민심서 (개정판)

초판 1쇄 | 2012년 11월 15일 발행
초판 2쇄 | 2017년 5월 15일 발행

원저자 | 정약용
역저자 | 박일봉
편집교정 | 이정민
디자인 | 인지숙
펴낸이 | 이경자
펴낸곳 | 육문사

주소 | 경기도 고양시 일산동구 산두로 128. 909동 202호
전화 | 031-902-9948
팩시밀리 | 031-903-4315
출판등록 | 제313-2011-2호 (1974. 5. 29)

ISBN 978-89-8203-117-5 (04150)

牧民心書

독자를 위하여

1. 다산(茶山)의 시대적 배경과 실학사상(實學思想)

　다산(茶山) 정약용(丁若鏞, 1762~1836)이 살았던 18세기 중반 이후에서 19세기 전반까지의 시기는 국내적으로는 누적되고 고질화된 권력 다툼·부정부패·내란 등으로 국가의 기강이 무너져 백성들의 고통이 참담한 상태에까지 이르렀으며, 대외적으로는 천주교를 위시한 외래 사조(思潮)가 밀려들던 시기였다.

　조선 왕조 창업이 고려시대 불교의 폐습을 혁파하고 유교의 새로운 윤리를 바탕으로 이루어진 것임을 인정한다 하더라도, 그것마저 다산 시대에 이르러서는 완전히 무너져 내려 유교 윤리 따위는 형식적인 말류(末流)로 타락되고 왕권은 관료들의 농간에 의해 뒤흔들리는 지경에 이르렀다.

　이 무렵 국내 정세로 말하자면 사화(士禍)나 당쟁(黨爭)의 악순환이 거듭되고 있을 따름이었는데 숙종(肅宗) 20년(1694년) 이래 노론(老論)에 의해 실각당했던 남인(南人)들은 영조(英祖)의 탕평책(蕩平策)에도 불구하고 그 기세를 누그러뜨리려는 기색이 없다가 이윽고 정조(正祖) 때 이르러 비로소 출세 길이 트이니 남인들로서는 새로운 정세의 변화를 맞게 된 셈이었다.

　당쟁이나 사화가 귀족 및 선비 계급들 간의 싸움에서 비롯된 것이기는 하나 그로 인해 국정이 문란해지고 애매한 백성들이 온갖 착취와 궁핍에 시달리게 되었던 것이다.

일찍이 임진왜란과 병자호란 양대 외환(外患)을 겪은 이후로 국가의 재정은 탕진되고 농토는 황폐해져 국가 경제가 침체될 대로 침체된 데다가 지배층의 권력 다툼까지 겹쳐 민생(民生)의 궁핍은 극에 달해 있었다. 당연한 결과로서 백성들은 종교적 안식이나 반(反) 정부적 내지는 반(反) 귀족적 관념으로 기울지 않을 수 없었다.

그런 상황 아래 탐관오리들이 횡포를 자행하여 백성들을 착취하고 수탈하니 견디다 못한 백성들이 난동을 일으키기에 이른다. 홍경래의 난(1811년)과 진주민란(1862년) 등이 그것으로 직접적인 원인이야 무엇이든 간에 이들 민란의 근본적인 동기는 극한적인 생활고에 관리들의 착취까지 겹친 때문이었다.

홍경래의 난이 일어난 것은 다산이 강진(康津)에 유배된 지 십이 년째 되던 해인 1811년 겨울이었다. 그는 ≪목민심서(牧民心書)≫ 곳곳에서 백성들의 고충을 피력하고 있거니와 이 책을 완성해 가던 무렵에 홍경래의 난이 일어난 것은 결코 우연이라고 할 수 없다.

이와 같은 정치의 문란ㆍ경제의 피폐ㆍ사회의 혼돈 속에서 관리(官吏)들의 부패는 걷잡을 길이 없고 백성들의 생활은 도탄지경(塗炭地境)에 빠져 헤어날 길이 막막하였으니, 날로 늘어나는 것은 집을 버리고 떠돌이생활을 나서는 유랑민뿐이었다. 이런 상황에서 경국제민(經國濟民)의 혁신적인 구제책이 절실히 요청되었음은 당연한 추세였던 것이다.

이상과 같은 내국적(內國的) 불안은 조선의 봉건 관료 체제의 말기 증상으로서, 바로 이 시기에 혁신을 주장하는 실학파들이 스스로 역사적 사명을 깨닫고 감연(敢然)히 일어나 당시 집권층인 보수적 양반 계급에 맞선 것은 정치적인 면에서나 사상적인 면에서 큰 의미를 갖는다.

이 무렵 이미 연경(燕京)을 거쳐 서구 문화가 국내에 침투하였으니 이는 중국에 사절로 왕래했던 인물들의 공적이 크다. 홍대용(洪大容, 1731~1783), 박지원(朴趾源, 1737~1805), 박제가(朴齊家, 1750~1815) 등이 가장 두드러진 인물로, 이들이 사절(使節)이나 수행원으로 연경을 다녀오면서 청조문물(淸朝文物)의 좋은 점들을 국내에 끌어들였던 것이다. 그래서 실학파 중에서도 이들을 일러 북학파라 한다.

당시 우리나라에서는 아직도 명(明)을 사대(事大)하는 풍조가 압도적이어서 청조(淸朝)를 호족(胡族)이니 만족(蠻族)이니 하면서 멸시하고 있었던 때이므로 이에 맞선 북학론자들의 선구적 · 개혁적 역할은 높이 평가함이 마땅할 것이다.

다산(茶山)은 연경을 다녀온 적이 없었으나 이들 북학파의 활동에 적극적으로 동조하였다. 북학파의 실학자들이 깊은 관심을 가지고 국내에 반입하려 애쓴 청조문화(淸朝文化)는 다만 문물제도에 그치는 것이 아니라 실사구시(實事求是)의 고증학(考證學)과 서구적 자연과학의 사조까지 포함하고 있었다.

북학파의 새로운 학풍은 성리학(性理學) 관념들의 일면을 통렬히 비판하면서 경국제민(經國濟民)의 실용주의를 앞세웠기 때문에 이들을 경제학파 또는 실학파라고 부른다. 이들 실학자 중에는 북학파 이외에도 우리 국가와 민족 자체의 문제에 깊은 관심을 기울였던 반계(磻溪) 유형원(柳馨遠), 성호(星湖) 이익(李瀷), 다산(茶山) 정약용(丁若鏞) 등이 포함된다.

앞에서 말한 것처럼 난세에는 백성들이 종교에 의탁하려는 심리가 크게 작용하기 마련인데 바로 이 무렵 연경에 사절로 다녀온 사람들이 천주교를 국내에 전파하면서 그 교세(敎勢)가 차츰 확장되기 시작했다.

이보다 앞서 임진왜란 때 왜군들 틈에 끼어 천주교가 상륙했다고는 하나 당시에는 국내 전파의 실효를 거두지 못했고, 그 후에도 지봉(芝峰) 이수광(李睟光, 1563~1628)의 ≪지봉유설(芝峰類說)≫에 의해 천주교가 소개되었고, 허균(許均, 1568~1618)과 유몽인(柳夢寅, 1559~1623) 같은 교리 신봉파(敎理信奉派)들이 생겨나기는 했으나 교회의 창설까지는 이루지 못했었다.

그러던 것이 다산의 매형인 이승훈(李承薰)이 부친 이동욱(李東郁)을 수행하여 연경(燕京)에 들어갔다가 세례를 받고(1784) 돌아와서는 국내에 최초의 교회를 세우고 널리 전도에 힘을 기울였다. 이 일의 중심 인물들은 남인(南人) 소장파들로 이승훈을 비롯하여 권철신(權哲身)·일신(日身) 형제, 이가환(李家煥) 및 다산(茶山) 삼형제인 정약전(丁若銓), 약종(若鍾), 약용(若鏞) 등이었다.

그러나 신유사옥(辛酉邪獄, 1801)을 당하여 이가환과 권철신은 옥사했고 정약종과 이승훈은 참수당했으며, 정약전은 흑산도로, 정약용은 강진(康津)으로 귀양을 가 정약용은 십팔 년의 유배 생활을 하게 된다.

다산(茶山)에게 실학의 씨가 던져진 배경은 이러하거니와 그의 실학사상의 저변에는 유학(儒學)의 심오한 경지를 독자적으로 파헤쳐 들어가 얻은 철리(哲理)가 자리하고 있다. 그가 유학을 깊이 연구하게 된 것은 십육 세 때 성호 유고(星湖遺稿)를 본 것이 그 계기였다.

성호 이익(李瀷)은 다산(茶山)이 태어난 이듬해에 타계하였으니 다산이 그에게 직접 수학(受學)하지는 못하였으나 다산학에 깊은 영향을 준 것이 성호학(星湖學)이었음은 여러 가지 사실로 분명하다. 다산의 실학사상이 실천 유학을 바탕으로 경국제민(經國濟民)과 치국안민(治國安民)을 실현하는 것에 그 목표를 둔 것도 바로 성호학의 영향이라 할 수 있다.

다산의 경학(經學)은 사실상 강진으로 유배되어 온 후부터 차츰 틀이 잡혀 대성하기에 이른다. 그가 차분한 가운데 사서오경(四書五經)을 깊이 파고들어 한(漢)·위(魏)에서 명(明)·청(淸)에 이르기까지 모든 선유(先儒)들의 학설을 두루 참고하고 비판하여 자신의 사상으로 정립한 것도 바로 이 시기였다.

유학의 전통적 윤리를 바탕으로 합리적이고 실용적인 과학 사조를 실생활에 도입코자 하는 것이 다산 실학사상의 요체이다. 그리고 그의 실학사상을 바탕으로 경국제민과 치국안민의 실천 강령을 체계적으로 정리한 것이 ≪목민심서(牧民心書)≫, ≪경세유표(經世遺表)≫ 등으로 대표되는 일련의 그의 저작들이다.

2. ≪목민심서(牧民心書)≫에 대하여

　≪목민심서≫는 저자(著者)가 강진(康津)에 유배되어 귀양살이를 하던 시절(1801년~1818년)에 쓰인 작품이다.

　≪목민심서≫는 백성을 기르는 목자(牧者)인 목민관이 한 고을을 맡아 다스림에 있어 지녀야 할 정신 자세와 함께 실무 면에서 치국안민(治國安民)을 실현하는 구체적인 방법론을 제시한 책이다. 뿐만 아니라 다산은 이 작품의 요소요소에서 당시의 시대상과 관료 계급의 부패상을 신랄하게 꼬집어 비판하면서 정치의 개혁과 국민경제의 실질적 향상을 강력하게 주장하고 있다.

　다산이 말하는 '목민관'은 옛날의 제후요, 근세의 수령(守令)이요, 오늘날의 대민(對民) 행정에 임하는 일체의 공무원에 해당한다. 국민의 평안과 복지를 크게 좌우하는 공직자들이 각종 정책을 구상하고 펴 나아감에 있어 반드시 갖추어야 할 요건을 다산은 이렇게 규정하고 있다. 즉 목민(牧民)을 하는 사람은 무엇보다도 자신의 인격과 교양을 가다듬어 [修身] 예(禮)를 바탕으로 정사를 펴야 하며 청렴과 공평무사를 늘 잊지 말아야 한다.

　다산 자신도 말하고 있듯이 ≪목민심서≫에 나타나 있는 목민의 도(道)는 실로 성현(聖賢)의 뜻을 이어받은 군자학(君子學)의 절반(切半)에 해당한다 하겠다. 그가 이 책의 서문에서 말하고 있듯이 군자가 해야 할 일의 절반은 수신(修身)이요, 나머지 절반은 목민(牧民)인 것이다. 맹자(孟子)가 현인 정치(賢人政治)를 강력히 주장했듯이 다산은 목민지도(牧

民之道)를 부르짖었다. 그런데 맹자의 현인정치나 다산의 목민지도는 유학(儒學)에 바탕을 두어 예(禮)를 근본으로 하고 있거니와, 목민관은 예로써 백성을 제도하는 것이 으뜸이며 법(法)으로 다스리는 것은 차선책이다. 옛날의 성왕(聖王)들은 예로써 나라를 세우고 예로써 백성을 제도하였거니와 그 예란 종교적·윤리적 규범들을 정치적·사회적 의식(儀式)과 제도로 합리화한 것을 가리킨다.

이 작품이 외면적으로 볼 때는 하나의 형식적인 틀에 불과할지 모르나 그 근저에는 도덕적인 교화가 면면히 흐르고 있다. 예(禮)가 천리(天理)와 인정(人情)에 어긋남 없이 정치적·사회적 질서를 유지하게 하려는 교화주의(敎化主義)가 저자 다산의 기본 이념이다. 그런데 법은 위엄으로써 천하를 다스리는 일벌백계(一罰百戒)의 계율이다. 예로써 백성을 제도하면 기쁜 마음으로 진실로 따르지만, 법으로써 다스리면 두려운 마음으로 마지못해 복종할 뿐이다.

공자(孔子)도 예(禮)와 악(樂)으로써 백성을 이끌고 정사(政事)를 펼 것을 가르쳤는데 그것은 주공(周公)의 예에서 관념적인 면만을 취하여 존주사상(尊周思想)의 터전을 마련한 것이며, 맹자(孟子)는 공자의 예악론(禮樂論)을 인의예지(仁義禮智)의 윤리적 실천 규범으로 발전시키면서 왕도론(王道論)을 내세워 목민(牧民)의 대도(大道)를 밝혔다고 하겠다. 그리고 다산의 경국제민(經國濟民)도 수기치인(修己治人)의 대도 안에서 이룩된 것이며 그 기본 이념 역시 공맹(孔孟)의 윤리에 바탕을 두고 있는 것이다.

그러므로 공자의 예악론에서 맹자의 왕도론이 나왔고, 이를 바탕으로 다산의 경세 목민 사상이 이룩되었다고 할 수 있으며, 그 사상을 체계적으로 정리하여 기록한 것이 바로 이 ≪목민심서≫인 것이다.

≪목민심서≫는 크게 열두 편으로 되어 있는데, 수령이 실무에 임하기 전에 스스로 갖추고 다짐해야 할 요건들을 부임(赴任), 율기(律己), 봉공(奉公), 애민(愛民) 등 4개의 편으로 나누어 밝혔으며, 다음에는 각 부문별로 경(更)·호(戶)·예(禮)·병(兵)·형(刑)·공(工)의 실무적인 면들을 다루고, 끝부분에는 굶주리는 백성들을 진휼하기 위한 정책[賑荒]과 후임자에게 자리를 물려주고 떠남에 있어 지녀야 할 자세를 적고 있다[解官]. 그리고 이 열두 편(篇)을 각기 여섯 개 조목으로 분류하여 실천 세목(細目)들을 기록하였다.

조선 말기 시대적 상황과 오늘날 정세가 비록 다르기는 하나 백성들의 고통과 답답하고 억울한 사정을 해결해 주어야 할 책임과 사명을 지닌 공직자들에게는 특히 금과옥조(金科玉條)가 될 만한 구절들이 많으며, 일반 독자들에게는 당시의 시대상을 한눈에 볼 수 있어 다방면에 교양의 폭을 넓히는 데에 크게 도움이 되는 작품이라 믿는다.

차 례 / 목민심서(牧民心書)

3. 봉공육조(奉公六條)

4. 애민육조(愛民六條)

5. 이전육조(吏典六條)

저자 서문

옛날 요(堯)임금의 뒤를 계승한 순(舜)임금은 열두 목(牧)들에게 물어 그들로 하여금 목민(牧民)하게 하고, 문왕(文王)이 정사를 펼 때도 사목(司牧)을 두어 목부(牧夫)라 하였으며, 맹자(孟子)는 평륙(平陸:전국시대 齊나라 邑)에 갔을 때 목민하는 것을 가축 기르는 것에 비유하였으니, 이로 미루어 보건대 백성을 기르는 것을 일러 '목(牧)'이라 한 것은 옛 성현들께서 남기신 뜻인 것이다.

성현들의 가르침에는 본디 두 가지의 길이 있거니와 사도(司徒)는 모든 백성들을 가르쳐 각자로 하여금 수신(修身)하게 하였으며, 대학(大學)에서는 국자(國子)들을 가르쳐 그들 각자로 하여금 수신하여 치민(治民)하게 하였으니 치민이란 곧 목민(牧民)이다. 그런즉 군자(君子)가 배워야 할 것은 수신(修身)이 반이요, 나머지 반은 목민인 것이다.

성현들이 가신지 이미 오래고 그들의 말씀도 자취를 감추어 그 도(道)가 점점 흐려지니 오늘날 사목(司牧)하는 자들은 오로지 제 이익을 채우는 데에만 급급하고 백성을 기르는 것은 알지 못한다. 그리하여 백성들은 파리하게 야위고 궁핍해지며 병들어 줄줄이 구렁을 메우는데도 그들을 기른다는 자들은 화려한 옷에 진수성찬으로 제 몸만 살찌우고 있으니 이 어찌 슬픈 일이 아니겠는가.

나의 선친께서는 성조(聖朝)의 지우(知遇)를 받아 두 현의 현감(縣監), 한 군의 군수(郡守), 한 부의 부사(府使), 한 주(州)의 목사(牧使)를 지내셨는데 어떤 직책에서나 업적을 이루셨다. 그때마다 불초한 내가 따라 다니면서 다소간 보고 들은 바가 있어 배우고 깨달았으며, 또 물러나와 그것들을 시도해 보니 얼마간 효과가 있었으나 이미 유락(流落)한 몸이 되어 쓸모가 없게 되었다.

멀리 떠나와 귀양살이하기 십팔 년 동안에 오경(五經)과 사서(四書)를 붙잡고 되풀이 연구하여 수신(修身)의 학문을 익혔으니 이미 배웠다 하나 반(半)만 배운 셈이다. 이에 이십삼 사(史)와 우리 나라의 모든 역사와 옛 성현들의 모든 저서에서 그 내용을 취하고, 역대의 사목(司牧)들이 목민한 자취에서 추려 상하(上下)로 그 근원을 추적해 분류하여 차례로 맞추어 편(編)을 만들었다. 또 남쪽 지방의 외진 곳에서 전답에 대한 부세(賦稅)를 거둘 때 교활한 이서(吏胥)들이 농간질을 하여 여러 가지 병폐가 어지럽게 일어났는데 이미 비천한 신세에 있던 나는 그에 얽힌 사실을 상세히 들었다. 그것들 또한 조목별로 분류하여 기록하면서 나의 얕은 견해를 덧붙였다.

그리하여 모두 열두 편(篇)으로 하였는데 첫 번째가 부임(赴任)이요, 두 번째가 율기(律己)요, 세 번째가 봉공(奉公)이요, 네 번째가 애민(愛民)이며, 육전(六典)을 넣은 후, 열한 번째가 진황(賑荒)이요, 열두 번째가 해관(解官)이다. 그리고 이 열두 편은 각각 여섯 개의 조목으로 분류하여 기록하였으므로 모두 칠십이 개의 조목으로 되어 있다. 몇 개의 조목을 합하여 한 권(卷)으로 삼기도 하였고(≪牧民心書≫는 저자가 분류한 권수로는 총 사십팔 권임), 한 조(條)를 나누어 몇 권으로 한 것도 있으니 통틀어 사십팔 권으로 한 부(部)를 삼았다. 시대에 맞추고 풍속에 따르다 보니 위로 선왕들의 헌장에 부합시킬 수는 없었으나 목민하는 일에 필요한 조례들은 다 갖추었다.

고려 말에 비로소 5사(五事:田野闢·戶口增·賦役均·詞訟簡·盜賦息)로써 수령들의 공적을 고과(考課)하기 시작하였고, 조선조로 넘어와서도 그것을 따르다가 후에 두 가지를 늘려 7사(七事:守令 七事로서 본문에 자세히 설명)로 하였으나 수령의 책무 중 큰 것만을 일렀을 뿐이다. 그러니 수령이 해야 할 직분에는 떳떳치 않은 것이 없어야 하므로 모든 조목을 일일이 열거하여 제시해 주어도 오히려 다하지 못할까 두려운데 하물며 수령이 스스로 생각해 내어 스스로 행하기를 기대할 수 있겠는가.

이 책은 맨 앞과 맨 끝 두 편 외 나머지 열 편에 수록된 조목만 해도 육십 조나 되니 올바른 수령이 진실로 자기의 직분을 다하고자 한다면 아마 이것만으로도 혼미에 빠지는 일은 없을 것이다.

옛날 부염(傅琰)은 ≪이현보(理縣譜)≫를 저작하였고, 유이(劉彝)는 ≪법범(法範)≫을 썼으며, 왕소(王素)는 ≪독단(獨斷)≫을 썼고, 장영(張詠)은 ≪계민집(戒民集)≫을 썼고, 진덕수(眞德秀)는 ≪정경(政經)≫을 썼고, 호대초(胡大初)는 ≪서언(緒言)≫을 썼으며, 정한봉(鄭漢奉)은 ≪환택편(宦澤篇)≫을 저작하였으니 이것들은 소위 목민(牧民)을 하는 것에 대한 지침서였다.

오늘날 이런 책들은 대부분 전수되지 않고 오로지 음란한 글과 기괴한 구절들만이 세상에 판치니 내가 쓰는 이 책이 어찌 전수되길 바라겠는가마는 ≪주역(周易)≫에 이르기를 '선인(先人)들의 훌륭한 말씀과 귀감이 되는 행적을 익혀 자기의 덕을 쌓는다.'고 하였거니와, 이것은 진실로 나 자신의 덕을 기르기 위한 것이니 어찌 반드시 목민을 하는 일에 국한시키겠는가. 이 책을 '심서(心書)'라 한 것은 어째서인가? 목민할 마음은 있으나 몸소 실행할 수 없기 때문에 이 명칭을 붙인 것이다.

당저(當宁:현재 임금, 즉 純祖) 21년 신사(辛巳)년 늦봄에
열수(洌水) 정용(丁鏞) 서(序)

1. 부임육조(赴任六條)

제1조 제배(除拜): 관직(官職)을 제수(除授)받음

他官 可求 牧民之官 不可求也.

다른 벼슬은 구해도 좋으나 목민관(牧民官) 벼슬은 구해서는 안 된다.

【字義】 官: 벼슬 관. 관리할 관. 求: 구할 구 牧: 기를 목. 다스릴 목.
【語義】 他官(타관): 牧民官 이외의 다른 벼슬. 可求(가구): 구할 수 있음.
자청(自請)하여 구해도 됨. 牧民之官(목민지관): 목민관. 고을의 수
령으로서 오늘날 군수(郡守)에 해당하며, 백성을 기른다는 뜻에서
나온 말. 不可求(불가구): 구할 수 없음. 자청하여 구해서는 안 됨.

【解說】 부임육조(赴任六條)란 목민관이 처음 발령을 받고 임지(任地)로
부임하여 취임 첫날 관사(官事)에 임할 때까지 반드시 지켜야 할 여
섯 가지 항목을 말한다.
　　그중 제1조는 제배(除拜)인데 제배란 관리가 어떤 벼슬자리에 임
관 발령을 받는 것이다. 이 구절은 목민관(牧民官)의 자리가 다른 어
떤 벼슬자리보다 책임이 막중하고 그 임무를 수행해 내기가 어려우
므로 그 자리를 애써 구하려 해서는 안 됨을 강조한 구절이다.
　　목민관은 덕망이 있어도 위엄을 갖추지 않으면 안 되며, 굳은 의지
가 있어도 시비(是非)를 가리는 총명함이 없으면 안 된다. 이런 요건
들을 갖추지 못한 무능한 사람이 목민관의 자리에 앉게 되면 백성들

은 그 해독으로 고통을 당하며, 사람들의 비난과 귀신의 책망으로 그 재앙이 두고두고 자손들에게까지 미치게 된다. 그러니 자청(自請)하여 목민관의 벼슬을 구해서는 안 된다.

요즈음 무관(武官)들이 전관(詮官)에게 청탁하여 수령 자리를 구걸하다시피 하는 것이 풍속이 되어 있는데 그것을 조금도 부끄러워하지 않는다. 그 재주와 슬기가 능히 수령의 책무를 수행해 낼 수 있느냐 없느냐는 수령 자리를 구하는 자도 헤아리지 않고 들어 주는 자 또한 물으려 생각조차 하지 않으니 이는 진정 잘못된 것이다.

문신(文臣)으로서 옥당(玉堂:弘文官의 官員)이나 은대(銀臺:承政院의 別稱이나 여기서는 승정원의 하급 관리)로 있는 자가 고을살이를 구걸하는 경우도 있다. 본인은 부모님에 대한 효성을 내세워 구걸하고 위에서는 효도의 이치로써 자리를 허락하는 것이 오랜 풍습이 되어 이를 당연한 것으로 여기고 있다. 대저 양친은 늙고 가난하여 끼니조차 잇기 어려운 사정은 실로 딱하지만, 벼슬자리를 위해 사람을 고르는 것은 천지의 이치에 합당하나 사람을 위해 벼슬자리를 고르는 것은 맞지 않는다.

한 가족을 부양하기 위해 만백성의 목민관이 되는 자리를 구하는 것이 옳은 일인가. 신하된 자가 만백성에게서 거두어 제 부모를 공양하고자 하는 것도 이치가 아닐 뿐더러 임금 된 사람이 그것을 허락하는 것도 이치가 아니다. 다만 재능도 있고 도리도 알 만한 사람이 스스로 제 그릇[器]을 헤아려 목민관이 되겠다고 생각되면 자신을 천거하는 글을 올려 고을살이를 청하는 것은 괜찮다.

> # 除拜之初 財不可濫施也.

제배(除拜) 초기에 재물을 함부로 베풀어서는 안 된다.

【字義】除:덜 제. 없앨 제. 임명할 제. 拜:절 배. 찾을 배. 濫:넘칠 람.
함부로 할 람. 施:베풀 시.

【語義】除拜(제배):관리가 벼슬자리에 임관 발령을 받는 것. 財(재):재
물. 여기에서는 공적(公的) 재물을 가리킴. 濫施(남시):함부로 베풂.

【解說】 수령(守令)의 봉록(俸綠)은 달[月]로 배정되고 또 나뉘어 날[日]
로 배정되는데 달을 당기거나 날을 당기어 그 재물을 써 버린다면
그것은 공재(公財)를 올바로 쓰는 것이 아니다. 수령이 제 것이 아닌
재물을 쓴다면 이는 탐관(貪官)이 될 징조이다.

수령이 되어 그 고을에 부임하기도 전에 체임(遞任)되는 경우가 있
는데 이런 경우에는 봉록 분배를 받을 수 없다. 제배 초기에는 아직
서울을 떠나지도 않은 상태인데 어찌 그 고을의 재물을 함부로 풀어
쓸 수 있겠는가. 또 부득이하여 베풀지 않으면 안 되는 경우에도 함
부로 해서는 안 된다.

이제 수령이 부임 차 임금께 하직 인사를 여쭙는 날이 되면 액례
(掖隷:大殿別監)와 원례(院隷:承政院의 使令)가 억지로 예전(例錢)을
받아 내는데 이를 궐내행하(闕內行下)라 한다. 예전은 액수가 크면
수백 냥이요, 적게는 오륙십 냥이다. 이때 신임(新任) 수령이 그들에
게 주는 돈의 액수가 적으면 공공연히 욕지거리를 하거나 옷소매를
끌어당겨 모욕을 주기 일쑤이다.

무릇 고을의 백성을 다스릴 목민관을 보내면서 마땅히 경비를 절

약하여 백성들을 아끼고 살피도록 당부해야 할 조정에서 액례와 원례로 하여금 아직 부임도 하지 않은 목민관으로부터 명분 없는 돈을 토색(討索)하게 하여 그 돈으로 기생을 끼고 술추렴이나 하는 등 유흥비를 충당하게 하니 이를 어찌 예(禮)라 할 수 있겠는가.

근신(近臣)들이 '그대는 부유한 고을을 얻어 장차 백성들의 고혈(膏血)을 빨 수 있을 것인즉 내례(內隷)에게 이 정도 접대하는 것쯤이야 뭐 그리 대수겠는가.' 하는 생각에서 예전을 토색하는 것도 예(禮)가 아니거니와 신임 목민관이 이에 응순하여 '나도 부유한 고을을 얻어 장차 백성의 고혈을 빨 수 있거늘 이쯤의 비용이야 어찌 거절하겠는가.' 하는 생각에서 예전(例錢)을 바치는 것 또한 예가 아니다.

이렇듯 궐내에 행하라는 명목으로 예전(例錢)을 뜯어내는 따위의 악습으로 인하여 목민관이 공재(公財)를 함부로 쓰거나 고을 백성들의 고혈을 짜내는 부정이 생겨나거니와 목민관은 어떤 경우에도 그런 비행을 저질러서는 안 된다.

邸報下送之初 其可省弊者省之.

저보(邸報)를 처음 내려 보낼 때는 생략할 수 있는 폐단은 생략하도록 해야 한다.

【字義】邸:집 저. 관저 저. 이를 저. 省:살필 성. 덜 생. 弊:폐단 폐. 폐해 폐. 해질 폐.
【語義】邸報(저보):경저(京邸)에서 고을에 보내는 연락 문서. 지방의 각 고을은 중앙에 연락소를 두어 그 고을과 중앙 판서 사이의 공무를

대행하였는데 그 연락소를 경저(京邸)라 하며 그 책임자를 저리(邸吏)라 한다.　可省(가생):생략할 수 있음.　弊者(폐자):폐가 되는 것. 폐단.

【解說】고을 사람들이 수령(守令)을 새로이 맞는 예절에 있어 첫째는 지장(支裝:신임 守令을 맞을 때 고을의 衙前들이 바치는 그 지방의 산물을 바치는 일이요, 둘째는 수령이 기거할 사택(舍宅)을 수리하는 일이요, 셋째는 깃발을 들고 나아가 영접하는 일이요, 넷째는 풍헌(風憲:오늘날의 面長이나 里長)과 약정(約正:조선시대 鄕約의 任員)이 문안드리는 일이요, 다섯째는 부임 도중에 문안하는 일이다.

　그런데 이 예절 중에는 폐해가 있어 생략해야 할 것들이 있다. 그런 폐단을 줄이기 위해서는 저리(邸吏)가 신임 수령의 부임을 고을에 알리기 위해 저보(邸報)를 내려 보낼 때 신임 수령은 그 고을의 공형(公兄:고을의 戶長·吏房·首刑吏의 세 관속)들에게 다음과 같은 지시를 전하게 한다.

　"지장(支裝)으로 바치는 산물(産物)은 술과 포(脯)만으로 할 것, 사택(舍宅) 수리는 내가 부임한 후 분부를 기다렸다가 시행할 것, 내가 부임하는 날에는 문졸(門卒)로 하여금 이웃 고을과의 경계에서 두 쌍의 깃발만 들고 있게 하고 나머지는 모두 생략할 것, 읍이나 외촌(外村)을 막론하고 단 한 사람의 군졸에게도 나의 부임 소식을 알리지 말 것, 밑에서 토색질하는 것은 각별히 엄금토록 할 것, 외촌의 풍헌·약정 및 천총(千摠:조선시대 正三品의 將官)·파총(把摠:軍營의 從四品 武官)·초관(哨官:약 백 명의 병졸로 이루어지는 한 哨의 尉官)·기패관(旗牌官:軍營 장교) 등에게도 알리지 말 것, 도중 문안은 절반쯤 당도했을 때 한 번만 맞되 지장(支裝)은 일체 바치지 말 것."

24　牧民心書(목민심서)

> 新迎刷馬之錢 旣受公賜 又收民賦 是匿君之惠 而掠民
> 財 不可爲也.

　이미 공금(公金)으로 신임 쇄마전을 받고서 백성들로부터 또 거두어
들인다면 이것은 임금의 은혜를 숨기고 백성에게서 재산을 약탈하는 것
이니 그런 짓을 해서는 안 된다.

【字義】 刷:박을 쇄. 쓸 쇄. 솔질할 쇄. 　賦:부세 부. 매길 부. 거둘 부.
　　匿:숨길 닉. 사악할 특. 掠:노략질할 략.

【語義】 新迎(신영):새로 맞이한다는 뜻이나 여기에서는 목민관이 처음
　　부임하는 것을 말함. 刷馬之錢(쇄마지전):쇄마전. 조선시대에 관원
　　들이 공무 수행 차 교통비로 받던 거마비(車馬費) 또는 여비(旅費).
　　公賜(공사):공무 수행을 위해 지급되는 경비. 民賦(민부):백성에게
　　부과하는 돈. 掠民財(약민재):백성들의 재물을 약탈함.

【解說】 신임 목민관이 고을로 부임할 때는 국고(國庫)로부터 쇄마전이
　　지급된다. 처음에는 쌀로 지급했으나 영조 26년 균역법(均役法)이
　　실시된 이후로는 삼남(三南:충청남북도・경상남북도・전라남북도의
　　총칭) 연읍(沿邑)으로 부임해 가는 목민관에게는 쌀 대신 돈으로 지
　　급했다. 그 액수는 많으면 사백여 냥 적으면 삼백여 냥이었다.
　　　이런 법을 만든 당초 의도는 신구(新舊) 수령들이 부임해 오고 이
　　임(離任)해 가면서 행여나 백성들로부터 강제로 쇄마전을 징수하지
　　나 않을까 우려하여 그 폐단을 막고자 한 것이었다. 그런데 오늘에
　　이르러 신구 수령 교체 시에 백성들로부터 쇄마전을 또 거두어 국고
　　(國庫)에서 받은 액수와 맞먹거나 두 배가 되기도 하는 것이 오랜 풍

습이 되어 버렸음에도 이를 부끄러워할 줄 모르니 이는 예(禮)에 크게 어긋난다.

임금이 백성의 근심을 덜어 주기 위해 쇄마전을 지급하는 것인데 목민관이 백성을 속여 임금의 은혜를 감추고 백성들로부터 또 쇄마전을 거두어들이는 짓은 결코 해서는 안 된다.

무릇 신관(新官)이 처음 나타나면 백성이 그의 풍채를 우러를 것이니 바로 이때 '신관의 여비는 이미 국고에서 지급받았으니 백성으로부터 다시 거두어들이지 말라!' 하고 영을 내리면 백성들의 환호가 우레 같고 서로 다투어 칭송의 노래를 부를 것이다. 위엄은 청렴에서 나오는 것이니 간악하고 교활한 무리들은 겁에 질려 엎드릴 것이며, 백성들 중에 명령을 따르지 않는 자가 없을 것이다. 버린 것은 삼백 냥의 돈뿐인데 그것으로 환호를 얻으니 이 또한 잘한 일이 아닌가.

상하로 수천 년, 종횡으로 사천 리에 걸쳐 부임 전에 이런 영을 내린 사람이 단 하나도 없으니 이는 수령으로 부임하는 자가 모두 청렴하지 않았기 때문은 아니다. 일을 경험하지 않은 사람은 이런 예를 미처 알지 못하며, 또 취임 후에는 그것을 당연한 예로 알기 때문에 행하지 못하는 것이니 내가 먼저 이런 전례를 남김으로써 이후 수령들의 표본이 된다면 이 역시 통쾌하지 않겠는가.

제2조 치장(治裝):부임(赴任)길의 행장(行裝)

> 治裝 其衣服鞍馬 並因其舊 不可新也.

행장(行裝)을 차림에 있어 그 의복과 안마(鞍馬)는 모두 옛것을 그대로 써야지 새로 장만해서는 안 된다.

【字義】治:다스릴 치. 裝:꾸밀 장. 행장 장. 鞍:안장 안. 並:나란히 병. 모두 병. 因:말미암을 인. 따를 인.

【語義】治裝(치장):행장을 차림. 鞍馬(안마):말안장과 말. 因(인):종전대로 따름. 新(신):새로 장만함.

【解說】제2조는 신임 수령이 임지(任地)로 출발함에 있어 그 옷차림과 마구(馬具)를 검소하게 할 것과 부임 후에 읽을 서책(書冊)을 많이 싣고 갈 것을 당부하는 조목(條目)이다.

　백성을 사랑하는 근본은 절약하는 데에 있으며, 절약의 근본은 검소한 생활에 있다. 또 검소한 후에야 청렴할 수 있으며, 청렴해야만 백성을 자애(慈愛)로 다스릴 수 있으니 근검절약이 목민관의 으뜸가는 책무이다.

　어리석고 불학무식(不學無識)한 수령은 산뜻한 옷차림에 깔끔한 갓을 쓰고 화려한 안장을 얹은 날쌘 말을 타고서 그 위엄을 떨치려 하지만 늙고 지혜로운 이속(吏屬)들은 그의 행장을 보고 사치스럽고 화려하면 '알 만하다'고 비웃으며, 검소하고 소박하면 '가히 두려운 분이다' 라고 경외하는 것을 모른다.

송(宋)나라 범우승(范右丞)은 ≪과정록(過庭錄)≫에서 '선군(先君)께서 전에 수주(遂州)로 부임하실 때 행장이라고는 보따리 세 개뿐이었으며 벼슬을 물러날 때도 똑같았다.'라고 하였다.

정조 때 참판 유의(柳誼)는 홍주(洪州) 고을에 목민관으로 내려갈 때 찢어진 갓에 다 해진 도포를 입고 간장 색이 된 낡은 허리띠에 비루먹은 말을 타고 부임했다. 이부자리 또한 남루하기 이를 데 없고 요나 베개도 없었다. 이로써 위엄이 서니 채찍을 사용하지 않고서도 간악하고 교활한 무리들을 고분고분 따르게 할 수 있었다.

同行者 不可多.

동행하는 사람이 많으면 안 된다.

【語義】同行者 不可多(동행자 불가다):동행하는 사람이 많으면 안 됨. 즉 수령이 수행원을 많이 거느리고 부임해서는 안 된다는 뜻.

【解說】목민관은 고을로 부임해 갈 때 가족이나 하인들을 많이 거느리고 가서는 안 된다. 하인들을 많이 거느려 자신의 안일을 꾀한다거나 위세를 뽐내려 하는 것은 수령된 자의 마음가짐이 아니다. 많은 종자(從者)를 거느리고 부임하면 그 고을의 재정을 축내고 백성들에게 폐를 끼칠 우려가 있기 때문이다. 자제(子弟) 한 사람과 서기(書記) 한 사람이면 족하다.

명(明)나라의 허자(許鎡)가 가선(嘉膳:오늘날 浙江省에 속한 지방)의 수령이 되었는데 성격이 워낙 청렴 강직하여 부임할 때 아들과 종 한 사람씩 데리고 갔다. 겨울이 되어 아들이 추위를 이기지 못하여 밖에서 숯을 구해 오겠다고 하자, 공(公)은 나무막대 한 개를 가져오게 하여 그것을 아들에게 주면서 '두 발로 이 막대 위에 올라 그것을 밟아 굴리도록 하라. 발이 저절로 따뜻해질 것이다.' 하였다.

衾枕袍襺之外 能載書一車 淸士之裝也.

이부자리와 의복 이외에 책을 한 수레 실을 수 있다면 이는 곧 청렴한 선비의 행장이다.

【字義】衾:이불 금. 枕:베개 침. 벨 침. 袍:도포 포. 襺:솜옷 견. 載:실을 재.

【語義】衾枕(금침):이부자리와 베개. 즉 침구. 袍襺(포견):도포와 솜옷. 즉 의복. 載書一車(재서일거):책을 한 수레 싣는 것. 淸士(청사):청렴한 선비.

【解說】새로 부임해 가는 수령은 이부자리와 의복 이외에 서책(書冊)을 많이 가지고 가야 한다. 요즈음 현령으로 부임하는 사람들은 오로지 역서(曆書) 한 권만을 가지고 가는 것이 예사이다. 돌아올 때는 많은 재물로 짐이 무거워질 것인즉 책 한 권마저도 귀찮아질 것이라는 생각에서이다. 마음가짐이 이러할진대 그런 수령이 어찌 목민(牧民)인들 올바로 행할 수 있겠는가.

문사(文士)가 벼슬살이를 하다 보면 으레 이웃 선비들이 어려운 질문을 해 오게 마련이며, 과거 공부를 하는 선비들에게 글짓기의 제목을 내어 줄 때도 서적은 필요하며, 혹 이웃 고을의 수령이나 관아들과 더불어 산수(山水)를 따라 노닐며 시(詩)를 읊게 되더라도 옛사람들의 시집(詩集) 몇 권쯤은 있어야 할 것이며, 전정(田政)·부역(賦役)·진휼(賑恤:흉년에 곤궁한 백성을 구원하여 도와 줌)·형옥(刑獄) 등 행정을 펴 나아감에 있어서도 옛 문헌을 참고하지 않으면 안 될 것이다.

또 수령이 소임을 끝내고 돌아감에 있어 자기가 다스리던 고을의 산물은 일체 싣지 않고 오직 부임할 때 싣고 왔던 서책(書册)만을 수레에 싣고 떠난다면 그 길에 청풍(淸風)이 가득할 것이다.

제3조 사조(辭朝):조정(朝廷)에의 하직 인사

既署兩司 乃辭朝也.

이미 양사(兩司)의 서경(署經)이 끝났으면 조정에 하직 인사를 올린다.

【字義】旣:이미 기. 다할 기. 끝낼 기.   署:벼슬 서. 임명할 서.   辭:말씀 사. 알릴 사. 사양할 사.   朝:아침 조. 조정 조.

【語義】署(서):서경(署經). 서경에는 두 가지 의미가 있는데 임금이 관리를 서임(敍任)한 후 그 사람의 성명·문벌(門閥)·이력 등을 써서 대간(臺諫)에게 그 가부(可否)를 구하는 것이 그 하나요, 고을의 수령이 부임할 때 상신(相臣)·장신(將臣)·육경(六卿)·전관(銓官) 등에게 고별 인사를 하는 것이 그 두 번째 의미이다.   兩司(양사):사헌부(司憲府)와 사간원(司諫院).   辭朝(사조):수령이 부임하기에 앞서 조정(朝廷)에 하직 인사를 올리는 것.

【解說】서경이란 임관(任官)하는 당사자는 물론 그의 직계(直係)로 4대(代), 모계(母係)로 4대, 처계(妻係)로 4대의 행적을 살펴 적격(適格) 여부를 결정하는 절차를 말한다. 먼저 임금의 서임(敍任)이 있고 양사(兩司)의 서경(署經)을 거쳐 가결되어야 벼슬에 나아갈 수 있다. 서경이 끝나면 신임 수령은 사조(辭朝)를 하게 되는데 사조란 임금과 공경(公卿)·대간(臺諫)·장신(將臣)·전관(銓官) 등에게 부임 인사를 하는 것이다.

歷辭公卿臺諫 宜自引材器不稱 俸之厚薄 不可言也.

공경과 대간들에게 하직 인사를 할 때는 자신의 재주와 기량을 입에
올려서도 안 되고 녹봉(錄俸)의 후박을 말해서도 안 된다.

【字義】歷:지날 력.   稱:일컬을 칭. 칭찬할 칭.   俸:녹봉 봉.   厚:두터울
후. 薄:엷을 박.

【語義】歷辭(역사):수령이 부임하기에 앞서 각 관아에 돌아다니며 인사
하는 일.   公卿(공경):삼공(三公)과 구경(九卿), 즉 고관(高官)을 총칭
함.   臺諫(대간):사헌부와 사간원 벼슬의 총칭.   自引(자인):묻지도
않는데 자진해서 말하는 것.   材器(재기):재주와 기량. 材는 才와 통
함.   厚薄(후박):후하고 박함, 즉 봉급의 많고 적음.

【解說】신임 수령이 임지로 떠나기에 앞서 고관(高官)들에게 하직 인사
를 할 때 '저의 재능과 기량이 이러이러하니 그 고을을 제게 맡김에
있어 그리 염려치 마십시오.'라고 자만(自慢)하거나 봉급이 적네 많
네 하는 말을 입에 올려서는 안 된다. 봉급의 후함을 치하하는 사람
이 있거든 '대부분이 부정한 것들일텐데 어찌 만족하여 기뻐하겠
소.'라고 응답하고, 박함을 걱정해 주는 사람이 있거든 '열 사람이
굶주리지 않고 먹고 살 수 있는데 어찌 걱정하겠소.'라고 응답해야
한다.
　재상과 대신(臺臣)들 중 그 고을의 감사(監司)나 이웃 고을의 수령
(守令)을 지낸 사람이 있거든 그 고을의 풍속을 어지럽히는 폐단이나
백성들의 걱정거리를 자세히 물어 그것을 바로잡을 방책을 상의해야
한다.

> 歷辭銓官 不可作感謝語.

전관(銓官)에게 하직 인사를 할 때 감사하다는 말을 해서는 안 된다.

【字義】 銓:사람 가릴 전.　作:지을 작. 행할 작.
【語義】 銓官(전관):이조(吏曹) 당상관(堂上官)과 병조판서를 일컬음. 문
　　무관(文武官)의 전형(銓衡)을 맡던 관리.　感謝語(감사어):고맙다는
　　말.

【解說】 전관이란 관리들의 인물됨을 전형(銓衡)하는 직책을 맡은 관리
　　인데 문관(文官)의 전형은 이조(吏曹)에서, 무관(武官)의 전형은 병
　　조에서 맡았다. 신임 관리는 전관의 전형을 거쳐야 비로소 그 자리
　　에 임관할 수 있으며, 승진을 하는 경우에도 마찬가지이다.
　　　그래서 수령이 전관에게 부임 인사를 가면 흔히 감사하다는 말을
　　한다. 이는 예에 어긋난 행위이다. 전관이 인재를 추천하는 것은 자
　　신의 소임을 행한 것에 불과하니 '너는 내 덕에 수령 된 줄 알아라!'
　　하는 따위의 생색을 낸다면 이는 크게 잘못된 것이다. 그리고 수령
　　쪽에서도 정당한 절차를 거쳐 임관하는 것이므로 전관에게 고마워하
　　는 마음을 나타내서는 안 된다.

> 新迎吏隷至 其接之也 宜莊和簡默.

고을의 아전과 노비들이 신임 수령을 맞기 위해 당도하면 수령은 그
들을 대함에 있어 마땅히 장중하되 온화하고 과묵해야 한다.

【字義】 隸:종 예. 接:이을 접. 맞을 접. 簡:문서 간. 간략할 간. 默:잠
   잠할 묵.
【語義】 新迎(신영):새로 맞음. 吏隷(이예):고을에 속해 있는 아전과 노
   비. 其接之也(기접지야):그들을 대함에 있어. 宜(의):마땅히 ~해야
   함. 簡默(간묵):말 수가 적음. 과묵함.

【解說】 수령은 신영(新迎) 나온 그 고을의 아전 및 노비들을 대할 때 무
   게 있고 위엄 있게 대하되 온화한 태도를 보여야 하며, 경솔한 언행
   을 하여 체통을 잃거나 지나치게 권위 의식에 사로잡혀 그들 위에
   군림하려 해서는 안 된다. 말을 삼가 과묵하는 것이 좋다.
     다만 이튿날 아침에 수리(首吏)를 불러 그 고을의 큰 폐습 한두 가
   지를 물어보고, 듣고 나서는 입을 꽉 다물고 대답하는 말은 하지 말
   아야 한다. 그 폐단이 커서 반드시 고쳐야 할 일이라면 두루 하직 인
   사를 다니는 날에 그 지방의 감사를 지낼 일이 있는 사람과 함께 폐
   단을 바로잡을 방법을 의논해야 한다.

辭陛出門 慨然以酬民望 報君恩 設于內心.

  임금님께 하직 인사를 여쭙고 대궐 문을 나서면, 백성들의 여망에 부
응하고 임금의 은혜에 보답할 것을 마음속으로 굳게 다짐해야 한다.

【字義】 陛:대궐 섬돌 폐. 慨:분개할 개. 흔쾌할 개. 酬:갚을 수. 응대할
   수. 設:베풀 설. 세울 설.
【語義】 辭陛(사폐):먼 길을 떠나는 사신(使臣)이 임금에게 하직 인사를
   드림. 慨然(개연):원래의 의미는 '분개하는 모양'이나 여기에서는

분연히 떨치고 일어나 새로운 각오로 마음을 다짐하는 것을 나타냄. 酬民望(수민망):백성들의 소망에 부응(副應)함.   報君恩(보군은):임금의 은혜에 보답함. 設于內心(설우내심):마음속으로 다짐함.

【解說】임금께 하직 인사를 하는 날 신임 수령은 임금 앞에서 수령칠사(守令七事)를 외거나 승정원에서 강론하게 되어 있는데 이를 소홀히 해서는 안 된다. 수령칠사란 수령이 살펴야 할 일곱 가지 항목으로 농상성(農桑盛), 호구증(戶口增), 학교흥(學校興), 군정수(軍政修), 부역균(賦役均), 사송간(詞訟簡), 간활식(奸猾息)을 말한다.

　농상성이란 농사와 누에치기를 번성하게 하는 것이요, 호구증이란 호수(戶數)와 인구를 늘리는 일이요, 학교흥이란 학문과 서당을 융흥시키는 일이며, 군정수란 군졸의 훈련과 병기를 잘 갖추는 것이요, 부역균이란 세금을 공평하게 부과하는 것이요, 사송간이란 재판을 간결하고 공정하게 하는 것이요, 간활식이란 간사하고 교활한 무리를 없애는 것을 말한다.

　신임 수령은 대궐 문을 나서자마자 몸을 돌려 대궐을 향하여 무언(無言)으로써 마음속으로 이렇게 맹세해야 한다.

　"임금께서 고을의 많은 백성들을 이 소신(小臣)에게 맡기시니 이는 사랑으로써 그들을 보살피라 하시는 것이니 소신이 그 뜻을 공경하여 받들지 못한다면 죽어도 그 죄가 남으리라."

　그 이후 몸을 돌려 말에 올라야 한다.

移官隣州 便道赴任 則無辭朝之禮.

이웃 고을로 벼슬자리를 옮기는 경우에는 편한 길을 따라 부임토록 해야 한다. 즉 사조(辭朝)의 예는 생략하는 것이 좋다.

【字義】移:옮길 이. 隣:이웃 린. 州:고을 주. 便:편할 편. 赴:다다를
　　부. 갈 부.
【語義】移官隣州(이관인주):벼슬이 이웃 고을로 옮겨짐. 便道(편도):편
　　한 길. 편리한 방법. 無辭朝之禮(무사조지례):조정에 올라가 부임
　　인사를 하는 예는 갖추지 않아도 됨.

【解說】한 고을의 수령이 바로 이웃 고을의 수령 자리로 옮겨 가는 경우
　　에는 번거롭게 다시 서울로 올라가 임금께 부임 인사를 드리는 절차
　　는 생략하고 곧장 부임해야 한다. 형식에 얽매인 번거로운 폐단으로
　　공무(公務) 수행에 공백이 생길 우려가 있기 때문이다.

제4조 계행(啓行):임지(任地)로의 여행길

> 啓行在路 亦唯莊和簡默 似不能言者.

여행길 도중에서도 (수령은) 오로지 장중하고 온화하며 과묵하게 하여 마치 벙어리인 양 해야 한다.

【字義】啓:열 계. 唯:오직 유. 似:닮을 사. 흉내낼 사.
【語義】啓行(계행):임지로의 여행길에 오름. 似(사):마치 ~인 것처럼 하다. 不能言者(불능언자):말 못하는 사람. 벙어리.

【解說】수령은 행차함에 있어 반드시 일찍 출발하고 저녁에는 일찍 쉬어야 한다. 하늘이 밝아 오기 시작할 무렵 말에 오르고, 해가 떨어지기 직전 말에서 내려야 한다.

또 말을 급히 달려서는 안 된다. 말을 급히 달리면 아전들이나 백성들에게 성질이 급하고 경박하게 보이기 때문이다.

우리 나라 풍속에 관원이 길을 갈 때는 권마성(勸馬聲:馬夫가 官員의 행차를 알리기 위해 외치는 소리)이 있게 마련인데 그것이 지나치면 백성들로부터 원성을 듣게 되고 수령의 위엄이 떨어진다. 수령은 행로(行路)에 있어 위엄 있되 온화하고 과묵해야 한다.

송(宋)나라 때 여혜경(呂惠卿)이 연주(延州) 지사로 발령받아 서도(西都)를 지나게 되자, 정이천(程伊川)이 문하생에게,

"내가 여길보(呂吉甫)의 이름은 들었는데 그 얼굴은 아직 본 적이 없구나. 아침에 우리 집 문 앞을 지난다니 이번에 한 번 보리라."

했는데 얼마 후 물으니 이미 지나가 버렸다. 그러자 정이천이 감탄하여 말했다.

"수행인 수백 명과 말 수십 필을 아무런 소리도 없이 이끌고 지나갔구나. 무리를 이끄는 품이 이와 같으니 가히 정숙하다 할 만하다. 조정에서는 그에 대해 의론(議論)을 많이 하나 그 재주 또한 어찌 감출 수 있겠는가."

> 道路所由 其有忌諱 舍正趨迂者 宜由正路 以破邪怪之說.

지나는 길에 꺼리고 피해야 할 것이 있다 하여 곧은길을 버리고 먼 길로 돌아가려 하는 아전이 있다면 마땅히 곧은길을 감으로써 사악하고 괴이한 소문을 타파해야 한다.

【字義】 由:말미암을 유. 좇을 유.   忌:꺼릴 기.   諱:숨길 휘. 피할 휘.
　　　 趨:달아날 추. 취할 추.   迂:에돌 우.
【語義】 所由(소유):지나는 곳. 경유하는 곳.   忌諱(기휘):꺼리고 싫어함.
　　　 舍正趨迂(사정추우):곧은길을 버리고 우회(迂廻)함.   邪怪之說(사괴
　　　 지설):사악하고 괴이한 소문.

【解說】 노준(盧遵)이 전의(全義:忠淸南道 燕岐郡 全義面)의 수령이 되었
　　　 는데 그 고을 성벽을 둘러보니 북쪽의 문을 막아 버리고는 다른 쪽
　　　 에 구멍을 뚫고 드나들었다. 그가 이상히 여겨 문지기에게 물으니,
　　　 "벌써 백 년도 더 된 일입니다. 어떤 사람들 말로는 북문을 터놓으
　　　 면 그곳 수령에게 좋지 않다 하여 무당이 막았다고도 하고, 또 어떤

사람들 말로는 그 문을 통행하는 나그네가 너무 많아 고을의 양식이 바닥날까 걱정하여 막아 버린 것이라고도 합니다."

라고 대답했다. 이에 노준이,

'이것은 비루하고 무고한 속임수가 아닌가. 현자란 백성들의 이익을 생각해야 하며 그에 반대되는 일을 하면 죄가 된다. 나는 이것을 원상태로 복구하리라.'

하고는 대부(大府)에 상소(上訴)하자 쾌히 허락하였다. 고을 사람들이 이제 편하게 통행할 수 있게 되었다 하며 기뻐 덩실덩실 춤을 추었다.

廨有鬼怪 吏告拘忌 宜並勿拘 以鎭煽動之俗.

관사(官舍)에 요괴(妖怪)가 있으니 꺼려야 한다고 아전들이 고하거든 그들의 말에 구애되지 말고 선동적인 헛소문을 진정시켜야 한다.

【字義】拘:잡을 구. 거리낄 구.　鎭:누를 진.　煽:부채질할 선. 부추길 선.

【語義】廨(해):관사(官舍).　鬼怪(귀괴):귀신과 괴물.　拘忌(구기):꺼림.　並(병):덩달아. 어울려서.　煽動之俗(선동지속):선동적인 풍속.

【解說】후한(後漢)의 왕돈(王沌)이 수령을 제수 받고 임지(任地)로 가던 중 시정(榤亭)에 당도했다. 정장(亭長)이,

"이 시정에는 귀신이 있어 지나가는 나그네를 여럿 죽였기에 여기에 유(留)하시면 안 됩니다."

라고 아뢰었다. 그러자 왕돈은,

"인(仁)은 흉사(凶邪)한 것을 이기고 덕(德)은 상서롭지 않은 것을 제거하거늘, 어찌 귀신 따위를 피하겠느냐."

하고는 그 정(亭)으로 들어가 잠자리에 들었다. 그런데 밤중에 여자가 나타나,

"나는 원귀(冤鬼)인데 얼마 전에 정장에 의해 살해되어 이 모양이 되었나이다. 부디 내 한(恨)을 풀어 주옵소서."

라고 말하는 것이었다. 왕돈은 이튿날 아침 유격(游檄:순찰을 하며 도적을 막는 지방의 관리)을 불러 힐문하여 정장의 죄를 낱낱이 자백 받아 그를 묶어 가두었다.

歷入官府 宜從先至者 熟講治理 不可諧謔竟夕.

지나는 길에 관부(官府)가 있거든 찾아가 선임(先任) 수령들과 더불어 그 고을을 잘 다스려 나갈 방도를 깊이 의논해야지 해학으로 밤을 보내서는 안 된다.

【字義】府:마을 부. 관아 부.　講:설명할 강. 연구할 강.　諧:어울릴 해. 농담할 해.　謔:희롱할 학. 익살부릴 학.　竟:마침내 경. 다할 경.

【語義】歷入(역입):지나는 길에 들어감.　宜從(의종):마땅히 따름.　先至者(선지자):먼저 거쳐간 사람. 즉 선임 수령들.　熟講(숙강):깊이 논의함.　諧謔(해학):익살과 우스갯소리.　竟夕(경석):밤을 보냄.

【解說】본도(本道:자기가 다스릴 고을이 속해 있는 道)에 들어서면 여러 고을의 수령들을 찾아가 그 고을의 인정·풍습·폐습 등에 대하여 듣고 이목을 넓혀야 한다. 선임(先任) 수령들은 그곳의 상황을 소상

히 알고 있을 것이므로 장차 그 고을을 다스려 나아감에 있어 도움되는 정보를 얻을 수 있기 때문이다. 또 그냥 지나쳐 버리면 그들로부터 교만하다는 오해를 받을 소지가 생긴다.

　또 선임 수령들을 찾더라도 그 고을을 잘 다스릴 방도를 함께 숙의해야지 그들과 더불어 쓸데없는 잡담이나 해학으로 밤을 보내서는 안 된다.

上官前一夕 宜宿隣縣.

취임 전의 하룻밤은 이웃 고을에서 묵는 것이 마땅하다.

【字義】上:위 상. 오를 상.　宿:잘 숙. 별자리 수.　縣:고을 현. 매달 현.
【語義】上官(상관):취임하는 것.　隣縣(인현):이웃 고을.

【解說】≪치현결(治縣訣)≫에 이렇게 이르고 있다.
　"취임 전의 하룻밤은 이웃 고을에서 자야지 임지(任地) 고을의 경내(境內)에서 자면 안 된다. 대체로 신임 수령의 행차에는 수행원과 환영 인사의 수가 많아 경내에서 자면 그 고을의 백성들이 피해를 입게 된다."

제5조 상관(上官):수령의 자리에 취임

> 上官 不須擇日 雨則待晴 可也.

  상관일(上官日)은 날짜를 가려잡아서는 안 되며, 다만 비가 오는 날 상관하게 되었다면 갠 날로 미루어도 된다.

【字義】 須:모름지기 수. 반드시 수. 待:기다릴 대. 대접할 대. 의지할 대. 晴:갤 청.

【語義】 不須擇日(불수택일):모름지기 택일을 하지 않음. 雨則待晴(우즉대청):비가 오면 개기를 기다림.

【解說】 신임 수령이 취임일을 잡을 때는 역리상(易理上) 길일(吉日)을 잡으려 해서는 안 되며, 가령 취임일로 잡았던 날에 비가 오면 갠 날로 미룰 수는 있다.

  대부분의 관리들이 소위 길일(吉日)을 잡아 취임하는데 그렇다면 그들에게는 좋은 일만 생겨야 할 터인즉 실제로 보면 봉고파직(封庫罷職)을 당하는 관리도 있고, 폄하(貶下:治績이 기준 이하라 탄핵을 받고 면직)당하는 관리도 있고, 불의의 사고를 만나 떠나는 사람도 있는데 그런 것을 보면서도 사람들은 어찌하여 또 길일을 찾는지 모르겠다.

  살펴보면 신임 수령이 진작 당도하고서도 하루에 한 역참(驛站)만 가기도 하고 혹은 온종일 체류하면서 길일(吉日)을 기다린다. 그것을 보고 읍의 이속(吏屬)들은 수군거리며 비웃기도 하고 그의 슬기롭지 못함을 비난한다. 수행원들도 집 생각에 마음이 조급한 데다가 노비(路費)만 축내니 수령을 원망할 것인즉 길일을 택한답시고 오히려 저주의 원성이 더 클 것이니 그것이 어찌 이익이 된다 하겠는가.

다만 상관일에 비바람이 친다거나 일기가 흐리면 백성들의 이목 (耳目)을 새로이 할 수 없을 테니 잠시 일기가 청명해지기를 기다리는 정도는 좋을 것이다.

관(舘) 밖에 도착하면 의복을 갈아입고 뜰 안으로 들어가 망궐례 (望闕禮)를 거행하는데 잠시 엎드려 마음속으로,

"전하께서는 만 리 밖도 훤히 내다보시거니와 그 천위(天威)가 지척에서 얼굴을 대하는 것과 같으니 소신(小臣)이 어찌 감히 그 뜻을 받들어 모시지 않겠습니까? 전하께서 백성들의 목숨을 오로지 이 소신에게 맡겼는데 소신이 어찌 감히 최선을 다하여 그들을 보살피지 않겠습니까."

라고 다짐하고는 일어나 물러난다.

乃上官 受官屬參謁.

상관하면 이내 관속들의 참알을 받으라.

【字義】 乃:이에 내. 곧 내. 屬:무리 속. 이을 촉. 參:참여할 참. 뵐 참. 석 삼. 謁:뵐 알. 아뢸 알.

【語義】 乃(내):어조사, ~하면 이내. 官屬(관속):관아에 속한 사람들. 관원. 參謁(참알):관리(官吏)가 장관을 배알함.

【解說】 신임 수령은 취임하는 길로 고을 아전들의 인사를 받아야 한다.

이것을 참알례(參謁禮)라 한다.

이때 신임 수령은 좌수(座首)를 불러 '급하지 않은 공사(公事)는 출관일(出官日:위임 후 사흘째에 출관하는 것이 상례)까지 기다리라. 그러나 시급한 일이라면 오늘이건 내일이건 구애치 말고 의논하여 해결토록 하라.'고 일러야 한다.

공청(公聽) 건물이 굉장히 아름답더라도 좋다는 말을 해서는 안 되며, 후락(朽落)하여 누추하더라도 또한 말하지 말아야 한다.

수행하여 따라왔던 이예(吏隷)들은 3일 한도 내에서 휴가를 주되 수리(首吏)에게는 그럴 것 없다. 수리와 수교(首校)를 불러 이렇게 약조해야 한다.

"아침 참알[朝仕]은 동틀 무렵에 하되 해가 뜨기 전에 참알례가 끝나면 된다. 퇴청은 이경(二更)이니 관청 문을 닫은 후 보리밥이 익으면 된다. 매일 아침 해 뜰 무렵 시노(侍奴)가 아침 참알 때를 알릴 것인즉 나는 문을 열 것이며, 매일 이경(二更)이 되면 시노가 퇴청 때를 알릴 것인즉 퇴근을 명령하라. 오늘 알릴 것은 각자 모두에게 알리게 하라. 만일 이를 어기면 그 죄는 너에게 있는 것이다."

비나 눈으로 땅이 질퍽거리면 참알을 생략해도 된다.

參謁旣退 穆然端坐 思所以出治之方 寬嚴簡密 預定規模 唯適時宜 確然以自守.

참알을 끝내고 물러가면 조용히 단좌하여 다스려 나아갈 방법을 생각해야 한다. 관대하고 엄정하고 간결하고 치밀하게 규모를 짜되 사정에 맞게 해야 하며 그것을 스스로 굳게 지켜야 한다.

【字義】既:이미 기. 다할 기. 끝낼 기. 穆:화목할 목. 맑을 목. 조용히
　　생각할 목. 預:맡길 예. 미리 예. 適:맞을 적. 確:굳을 확.
【語義】穆然(목연):조용히 생각하는 모양. 端坐(단좌):단정하게 앉음.
　　治之方(치지방):다스리는 방법. 時宜(시의):그때의 사정에 맞음.

【解說】 수령은 이속(吏屬)들로부터 참알을 받고 나면 단정히 앉아서 고
　　을을 다스려 나아갈 방안을 세워야 하는데 너그럽되 엄하고 간결하
　　되 빈틈이 없도록 해야 한다. 그리고 그때그때의 상황에 맞게 다스
　　리되 스스로 그 기준을 지켜야 한다.
　　　한 군(郡) 안에서도 백성들이 산과 바다를 좋아함이 서로 다르고,
　　한 현(縣) 안에서도 읍과 촌마다 그 숭상하는 것이 서로 다르다. 장
　　사꾼 마을의 민심은 속임수가 많고 농사꾼 마을의 민심은 소박하다.
　　고을의 수령된 자는 마땅히 이런 추세를 살펴 가면서 적절히 다스려
　　야 무리가 없다.
　　　옛날 유중영(柳仲郢)이 경조윤(京兆尹:唐의 道都인 京兆의 判尹)
　　이 되었는데 북사리(北司吏)가 곡물 반입을 어기자 곤장을 쳐 죽이니
　　이후로는 정치적 명령이 엄하고도 분명하게 되었다. 그는 후에 하남
　　윤(河南尹)이 되었는데 이때는 관용과 사랑으로써 다스렸다. 이렇듯
　　경조윤 시절과는 그 통치 방법이 달라지자 누군가가 그에게 연유를
　　물었다. 유중영은 이렇게 대답했다.
　　　"천자(天子)가 계신 곳에서는 탄압을 앞세워야 하나 고을을 다스
　　림에 있어서는 은혜와 사랑이 그 근본이 되어야 한다."

厥明 謁聖于鄕校 遂適社稷壇 奉審唯謹.

그 이튿날에는 향교에 나아가 알성하고, 사직단에 나아가 봉심하되
아주 공손히 하라.

【字義】厥:그 궐. 謁:뵐 알. 아뢸 알. 遂:드디어 수. 나아갈 수. 適:맞
을 적. 갈 적. 謹:삼갈 근.

【語義】厥明(궐명):그 이튿날. 謁聖(알성):성인(聖人)을 알현(謁見)함.
즉 공자(孔子)의 사당에 참배하는 것. 鄕校(향교):문묘(文廟) 및 거
기에 부속된 학교. 社稷壇(사직단):社는 地神, 稷은 穀神을 말하며,
사직단이란 이들 신에게 제사지내는 壇. 奉審(봉심):왕명(王命)을
받들어 능(陵)이나 묘를 보살피는 일. 唯謹(유근):아주 공손히.

【解說】신임 수령은 부임한 다음날 향교에 나아가 공자(孔子)의 사당에
참배하고 사직단(社稷壇)에 나아가 공손히 봉성(奉審)해야 한다. 이
것은 수령이 그 고을을 맡아 잘 다스리겠다는 것을 서약하고 다짐하
는 예(禮)이다.
　한 고을의 신(神)으로는 사직신(社稷神)이 으뜸이다. 그럼에도 불
구하고 요즈음 수령들은 사직신을 받듦에 조금도 정성을 들이지 않
으니 아주 잘못된 일이다.

제6조 이사(莅事):정사(政事)에 임함

> 厥明 開坐 乃莅官事.

다음날에는 자리를 열어 집무(執務)에 들어간다.

【字義】坐:앉을 좌. 자리 좌. 죄 입을 좌. 莅:다다를 리. 녹 리.
【語義】開坐(개좌):자리를 폄. 즉 관원(官員)들이 모여 공무(公務)를 봄.
　　　莅官事(이관사):관사에 임함. 즉 첫 공무(公務)에 임하는 것.

【解說】신임 수령이 취임 의식(儀式)을 끝내고 난 이튿날에는 이속(吏屬)과 아전(衙前)들을 각기 자리에 배치하고 공무 수행에 들어간다.
　　상급 기관에 올리는 보고서 가운데 전례(前例)대로 행해도 좋은 것은 즉시 성첩(成帖:공문서에 官印을 찍는 것)하고, 사리(事理)를 따져 처리해야 할 것은 이속의 초안을 수정 윤색하여 문안을 작성한다.
　　민간에 내리는 명령은 일자 반구(一字半句)라도 그냥 믿고 성첩해서는 안 되며, 반드시 다음에 기술하는 육전(六典:六曹, 즉 吏 · 戶 · 禮 · 兵 · 刑 · 工曹의 집무 규정)의 삼십육 조(條)를 일일이 조사 검토하여 그 안에 터럭만큼의 거짓도 없음을 분명히 한 후에 성첩해야 한다.
　　혹 본읍(本邑)에 그릇된 전례가 이어져 내려온 지 오래고 아주 불합리한 것은 그 기한이 급박하지 않으면 성첩하지 말고 보류해 두고 하나하나 고쳐 나아갈 것이며, 기한이 급박한 것이면서 일이 얽혀

쉽게 고칠 수 없는 것은 일단 명령을 내려놓고 서서히 개혁을 도모
해야 한다.

是日 發令於士民 詢瘼求言.

이 날에 사민(士民)에게 영(令)을 내려 본 고을의 악습이나 폐습을 물
어 조언을 구해야 한다.

【字義】 詢:물을 순. 瘼:병들 막.
【語義】 是日(시일):이 날. 士民(사민):사족(士族)과 평민. 詢瘼(순막):
　　병폐가 되는 것을 물음. 求言(구언):조언을 구함. 대답을 들음.

【解說】 관내(管內)의 사족(士族)과 백성들에게 공문(公文)을 내려 다음
　　과 같이 알려야 한다.
　　　"오랜 폐단이나 새로 생긴 병폐로 백성을 괴롭히는 것이 있거든
　　한 방(坊)에서 일을 잘 아는 사람 대여섯 명이 한자리에 모여 서로
　　상의하여 조목조목 글로 갖추어 써 가지고 오라. 한 읍의 폐단이나
　　한 방(坊) 한 마을에만 있는 특수한 사정은 각기 한 장에 쓰되 한 방
　　의 것은 문서로 갖추어 지금부터 7일 이내에 일제히 제출하라.
　　　혹시 이교(吏校)나 호우(豪右:세력이 강한 사람)들이 들으면 싫어
　　할 일이라서 그 후환이 두려워 보고하지 않으면 이는 내가 묻고자
　　하는 본뜻에 어긋나니 그런 것은 각각 얇은 종이로 겉봉을 만들어
　　봉함하고 겉에 표지를 하여 모두 한 날 정오 동시에 입읍(入邑)하고
　　입정(立庭)하여 내 앞에 친히 내놓아라.
　　　만일 어떤 간교한 놈이 읍에 들어와 한곳에 오래 머물면서 몰래 고

처 쓰거나 바꿔치기하거나 빼내 간다면 엄벌에 처할 것인즉 그리 알라.

또 이 일과 관련하여 평소의 사사로운 감정으로 무고(誣告)한다거나 과장하여 꾸며댄다거나 하면 또한 벌을 내릴 것임을 유념하라."

是日 有民訴之狀 其題批宜簡.

이 날에 백성이 고소장을 제출하는 것이 있거든 그 문제는 간결하게 판결해야 한다.

【字義】訴:호소할 소. 고소할 소. 헐뜯을 척. 題:제목 제. 물음 제. 批: 비평할 비. 판결할 비. 거스를 별.

【語義】民訴之狀(민소지장):백성의 소장(訴狀). 批(비):비판함. 판결함.

【解說】집무(執務) 첫날에 고을의 백성이 억울함을 호소해 오거든 간결 명쾌하게 판결해야 한다. ≪치현결(治縣訣)≫에 이르기를,

"백성들의 고소장을 엄하게 판결해서는 안 되며, 마땅히 양쪽 사람을 불러 대질(對質)시켜야 한다. 한쪽 말만을 들어 급히 판결해서는 안 된다."

라 하였다. 또한 다음과 같이 이르고 있다.

"고소에 응하는 것은 본디 말단의 사무에 속하며, 사람의 정신에도 한계가 있어 세세한 부분까지 다 유출할 수는 없다. 오로지 그 일에만 온 정신을 쏟고 있으면 무슨 일을 할 수 있겠는가. 수령은 백성들의 소청(訴請)을 몇 가지로 분류하여 예제(例題)와 법조문에서 늘쓰는 상투어(常套語)를 형리(刑吏)에게 주면 된다. 형리를 선발함에

있어 큰 읍은 네 명, 작은 읍은 두 명으로 하되 그들로 하여금 고소
장을 종류별로 나누어 편성하게 하라. 날짜를 기록한 원편에 자필
(自筆)로 성명을 쓰게 함으로써 후일의 참고로 비치해 두면 농간과
거짓 조작을 방지할 수 있을 것인즉 이런 식으로 하면 하루에 일만
건의 소사(訴事)를 처리함에도 어려움이 없을 것이다.”

> 是日 發令以數件事 與民約束 遂於外門之楔 特縣一
> 鼓.

이 날에 영(令)을 내려 몇 가지 일을 백성들과 약속하고, 바깥문의 문
설주에 특별히 북 하나를 걸어놓으라.

【字義】遂:드디어 수. 나아갈 수.　楔:문설주 설.　特:특별할 특.　縣:고
　을 현. 매달 현.　鼓:북 고.
【語義】與民約束(여민약속):백성들과 약속함.　外門之楔(외문지설):바깥
　문의 문설주.　縣(현):걸어놓다.

【解說】현령이 알리고자 하는 일은 관민(官民) 사이에 당연히 약속이 있
　어야 하므로 다음 조항을 하나하나 깨우쳐 알리고 상세히 심의하여
　이에 따라 행하되 어떠한 경우에도 이를 어기는 일이 없도록 해야
　하며, 만일 어기는 자가 있으면 엄하게 다스리고 용서치 않으리라는
　것을 각별히 유념시켜야 한다.
　　조항 1. 백성들의 소장은 본인이 일일이 바치게 할 필요는 없다.
　긴급한 것은 본인이 직접 바치게 하되 급하지 않은 것은 서류로 갖
　추어 풍헌(風憲)이나 약정(約正)에게 주어 그들이 읍에 들어오는 날

함께 관(官)의 판결을 받게 하라. 또 마을 사람 중 소장(訴狀)을 가지고 읍에 오는 자가 있는 경우에는 그 편에 다른 사람들의 것도 보내는 것을 허용해야 한다. 주민 한 사람이 열 건(件)의 소장을 바쳐도 구애치 말라.

2. 연명(連名)으로 작성된 등소(等訴:한 가지 사건을 여러 사람이 함께 고소함)는 열 명이 서명한 것이라도 그 소장을 가지고 읍으로 들어올 때는 내용을 잘 아는 사람 혼자서 가지고 들어오게 하되 그것이 큰 사건일 경우에는 둘 혹은 세 사람까지 허용하고 그 이상은 안 된다.

3. 물건이나 문서를 잃었거나 사람이나 우마(牛馬)가 없어진 데 대한 관(官)의 증명을 받고자 하는 사람은 그 마을 상호(上戶:가족이 열다섯 명 이상인 집)의 보증서나 풍헌의 보고서를 첨부하여 소장과 함께 제출하게 한다.

4. 소장을 가지고 오는 사람은 형리에게 보여 주지 말고 관청의 문지기에게 묻지도 못하도록 바깥문을 통해 안문으로 들어와 직접 창(牕:접수 창구) 앞에 접수하게 한다. 이렇게 하면 형리나 문지기가 쫓아와 이를 막는 폐단이 없을 것이다. 그래도 가로막는 일이 생기면 바깥문 문설주에 북을 매달아 놓아 언제라도 그 북을 두들겨 아뢰게 하라.

5. 양편을 서로 대질시키려 하는데 어느 한쪽이 이에 응하지 않으면 저졸(邸卒)이나 문례(門隸) 혹은 군교(軍校)를 보내 강제로 호송해야 하거니와 그리 되면 온 마을이 몹시 뒤숭숭해질 것이다. 그러므로 거역하고 나오지 않는 자는 엄중 징계하여 마을을 조용히 할 것이며, 대질 결과 죄가 없다 해도 출두에 응하지 않은 죄는 따로 엄히 다스려야 한다. 만일 간민(奸民)이 있어 처음에는 얼굴도 내밀지 않

고 무고(誣告)하였다가 대질하는 과정에서 그 농간이 탄로 나면 그의 처벌을 곱으로 하라.

6. 관(官)의 전령 중 급한 것은 저졸을 보내는 것이 마땅하나 급하지 않은 것은 풍헌이나 약정 편에 보내거나 송사(訟事)를 보러 관청에 들어온 사람 편에 보내 마을을 뒤숭숭하지 않게 해야 한다. 내사(內事)에 관한 명령은 반드시 기한을 지켜 행하게 해야만 마을에 저졸을 보내는 폐단이 없을 것이다.

官事有期 期之不信 民乃玩令 期不可不信也.

관청의 일에는 기한이 있는데 기한을 지키지 않으면 백성은 관청의 명령을 대수롭지 않게 여긴다. 그러므로 기한에는 반드시 신용이 있어야 한다.

【字義】期:기약할 기. 기간 기. 기한 기. 玩:희롱할 완. 얕볼 완.
【語義】期之不信(기지불신):기한을 지키지 않음. 民乃玩令(민내완령): 이에 백성이 명령을 희롱함. 不可不信(불가불신):신용이 없어서는 안 됨.

【解說】호대초(胡大初)가 말했다.
  "모든 일은 신용이 없으면 성사되지 않는다. 하물며 한 고을의 일이 어지럽게 얽히고 그곳 수령의 위엄이 혁혁하지 못한데 거기다 기한도 지켜지지 않고 호령도 엄숙하지 못하면 어떻게 일을 해 나갈 수 있겠는가. 그러므로 기한을 정해 확고하게 지키는 일이 중요하나 사정이 각기 다르므로 두 차례나 세 차례까지 연기해 주되 세 번까지 연기해 주었는데도 이행치 아니하는 경우에는 마땅히 엄벌로써 다스려야 한다."

한연수(韓延壽)가 영천(穎川) 태수가 되었는데 조부(租賦)를 거둘 때 먼저 기일을 포고하고 그 기한 내에 거두는 것을 주요 정책으로 삼으니 이속(吏屬)과 백성들이 경외하는 마음으로 그에 따랐다.

증공(曾鞏)이 주(州)를 영도할 때 일의 완급에 따라 기한을 정해 주었는데 기한 이전에는 독촉하지 않았으나 기한이 지나도록 보고되지 않으면 그 죄를 다스렸다. 기한과 일이 서로 맞지 않으면 — 일의 성질에 비해 기간이 너무 촉박하면 — 소속 현(縣)의 말을 참고하여 따로 정해 주되 어기는 자는 엄한 벌로 다스렸다. 이러하니 감히 일을 태만히 하는 자가 없었고 모두가 기한 내에 행해졌다.

是日 作適曆小册 開錄諸當之定限 以補遺忘.

이 날 책력에 맞추어 작은 책자를 만들어 해당되는 일의 정해진 기한을 기록함으로써 잊어버리는 일이 없도록 보강해야 한다.

【字義】曆:책력 력. 册:책 책. 칙서 책. 開:열 개. 나아갈 개. 錄:기록할 록. 諸:모두 제. 遺:남길 유. 버릴 유.

【語義】適曆(적력):책력(册曆)에 맞추어. 開錄(개록):기록해 나아감. 諸當之定限(제당지정한):해당 사항의 정해진 기한. 以補(이보):그렇게 함으로써 보충함. 遺忘(유망):잊어버림.

【解說】'관청에서는 마땅히 방통력(旁通曆:官에서 책력에 맞추어 모든 행사를 기록한 것)을 갖추어 날마다 공사(公事)의 진행 상황을 하나

하나 기록하되 일이 완료되었으면 이를 표시하고 완료되지 않았으면 완료하도록 교령(敎令)을 내려 폐사(廢事)되지 않도록 대책을 강구해야 한다.'고 주자(朱子)는 말했다.

≪상산록(象山錄)≫에 이렇게 이르고 있다.

"옥에 갇힌 죄수에 관한 기록을 수도(囚徒)라 하는데 이는 형리(刑吏)가 맡아 정리하고, 조세(租稅)를 징수하여 운반하는 데는 기한이 있는데 이를 한기(限記)라 하여 담당 이속(吏屬)이 맡아 시행하며, 추호(追呼:추후 호출)에도 기한이 있어 이를 기록(期錄)이라 하는데 이는 시동(侍童)이 행한다. 또 상급 기관의 독촉에도 일정한 기한이 있어 이를 총록(聰錄)이라 하는데 이것은 수리(首吏)가 정리한다. 이러한 일들은 모두 기록해 두고 날마다 펼쳐 보아 잊고 넘어가는 일이 없어야 할 것이다."

厥明日 召老吏 令募畵工 作本縣四境圖 揭之壁上.

다음 날 노리(老吏)를 불러 화공(畵工)을 모집한 후 그 고을의 사방 지리(地理)를 지도로 그리게 하여 벽 위에 걸어 놓도록 하라.

【字義】 召:부를 소. 募:모을 모. 뽑을 모. 境:지경 경. 곳 경. 揭:걸 게.
【語義】 老吏(노리):나이든 아전, 즉 일 처리에 노련한 아전. 本縣四境圖(본현사경도):그 고을의 사방 관내도(管內圖). 揭之壁上(게지벽상):벽 위에 걸어 놓음.

【解說】 ≪치현결(治縣訣)≫에 이르기를,
"지도에 강줄기와 산맥은 실물과 꼭 닮게 그리도록 이르고, 동서

남북 및 네 간방(間方)의 방위(方位)는 각각 표시하여 구별하게 할 것이며, 면명(面名)·이명(里名) 또한 달리 표시하게 하고, 4방 길의 이수(里數)와 모든 마을의 인구 분포와 큰 길·작은 길·교량·나루터·고개·주막·사찰의 위치를 모두 밝혀 넣어야 한다. 그렇게 함으로써 그 고을의 인정 풍속을 살필 수 있고 사정을 헤아릴 수 있을 것이며, 또한 이속들과 백성이 어떻게 어울려 지내는지를 알 수 있을 것이다."

라고 하였다. 생각건대 이 지도는 대단히 요긴한 것이다. 그러므로 본현(本縣)에 화공(畵工)이 없으면 이웃 현에서 데려오되 그 솜씨가 서툴러도 상관치 말라. 반드시 노승(老丞:노련한 下吏)·노리(老吏)·노교(老校) 등으로 하여금 그 지도 작성을 보살피고 감독하게 하라.

우리나라 지도는 거리의 장단(長短)을 무시하고 모두 방형(方形)으로 작성되었기 때문에 아무런 쓸모가 없다. 반드시 먼저 경선(經線)과 위선(緯線)을 긋고, 1칸을 십 리로 하여 동쪽으로 백 리면 열 칸 동쪽에 표시하고 서쪽으로 십 리면 1칸 서쪽에 표시해야 할 것이다. 또 현청(縣廳)이 반드시 그 현의 중앙에 자리해야 하는 것은 아니다. 백 호나 되는 마을의 집을 다 그려 넣을 수는 없는 노릇이나 조밀하게 그려서 그것이 큰 마을임을 알게 하면 되며, 산골짜기에 박힌 한두 집도 빠뜨리지 않아 거기에 사람이 살고 있음을 알 수 있게 해야 한다. 큰 기와집도 표시를 하여 그것이 부호의 집임을 알 수 있게 한다.

> 印文不可漫滅 花押不可草率.

　도장의 글자가 닳아서 알아볼 수 없으면 안 되며, 화압(花押)이 거칠고 엉성해서도 안 된다.

【字義】漫:흩어질 만. 질펀할 만.　滅:꺼질 멸. 없어질 멸.　押:누를 압. 수결 압.　草:풀 초. 거칠 초.　率:거느릴 솔. 거칠 솔.

【語義】印文(인문):도장의 글자.　漫滅(만멸):닳아서 알아볼 수 없음.　花押(화압):성명을 草書로 꽃처럼 쓴 것. 手決, 즉 사인.　草率(초솔):거칠고 엉성함.

【解說】전문(篆文)이 모호하면 이속들이 농간을 부리기 쉽다. 그러므로 이속들은 '도장을 바꾸는 수령(守令)은 금방 물러납니다.'라는 말들을 하는데 어리석고 지혜롭지 못한 벼슬아치들은 이 말을 깊이 믿어 감히 도장을 고쳐 새기지 않고 뭉그러져 획도 알아볼 수 없는 글자로 그냥 마구 찍어서, 호박 껍질이나 삿갓 조각으로 찍어도 능히 공문첩(公文牒)이나 계약서나 어음 구실을 할 수 있으니 훗날 사람들이 어찌 진위(眞僞令)를 분별할 수 있겠는가.

　수령이 부임 초에 도장 글자의 획이 불분명함을 발견하면 즉시 예조(禮曹)에 알려 다시 만들도록 하되 열흘 또는 한 달이 경과하기 전에 행해야 한다.

　화압(花押) 또한 이와 같아서, 그 모양이 성글고 거칠어 일정치 않으면 간교한 모조(模造)가 생길 것인즉 물정을 잘 살피고자 한다면 수령은 세심한 주의를 기울이지 않으면 안 된다.

是日 刻木印幾顆 頒于諸鄉.

이날 나무 도장 몇 개를 새겨 모든 향(鄉)에 나누어 주어야 한다.

【字義】 幾:몇 기. 때 기. 기미 기.　顆:낟알 과.　頒:나누어줄 반. 퍼뜨릴 반.

【語義】 木印(목인):나무 도장.　幾顆(기과):몇 개.　頒于(반우):~에게 나누어 줌.

【解說】 나무 도장의 크기는 사방 2치로 해야 하며(周尺으로) 새겨 넣을 글자는 〈○○山坊鄉會所之私印〉이다.

향촌(鄉村)·풍헌·약정에게는 도장이라는 것이 없기 때문에 그들이 상관에게 올리는 보고서 가운데에는 위작(僞作)된 것들이 많다. 그러므로 반드시 나무 도장을 새겨 먹으로 찍는 것을 신표(信標)로 삼아야지 인주를 사용해서는 안 된다.

혹 한 향(鄉)의 백성들이 회의하여 올리는 글에도 통용되므로 〈風憲之印〉이라 하지 않은 것이다. 그러나 그 인장은 풍헌이 관리하게 해야 한다.

도장이 다 만들어졌으면 그것을 각 향에 나누어 주면서 '도장이 찍히지 않은 것은 시행하지 말라.'고 지시한다.

2. 율기육조(律己六條)

제1조 칙궁(飭躬): 몸가짐을 바르게 함

> 興居有節 冠帶整飭 莅民以莊 古之道也.

　기거(起居)에 절도가 있고 의관(衣冠)을 단정히 하고 백성들을 대할 때는 엄(嚴)한 것이 예부터 내려오는 도(道)이다.

【字義】整:가지런할 정.　飭:신칙할 칙.　바로잡을 칙.　莅:다다를 리.　녹 리.　莊:씩씩할 장.　엄할 장.

【語義】興居(흥거):기거(起居).　잠자리에서 일어나는 일로부터 다시 잠 자리에 들 때까지의 모든 행동거지를 말함.　冠帶(관대):갓과 허리 띠, 즉 옷차림.　整飭(정칙):단정히 가다듬음.　莅民(이민):백성들을 대함.　莊(장):'嚴'의 뜻.

【解說】율기육조(律己六條)란 목민관이 스스로를 잘 단속하고 언행에 흐트러짐이 없도록 하기 위해 지켜야 할 여섯 가지 항목을 말한다. 그중 제1조가 칙궁(飭躬)인데 칙궁이란 자신을 스스로 타일러 경계 하고 삼가는 것을 말한다.

　고을의 수령된 자는 날이 밝기 전에 잠자리에서 일어나 촛불을 밝 히고 세수를 한 뒤 의관(衣冠)을 단정히 하고, 묵묵히 정좌(正坐)하 여 신기(神氣)를 가다듬어야 한다. 그리고는 잠시 후 생각을 풀면서 그날 처리해야 할 일들을 정리하여 선후(先後)의 차례를 정한다. 제일 먼저 어떤 첩안(牒案)을 처리하고 다음에는 어떤 명령을 내릴 것인가를 마음에 분명히 해 두어야 한다. 이어 첫 번째 일을 놓고 그 최선의 처리 방법을 강구할 것이며, 그것이 해결되고 나면 두 번째의 처리 안건을 놓고 훌륭한 처방을 생각한다. 모든 공무를 수행함에 있어 사욕을 끊고 천리(天理)를 따르려고 애써야 한다.

이윽고 동이 트면 촛불을 끄고 정좌한 채로 앉아 있다가, 하늘이 훤히 밝아 시노(侍奴)가 시무(始務) 시간이 되었음을 알리면 창을 열고 참알을 받는다.

흑포립(黑布笠)이란 길을 갈 때 햇볕을 가리는 물건이니, 연복(燕服:집에서 입는 오늘날의 작업복)도 아니요 공복(公服)도 아니다. 백성을 대하는 관리(官吏)는 오사모(烏紗帽:官服을 입을 때 쓰는 紗로 만든 검정색 모자)와 푸른색 창의(敞衣)를 착용해야 한다.

또 대좌기(大坐起:儀式日에 관청의 우두머리가 任進하여 공무를 수행하는 것)가 있는 날에는 마땅히 단령포(團領袍:옷깃을 둥글게 만든 公服)를 입고 정대(鞓帶)를 두르고 흑화(黑靴)를 신고 의자에 앉아 참알을 받아야 한다. 또 군사(軍事)와 관련된 대좌기가 있을 때 수령은 융복(戎服:철릭과 朱笠으로 된 옛 군복의 하나)을 갖추어 입고 칼을 차야 한다.

간혹 자유분방을 좇으며 속박을 싫어하는 관리들이 있어 종건(騣巾:말 갈기로 만든 망건)만 쓰고 수의(袖衣)만 걸치거나 혹은 망건도 안 쓰고 버선도 신지 않은 채로 아전이나 백성들 앞에 나서는데 이는 절대 있을 수 없는 일이다.

≪시경(詩經)≫에 '위의(威儀)를 엄격하게 갖추는 것이 덕의 근본이다.' 하였고 또 '위의를 중히 여기는 것이 백성들의 본보기이다.' 하였으니 이는 옛사람의 도(道)이다. 위의(威儀)가 이미 무너지고 나

면 백성들은 본보기를 잃거니와 그리 되면 관리(官吏)가 어찌 백성들을 제도하겠는가.

저녁때가 되어 관아를 물러나는 것은 가을 겨울에는 조금 이르게 하고 봄 여름에는 조금 늦춰야 할 것이다.

호대초(胡大初)는 '하루의 일은 이른 새벽에 달렸으니 오늘은 어떤 일을 꼭 해결해야 하고 어떤 보고를 해야 하며, 어떤 세금을 부과하고 어떤 죄인을 석방해 주어야 할 것인가를 시시각각 살펴서 속히 행해야 한다.'고 하였다.

여공저(呂公著)는 고을을 다스림에 있어서 한결같이 오경(五更)이면 일어나 촛불을 밝혀 공문서(公文書)를 살펴보다가 동틀 무렵 청(廳)에 나아가 백성들의 송사(訟事)를 처결했으며, 퇴청하여 편좌(便坐:휴식하는 방)에 들어 한가히 있을 때도 재계(齋戒)하듯 하고, 빈객이나 요속(僚屬)들을 맞음에 있어 때[時]에 구애받지 않았다. 그리하여 고을의 일도 미결 상태로 오래 끄는 것이 없었고, 아랫사람들의 사정이 늘 위로 통했다. 무릇 여섯 고을을 다스림에 있어 항상 이같이 하였다.

당(唐)나라 배요경(裵耀卿)은 정사에 근면하였는데 청사(廳舍) 앞에 커다란 오동나무 한 그루가 있어 새벽에 뭇 새들이 날아 모여드니 이로써 등청(登廳)의 시각을 알았다. 그 새들을 '새벽을 알리는 새'라 부르니 당시 사람들이 그 모습을 보고는 참으로 아름다운 광경으로 여겼다.

公事有暇 必凝神靜慮 思量安民之策 至誠求善.

공사(公事)에 여가가 있거든 반드시 정신을 집중하고 생각을 가라앉

혀 백성을 편히 해 줄 대책을 생각하고 헤아리며 정성을 다해 최선책을
구해야 한다.

【字義】 暇:겨를 가. 凝:엉길 응. 모을 응. 靜:고요할 정. 量:헤아릴 량.
　善:착할 선. 훌륭할 선.
【語義】 凝神(응신):정신을 모으는 것. 靜慮(정려):생각을 가라앉힘. 사
　량(思量):생각하고 헤아림. 安民之策(안민지책):백성을 편히 해 줄
　대책.

【解說】 주자(朱子)는 말하기를 '오제공(吳濟公)은 날마다 사물을 응접
　(應接)하는 가운데서도 반드시 한때의 시간을 얻어 편안하고 조용한
　기분으로 정신을 함양하고 가다듬어야 한다고 하였는데 요컨대 일이
　번잡할수록 마음을 더욱 한가하게 하여 오히려 일은 부족하고 나는
　여유가 있게 해야 한다.'고 하였다.(비록 異說에서 그 말이 나왔으나
　시험해 보니 대체로 徵驗이 있으니 朱子가 정신을 중요시한 까닭이
　여기에 있는 것이다. －原註)
　　정백자(程伯子)가 현령이 되었을 때 좌우명으로 「視民如傷(백성을
　보살피기를 다친 사람 보살피듯 함)」이란 네 글자를 써 놓고 '나는
　날마다 이 문구를 대함에 부끄러움이 있다.'고 하였다.
　　≪치현결(治縣訣)≫에 이렇게 일렀다.
　　"벼슬살이의 요체(要諦)는 '畏(두려워할 외)'字 하나에 있는 것이
　니 모름지기 의(義)를 두려워할 것이며, 법(法)을 두려워할 것이며,
　상관(上官)을 두려워할 것이며, 소민(小民)을 두려워해야 한다."
　　이렇듯 마음에 항상 두려움을 간직하면 혹시라도 방자한 일은 없
　을 것이니 이것이야말로 허물을 적게 해 줄 것이다.

≪정요(政要)≫에 이렇게 일렀다.

"벼슬살이하는 이에게 현묘한 비결이 되는 세 글자가 있으니 첫째
가 '淸(맑음)'이요, 둘째가 '愼(삼가는 것)'이요, 셋째가 '勤(부지런
함)'이라."

정선(鄭瑄)이 다음과 같이 말하였다.

"하늘이 한 사람을 부자로 만드는 것은 사사로이 하는 것이 아니
니 많은 가난뱅이들을 그에게 의탁시키려 함이요, 하늘이 한 사람을
귀히 만드는 것은 사사로이 그렇게 하는 것이 아니니 많은 천민들을
그에게 의탁하려 함이다. 가난하고 미천한 사람은 제 힘으로 일하여
먹고 제 피땀을 제가 받아 없애니 하늘이 살펴보시기에 오히려 너그
러울 것이요, 부유하고 귀한 사람은 벼슬을 하고 녹(祿)을 먹되 만민
의 피땀을 한 사람이 받아 없애는 것이니 하늘이 그 허물을 감독하
시는 것이 더욱 엄중할 것이다."

> 毋多言 毋暴怒.

말을 많이 하지 말며, 격렬하게 성내지 말라.

【字義】 毋:말 무. 暴:사나울 폭(포). 怒:성낼 노.
【語義】 毋多言(무다언):말을 많이 하지 말라. 毋暴怒(무폭노):격렬하게
성내지 말라.

【解說】 백성의 윗사람 된 자의 한마디 말이나 일거수 일투족은 모두 아
랫사람들이 듣고 살피게 마련이니 방에서 문으로, 문에서 읍(邑)으
로, 또 읍에서 사면팔방으로 퍼져 나가 길마다 깔리게 마련이다. 군

자는 집에 머물러 있어도 말을 삼가야 하거늘 하물며 벼슬살이에 있어서랴.

시동(侍童)이 비록 어리고 시노(侍奴)가 어리석어도 여러 해 관청의 시중을 들다 보면 백 번 단련된 쇠붙이 같아서, 기지(機智)가 지혜로워져 엿보고 살피는 것이 귀신 같아진다. 그래서 관청 문을 살짝 벗어나기만 해도 세세한 것까지 모두 누설한다. 나는 십여 년을 읍의 바닥에서 백성들과 더불어 살아 본 경험이 있어 그 사정을 잘 안다.

≪주역(周易)≫에 이르기를,

"군자가 집 안에서 하는 말이 선하면 천 리 밖에서도 이를 따르는데 하물며 가까이 있는 자들이야. 또 그 하는 말이 선하지 않으면 천리 밖에서도 이를 어길 것이니 하물며 가까이 있는 자들이야."

라고 했다. 또 ≪시경(詩經)≫에 이르기를,

"뜻밖에 일어날지도 모르는 일을 경계하여 말을 삼가서 하라."

하였으니 백성의 윗사람 된 자는 반드시 명심해야 할 것이다.

포증(包拯)이 경윤(京尹)이 되었는데 말과 웃음이 적으니 사람들은 그의 웃음을 천 년에 한 번씩 맑아진다고 하는 황하(黃河)에 비유했다.

여본중(呂本中)이 ≪동몽훈(童蒙訓)≫에 이렇게 일렀다.

"벼슬에 임하는 자는 무엇보다도 격렬하게 성내는 것을 경계해야 한다. 형벌을 주는 권한이 수령에게 있으므로 명령만 하면 누구나 순종할 것인즉 격하게 분노한 마음으로 형벌을 내리면 온당치 못한 처사가 되기 십상이다."

대체로 심한 분노는 병이 되므로 평소에 '怒則囚' 세 글자를 좌우명으로 마음에 깊이 새겨 두어야 한다. 이것은 성이 나거든 그 분노를 밖으로 표출하지 말고 억제하여 마음에 가두어 두라는 뜻으로 시

간이 흘러 분노가 가라앉은 후에 마음을 가다듬어 일을 처리하면 큰
과오는 저지르지 않게 된다.

御下以寬 民罔不順. 故 孔子曰 居上不寬 爲禮不敬 吾
何以觀之 又曰 寬則得衆.

아랫사람을 관용으로 통솔하면 순종치 않을 백성이 없다. 그러므로
공자는 '윗사람으로서 너그럽지 못하고 예(禮)를 존중하지 않으면 내가
무엇으로써 볼 것인가.' 하였고 또 '너그러우면 많은 사람을 얻는다.'
고 하였다.

【字義】御:거느릴 어. 다스릴 어. 罔:그물 망. 없을 망. 寬:너그러울
　　　관.
【語義】御下(어하):아랫사람을 거느리고 통솔함. 罔(망): '無'의 뜻. 吾
　　　何以觀之(오하이관지):내가 무엇으로써 볼 것인가. 즉 (그런 사람에
　　　게) 볼 것이 뭐가 더 있겠는가. 寬則得衆(관즉득중):너그러우면 많
　　　은 사람이 따름.

【解說】사람들은 흔히 "벼슬살이를 할 때는 '맹(猛:모진 언행)'을 숭상
　　　하는 것이 으뜸이다." 라고 말하는데 이는 속된 말이다. '맹(猛)'이
　　　라는 글자를 먼저 가슴속에 품으면 다른 감정들도 저절로 좋지 않게
　　　될 것인즉 어찌 백성들을 제도할 수 있겠는가. 죄가 있으면 죄를 주
　　　는 것이니 내가 형(刑)을 쓰는 것은 각기 그 죄에 합당하게 할 뿐인
　　　데 어찌 꼭 맹(猛)을 숭상할 필요가 있겠는가.
　　　　≪시경(詩經)≫에 이르기를,

"너의 위의(威儀)를 존중하여 유가(柔嘉:柔和하고 善美함)하지 않음이 없게 하라."

했거니와 柔와 嘉, 이 두 글자의 기상(氣象)이 가장 좋은 것이다.

내가 일찍이 조정에 있을 때 보면 공경(公卿) 대신들의 말씨와 표정이 대체로 유가한 듯했다. 후세 사람들이 옛사람들만 못할지라도 역시 유가한 사람은 오래 가고 많은 사람을 얻지만, 까다롭고 난폭한 자는 대개 중도에서 넘어지니 나는 이로써 유가가 가장 좋은 기상임을 안다.

≪시경(詩經)≫에 이렇게 말하였다.

"유가(柔嘉)를 근본으로 삼아 훌륭한 태도와 훌륭한 모습을 갖추니 이는 중산보(仲山甫:周나라 宣王 때 大臣)의 덕일세."

범충선공(范忠宣公)이 광서성(廣西省)에 있는 제주(齊州) 수령이 되었을 때 누군가가 그를 격려하여,

"공(公)께서는 정사(政事)를 너그럽게 보시지만 제주 백성들은 흉포하여 노략질과 겁탈을 좋아하니 엄하게 다스리셔야 합니다."

라고 했다. 그러자 공께서는 이렇게 말하였다.

"너그러움은 내 성품에서 나오는 것이니 내가 억지로 사납게 다스리려 해도 오래지 않아 다시 관대해질 것인즉 사나움으로써 흉포한 백성을 다스리다가 이내 수그러지면 백성들의 놀림감만 될 뿐이 아니겠는가."

官府體貌 務在嚴肅 坐側不可有他人.

관부의 체모는 엄숙함을 잃지 않도록 힘써야 하나니 (수령은) 곁에 다른 사람을 있게 해서는 안 된다.

【字義】貌:모양 모.　肅:엄숙할 숙.　坐:앉을 좌. 자리 좌. 죄 입을 좌.
側:곁 측.
【語義】官府(관부):관청.　體貌(체모):체통과 면모.　務在嚴肅(무재엄숙):
엄숙함을 잃지 않도록 힘씀.　坐側(좌측):자리 곁, 즉 수령의 자리 옆.

【解說】수령의 지위는 존엄한 것이어서 아전의 무리들은 그 앞에 엎드
리고 서민들은 뜰 아래에 조아리게 되어 있거늘, 감히 다른 사람들
이 그 곁에 얼씬거릴 수 있겠는가. 자제나 친척 빈객이라도 마땅히
멀리 있게 하고 의연히 혼자 앉아 있는 것이 예(禮)인 것이다. 간혹
낮에 공청(公廳) 밖에서 보거나 조용한 밤에 일 없을 때 불러 만나는
것은 괜찮다.
　여씨(呂氏)의 ≪동몽훈(童蒙訓)≫에는 이렇게 나와 있다.
　"벼슬을 하고 있는 사람은 무릇 색다른 사람을 만나서는 안 된다.
무당이나 여승(女僧) 따위는 더욱 멀리해야 한다."
　≪상산록(象山錄)≫에 일렀다.
　"관청의 뜰에서 푸닥거리를 하고 내사(內舍)에서 신굿을 하며, 중
과 무당이 한데 어울려 징과 북을 울리며 소란을 떠는 것은 관청의
예법에 크게 어긋나는 짓이다. 목민관이 외출한 틈을 타서 이런 괴
이한 일을 벌인다면 이는 처자들이 명령을 쫓지 않기 때문이니 그
집안 법도가 방탕함을 잘 알 수 있다."

君子 不重則不威 爲民上者 不可不持重.

　군자가 진중하지 않으면 위엄이 없으니 백성의 윗사람 된 자는 반드
시 진중해야 한다.

【字義】 重:무거울 중. 威:위엄 위. 持:지닐 지.

【語義】 不重則不威(부중즉불위):진중하지 못하면 위엄이 없음. 爲民上者(위민상자):백성의 윗사람 된 자. 不可不(불가불):~아니할 수 없음. ~하지 않으면 안 됨. 持重(지중):무게를 지님. 언행을 진중히 함.

【解說】 사안(謝安)은 진(晋)나라 말기의 정승이었는데 북방에서 진(秦)의 군대가 남침하는 것을 조카인 사현(謝玄)이 맞아 대파하여 승전보를 전했지만 태연하게 계속 바둑을 두었다. 그러나 바둑을 끝내고 내실로 들어갈 때는 나막신의 굽이 떨어져 나가는 것도 알지 못했다.

또 유관(劉寬)은 후한(後漢) 사람이었는데 성품이 관대하기로 유명했다. 그가 새로 지은 조복(朝服)을 입고 입궐하는데 누군가가 그의 관대함을 시험해 보기 위해 새 옷 위에 국을 엎질렀다. 그러나 그는 조금도 놀라거나 성내지 않았다고 한다. 이는 모두 평소부터 익히 짐작해 두었던 바가 있었기 때문에 일을 당해도 당황하거나 놀라지 않을 수 있었던 것이다.

송(宋)의 정승 문로공(文潞公)이 네 개의 옥 술잔을 꺼내어 손님을 접대하는데 관노(官奴)가 잘못하여 그중 하나를 깨뜨렸다. 노공이 그 죄를 다스리려 하자 사마온공(司馬溫公)이 붓을 청하여,

'옥잔은 마구 다루지 말라는 예법은 옛 기록에서 들었으나 아름다운 구름은 흩어지기 쉬운 법이니 이 사람의 잘못을 가히 용서해 줄 만하오.(玉爵弗揮 典禮雖聞於往記 彩雲易散 過差可恕於斯人)'

라는 시를 즉석에서 적어 보이니 노공이 웃으면서 용서하였다.

송(宋)의 학자 여조겸(呂祖謙)이 어릴 적에는 성질이 거칠고 사나

워서 음식이 마음에 안 들면 살림을 부수기가 일쑤였다. 그런데 후에 오랜 병으로 인하여 단지 ≪논어(論語)≫ 한 권을 아침저녁으로 읽더니 홀연히 깨달음을 얻어 마음이 평온해졌다. 그 후로는 종신토록 격렬하게 성내는 일이 없었으니 이는 가히 기질(氣質)을 바꾸는 방법이라 할 수 있다.

> 斷酒絕色 屛去聲樂 齊遬端嚴 如承大祭 罔敢游豫 以荒以逸.

술을 끊고 여색(女色)을 끊고 노래와 음악을 물리쳐, 엄숙하고 공손하고 단정하기를 큰 제사 받들 듯해야 하며, 감히 놀이에 빠져 거칠어지거나 안일에 빠지지 말아야 한다.

【字義】 屛:병풍 병. 물리칠 병. 遬:빠를 속. 삼갈 속. 端:끝 단. 단정할 단. 豫:미리 예. 놀 예. 펼 서. 荒:거칠 황. 逸:편안할 일. 달아날 일.

【語義】 斷酒絕色(단주절색):술을 끊고 여색(女色)을 끊음. 屛去(병거):물리침. 聲樂(성악):노래와 음악. 齊遬(제속):엄숙하고 공손함. 大祭(대제):성대하게 지내는 제사. 罔敢(망감):감히 ~하지 말아야 함. 游豫(유예):노는 것. 놀이에 몰두함. 以荒以逸(이황이일):거칠어지거나 안일에 빠짐.

【解說】 매지(梅摯)가 소주(詔州)의 장관이 되어 다스릴 때 장설(瘴說:官吏들의 고질적인 병통을 일일이 기록한 글)을 지어 말했다.
　"벼슬살이에는 다섯 가지 병통이 있다. 급하게 재촉하고 마구 거두어들여 아랫사람에게서 긁어다 윗사람을 봉양하는 것은 조세(租稅)의 병통이요, 뜻이 깊은 법조문을 함부로 둘러대어 선악을 올바로 가리지 못하는 것은 형옥(刑獄)의 병통이요, 밤낮으로 주연(酒宴)을 베풀고 정사(政事)를 등한히 하는 것은 음식의 병통이요, 백성의 이익을 침해하여 사욕(私慾)을 채우는 것은 재물의 병통이며, 어린 계집들을 모아 노래와 여색을 즐기는 것은 규방(閨房)의 병통이다.

이중에서 한 가지 병통만 있어도 백성이 원망하고 신(神)이 노하니 편안하던 자는 병이 들고, 병든 자는 반드시 죽을 것이다. 벼슬살이 하는 자가 허물의 근본 병통을 알지 못하니 이 또한 잘못된 일이 아닌가."

≪상산록(象山錄)≫에는 이렇게 일렀다.

"술을 즐긴다는 것은 모두 객기(客氣)인 것이다. 세상 사람들은 이를 올바른 취미로 잘못 생각하지만, 이 객기가 자꾸 반복되어 그 습성이 오래 가면 폭음하는 주광(酒狂)이 되어 끊으려 해도 끊을 수 없게 되니 참으로 슬픈 일이다. 술을 지나치게 마시면 주정하는 자, 말이 많은 자, 곯아떨어지는 자가 있는데 술주정만 하지 않으면 폐단이 없는 줄 알지만 아전들은 수령의 잔소리나 군소리를 괴롭게 여길 것이며, 깊이 잠들어 오래 깨어나지 못하면 백성들은 민원 처리를 기다리다 지쳐 원망할 것인즉, 어찌 미친 듯 소리 지르고 횡설수설 하며 음탕한 짓을 하고 부당한 형벌로 곤장을 치는 것만이 정사에 해가 된다 하겠는가. 그러므로 목민관은 불가불 술을 끊어야 한다."

창기(娼妓)들의 음탕한 풍습은 삼고 선왕(三古先王:夏의 禹王, 殷의 湯王, 周의 文王)의 습속이 아니다. 후세에 와서 오랑캐의 풍속이 차츰 중국으로 물들어 와 결국 우리나라에까지 미친 것이니 목민관은 결코 창기에 흘려서는 안 된다.

소박하고 순진하여 깊이 틀어박혀 지내던 선비도 기생이란 것에 처음 사로잡히면 매혹됨이 더욱 심하니 이부자리 속에서 소곤거린 밀어(密語)를 철석같이 믿는다. 본시 기생이란 누구에게나 정을 주어 이미 그 인성(人性)이 없어지고 혹은 정부(情夫)가 따로 있어 누설치 않는 말이 없음을 그들은 모른다. 밤중에 소곤거린 말이 아침이면 온 성(城) 안에 퍼지고 저녁때쯤이면 사방으로 퍼져, 평생 단정하던 선비가 하루아침에 바보가 되어 버리니 이 어찌 서글픈 일이 아니겠는가.

내가 일찍이 호서(湖西)의 아사(亞使)로서 토지를 점검하는 일로 청주(淸州)에 보름 동안 머문 일이 있는데 강매(絳梅)라고 하는 재주와 미모가 출중한 기생이 항상 곁에 있었다. 사흘째 되던 날 밤 잠이 든 사이 발을 뻗으니 문득 사람의 살결이 닿는 것을 느꼈다. 누구냐고 물으니 강매라고 하면서,

"주관(主官)께서 '아사와 정교(情交)를 나누지 않으면 벌을 받을 것이다.' 하시기에 부끄러움을 무릅쓰고 들었나이다."

라고 말했다. 그래서 나는, "그야 쉬운 일이다." 하고는 곧 이불 속으로 들어오게 하였다. 이후 열사흘 동안 그 아이와 동침을 하였으나 끝내 흔들리지 아니하였다.

일을 끝내고 떠나게 되어 강매가 울기에,

"아직도 정이 남아 있느냐?"

하고 내가 물으니 그 아이는,

"무슨 정이 있겠나이까? 그저 무료하였기에 울 뿐입니다."

하였다. 그러자 옆에서 주관이 놀리며 말했다.

"강매는 고약한 냄새를 만년(萬年) 남겼고, 사군(使君)께서는 꽃다운 향기를 백세(百世)에 남기셨구나."

燕游般樂 匪民攸悅 莫如端居而不動也.

주연을 베풀고 노는 것은 백성들의 기뻐하는 바가 아니니 단정하게
처신하고 거동하지 않느니만 못하다.

【字義】般:가지 반. 즐길 반.　匪:비적 비. 아닐 비. 나눌 분.　攸:바 유.
　　莫:없을 막. 저물 모. 덮을 멱.
【語義】燕游(연유):주연을 베풀고 노는 것.　般樂(반락):즐기는 것.　匪
　　(비): '非' 의 뜻.　攸悅(유열):기뻐함.　端居(단거):단정하게 처신함.

【解說】당나라 전휘(錢徽)가 강주(江州)의 자사(刺使)가 되었는데 강주
　　에는 우전전(牛田錢)이 백만 냥이나 있었다. 우전전은 논밭갈이 비
　　용인데 관례상 자사가 연회 비용으로 써 오고 있었다. 누군가가 그
　　돈을 전휘에게 연회 비용으로 바치려 하자 전휘는, '이것은 농사짓
　　는 일에 대비한 돈이거늘 어찌 다른 데에 유용하겠는가?' 하며 거절
　　하고는 그 돈으로 가난한 농민들의 세금을 대납하게 하였다.
　　　정조(正祖) 때 예조 판서 정상순(鄭尙淳)은 평안도 감사로 있다가
　　2년 만에 갈렸는데 대동강 가의 경치 좋기로 유명한 연광정(練光亭)
　　에는 단 한 번도 올라가 본 적 없이 돌아왔다. 평소에도 그의 도움을
　　받아 끼니를 이어간 집이 사십 호나 되었다. 또 아우가 임파선이 부
　　어 의원 지시에 따라 뱀 회를 먹게 되자 상순은 자신이 먼저 먹으며,
　　'맛이 썩 좋구나. 너도 먹어 보아라.' 하였다.

治理旣成 衆心旣樂 風流賁飾 與民皆樂 亦前輩之盛
事也.

치적(治積)도 이미 이루고 백성들의 마음도 이미 즐거움에 젖었거든,
풍류(風流)를 아름답게 꾸며 백성들과 더불어 다 같이 즐기는 것 또한
선배 수령들이 흔히 행하던 일이었다.

【字義】賁:클 분. 꾸밀 비. 飾:꾸밀 식. 皆:다 개. 輩:무리 배. 盛:성할
　　　성. 많을 성.
【語義】治理(치리):치적(治積). 衆心(중심):민심(民心). 賁飾(비식):아름
　　　답게 꾸밈. 前輩(전배):선배 수령들. 盛事(성사):흔히 하던 일.

【解說】소동파(蘇東坡)가 여항(餘抗)을 다스릴 때 서호(西湖)로 놀이를
　　　나가게 되면 많은 깃발로 종자(從者)들을 이끌어 전당문(錢塘門)을
　　　통해 나오게 하고는 자신은 한두 명의 노병(老兵)을 따르게 하여 용
　　　금문(湧金門)으로 나와 배를 타고 호수를 가로질러 왔다.
　　　보안원(普安院)에서 식사를 마치고 영은(靈隱), 천축(天竺) 두 절
　　　사이를 거닐다가 처리할 공문(公文)이 있으면 가져오게 하여 냉천정
　　　(冷泉亭)에 이르러 책상에 기대 하나하나 결재하니, 붓 달리는 것이
　　　풍우(風雨)와 같고 분쟁을 판결하는 것도 당소로써 하였다.
　　　이윽고 속관(屬官)들과 더불어 실컷 마시고 황혼녘에 돌아올 때는
　　　길을 따라 횃불을 밝혀 놓고 백성들로 하여금 마음 놓고 태수(太守)
　　　를 보게 하였다.
　　　≪다산필담(茶山筆談)≫에서 나는 이렇게 말했다.
　　　"지난해 봄에 나는 작은 배를 타고 가우도(駕牛島)라고 하는 어촌

에 놀러 간 일이 있는데 때마침 그곳의 현감도 배를 타고 만덕사(萬德寺)에 와서 잔치를 벌이고 있었다.

내가 어촌에 이르러 그곳 어부들의 이야기를 들으니 고기잡이 나갔던 배가 항구로 들어오면 이교(吏校)들이 배 한 척마다 이백 전씩 토색질하는데 고기잡이 통발이 바다 가운데 수십 곳에 있으면 밀물 썰물 때 잡히는 것을 모조리 빼앗아 가면서 모두 수령의 놀이에 쓸 것이라고 핑계 댄다 하니 아아, 현령이 이를 어찌 알 것인가.

석양 무렵이 되어 내가 작은 노를 저어 갈대와 버들 사이를 지나가며 멀리 산허리의 절간을 바라보니 붉은 옷, 푸른 옷이 서로 어울려 돌아가고 퉁소 소리, 장구 소리가 시끄러이 사방으로 퍼져 나가는데 그들은 어촌 백성들이 모두 눈 흘겨 저주하는 것을 알지 못했다. 오호라, 백성들의 윗사람 되기가 이래서 또한 어렵지 아니한가."

> 簡其騶率 溫其顏色 以詢以訪 則民無不悅矣.

수행원은 줄이고 안색은 온화하게 하며, 백성들을 직접 찾아가 의논하면 기뻐하지 않을 사람이 없으리라.

【字義】騶:마부 추. 率:거느릴 솔. 거칠 솔. 溫:따뜻할 온. 온화할 온.
　　　 詢:물을 순.
【語義】簡(간):간략히 하다. 줄이다. 騶率(추솔):從者. 수행원. 以詢以
　　　 訪(이순이방):방문하여 의논함.

【解說】박세량(朴世樑)이 신창(新昌) 현감이 되었는데 그는 모든 것을
　　　 간략히 하였다. 관아에 들 때도 북소리나 날라리 소리가 없었고, 외

출을 해도 하인을 따르게 하지 않았다. 병중(病中)이 아니고는 여러 가지 반찬을 먹지 않았고, 큰 더위가 아니고는 햇빛가리개도 들게 하지 않았다. 농사철이 되면 관아를 지킬 사람 몇몇을 남기고는 관리들을 모두 들로 나가게 하였다. 땔나무는 동복(僮僕)들을 시켜 해오게 했으며, 틈이 나면 단건(短巾)에 간편한 옷차림을 하고 지팡이를 들고 산책을 하니 아무도 그를 알아보지 못했다.

> 政堂有讀書聲 斯可謂之淸士也.

정당(政堂)에서 글 읽는 소리가 나면 이는 가히 청빈한 선비라 할 수 있다.

【字義】政:정사 정.　斯:이 사.　謂:이를 위.　淸:맑을 청. 깨끗할 청.

【語義】政堂(정당):정사(政事)를 처리하는 집.　정각(政閣).　可謂(가위):~라 할 수 있음.　淸士(청사):청빈한 선비.

【解說】유중영(柳仲郢)은 예로써 몸을 꼿꼿이 하고 단정히 앉아 두 손을 마주 잡고 있었다. 세 번이나 대진(大鎭:전략상 요지에 설치했던 軍鎭)을 거느리면서도 마구간에는 좋은 말이 없었고 옷에서는 향기로운 냄새가 나지 않았다. 공무(公務)에서 물러나면 반드시 책을 읽었는데 손에서 책이 떠날 새가 없었다.

완평(完平) 이원익(李元翼)이 정승으로 있을 때 말하기를, '나는 평소에 책읽기를 좋아하였지만 벼슬살이를 하는 동안에는 책을 묶어 책장 속에 넣어 두고 밤낮으로 공무에만 전념했다. 요즘 사람들은 군(郡)의 수령이 되어서 책은 책대로 읽으니 이는 내 재주가 능히 미치지 못하는 바가 있다.' 하였다.

　글만 읽고 정사를 제대로 돌보지 못하는 자는 그 벼슬을 낮추어야 하거니와 내가 말하는 것은 때때로 성현들의 책을 한두 장(章)씩 읽고 그것이 가슴에 젖어들게 함으로써 착한 마음이 스스로 일게 하고자 하는 것뿐이다.

若夫哦詩賭棋 委政下吏者 大不可也.

　무릇 시나 읊조리고 내기 바둑이나 두면서 정사(政事)는 하급 관리들에게 내맡기는 짓은 절대 해서는 안 된다.

【字義】哦:읊조릴 아.　賭:내기 도.　棋:바둑 기.　委:맡길 위.　大:클 대. 심할 대.

【語義】哦詩(아시):시를 읊조림.　賭棋(도기):내기 바둑.　大不可(대불가):절대 있을 수 없는 일. 결코 해서는 안 되는 일.

【解說】광해군 때의 부사(府事) 남창(南牕) 김현성(金玄成)은 여러 차례 주군(州郡)을 전수(典守)하였는데 깨끗하게 직책에 봉사하여 청렴한 명성이 세상에 드높았다. 그러나 성품이 몹시 소아(疏雅)하여 일처리에는 익숙하지 못하여 죄인 다스리는 일은 하지 않고, 담담하게 종일토록 시를 읊조리니 말하기 좋아하는 자들은 그를 두고 '남창은 백성 사랑하기를 자식 사랑하듯 하나 원망의 소지가 온 경내(境內)에 차고, 추호의 잘못도 범하지 않았으나 관청의 창고는 바닥이 났다.' 하여 한때 웃음거리가 되었다.

　당대(唐代)에 영호도(令狐綯)가 이원(李遠)을 항주(杭州) 자사(刺

使)로 보내려 하자 선종(宣宗)이,

　"내가 듣기로 원(遠)의 시(詩)에 '長日惟消一局棋:온종일 오직 한 판의 바둑으로 소일한다.'고 했다는데 그런 사람이 어찌 백성들을 편히 다스릴 수 있겠는가?"

　하였다. 이에 도(綯)가 아뢰었다.

　"시인이 시흥(詩興)이 넘쳐 그런 시를 지었을 것인즉 반드시 그러하지는 않을 것입니다."

　그러자 선종 임금이 말했다.

　"그렇다면 한번 보내서 시험해 보도록 하오."

循例省事 務持大體 亦或一道 唯時淸俗淳 位高名重者
乃可爲也.

　관례에 따른 일을 줄이고 큰 줄기만을 잡아 처리하는 것도 한 가지 방법이겠으나 그것은 오직 시절이 평온하고 풍속이 순후한 가운데 지위가 높고 명망이 두터운 사람만이 할 수 있는 것이다.

【字義】循:돌 순. 좇을 순.　省:살필 성. 덜 생.　淸:맑을 청. 고요할 청.
　　淳:순박할 순.

【語義】循例(순례):관례를 따름.　省事(성사):일을 줄임.　務持大體(무지대체):큰 골격만을 취하려 애씀.　時淸俗淳(시청속순):시절이 맑고 풍속이 순후함.　位高名重者(위고명중자):지위가 높고 명망이 두터운 사람.　乃可爲(내가위):그렇게 할 수 있음.

【解說】한(漢)나라 고조대(高祖代)의 육가(陸賈)는 '군자의 다스림에는

혼연히 일이 없고 적연히 소리가 없으며, 관부에는 사람이 없는 것 같고 촌락에는 이속(吏屬)들이 없는 것 같다. 또 역(驛)에는 급한 일로 밤길을 뛰는 역졸이 없고 향(鄕)에는 밤중에 군졸을 소집하는 일이 없다. 노인들은 집에서 맛있는 음식을 먹고 장정들은 들에서 밭갈이를 할 뿐이다.'라고 했다.

생각건대 가혹한 정치를 했던 진(秦)나라 뒤를 이어받은 한나라 초기에는 목민관이 백성들과 더불어 휴식을 취하고자 했기 때문에 그런 이론이 많았다. 그런데 군자가 아닌 용렬한 사람이 이를 흉내 내어 묵묵히 있다면 만사를 그르치고 말 것이다.

당나라 육상선(陸象先)이 포주(蒲州)를 다스리게 되었는데 일찍이 그가 말하기를, '천하에는 원래 일이 없는데 용렬한 인간들이 시끄럽게 할 뿐이다. 진실로 그 근원이 맑으면 일을 간략히 하지 않는다고 해서 어찌 근심하겠는가.' 하였다.

남송(南宋)의 사비(謝朏)가 의흥(義興) 수령을 지낼 때 잡사(雜事)는 돌보지 않고 속관(屬官)에게 모두 내맡기면서 말했다. '나는 다만 태수 노릇만 하면 되는 것이다.' 생각건대 이것이 소위 대체(大體)를 잡는 것이다. 평소에 위엄과 명망이 특출해야만 가히 이렇게 할 수 있는 것이니 용렬한 사람이 이를 흉내 내려 하다가는 모든 일을 그르칠 것이다.

제2조 청심(淸心): 청렴한 마음가짐

> 廉者 牧之本務 萬善之源 諸德之根 不廉而能牧者 未
> 之有也.

청렴이라고 하는 것은 목민관의 본무요, 모든 선(善)의 근원이요, 모든 덕의 근본이니 청렴하지 않고서 목민관이 될 수 있는 사람은 아직 없었다.

【字義】廉:청렴할 렴. 源:근원 원. 諸:모두 제. 牧:기를 목. 다스릴 목.

【語義】廉者(염자):청렴이라는 것. 不廉而能牧者(불렴이능목자):청렴하지 않고서 목민관이 될 수 있는 사람.

【解說】지금까지 우리나라에서 청백리(淸白吏)로 뽑힌 사람은 통틀어 백십 명인데 태조조(太祖朝) 이후로 사십오 명, 중종(中宗) 이후로 삼십칠 명, 인조(仁祖) 이후로 이십팔 명이었다. 그러던 것이 경종(景宗) 이후로는 이렇게 뽑는 것조차도 끊어져, 나라는 더욱 가난해지고 백성은 더욱 곤궁하게 되었으니 이 어찌 한심스럽지 아니한가. 사백여 년 동안 의관(衣冠)을 갖추고 조정에 나선 사람만 해도 몇 천만이나 되는데 그중에 청백리로 뽑힌 자가 겨우 백십 명이라니 이는 사대부의 수치가 아닌가.

《상산록》에 일렀다.

"청렴에는 세 등급이 있는데 나라에서 주는 봉급 외에는 아무것도 먹지 않고, 설령 먹고 남음이 있어도 집으로 가져가지 않으며, 벼슬에서 물러나 돌아가는 날에는 한 필의 말만 타고 숙연히 가는 것이니, 이것이 소위 옛날의 염리(廉吏)이며 최상 등급이다.

　그 다음은 봉급 외에 명분이 바른 것은 먹되 바르지 않은 것은 먹지 않으며 먹고 남는 것을 집으로 보내는 것인데 이것이 소위 중고(中古) 시대의 염리였다.

　가장 아래로는 무릇 이미 규정이 서 있는 것은 비록 그 명분이 바르지 않더라도 먹되 아직 그 규정이 서 있지 않은 것은 자기가 먼저 죄의 전례를 만들지 않으며, 향(鄕)이나 임(任)의 자리를 돈 받고 팔지 않으며, 재해를 입은 수확량에 대해 감면해 주는 세금을 중간에서 착복하지 않는 것, 이것이 소위 오늘날의 청백리이다."

廉者 天下之大賈也. 故 大貪必廉 人之所以不廉者 其
智短也.

　청렴이라고 하는 것은 천하의 큰 장사이다. 그러므로 크게 탐하면 반드시 청렴하다. 사람이 청렴한 자가 되지 못하는 것은 그 지혜가 짧기 때문이다.

【字義】賈:장사 고. 값 가.　貪:탐할 탐.　智:슬기 지.
【語義】大賈(대고):큰 장사.　大貪(대탐):크게 탐하는 것.　所以(소이):까닭.　智短(지단):지혜가 부족함.

【解說】공자께서 가로되 "인(仁)한 사람은 인으로써 편안하니 슬기로운 사람은 인을 이롭게 쓴다."고 했다. 그런데 나는 이렇게 말하고 싶다. "청렴한 자는 청렴으로 편안하니 슬기로운 자는 청렴을 이롭게

쓴다." 재물이란 사람들이 크게 욕심내는 것이지만 욕심의 대상 중에는 재물보다 더 큰 것이 있으므로 재물을 버리고 취하지 않는 수도 있기 때문이다.

지혜가 크고 사려 깊은 사람은 그 욕심이 크므로 염리(廉吏)가 되고, 지혜가 짧고 생각이 얕은 사람은 그 욕심이 적으므로 탐리(貪吏)가 되는 법이니 진실로 생각이 능히 여기에 미친다면 청렴하지 않을 사람이 없을 것이다.

송(宋)나라 농부가 밭을 갈다가 옥(玉)을 주워 사성(司城)인 자한(子罕)에게 바쳤으나 자한은 그것을 받지 않았다. 그러자 농부가 받기를 청하며 말했다.

"이것은 농사꾼의 보배입니다. 원컨대 받아 주십시오."

그러자 자한이 말했다.

"자네는 옥을 보배로 여기고 나는 받지 않는 것을 보배로 여기니 내가 그것을 받는다면 자네와 내가 모두 보배를 잃게 되는 셈일세."

故 自古以來 凡智深之士 無不以廉爲訓 以貪爲戒.

그러므로 자고이래로 무릇 지혜가 깊은 선비 치고 청렴을 교훈으로 삼고 탐욕을 경계로 삼지 않는 사람이 없었다.

【字義】 凡:무릇 범. 訓:가르칠 훈. 貪:탐할 탐. 탐욕 탐. 戒:경계할 계.
【語義】 智深之士(지심지사):지혜가 깊은 선비. 以廉爲訓(이렴위훈):청렴으로써 교훈을 삼음. 以貪爲戒(이탐위계):탐욕을 경계로 삼음.

【解說】 ≪율기잠(律己箴)≫에 이르기를, "선비의 청렴은 여자의 순결과

같아서, 진정 한 터럭의 오점도 평생의 흠이 되나니 아무도 보는 이 없다 하지 말라. 하늘이 알고 신(神)이 알고 내가 알고 네가 알지 않느냐. 너 자신을 아끼지 않고 마음의 신명(神明)을 어찌 속일 수 있는가. 황금 5, 6태(駄)나 후추 팔백 곡(斛)도 살아서 영화로움이 되지 못하고 천 년 후에 욕을 남길 뿐이다. 저 아름다운 군자는 한 마리 학이요 하나의 거문고이니 바라보매 그 늠연(凜然)한 모습이 고금에 청풍이라." 하였다.

명(明)나라 말기의 작가 풍몽룡(馮夢龍)은, "천하의 끝없는 불상사는 수중(手中)의 돈을 버리지 않으려는 데서 생기고, 천하의 끝없는 좋은 일은 손에 넣은 돈을 버리는 데서 온다."고 했다.

정선(鄭瑄)이 일렀다.

"얻기를 탐하는 자는 만족함이 없으니 모두가 사치를 좋아하는 일념(一念)에서 비롯된다. 검소하고 담담하여 만족을 알면 세상의 재물을 얻어 무엇에 쓰겠는가. 청풍명월(淸風明月)은 돈으로써 사는 것이 아니고, 대나무 울타리와 띠집에도 돈 쓸 일이 없으며, 책을 읽고 도(道)를 논함에도 돈 드는 것이 아니며, 몸을 청결히 하고 백성을 사랑하는 데에도 돈이 필요치 않으며, 인간을 구제하고 만물을 이롭게 하는 데에도 돈이 필요한 것이 아니다. 이처럼 늘 자신을 성찰하면 세속의 맛에서 초탈하게 될 것인즉 탐하는 마음이 또 어디에서 생길 것인가."

牧之不淸 民指爲盜 閭里所過 醜罵以騰 亦足羞也.

목민관이 청렴하지 않으면 백성들이 손가락질하며 도적이라 하고 마을을 지나게 되면 추하다고 욕하는 소리가 들끓을 것이니 이 또한 수치스러운 노릇이다.

【字義】淸:맑을 청. 청렴할 청. 指:가리킬 지. 손가락질할 지. 閭:마을
려. 醜:추할 추. 罵:꾸짖을 매. 욕할 매. 騰:오를 등. 羞:부끄러울
수. 수치 수.

【語義】牧之不淸(목지불청):목민관의 청렴치 못함. 民指爲盜(민지위
도):백성이 손가락질하며 도적이라 함. 閭里(여리):마을. 醜罵(추
매):더럽다고 욕함.

【解說】정선(鄭瑄)이 다음과 같이 말했다.
　　'관리가 한 도적을 심문하면서,
　　"네가 도적질하던 상황을 말해 보아라."
　　하자 도적은 짐짓 시치미를 떼며,
　　"무엇을 도적이라 하나이까?"
　　하고 물었다. 관리가 다시,
　　"네가 도적이면서 그것을 모르느냐? 남의 궤짝을 열어 재물을 훔
치는 것이 도둑이다."
　　라고 말하자 도적이 웃으면서 말했다.
　　"당신의 말대로라면 내가 어찌 도적일 수 있겠습니까. 당신 같은
관리가 진짜 도적입니다.
　　유생(儒生)이라는 분들은 첩괄(帖括:과거시험 문제의 답안)을 소
리 내어 읽으면서도 고금(古今)을 생각하거나 천인(天人)을 연구하
지 않고 구제를 생각하거나 백성들에게 혜택을 주는 것은 살피지
않으며, 밤낮 권력을 손에 넣어 큰 이득만 취하려 하니 아비와 스승
이 가르치는 것이나 벗에게서 배우는 것도 도적질을 익히는 일뿐입

니다.

관복을 입고 수판(手板:관원이 비망록을 적기 위해 지니고 다니는 나무판)을 들고 높은 자리에 당당히 앉으면 아전들이 열을 지어 늘어서고 하인들이 아래에서 옹위하니 그 존엄함이 마치 천제(天帝)와 같습니다.

벼슬은 이(利)를 따라 나오고 정사(政事)는 뇌물로써 이루어지니 한(漢)나라의 협객(俠客) 원섭(原涉)이나 곽해(郭解) 같은 토호가 대낮에 살인을 해도 뇌물꾸러미 하나만 들어가면 법률은 온데간데없고 권력이 황금에 있으니 대낮의 해도 빛을 잃어, 다시 풀려나와 거리를 활개치고 다닙니다.

또 마을의 천한 백성들은 벌을 돈으로 속죄하니 더욱 가난의 고초를 겪어 머리는 흐트러지고 살갗이 떨어지며 집칸도 유지하지 못하고 처자를 팔아먹을 지경에 이르러 바다에 빠지고 구렁에 묻혀도 보살피고 근심해 줄 줄을 모릅니다.

신이 노하고 사람들의 원한이 맺혀도 돈의 신령함이 하늘에 통하여 명관(名官)이라는 칭찬이 자자하며, 고래 등 같은 저택이 구름같이 이어져 있고, 노래와 풍악 소리가 땅을 진동시키고, 노복들이 벌떼 같고, 분을 바르고 눈썹을 그린 계집들이 방에 그득하니 천하에 이보다 더 큰 도적이 또 어디 있겠소.

땅을 파고 낙숫물받이를 깨뜨리고 들어가 남의 돈 한 푼을 훔쳤다 하여 도적이라 하겠소."

이에 그의 죄를 문초하던 관리는 그 도적을 즉시 풀어주었다.'

貨賂之行 誰不秘密 中夜所行 朝已昌矣.

뇌물을 주고받음에 누군들 비밀히 하지 않겠는가마는 한밤중의 소행이 아침이면 이미 소문이 퍼진다.

【字義】 貨:재물 화. 賂:뇌물 뢰. 誰:누구 수. 昌:창성할 창. 번성할 창.
【語義】 貨賂之行(화뢰지행):뇌물이 오고 감. 中夜(중야):한밤중. 朝已昌(조이창):아침이면 이미 소문이 퍼짐.

【解說】 이속(吏屬)은 몹시 경박하여 수령 앞으로 와서는 '이 일은 비밀이라 아무도 아는 사람이 없습니다. 퍼뜨리면 제게 해로울 텐데 누가 퍼뜨리려 하겠습니까?' 하므로 수령은 그 말을 깊이 믿고 뇌물을 흔쾌히 받지만, 문 밖에만 나서면 거리낌 없이 말을 퍼뜨리며 자랑하여 자기의 경쟁자를 물리치려 하니 소문이 삽시간에 사방으로 퍼져 나가도 수령은 혼자 깊숙이 틀어박혀 있어 아무것도 들을 수 없으니 참으로 슬픈 일이로다.

양진(楊震)은 사지(四知:하늘이 알고 신이 알고 내가 알고 네가 안다)를 말하였으나 그 외에 다른 사람들이 아는 것을 막아낼 수가 없는 것이다.

양진(楊震)이 형주(荊州)의 자사(刺史)가 되었을 때 무재(茂才) 왕밀(王密)이 창읍(昌邑)의 원이 되어 밤에 금 열 근을 품고 와 진에게 주면서 '어두운 밤이라 아무도 모릅니다.' 라고 말하자 양진이, '하늘이 알고 신(神)이 알고 내가 알고 그대가 아는데 어찌 아무도 모른다 하오.' 하고 말하니 왕밀이 부끄럽게 여기고 물러갔다.

손신(孫薪)과 황보(黃葆)는 태학(太學)에서 함께 공부한 사이이다.

후에 황보가 어사가 되어 처주(處州)에 나아가니 이속 한 사람이 황보에게 뇌물을 쓰고자 손신을 통하려 했다. 그러자 손신은 그를 만류하며, '삼가 말하지 말라. 네가 그런 말을 하여 내 귀에 들어오면 일단 장물(贓物)이 된다.' 하고 말했다.

饋遺之物 雖若微小 恩情旣結 私已行矣.

보내온 물건이 비록 보잘것없는 것일지라도 은정(恩情)이 이미 맺어진 것이니 사사로움이 이미 행해진 것이다.

【字義】饋:보낼 궤. 遺:남길 유. 보낼 유. 雖:비록 수. 微:작을 미. 結:맺을 결.

【語義】饋遺之物(궤유지물):보내온 물건. 雖若微小(수약미소):비록 보잘것없을지라도. 恩情旣結(은정기결):은정이 이미 맺어짐. 私已行(사이행):사사로움이 이미 행해짐.

【解說】양속(羊續)이 여강(廬江) 태수가 되었을 때, 부승(府丞)이 물고기를 보내 왔는데 받기는 했으나 먹지 않고 걸어 두었다. 후에 다시 또 보내 오자 양속은 지난번에 받은 물고기를 내보이니 부승은 부끄러워하며 다시는 그런 짓을 하지 않았다.

웅태간공(熊泰簡公)은 평생토록 청렴의 지조를 지켜 지푸라기 하나도 받지 않았다. 그가 운남(雲南) 지방을 순찰하며 백성들을 위로하고, 오랑캐를 평정하여 공적(公的)인 연회를 베풀던 날에 금화채단(金花綵段)을 받으니 혹자는 그를 의심했다. 그런데 이듬해에 공(公)이 도읍으로 돌아가게 되자, 공은 유사(有司)를 불러 금화채단이

들어 있는 창고를 인수하게 하니 의심했던 사람들은 그가 청렴을 내세워 선물을 건네주는 사람의 마음을 아프게 하지 않으려 했었다는 깊은 뜻을 알게 되었다.

명대(明代)에 엽종행(葉宗行)이 전당(錢塘)의 수령이 되었을 때 안찰사 주신(周新)은 풍채가 엄중한 그를 더욱 중히 여겼다. 하루는 엽종행이 외출하자 주신이 그 집에 잠입하여 방 안을 둘러보니 좋은 물건은 하나도 없고 오직 입택(笠澤)에서 잡은 말린 은어(銀魚) 한 꾸러미가 있을 뿐이었다. 주신은 탄식하며 그중 몇 마리를 가지고 돌아갔다. 이튿날 엽종행을 불러 함께 식사하며 "이 은어는 그대의 집에서 가져온 것이오." 하였다. 당시 사람들은 이 일을 일러 '錢塘一葉淸:전당의 한 잎 맑음' 이라 하였다.

所貴乎廉吏者 其所過山林泉石 悉被淸光.

청렴한 관리(官吏)를 귀하다고 하는 까닭은 그가 지나는 곳의 산림 · 샘물 · 돌까지 그의 맑은 빛을 입기 때문이다.

【字義】 吏:관리 리. 아전 리.   過:지날 과. 허물 과.   悉:다 실.   被:입을 피. 받을 피.

【語義】 所(소):까닭. 이유.   貴乎(귀호):귀하다고 함.   悉(실):'皆' 의 뜻, 즉 모두.   被淸光(피청광):맑은 빛을 입음. 맑아짐.

【解說】 당나라 이백(李白)이 우성(虞城) 현령이 되었는데 관사(官舍) 안에 오래된 우물이 있어 물은 맑으나 맛이 썼다. 이백이 부임하여 수레에서 내려 물맛을 보고는 빙그레 웃으면서, '내가 쓰고도[苦] 맑은

[淸貧] 사람이니 내 뜻과 족히 맞는구나.' 하고는 그 우물 물을 고치지 않고 그냥 사용하였는데 얼마 후 쓴 물맛이 변하여 달게 되었다.

원위(元魏)의 방표(房豹)가 악릉(樂陵)의 수령이 되었는데 그 고을은 바다에 접해 있으므로 물맛이 썼다. 그가 샘 하나를 파게 하여 마침내 단 물을 얻었다. 그러나 그가 돌아가자 물맛이 도로 짜졌다.

凡珍物 産本邑者 必爲邑弊 不以一杖歸 斯可曰廉者也.

무릇 진기한 물건으로서 본읍(本邑)에서 나는 것은 반드시 그 읍에 폐단이 되니 단 하나라도 가지고 돌아가지 않아야 이를 가히 청렴한 사람이라 할 수 있다.

【字義】 珍:보배 진. 진귀할 진. 弊:폐단 폐. 폐해 폐. 해질 폐. 杖:지팡이 장. 잡을 장. 廉:청렴할 렴.
【語義】 珍物(진물):진기한 물건. 귀한 물건. 杖歸(장귀):가지고 돌아감.

【解說】 강계(江界)의 인삼과 표범 가죽, 경북(鏡北)의 다리(髢:여자들이 머리숱을 늘리기 위해 북 삼아 집어넣는 다른 머리), 남평(南平)의 부채, 순창(淳昌)의 종이, 담양(潭陽)의 오색찬란한 대나무 상자, 동래(東萊)의 연구(烟具), 경주(慶州)의 수정(水晶), 해주(海州)의 먹[墨], 남포(藍浦)의 벼루 등은 돌아가는 날에 단 하나라도 자루 속에 넣어 가지 않아야 청렴한 선비라 할 수 있다.

진기한 물건을 가지고 돌아가 그 물건들을 좌우로 펼쳐놓는 것을 볼 때마다 그 탐욕스럽고 비루한 빛이 안으로부터 뻗쳐 나와 남들로 하여금 그 부끄러움을 대신 느끼게 한다.

송대(宋代)의 문충공(文忠公) 구양수(歐陽脩)는 자기 조카 통리(通理)에게 편지를 보내어 일렀다. '어제 받아 본 너의 편지에 네가 주사(朱砂:高價品의 漢藥材)를 사 가지고 오고 싶다고 했는데, 내게는 주사가 소용이 닿지 않거니와 네가 벼슬을 함에 있어 청렴을 지켜야 하는 것이거늘 어찌 네 관할 지역의 산물을 살 수 있느냐. 나는 벼슬살이를 할 때 마시는 물을 제외하고는 단 한 가지 산물도 산 일이 없다. 가히 이를 경계로 삼아야 할 것이다.'

동사의(童士毅)가 촉주(蜀州) 수령이 되었는데 부임 시에 아들들이 모두 청하여 아뢰었다. '아버님의 지절(志節)은 저희들도 익히 아는 바이니 일체의 생계를 바라지는 않겠사오나 아버님께서 연세가 많으시고 촉주(蜀州)에는 좋은 목재(木材)가 많다 하오니 후일을 위한 계획을 세우심이 좋을 듯합니다.' 그러자 공(公)께서는 '오냐, 알겠다.' 하고 인자하게 대답했다. 공께서 소임을 마치고 돌아오자, 아들들이 강가에까지 마중 나가 목재에 관해 여쭈니 '듣건대 삼나무가 잣나무만 못하다고 하더라.' 하고 말했다. 아들들이 다시 여쭈었다. '그럼 아버님께서 가지고 오신 것은 잣나무 목재입니까?' 그러자 공이 빙그레 웃으면서 대답했다. '내가 여기에 싣고 온 것은 잣나무 종자(種子)이다. 그러니 이것을 심으면 될 것이다.'

若夫矯激之行 刻迫之政 不近人情 君子所黜 非所取也.

대저 교만하고 과격한 행동과 각박한 다스림은 인정에 가까운 것이 아니니 이는 군자가 물리쳐 취할 바가 아니다.

【字義】矯:바로잡을 교. 거스를 교. 激:과격할 격. 刻:새길 각. 각박할

각.　迫:핍박할 박. 다그칠 박.　黜:내칠 출. 물리칠 출.

【語義】矯激(교격):교만하고 과격함.　黜(출):물리침.

【解說】양계종(楊繼宗)이 돼지머리 때문에 아내를 내쫓고 — 다음에 나
오는 제3조의 齊家篇을 참조할 것 — 허자(許鎡)는 곤목(棍木)을 굴
려 아들의 발을 덥게 하였다 함은 각박한 다스림이 아닌가. 공개
(孔覬)는 비단을 불 속에 던졌고, 이견공(李汧公)은 코뿔소의 상아
(象牙)를 물 속에 던졌으니 이는 과격한 행동이 아닌가. 그런 일들은
모두 군자가 취할 바가 아니다.

　고적간(庫狄干)의 아들 사문(士文)은 성품이 청고(淸苦)하여 봉록
도 받지 않고 일했다. 그는 아들이 관청 주방의 음식을 먹었다고 해
서 칼을 씌워 여러 달 동안 옥에 가두었다가 곤장을 이백 대 쳐서 도
읍으로 돌려보내며 걸어서 가게 했다. 그는 간음과 형제간의 불화까
지도 적발하여 가차 없이 영남으로 귀양 보냈는데 그 수가 무려 천
명이나 되었고, 그들은 거의 대다수가 풍토병으로 죽었다. 그들의
친척 중 이를 슬퍼하여 큰 소리로 우는 자가 있으면 사문(士文)은 그
들마저 잡아다 매를 치니 곤장은 그의 앞에 수북하고 통곡 소리는
날로 더해갈 뿐이었다.

　상부에서 이 소식을 듣고는 사문의 포악함이 독수(獨獸:원숭이를
닮은 몸집이 큰 동물로서 원숭이를 잡아먹음)보다 더하다 하여 즉시
파면시켰다.

清而不密 損而無實 亦不足稱也.

청렴하되 치밀하지 못하거나 재물을 쓰되 효과가 없으면 이 또한 칭

송할 것이 되지 못한다.

【字義】密:빽빽할 밀. 꼼꼼할 밀. 損:덜 손. 줄 손. 實:열매 실. 내용
  실. 稱:일컬을 칭. 칭찬할 칭.
【語義】淸而不密(청이불밀):청렴하되 치밀하지 못함. 損而無實(손이무
  실):(재물을) 내놓되 실효가 없음. 稱(칭):칭송함.

【解說】≪상산록(象山錄)≫에 다음과 같이 이르고 있다.
  "수령이 청렴하기는 한데 치밀하지 못하고, 재물을 내주는 것에만
힘쓸 뿐 그것을 쓸 줄 몰라 혹 기생이나 광대에게 뿌리고 혹은 절간
에 시주하니 이는 잘못된 것이다. 자고이래로 실익(實益)에 힘쓰는
사람이라면 소를 사서 백성들에게 나누어 주거나 국고(國庫)를 풀어
빚을 주되 노역 대신 돈을 내게 해야 하는 것이거늘, 돌아가는 행차
가 문 밖에 나가기 무섭게 약조가 깨지고, 소를 살 돈은 그 지방 유
지들에게 돌아가 이속들과 더불어 나누어 먹고, 자기들이 갚아야 할
빚은 가난한 백성들에게 떠넘기니 백성들은 죽을 지경에 이르게 되
어도 수령은 그것을 알지 못한다."
  큰 재산이 있으면 마땅히 전장(田莊)을 마련하여 백성들의 요역(搖
役)을 벌어 주고, 그것이 불가능하면 그 돈으로 노인을 공양하고 어
린애를 키우거나 경조사(慶弔事)에 쓰거나 병든 사람들을 구호하는
일에 쓰거나 하여 눈앞의 어려움을 해결해 줌으로써 내 마음이 편해
지면 되는 것이다. 나의 이 직위가 확고하지도 못할진대 어찌 후일
의 계획까지 세울 수 있겠는가.

> 凡買民物 其官式太輕者 宜以時直取之.

    무릇 백성들의 물건을 관(官)에서 사들일 때는 그 값이 너무 헐한 것은 마땅히 시가로 사들여야 한다.

【字義】 買:살 매. 式:법 식. 본받을 식. 直:곧을 직. 값 치.

【語義】 買民物(매민물):백성들의 산물을 (官에서) 사들임. 官式(관식):官에서 정한 가격. 太輕(태경):값이 너무 헐함. 時直(시치):'直'는 '値'의 뜻이니 時直는 '시가'의 뜻.

【解說】 생각건대 관가(官價)라고 하는 것은 관(官)에서 정한 가격인데 그것은 대개 헐하고 박한 것을 따르게 마련이다. 간혹 후한 가격을 따른 것이 있다 해도 관에서는 그것을 사서 쓰지 않으니 아전들이 그것을 어찌 감당하겠는가.

    물건의 귀천은 때에 따라 변하는 것인데도 관에서 사들이는 값은 일정하여 백 년이 지나도 고치지 않으니 시세에 따라 맞추지 못하는 것은 당연하다. 값이 박하면 이속들이 괴롭고 이속들이 괴로우면 백성들의 물건 값이 깎이는 법이어서 결국은 그 피해가 아래 백성들에게로 돌아가니 이속들이야 무슨 상관이겠는가.

    무릇 관에서 쓰는 물건은 춘분(春分)과 추분(秋分) 두 차례에 걸쳐 그 값을 조정하되 반 년 동안 시행하여 그대로 두어도 좋은 것은 그대로 두고 고쳐야 할 것은 고쳐서 시가에 맞추어야 할 것이다.

> 凡謬例之沿襲者 刻意矯革 或其難革者 我則勿犯.

무릇 이어져 내려오는 관례 가운데 그릇된 것은 굳은 의지로 고쳐 나아가되 간혹 고치기 어려운 것이 있거든 나 하나만이라도 범하지 않도록 하라.

【字義】謬:그르칠 류. 沿:물 따라갈 연. 따를 연. 襲:엄습할 습. 물려받을 습. 矯:바로잡을 교. 革:가죽 혁. 고칠 혁.

【語義】謬例(유례):그릇된 관례. 沿襲(연습):이어 내려옴. 刻意(각의):원래의 의미는 '마음을 졸임', '고심함'이나 여기서는 '굳은 의지'로 해석함. 我則勿犯(아즉물범):나만이라도 범하지 말아야 함.

【解說】서로(西路)의 방번전(防番錢:지방에서 병졸을 뽑아 서울로 보낼 때 그것을 면제해 주고 받는 돈), 산간 고을의 화속전(火粟錢:火田民들에게서 거두어들이는 林野 사용료), 장세전(場稅錢:장터에서 장사하는 사람들로부터 거두어들이는 자릿세), 무녀포(巫女布:무당들로부터 세금 명목으로 거두어들이는 稅布) 같은 것들은 비록 그릇된 전례이기는 하나 조정에서 알고 있는 것들이니 수령으로서는 그냥 둘 수밖에 없을 것이다.

그러나 서로(西路)의 와환채(臥還債:還穀을 연말에 거두지 않고 상부에 거짓 보고하고, 봄에 빌려 주지 않고 빌려 준 것처럼 보고하여 그것을 이자로 빌려 줌), 남방의 은결채(隱結債:隱結이란 收稅의 대상에서 불법으로 제외된 경작지인데 은밀히 세금을 받아 수령이 착복하는 것)는 비록 오래된 관례이지만 결단코 행해서는 안 된다.

민고(民庫)의 자질구레한 명목의 돈은 일일이 예로 들 수 없겠지만 결코 관례에 따라 거두어들여서는 안 된다. 수령된 자가 옳은 것과 그른 것을 가려 천리(天理)에 어긋나며 왕법(王法)에 거슬리는 것은 절대 거두지 말아야 한다. 혹 여러 모로 구애되어 혁파하기 어려운 것을 고칠 수 없다면 나 한 사람만이라도 범하지 말아야 한다.

> 凡布帛貿入者 宜有印帖.

포목과 비단을 사들이는 사람은 마땅히 인첩이 있어야 한다.

【字義】布:베 포. 帛:비단 백. 貿:바꿀 무. 살 무. 印:도장 인. 찍을 인.
　　帖:문서 첩. 증서 첩.
【語義】布帛(포백):포목과 비단. 貿入者(무입자):사들이는 사람. 印帖
　　(인첩):관(官)의 도장을 찍은 수첩.

【解說】읍마다 반드시 읍시(邑市)가 있게 마련인데 구매 담당 이노(吏
　　奴)들이 관에서 사들임을 빙자하여 포목과 비단을 헐값에 사거나 또
　　는 내사(內舍)나 책방(冊房)이 사사로이 사면서 값을 깎거나 하면 이
　　노들이 그 차액을 물어 넣거나 장사꾼이 앉아서 손해를 본다. 이는
　　원성을 듣게 되는 비리(非理)이나 수령은 그것을 알지도 못하고 있는
　　것이다.
　　　그러므로 수령은 부임하면 저자[市場]를 맡은 관리에게 명령을 내
　　려, '이제부터 관에서 포목이나 비단을 사들일 때는 반드시 인첩(印
　　帖)이 있어야 하며 이 인첩이 없으면 관에서 구입하는 것이 아니니,
　　인첩의 하단에 받은 값을 네[장사꾼] 손으로 직접 적어서 아전 편에
　　보내면 후일 증거로 삼으리라.' 는 것을 상인들에게 널리 알리도록
　　해야 한다.

> 凡日用之簿 不宜注目 署尾如流.

　무릇 날마다 쓰는 장부는 반드시 주목해야 할 것은 아니니 끝에 서명하되 물 흐르듯 속히 처리하라.

【字義】簿:문서 부. 장부 부.　注:부을 주. 모을 주.　署:벼슬 서. 서명할
　　　서.　尾:꼬리 미. 끝 미.
【語義】日用之簿(일용지부):날마다 쓰는 장부.　署尾(서미):끝에 서명함.
　　　如流(여류):물 흐르듯 속히 처리함.

【解說】학궁(學宮) 및 창고의 지출은 상세히 심의하고 세밀히 살펴야 하
　　　지만, 주리(廚吏)나 현사(縣司)의 지출은 절대 자세히 보지 말고 속
　　　히 화압(花押:도장을 누름)해야 한다. 비록 지나친 지출이 있더라도
　　　절대 깎지 말아야 한다.
　　　　≪상산록≫에 이르되 "무릇 내사(內舍)에 제공하는 물건은 그 격
　　　식을 정하여 그달 초하루에 납부토록 하고, 날마다 제공하는 특용물
　　　(特用物)이 한두 종류를 넘지 않게 하면 결코 아무 일도 없으리라.
　　　이 이상 더 절묘한 방법은 없다." 하였다.

> 牧之生朝 吏校諸廳 或進殷饌 不可受也.

　목민관의 생일에 이교(吏校)나 관청 사람들이 성찬을 바치더라도 목민관은 그것을 받아서는 안 된다.

【字義】吏:관리 리. 아전 리.　校:학교 교. 장교 교.　殷:성할 은.　饌:반

찬 찬. 음식 찬.

【語義】 牧之生朝(목지생조):목민관의 생일. 諸廳(제청):아전과 이속 등
관청에 딸린 관원들. 殷饌(은찬):성찬(盛饌).

【解說】 제청에서 성찬을 바치는 것은 모두 백성들의 힘으로 내어 놓는
것이니 혹은 계방(契房)의 돈을 거두기도 하고 보솔(保率:관청 일의
보조 역할을 하는 사람들)의 돈을 거두기도 한다. 이것을 빙자하여
가혹하게 거두어들이지 않는 곳이 없다. 어민들에게서 생선을 탈취
하고, 촌가의 개를 때려 잡고, 절[寺]에서 국수와 기름을 추렴하고,
각종 식기(食器)는 옹기점에서 가져오니 이것은 원한 맺힌 물건들을
추렴한 것이다. 어찌 그런 물건들을 받겠는가. 혹 유기(鍮器) 한 벌
이니 세포(細布) 몇 끝으로 헌수(獻壽)하는 경우에는 더욱 받아서는
안 된다.

凡有所捨 毋聲言 毋德色 毋以語人 毋說前人過失.

무릇 자기가 베푼 것이 있어도 입 밖에 내거나 덕을 베풀었다는 표정
을 하지 말 것이며, 남들에게 자랑 삼아 퍼뜨리지 말라. 또 전임자(前任
者)의 허물을 말하지 말라.

【字義】 捨:버릴 사. 베풀 사. 過:지날 과. 허물 과.
【語義】 所捨(소사):베푼 것. 毋聲言(무성언):입 밖에 내지 말라. 毋德色
(무덕색):덕을 베풀었다는 표정을 짓지 말라. 前人(전인):선임 수령.

【解說】 청렴하지만 약삭빠른 사람은 그릇된 전례(前例)에서 생긴 재물을

자기가 쓰지 않고 공리(公理)에 따라 쓰거나 자기의 봉급을 떼어 백성들에게 베풀기도 한다. 그것은 물론 잘하는 일이기는 하나 뒤로 들어온 재물을 베풀 때 으레 생색을 내면서 '사대부가 어찌 이런 물건을 받아 쓰겠느냐!' 하며 큰소리를 친다. 혹 아전이 전례를 들어 설득하려 하면 꾸짖고 곤장을 침으로써 자신의 청렴을 드러내려 한다.

그런 수령들은 또 봉급을 쓰고 남는 것이 있으면 '내가 어찌 남는 봉급을 모아 돌아가 전답을 사겠는가!' 하며 큰소리로 유덕한 인품을 과시하려 하며, 백성이나 손님을 대할 때면 으레 자긍심(自矜心)을 뻐기면서 자기가 베푼 수백 냥의 돈을 엄청난 것으로 여기니, 의식(意識)을 지닌 사람들이 곁에서 그 꼴을 보고 어찌 속으로 웃지 않으리오.

그러니 재물을 희사하고 봉급을 떼어 베풀더라도 지나가는 말로 담당 아전에게 몇 마디 분부하되 다시는 그 일을 입에 올리지 말라.

진(晋)나라 시대에 호위(胡威)의 아비 호질(胡質)이 형주(荊州) 자사(刺史)가 되었는데 위(威)가 도읍으로부터 와서 문안을 드리고 돌아가려 하자 비단 한 필을 주어 치장하게 했다. 무제(武帝)가 호위(胡威)에게 '경의 청렴이 경의 부친과 어떠한가?' 하고 묻자 위는 '신(臣)의 아비는 청렴하되 남이 알까 두려워하고, 신은 청렴하되 남들이 모를까 두려워하니 이는 신이 아비에게 크게 미치지 못한 것입니다.' 하고 대답했다.

> 廉者寡恩 人則病之. 躬自厚而薄責於人 斯可矣. 干囑不行焉 可謂廉矣.

청렴한 사람은 은혜가 적은데 사람들은 이를 병이라고 한다. 책임은

자기가 많이 지고 다른 사람에게는 덜 지우는 것이 좋다. 청탁받는 일을
행하지 않으면 청렴하다 할 수 있다.

【字義】寡:적을 과.　躬:몸 궁. 몸소 궁.　責:꾸짖을 책. 책임 지울 책.
　　干:방패 간. 구할 간.　囑:부탁할 촉.
【語義】寡恩(과은):은혜를 베풂이 적음.　人則病之(인칙병지):사람들은
　　병이라고 한다.　躬自厚(궁자후):몸소 두터이 함. 즉 스스로 책임을
　　많이 안음.　薄責於人(박책어인):남에게 책임을 덜 지움.　斯可矣(사
　　가의):이것이 옳다. 이렇게 하는 것이 좋다.　干囑(간촉):청탁을 구
　　함. 청탁해 옴.

【解說】이속(吏屬)과 노비들은 배운 게 없이 무식하여 욕심만 있고 천리
　　(天理)를 모른다. 나도 아직 배움에 힘써야 하거늘 어찌 남을 책하리
　　오. 나 자신은 예(禮)로써 다듬고 다른 사람은 여론(輿論)으로써 책
　　하는 것이 원망을 사지 않는 길이다. 법에 정해진 이상으로 백성을
　　벌주는 것은 법이 엄금하는 바이며, 그릇되게 이어 내려오는 폐습
　　중 항록(恒祿:늘 고정적으로 거두어들이는 녹)은 줄여 주어도 좋을
　　것이다.
　　《상산록》에 이렇게 이르고 있다. “속된 관리들은 가난한 친구나
　　친척을 만나면 자기의 봉급 중에서 남는 것을 베풀어 도와주려 하지
　　않고 그 사람으로 하여금 스스로 일거리를 구해 오게 하여 청탁을
　　들어 주니 이는 백성들의 재물을 약탈하여 내 친척을 구하는 것이
　　다. 그 친척은 돌아갈 때 호주머니가 두둑하여 칭송을 할지 모르나
　　그렇게 해서는 안 된다.”

> 清聲四達 令聞日彰 亦人世之至榮也.

청렴의 소리가 사방으로 퍼지면 이 또한 인생의 지극한 영광이다.

【字義】達:미칠 달. 통할 달. 令:하여금 령. 좋을 령. 聞:들을 문. 소문
문. 彰:드러날 창. 밝을 창.

【語義】淸聲(청성):청렴의 소리. 즉 수령이 청렴하다는 평판. 四達(사
달):사방으로 퍼짐. 令聞(영문):좋은 소문. 日彰(일창):날로 빛남.
人世之至榮(인세지지영):인생의 지극한 영광

【解說】고려시대 윤선좌(尹宣佐)는 충숙왕(忠肅王) 때 한양윤(漢陽尹)이
되었다. 그가 윤(尹)으로 발탁되기에 앞서 왕과 공주가 용산(龍山)에
이르러 왕께서 좌우를 둘러보시며, '윤윤(尹尹)이 청렴하여 목민관
을 삼는 것이니 그대들은 그를 흔들어 혼탁하게 하지 않도록 조심하
라.'고 말씀하셨다. 그 후 왕께서 친히 수령을 발탁하시면서 계림윤
(鷄林尹:慶州의 府尹)에 이르러 붓을 놓으시고, '조정에 신하가 가득
하지만 윤윤(尹尹)만한 사람이 없다.'고 말씀하시며 그를 발탁하셨
다.

　　이규령(李奎齡)이 수원 부사(水原府使)가 되어 정사를 청렴하고 자
애롭게 수행하니 우암(尤菴) 송시열(宋時烈)이 편지를 보내어 치하했
다. '큰물이 산을 둘러싸면 지척에서 하는 말도 안 들리지만 인성(仁
聲)만은 귓가에 요란히 들리는 법이오.'

　　이천(利川)에 가면 이규령의 송덕비(訟德碑)가 있는데 거기에 이렇
게 새겨져 있다. '李侯奎齡 通萬古第一淸德善政碑'

제3조 제가(齊家):가정을 정제(整齊)함

> 修身而後齊家 齊家而後治國 天下之通義也. 欲治其邑
> 者 先齊其家.

　자신을 수양한 후에 자기 가정을 가지런히 하고, 자기 가정을 정제(整齊)한 후에 나라를 다스리는 것이 천하 어디에서나 통하는 도(道)이다. 그러므로 고을을 다스리고자 하는 사람은 먼저 자기 가정을 정제해야 한다.

【字義】通:통할 통.　義:옳을 의. 법도 의.　欲:하고자 할 욕.　治:다스릴
　　치.　齊:가지런할 제. 다스릴 제.
【語義】修身而後齊家(수신이후제가):자신을 수양한 이후에 가정을 정제
　　(整齊)함.　通義(통의):어디에서나 통할 수 있는 바른 도(道).

【解說】현(縣)을 다스리는 것은 나라를 다스리는 것과 같은데 제 가정조
　　차 정제할 능력도 없는 사람이 어찌 고을을 다스릴 수 있겠는가. 집
　　안을 정제하는 데에는 몇 가지 근본 제책(齊策)이 있어야 한다.
　　　그 첫째는 수령이 가족을 데리고 부임함에 있어 그 수를 반드시 법
　　대로 하는 것이다.
　　　둘째, 집이나 몸을 단장함에 있어 반드시 검소해야 한다.
　　　셋째, 음식은 반드시 절약해야 한다.
　　　넷째, 여자들이 사용하는 방은 반드시 엄하게 단속해야 한다.
　　　다섯째, 가족이 사사로이 부탁하는 정책은 반드시 끊어야 한다.
　　　여섯째, 공공의 물건을 사들임에는 반드시 청렴해야 한다.

이 여섯 조목에 법도를 세울 수 없다면, 그 수령의 다스리는 이치를 알고도 남음이 있다.

≪속대전(續大典)≫에 "수령들 중 집안 식솔을 지나치게 많이 거느리고 부임하는 자와 관비(官婢)를 몰래 간통하는 자는 적발하여 파면하라." 하였다.

생각건대 국법에 가족을 너무 많이 거느리고 부임해서는 안 된다고 금하고는 있으나 명문화(明文化)되어 있지 않으니 마땅히 그 법도를 정해야 할 것이다. 부모와 아내 외에 자식은 한 명만을 데려가게 허락하되 미혼인 자녀는 계산에 넣지 말아야 한다. 노비는 사내종 한 명과 계집종 두 명 외에는 데려가지 못하게 해야 한다.

부모·처자·형제를 육친(六親)이라고 한다. 위로는 사판(祠版:神主)을 받들고 아래로는 식솔과 하인을 거느리고 집 전체가 이사를 한다면 모든 일이 얽히고 꼬여, 사사로운 일 때문에 공무(公務)가 흐려지고 치리(治理)가 문란해질 것이다. 그래서 예부터 현명한 수령은 집안일로 누(累)가 따르지 않게 하였거니와 이는 참으로 잘한 일이다. 다만 부모가 이미 연로(年老)하시어 공양이 몹시 긴요한 경우를 제외한 그 외의 일은 간략히 해야 할 것이다.

國法 母之就養 則有公賜 父之就養 不會其費 意有在也.

국법(國法)에 어머니를 곁에 모시고 공양하면 공물(公物)을 내려 주고, 아버지를 곁에 모시고 공양함에는 그 비용을 계산에 넣어 주지 않거니와 거기에는 다 까닭이 있는 것이다.

【字義】就:나아갈 취. 좇을 취. 賜:줄 사. 베풀 사. 會:모일 회. 회계

계. 費:쓸 비. 비용 비.

【語義】就養(취양):부모의 곁에서 효양(孝養)함. 公賜(공사):국가에서 내려 주는 물건. 不會(불회):회계(會計)하지 않음. 意有在(의유재): 까닭이 있음.

【解說】수령이 아버지를 공양하매, 친구들은 '춘부(春府)'라 부르고 이노(吏奴)들은 '대감'이라 부른다. 대감의 나이 육십 넘어 노쇠하여 보살펴 드릴 사람이 필요하면 마땅히 곁에 모시고 잘 받들어야 하겠지만, 그렇지 않은 경우에는 그 효성이 지극하여 아버지 모시기를 간청해도 아비 되는 사람은 가벼이 따라가서는 안 된다.

부득이 곁에 모셔야 할 처지라면 내사(內舍)에 따뜻한 방 하나를 골라서 조용히 지내시게 하면서 간병(看病)해 드리도록 하고, 외부 사람들과의 접촉은 막는 것이 예의이다.

대체로 춘부(春府)들은 예(禮)를 잘 몰라 외사(外舍)에 나가 앉아 아전들을 꾸짖고 종들을 호령하며 기생을 희롱하고 손님을 끌어들이며 심하면 송사(訟事)나 옥사(獄事)를 구실 삼아 돈을 받는 등, 관정(官政)을 혼탁하고 어지럽게 하므로 저주하는 백성이 성 안에 가득하고 비방자들이 경내(境內)에 가득하게 된다. 이렇게 되면 자식에 대한 아버지의 사랑과 자식의 효성은 함께 상하게 되며, 공(公)과 사(私)가 함께 병들게 되니 반드시 알아 두지 않으면 안 되는 것이다.

清士赴官 不以家累自隨 妻子之謂也.

청렴한 선비는 벼슬자리에 부임하러 갈 때 가족을 데려가지 않는데 이때의 가족이란 아내와 자식들을 두고 이른 말이다.

【字義】累:여러 루. 묶을 루. 隨:따를 수. 좇을 수.

【語義】赴官(부관):벼슬자리에 부임함. 家累(가루):가족.

【解說】양속(羊續)이 남양 태수(南陽太守)로 있을 때, 아내와 아들 비(秘)가 함께 군사(郡舍)로 찾아갔는데 양속은 문을 닫고 들어오지 못하게 하였다. 아내가 비(秘)를 데리고 돌아가는데 그 행장이 오직 베이불과 허름한 홑옷과 소금과 보리 몇 말이었다. 양속(羊續)의 이 같은 처사는 청렴이나 검약이 지나쳐 교격(矯激)한 행동이며 올바른 인정이 아니니 이는 본받을 것이 못 된다.

자식이 어려서 아비를 따라가려 하면 아비는 떼어 놓고 가지 않는 것이 인정이다. 나이가 들어 이미 결혼한 자식들은 차례로 와서 만나게 하되 일시에 함께 몰려오는 것은 막아야 한다.

옛사람의 말에 이런 것이 있다.

'고을의 수령이 되어 가는 자가 버리고 갈 것이 세 가지 있다. 첫째가 가옥인데 집이란 비워 두면 헐고 무너지기 때문이다. 둘째는 노비(奴婢)인데 노비는 대개 한가로우면 방자해지기 때문이다. 셋째는 자식인데 자식들은 호사스러우면 게으르고 방탕해지기 때문이다.'

昆弟相憶 以時往來 不可以久居也.

형제간에 서로 그리워지는 경우에는 때때로 왕래해도 좋으나 오래 머물러서는 안 된다.

【字義】昆:맏 곤. 벌레 곤. 뒤섞일 혼. 憶:생각할 억. 그리워할 억. 久:오랠 구. 居:살 거. 있을 거.

【語義】昆弟(곤제):형제.　相憶(상억):서로 그리워함.　以時(이시):때때로.　久居(구거):오래 묵음.

【解說】형제간에 우애가 돈독하더라도 부득이 잠시 떨어져 있어야 할 것인즉 아우는 그래도 좀 나으나 형은 더욱 안 된다. 내가 본 바로는 목민관의 형이 아우를 따라 관사(官舍)에 있게 되면 이속과 노비들이 그를 '관백(官伯)'이라 하는데, 이는 일본의 왕이 자리만 지키고 정사는 관백(關白)이 폈던 것에 비유하여 그렇게 빈정거리는 것이다. 아우가 눈물을 흘리며 간곡히 애걸해도 형은 수령인 아우의 입장을 생각하여 곧 관사를 떠나야 한다. 또 고모나 형수·제수·누이들 중 가난한 과부가 있어 따라가기를 원하는 경우, 어찌 딱하지 않겠는가마는 나라의 법이 이미 엄금하고 있으므로 데리고 가서는 안 된다.

賓從雖多 溫言留別 臧獲雖多 良順是選 不可以牽纏也.

종이 많더라도 따뜻한 위로의 말로 그들을 떼어 놓고 떠나야 하며, 양순한 자들을 선별하여 데려가되 사사로운 정에 이끌리고 얽매여 선발해서는 안 된다.

【字義】賓:손 빈. 따를 빈.　從:좇을 종.　留:머무를 류.　臧:착할 장. 종 장.　獲:얻을 획. 계집종 획. 실심할 확.　牽:이끌 견.　纏:얽을 전.

【語義】賓從(빈종):종. 노비.　留別(유별):남겨두고 떠남.　臧獲(장획): 종. 노비.　牽纏(견전):끌리고 얽매임.

【解說】좌상(左相) 정홍순(鄭弘淳)이 평안 감사가 되자 하인들 중에 여

러 해 열심히 일한 자가 있어 자기는 당연히 따라갈 것으로 알고 행장을 갖추었는데 공(公)은 이를 거절하고 허락하지 않았다. 그 하인은 울분한 나머지 병이 들었다. 그 후 반년 있다가 하인은 체면 불구하고 주인인 수령을 찾아갔다. 그러나 공(公)은 그를 사흘간 묵게 한 후 돌려보냈는데 말 한 필만을 내주었을 뿐 아무것도 주지 않았다. 하인은 더욱 크게 분노했다.

공(公)이 임기를 마치고 돌아오자 그 하인은 발길을 끊었다. 달포쯤 지나서 공이 그를 불러 꾸짖으며 낡은 종이 한 두루마리를 주었다. 하인은 더욱 한(恨)을 품고 돌아와 그 종이뭉치를 어머니 앞에 내던졌다. 그 어머니가 종이뭉치를 펴 보니 그것은 공물(貢物) 2인분을 탈 수 있는 교환권이었다.

노복들이 허물을 저지를 소지가 있기 때문에 선량하고 솔직한 자들을 골라 사내종 한 명과 계집종 두 명 외에는 더 거느리고 가서는 안 된다. 혹 권속[가족]이 많지 않으면 계집종 하나만 데리고 가도 된다.

內行下來之日 其治裝 宜十分儉約.

부녀자들이 (수령인 지아비나 아비를 찾아) 내려가는 날에는 그 치장을 아주 검소하게 하고 가야 한다.

【字義】 裝:꾸밀 장. 행장 장. 儉:검소할 검. 約:맺을 약. 검소할 약.
【語義】 內行(내행):아내의 행차. 부녀자들의 행차.

【解說】 ≪야인우담(野人迂談)≫에 다음과 같이 이르고 있다.

"당나라 두황상(杜黃裳)이 상부(相府:지금의 河南省 安陽縣)에 있을 때 그의 아내는 죽두자(竹兜子:대나무로 만든 가마)만 타고 다녔다고 한다. 어찌 꼭 쌍교(雙轎)를 타고 가야 직성이 풀린다 하겠는가. 우리나라는 중고(中古) 이전에는 재상 부인이라도 말을 타고 너울을 쓰고 다녔는데 요즈음은 풍속이 지나치게 사치해져 날로 더욱 심해지니 말과 마부의 동원에 한계가 없다. 쌍교 하나가 행차하는 데에 좌우의 옹위자가 부지기수요, 심하면 굉장히 많은 인부들을 차출하여 천리 길을 메고 가게 하는 자도 있다. 무릇 쌍교란 임금이 타는 것이며 더구나 어깨로 메는 쌍교는 임금조차도 타지 않는다. 옛날에는 감사의 부인도 외말 수레[獨馬轎]를 탔는데 요즈음은 시정(市井)의 천한 계집들까지도 그 남편이 수령임을 구실 삼아 쌍교를 타니 그 분수가 지나치게 방자스러움이 이를 데 없다."

衣服之奢 衆之所忌 鬼之所嫉 折福之道也.

의복의 사치는 많은 사람들이 꺼리는 바이고 귀신이 질투하는 바이니 복을 꺾는 길인 것이다.

【字義】 奢:사치할 사. 뽐낼 사.　忌:꺼릴 기.　嫉:미워할 질. 시새움할 질.　折:꺾을 절.

【語義】 衆之所忌(중지소기):대중이 꺼리는 바.　鬼之所嫉(귀지소질):귀신이 질투하는 바.　折福之道(절복지도):복을 꺾는 길.

【解說】 도리를 아는 부인들이 극히 적어 거의 모두가 얕고 속된 소견을 지닐 뿐이니 남편이 관리로 등용된다는 말을 듣기만 해도 금방 하늘

에서 부귀가 쏟아져 내릴 것으로 생각하여 여러 가지 장식품과 반지·귀고리·패물 등으로 아름답게 하려고 극진히 애쓰며, 저전(邸錢)을 마구 토색하여 방물장수를 닥치는 대로 불러들여 진기한 비단·세모시·고운 삼베·용을 새긴 비녀·나비 모양의 노리개 등으로 아이들을 요물처럼 꾸미고 계집종들을 창부(娼婦)처럼 꾸며 다른 집 사람들을 능가하려고 극성을 부린다.

그러나 양식 있는 사람들은 그것을 보고 대뜸 그 남편 되는 사람이 아직 벼슬길에 오를 만큼 바르지 못함을 알게 되는 것이다. 재물을 낭비하고 복록의 길을 꺾으면서 게다가 남편의 체면을 크게 손상하니 그것이 어찌 즐거운 일이 되겠는가.

飮食之侈 財之所糜 物之所殄 招災之術也.

음식의 사치는 재산을 사그라지게 하며 물자를 바닥나게 하므로 재앙을 초래하는 지름길이다.

【字義】侈:사치할 치.   糜:고삐 미. 흩어질 미.   殄:다할 진. 멸할 진.
招:부를 초. 災:재앙 재.
【語義】所糜(소미):죽처럼 풀어져 사그라짐. 所殄(소진):바닥남. 끊어짐.

【解說】조어(趙峿)가 합천 군수(陜川郡守)가 되었는데 그의 청렴과 절제는 비길 데가 없었다. 아들이나 사위나 집의 노비들이 그를 보러 올 때는 누구든지 자기 먹을 양식을 지참하여 오게 했다. 또 그 군에서는 은어(銀魚)가 나는데 여름철에 고기가 부패하여 버릴지언정 아내와 자식들에게 먹도록 허락하지 않았다.

명(明)나라 호수안(胡壽安)이 영락(永樂:明나라 제3대 太宗의 年號) 연간(年間)에 신번(新繁) 고을을 맡아 다스렸는데 관직에 있는 동안 고기를 먹어 본 일이 없다. 아들 자휘(自徽)가 그 고을에 와서 한 달을 묵는 동안 닭 두 마리를 고아 먹었다. 그러자 호수안이 노하여 꾸짖었다. '음식을 탐하는 자를 사람들은 천박하게 여긴다. 내가 벼슬살이 이십여 년에 지금까지 사치를 경계하며 살아오면서도 끝을 잘 맺지 못할까 두려워하고 있거늘, 네가 이렇듯 잘 먹기를 좋아하니 내게 누(累)가 되지 않겠느냐.'

> 閨門不嚴 家道亂矣. 在家猶然 況於官署乎. 立法申禁
> 宜如雷如霜.

규방의 문을 엄히 단속치 아니하면 가정의 법도가 문란해진다. 가정에 있어서도 이러하거늘 하물며 관서에 있어서랴. 법을 세워 거듭 금하되 우뢰처럼 서릿발처럼 해야 할 것이다.

【字義】閨:안방 규. 亂:어지러울 란. 猶:오히려 유. 況:상황 황. 하물며
　　　황. 申:거듭 신. 雷:우레 뢰.
【語義】閨門(규문):규방의 문. 여자들의 거처. 猶然(유연):이러함. 이와
　　　같음. 申禁(신금):거듭 금함.

【解說】안채[內舍]의 문을 옛날에는 염석문(簾席門)이라고 불렀는데 그
　　　것은 발[簾]을 쳐서 외부와 격리시키고 돗자리[席]로 차일을 쳐서 가
　　　노(家奴)와 관복(官僕)들이 서로 얼굴을 접하지 못하게 함으로써 내
　　　외(內外)를 엄하게 했다는 데서 온 말이다.

근세에 들어 이 법도가 문란하고 방탕해져 가노들이 임의로 이 문을 드나들고 관비들도 멋대로 이 문을 드나들어 발을 걷고 돗자리를 걷어치우고는 무릎을 마주하고 귀에 입을 대어 소곤거리며 이 문 저 문을 통하여 명령이 쏟아져 나오고 온갖 폐단이 생겨나니 어찌 한심한 일이 아닌가.

　　수리(首吏)의 처를 내사(內舍)에 출입하게 해서는 안 된다. 그들은 반드시 수령이 관사를 비운 틈을 타 음식을 장만해 오거나 비단·옥쟁반 따위의 사랑스러운 물건을 내실에 헌납하여 여자 상전들과 사사로이 친분을 두터이 하려고 하며, 수령은 이에 구속받아 수리를 사사로이 대함으로써 정사를 펴는 데 있어 그 폐해가 많게 된다.

> 干謁不行 苞苴不入 斯可謂正家矣.

　　청탁이 행해지지 않고 뇌물이 오가지 않으면 이를 올바른 집안이라 할 수 있다.

【字義】干:방패 간. 구할 간. 謁:뵐 알. 아뢸 알. 청할 알. 苞:쌀 포. 밑 포. 苴:깔 저. 꾸러미 저.

【語義】干謁(간알):사사로운 청탁. 苞苴(포저):증정하는 물건. 즉 뇌물.

【解說】양계종(楊繼宗)이 가흥군(嘉興郡) 지사로 있을 때 어떤 마부가 삶은 돼지머리 하나를 보내와 그의 부인이 그것을 받았다. 양계종이 돌아와 그것을 먹고는 웬 돼지머리냐고 묻자 아내는 사실대로 말했다. 계종은 크게 화를 내며 북을 쳐서 이속(吏屬)들을 모아 놓고는 '내가 집안을 다스리지 못하여 마누라로 하여금 뇌물을 받게 하여

나 자신이 불의에 떨어졌다.' 하고 외치며 조협환(早莢丸)을 먹어 음식을 토해 내고는 그날로 아내를 집으로 돌려보냈다.

생각건대 이 일은 반드시 그렇게까지 할 필요는 없었다. 돼지머리의 값을 후하게 계산해 주고 집안사람들을 경계하여 외부에서 가져오는 물건을 다시는 받지 말라고 훈계하고, 그래도 고쳐지지 않으면 그 흔적을 외부로 노출시키지 말고 기회를 보아 그 물건을 돌려보내면 된다.

겸손은 지극한 덕이지만 겸손을 떠들어대면 그 덕을 잃게 되며, 청렴이 고귀한 행동이기는 하지만 청렴을 떠들어대면 그것은 간사한 행위가 되니 이는 군자가 취할 법도가 아닌 것이다.

貿販不問其價 役使不以其威 則閨門尊矣.

물건을 살 때 그 값을 묻지 않고, 일을 시킬 때 그 위세로써 하지 않으면 안사람들이 존경받을 것이다.

【字義】貿:바꿀 무. 살 무. 販:팔 판. 살 판. 役:부릴 역. 尊:높을 존. 술그릇 준.

【語義】貿販(무판):물건을 사는 것. 役使(역사):불러서 일을 시킴.

【解說】≪상산록≫에 이렇게 이르고 있다.

"매양 보면 법도가 없는 집은 수리(首吏)·주리(廚吏)·수노(首奴)·공노(工奴)들이 늘 석문(席門) 밖에 서 있다가 면포(棉布)·마포(麻布)·토주(吐紬:바탕이 두텁고 빛이 누르스름한 명주)·생저(生紵:생모시) 따위를 보따리에 잔뜩 싸서 내아(內衙)로 보내 마음에 드는 것을 고르게 한다. 그러면 성질이 고약한 노비들이 내사의 분부를 전달하면서, 거치니 성기니 잘 구겨지느니 값이 비싸니 하면서 트집을 잡고 값을 깎으니 시끄러운 소리가 바람을 타고 퍼져 나가 얕은 속이 훤히 들여다보인다. 장사가 베[布]를 안고 다시 되돌아 나오면 그 악담이 사방으로 흩어지니 이는 천하의 큰 수치인 것이다.

내사(內舍)에서는 물건 사들이는 일을 수노(首奴)에게 일임하되 그 양이 절반밖에 안 된다거나 값이 곱절이라도 되돌려 보내지 말고 트집 없이 받아들인다면 가정의 법도에 어긋남도 없으려니와 고약한 소문도 나돌지 않을 것이다."

또 ≪상산록≫에서 이렇게 이르고 있다.

"무식한 부녀자들은 관비를 부리면서 제 집의 종처럼 일을 시키며, 매를 치기도 하고 위세로써 억누르기도 한다. 또 기한을 촉박하게 주고 그 안에 해내지 못하면 엄하고 혹독하게 문초하여 그 원한은 곧 수령에게로 돌아가고 비방하는 소리가 사방으로 퍼지니 그런 악을 저질러서야 되겠는가. 내사로 인하여 일언반구도 불평의 소리가 나오게 해서는 안 된다."

房之有嬖 閨則嫉之 擧措一誤 聲聞四達 早絕邪慾
毋俾有悔.

방에 애첩을 두면 아내가 질투하기도 하거니와 행동거지 하나가 잘못되면 그 소문이 사방으로 퍼지니 일찌감치 사욕(邪慾)을 끊고 후회가 따르지 않게 하라.

【字義】嬖:사랑할 폐. 嫉:미워할 질. 措:둘 조. 邪:간사할 사. 사악할

사. 俾:더할 비. 하여금 비.

【語義】嬖(폐):폐첩(嬖妾). 교태를 부려 사랑받는 첩. 擧措(거조):행동거지. 聲聞(성문):소문. 邪慾(사욕):정욕(情慾). 毋俾(무비):좇지 마라.

【解說】질투가 없는 여자는 없는 법이다. 수령이 행동을 삼가지 않고 혹 애첩이나 기생첩을 두게 되면 하동(河東)에서는 사자가 으르렁대고 (宋나라 陳慥의 아내 柳氏가 질투가 심했는데 河東에서 잔치가 벌어져 기생이 陳慥의 곁에 앉자 柳氏가 막대기로 벽을 치며 사자의 울음소리를 내며 날뛰어 손님들이 달아났다는 古事), 강좌(江左)에서는 주미(麈尾:스님이 담화할 때 손에 들고 흔드는 물건. 총채. 여기서는 말채찍)를 내리치며 말을 달리니(六朝時代에 王導라는 사람이 처첩간에 싸움이 나자 마차를 달려 말리러 갔음) 질투가 작으면 집안에서 싸우고 커지면 부외(府外)가 떠들썩해진다.

그러다가 불행히도 안찰사에게 알려지면 천하에 이보다 더한 수치와 망신이 없다. 그러니 수령된 자는 마땅히 이 점을 헤아려 스스로 오점을 남기지 말아야 할 것이다. 본디 나라에서 금하는 일이니 자기 가정에만 국한되는 일로 여겨서는 안 된다.

> 慈母有敎 妻子守戒 斯之謂法家 而民法之矣.

어머니의 가르침이 있고 아내와 자식들이 계율을 지키면 이를 법도 있는 집안이라 할 수 있으니 백성들이 본받을 것이다.

【字義】守:지킬 수. 戒:경계할 계. 계율 계. 法:법 법.

【語義】守戒(수계):계율을 지킴. 法家(법가):법도 있는 집안. 民法(민

법):백성들이 본받음.

【解說】양동산(楊東山)이 오(吳)의 태수가 되었을 때 그의 어머니 나대
부인(羅大夫人)은 밭에 모시를 심어 베를 짜서 옷을 해 입었다. 동산
(東山)은 달마다 월급을 떼어 어머니를 봉양하였다. 부인이 갑자기
대단치 않은 병을 얻었다가 나은 일이 있었는데 모아 놓은 월급을
내놓으면서 말하기를,

"내가 이것을 모으면서부터 마음이 즐겁지 않더니 과연 내가 병을
얻었다. 이제 당연히 이 돈을 전부 의원에게 사례로 주어 버리면 병
나는 일이 없을 것이다."

하였다. 또 4남3녀를 낳았는데 모두 제 젖을 먹이면서 말하기를,

"유모가 되어 내 자식을 굶겨 가면서 남의 자식에게 젖을 먹인다
는 것은 실로 무슨 심사일까."

하였다.

윤석보(尹碩輔)가 풍기 군수(豊基郡守)로 있을 때 아내와 자식들을
풍덕(豊德)의 시골집에 두었는데 추위와 굶주림으로 그 고통이 이를
데 없었다. 견디다 못해 그의 아내 박씨는 집안에 전해 내려오는 비
단옷을 팔아 밭 한 묘(畝)를 샀다. 윤공(尹公)이 이 소식을 듣고는 급
히 편지를 보내 그 밭을 되돌려 주라고 명령했다.

"옛사람은 한 치의 땅도 넓히지 않음으로써 임금께 충성을 했다
하였는데 지금 나는 대부(大夫)의 뒤를 따라 녹을 받는데 전택(田宅)
을 사들인대서야 말이 되겠소. 백성들을 상대로 매매하여 나의 죄를
무겁게 하지 마시오."

남편의 이 같은 편지를 받고서 박씨는 그 밭을 되돌려 주지 않을
수 없었다.

제4조 병객(屛客):공무(公務) 이외로 오는 객(客)은 막음

> 凡官府 不宜有客 唯書記一人 兼察內事.

대체로 관부에는 책객을 두는 것이 옳지 않으니 오직 서기 한 사람이
내사(內事)를 겸하여 보살피게 하라.

【字義】宜:마땅 의. 알맞을 의. 兼:겸할 겸. 察:살필 찰. 자세할 찰.
【語義】不宜(불의):마땅치 않음. 좋지 않음. 客(객):책객(冊客).

【解說】요즈음 풍속에 소위 책객(冊客) 한 사람을 두어 회계를 맡기고
하기(下記:쌀이나 소금 등 일상용품이 들고 나는 것을 기록함)를 시
키는데 그것은 예가 아니다. 관부의 회계는 대체로 공용(公用)이건
사용(私用)이건 기입되지 않는 것이 없고 모든 이속들과 하인들이 그
에 연루되지 않는 사람이 없는데, 지위도 없고 명분도 없는 사람으
로 하여금 이 권리를 총람하게 하여 날마다 이노(吏奴)들과 더불어
재물을 놓고 다소(多小)와 허실(虛實)을 따지며 왈가왈부하게 한다면
어찌 이치에 맞는다 하겠는가.
　책객이 아전들의 농간을 적발하면 그 원망은 내게 돌아오고, 그 허
물을 몰래 덮어 주면 그 해가 내게 미칠 것인즉 무슨 유익함이 있겠
는가. 관에서 밝게 하면 아전들은 속이지 못하는 법이다.
　또 가령 좀도둑질 당하는 경우가 있더라도 1년간의 손실이라야 일
백 냥이 되지 못한다. 이를 막기 위해 책객을 고용한다면 1년에 삼사
백 냥은 주어야 할 것이다. 그러므로 득보다는 실이 크며 수령된 자

에게는 누만 더할 뿐이니 관부 내에 책객을 따로 두는 것은 옳지 못하다.

다만 한 사람의 서기마저 없앨 수는 없다. 무릇 목민관의 집안일에는 가재(家宰:家臣 중에서 집안일을 총체적으로 주관하는 책임자) 한 사람을 두어 아래와 위를 이어 주고 안채와 바깥채를 통하게 해야 한다. 제물(祭物)과 선물의 짐을 싸서 표시해 두는 것도 서기에게 맡기고 내사(內舍)에서 쓰는 물건의 출납도 맡기되 서기로 하여금 한마디의 명령이나 말도 입 밖에 내게 해서는 안 된다.

凡邑人及鄰邑之人 不可引接 大凡官府之中 宜肅肅淸淸.

무릇 본읍(本邑)의 주민과 이웃 고을의 주민을 끌어들여 접견해서는 안 된다. 무릇 관부의 안은 아주 엄숙하고 청결해야 한다.

【字義】引:끌 인. 接:이을 접. 맞을 접. 肅:엄숙할 숙. 淸:맑을 청. 깨끗할 청.

【語義】鄰邑之人(인읍지인):이웃 고을의 사람. 引接(인접):끌어들여 접견함. 大凡(대범):대체로. 무릇. 肅肅淸淸(숙숙청청):대단히 엄숙하고 대단히 청결함.

【解說】요즈음 풍속에 소위 존문(存問:守令이 그 고을의 有志들을 직접 찾아가 문안함)의 예법이 있다. 그 지방의 유지와 간민(奸民)이 조정의 고관들과 결탁하여, 수령이 조정에 부임 인사를 하는 날 조정의 고관들이 존문을 청탁하며 그 유지나 토호를 잘 비호해 줄 것을 부

탁한다.

일찍이 참판 유의(柳誼)가 홍주(洪州) 수령으로 있을 때 어떠한 존문의 청탁도 시행치 않았다. 내가 그의 지나치게 융통성 없음을 말하자 유공(柳公)은 이렇게 대꾸했다.

"주상(主上)께서 이미 홍주의 백성을 맡기시며 나를 목민관으로 삼으셨으니 조정의 높은 분들의 부탁이 중하기는 하나 어찌 특정인에 대한 청탁이 고을 백성 전체의 돌봄에 앞서겠습니까. 내가 어떤 특정인만을 편벽되이 비호하면 이는 군왕의 명령을 어기고 사사로운 명령을 받드는 것이 될 터인즉 내가 어찌 그리하겠습니까."

나는 그의 말에 깊이 탄복하여 더 이상 논란할 수 없었다.

고을에는 반드시 문사(文士)라는 자들이 있어 과시(科詩)니 과부(科賦)니 하는 것을 구실 삼아 수령과 교분을 맺고 그것을 인연으로 농간을 부리려 할 것인즉 그런 자들을 접견해서는 안 된다. 또 풍수(風水)니 두수(斗數:四柱)니 간상(看相:관상을 보는 것)·추명(推命:운명을 점치는 것)·복서(卜筮)·파자(破字) 등 갖가지 요사하고 허황된 술책을 구실로 수령과 인연을 맺으려 하는 자들이 있는데 그런 자들과 왕래가 있으면 작게는 정사를 문란하게 되고 크게는 화(禍)를 입게 되니 천 리 밖으로 물리쳐 접근치 못하게 해야 마땅하다.

다만 의원(醫員)만은 배격하기 어려우니 내가 의술을 알지 못하고 그 사람이 의술에 정통하면 부득이한 경우 때때로 부르지 않을 수 없다. 다만 의원을 부를 때도 아주 신중히 해야 하며 그 노고에 대한 보수는 두둑이 주되 청탁하는 말은 입 밖에 내도록 허락하지 말라.

親戚故舊 多居部內 宜申嚴約束 以絶疑謗 以保情好.

친척이나 옛 친구가 자기의 관할 구역 내에 많이 살거든 거듭 엄히 약
속하여 의심과 비방이 생기지 않게 하고, 서로의 정을 잘 유지토록 해야
한다.

【字義】戚:친척 척. 근심할 척. 재촉할 촉. 絕:끊을 절. 疑:의심할 의.
 謗:헐뜯을 방.
【語義】故舊(고구):옛 친구. 疑謗(의방):의심과 비방. 保情好(보정호):
 서로의 정의(精誼)를 잘 유지함.

【解說】친척이나 옛 친구가 자기 관할하는 읍이나 이웃 읍에 산다면 마
 땅히 한 번은 불러서 보고 한 번은 찾아가 만나되 가끔 선물을 보내
 며 약조하기를,
  "항상 만나 보고 싶으나 예로 막고 있으니 초청하기 전에는 절대
 찾아와 만나려 하지 마시오. 편지 왕래 또한 의심과 비방의 근원이
 될 수 있으니 질병이나 우환이 있어 알릴 필요가 있는 경우에만 몇
 자 적어 풀로 봉하지 말고 직접 예리(禮吏)에게 보내어 정식으로 접
 수하게 하시오."
  해야 한다. 간혹 보면 친척들이 기회를 보아 청탁하여 인심을 잃는
 일이 쌓이는데 수령이 떠난 후 강은 흐르되 돌[아전과 이속]은 그대
 로 남아 백성의 분노가 뒤엉켜 일어나니 능히 보존치 못하는 자가
 많다. 어찌 두려워할 일이 아닌가.
  당나라 때 장진주(張鎭周)가 서주(舒州)의 도독(都督)이 되었는데
 서주는 원래 그의 고향인지라, 서주에 도착하자 고향 집에 가서 술
 과 안주를 마련하여 친척들을 모아 실컷 마시니 머리는 흐트러져 엉
 키고 두 다리를 축 늘어뜨려 앉은 품이 벼슬 없던 시절의 모습과 같

앗다. 그렇게 열흘을 지내고는 친척들에게 돈과 비단을 나누어 주며 눈물로 작별 인사를 했다.

"오늘의 장진주는 친척들과 흔쾌히 마실 수 있었으나 내일부터는 서주의 도독이 되어 백성들을 다스릴 뿐입니다. 관민(官民)의 예가 달라 다시는 이런 교유(交游)를 할 수 없을 것이오."

이후로는 친척이나 친구가 법을 어겨도 용서하는 바가 없었으니 경내(境內)가 숙연하였다.

凡朝貴私書 以關節相託者 不可聽施.

무릇 조정의 고관이 사사로이 편지를 쓰고 뇌물을 보내어 청탁하는 것이라도 들어 시행해서는 안 된다.

【字義】關:관계할 관. 줄 관. 節:마디 절. 託:부탁할 탁.

【語義】朝貴(조귀):朝廷의 높은 사람. 關節(관절):뇌물을 보내며 부탁 함. 聽施(청시):들어 주어 행함.

【解說】참판 유의(柳誼)가 홍주(洪州) 수령으로 있을 때 나는 금정역(金 井驛:忠南 洪城에 있던 驛名)의 찰방(察訪)으로 있었다. 내가 편지를 띄워 유공(柳公)과 공사(公事)를 의논하려 했으나 회신이 없었다. 후 에 홍주에 들어가 만났을 때 그 연유를 물었더니 유공은 이렇게 대 답했다.

"나는 벼슬살이를 하는 동안에는 편지를 뜯어 보는 일이 없습니 다."

결국 시동 아이를 시켜 편지함을 쏟게 하니 뜯어 보지도 않은 편지가 가득하였는데 모두 조정의 고관들이 보낸 편지였다. 내가 말했다.

"그야 그렇게 함이 지당하나 내가 보냈던 편지는 공사(公事)를 의논하기 위한 것이었는데 어찌 펴 보지 않았소?"

유공은 이렇게 반문했다.

"공사였다면 왜 공문(公文)으로 보내시지 않았습니까?"

"마침 비밀을 지켜야 할 일이었기 때문이오."

했더니 유공은,

"비밀에 속하는 일이라면 '秘'를 해서 보내시지 않고요."

했다. 나는 더 이상 할 말이 없었다. 그의 사사로운 청탁을 끊어버림이 이와 같았다.

貧交窮族 自遠方來者 宜卽延接 厚遇以遣之.

가난한 친구나 가난한 친척이 먼 곳으로부터 찾아오면 마땅히 맞아들여 후히 대접해서 돌려보내야 한다.

【字義】窮:다할 궁. 가난할 궁. 延:늘일 연. 이끌 연. 遇:만날 우. 대접할 우. 遣:보낼 견.

【語義】貧交(빈교):가난한 친구. 窮族(궁족):가난한 친척. 自遠方來(자원방래):먼 곳으로부터 옴. 延接(연접):손님을 맞아들여 대접함. 厚遇(후우):후하게 대우함.

【解說】일찍이 선인(先人)이 말씀하시기를, '가난한 친구와 궁한 친척일수록 잘 대접하기가 더욱 어렵다.'고 했다. 진실로 청빈한 선비와 고

상한 친구는 아무리 빈궁해도 관부(官府)로 친구나 친척을 찾아가지 않는다.

나를 찾아오는 사람들은 대체로 게으르고 용렬하고 모자라고 분별 없고 구차하고 비루한 사람이 많은데, 대개 보면 사람됨이 가증스럽고 말도 이치에 닿지 않으며 도리에 맞지도 않는 청탁을 하면서도 염치를 모르는 자들이다. 그들은 남루한 옷에 닳아빠진 신발에 이[虱]가 득실거리며, 예전에 내가 재앙을 만나 곤궁에 빠져 있을 때는 돌아보지도 않던 자들인데 사정이 뒤바뀌었으니 정상(情狀)이 밉살스러워 온화하고 흡족하게 대접하기가 극히 어려운 것이다.

그러나 사람을 대접하는 것은 글짓기와 같아서 좋은 제목으로 글을 잘 짓는 것은 칭찬할 일이 못 되며, 반드시 어려운 제목으로 훌륭한 글을 지어 대단한 파란을 일으키고 찬란히 빛나며 쇳소리나 옥(玉) 소리를 표현할 정도이어야 고수(高手)인 것이다.

위에서 열거한 부류의 사람들을 만나면 어려운 글 제목을 대하듯 측은히 생각하고 사랑으로 영접해 주고 반가워하는 얼굴로 웃으며 맞아야 한다. 또 따뜻한 방에 재우고 풍성히 먹이고 새 옷으로 갈아 입혀야 하며 돌아갈 때는 돈도 넉넉히 주어 낭패 보는 일이 없도록 해야 한다.

閽禁 不得不嚴.

혼금(閽禁)은 부득불 엄해야 한다.

【字義】 閽:문지기 혼.   禁:금할 금.   嚴:엄할 엄.
【語義】 閽禁(혼금):관청에서 잡인(雜人)의 출입을 금지하는 것.

【解說】요즈음 수령들은 흔히 중문(重門)을 활짝 열어 놓는 것을 덕으로 여긴다. 이것은 덕일지는 모르나 정사를 펼 줄 모르는 것이다. 목민관의 직책은 백성을 보살피는 것이지 손님 접대가 아니다. 찾아오는 사람들을 어찌 다 만나 줄 수 있겠는가. 문지기에게 이르되 '무릇 손님이 문 밖에 이르면 우선 따뜻한 말로 기다리게 해 놓고, 곧 내청(內廳)에 슬며시 보고하여 재가를 얻어 처리하라.'고 하라. 이렇게 하면 실수하는 일이 없을 것이다.

제5조 절용(節用):관재(官財)를 절약하여 씀

> 善爲牧者必慈 欲慈者必廉 欲廉者必約 節用者 牧之首
> 務也.

　수령 노릇을 잘하려는 사람은 반드시 자애로워야 하며, 자애롭고자
하는 사람은 반드시 청렴해야 하며, 청렴하고자 하는 사람은 반드시 절
약해야 하거니와 절약해서 쓰는 것이 수령된 사람의 첫째가는 의무인
것이다.

【字義】慈:사랑 자.　約:맺을 약. 검약할 약.　節:마디 절. 절약할 절.
　　首:머리 수. 으뜸 수.
【語義】善爲(선위):잘해 나아감.　節用者(절용자):절약해서 쓰는 것.

【解說】배움이 없고 무식한 자가 간신히 한 고을을 얻게 되면 방자하고
　　교사스러워져 절제하지 않고 손에 닿는 대로 마구 써 버리니 빚만
　　날로 불어나며 그에 따라 탐욕스러워지게 마련이다. 탐욕에 빠지면
　　아전들과 더불어 나쁜 일을 꾀하게 되고, 아전들과 함께 나쁜 일을
　　도모하게 되면 그 이익을 나누게 되며, 그 이익을 나누자면 백성들
　　의 고혈을 짜내게 된다. 그러므로 절약해서 쓰는 것이 백성들을 아
　　껴 주는 첫 번째 임무인 것이다.

> 節者 限制也 限以制之 必有式焉 式也者 節用之本也.

절약이라는 것은 한계를 두어 억제하는 것이며, 한계를 두어 억제하기 위해서는 반드시 법식이 있어야 하거니와 법식이라는 것은 절용(節用)의 근본이다.

【字義】限:한정할 한. 制:절제할 제. 억제할 제. 式:법 식.

【語義】節者(절자):절약이라는 것. 限制(한제):한계를 두어 억제함. 式也者(식야자):법식이라는 것.

【解說】≪주례(周禮)≫의 「천관총재(天官冢宰)」편에 보면 재용(財用)을 절약하는 법식이 아홉 가지가 나와 있다.[祭祀之式·賓客之式·喪荒之式·羞服之式·工事之式·芻秣之式·幣帛之式·匪頒之式·好甲之式] 천자(天子)의 부(富)를 가지고서도 반드시 법식을 정하여 그 씀씀이를 절제하였거늘 하물며 작은 고을의 수령이야. 재용(財用)의 법식은 반드시 정해야 하며 고을의 크고 작음과 봉록(奉祿)의 후하고 박함을 헤아려 절약의 항식(恒式)을 만들어야 한다.

衣服飮食 以儉爲式 輕踰其式 斯用無節矣.

의복과 음식은 검소함을 법식으로 삼아야 하며, 그 법식을 조금만 넘어도 이는 무절제한 씀씀이가 되는 것이다.

【字義】儉:검소할 검. 踰:넘을 유. 멀 요. 節:마디 절. 절제할 절.

【語義】以儉爲式(이검위식):검소함을 법식으로 삼음. 輕踰其式(경유기식):그 법식을 약간 넘음.

【解說】의복은 성근 베옷 등으로 검소하게 입도록 힘써야 한다. 또 아침 저녁의 식사는 밥 한 그릇에 국 한 그릇, 김치 한 접시, 간장 한 종지 외에 네 접시를 넘지 말아야 한다. 네 접시란 소위 옛날의 2두(豆) 2 변(邊)에 해당한다. 즉 구운 고기 한 접시, 말린 생선 한 접시, 절인 나물 한 접시, 젓갈 한 접시를 넘어서는 안 된다.

　수령이 의복과 음식에 검소하지 아니하면 고을의 재정이 달리게 되고, 재정이 달리게 되면 백성들에게 폐해가 미치거니와 수령의 눈 에는 바로 앞의 노(奴)와 기(妓)만 보일 뿐 뒤에 있는 백성들은 보이 지 않으니 백성의 살을 깎아 기생을 살찌우면 장차 무슨 이익이 되 겠는가.

祭祀賓客 雖係私事 宜有恒式 殘小之邑 視式宜減.

　제사와 손님은 비록 사사로운 일에 속하기는 하지만 당연히 일정한 법식이 있어야 하며, 작은 고을은 그 법식을 보아가며 줄여야 한다.

【字義】係:맬 계. 이을 계.　恒:항상 항.　殘:잔인할 잔. 나머지 잔.　視: 볼 시.　減:덜 감. 줄 감.

【語義】係私事(계사사):사사로운 일에 속함.　殘小(잔소):아주 작음.

【解說】제사는 예로부터 내려온 예법을 따라야 한다. 대부(大夫) 이장은 마땅히 소뢰의 찬(少牢之饌:祭物로 羊을 통째로 바침)을 적용하고 당하관(堂下官)은 특생의 찬(特牲之饌:祭物로 소를 통째로 바침)을 써야 하며 두(豆)를 더하고 접시를 더하는 것은 형편에 따르되 가급 적 억제해야 한다.

소뢰의 경우 술잔은 세 번 바치고 밥 한 그릇, 면(麵) 한 그릇, 떡 두 접시에 탕(湯) 세 가지를 쓰되 발 달린 제기(祭器) 다섯, 나무 제기 여섯, 대나무 제기 여섯을 사용한다. 김치, 젓갈 등은 나무 제기에 담고 과일, 건육(乾肉) 등은 대나무 제기에 담는다. 이상은 시제(時祭)와 기제(忌祭) 때의 찬(饌)이다.

춘분, 추분에는 시제를 행하고 하지, 동지에는 천신(薦新:햇곡식으로 만든 음식과 햇과일을 諸神에게 올림)의 예를 행한다.

이상의 제례 법식은 내가 나름대로 짜 본 것이나 국가에서 정한 제도가 있는 것은 아니니 집안마다 가풍(家風)의 예가 있을 것인즉 각 가정의 법식을 준수하는 것이 마땅하다.

또 손님을 접대함에 있어 공적인 손님에게는 공식 법도에 따르면 되며, 사사로이 찾아오는 손님에 대한 찬(饌)은 두 등급으로 나뉘는데 윗사람에게는 네 첩 반상이요, 아랫사람에게는 두 첩 반상을 쓴다. 그 찬들의 후하고 박함은 그 고을의 재정 형편에 따라야 한다.

凡內饋之物 咸定厥式 一月之用 咸以朔納.

무릇 안채에 보내는 음식물들은 모두 그 법식을 정하되 한 달 동안 쓸 양을 초하루에 납품토록 한다.

【字義】 饋:보낼 궤. 咸:다 함. 두루 미칠 함. 朔:초하루 삭. 納:들일 납. 바칠 납.

【語義】 內饋(내궤):안채에 보내는 음식. 厥式(궐식):그 법식. 以朔納(이삭납):초하루를 기준으로 납품함.

【解說】안식구들이 도착하면 날마다 관사의 주방(廚房)에서 쓰는 물건을 제공하되 열흘 동안 사용한 모든 물건을 합계한다. 그 총계에 3을 곱하여 나온 수량을 매월 초하룻날 납입해 주도록 한다.

관부의 정령(政令)은 맑고 간결함에 그 존귀함이 있는 것이다. 약간의 쌀이나 소금을 하루에도 열 번이나 찾는데 내노(內奴)는 시노(侍奴)를 부르고 시노는 문졸(門卒)을 부르고 문졸은 주노(廚奴)를 부르고 주노는 주리(廚吏)에게 '늦다, 왜 안 가져오느냐, 있다, 없다, 많다, 적다.' 하고 악을 쓰며 떠들어대니 온 성안이 소란하다.

또 이튿날 기록부를 조사하는데 책객이 버티고 앉아 종을 불러 주리와 대질시키고, 빈 것을 따지고, 사실을 확인하고, 누락된 것을 보충해 적고, 넘친 것은 삭감하는 등, 한 작(勺) 정도의 미세한 것까지 먹줄을 그으니 원한을 사기도 하고 저울 한 눈금의 경미한 것을 가지고 낱낱이 따지느라 정력을 낭비한다. 이렇듯 아전과 책객과 주리가 서로 의심하고 비난하고 증오하게 되니 이보다 지혜롭지 못한 일은 없는 것이다.

公賓之餼 亦先定厥式 先期辦物 以授禮吏 雖有贏餘 勿還追也.

공적인 손님을 접대함에 있어서도 먼저 그 법식을 정하여 기일 전에 물건을 마련하여 예리(禮吏)에게 주되 남는 것이 생겨도 그것을 되돌려 받지 말라.

【字義】餼:쌀 희. 보낼 희. 辦:힘들일 판. 갖출 판. 授:줄 수. 贏:찰 영. 남을 영. 還:돌릴 환. 追:좇을 추. 구할 추.

【語義】 饎(희):먹임. 먹을 것을 대접함. 辦物(판물):물건을 갖춤. 贏餘
(영여):나머지. 쓰고 남은 것. 還追(환추):되돌려 받음.

【解說】 빈객을 접대하는 품급(品級)은 ≪예전 육조(禮典六條)≫의 〈빈
객〉을 보라. 관찰사를 대접하는 음식은 고례(古禮)를 따르라. 혹 그
렇게 하기 어려운 경우에는 그 읍에서 행해져 오는 전례(前例)를 따
르되 과거 십 년간의 예를 모아 그중 지나치게 사치스러운 것과 지
나치게 검약한 것은 버리고 그 중간치를 취하여 항식(恒式)으로 삼
는다.

  주리(廚吏)에게 명하여 모든 물품들을 갖추어 담당 아전에게 주되
남거나 부족함이 있어도 굳이 반복하여 말하지 말고 미리 장부를 조
사하여 회계를 맞추도록 한다. 술이나 구운 고기가 식은 것이 남아
있더라도 그것은 수고한 사람들의 몫이니 넘보지 말라. 그렇게 하면
아전들은 무엇이든 받으면 자기 것처럼 생각하며 절약해서 쓰고 낭
비함이 없을 것이다.

凡吏奴所供 其無會計者 尤宜節用.

  무릇 이노들이 바치는 것으로서 회계에 들지 않은 것은 더욱 절약해
써야 한다.

【字義】 供:이바지할 공. 바칠 공. 尤:더욱 우. 오히려 우.
【語義】 所供(소공):바치는 것. 尤(우):더욱.

【解說】 관부(官府)에서 쓰는 물건은 모두 백성들의 노고에서 나오는 것

이니 회계에 들지 않은 것은 백성을 해침이 더욱 크다. 세상 만물은 하늘에서 비처럼 내리는 것도 땅에서 샘솟듯 하는 것도 아니니 그 씀씀이를 절약하고 폐해를 살펴서 백성들의 노고가 다소나마 덜어진 다면 이 또한 좋은 일이 아니겠는가.

혹 어떤 고을에서는 소용되는 쇠고기를 전혀 회계하지 않는 예가 있는데 이런 고을에 가게 된 수령은 이를 기뻐하지만 그것은 그 쇠 고기의 출처를 생각지 못하기 때문이다. 회계가 없다면 이는 반드시 백성들을 들볶거나 한 동네만을 특별히 취하여 사사로이 부역을 거 두거나 창고의 곡식을 농간하여 그 남는 것으로 갑절이 되는 이익을 나누어 먹은 것이다.

도둑질한 것은 종들이지만 그 장물을 먹은 자는 수령인 것이다. 내가 장물을 먹고도 종만을 도둑이라 하여 죄를 주니 어찌 사리에 맞는 일인가. '내가 장물로 부모를 공양하고 조상께 제사지낸다면 효 (孝)는 어디 있으며 복은 어디서 올 것인가.'

무릇 이런 고을의 수령된 자는 속히 그 법을 고치고 그 본전을 산 정(算定)하여 회계를 밝게 해야 한다.

私用之節 夫人能之 公庫之節 民鮮能之. 視公如私 斯 賢牧也.

사사로운 씀씀이를 절약하는 것은 대부분의 사람들이 할 수 있으나 공고(公庫)를 절약할 수 있는 백성은 드물다. 공물(公物)을 내 것처럼 아 낀다면 이는 현명한 수령이다.

【字義】鮮:고울 선. 드물 선. 視:볼 시.

【語義】夫人(부인):대부분의 사람. 民鮮(민선):백성이 드물다. 視公如
私(시공여사):公을 私와 같이 봄. 公物을 내 것처럼 아낌.

【解說】읍에는 반드시 공용(公用) 재산이 있다. 여러 종류의 창고가 〈공
용〉이라는 명분으로 세워지지만 차츰 사용화(私用化)되기 일쑤이다.
사용으로 지출되는 그릇된 사례가 쌓이고 쌓여 무절제한 낭비가 이
만저만이 아니다. 그것은 원래 공고(公庫)였기 때문에 수령이 끝내
살피지 못하며, 감독하는 아전과 창고지기가 모의하여 수령의 눈을
속이고 도둑질을 일삼는다. 그러다가 재정이 고갈되면 또 거듭 거두
어들이는데 이는 어느 고을에나 공통되는 병폐이다.

　이렇듯 공재(公財)를 씀에 법식이 없으니 수령된 자는 마땅히 이를
바로잡아야 한다. 수령 자신이 공사(公私)를 엄히 가려 씀으로써 모
든 이속(吏屬)과 관노(官奴)들 역시 사용(私用)을 위해 공고(公庫)를
축내는 일이 없게 해야 한다.

遞歸之日 必有記付 記付之數 宜豫備也.

　물러나 돌아가는 날에는 반드시 기부(記付)가 있어야 하니 기부의 수
(數)는 미리 준비해 두어야 한다.

【字義】遞:갈릴 체. 전할 체. 付:줄 부. 맡길 부. 豫:미리 예. 놀 예. 펼
서. 備:갖출 비. 준비할 비.
【語義】遞歸(체귀):수령 자리를 물러남. 갈리어 돌아감. 記付(기부):기
록. 豫備(예비):미리 준비함.

【解說] 관부에 전해 내려오는 돈과 곡식, 기타 모든 재물은 빠짐없이 장부에 기록되는데 이것을 중기(重記)라고 한다. 수령이 자리를 물러나 집으로 돌아가는 날에는 쓰다 남은 것을 고스란히 중기에 기재하게 되어 있는데 이것을 기부(記付)라고 한다. 평소에 유의하지 않고 있다가 갑작스러운 상황에 이르러 어찌 갖추어 놓을 수 있겠는가. 매달 초하루와 보름의 회계 날에 모든 관용품(官用品)의 쓴 나머지를 대략 살펴 두었다가 갑자기 갈리게 되는 경우 당황하지 않도록 하라.

> 天地生物 令人享用 能使一物無棄 斯可日善用財也.

하늘과 땅이 만물을 생성함은 인간으로 하여금 즐겨 쓰게 하려는 것인즉 물건 하나라도 버리지 않게 할 수 있다면 이를 일러 재물을 잘 쓰는 것이라 할 수 있다.

【字義] 享:누릴 향. 드릴 향. 棄:버릴 기. 善:착할 선. 좋을 선.
【語義] 令人享用(영인향용):사람으로 하여금 즐겨 쓰게 함. 善用材(선용재):재물을 잘(올바로) 씀.

【解說] 도간(陶侃)이 형주(荊州)에 있을 때 선관(船官)을 감독했는데 톱밥을 모두 모았다가 진창이 된 길에 뿌렸으며, 대나무의 두꺼운 머리 부분을 산더미처럼 쌓아 두었다가 훗날 환공(桓公:後漢 때 南陶 太守를 지냈던 蘇純)이 촉(蜀)을 정벌하기 위해 배를 만들 때 못[釘]으로 썼다.

패항(貝恒)이 동하(東河)의 수령이 되어 벼슬살이할 때 하찮은 물건을 보아도 그 생각이 백성에 미치었다. 집을 짓거나 수리하고 남은 폐철(廢鐵)·패피(敗皮)·못 쓰게 된 끈·폐지(廢紙) 등을 모두 보관해 두었다가 장인(匠人)들이 한가한 틈을 타 가죽은 삶아 아교를 만들고, 쇠는 녹여서 절굿공이를 만들고, 못 쓰는 종이와 끈은 빨아서 양(穰:농사일 할 때 입는 허름한 옷)을 만들어 창고에 저장했다.

마침 임금께서 북경(北京)으로 행차하시게 되자 칙사가 임금이 유(留)하실 석전(席殿)을 세울 것을 독촉했는데 이미 저장해 두었던 물품들을 꺼내어 급한 대로 용도에 충당함으로써 백성들의 낭비를 덜어 주게 되었다.

제6조 낙시(樂施):즐거운 마음으로 베풂

節而不散 親戚畔之 樂施者 樹德之本也.

절약만 하고 두루 베풀지 않으면 친척들이 멀리하니 베풀기를 즐기는 것이 덕을 심는 근본이다.

【字義】散:흩을 산. 나누어 줄 산. 畔:밭두둑 반. 배반할 반. 施:베풀 시. 樹:나무 수. 심을 수.

【語義】節而不散(절이불산):절약하기만 하고 흩어서 베풀지 않음. 畔 (반):여기서는 '叛'을 의미하는 말이니 등을 돌려 멀어짐을 의미. 樂施(낙시):베풀기를 즐김. 樹德之本(수덕지본):덕을 심는 근본.

【解說】못에 물이 괴고 또 괴면 장차 흘러 넘쳐 만물을 적셔 준다. 그러므로 절약할 수 있는 자는 능히 베풀 수 있지만, 절약하지 못하는 자는 베풀 수가 없는 것이다. 창기(娼妓)를 붙들어 앉혀 가야금이나 타고 피리나 불며, 비단옷을 입고 값비싼 말에 사치스러운 안장을 얹고, 상관에게 아첨하고 권세 있는 귀족들에게 뇌물을 바쳐 그 비용이 하루에 수만 냥이요, 1년에 탕진하는 돈이 천 억이나 되니 어찌 여유가 있어 친척들에게 베풀 수 있겠는가. 절약해서 쓰는 것이야말로 낙시(樂施)의 근본인 것이다.

내가 귀양살이하면서 수령들을 살펴보았는데 나를 가련히 여기고 나의 빈한한 살림을 도우려 한 자는 그 의복이 아주 검소하였다. 그러나 화려한 의복에 기름기 흐르는 얼굴을 한 자는 즐겨 놀고 음탕한 생활을 일삼을 뿐 나를 돌아보지 않았다.

貧交窮族 量力以周之.

가난한 친구와 빈궁한 친척들을 힘 닿는 대로 원조해 주도록 하라.

【字義】交:사귈 교. 친구 교. 量:헤아릴 량. 가득찰 량. 周:두루 주. 구
제할 주.

【語義】貧交窮族(빈교궁족):가난한 친구와 가난한 친척. 量力(양력):힘
이 닿는 한. 周(주):원조함. 구원함. '賙'와 통함.

【解説】한 집에서 지내던 사람들 중 함께 데리고 오지 못한 사람들이 가
난하여 끼니를 잇지 못하는 경우에는 그 수를 계산하여 한 달에 얼
마씩 보내 주어야 한다. 또 소공(小功:5개월간 喪服을 입어 줄 친족.
從兄弟・從姪・從孫 등) 안에 드는 친척들 중 가난하여 굶고 있는
사람에게는 매달 보름치의 생계비를 보내 줄 것이며, 그 외의 친척
들에게는 사정이 급한 경우에만 보조해 주도록 하라. 가난이 그다지
성하지 않은 친척에게는 가끔 베푸는 것으로 족하다. 또 가난한 친
구가 찾아와 도움을 청하면 후하게 대접하여 보내야 하며, 갈 때는
노자(路資)를 계산해 주되 집에 돌아갔을 때 다소 남을 수 있도록 해
주는 것이 좋다.

팔송(八松) 윤황(尹煌)이 부임해 가는 고을마다 친척들을 만나면
정성을 다하여 극진히 대접했는데 그는 친척들이 구원을 청하면 자
신의 의식(衣食)을 줄여서라도 도와주면서 이렇게 말했다.

"우리 가문이 쇠잔하여 녹을 먹는 자는 나 하나뿐인데 내가 자네

를 도와주지 않으면 청렴하고 검약한 수령이라는 말은 들을지 몰라도 돌아가신 조상님들의 심정을 헤아렸다고는 할 수 없을 것이네. 또 벼슬살이의 도(道)의 측면에서 보더라도 나 자신의 몸을 살찌우는 것이 아니라면 부끄러운 일은 되지 않는 것일세."

관고(官庫)에 남은 재정이 있어 그것을 백성들에게 베푸는 것은 지극한 덕인 것이다. 그러나 고을의 재물을 사사로이 남용하는 것은 예(禮)가 아니다.

我廩有餘 方可施人 竊公貨以賙私人 非禮也.

나의 녹봉(祿俸)에 여유가 있으면 다른 사람에게 베풀어도 좋으나 공재(公財)를 훔쳐 사사로이 남을 구제함은 예(禮)가 아니다.

【字義】 廩:곳집 름. 녹미 름. 竊:훔칠 절. 賙:진휼할 주. 보탤 주.
【語義】 廩(름):쌀광. 여기서는 늠료(廩料), 즉 녹봉. 賙(주):도와줌. 구제함.

【解說】 공공의 채무가 많아서 친구나 친척을 도와줄 형편이 아닌 경우에는 그 실정을 그들에게 두루 알려 여유가 생길 때까지 기다리게 하라. 그들이 찾아와서 요구하는 대로 객기를 부려 관고(官庫)를 탕진하게 되면 아전들은 목을 매고 종들은 도망칠 것이며 그 해독이 전체 경내(境內)에 미칠 것인즉 이런 경우에는 낙시(樂施)가 결코 덕이 될 수 없는 것이다.

근래에 붕당(朋黨)의 습속에서 나온 한 가지 폐속이 있는데 무릇 당색(黨色)이 같은 자에게는 자기와 안면이 있건 없건 또는 그가 도움을 청하건 청하지 않건 모두 그 호수(戶數)를 계산하여 물건을 보내 주니 이는 일찍이 들어본 적도 없는 일인 데다가 오직 남촌(南村: 서울 以南지방. 특히 嶺南·湖南지방)에 만연하던 폐습인데 지금에 와서는 일반적인 습속이 되어 버렸으나 마땅히 내 봉록의 여유를 헤아려 힘에 맞게 베풀어야 할 것이다.

> 節其官俸 以還土民 散其家穡 以贍親戚 則無怨矣.

자기의 관봉(官俸)을 절약하여 그 고을 백성들에게 되돌려 주고, 자기 집 수확물을 풀어서 친척들을 도와주면 아무런 원한이 없을 것이다.

【字義】還:돌릴 환. 穡:거둘 색. 贍:넉넉할 섬. 보낼 섬. 怨:원망할 원. 원한 원.

【語義】土民(토민):그 지방의 주민. 穡(색):거두어들인 것. 즉 수확물. 贍(섬):도와줌.

【解說】율곡(栗谷)의 종손(從孫) 이집(李緝)이 여러 차례 군(郡)과 현(縣)을 맡아 다스렸는데 벼슬자리에 있는 동안 서동생[庶弟]인 구(構)에게 자기를 대신하여 집안일을 건사하게 하였다. 그런데 흉년이 드는 해면 집(緝)은 동생에게 편지를 보내어 이렇게 분부했다. '집안에 저축되어 있는 것을 반드시 친족들에게 베풀고 나머지가 있으면 동복(僮僕)들과 이웃 사람들에게 나누어 주도록 하라.'

누군가가 그에게 '흉년이 든 때를 타서 전택(田宅)을 늘리시지요.' 하고 권하자 집(緝)은 '자신의 이익을 도모하여 저들을 굶주리게 해서야 되겠는가.' 하고는 하양(河陽:慶北 慶山郡에 있는 고을)으로부

터 돌아와 그동안 하인이 마을 사람들에게 장리(長利)로 빌려 주고
받았던 문서들을 모두 불살라 버리고는 그 하인을 곤장 쳤다.

> 謫徒之人 旅瑣困窮 憐而贍之 亦仁人之務也.

귀양살이하는 사람의 객지 살림이 곤궁하면 이를 불쌍히 여겨 도와주
는 것 또한 어진 사람의 의무인 것이다.

【字義】謫:귀양 갈 적. 徒:무리 도. 형벌 도. 瑣:자질구레할 쇄. 가루
    쇄. 憐:불쌍히 여길 련.
【語義】謫徒(적도):귀양살이. 旅瑣(여쇄):객지 살림.

【解說】김영구(金永耈)가 전주 판관(判官)으로 있을 때 부처(付處:일정
    한 지역을 벗어나지 못하게 하는 형벌. 거주 제한) 이하의 죄수들에
    게 돈으로 형벌을 대신하게 하라는 명령이 있었다. 마침 판중추부사
    (判中樞府事) 김수(金晬)가 만경(萬頃)에서 귀양살이를 하고 있었는
    데 가난하여 속전(贖錢)을 마련할 수 없었다. 공(公)은 평소에 그의
    집안과 의좋게 지내오던 터라 노비 일곱 명과 한강(漢江) 상류의 석
    섬지기 밭을 대신 내 주되 고을 사람들에게는 전혀 누를 끼치지 않
    았다.

> 干戈搶攘 流離寄寓 撫而存之 斯義人之行也.

전쟁으로 몹시 어수선할 때 떠돌이 생활을 하며 임시로 붙어사는 난
민들을 보살펴 주어 살아가게 하는 것, 이것이 의로운 사람의 행할 바

이다.

【字義】搶:부딪칠 창. 어지러울 창. 攘:물리칠 양. 어지러울 양. 寄:부칠 기. 기댈 기. 寓:부칠 우. 기탁할 우. 撫:어루만질 무.

【語義】干戈(간과):방패와 창이니 곧 무기, 전쟁을 의미한다. 搶攘(창양):몹시 어수선함. 流離寄寓(유리기우):떠돌아다니며 더부살이 함.

【解說】선조(宣祖) 때 강수곤(姜秀崑)이 고창(高敞) 현감(縣監)이 되었는데 군대가 출동하게 되자 식량이 크게 부족하여 사람들끼리 서로 잡아먹을 지경에 이르렀다. 그러자 그는 계획을 잘 세우고 현명하게 대처하여 백성들의 굶주림을 구제했다. 양호(兩湖:호남 · 호서지방. 지금의 전라도 · 충청도)지방의 피난민이 천 명을 헤아렸다. 게다가 북쪽에서 내려온 친척과 친구들까지 겹쳐 굶주리고 추위에 떠는 사람이 날로 천 명씩 불어났다. 공(公)은 자기 자신은 궁핍하게 생활하면서 그들을 먹여 살려낸 사람이 천여 명이나 되었다.

　　홍이일(洪履一)이 대구(大丘) 판관으로 있을 때 마침 병자호란이 일어났는데 새재[鳥嶺] 이남까지는 전쟁이 미치지 않았으므로 많은 사대부들이 피난을 왔다. 그는 이들을 구제하는 데에 최선을 다했으므로 피난 온 사대부들이 모두 기뻐하였다.

　　하루는 그곳 관찰사가 그를 희롱하여 말했다. '벼슬살이에 있어 청렴한 것은 원래 좋은 일이긴 하나 그대의 자손들은 어찌할 셈인가?' 이에 공은 웃으면서 대답했다. '처신함에 빚을 진 것은 없으니 이것으로 마음이 족합니다. 자손들에게 이것을 유산으로 물려준다면 그 아이들도 후하지 않다고는 하지 않을 것입니다.'

權門勢家 不可以厚事也.

권문세가라 하여 후하게 섬겨서는 안 된다.

【字義】厚:두터울 후. 事:일 사. 섬길 사.
【語義】不可以厚事(불가이후사):후하게 섬겨서는 안 됨. ‘事’는 ‘섬기
다’의 뜻.

【解說】권문(權門)에 선물 바치는 것을 후하게 해서는 안 된다. 내가 그
의 은혜를 입은 바 있거나 서로 잘 지낼 것을 의뢰하는 뜻에서 선물
을 보낼 때에는 음식물 몇 가지로 국한해야 한다. 초피(貂皮), 인삼,
비단 같은 값진 물건은 절대 바쳐서는 안 된다. 재상으로서 청렴하
고도 지혜로운 사람은 그런 것을 받지 않을 뿐만 아니라 오히려 나
를 비루하고 간사한 사람으로 여길 것이며 임금께 아뢰어 처벌을 청
할 것인즉 이는 재물도 손해를 보고 자신도 망치는 위험한 짓이기
때문이다.
　또 그 재상이 그 뇌물을 기쁜 마음으로 받는다면 그는 머지않아 패
가망신할 것이며, 사람들도 나를 가리켜 그릇된 사람이라고 할 것인
즉 크게는 공범자가 되고 작게는 앞길이 막히게 마련이다. 그러므로
그가 그 물건을 받아도 안 받아도 내게는 해만 있고 이익 됨은 없을
것이니 어찌 마음에 불안을 심으면서까지 그런 짓을 할 필요가 있겠
는가.

3. 봉공육조(奉公六條)

제1조 선화(宣化): 임금의 은덕을 백성들에게 베풂

> 郡守縣令 本所以承流宣化 今唯監司 謂有是責 非也.

군수와 현령의 본래 소임은 (임금과 백성의 중간에서) 임금의 뜻을 백성들에게로 이어 흐르게 하고 임금의 은덕을 널리 펴는 것인데, 요즈음 보면 감사(監司)에게만 그 책임이 있다고 말하니 이는 잘못된 것이다.

【字義】承:이을 승. 宣:베풀 선. 떨칠 선. 唯:오직 유. 責:꾸짖을 책. 책임 지울 책.

【語義】本所(본소):본래 소임. 承流(승류):윗사람(특히 임금)의 뜻을 백성들에게로 이어 흐르게 함. 宣化(선화):임금의 은덕을 널리 펴는 것.

【解說】전한(前漢)의 동중서(童中舒)는 무제(武帝)의 책문(策門)에 대답하는 글인「현량 대책(賢良對策)」에서 다음과 같이 말했다.

'요즈음의 군수와 현령들은 백성의 스승이요 통솔자이니 폐하께서는 그들로 하여금 승류(承流)하고 선화(宣化)하게 하셔야 합니다. 그러므로 그들이 어질지 못하면 폐하의 덕이 널리 베풀어지지 못하며 은택(恩澤)이 고루 흐르지 못하나이다.

오늘날의 군수나 현령들은 아랫사람들을 잘 교도(敎導)하지도 않거니와, 심지어 어떤 자들은 주상(主上)의 뜻을 이어받아 고루 펴지 아니하고 백성들에게 포학하고 간악한 무리들과 휩쓸려 어울리는 일이 많습니다. 가난하고 외롭고 약한 백성들은 생업(生業)을 잃음을 괴로워하고 원망하니 폐하의 뜻에 크게 어긋나고 있습니다. 이리하여 음양이 뒤엉키고 재앙의 먹구름이 싸늘하게 충만하니 모든 백성이 생계를 이어가지 못하고 구제받지도 못하게 됩니다.

이는 모두 우두머리 현관(縣官)이 어질지 못하여 이 지경에까지 이르게 되는 것입니다.'

생각건대 선화(宣化)와 승류(承流)는 곧 수령된 자의 책임인데도 오늘날에는 오로지 감사(監司)의 관서(官署)에만 '宣化堂'이라는 현판을 써 붙이니, 수령들은 늘 이 현판을 보는 것에 만성이 되어 선화나 승류 따위는 자기의 할 일이 아니며 자기는 무엇보다도 세금을 독촉하여 잘 거두어 상관의 꾸지람을 면하기만 하면 된다고 생각한다. 이 어찌 한심하고 딱한 노릇이 아니겠는가.

綸音到縣 宜聚集黎民 親口宣諭 俾知德意.

임금의 말씀이 고을에 도착하면 백성들을 모아 놓고 그 말씀을 수령의 입으로 친히 포고하여 임금의 덕의(德意)를 알게 해야 한다.

【字義】綸:벼리 륜. 聚:모을 취. 黎:검을 려. 많을 려. 무리 려. 諭:타이를 유. 비유할 유. 俾:더할 비. 하여금 비.
【語義】綸音(윤음):임금의 말씀. 聚集(취집):불러 모음. 黎民(여민):庶民. 일반 백성. 宣諭(선유):임금의 훈유(訓諭)를 널리 포고함. 俾知(비지):알게 하다. 알리다.

【解說】윤음이란 백성의 어버이인 임금이 백성을 자식처럼 위로하고 훈시하는 말이다. 어리석은 백성들은 문자를 해독할 줄 모르기 때문에 얼굴을 마주하고 귀에 대고 이르지 않으면 아무런 효과가 없다. 윤음이 내릴 때마다 수령은 패전(牌殿:榜을 붙이는 殿閣)의 문 밖에서 친히 선유(宣諭)하여 조정의 덕의(德意)를 널리 전달하여 백성들로 하여금 그 은혜를 마음에 되새기게 해야 한다.

매양 보면 수령은 윤음이 내려올 때마다 대강대강 추려 적어 풍헌과 약정에게 주는데 그 가운데 임금의 명령을 어기고 행하지 않은 것이 있으며 풍헌, 약정과 짜고 숨겨 알리지 않기 일쑤이다. 가령 세곡(稅穀)을 거두지 말라는 명령이나 환곡(還穀)을 탕감해 주라는 등의 덕음(德音)은 열 번 내리면 여덟, 아홉 번은 백성들에게 알리지 않고 감춘다. 수령의 모든 죄 중에서 이 죄가 가장 크니 주극(誅殛:목 베어 죽이는 형벌)의 극형을 받더라도 변명의 여지가 없을 것인즉 어찌 그런 죄를 범할 수 있겠는가.

내가 영남 지방으로 귀양 갔을 때 쓸쓸하고 조그마한 마을에도 모두 윤음각(綸音閣)이 있는 것을 보았다. 한 칸 크기의 집인데 그 북쪽 담장에는 긴 게시판을 가로질러 걸고는 윤음이 내려올 때마다 그 위에 붙여 놓고 부로(父老)들이 그 앞에 늘어서서 절하며, 국가에 경사가 있거나 상고(喪故)가 있어도 늘어서서 절을 한다. 또 그 앞에서 망곡례(望哭禮)를 행하고 중요한 의논도 반드시 그 앞에 모여서 행한다. 이는 천하의 아름다운 풍속이니 모든 방면에 두루 활용하면 좋을 것이다.

教文赦文到縣 亦宜撮其事實 宣諭下民 俾各知悉.

교문이나 사문이 고을에 도착하면 역시 그 내용을 발췌 요약하여 아래 백성들에게 널리 공포하여 자세히 알게 해야 한다.

【字義】赦:용서할 사. 풀어줄 사. 撮:모을 촬. 골라낼 촬. 悉:다 실.
【語義】敎文(교문):나라에 큰 일이 있을 때 임금이 내리는 유시문(諭示
    文). 赦文(사문):나라의 경사를 축하하는 뜻에서 죄인을 사면해 주
    라는 글. 撮(촬):여기서는 글의 내용을 간추려 모으는 것을 의미.
    俾(비):~로 하여금. '使'와 통함. 知悉(지실):자세히 앎.

【解說】나라에 큰 경사가 있으면 조정(朝廷)에서 교문(敎文)을 반포한
    다. 임금의 병환이 회복되었다든지 세자가 태어났다든지 임금이 장
    수(長壽)한다든지 대궐 안에서 가례(嘉禮)가 거행된다든지 하면 이에
    교문을 반포하고 사면(赦免)을 선포한다. 그런데 교문이나 사문은
    어려운 한문체(漢文體)로 되어 있어 백성들이 이해하지 못하므로 수
    령은 그 글의 골격이 되는 내용을 간결하게 정리하여 토서(土書:諺
    文, 한글)로 번역해서 백성들로 하여금 자세히 알게 해야 한다.

凡望賀之禮 宜肅穆致敬 使百姓知朝廷之尊.

무릇 망하의 예는 마땅히 엄숙하고 조용하게 공경을 다해서 행함으로 써 백성들로 하여금 조정(朝廷)의 존엄함을 알게 해야 한다.

【字義】肅:엄숙할 숙. 穆:화목할 목. 맑을 목. 조용히 생각할 목. 致:이
    를 치. 다할 치. 敬:공경 경.
【語義】望賀之禮(망하지례):경절(慶節)에 수령이 전패(殿牌)에 절하는

예식.   肅穆(숙목):엄숙하고 조용함.   致敬(치경):지극한 공경.

【解說】 망하(望賀)의 예는 먼동이 틀 무렵에 행하는데 행례(行禮)가 끝
　　나면 반드시 얼마 동안 엎드려 묵념하되 지난 보름 동안 내가 행한
　　일이 주상(主上)께 부끄러운 것이 없었는가를 반성해야 한다. 이때
　　수령은 마치 머리 위에서 임금이 내려다보시고 있는 것 같은 자세로
　　예(禮)에 임해야 하며, 마음에 부끄러운 일이 있으면 바로 이를 고쳐
　　하늘로부터 받은 떳떳한 천성을 길러야 한다.
　　　요즈음 풍속에서는 초하루와 보름에만 망하례를 올리지만 임금의
　　탄생일 및 나라에 경사가 있는 날에도 망하례를 올려야 한다. 다른
　　수령들이 행하지 않는다 하여 나도 행하지 않겠다는 것은 결코 있을
　　수 없는 일이다.

> 望慰之禮 一遵儀注 而古禮不可以不講也.

　　망위(望慰)의 예는 한결같이 의례주해(儀禮注解)를 따라 행하되 우리
나라의 전통적인 예법 또한 익혀 알지 않으면 안 될 것이다.

【字義】 慰:위로할 위.   遵:좇을 준.   儀:거동 의. 법식 의.   注:부을 주.
　　모을 주. 주석 주.   講:설명할 강. 연구할 강.
【語義】 望慰之禮(망위지례):지방의 관리(官吏)가 국상(國喪)이 났을 때
　　대궐을 향하여 조위(弔慰)하는 예(禮).   儀注(의주):周公의 《儀禮》
　　에 대한 주해서(注解書).

【解說】 망위례는 아주 엄숙하게 행해야 한다. 고례(古禮)에 따르면 국상

(國喪)의 소식을 들으면 즉시 오사모(烏紗帽:가는 紗로 만든 모자로 冠服을 입을 때 쓰는 것)·천담복(淺淡服:엷은 옥색의 祭服)·흑각대(黑角帶:검은 천으로 만든 허리띠)로 관정(官庭)에서 곡(哭)하고 바깥뜰로 나와 상복(喪服)으로 갈아입고 다시 들어가 우곡(又哭:五哭 중의 二哭)을 행한다. 이때는 오사모와 망건을 벗고 상투를 풀어 괄발(括髮:머리칼을 두세 번 말아서 삼끈으로 묶는 것)한다.

고례에는 괄발은 소렴(小殮:시체를 옷과 이불로 싸는 것) 후에 하는 것으로 되어 있으나 상보(喪報)를 듣고도 달려가지 못하는 사람은 우곡(又哭)할 때 이미 괄발했으니 제3곡(第三哭)을 기다릴 필요가 없다.

이튿날 삼곡(三哭)에는 일찍 일어나 천담복에 사모각대(紗帽角帶)는 벗고 포건(布巾)과 질대(経帶)를 갖추고 들어가 곡한다. 이때는 괄발을 그대로 둔다. 해가 있을 때 한 번 곡하고 해가 진 후에 한 번 곡한다.

그 이튿날 사곡(四哭)에도 천담복·포건·질대를 그대로 갖추고 곡하며 삼곡 때와 똑같이 한다.

다음날 오곡(五哭)에는 일찍 일어나 참쇠상(斬衰裳:거친 베옷으로 아래 부분을 접어 꿰매지 않은 상복)·중의(中衣:喪服으로 입는 삼베 두루마기)에 저장(苴杖:상제가 짚는 검은 색의 대지팡이)을 짚고, 이에 괄발을 고쳐 상투를 틀고 상관(喪冠)을 쓰며, 질대와 관구(菅屨:왕골로 만든 상제의 엄짚신)를 갖추어 곡하고 성복(成服:상제로서의 옷차림을 완전히 갖추어 입는 것)한다.

내전(內殿)의 상(喪)에는 괄발하지 않고 포건(布巾)으로 대신하며 그 밖에 오곡(五哭)은 모두 위의 예에 따른다.

國忌廢事 不用刑 不用樂 皆如法例.

국기일(國忌日)에는 일체의 공무(公務)를 폐하고 형벌을 주지 않으며
악기를 울리지 않되 모두 예법대로 하라.

【字義】廢:폐할 폐. 버릴 폐. 皆:다 개.
【語義】國忌廢事(국기폐사):국기일(國忌日)에는 일체의 공무를 폐함.
　　不用刑(불용형):형벌을 행하지 않음.　不用樂(불용악):악기를 쓰지
　　않음.

【解說】수령은 국가의 기일(忌日) 하루 전날 목욕재계해야 하며, 태형
　　(笞刑)은 행해도 되나 장형(杖刑)은 가해서는 안 된다. 또 관청(官廳)
　　의 문을 열거나 닫을 때 군악(軍樂)을 쓰지 않는다. 요즈음 수령들은
　　나라의 기일에도 연회를 베풀고 풍악을 울려서 아전과 백성들이 그
　　비례(非禮)를 비난하여 사방이 떠들썩한데도 수령은 그 비난의 소리
　　를 듣지 못하니 이런 일은 절대 있어서는 안 된다.
　　　조극선(趙克善)이 온양(溫陽) 군수(郡守)로 있을 때, 인조대왕(仁祖
　　大王)의 상(喪)이 있었는데 그는 죽을 마시고 거적자리에 자면서 아
　　침저녁으로 곡했다. 또 안채의 주방과 바깥채의 주방에서 술과 고기
　　를 거두어 버리니 부녀자와 어린 자식들 역시 감히 고기를 먹는 자
　　가 없었다.
　　　또 군내(郡內)에 통첩을 보내어 '예(禮)에서 방상(方喪:임금의 상
　　을 당할 때 부모의 상을 당한 것같이 함)이라고 하는 것은 친상(親
　　喪)과 거의 같다는 뜻이다. 이제부터는 마을에서나 장터에서 주연을
　　베풀거나 시집 장가갈 때 노래 부르고 춤추는 행위, 고기잡이나 사

냥 따위를 하지 말도록 하라. 어떤 경우라도 예율(禮律)을 어기는 일
이 없도록 하라.'고 하명(下命)하니, 이에 어른이나 아이나 경외(敬
畏)하여 서로 신칙하면서 장터에서는 술을 팔지 않았고 들판에서는
농가(農歌)가 들리지 않았다.

朝令所降 民心弗悅 不可以奉行者 宜稱疾去官.

조정(朝廷)에서 내려온 명령을 백성들이 달갑게 여기지 않아 그것을
받들어 행할 수 없는 경우, 수령은 질병을 핑계 삼아 관직을 그만두어야
한다.

【字義】降:내릴 강. 항복할 항. 弗:아닐 불. 말 불. 悅:기쁠 열. 稱:일
컬을 칭. 저울 칭. 疾:병 질.

【語義】朝令(조령):조정에서 내려오는 명령. 弗悅(불열):기뻐하지 아니
함. 奉行(봉행):받들어 시행함. 稱疾(칭질):병을 구실 삼음. '稱'은
'稱'.

【解說】송(宋)나라 강잠(姜潛)이 진류현(陳留縣)을 맡아서 부임한지 몇
개월 후에 청묘령(靑苗令:정부가 춘궁기에 돈이나 곡식을 농민에게
빌려주고 가을에 약간의 이자를 붙여 거두어들이게 하는 명령)이 내
려왔다. 강잠이 그것을 방(榜)으로 써 붙이고 각 마을에 알리게 한
지 사흘이 지나도록 찾아오는 사람이 하나도 없었다. 그는 방(榜)을
떼어 아전에게 주면서, '백성들이 원치 않는다'고 말하고 즉시 질병
을 핑계 삼아 벼슬자리를 떠났다.

璽書遠降 牧之榮也 責諭時至 牧之懼也.

옥새 찍힌 글이 먼 길을 내려오는 것은 목민관의 영예요, 때때로 꾸짖는 유시가 내려오는 것은 목민관의 두려움이다.

【字義】 璽:옥새 새. 諭:타이를 유. 비유할 유. 懼:두려워할 구.
【語義】 璽書(새서):임금의 옥새가 찍힌 글. 遠降(원강):먼 길을 내려옴.
  責諭(책유):꾸짖는 유시. 時至(시지):때때로 내려옴.

【解說】 조정에서 포가(褒嘉:훌륭한 행적을 칭찬하고 기리는 것)의 조서(詔書)를 내려 보내는 것은 나를 기리는 것이 아니며, 조정에서 절책(切責)의 유시를 내리는 것은 나를 미워함이 아니다. 그 모두가 백성을 위해서인 것이다. 조정으로부터 칭찬의 글을 받든 꾸지람의 글을 받든 수령은 마땅히 조정의 덕의(德意)를 선포하여 숨김이 없어야 할 것이다.
  송(宋)나라 태종(太宗)이 각 고을에 경계비(警戒碑)를 세워 말하기를, '네가 받는 녹봉은 백성들의 고혈이요, 기름이다. 아래로 백성을 학대하기는 쉬우나 위로 하늘을 속이기는 어렵다' 하였다. (歐陽脩의 ≪集古錄≫에 '경계비'는 唐의 玄宗에서 기원한다고 되어 있다. 原註)

제2조 수법(守法):국법(國法)을 엄히 지킴

> 法者君命也 不守法 是不遵君命者也. 爲人臣者 其敢
> 爲是乎.

법이라는 것은 임금의 명령이니 법을 지키지 않음은 곧 임금의 명령을
받들어 행하지 않는 것이다. 신하된 자가 감히 그렇게 할 수 있겠는가.

【字義】守:지킬 수. 遵:좇을 준. 敢:감히 감. 구태여 감.
【語義】法者(법자):법이라는 것. 爲人臣者(위인신자):신하된 자.

【解說】책상 위에 ≪대명률(大明律)≫과 ≪대전통편(大典通編)≫을 놓
아두고 항상 펴 보면서, 그 조문과 사례(事例)를 두루 알고 있어야
이로써 법을 지키고 명령을 시행하며 송사(松事)의 판결 및 기타 여
러 가지 공무를 수행해 낼 수 있을 것이다. 무릇 법의 조항에 금지된
것은 조금이라도 범해서는 안 되니 비록 오랜 전통으로 이어져 오는
고을의 관례가 있더라도 국법에 현저히 위배되는 것은 진실로 범해
서는 안 될 것이다.

> 確然持守 不撓不奪 便是人欲退 聽天理流行.

법을 확고하게 유지하고 지켜 오로지 굽히지도 않고 빼앗기지도 않
으면 사람은 욕망을 물리치고 천리(天理)의 흐름에 귀 기울이게 될 것
이다.

【字義】撓:어지러울 요. 奪:빼앗을 탈. 좁은 길 태. 便:편할 편. 똥오줌
　　변. 곧 변.
【語義】持守(지수):유지하고 지킴. 不撓不奪(불요불탈):굽히지도 않고
　　빼앗기지도 않음. 便是(편시):오로지 이렇게만 하면.

【解說】세종(世宗) 때 허주(許稠)가 전주 판관(全州判官)이 되었는데 청
　　렴한 절개를 지켜 굳세고도 현명하게 일을 처단하였다. 그는 '非法
　　斷事 皇天降罰(법 아닌 것으로 일을 처리하면 임금과 하늘이 벌을
　　내린다.)'이라는 여덟 글자를 현판에 써서 공청(公廳) 마루에 걸어놓
　　고 스스로 법을 준수할 것을 맹세했다.

凡國法所禁 刑律所載 宜慄慄危懼 毋敢冒犯.

　무릇 국법으로 금하고 있는 것과 형률(刑律)에 기재되어 있는 것은 두
려워 벌벌 떨되 감히 위험을 무릅쓰고 범하지 말라.

【字義】載:실을 재. 慄:떨릴 률. 懼:두려워할 구. 冒:무릅쓸 모.
【語義】所載(소재):실려 있는 것. 慄慄(율률):두려워 벌벌 떠는 모양.
　　冒犯(모범):위험을 무릅쓰고 범함.

【解說】한 가지 일에 부닥칠 때마다 반드시 국전(國典)을 돌이켜보되 국
　　법을 어기고 형률에 어긋나는 것은 결단코 행해서는 안 된다. 일처
　　리에 임하여 반드시 마음속으로 '감사(監司)가 이것을 알면 나를 폄
　　하하지나 않을까, 어사(御使)가 이 일을 알면 나를 탄핵하지나 않을
　　까.'하며 돌이켜보고 나서 결코 그럴 이유가 없음을 확신한 후에 실

천에 옮기는 것이 좋다.

또 경우에 따라서 법에 지나치게 구애받음으로써 백성들을 곤란에 빠지게 하는 수도 있다. 다소의 융통성을 발휘하여 백성들을 이롭게 할 수 있다면 그로 인해 피해 입는 사람이 없는 경우에 수령의 권한으로써 그 방법을 응용해도 좋다. 수령의 결정이 천리(天理)의 공(公)에서 나온 것이라면 반드시 법에 얽매여 지킬 것은 없으나 그것이 사사로운 욕망에서 나온 것이라면 절대 실행해서는 안 된다.

> 不爲利誘 不爲威屈 守之道也. 雖上司督之 有所不受.

이(利)에 유혹되지 않고 위세에 굴하지 않는 것이 곧 수령의 도리이다. (그러므로 수령은) 상사(上司)가 독촉하더라도 받아들이지 않을 줄 알아야 한다.

【字義】誘:꾈 유. 가르칠 유. 屈:굽힐 굴. 守:지킬 수. 督:감독할 독. 재촉할 독.

【語義】利誘(이유):이익에 유혹 당함. 威屈(위굴):위세에 굴복함.

【解說】인조(仁祖) 때 이명준(李命俊)이 함경도 고산(高山)의 찰방(察訪)이 되었을 때의 일이다. 그가 관리하던 역(驛)이 함경도 요지(要地)에 위치하고 있어 역마를 타고 지나는 고관(高官)들이 법의 한계를 넘어 지나치게 요구하는 것이 많아 역졸들이 그 명령을 견디어 내기 어려웠다. 그러나 이명준은 법대로 일을 처리하여 그 위세에 굴하지 않았다.

한 번은 감사가 고산역에 당도하였는데 이명준은 그가 지니고 온 마패(馬牌)대로만 역마를 지급하니 감사가 노하며 들으려 하지 않았다. 그는 서둘러 조정에 그 처리를 청하니 조정에서는 그를 옳다 하고 감사를 그르다 하여 그때까지 내려오던 오랜 폐단은 고쳐졌으나 그는 벼슬을 그만두고 돌아가 버렸다.

法之無害者 守而無變 例之合理者 遵而勿失.

법 중에서 결함이 없는 것은 지키고 고치지 말 것이며, 관례 중 합리적인 것은 준수하여 잃지 않도록 하라.

【字義】變:변할 변. 고칠 변. 遵:좇을 준. 勿:말 물. 失:잃을 실. 그르칠 실. 놓을 일.

【語義】法之無害者(법지무해자):법 중에 해로움[결함]이 없는 것. 遵而勿失(준이물실):준수하여 잃지 말라.

【解說】조극선(趙克善)이 고을의 수령으로 있을 때, 그는 반드시 새벽에 일어나 관대(冠帶)를 차리고 일을 보았는데 지금까지의 관례를 시끄럽게 뜯어 고치는 것을 좋아하지 않았다. 그는 '무릇 일을 처리함에는 반드시 서두르지 말고 점차로 진행해야 하는 것이다. 부임하기가 무섭게 폐단을 제거한답시고 전례를 모두 끊어 그 뒤를 올바로 이어가지 못한다면 시작만 있고 끝이 없는 결과를 자초하게 될 것이다. 우선 지나친 폐단부터 제거하여 차츰 모든 폐단을 근절해 나아가야 할 것이다.' 하였다.

　생각건대 옛사람들이 시끄럽게 뜯어 고치는 것을 경계한 것은 지킬 만한 법이 있었기 때문이다. 오늘날 우리나라의 군현에서 적용하고 있는 법들은 대부분 국법이 아니다. 부역과 징렴(徵斂) 따위는 모두 이속들의 생각에서 나온 것이니 그대로 두어서는 안 되며 급히 개혁해야 할 것이다.

> 邑例者 一邑之法也 其不中理者 修而守之.

고을의 관례라는 것은 그 고을의 법이므로 그중 이치에 맞지 않는 것은 고쳐서 지키도록 하라.

【字義】 中:가운데 중. 맞을 중. 理:다스릴 리. 이치 리. 修:닦을 수. 고칠 수.

【語義】 邑例者(읍례자):고을의 관례라는 것. 修而守之(수이수지):고쳐서 지키도록 하라.

【解說】 각 고을의 모든 고(庫)에는 예로부터 내려오는 관례가 있으니 이를 절목(節目)이라 한다. 그런데 절목은 당초에 만들어질 때도 잘못된 점이 많았는데 뒤에 오는 수령들이 어지럽게 더하고 줄여 고치면서 사사로운 생각으로 손질함으로써 제게만 이롭고 백성들을 착취하는 조목이 해마다 더하고 달[月]로 불어나니, 백성들이 편히 살 수 없게 되는 것은 이 때문이다.

　과거에 내가 곡산부(谷山府)에 있을 때 민고(民庫)의 절목(節目)을 상세히 만들었더니 아전과 백성이 모두 기뻐하기에 그 법례를 통용시키고자 하였다. 마침 영성군(靈城君) 어사(御使) 박문수(朴文秀)가 만들어 정한 절목(節目)도 나의 안(案)과 같음을 확인하고는 그것이 크고 작은 일에 통용될 수 있음을 더욱 확신하게 되었다.

제3조 예제(禮際):예(禮)로써 사람들을 대함

> 禮際者 君子之所愼也 恭近於禮 遠恥辱也.

예제라는 것은 군자가 중히 여기는 것이니 그 공손함이 예법에 맞아야 욕됨이 없을 것이다.

【字義】際:즈음 제. 사귈 제. 愼:삼갈 신. 近:가까울 근. 辱:욕될 욕.

【語義】禮際(예제):교제를 함에 있어 지켜야 할 예의. 恭近於禮(공근어례):예법에 맞게 공손함.

【解說】 높고 낮음에는 등급을 두고 윗사람과 아랫사람 사이에는 구별을 두는 것은 예부터 내려오는 의(義)이다. 그래서 수레와 복장의 차림이 다르고 깃발의 문채(文彩)를 달리하여 그 분수를 나타내는 것이다.

하관(下官)은 자기의 본분을 지켜 상관(上官)을 섬겨야 하는데 나는 문관이고 상대는 무관이라 하여 그를 괄시해서는 안 되며, 나는 세력이 강하고 상대는 힘이 약하다 하여 교만하게 대해서는 안 되며, 나는 현명하고 그는 어리석다 하여 무시해서는 안 되며, 나는 늙었는데 그는 젊다 하여 서글퍼 해서도 안 된다. 엄숙하고 공손하고 겸손하고 온순하여 예의를 잃지 않으며, 화평하게 하여 뒤틀리고 막힘이 없게 하면 정과 뜻이 서로 통할 것이다.

> 外官之與使臣相見 具有禮儀 見於邦典.

외관이 사신을 접견함에는 갖추어야 할 예의가 있는데 그것에 대해서는 나라의 예전(禮典)을 보라.

【字義】 具:갖출 구. 邦:나라 방. 典:법 전. 경전 전.
【語義】 外官(외관):지방의 관리. 相見(상견):서로 접견함.

【解說】 ≪경국대전(經國大典)≫에 이렇게 규정하고 있다.
　'외관 당상관(外官堂上官)은 당상 사신(堂上使臣)을 맞아들일 때는 서쪽 문으로 따라 들어가 앞에 나아가 재배(再拜)하고 사신이 이에 답배(答拜)하며, 당하 사신(堂下使臣)을 맞는 경우에는 사신은 동쪽 편에서, 주인은 서쪽 편에서 서로 마주 재배(再拜)한다.
　당하관(堂下官)은 당상 사신에 대하여 몸소 나아가 알현을 청해야 한다. 또 당하 사신에게는 몸소 나아가지 않고 사람을 시켜서 알현을 청하되, 두 경우 모두 서쪽 문으로 따라 들어가 앞에 나아가 재배하는데 사신이 자기와 차등(差等)이면 답배(答拜)를 하나 격등(隔等)이면 답배를 하지 않는 것이 예의이다.'
　고례(古禮)에 서북쪽은 존엄하고 동남쪽은 비손(卑巽)하기 때문에 손님은 서북에 앉히고 주인은 동남에 앉는 것이라고 되어 있다. ≪주역(周易)≫에도 건괘(乾卦)는 빈객이요 손괘(巽卦)는 주인이니 이는 손님을 존대하고 자기를 낮추라는 뜻이다.

> 延命之赴營行禮 非古也.

연명(延命)의 예를 감영에까지 찾아가 행하는 것은 예부터의 예법이 아니다.

【字義】延:늘일 연. 이을 연. 이끌 연. 赴:다다를 부. 갈 부. 營:경영할 영. 진영 영. 古:예 고.

【語義】延命(연명):감사(監司)가 새로 부임해 오면 수령이 가서 첫인사를 하는 의식. 赴營(부영):감영(監營)에까지 나아감.

【解說】연명이란 고을을 지키는 신하, 즉 수령이 본읍(本邑)에 앉아 있다가 감사(監司)가 순찰 길에 본읍에 당도하면 패전(牌殿)의 뜰에 나아가 교서(敎書)를 공손히 건네받고 첨하(瞻賀)의 예를 행하는 것을 말한다. 그러나 감사가 본읍에 도착하지 않으면 수령은 연명의 예를 행하지 않는 것이 옛 법도인 것이다.

영조(英朝) 초년까지만 해도 옛 법도를 따랐으나 후대로 내려오면서 사대부들의 기풍과 절개가 점점 쇠퇴하여, 상관(上官)을 아첨으로 섬기며 미움을 사면 어쩌나 하는 두려운 마음에서 감사가 도임하면 열흘이 못 되어 수령들이 급히 감영으로 달려가 연명의 예를 행하니, 이것은 연명이 아니라 참알이며 조정을 받드는 것이 아니라 상관에게 아첨함이니 모두 속된 폐습이다.

또 감사가 예법을 몰라 수령이 감영까지 찾아와 연명의 예를 행하지 않으면 허물이라 하여 문책하려 하니 이 또한 큰 오류가 아닌가!

監司者 執法之官 雖有舊好 不可恃也.

감사란 법을 집행하는 관리이니 수령은 그와 오랜 친분이 있다 하여 믿고 의지해서는 안 된다.

【字義】監:볼 감. 살필 감.　司:맡을 사. 벼슬 사.　執:잡을 집. 처리할
　집.　恃:믿을 시. 의지할 시.
【語義】執法之官(집법지관):법을 집행하는 관리.　舊好(구호):예부터 정
　의(情誼)가 두터움. 오랜 친구.　恃(시):믿고 의지함.

【解說】후한(後漢)의 소장(蘇章)이 기주(冀州) 자사(刺使)가 되었는데 마
　침 그의 친구 하나가 청하(淸河)의 태수로 있었다. 장(章)이 순행(巡
　行)하던 중 청하에 이르러 그 친구의 부정(不正)을 논죄하게 되었는
　데 그에 앞서 장(章)이 술상을 차려 크게 환대하니 태수가 기뻐하며
　말했다.
　　"다른 사람들은 모두 하나의 하늘을 이고 있는데 나는 두 하늘을
　이고 있네그려."
　　그러자 장(章)이 이렇게 응했다.
　　"오늘 저녁 소유문(蘇孺文)이 옛 친구와 더불어 술을 마시는 것은
　사사로운 정(情)이요, 내일은 내가 기주의 자사로서 일을 처리할 것
　인즉 이는 공법(公法)인 것일세."
　　그리고 이튿날 그의 죄를 들추어 바르게 처리하니 그 고을의 경내
　(境內)가 숙연하였다.

> 營下判官 於上營 宜愊恭盡禮 不可忽也.

　영하 판관(營下判官)은 상부의 감영에 대하여 마땅히 정성과 공대로
써 예의를 다해야 하며, 소홀히 해서는 안 된다.

【字義】恪:삼갈 각. 정성 각. 盡:다할 진. 忽:갑자기 홀. 소홀히 할 홀.
【語義】營下判官(영하판관):監營이나 兵營의 판관. 上營(상영):上部 監
營. 恪恭盡禮(각공진례):정성과 공경으로 예의를 다함.

【解說】진정현(眞定縣)의 부수(府帥) 왕사종(王嗣宗)이 제 기(氣)만 믿고
그 이속들을 모욕하며 함부로 다루는 등 불법을 행한지 오래여서 감
히 통판(通判)이 되려 하는 자가 없었다. 그러던 중 왕모(王某)가 통
판이 되었는데 왕사종이 기로써 그를 누르려 했으나 그는 맞서 겨루
지 않고 담담하게 예로써 대하자, 왕사종이 마침내 그에게 굴복하여
모든 옥사(獄事)를 판단하고 정사를 결정함에 있어 일일이 그의 말을
들었다.
  그런데 공(公)이 그 가부(可否)를 분별하기는 하나 그것을 정사로
펴는 것은 다 사종(嗣宗)으로부터 나오게 하니 관청 내에 근무하는
사람들까지도 공의 도움인 것을 알지 못했으며, 그 고을이 잘 다스
려지니 선비들은 공을 칭송하여 '훌륭하신 분이다' 하였다.
  요즈음 사람들은 망령되이 스스로 교만하니 절개를 굽혀 상관(上
官) 섬기기를 탐탁지 않게 여기며, 장관과 맞서 싸워 이기려 하니 이
는 이치에 순응하는 바가 아니다. 그러나 혹 이치에 맞지 않는 것은
상사와 옳고 그름을 다툴 수 있다.

上司推治吏校 雖事係非理 有順無違焉 可也.

  상사가 이교들을 따져 다스리는 경우, 수령은 그 다스림이 사리에 맞
지 않더라도 순종하고 어기지 않는 것이 좋다.

【字義】推:밀 추(퇴). 따질 추. 천거할 추. 違:어긋날 위. 어길 위.

【語義】推治(추치):사리를 따져 다스림. 無違(무위):거스르지 않음.

【解說】죄가 본읍(本邑)에 있어서 상사가 그것을 추달하여 다스리는 것
은 이론을 제기할 여지가 없다. 그러나 간혹 무단히 생트집을 잡아
이치에 맞지 않는 횡포를 부리더라도 내가 그의 아래 지위에 있으니
역시 순종함이 좋다.

　상사의 뜻이 실수로 인한 것일 뿐 의도적인 악심에서 나온 것이 아
니라면 수령인 나는 소장(訴狀)을 보낼 때 그 사정을 자세히 기록하
여 관대한 처분을 빌면서 나의 수하(手下)인 이교가 억울한 형벌을
받지 않도록 해 주어야 할 것인즉 이것이 충후(忠厚)하고 겸손한 도
리인 것이다.

　그러나 상관의 뜻이 의도적으로 나의 이교들을 해치려는 경우에는
말로 다툴 것이 아니라 공형문장(公兄文狀:고을의 戶長·吏房·首刑
吏의 호소문)을 받아 나의 이교가 죄수로 호송될 때 함께 보내되 나
(수령)의 사직서를 동봉해 보내야 한다. 이 경우에 상관이 진심으로
잘못을 사과하면 수령의 일을 계속 보되 끝내 무례하면 세 번 사직
서를 제출해 자신의 거취를 결정해야 한다.

所失在牧 而上司令牧 自治其吏校者 宜請移囚.

　과실이 목민관(수령)에게 있는데도 상사(上司)가 목민관에게 명령하
여 몸소 그의 이교(吏校)를 치죄(治罪)하라고 한다면 그 죄수(이교)를 다
른 고을로 이첩해 줄 것을 청원해야 한다.

【字義】令:하여금 령. 명령 령. 請:청할 청. 移:옮길 이.
【語義】自治其吏校者(자치기이교자):목민관이 몸소 그 이교를 다스리는
    것. 謂移囚(청이수):죄인을 옮겨 줄 것을 청원함.

【解說】수하(手下)의 이속이 짓는 모든 죄에 대해서는 살피지 않은 과실
    과 단속치 못한 과실이 수령인 나에게 있는 것이다. 상사가 그것을
    따져 치죄하려 한다면 수령은 자기의 이교를 이웃 고을로 옮겨 그곳
    에서 벌주도록 하되 죄의 성격을 따져 보아 과오로 인해 빚어진 것
    이면 수령끼리 서로 훈계할 뿐 깊이 인책할 것까지는 없다.
    그런데 상사가 나로 하여금 내 이교를 직접 치죄하도록 명령하는
    경우, 수령인 내가 나의 이교를 동헌에서 곤장을 치는 것은 면목이
    서지 않는 일이니 작은 사건일지라도 다음과 같은 논보(論報)를 써서
    이웃 고을로 띄워 그곳 수령에게 나의 이교를 이첩 받아 줄 것을 청
    해야 한다.
    "본 현의 하리(下吏) 이(李) 아무개의 ○○죄를 보첩(報牒)합니다.
    이에 해당하는 죄목을 관사(關辭)에서 찾아 보니 장형(杖刑)으로 치
    죄함이 마땅하나 사건이 일어나던 날 현감이 이미 징계하였으며,
    이 일을 논죄하기로 말하면 그것을 신칙하지 못한 과실은 바로 본
    현관에게 있습니다. 그러니 법조문에 따라 그에게 장형을 가한다면
    내가 받아야 할 벌을 내가 가하는 것이 되니 스스로 낯 뜨거워 행할
    수 없습니다. 그러므로 죄인을 이웃 고을로 보내어 그 죄를 다스림
    이 사리에 합당하지 않을까 합니다."

> 唯上司所令 違於公法 害於民生 當毅然不屈 確然自守.

상사가 명령하는 것이 공법에 위배되고 백성들의 생활에 해가 되는 경우에는 의연한 자세로 굽히지 말고 자기의 소신을 확고히 지키라.

【字義】唯:오직 유. 違:어긋날 위. 어길 위. 毅:굳셀 의.
【語義】所令(소령):명령하는 것. 自守(자수):자기의 소신을 지킴.

【解說】명(明)나라 때 조예(趙豫)가 송강부(松江府)를 맡아 다스렸는데 청군(淸軍)의 어사 이립(李立)이 와서 오로지 군대의 수를 늘리는 데에만 힘써, 인척과 동성(同姓)까지 모조리 징용했는데 조금이라도 항변하면 잔혹한 형벌로 다스리니 인심이 크게 소란해지고 억울함을 호소하는 자가 천여 명이나 되었다. 심지어는 소금 굽는 장정들까지 마구 긁어 들여 그 피해가 백성들에 미침이 이만저만이 아니었다. 조예(趙豫)가 이 사정을 글로 올려 극론하니 모두 다시 살아나 숨을 푹 내쉬었다.

생각건대 어사가 하는 일이나 상사가 저지르는 나쁜 정사는 수령이 장부에 글을 올려 극론할 수 있었으니 명나라의 법이 참으로 좋은 것 같다. 우리나라에서는 오로지 체통만을 생각하여 상사가 불법을 마구 저질러도 수령이 감히 한마디 말도 하지 못하니 백성들의 생활의 초췌함이 날로 더해 갈 뿐이다.

禮不可不恭 義不可不潔 禮義兩全 雍容中道 斯之謂君子也.

예(禮)는 공손하지 않으면 안 되며, 의(義)는 결백하지 않으면 안 되고, 예와 의가 모두 온전하여 너그러움과 포용력이 도에 맞으면 이를 일러 군자라 한다.

【字義】潔:깨끗할 결. 雍:화할 옹. 容:얼굴 용. 받아들일 용.
【語義】禮義兩全(예의양전):예(禮)와 의(義) 모두 온전함. 雍容(옹용):마음이 관대하고 포용력이 있음. 中道(중도):道에 맞음.

【解說】사대부가 벼슬살이하는 법도는 '棄'라는 글자 한 자를 벽에 써 붙여 아침저녁으로 늘 보고 행동에 어긋남이 있으면 벼슬을 버리며, 마음에 거리낌이 있으면 벼슬을 버리며, 상사(上司)가 무례하면 벼슬을 버리며, 나의 뜻이 행해지지 않으면 벼슬을 버리는 등, 감사(監司)로 하여금 언제라도 벼슬을 가벼이 버릴 수 있는 사람임을 알게 하고 내가 호락호락하지 않은 사람이어서 쉽게 건드릴 수 없는 사람임을 각성시킨 후에야 목민관으로서의 생활을 시작할 수 있다.

그렇지 않고 부들부들 떨면서 수령 자리를 잃지나 않을까 하여 황송하고 두려운 표정과 말이 몸에 배어 있으면 상관이 나를 가벼이 생각하여 마구 몰아붙이기 때문에 진정 그 자리를 오래 견딜 수 없다. 이것이 필연의 이치이다.

그러나 상관과 하관의 예급(禮級)은 본래 엄한 것이니 상관의 잘못을 상부에 보고하고 사직서를 제출하여 결국 벼슬자리를 그만두고 돌아오게 될 때까지 상관에 대한 말씨와 태도는 공손하고 비손(卑巽)해야 하며 털끝만큼이라도 울분의 기색을 나타내지 않아야 예에 맞는다고 할 수 있는 것이다.

> 鄰邑相睦 接之以禮 則寡悔矣. 鄰官有兄弟之誼 彼雖
> 有失 無相猶矣.

이웃 고을과는 서로 화목해야 하며, 예(禮)로써 대접해야 후회하는 일
이 없으리라. 이웃 고을의 수령과는 마치 형제의 우의를 가져, 그 사람
쪽에 과실이 있더라도 그와 똑같이 맞상대해서는 안 될 것이다.

【字義】 睦:화목할 목. 悔:뉘우칠 회. 誼:정 의. 옳을 의. 猶:오히려 유.
　　　 같을 유.
【語義】 鄰邑(인읍):이웃 고을. 여기에서는 이웃 고을의 수령. 相猶(상
　　　 유):서로 같음. 즉 똑같이 맞상대함.

【解說】 이웃 고을의 수령과 불화하게 되는 것은 간혹 송민(訟民)을 찾아
　　　 이송해 주기를 부탁 받고서도 그 사람을 비호해 보내 주지 않는 데
　　　 에서 생긴다. 또 이웃 고을 간에 부역(賦役)을 공동으로 차출하여 공
　　　 사(工事)를 해야 할 경우 이런저런 핑계로 회피하면 수령 간에 화목
　　　 이 깨진다. 서로 객기를 부려 지기를 싫어하고 이기려고만 하면 그
　　　 런 지경에 이르게 된다.
　　　 상대가 이치에 맞지도 않는데다가 사감(私感)까지 품어 내 고을의
　　　 백성을 괴롭히려 하면 나는 수령으로서 비호함이 마땅하나, 그의 고
　　　 집이 공정한 데에서 나온 것이고 내 고을의 백성이 완악하고 교사스
　　　 러워 나를 울타리 삼아 숨으려 하는 경우 나는 당연히 이웃 고을의
　　　 수령과 뜻을 같이하여 내 백성의 죄를 다스리도록 해야 한다.
　　　 양(梁)나라 대부(大夫) 송취(宋就)가 고을의 현령으로 있을 때의 일
　　　 이다. 그 고을은 초(楚)나라와 경계를 이루는 지역에 위치하고 있었

다. 그 고을과 초나라의 고을이 나란히 오이를 심었는데 양(梁)나라 사람들은 열심히 물을 주어 오이가 잘 된 반면 초(楚)나라 사람들은 물 주는 일을 게을리 하여 오이가 잘 되지 못하였다. 초나라 수령이 양나라의 오이가 잘 된 것을 시기하여 밤중에 몰래 오이 밭을 망치게 하니 양나라의 오이 중에는 시들어 버린 것이 많았다.

이에 양나라의 정장(亭長:오이 밭 관리인)이 보복코자 초나라의 오이를 뽑아 버리려 하니 송취가 '그것은 화(禍)를 나누는 것이 된다.' 하고는 오히려 사람을 시켜 밤을 틈타 초(楚)나라 오이 밭에 물을 주라고 하였다. 초나라 정장이 아침에 밭에 나가 보니 이미 오이에 물이 뿌려져 있고 오이가 날로 무럭무럭 자라기에 살펴보고는 양나라 정장이 그리했음을 알았다. 초나라 수령이 그 소식을 듣고 대단히 기뻐하며 왕께 아뢰니, 왕께서도 양나라의 숨은 아량에 탄복하여 많은 재물로써 사례하고 양나라 왕과 우호를 맺었다.

> 交承 有僚友之誼 所惡於後 無以從前 斯寡怨矣.

수령의 자리를 물려주고 이어받음에는 요우(僚友)의 정의(情誼)가 있으니 후임자에게 나쁜 전례를 따르게 함이 없으면 원망이 적을 것이다.

【字義】交:사귈 교. 친구 교. 바꿀 교. 僚:동료 료. 관리 료. 寡:적을 과. 과부 과.

【語義】交承(교승):바꾸어 이어받음. 여기서는 前任 守令의 임무를 후임 수령이 이어받는 것을 의미한다. 僚友(요우):같은 일자리에 있는 벗. 惡於後(악어후):후임자에게 나쁨. 從前(종전):전례를 따름. 寡怨(과원):원망이 적음.

【解說】 전임자(前任者)와는 동료의 우의가 있기 때문에 옛사람들은 신구(新舊) 수령 간에 임무를 인수(引受) 인계(引繼)함에 있어 후(厚)함을 따랐다. 그래서 전임자의 탐욕에서 나온 불법 행위의 여파가 아직 가시지 않았더라도 후임 수령은 그것을 변혁함에 있어 관용으로써 은근히 하여 그 흔적을 드러내지 않으려고 애썼다.

전관(前官)의 악정(惡政)을 급작스레 일거에 뒤엎어 큰 추위 뒤의 봄볕처럼 하여 혁혁한 명예를 취하려는 자는 그 덕이 얄팍하여 그 이후로는 선정(善政)을 베풀 수 없을 것이다. 또 같은 이치로 수령은 재임(在任) 중 나쁜 전례를 남겨 후임자를 난처한 궁지로 몰아넣어서는 안 된다.

前官有疵 掩之勿彰 前官有罪 補之勿成.

전관(前官)의 약점이 있더라도 덮어 주고 들추어 내지 말 것이며, 죄가 있더라도 도와서 죄가 되지 않게 하라.

【字義】 疵:허물 자.　掩:가릴 엄. 숨길 엄.　彰:드러날 창. 밝을 창.　補: 기울 보. 도울 보.
【語義】 疵(자):흠. 과실. 결함.　掩之勿彰(엄지물창):덮어 주고 들추어 내지 않음.　補之勿成(보지물성):도와서 죄가 되지 않게 함.

【解說】 전임 수령 중에 공금(公金)에 손을 댔거나 창곡(倉穀)을 축내고 허위로 꾸며 기록한 사람이 있거든, 그것을 들추어 내지 말고 기한을 정하여 배상하도록 하되 기한이 지나도록 채워 넣지 못하면 상사(上司)와 의논하라.

송(宋)나라 때 부요유(傅堯兪)가 서주(徐州)를 맡게 되었는데 전임자가 군량미를 축낸 것이 있어 대신 보상해 가던 중 다 채워 넣기도 전에 파직되었다. 그러나 부요유는 끝내 변명하려 하지 않았다. 소강절(邵康節)이 그를 칭송하여 이렇게 말했다. '흠지(欽之:부요유의 字)여! 그대는 맑으면서도 빛나지 않고, 곧으면서도 격(激)하지 않으며, 용감하면서도 능히 온공(溫恭)하도다. 정말 어려운 일이로다!'

若夫政之寬猛 令之得失 相承相變 以濟其過.

대체로 정사(政事)의 너그러운 것과 엄격한 것·명령의 득(得)과 실(失)을 서로 이어주고 이어받으며 서로 고쳐 나아감으로써 그 허물을 구제해야 한다.

【字義】 寬:너그러울 관.   猛:사나울 맹. 엄격할 맹.   變:변할 변. 고칠 변.   濟:건널 제. 구제할 제.

【語義】 寬猛(관맹):관대한 것과 엄한 것.   相承相變(상승상변):서로 이어주고 이어받으며 서로 고침. 즉 전임 수령과 후임 수령이 정책의 장점은 계승하고 단점은 고치는 것.

【解說】 구양수(歐陽脩)가 개봉부(開封府) 수령이 되었는데 전임자인 포증(包拯)이 고을을 위엄으로써 다스렸던 반면 그는 간편하면서도 순리에 따르는 정사를 폈다. 그에게 포증의 정책으로써 다스려 달라는 사람들도 있었지만 그는 이렇게 말했다.

"대개 사람들은 재능과 성품이 서로 다르기 때문에 각기 그 장점을 잘 활용한다면 성취되지 않는 일이 없을 것이요, 그 단점을 억지로 밀고 나아가면 결코 이루지 못할 것인즉 나 또한 내 장점으로써 일을 처리할 뿐이다."

그가 여러 고을을 거치면서 치적(治績)을 구하지 않았고 관대함과 간편함으로 떠들썩하지 않는 것에 뜻을 두었기 때문에 그가 다스렸던 고을들은 모두 큰 고을들이었지만 그가 부임한지 사흘에서 닷새만 되어도 열 가지 일 가운데 대여섯은 이미 줄어들고, 한두 달 지나면 관부(官府)가 절간이나 다름없이 조용해졌다.

누군가가,

"정사를 관대하고 간략히 펴는데도 일이 해이해지거나 퇴폐하지 않으니 그 까닭이 무엇입니까?"

하고 묻자 그는 이렇게 대답했다.

"관대하게 한답시고 해이한 정사를 펴고, 간략히 한답시고 생략해 처리한다면 그 해이함과 퇴폐로 해서 백성들이 피해를 입게 된다. 내가 말하는 관용이란 엄격하고 가혹하지 않음이며, 내가 말하는 간략이란 번거롭지 않음을 뜻할 뿐이다."

제4조 문보(文報):공문서(公文書)의 작성 및 처리

> 公移文牒 宜精思自撰 不可委之於吏手.

　공무(公務)에 관한 것을 문서로 작성할 때는 정밀하게 생각하여 자기가 직접 작성해야 하며 아전의 손에 내맡겨서는 안 된다.

【字義】牒:편지 첩. 문서 첩.　精:정할 정. 세밀할 정.　撰:지을 찬. 기록할 찬.　委:맡길 위.

【語義】公移文牒(공이문첩):공적인 일을 문서로 작성함.　精思(정사):정밀하게 생각함.　自撰(자찬):자기가 직접 작성함.

【解說】관례에 따라 형식만 갖추는 공문서 작성은 아전에게 맡겨도 무방하나, 백성들을 위해 각종 제도나 관례의 폐단을 상부에 건의하여 개혁을 도모하기 위한 일이나 상부의 명령을 어겨서라도 행해서는 안 될 일을 아전의 손에 내맡긴다면, 반드시 사심을 끼고 간계를 품어 적어야 할 말은 빼고 군더더기 말만을 늘어놓아 그 일을 낭패되게 할 것이니 어찌 내맡길 수 있겠는가.

> 其格例文句 異乎經史 書生始到 多以爲惑.

　격식과 전례에 따라 작성된 공문서의 문구는 책에서 읽던 문구와는 다르기 때문에 지금까지 공부만 해 온 선비로서 처음 벼슬에 오른 사람들은 공문서를 대함에 당혹하는 일이 많다.

【字義】格:격식 격. 고칠 격. 到:이를 도. 惑:미혹할 혹. 의심할 혹.

【語義】格例文句(격례문구):격식과 예의 문구. 형식과 전례에 따라 작성된 공문서. 經史(경사):經書와 史書. 즉 서적(書籍). 書生(서생):벼슬에 오른 일이 없이 지금까지 공부만 해 온 선비.

【解說】가령 이런 경우를 생각해 보라. 무역학을 전공하고 사회에 첫발을 내디딘 사람이 수출 신용장(L/C)이나 텔렉스를 받아들고 당황하는 예가 많다. 학교에서는 정식으로 작성된 문구만을 배웠는데 무역업계에서 통용되는 용어로 가득 찬 서류를 대하니 무슨 의미인지조차 알 길이 없는 것이다.

옛날의 선비들도 이와 비슷한 과정을 겪게 마련이었다. 다시 말해 지금까지는 경서(經書)와 사서(史書)를 공부해 온 선비가 처음으로 벼슬에 올라 공문서를 대하면 그 처리 방법을 잘 몰라 당황하는 일이 많았던 것이다.

> 上納之狀 起送之狀 知會之狀 到付之狀 吏自循例 付之可也.

상납(上納) 보고서와 기송(起送) 보고서와 지회(知會) 보고서와 도부(到付) 보고서 등은 아전들로 하여금 전례를 따라 처리하게 해도 될 것이다.

【字義】納:들일 납. 바칠 납. 狀:형상 상. 문서 장. 付:줄 부. 맡길 부. 循:돌 순. 좇을 순.

【語義】上納之狀(상납지장):상납품 내역을 적은 공문서. 상납이란 각종

세금이나 공물(貢物)을 거두어 상급 관청으로 올리는 것을 말한다. 起送之狀(기송지장):병졸이나 죄수, 일꾼 등을 이송함에 있어 그 내역을 적은 글.   知會(지회):조정에서 보내온 조칙이나 유시를 즉시 반포함.   到付(도부):상부에서 보낸 공문을 접수함.   循例(순례):전례에 따라 행함.

【解說】공물(貢物)·세포(稅布)·군전(軍錢)·군포(軍布) 등을 기한에 맞추어 올리는 것을 상납(上納)이라고 한다. 장인(匠人)·병졸·죄수·부역꾼 등을 명령에 따라 보내는 것을 기송(起送)이라 한다. 조정으로부터 내려오는 조직이나 유시를 즉시 반포하는 것을 지회(知會)라 한다. 그리고 상관이 보낸 공문을 수령·접수하는 것을 도부(到付)라고 한다. 이상과 같은 문건(文件)들은 이속에게 맡겨서 처리해도 상관없다.

　내가 서읍(西邑) 수령으로 있을 때 상부(上部)로 꿀을 보낼 때마다 다음과 같이 썼다. '꿀을 보낼 때마다 번번이 백밀(白蜜)과 황밀(黃蜜)은 그 품질이 다르다 하여 되돌려 보내면서 백밀을 황밀로 바꾸어 보내라고 합니다. 그동안 백성들이 받는 폐해가 컸으므로 이제 이 꿀을 보내기 전에 제가 모두 직접 검사하고 지시대로 하였으니 담당자를 신칙하시어 되돌리는 일이 없도록 해 주십시오.' 감사(監司)가 나의 글을 읽고 칭찬하고 감탄하면서 담당자를 신칙하여 순순히 받아들이게 하였다.

說弊之狀 請求之狀 防塞之狀 辦訟之狀 必其文詞條鬯
誠意惻怛 方可以動人.

폐습(弊習)을 아뢰는 글·청원과 요구 사항을 적은 글·상부의 지시
를 따를 수 없음을 적은 글·송사를 변론하는 글 등은 반드시 그 문장과
말을 조목조목 자세히 써서 그 간절한 뜻을 측은히 생각하게 해야만 비
로소 사람을 움직일 수 있을 것이다.

【字義】 弊:폐단 폐. 폐해 폐. 해질 폐. 塞:변방 새. 막을 색. 鬯:술 이름
  창. 펼 창. 惻:슬퍼할 측. 가엾게 여길 측. 怛:슬플 달. 방자할 단.
  方:모 방. 방법 방. 바야흐로 방.
【語義】 說弊之狀(설폐지장):폐습을 아뢰는 글. 請求之狀(청구지장):청
  원과 요구 사항을 적은 글. 防塞之狀(방색지장):상부로부터의 지시
  를 따를 수 없는 이유를 적은 글. 辦訟之狀(변송지장):송사(訟事)를
  변론하는 글. 條鬯(조창):조목조목 자세함. 惻怛(측달):가엽게 여기
  어 슬퍼함.

【解說】 고을에 괴로운 사정이 있어 그것을 바로잡아야 하는 경우 수령
  은 그 사정을 글을 통해 상관이 그 정경을 눈앞에 삼삼히 떠올리도
  록 묘사해야 그를 감동시킬 수 있을 것이다. 또 식량의 보급을 요청
  하거나 재정(財政) 원조를 청하거나 세금의 감면이나 기한 연기 또는
  완전 면제를 청하는 경우에는 조목조목 자세히 밝혀 사리가 분명해
  야 구제받을 수 있을 것이다.
    천하에 지극히 천하여 호소할 곳 없는 것이 힘없는 백성이요, 천하
  에 가장 높아 태산 같은 것 또한 백성인지라. 요순(堯舜) 이래로 성

군(聖君)들이 서로 경계한 바가 힘없는 백성들을 보호하는 것이어서 이것은 서책(書冊)마다 실려 있고 사람들의 귀와 눈이 이에 젖어 있다. 그러므로 상사(上司)가 아무리 지위가 높아도 수령이 백성들을 등에 업고 그에 맞서면 굴복하지 않는 자가 드문 것이다.

> 人命之狀 宜慮其擦改 盜獄之狀 宜秘其封緘.

인명에 관한 문서는 그것을 문질러 지우고 고쳐 쓰지 못하도록 세심한 주의를 기울여야 하며, 도둑의 옥사(獄事)에 관한 문서는 철저히 밀봉하여 극비에 부쳐야 한다.

【字義】 慮:생각할 려. 근심할 려.　擦:문지를 찰.　秘:숨길 비. 신비할 비.　封:봉할 봉. 쌓을 봉.　緘:봉할 함. 꿰맬 함.

【語義】 人命之狀(인명지장):인명에 관한 문서.　擦改(찰개):문질러 지우고 고쳐 쓰는 것.　封緘(봉함):풀칠해서 봉하거나 꿰매어 봉함.

【解說】 살인이나 옥사에 대한 회제(回題:수령이 감사에게 보낸 소장에 감사가 판결을 써서 되돌려 보낸 회신)를 서목(書目:문서나 서류의 제목)에 쓰는 경우, 아전이 뇌물을 받아먹고 중요한 글자를 문질러 지워 딴 글자로 고치는 농간을 부리게 되면 수령으로서는 그것을 알 도리가 없게 된다. 그러므로 문서를 발송하는 날 수령은 형리(刑吏)를 불러, '후일 내가 감영에 들어가면 반드시 원장(原狀)을 찾아 상세히 살펴볼 것인즉 일언반구라도 고쳐 쓴 것이나 지워진 글자가 있다면 네가 죄를 받을 줄 알라.'고 다짐해 두어야 한다.

내가 장기(長鬐:경상북도 延日郡에 속하는 고을 이름)에 귀양 가 있을 때 한 아전이 살인을 저지른 사건이 있었다. 이에 여러 아전들이 서로 짜고서 검장(檢狀)을 모두 고쳐 썼다. 감영으로부터 보내온 회제(回題)를 보고는 현감이 깜짝 놀라 의심하였지만, 끝내 간계를 밝히지 못하고 살인범은 무죄로 풀려났다. 대체로 현감은 서목(書目)만을 대강 볼 뿐인데 감영으로부터 온 회제와 보낸 보고서가 상반되는 경우에는 즉시 감영으로 가서 원장(原狀)을 찾아 확인해야 한다.

農形之狀 雨澤之狀 有緩有急 要皆及期 乃無事也.

농사의 형편을 보고하는 글이나 비가 온 양(量) 및 저수지에 괸 양 등을 보고하는 글에는 더디 해야 할 것이 있고 급한 것이 있는데 어떤 경우이든 때를 잘 맞추어 보고해야만 말썽이 없을 것이다.

【字義】 澤:못 택. 은혜 택. 緩:느릴 완. 及:미칠 급. 함께 급.
【語義】 農形之狀(농형지장):농사의 형편을 기록한 보고서. 雨澤之狀(우택지장):강우량이나 저수지 및 강물의 수위(水位)를 보고하는 글. 有緩有急(유완유급):급하지 않은 것도 있고 급한 것도 있음. 及期(급기):때를 맞춤. 너무 이르지도 늦지도 않게 함.

【解說】 큰 가뭄 끝에 비가 내리면 그에 대한 보고는 시각을 다투어 해야 한다. 5일이나 십 일마다 의례적으로 농사의 상황을 보고하는 것은 형식에 불과하므로 상사(上司)가 있는 곳으로부터 멀리 떨어진 고을에서는 이웃 고을 편에 부탁하여 보내도 큰 해는 없을 것이다. 감영으로부터의 거리가 수백 리나 되면 문서를 전달하는 데에 드는 비용

도 적지 않을 것이므로 그쪽으로 가는 사람 편에 보내어 비용을 절약하려 해도 막을 일은 아닌 것이다. 이런 경우에는 하루 전에 보고서 작성을 완료해 놓아야 때를 맞출 수 있을 것이다.

> 磨勘之狀 宜正謬例 年分之狀 宜察奸竇.

환곡의 마감 결과를 알리는 보고서는 그릇된 전례를 바로잡아야 하며, 연분(年分)을 적은 문서는 농간 부릴 구멍을 잘 살펴 빈틈없이 해야 한다.

【字義】磨:갈 마.   勘:헤아릴 감.   謬:그르칠 류.   奸:간사할 간. 범할 간.   竇:구멍 두. 개천 독.

【語義】磨勘之狀(마감지장):여기에서는 환곡(還穀)을 다 거둬들인 후 제출하는 결산 보고서.   謬例(유례):그릇된 전례.   年分(연분):농사가 잘 되고 못 됨에 따라 해마다 정하던 아홉 등급의 농지세 비율.   奸竇(간두):농간을 부릴 구멍.

【解說】환곡을 다 거둬들인 후 결산 결과를 보고하는 문서를 작성할 때는 지출 후의 잔고와 전년도의 나머지 및 금년도의 소모량 등을 늘어놓고 회계함에 있어 서로 얽히면 복잡하고 불분명해지므로 그 양식(樣式)을 일목요연하게 바로잡아 보는 사람으로 하여금 의혹이 생기지 않게 해야 한다.

또 대체로 연분(年分)의 책정을 보고하는 서장(書狀)은 그 중요한 내용이 불과 8, 9행밖에 안 된다. 그러므로 전답의 등급을 살펴 미두(米豆)의 세를 계산하되 남는 것은 이월시키고 부족한 것은 채워, 평균을 내 1결(結)에 쌀 몇 말씩을 거두면 되겠다고 보고하면 된다. 수령이 눈여겨 살펴야 할 것이 바로 이 점이니 행여나 흐리멍덩함이 있어서는 안 될 것이다.

數目多者 開列于成册 條段少者 疏理于後錄.

조목의 수가 많은 것은 나열해 가며 책으로 만들고, 조목이 간단하고 적은 것은 후록(後錄)에 간략히 정리하면 된다.

【字義】條:가지 조. 조목 조. 段:층계 단. 조각 단.   疏:소통할 소. 성길 소.

【語義】數目(수목):조목(條目)의 수.   開列(개열):늘어놓음. 나열함.   于(우):~해 나아감.   疏理(소리):간략히 정리함.

【解說】각종 공문서들을 책으로 맨다거나 추측으로 정리하는 등의 일은 아전들이 관례를 따라 할 것이니 수령으로서는 그런 일에 개의치 않아도 된다. 다만 사건의 실마리와 그에 따른 조목들이 서로 얽혀 복잡한 경우에는 반드시 그 사건의 전말을 밝히는 경위표(經緯表)를 작성 첨부하여 일목요연하게 해야 한다. 가령 세곡(稅穀)의 장부가 어지러우면 감영으로부터 질책이 있을 것인즉 반드시 경위표를 작성하여 명백히 해야 한다.

月終之狀 其可删者 議於上司 圖所以去之.

매월 말에 장부에 보고하는 월말 보고서 중 생략해도 좋은 것은 상사

와 협의하여 없애도록 도모함이 좋다.

【字義】刪:깎을 산. 삭제할 산. 去:갈 거. 없앨 거.
【語義】月終之狀(월종지장):월말 보고서. 可刪者(가산자):생략해도 좋
  은 것. 圖所以去(도소이거):버리도록 도모함.

【解說】월말 보고서는 대부분 형식적인 것에 불과하다. 그중에 그대로
  남겨두어 좋은 것은 잘 존속시키도록 하고 그 밖의 실제적인 도움이
  되지 못하는 보고서나 공문은 상사와 상의하여 생략하도록 하라.
    가령 향교의 생도들에게 강(講:글을 외는 시험)을 행하지도 않고
  매월 말에 허위로 성적을 작성하여 통(通:시험 결과 가장 좋은 성적)
  이니 약(略:중간 정도의 성적)이니 조(粗:약간 열등한 성적. 오늘날
  良에 해당)니 불(不:최하위 등급으로 낙제 점수)이니 하며 상사에게
  보고하니 이는 도대체가 불성실한 것이다. 차라리 농한기에 하루를
  택하여 열두 달 동안의 강(講)을 한 번에 시험 치러 미리 문서를 작
  성해 두었다가 매달 나누어 보고하는 것이 그래도 실제의 사실에 가
  까울 것이다.

> 諸營之狀 亞營之狀 京司之狀 史館之狀 並皆循例 不
> 足致意.

  감영에 보내는 공문서나 아영(亞營)에 보내는 공문서, 경사(京司)에
보내는 공문서, 사관(史館)에 보내는 공문서 등은 관례에 따라 작성하는
것으로 족하며 수령 자신의 의사를 담을 필요는 없다.

【字義】亞:버금 아. 並:나란히 병. 모두 병. 皆:다 개. 致:이를 치. 다
  할 치.
【語義】亞營(아영):각 監營에 있던 都事로 감사의 다음가는 벼슬. 京司
  (경사):서울에 있는 관아(官衙)의 총칭. 史館(사관):역사를 편수하던
  관서. 並皆循例(병개순례):모두 관례를 따름.

【解說】여기에서 말하는 모든 감영이란 병마영(兵馬營)·수군영(水軍
  營)·토포영(討捕營:외적이나 내국인 도망범을 토벌하여 잡는 일을
  맡은 감영) 등을 통틀어 일컫는다. 아영(亞營)이란 각 감영의 도사
  (都事)이며, 경사(京司)란 서울의 각 아문(衙門)에 있는 상납자(上納
  者)를 말한다.
    또 사관(史館)이란 도내(道內)에 있는 수령으로서 춘추관(春秋館)
  의 기주관(記注官)을 겸한 관서명인 동시에 관직명이기도 한데 날씨
  의 맑고 흐림을 이 관서에 보고한다.
    이상에서 말한 공문서들은 형식적인 것들에 불과하므로 길게 서술
  할 필요가 없을 것이다.

鄰邑移文 宜善其辭令 無俾生釁.

이웃 고을에 보내는 문서는 그 말투를 잘 다듬어 오해의 틈이 없게 해
야 한다.

【字義】移:옮길 이. 俾:더할 비. 하여금 비. 釁:피 칠할 흔. 틈 흔. 허
  물 흔.
【語義】移文(이문):발송 문서. 辭令(사령):말주변. 말투. 無俾生釁(무

비생흔):생트집을 잡을 틈이 없게 함. 오해의 틈이 생겨날 소지를 없게 함.

【解說】 이웃과 사이가 좋아야 한다는 것은 선인(先人)들의 가르침이다. 지위나 덕망이 비슷하여 서로 지기 싫어하는 경우에는 매사에 기운을 내세워 서로 앞서려 하며, 이로 말미암아 서로간의 화목이 깨지고 세상 사람들의 웃음거리가 되니 이는 예(禮)가 아니다.

　서로 공경하면서 예의를 잃지 않으면 저절로 따뜻한 감정이 서로 통하게 되는 것이다. 이것은 특히 문서로 의견을 소통함에 있어 더욱 그러하니 수령은 문서를 작성함에 있어 말씨를 잘 다듬어 품위와 지체를 손상할 틈이 생기지 않게 해야 할 것이다.

> 文牒稽滯 必遭上司督責 非所以奉公之道也.

　상부에 올리는 공문서가 늦어지면 반드시 상사의 독촉과 꾸짖음을 받게 될 뿐만 아니라 이는 공무(公務)를 받들어 행하는 도리가 아니다.

【字義】 稽:상고할 계. 멈출 계. 滯:막힐 체. 머무를 체. 遭:만날 조. 당할 조.
【語義】 稽滯(계체):일이 밀려 늦어짐. 지체됨. 督責(독책):독촉과 꾸짖음. 奉公之道(봉공지도):공무를 받들어 행하는 도리.

【解說】 공문이나 보고서를 담당하는 아전들이 운반비로 책정해 놓았던 쌀을 먼저 먹어치우고는 그 부족분이 커지면 문서들을 모아 한꺼번에 발송하거나 혹은 이웃 고을 편에 의탁하여 보냄으로써 이웃 고을

의 문서와 합쳐 적당히 잘 처리되기를 기대하는데, 이것이 문서가 제 기일 내에 당도하지 못하고 지체되는 이유인 것이다.

사건이 터진 후에야 그들은 수령에게 간교한 거짓을 꾸며 전령(傳슈)이 병에 걸려 늦어졌다느니 저리(邸吏)가 깜빡 잊었다느니 하고 둘러대는데 이는 믿어서는 안 된다.

> 凡上下文牒 宜錄之爲册 以備考檢 其設期限者 別爲小册.

무릇 상부에 올리는 보고서나 백성들에게 내리는 명령들은 마땅히 기록을 남겨 책자로 만들어서 참고용으로 삼기도 하고 검열에 대비해야 하며, 기한이 정해져 있는 것은 별도의 작은 책자로 만들어 두는 것이 좋다.

【字義】牒:편지 첩. 문서 첩.　錄:기록할 록.　考:생각할 고. 살펴볼 고.
　　檢:검사할 검.
【語義】錄之爲册(녹지위책):기록을 남겨 책으로 만듦.　備考檢(비고검):
　　참고나 검사에 대비함.　別爲小册(별위소책):별도의 소책자로 만듦.

【解說】상사에게 올리는 보고서나 백성들에게 내린 명령은 글자의 획을 분명히 하여 책자로 만들어 책상 위에 비치해 두어야 한다. 월례(月例) 보고서 및 대수롭지 않은 문서들은 수록할 필요가 없다.

상사가 공문을 보내 본읍(本邑)으로 하여금 시행토록 하는 일에는 각기 기한이 있는데 아전들이 태만하여 그 기한을 어기는 일이 있으니 별도의 책자를 만들어 기한을 넘기는 일이 없도록 일일이 살피고, 근면과 태만을 점검하여 태만한 자에게는 죄를 물어 용서하지 말아야 한다. 그렇게 하지 않으면 아전들이 눈치를 보아가며 수령이 잊고 넘어가는 요행을 바라게 될 것인즉 일이 번거로워지고 타락하여 감영으로부터 문책을 면치 못하게 된다.

> 若邊門掌鑰 直達狀啓者 尤宜明習格例 兢然致愼.

변방 관문을 책임지고 있는 사람이 임금께 직접 장계(狀啓)를 올릴 때는 격식과 관례를 더욱 밝게 익혀 경외하는 마음으로 조심스럽게 작성해야 할 것이다.

【字義】邊:가 변. 변방 변. 掌:손바닥 장. 鑰:자물쇠 약. 열쇠 약. 지킬 약. 尤:더욱 우. 오히려 우. 兢:떨릴 긍. 두려워할 긍. 愼:삼갈 신.

【語義】邊門(변문):변방의 관문, 즉 외국과의 출입을 통제하는 문. 掌鑰(장약):열쇠를 쥐고 있음. 즉 책임을 맡고 있음. 狀啓(장계):지방 감시의 명령이나 왕명에 따라 지방 관서에 파견된 관원이 왕에게 올리는 보고문. 明習(명습):밝게 익힘. 훤히 통달함. 格例(격례):격식과 관례. 兢然(긍연):두려운 마음으로 조심함.

【解說】장계(狀啓) 첫머리에는 체면상 하는 인사말, 가령 '신(臣)은 재주가 졸렬하여 부임 이래로 밤낮 두려운 마음으로 공무에 임하고 있으니……,'와 같은 상소체의 글을 쓰지 못하도록 되어 있다. 바로 용건을 아뢰되 사실의 이치를 자세하고 명백하게 알려야 한다.

대체로 장계를 쓸 때의 문체는 항상 육선공(陸宣公:唐나라 名臣으로 글을 잘하여 ≪奏議≫라는 文典을 썼다.)의 주의(奏議:한문 문체의 하나로 신하가 임금에게 글을 올릴 때 사용하는 文式을 적은 것) 를 읽어 그 적절한 표현을 본받고, 왕양명(王陽明)의 소의(疏議:한문 문체의 하나로 四字句와 六字句의 對句를 써서 지은 화려한 문장)에 서 조리 정연한 표현을 본받되, 백성들을 가엾게 여기는 마음과 충성스러운 마음을 바탕으로 삼아 문안을 작성하면 임금을 감동시킬 수 있을 것이다.

제5조 공납(貢納):부공(賦貢)의 공명한 수납(收納)

> 財出於民 受而納之者 牧也 察吏奸則 雖寬無害 不察
> 吏奸則 雖急無益.

　재물은 백성들로부터 나오는 것이며, 그것을 받아서 상납(上納)하는
사람은 수령인 것이다. 그러므로 수령은 아전들의 농간을 잘 살피기만
하면 그들에게 관대해도 해될 것이 없으며, 아전들의 농간을 올바로 살
피지 못하면 그들을 다그친다 하여 이익 될 것이 없다.

【字義】納:들일 납. 바칠 납.　察:살필 찰. 자세할 찰.　急:급할 급. 다그
　칠 급.
【語義】雖寬無害(수관무해):관대하게 대해 주어도 해가 없음.　雖急無益
　(수급무익):다그쳐도 이익 됨이 없음.

【解說】이것이 이른바 옛날의 최과(催科:백성들에게 납세를 독촉함)라
　는 것이다. 당(唐)나라 양성(陽城)은 백성들에게 납세를 독촉하지 않
　았는데 이는 목민(牧民)을 하는 수령들이 마땅히 본받아야 할 점이
　다. 좁쌀·쌀·무명·삼베를 거두어 정부에 상납하는 것은 백성들이
　당연한 의무로 생각하는 바이니 까닭 없이 납부를 거절할 이치가 없
　는 것이다.
　　그런데도 어둡고 우둔한 벼슬아치들은 백성들을 사랑으로 돌본답
　시고 번번이 상납 기한을 어기며, 공무를 잘 받들어 수행하겠다는
　의욕에 차 있는 벼슬아치들은 뼈에 사무치도록 백성을 깎아 내기 일

쓰이다. 진실로 현명한 수령이라면 너그러이 하면서도 납기(納期)를 어기지 않아 위로는 상급 관서와 아래로는 백성이 모두 원망치 않을 것이니 그 이치는 쉽게 깨칠 수 있지 않은가.

양성(陽城)이 도주(道州) 자사로 있을 때 부세(賦稅)를 때맞추어 거두지 못해 감사로부터 독촉 받는 일이 빈번했다. 양성은 고과(考課) 등급을 당하니 스스로 이렇게 평가하여 썼다. '백성을 위로하고 달래자니 마음은 괴롭고, 최과(催科)의 행정은 졸렬하니 고과는 하(下) 중에서도 하(下)이다.'

관찰사가 수세(收稅)를 독촉하기 위해 판관을 양성에게 보냈다. 판관이 도주(道州)에 당도했는데도 양성이 마중 나오지 않자 이상히 여겨 아전들에게 그 까닭을 물었다. 그러자 아전들은 그에게, '자사께서는 죄가 있어 스스로 옥에 갇히셨나이다.' 하고 대답했다. 판관이 깜짝 놀라서 달려 들어가 뵙고는, '자사께서 무슨 죄로 이렇게 옥에 갇히셨습니까?' 라고 물었다. 양성이 관사의 문을 닫고 밖에서 자면서 명을 기다리니 판관은 급히 떠나 버렸다.

> 田租田布 國用之所急須也 先執饒戶 無爲吏攘 斯可以
> 及期矣.

전조(田租)와 전포(田布)는 국가의 용품 중에서도 급하고 필수적인 것들이므로 생활이 넉넉한 집에서 먼저 거두되 아전들이 횡령하지 못하게 해야만 상납의 기한에 맞출 수 있다.

【字義】須:모름지기 수. 반드시 수. 執:잡을 집. 처리할 집. 饒:넉넉할 요. 攘:물리칠 양. 어지러울 양. 빼앗을 양. 及:미칠 급. 함께 급.

【語義】田租(전조):농지세로 내는 쌀. 田布(전포):농지세로 내는 베[布].
急須(급수):급하고도 필수적임. 先執(선집):먼저 징수함. 饒戶(요
호):생활이 넉넉한 집. 攘(양):횡령함.

【解說】요즈음 국가의 재정이 날로 줄어들어 만조백관(滿朝百官)의 봉
록과 공인(貢人:나라에 공물을 납품하고 나중에 값을 받던 상인)들
에게 지불할 재정마저 신구년도(新舊年度)가 이어지지 않을 정도이
다.

   그런데도 넉넉한 사람과 기름진 토지를 가진 사람들에게서 먼저
거둔 세금은 아전들의 전대 속으로 들어가니 세곡을 실어 나르는 것
이 해마다 기한에 늦어 체포되어 문초당하고 파면되어 갈리는 자가
이루 헤아릴 수 없이 많은데 아직도 이를 각성치 못하는 수령이 많
으니 이는 참으로 애석한 일이다.

   기사년(己巳:純祖 9년, 1809년)과 갑술년(甲戌:純祖 14년, 1814
년)에 남쪽 지방에 큰 기근이 들었을 때 나는 백성들 사이에 있었는
데 — 茶山은 순조 1년인 1801년부터 1818년까지 십팔 년간을 全南
康津의 橘洞(지금의 萬德洞)에서 귀양살이를 했음 — 문이 바다 어구
로 나 있어 그 형편을 내 눈으로 다 보았다. 그것을 보고 느낀 것으
로 목민(牧民)을 하는 사람에게 귀중한 것은 '明'字 하나뿐이다.

   모든 고을이 기근으로 허덕였으나 오직 해남(海南) 현감 이복수(李
馥秀)는 추수철에 넉넉한 집에서 먼저 거두어 왕세(王稅)의 액수를
채우면서 아전들에게 이렇게 명령했다. '내가 집행한 것에 대해서
아전들은 방결(防結:사사로이 백성들로부터 세금을 거두어들임)할
수 없으며, 백성들도 방납(防納:사사로이 세금을 납부함)해서는 안
된다.'

그리고는 이듬해 봄에 창고를 열고 세곡을 거두어들이니 열흘에서 한 달도 못 되어 북을 두들기며 세곡을 실은 배를 띄워 보낼 수 있었다. 그러자 아전들이 이에 양심을 품고 공모하여 그를 중상하여 어사(御史)를 통해 파직시키니 이런 애석한 일이 또 어디 있겠는가.

> 軍錢軍布 京營之所恒督也. 察其疊徵 禁其斥退 斯可以無怨矣.

군전(軍錢)과 군포(軍布)는 경영(京營)에서 항상 독촉하는 것들이다. 그것들이 중복되어 징수되는 일은 없는지 잘 살펴서 거부당하는 일이 없도록 해야만 백성들의 원망을 사지 않게 될 것이다.

【字義】恒:항상 항. 督:감독할 독. 재촉할 독. 疊:거듭 첩. 겹쳐질 첩. 徵:부를 징. 거둘 징. 斥:물리칠 척.

【語義】軍錢(군전):병역을 면제받는 대가로 국가에 헌납하는 돈. 軍布(군포):병역을 면제받는 대가로 국가에 바치는 삼베나 무명. 京營(경영):서울에 있는 감영의 총칭. 훈련도감·금위영·어영청·수어청·총융청·요호영이 모두 포함됨. 疊徵(첩징):중복되게 징수함. 斥退(척퇴):내치고 받아들이지 않음. 즉 납부하기를 거부함.

【解說】무릇 상납물(上納物)은 돈으로 거두는 것이 가장 폐단이 없고 쌀로 거두는 것 역시 살피기 수월하지만, 무명포와 삼베로 거두는 경우에는 그 올이 굵고 가는 것에 따라 여러 등급이 있고 폭이 넓고 좁음에 따라 값이 각기 다르다. 또 길이에도 본래 척수(尺數)가 있지만 경척(京尺)·관척(官尺)·이척(吏尺)·민척(民尺)이 여러 가지로 다

르기 때문에 아전들은 쉽게 농간을 부릴 수 있고 수령은 백성들의 숨은 근심을 살필 수가 없다.

일찍이 곡산(谷山) 아전들이 군포를 마구 거두어들여 포보포(砲保 布:砲軍 1명에 保가 3명 있었는데 이들 砲保가 軍役을 면제받는 대 가로 바치는 布) 한 필 값으로 아홉 냥이나 거두어 백성들의 원성이 크게 일어 하마터면 민란(民亂)이 일어날 뻔한 적이 있었다.

내가 그 고을에 부임하여 '군포는 관정(官庭)에서 바치도록 하라.' 고 영을 내렸다. 이윽고 몇 달이 지나 한 백성이 군포로 바칠 베를 안고 오자 아전들이 자[尺]를 내게 건네주었다. 그 양 끝을 보니 분 명히 낙인이 찍혀 있었다. '이 자는 어디서 나온 것인가?' 하고 내가 묻자 아전은 '포정사(布政司)로부터 배급받은 것입니다.' 하였다. 나 는 '어허, 어찌 이리 긴가?' 하고는 급히 교노(校奴)를 불러 오례의 (五禮儀)를 가져오게 했다. 오례의에는 포백(布帛)을 자로 재는 도면 이 있어 그 자를 낙인 찍은 자[尺]와 견주어 보니 오례의의 자보다 두 치[寸]나 더 길었다.

그래서 내가 그 아전을 뜰에 꿇어 엎드리게 하고는, '삼군문(三軍 門)의 놋쇠자가 오례의에 있는 자이다. 네 낙인 자는 어디서 나온 것 이냐?' 하고 문책하니 아전은 머리를 조아리며 '본읍에서 만든 것입 니다.' 하고 자백하였다. 그리하여 백성이 안고 온 군포 중간을 접어 양끝을 맞추어 포개니 7척이나 남았다. 그 7척을 잘라 백성에게 되 돌려 주고 원래 거두어야 할 사십 척을 군리(軍吏)에게 넘겨 주자 군 리는 아무 말 없이 기일에 맞추어 상납하였다.

대저 목민하는 자는 백성들을 가까이해야 하는 관리이다. 임금은 지존하여 백성들을 직접 대할 수 없기 때문에 수령으로 하여금 백성 을 다스리게 하는 것이니, 수령은 몸소 모든 일을 처리하며 백성들의 숨은 고통을 살펴 주어야 하는데도 오늘날 수령들은 망령되이 스스로를 존중하여 큰 골격이 되는 일만 직접 처리하고 물건을 상납하는 일은 아래 아전들의 손에 내맡겨 온갖 잔학 행위가 자행되어도 등잔 밑이 어둡듯 알지 못하는 것이다. 수령의 직책이 어찌 이런 것이겠는가.

貢物土物 上司之所配定也 恪修其故 捍其新求 斯可以無弊矣.

공물(貢物)로 바치는 토산품은 상사가 배정하는 것이니 기존의 격식에 따라 각별히 수행하되 관례에 없던 새로운 것을 요구하는 경우에는 이를 막아야 폐단이 없을 것이다.

【字義】配:나눌 배. 귀양 보낼 배.   恪:삼갈 각. 정성 각.   捍:막을 한. 몽둥이 간.   弊:폐단 폐. 폐해 폐. 해질 폐.

【語義】土物(토물):토산물.   恪修(각수):각별히 수행함.   故(고):기존의 격식.   捍其新求(한기신구):새로이 구하는 것을 막음. 새로운 요구에는 응하지 않음.

【解說】나는 《다산록(茶山錄)》에서 이렇게 말한 적이 있다.
"제주에서는 전복이 나는데 큰 것은 자라만 했다. 재 속에 넣어 두었다가 햇볕에 말리는데 대꼬챙이에 뚫린 흔적이 없기 때문에 무혈복(無穴鰒)이라고 불린다. 이를 몇 년 전부터 감사가 특산물로 바치라 하여 백성들에게 점차 폐가 되었다. 또 강진(康津)·해남(海南) 등에서는 생달자(生達子)라는 열매가 나는데 그 나무는 겨울에도 푸르고 잎은 산다(山茶)와 같아 그것으로 기름을 짜서 바르면 등창이나 종기를 치료할 수가 있다. 이 또한 몇 년 전부터 감사가 요구하는 바람에 점차 민폐가 되었다. 그 지방을 맡게 되는 수령은 이 같은 일을 이어받아서는 안 된다."

조계원(趙啓遠)이 수원(水原) 부사가 되었는데 그 지방의 약과(藥果)는 나라 안에서 유명하였다. 마침 인조(仁祖)께서 병환 중이었는데 어주(御廚)에는 공양할 만한 음식이 없었다. 환관이 사람을 보내 수원부의 약과를 구하려 하자 조계원은, '주부(州府)에서 사사로이 바치는 것은 신하로서 임금을 섬기는 체모가 아니니 조정의 명령이 아니고는 봉납할 수 없습니다.' 하였다. 인조께서 그 말을 전해 듣고는 웃으면서 말했다. '군신 사이라 해도 어찌 인척으로 얽힌 인정마저 없을 것인가.'

雜稅雜物 下民之所甚苦也 輸其易獲 辭其難辦 斯可以无咎矣.

잡세와 잡물은 아래 백성들을 심히 괴롭히는 것이니 상부에서 요구하는 것이 구하기 쉬운 것일 때는 보내 주되 구하기 어려운 것일 때는 사절해야만 허물이 없을 것이다.

【字義】甚:심할 심. 輸:보낼 수. 易:바꿀 역. 쉬울 이. 辭:말씀 사. 알릴 사. 사양할 사. 辦:힘들일 판. 갖출 판. 无:없을 무. 아닐 무. 咎:허물 구. 큰 북 고.

【語義】輸其易獲(수기이획):구하기 쉬운 것은 보내 줌. 辭其難辦(사기난판):구하기가 어려운 것은 사절함. 无咎(무구):허물이 없음.

【解說】숙종(肅宗) 때 이당(李簹)이 양구(楊口) 현감이 되었는데 그 고을에는 사옹원(司饔院:궁중의 供物과 饔宴을 맡은 관서)에 백토(白土)를 상납하는 부담이 지워져 백성들을 크게 괴롭히고 있었다. 이당이 처음 부임하여 수레에서 내리는데 역부(役夫)가 흙에 깔려 죽는 것을 보고는 측은함을 참지 못하여 한편으로는 경사(京司)에 가서 호소하고 한편으로는 감영에 자세히 보고하여 결국 백토의 부담을 면제받았다.

후에 사옹원의 계청(啓請)으로 해서 다시 환원되려 하자 이당은 담당 관원으로 하여금 명을 받들어 들어가 왕을 뵙게 하여 백토의 양을 절반으로 감하고 운반 작업도 면제받았다. 또 서울에서 달리 관원을 내려 보내지 않고 강원도 내의 수령 한 사람으로 하여금 그 일을 관장하기를 요청하였던 바, 모두 왕의 윤허를 받아냈다.

이경여(李敬輿)가 광해군 때 충원(忠原) 현감이 되었다. 어느 여름날 고을 백성들로 하여금 칡을 베게 하였는데 백성들은 어디에 쓰려는 것인지도 모르는 채 명에 따랐다. 이듬해 봄이 되자 영건도감(營建都監:廟社·궁전 등의 건물을 짓거나 개수하는 일을 맡은 관아)에서 칡 넝쿨 수천 속(束)을 징수하니 그 값이 삼베 값과 같을 정도로 뛰었다.

그런데 충원 고을 백성들은 미리 베어 두었기 때문에 어려움이 없었으며, 그뿐 아니라 도감에 바치고 남은 것은 이웃 고을의 급한 사정을 건져 주고 그 값을 대략 헤아려 받아 다른 부세를 충당했다.

上司 以非理之事 强配郡縣 牧宜敷陳利害 期不奉行.

상사가 이치에 맞지 않는 일을 고을에 억지로 떠맡기면 수령은 그 이

해관계를 차근차근 설명해 주어 봉행치 않도록 해야 한다.

【字義】 配:나눌 배. 귀양 보낼 배. 敷:펼 부. 두루 부. 陳:베풀 진. 말할
진. 期:기약할 기. 기간 기. 기한 기.

【語義】 非理之事(비리지사):이치에 어긋나는 일. 敷陳(부진):차근차근
설명함.

【解說】 강제로 떠맡기는 일들은 대개 따르기 어려운 것들이다. 가령 공
명치 못한 요역(徭役)을 징발한다거나, 구하기 힘든 물건을 요구한
다거나, 공납한 물건을 퇴짜 놓고는 값싼 물건을 비싼 값으로 팔아
먹고는 그 물건을 다시 공납하게 한다거나, 부역을 차출할 때 가까
운 지방에서 뽑지 않고 먼 고장에 배정하는 등 이치에 맞지 않아 받
아들일 수 없는 것을 요구해 오는 경우, 수령은 낱낱이 사리를 따져
호소하되 그래도 들어주지 않으면 그로 인해 파직당하는 일이 있더
라도 굴해서는 안 된다.

　나는 ≪상산록(象山錄)≫에서 이 사실을 기록한 일이 있다. 가경
(嘉慶) 무오(戊午)년 겨울(정조 22년, 1798년), 조세의 현물 수납을
이미 절반이나 끝냈는데 상사(上司)에서 관문(關文)을 보내 좁쌀 칠
천 석을 돈으로 바꾸어 납부하라고 독촉했다. 서울 관아에서 왕의
허락을 얻어 관문을 띄운 것이었지만 나는 그렇게는 할 수 없다고
고집하면서 그냥 현물로 수납하고 창고를 봉하였다.

　서울 관아에서 나를 죄줄 것을 왕께 청하였으나 정조(正祖) 임금께
서 감사의 장계(狀啓)를 보시고는, '잘못은 서울 관아에 있는 것이지
정약용은 죄가 없다.'고 하셨다. 사직을 하고 돌아가려는 참에 마침
저보(邸報)를 받고 눌러 앉았다.

內司諸宮 其上納愆期 亦且生事 不可忽也.

내사와 여러 궁방에 상납하는 것은 그 기일을 어기면 또한 말썽이 생길 것이니 소홀히 해서는 안 된다.

【字義】愆:허물 건. 어길 건.　且:또 차. 공경스러울 저. 도마 조.　事:일 사. 사고 사.　忽:갑자기 홀. 소홀히 할 홀.

【語義】內司(내사):正五品의 아문(衙門)으로서 궁중의 쌀·포목·잡화·노비들을 관리하던 곳.　愆期(건기):기일을 어김.

【解說】연평 부원군(延平府院君) 이귀(李貴)가 안산 군수(安山郡守)로 임명되었는데 그 고을에는 내수사(內需司)의 노비가 있어 모두 법에 어긋나게 대동미(大同米)를 면제받고 있었다. 이에 이귀가 그 비리를 용납하지 않으려 하니 노비가 내수사에 호소하여 작은 도장을 찍은 문서를 가지고 와 내지(內旨)라고 하면서 여전히 대동미를 면제받으려 했다. 이귀는 '정말 왕명이 있었다면 승정원에서 내게 영이 내렸을 것이다. 소인(小印) 내지(內旨)를 고을 수령이 어찌 감히 뜯어보겠느냐.' 하고는 받아들이지 않았다.

숙종 때 이세화(李世華)가 경상도를 안찰할 때 내수사에서 토지를 절수(折受:내수사나 궁방에서 免稅田에 소속시키거나 주인 없음을 확인하여 자기 소유지로 삼는 것)한다고 공문이 잇달아 경상도에 내려왔다. 그 결과 절수지로 편입된 땅이 여러 고을에 걸쳐 연이어 있어서 나라에서 거두는 전세(田稅)가 크게 줄었다. 또 내수사의 차인(差人)들은 소란을 피우면서 소리를 고래고래 지르니 마치 난리가 난 것 같았다.

이에 이공(李公)이 죄를 헤아려 곤장으로 다스리고 장계를 올려 극론하였다. 그러자 왕의 교시가 엄하여 감히 들을 수조차 없을 정도여서 조정에서는 벌벌 떨고 있었는데 남구만(南九萬:숙종 때 영의정을 지냈음. '동창이 밝았느냐 노고지리 우지진다……'의 작자) 공(公)이 그를 구하여 무사하였다.

제6조 요역(徭役):노역(勞役)의 차출(差出)

> 上司差遣　並宜承順　託故稱病　以圖自便　非君子之
> 義也.

상사가 출장을 명하면 순순히 응해야 하며 사고를 구실 삼거나 신병
(身病)을 핑계로 스스로 편하기를 도모하는 것은 군자의 도리가 아니다.

【字義】差:다를 차. 파견할 차.　遣:보낼 견.　託:부탁할 탁. 핑계할 탁.
　　圖:그림 도. 꾀할 도.

【語義】差遣(차견):나라 일로 국내외로 파견함. 출장 보냄.　承順(승순):
　　순순히 받들어 행함.　託故(탁고):사고를 핑계함.　稱病(칭병):병을
　　핑계함.　圖自便(도자편):스스로 편하기를 도모함.

【解說】상사가 내게 출장을 명하여 임무를 부여했는데 구실을 만들어
　　회피하면 그 임무가 다른 사람에게로 떠맡겨질 것인즉 그것을 억지
　　로 맡게 된 사람이 어찌 나를 원망치 않겠는가. 내가 하기 싫은 일은
　　남에게도 시키지 말라고 하였으니 정말로 특별한 사정이 없다면 순
　　순히 받아들여 행하는 것이 좋을 것이다.
　　　출장 명령이 떨어지면 성심껏 제 직분을 다하여 하루의 임무를 다
　　해야지 마지못해 행해서는 안 된다.

┌───┐
│ 上司封箋 差員赴京 不可辭也.   │
└───┘

상사가 밀봉한 공문서를 서울로 보내기 위해 인원을 차출하는 경우
이를 사절해서는 안 된다.

【字義】封:봉할 봉. 쌓을 봉. 箋:기록할 전. 문서 전. 赴:다다를 부. 갈
    부. 辭:말씀 사. 알릴 사. 사양할 사.
【語義】封箋(봉전):밀봉된 공문. 差員(차원):인원을 차출함.

【解說】고을에 큰 정사(政事)가 있다거나 포곡(逋穀:체납된 稅穀이나 還
    上穀)을 징수해야 한다거나 농지를 측량한다거나 그 밖의 중요하고
    긴급한 사정이 있어 잠시도 자리를 비울 수 없는 경우에는 그 사정
    을 아뢰어 너그러이 면제해 줄 것을 요청해야 한다.

┌───┐
│ 宮廟之祭 差爲享官 宜齊宿以行事也.   │
└───┘

궁묘(宮廟)의 제사 때 향관(享官)으로 차출되면 마땅히 몸과 마음을
깨끗이 하고 하룻밤을 지새우면서 의식을 받들어 행해야 한다.

【字義】享:누릴 향. 드릴 향. 齊:가지런할 제. 단정할 제. 宿:잘 숙. 지
    킬 숙. 재계할 숙. 별자리 수.
【語義】享官(향관):제사를 맡은 관원. 齊宿(제숙):심신을 깨끗이 하고
    하룻밤을 지냄.

【解說】요즈음 향관은 혹 제단이나 사당 곁에서 기생을 끼고 오락을 하

거나 술을 싣고 다니며 행락하는데 이는 예(禮)가 아니다. 목욕재계
하여 경건하고 청결히 하는 것을 소홀히 해서는 안 된다. 또 제례 의
식을 행함에 있어 오르내린다거나 구부리고 엎드리는 것을 허투로
해서는 안 된다. 불결하거나 일그러진 제기(祭器)를 써서도 안 되며
마른 고기나 시어진 술을 써서도 안 된다.

당(唐)나라 때 공규(孔戣)가 광주 자사(廣州刺使)가 되었는데 전부
터 남해(南海)에 있는 신묘(神廟)에 제사를 모실 때마다 바다에 큰
바람이 불므로 부임해 오는 자사들마다 아프다고 핑계하고는 부자사
(副刺使)에게 대신하게 했다.

공규는 그릇된 전례를 바로잡기로 마음먹고는,

"책문(冊文)에 황제의 이름이 있고 그 글에는 '사천자(嗣天子) ○
○는 삼가 자사 ○○를 시켜 경건히 제를 올리나이다.' 하였으니 그
공경하고 엄숙함이 이와 같거늘 감히 그 뜻을 받들지 않아서야 되겠
느냐. 내일은 내가 몸소 묘(廟) 아래에서 자고 새벽 제사를 모시겠
다."

라고 했다. 아전들이 내일은 비바람이 심할 것이니 누구를 대신 보
내라고 청하였으나 그는 듣지 않고 거행했으며 그 이듬해에도 또한
고집하여 몸소 행하였다.

試院同考 差官赴場 宜一心秉公 若京官行私 宜執不可.

시원(試院)에 차출 받아 경관(京官)과 함께 과거 시험장에 임하는 경
우에는 한마음으로 두루 공평하게 감독해야 하며, 경관이 사사로운 정
을 행사하려 하면 그렇게 하지 못하도록 고집해야 한다.

【字義】赴:다다를 부. 갈 부.   秉:잡을 병. 지킬 병.   執:잡을 집. 처리
  할 집.

【語義】試院(시원):고시(考試)를 관장하던 부서.   同考(동고):함께 고시
  관으로 나아감.   赴場(부장):과거 시험장에 감독관으로 나아감.   秉
  公(병공):치우침이 없이 두루 공평함.   京官(경관):서울에서 내려온
  시험관.   行私(행사):사사로움을 행함.   執不可(집불가):안 된다고 고
  집함.

【解說】수령으로서 시험관이 되면 자기 고을의 유생들과 사사로이 일을
  도모하려 하기 일쑤인데 그중 몇 사람이 혜택을 받게 되면 온 고을
  이 원망할 것이니 현명한 수령이라면 그런 짓은 하지 않을 것이다.
  또 수령으로서 시험관이 된 사람이 팔짱만 끼고 입 다물고 허수아비
  처럼 앉아 있기만 해도 잘하는 짓이 아니다. 임금께 방(榜)을 올리는
  날에는 시험관인 수령도 그 끝에 서명하게 마련이니 경관(京官)이 사
  사로이 처리한 일이 있다면 그 죄는 수령도 나누어 져야 한다.
    그러므로 경관이 졸문(拙文)을 합격시키려 하면 다투어 말려야 하
  며, 훌륭한 문장을 탈락시키려 해도 다투어 말려야 하며, 뇌물 받은
  흔적이 있어도 다투어야 하며, 사정(私情)으로 처리한 흔적이 있어
  도 다투어야 할 것이니 합격자 명단은 하나일망정 공도(公道)에서 나
  오지 않은 것이 없어야만 온 도민(道民)이 그를 칭송할 것이다.
    무릇 수령의 그릇이 작으면 그 명예가 한 읍(邑)에 그치지만 그 그
  릇이 크면 칭송의 소리가 도(道) 내에 가득할 것이니 그의 인품이 이
  에서 결정난다.

人命之獄 謀避檢官 國有恒律 不可犯也.

 사람의 목숨이 걸린 옥사(獄事)에서 검시관이 되기를 회피하려 한다
면, 나라에는 정해진 법률이 있으니 그 법을 범하면서까지 회피해서는
안 된다.

【字義】謀:꾀할 모.　避:피할 피.　恒:항상 항.　犯:범할 범.
【語義】人命之獄(인명지옥):사람의 목숨이 걸린 옥사(獄事).　謀避檢官
　　(모피검관):검시관(檢屍官) 되기를 회피하려 함.

【解說】≪무원록(無冤錄)≫의 주(註)에 이르기를, '검시(檢屍)에는 기한
　　이 정해져 있으니 조금이라도 늦추어서는 안 된다. 혹 이웃 고을의
　　관부(官府)에 유고(有故)가 있는데 다른 고을의 수령이 그 경내(境內)
　　를 지나가게 되면 본관(本官)이 통첩을 보내어 복검(覆檢)해 줄 것을
　　청해야 한다.'고 했다. 이것은 우리나라의 옛 풍속으로서 오늘날에
　　는 실시하지 않고 있으나 이치로 보아 다시 실행함이 마땅하다.
　　 사관(査官)이나 검관(檢官)이 된 수령은 의심스러운 옥사가 있으면
　　자기 자제나 친구 가운데에서 단정하고 결백하며 일을 잘해 낼 사람
　　을 하나 골라 그로 하여금 은밀히 그 고을에 잠입하여 사건의 전말
　　을 캐내게 하기도 하고, 나 또한 그 고을에 당도하여 밤에 그를 만나
　　보기도 하고, 편지로도 서로 통한 연후에 간악한 일이나 감추어진
　　사실을 적발하여 잘못 판결하는 죄를 짓지 않도록 해야 한다.

推官取便 僞飾文書 以報上司 非古也.

추관(推官)이 편의를 취하여 거짓으로 문서를 꾸며 상부에 보고하는 따위의 짓은 옛날에는 없던 것이다.

【字義】推:밀 추(퇴). 따질 추. 천거할 추.　僞:거짓 위.　飾:꾸밀 식.
【語義】推官(추관):특지(特旨)에 의하여 중죄인을 심문하는 관리.　僞飾 (위식):거짓 꾸밈.　非古(비고):오래된 일이 아님. 옛날에는 없던 일.

【解說】옛날에는 옥사를 판결하고 형을 집행하는 일에 있어 해를 넘기지 않았다. 그리하여 한 달에 세 번 이웃 고을의 수령과 함께 추문(推問)하여 죄의 여부를 속히 파악토록 하였는데, 오늘날에는 완전히 해이해져 살인범도 죽이지 않고 해를 넘기니 세월이 흘러 옥중에서 늙어 버린다.

그러므로 함께 추문하는 법도 따라서 폐지되어 한 차례 모여 추문한 후 한 달에 세 번씩 문서만을 꾸며 상사에게 보고하고, 상사 또한 그 사실을 잘 알면서도 그냥 지나쳐 버려 여러 해가 지나도 동추(同推)는 다시 행하지 않으니 이것이 어찌 법을 제정한 본뜻이겠는가.

《주역(周易)》에 '명확하고 신중하게 형을 집행하되 옥에 오래 가두어 두어서는 안 된다.'고 하였다. 죽이든 살리든 속히 판결을 내려야 하거늘 이처럼 덮어 두고 오래 질질 끌어서야 되겠는가. 수령이 추관이 되어 법대로 한 달에 세 번씩 하지는 못하더라도 한 달에 한 번씩이라도 직접 나아가 그들의 실정을 캐어 밝힘으로써 속히 판결함이 옳을 것이다.

漕運督發 差員赴倉 能蠲其雜費 禁其橫侵 頌聲其載
路矣.

(수령이) 조운(漕運)의 출발을 감독하고, 관원을 조창(漕倉)에 보내 불
필요한 잡비(雜費)의 사용을 막고 횡령과 침탈(侵奪)을 막는다면 그 칭
송의 소리가 길을 메울 것이다.

【字義】蠲:밝을 견. 덜 견. 橫:가로 횡. 제멋대로 할 횡. 載:실을 재. 가
득할 재.

【語義】漕運(조운):배로 물건을 실어 나르는 것. 蠲(견):제거함. 면제
함. 橫侵(횡침):횡령하고 빼앗음. 載路(재로):길거리에 가득함.

【解說】조창(漕倉)의 소재지는 다음과 같다. 영남(嶺南) 지방에는 창원
(昌源)에 마산창(馬山倉)이 있고 진주(晋州)에 가산창(駕山倉)이 있고
밀양에 삼랑창(三浪倉)이 있다. 호남(湖南) 지방에는 나주(羅州)에
영산창(榮山倉)이 있고 영광(靈光)에 법성창(法聖倉)이 있고 함열(咸
悅)에 덕성창(德城倉)이 있다. 그리고 호서(湖西) 지방에는 아산(牙
山)에 공세창(貢稅倉)이 있다.

내륙 지방에서 조세를 수송하는 백성들이 지게나 달구지에 곡물을
싣고 산을 넘고 계곡을 건너 조창에 도착하면, 사나운 창노(倉奴)와
교활한 아전들이 뱃사공들과 결탁하고는 두량(斗量)을 함부로 속이
고 사저(私邸)의 침탈을 더욱 악독히 하니, 채찍으로 등을 맞고 볼기
를 걷어 채여 백성들의 울부짖는 소리가 항구에 가득한데, 그래도
감독관으로 차출되어 나온 관원은 기생이나 끼고 노래나 들으면서
이 울부짖는 소리에는 귀가 먹으니 이래서야 제 직분을 능히 다했다

고 할 수 있겠는가.

감독 나온 관원이 이와 같은 횡포를 막아 주고 백성들의 억울함이
생겨날 구멍을 막아 버린다면 그를 파견해 준 수령을 칭송하는 소리
가 백성들 사이에 자자할 것이다.

> 漕船臭載 在於吾境 其拯米晒米 宜如救焚.

배에 실은 쌀이 나의 경내(境內)에서 물에 잠겨 못 쓰게 되는 일이 발
생하면 급히 쌀을 건져내어 햇볕에 말리도록 조치를 취하되 불난 것을
끄듯 급히 서둘러야 한다.

【字義】 臭:냄새 취. 썩을 취. 拯:거질 증. 晒:쬘 쇄. 말릴 쇄. 救:구원
할 구. 막을 구. 焚:불사를 분. 탈 분.
【語義】 臭載(취재):배에 실은 짐이 상하여 냄새가 나고 못 쓰게 됨. 짐을
실은 배가 침몰함. 여기에서는 전자(前者)의 뜻. 拯米(증미):쌀을 건
져냄. 晒米(쇄미):쌀을 햇볕에 말림. 救焚(구분):불타는 것을 구함.

【解說】 배에 물이 들어 실었던 쌀을 못 쓰게 되면 그런 쌀을 백성들에게
꾸어 주는 형식으로 배급하는데 이는 오히려 백성들에게 큰 해가 된
다. ≪경국대전(經國大典)≫을 보면 물에 불은 쌀은 밥을 지을 수도
죽을 쓸 수도 없고, 술을 빚을 수도 장을 담글 수도 없다고 했다. 그
러니 천하에 이처럼 억지스럽고 은혜롭지 못한 일이 또 어디 있겠는
가.

물에 빠졌던 쌀은 한 섬에서 여섯 말 일곱 되 다섯 홉이 불어나고,
그 쌀을 쪄서 말리면 다섯 말 여덟 되 여덟 홉이 줄어든다. 그러므로

말려서 줄어든 쌀의 양으로 불어난 쌀의 양을 갚게 하는 것이니 매 섬마다 남는 쌀이 오히려 더 많아 백성들이 한숨짓고 원망하게 되는 것이다.

숙종 때 박태상(朴泰尙)이 홍주(洪州) 수령이 되었는데 조선(漕船) 이 전복되었으나 관에서 속히 건져내지 못하여 쌀이 물속에서 여러 날 불어 먹지 못하게 되었다. 이로 인해 백성들의 원망이 이만저만 이 아니었다.

그 이듬해 익산(益山)에서 세곡(稅穀)을 싣고 가던 배가 홍주와 이 웃 고을과의 경계에서 파손되었다. 박공은 그 보고를 받고 즉시 백 여 리를 달려갔으나 날이 이미 저물었다. 달빛의 도움을 받아 배를 띄워 이십여 리를 가서야 파손된 배가 있는 곳에 닿았는데 사람들을 동원하여 밧줄을 배에 묶어 급히 끌어올리고 보니 쌀이 많이 상하지 는 않았다. 마침 흉년이어서 백성들이 다투어 가져갔으며 이로써 많 은 백성을 구제했다.

勅使送迎 差員護行 宜亦恪恭 毋俾生事.

칙사(勅使)를 보내거나 맞이하는 수행원으로 차출되는 수령은 각별한 공경으로 모셔 책잡힐 일을 하지 말아야 한다.

【字義】勅:칙서 칙. 신칙할 칙.　護:도울 호. 보호할 호.　俾:더할 비. 하 여금 비.　事:일 사. 사고 사.

【語義】勅使(칙사):임금의 명령을 받은 사신(使臣).　送迎(송영):보내고 맞이함.　護行(호행):보호하며 수행(隨行)함.　毋俾(무비):~하지 않 게 함.

【解說】매양 보면 칙사를 맞이하는 관원들이 분주한 가운데 스스로 책
잡힐 일들을 만들어 놓고는 서로 옳으니 그르니 하는데 참으로 보기
에도 민망한 일이다. 칙사가 지나가는 길목의 여러 고을에서는 아전
과 군교들이 횃불을 밝혀야 한다고 빙자하여 애매한 백성들을 괴롭
히니, 나도 한때 그런 일을 당하였지만 그런 병폐는 근절해야 할 것
이다.

漂船問情 機急而行艱 勿庸遲滯 爭時刻以赴.

표류하는 배가 내 위수 지역 내에 있는 경우에는 어찌 된 사정인지를
묻고, 사정이 급하니 출동하기 어렵더라도 지체하지 말고 시각을 다투
어 그곳으로 달려가야 한다.

【字義】漂:떠다닐 표. 情:뜻 정. 사정 정. 機:틀 기. 기회 기. 위험할
기. 艱:어려울 간. 庸:떳떳할 용. 쓸 용. 遲:더딜 지. 滯:막힐 체.
머무를 체.
【語義】漂船(표선):표류하는 배. 問情(문정):그 사정을 물음. 機急(기
급):사정이 급함. 行艱(행간):움직이기 어려움. 구하러 가기 어려움.

【解說】표류선에 대하여 그 사정을 알아볼 때는 다음의 다섯 가지 조항
을 명심해야 한다. 첫째, 그 배가 외국의 배인 경우에는 선원들에 대
해 공손한 예의로 대해야 한다. 우리나라 사람들은 외국인들의 짧게
깎은 머리와 좁은 옷소매를 보고는 그들을 업신여겨 접대에 체모를
잃게 되고 경박하다는 소문이 천하에 퍼지니 이것이 첫 번째 경계할
일이다.

둘째, 우리나라 법에 표류선 안에 있는 문자(文字)는 인쇄본이거나 필사본이거나를 막론하고 모두 초록(抄錄)하여 보고하도록 되어 있다. 언젠가 표류선 한 척이 몇 천 몇 만 권이나 되는 서적을 가득 싣고 무장(茂長) 앞바다에 정박하였는데 이를 사문(査問)하던 관리들이 의논 끝에,

"이 엄청난 서적의 내용을 모두 초록하여 보고하자면 정위(精衛: 바닷가에 산다는 전설상의 새. 옛날 炎帝의 딸 女娃가 東海에서 놀다가 빠져 죽어 이 새가 되었는데 그것이 한이 되어 늘 西山의 木石을 물어다가 동해를 메우려 했다고 함)가 나무와 돌을 물어다가 바다를 메우는 격이 될 것이요, 그중 몇 개만을 골라서 초록하여 보고하더라도 반드시 큰 화를 당할 것이다."

하고는 모래벌판을 파고 수만 권의 책을 그 속에 묻어 버리니 표류인들이 크게 원통해 했지만 어쩔 도리가 없었다.

그 후 나의 벗 이유수(李儒修)가 무장(茂長) 현감이 되어 모래벌판 속에서 몇 질(帙)의 책을 캐냈는데 ≪삼례의소(三禮義疏)≫, ≪십대가문초(十大家文鈔)≫ 등은 아직도 물에 젖은 흔적이 남아 있었다. 또한 내가 강진(康津)에 도착하여 ≪연감류함(淵鑑類函)≫ 한 권을 얻었는데 책이 썩고 많이 상해 있었다. 그래서 내가, '이 책은 무장에서 나온 것이 아니오?' 하고 물었더니 그 책을 갖고 있던 사람이 깜짝 놀라는 것이었다.

세상 일 가운데 사람의 힘으로 어쩔 수 없는 일은 해 내지 못했다 하여 죄가 되는 것이 아니다. 그러니 위의 경우 모든 서적의 책명(册名)과 권수(卷數)만을 기록하고 보고하면서, '책의 수와 부피가 너무 엄청나 쉽게 초록할 수가 없어 책명과 권수만을 기록·보고하는 바입니다.' 하면 견책을 당하더라도 웃음을 머금고 이치대로 나아가는

것이 되지만, 그 귀중하고 보배로운 책들을 모래 속에 묻어 버리면 그들이 제 나라로 돌아가 우리를 무어라 소문내겠는가.

셋째, 표류선을 문정(問情)하는 일은 성에서 흔히 있는 일이며, 섬의 주민들은 호소할 곳조차 없는 사람들인데도 수령을 따라온 아전들은 접대를 빙자하여 백성들을 노략질하여 솥·항아리·단지까지 남김없이 훑어간다. 그래서 표류선이 떠돌다 들어오는 날이면 섬의 백성들은 칼을 빼들고 활을 겨누어 그들을 죽이려 하니 표류인들은 겁에 질려 고장 난 배를 다시 바다 한가운데로 돌린다. 풍랑이 일고 배가 가라앉으려 하여 살려달라고 절규하며 사정을 해도 섬 사람들은 물끄러미 쳐다보기만 할 뿐 그대로 가라앉게 내버려둔다.

어두운 수령들이 제 아전들을 올바로 단속치 못하니 백성들은 눈물을 흘리면서도 어쩔 수 없이 그렇게 하는 것이다. 외국의 여러 나라가 이 소문을 들으면 우리를 일러 인육(人肉)의 포를 떠서 먹고 씹어 먹는 인종들이라 하지 않겠는가.

넷째, 남의 장점을 보면 대수롭지 않은 것이라도 따라 배움이 마땅하다. 외국 여러 나라의 선제(船制)를 보면 그 기묘한 품이 항해하기에 편리하게 되어 있다. 그런데 우리나라는 삼면(三面)이 바다로 둘러싸였는데도 선제가 단순하고 고루하다.

그러니 표류선이 떠돌다 올 때마다 그 선박의 도면(圖面)을 상세히 기술하되 재목(材木)은 무엇을 썼고 뱃전의 판자는 몇 장을 댔으며, 배의 길이와 폭과 높이는 얼마이고 배 앞머리의 구부러짐과 치솟음은 어느 정도이며, 돛대와 선실의 창문은 어떤 구조로 만들었으며, 배 밑창이 뚫릴 경우에 잘 때우는 방법, 날개판이 파도를 잘 헤쳐 나아가게 하는 기술 등등 상세한 구조와 기능을 묻고 살펴서 기록하여 그 장점들을 따르도록 해야 할 것이다.

다섯째, 표류해 온 외국인들을 대할 때는 동정어린 자세로 대해야 하며, 음식을 제공할 때는 싱싱하고 청결하게 하고 정성과 호의를 보여 그들을 탄복하게 해 돌아가서 우리나라에 대해 좋은 말을 하도록 해야 할 것이다.

修隄築城 差員往督 悅以勞民 務得衆心 事功其集矣.

제방을 수리하고 성을 쌓는 일에 감독을 나가게 되면 기쁜 마음으로 백성들을 위로하여 민심을 얻도록 힘쓴다면 그 일이 성공적으로 마무리 될 것이다.

【字義】 隄:둑 제. 勞:일할 로. 위로할 로. 集:모을 집. 이룰 집.

【語義】 修隄(수제):제방을 수리함. '隄'는 '堤'. 往督(왕독):가서 감독함. 勞民(노민):백성을 위로함. 務得衆心(무득중심):대중의 인심을 얻도록 힘씀.

【解說】 제방을 고친다거나 호수를 판다거나 성을 쌓을 경우 수령이 열읍(列邑)의 백성을 거느리고 공사를 하게 되면 이 기회에 백성들의 환심도 얻고 칭송의 소리를 널리 퍼지게 할 수도 있다.

　　노약자들을 부역에서 빼어 돌려 보내 준다거나 굶주린 자와 배부른 자에게 일거리를 알맞게 분배한다거나 간간이 술과 담배를 대접한다거나 노래를 권하여 즐거운 마음으로 일을 하게 한다거나 하면 백성들이 흥에 겨워 성공적으로 일을 끝낼 것이다.

　　정백자(程伯子)가 현령이 되어 부역을 감독한 일이 있었는데 엄동설한에 가죽 옷을 입거나 뜨거운 햇볕 아래에서 햇빛가리개를 하는 일이 없었다. 또 미천한 백성들과 더불어 기거하여 함께 먹고, 남들이 견디기 어려운 일도 몸소 앞장서서 했다. 이에 백성들은 그의 덕망에 깊이 감탄하여 훌륭하신 현령이라 하였다.

4. 애민육조(愛民六條)

수령의 직분이 어찌 칠사(七事:農桑盛·戸口增·學校興·軍政修·賦役均·詞訟簡·姦猾息)에만 그치겠는가. 요즈음은 상부에서도 칠사로써 명하고 하급 기관에서도 칠사로써 받들어 시행하니 한결같이 칠사 이외에는 더 힘쓸 것이 없는 듯이 여긴다.

인애(仁愛)와 낙선(樂善)에 뜻을 둔 사람조차도 망연히 행해야 할 바를 알지 못하니 어찌 한심스러운 일이 아니겠는가. ≪주례(周禮)≫의 대사도(大司徒) 편의 보식 육정(保息六政:백성을 보호하여 편히 살게 하는 여섯 가지 政事) 항목은 진실로 목민하는 사람의 으뜸가는 책무이니 여기에 그 의미를 간추려 애민 육조로 삼는다.

제1조 양로(養老):노인을 잘 봉양(奉養)함

養老之禮廢 而民不興孝 爲民牧者 不可以不擧也.

노인을 공양하는 예도가 허물어졌는데도 백성들은 효(孝)를 일으키려 하지 않으니 목민(牧民)을 하는 사람은 양로의 예도를 다시 일으키지 않으면 안 된다.

【字義】廢:폐할 폐. 버릴 폐. 擧:들 거. 일으킬 거.
【語義】養老之禮(양로지례):노인을 공양하는 예도(禮道). 不可以不擧

(불가이불거):다시 일으키지 않으면 안 됨.

【解說】 성호(星湖) 이익(李瀷:정약용이 그의 실학사상을 집대성하였음)
선생님께서는 이렇게 말씀하셨다.

"효도하면서 우애가 좋지 않은 자는 있어도 우애가 좋은 자로서
효도하지 않는 자는 없다. 그러므로 선왕(先王)의 제도에 우애는 향
당(鄕黨)에서 통하고 우애는 길에서도 통하고 우애는 군영(軍營)에서
도 통하니, 우애의 교화는 국가 정책인 양로(養老)에 근거하고 있는
것이다.

유우씨(有虞氏:중국 전설상 인물인 虞나라 舜임금) 이래로 양로의
예를 폐한 일이 없는데 사람들은 비용이 많이 든다 하여 노인 공양
을 소홀히 한다. 예법에 칠십·팔십·구십 세에 따라 그릇의 수가
각각 따로 있으니 더 보탤 필요는 없다. 노인의 수가 너무 많아 접대
가 어려우면 가장 연로(年老)한 분만을 골라 접대해도 되며, 마을끼
리 번갈아 가며 잔치를 베풀어도 된다."

동양 윤리의 근본은 '효(孝)'에 있다. 특히 중국과 우리나라는 오
랜 옛날부터 부모와 노인들을 극진히 모시는 것을 모든 윤리 기강의
기반으로 하고 있다. 세월이 흐르면서 '효'에 대한 의식이 점차 흐려
지고 있으니 목민을 책임진 수령은 마땅히 백성들에게 '효'의 관념
을 불어넣어 주고, 솔선수범하여 경로(敬老) 활동을 폄으로써 무너
진 윤리 기강을 바로잡아야 할 것이다.

力詘而擧贏 不可廣也 宜選八十以上.

재정(財政) 능력이 여의치 못할 때는 경로연(敬老宴)의 규모를 지나

치게 확대하지 말고, 팔십 세 이상의 노인들만을 모셔 잔치를 베풀어야
한다.

【字義】詘:굽힐 굴. 덜 굴. 내칠 출. 말 더듬을 눌. 嬴:찰 영. 廣:넓을
   광.
【語義】力詘(역굴):힘이 모자람. 여기서는 재정 사정이 여의치 못함을
   뜻함. 舉嬴(거영):지나치게 거행함. 경로잔치를 지나치게 벌임.

【解說】남자 노인 중 팔십 세 이상인 분들만 연회에 참석시키되 팔십 세
   이상인 노인에게는 그 찬(饌)을 네 접시로 하고 — 떡과 국 이외에
   — 구십 세 이상은 여섯 접시로 한다. ≪예기(禮記)≫의「향음주의
   (鄕飮酒義)」편에 보면 '육십 세 노인에게는 세 접시, 칠십 세 노인에
   게는 네 접시, 팔십 세 노인에게는 다섯 접시, 구십 세 노인에게는
   여섯 접시로 한다.'고 되어 있는데 그것을 팔십 세 노인의 경우 한
   접시를 감하여 네 접시로 한 것이다.
      쇠약하고 병들어 연회에 나오실 수 없는 분에게는 찬을 댁(宅)으로
   보내 드려야 한다.
      백 세 된 분이 있으면 수령은 여덟 접시의 찬을 장만하여 수향(首
   鄕)을 시켜 직접 그에게 바치게 해야 한다.

> 養老之禮 必有乞言 詢瘼問疾 以當斯禮.

노인을 공양하는 예(禮)에 반드시 걸언(乞言)의 절차가 있으니, 그 고
을에서 오랜 세월을 살아오신 노장(老長)들께 고질적인 병폐나 악습을
여쭈어 보고 좋은 말씀을 청하여 들음으로써 수령은 이 예(乞言의 禮)에

맞추어야 할 것이다.

【字義】乞:빌 걸. 구할 걸. 詢:물을 순. 瘼:병들 막. 疾:병 질.
【語義】乞言(걸언):조언(助言)을 구함. 여기에서는 수령이 정사를 폄에
　　　　있어 자기가 미처 생각지 못한 일이나 백성들의 애로 사항이나 세상
　　　　을 오래 산 사람으로서 수령에게 교훈이 될 만한 지혜의 말씀을 청
　　　　하여 듣는 것을 말함. 詢瘼問疾(순막문질):'詢'과 '問'은 '물어보
　　　　다' 의 뜻이요, '瘼'과 '疾'은 '질병'을 의미하니 여기에서는 수령이
　　　　정사를 폄에 있어 사회의 병폐나 백성들의 괴로운 사정을 연로하신
　　　　분들께 여쭈어 보는 것을 뜻한다.

【解說】장횡거(張橫渠)가 운암(雲巖) 현령으로 있을 때 매달 길일(吉日)
　　　　을 택하여 술과 음식을 갖추어 놓고 그 고을의 연장자들을 현청에
　　　　모셔 친히 술을 권하며 고을 백성들로 하여금 노인과 웃어른 섬기는
　　　　뜻을 알게 하였다. 그러면서 백성들의 괴로운 사정을 묻기도 하고
　　　　자제들을 훈계하는 도리를 묻기도 했다. 생각건대 횡거가 실행한 것
　　　　은 옛날의 양로걸언(養老乞言)의 예(禮)를 실천한 것이다.
　　　　　인조(仁祖) 때 정승 장현광(張顯光)이 보은(報恩) 현감이 되어 고을
　　　　의 부로(父老)들과 초하루 보름에 함께 모이기로 약속하고, 그들에
　　　　게서 백성들의 괴로움과 관습의 폐단을 듣고 보완하여 바로잡았으
　　　　며, 효도와 우애를 돈독히 하게 하였으며, 청렴하여 부끄러움이 없
　　　　게 하려고 애썼으며 덕행을 존중하였다. 생각건대 이 또한 앞서의
　　　　장횡거가 실천한 방법과 같다.

> 依於禮法 簡其文節 行之於學宮.

 (경로잔치는) 예법에 의거하여 베풀되 그 법도와 절차를 간소하게 해
야 하며, 학궁에서 행해야 한다.

【字義】簡:편지 간. 간소할 간.　文:글월 문. 법도 문.　節:마디 절. 절차
　　　절. 절도 절
【語義】文節(문절):법도와 절차.　學宮(학궁):학교, 곧 향교를 이룸.

【解說】≪대학(大學)≫에 '위에서 어른을 어른으로 섬겨야 백성들도 공
　　　경에 뜻을 둔다.'고 하였으니 이는 곧 태학(太學)에서의 양로(養老)
　　　를 일컬음이다. 수령이 이 예를 거행하려 한다면 이 또한 학궁(學宮)
　　　에서 행해야 한다. 옛사람들은 향음주례(鄕飮酒禮)에 거문고와 비파
　　　를 썼으나 오늘날 소위 삼현(三鉉:가야금·당비파·거문고의 세 가
　　　지 현악)이란 것은 군악(軍樂)이니 학궁에서는 쓸 수 없고 반드시 거
　　　문고·비파·쇠종·북이라야 학궁에서 사용할 수 있는 것이다.
　　　　또 길흉의 모든 예법에는 오직 한 사람의 빈(賓)과 한 사람의 주
　　　(主)가 있는데 노인을 받드는 예에서도 가장 나이 많으신 분을 빈으
　　　로 삼아 예를 거행해야 한다. 절하고 읍(揖)하는 데 있어서 빈 한 사
　　　람만이 답배(答拜)·답읍(答揖)하고 나머지 빈객들은 답례하지 않는
　　　것이니 이 예법부터 익혀 두어야 할 것이다.

> 前哲 於此修而行之 旣成故常 猶有遺徽.

 선대의 현인들이 이것을 닦아 수행하여 이미 상례적인 관습이 되었기

때문에 아직도 그 좋은 영향이 남아 있는 것이다.

【字義】哲:밝을 철. 철인 철. 常:항상 상. 遺:남길 유. 버릴 유. 徽:아름다울 휘. 훌륭할 휘.

【語義】前哲(전철):선대(先代)의 현인들. 故常(고상):상례적인 옛 관습. 遺徽(유휘):훌륭한 전례를 남김.

【解說】송대(宋代)의 학자 장전(張戩)이 금당(金堂) 현감이 되어 성심으로 백성들을 사랑하고 노인들을 공양하고 궁한 사람들을 구휼(救恤)하였다. 가끔 부로(父老)들을 불러 자제들을 독려하게 하고, 백성들 중 조금이라도 좋은 일을 한 사람은 장부에 기록했다가 상찬(賞讚)하였으며, 자기의 녹봉(祿俸)으로 술과 음식을 장만하여 노인들을 불러 위로하면서 그 자손들로 하여금 편히 모시고 효로써 받들도록 권면하니, 백성들이 그의 덕에 감화되어 그가 가는 곳마다 옥사의 소송이 날로 줄어들었다.

　팔송(八松) 윤황(尹煌)이 영광(靈光) 군수(郡守)가 되었는데 그 군은 원래 번거로운 곳으로 알려져 있었다. 그런데 윤공(尹公)은 부임 초부터 아침 일찍 등청(登廳)했다가 밤 늦게야 퇴청하기를 1년이 지나니 번거로움은 일소되고 고을이 청정 무사하게 되었다. 또 좋은 계절과 명절에는 노인들을 모아 양로의 예를 거행하였다. 자기 어머니도 그 연회에 모시고 그의 맏형이 능성(綾城:지금의 전남 화순군 능주면)으로부터 와서 술잔을 올려 오래 사시기를 빌면서 상하가 함께 즐겼다. 이 사실은 그곳 백성들 사이에 지금까지 미담으로 전해 오고 있다.

> 以時行優老之惠 斯民知敬老矣.

때때로 노인을 우대하는 혜택을 베풀면 백성들은 이로써 노인을 공경
할 줄 알 것이다.

【字義】行:행할 행. 다닐 행. 優:넉넉할 우. 우대할 우. 惠:은혜 혜.
【語義】以時(이시):때때로. 優老之惠(우로지혜):노인을 우대하는 혜택.

【解說】≪상산록(象山錄)≫에 '팔십 세 이상 장수(長壽)한 남자 이십일
명과 여자 십오 명을 뽑아 전모(氊帽:모직으로 만든 모자) 서른여섯
개를 사되 남자용은 자주색으로 여자용은 검정색으로 하여 입동(立
冬)날에 나누어 드리면 그 비용은 열 냥에 불과하지만 백성들은 이
를 몹시 기뻐한다.'고 하였다.
　또 계피와 생강으로 엿을 만들되 정식 방법대로 서른여섯 근을 만
들어 기름종이로 포장해 두었다가 동짓날에 노인들께 나누어 드리면
그 비용이 불과 열 냥도 못 되지만 백성들은 진심으로 기뻐한다.
　엿을 고는 정식 방법은 이러하다. 먼저 검은 엿 삼십여 근을 만들
고 거기에 계피·마른 생강·진피(陳皮:귤껍질을 말린 것)·반하(半
夏:藥草名, 까무릇. 그 뿌리는 가래와 기침에 효과가 있음)·과루인
(瓜蔞仁:하눌타리의 씨. 해독·해열에 효과 있는 한약재)·천초(川
椒:조피나무 열매의 껍질. 복통·설사에 효과가 있음)·오매(烏梅:
껍질을 벗겨 짚불 연기에 그을려 말린 梅實. 설사·기침에 효과가
있음)·칠엽(漆葉:옻나무 잎)을 각각 두 냥 넣고, 호초(胡椒:후추나
무 열매의 껍질. 토사·곽란·구토에 쓰임)와 남성(南星:천남성의
뿌리. 가래를 삭이고 風氣를 가라앉힘)을 각각 한 냥씩 갈아서 섞은

뒤 엿이 식기를 기다렸다가 콩을 볶아 갈아서 엿을 씌운다.

이 엿은 담(痰) 결린 것을 누그러뜨려 주고 기침을 멎게 하며, 구충제 효과가 있고 흥분을 가라앉히므로 겨울에 노인들에게 매우 좋다.

歲除前二日 以食物歸耆老.

섣달그믐 이틀 전에 노인들에게 잡수실 것을 돌려야 한다.

【字義】歲:해 세. 除:덜 제. 없앨 제. 임명할 제. 섣달그믐 제. 歸:돌아갈 귀. 돌릴 귀. 耆:늙을 기. 이룰 지.

【語義】歲除(세제):섣달그믐. 耆老(기로):육십 세 이상의 노인.

【解說】팔십 세 이상 된 남자 노인에게는 각각 쌀 한 말과 고기 두 근씩을 보내되 예단(禮單:禮를 갖추어 공경의 뜻을 적은 單子)을 갖추어 문안하고, 구십 세 이상 된 노인에게는 진기한 음식 — 고치떡·약과·마른 꿩고기 등 — 을 두 가지 더 보탠다.

생각해 보면 아무리 큰 고을이라도 팔십 세 이상 된 노인은 몇 십 명에 불과할 것이요, 구십 세 이상 된 노인은 불과 몇 사람뿐일 것이니 쌀이라야 고작 삼십 말이면 되며 고기도 육십 근을 넘지 않을 것인데 이 어찌 베풀기에 아까운 재물이라 하겠는가.

기생을 끼고 광대를 불러 하룻밤 즐기는 데에 엄청난 돈을 가벼이 내던지는 사람이 수두룩하다. 그러니 선비들은 이를 꾸짖을 것이요, 백성들은 저주할 것인즉 그 방탕함을 미워함이 이보다 더할 것이 없으며 재물을 베풀면서도 원망을 사는 것이다. 그 절반이라도 떼어 양로의 예를 올리는 데에 쓴다면 이 아니 좋겠는가.

　영조(英祖) 임금 때 수령은 양로의 예를 연중행사로 정하여 거행하였는데 사십 년이 지난 지금에 와서 그런 소문조차 들어 볼 수 없으니 다시 닦아 시행해야 하며 그만두어서는 안 된다.

제2조 자유(慈幼):어린이를 사랑으로 기름

> 慈幼者 先王之大政也 歷代修之 以爲令典.

자유(慈幼)란 선왕(先王)들의 큰 정책으로서 역대 임금이 이를 닦아 법으로 삼아 왔다.

【字義】 慈:사랑 자. 幼:어릴 유. 政:정사 정. 칠 정.

【語義】 慈幼(자유):어린이를 사랑함. 大政(대정):큰 정책. 令典(영전): 법. 법도.

【解說】 ≪주례(周禮)≫의 〈대사도(大司徒)〉편에 '보식 육정(保息六政: 백성들을 보호하고 편히 하기 위한 여섯 가지 政綱)으로써 모든 백성을 양육하라.' 하였다. 보식 육정의 첫째가 자유(慈幼)요, 둘째가 양생(養生)이요, 셋째가 진궁(振窮)이요, 넷째가 휼빈(恤貧)이요, 다섯째가 관질(寬疾)이요, 여섯째가 안부(安富)이다.

자유(慈幼)란 고아들을 구휼하는 것을 말하는데 이것을 육정(六政) 중 제1 정강으로 삼은 것은 고대의 중국에서도 어린이, 특히 고아들을 사랑과 긍휼(肯恤)로써 보살펴야 함을 강조한 것이라 하겠다.

≪관자(管子)≫에는 '각 나라의 수도에는 고아들을 맡아 돌보아 주는 직책이 있으며, 고아 한 명을 맡아 기르는 사람에게는 그의 아들 한 명의 병역을 면제해 준다.' 하였다.

또 ≪한시외전(韓詩外傳:漢나라 文帝 때 博士 韓嬰이 故事를 인용하여 ≪詩經≫을 풀이한 册)≫에는 '백성 가운데 능히 어른을 공경

하고 고아를 불쌍히 여겨 잘 보살피는 자는 임금께 아뢰어 곱게 장
식한 쌍두(双頭) 마차를 타게 할 것이다.' 하였다.

　용(鏞:丁若鏞이 자신을 지칭한 것)이 생각건대 이는 모두 자유(慈
幼)의 정책이다. 천지의 화기(和氣)를 상하게 하며 사람 마음의 애절
하고 측은함은 어려서 부모를 잃는 것보다 더한 것이 없으니 어찌
자유(慈幼)의 정책을 소홀히 할 수 있겠는가.

　송(宋)나라에서는 군현(郡縣)마다 자유국(慈幼局)을 세워 가난한
집에서 자식을 기를 수 없어 버리는 경우 자유국으로 데려오게 하여
그 아이의 생년월일을 기록한 후 유모를 두어 기르게 하고, 자식 없
는 집에서 아이를 원하면 자유국에서 데려다 기르게 하였더니 흉년
이 들어도 아이를 길가에 내다 버리는 자가 없었다.

民旣困窮 生子不擧 誘之育之 保我男女.

　백성이 곤궁하여 자식을 낳고서도 건사할 능력이 없으면 (수령은) 그
아이들을 가르치고 양육하되 내 아들딸처럼 보살펴야 할 것이다.

【字義】旣:이미 기. 다할 기. 끝낼 기.　擧:들 거. 일으킬 거.　誘:꾈 유.
　　가르칠 유.
【語義】生子不擧(생자불거):자식을 낳고도 건사해 주지 못함.　誘之育之
　　(유지육지):가르치고 양육함.　保我男女(보아남녀):내 아들딸처럼 보
　　살핌.

【解說】후한(後漢)의 종경(宗慶)이 장사(長沙) 태수가 된 후 백성들로 하
　　여금 자식 죽이는 것을 금하니 백성들 가운데 남의 아이를 양자로

삼아 기른 것이 삼천여 명이나 되었다. 그 아이들은 모두 '종(宗)'字를 붙여 이름 지었다.

소식(蘇軾:北宋의 文人 蘇東坡)이 주악주(朱鄂州:坡鄂州의 刺使인 朱氏)에게 다음과 같은 서신을 보냈다.

'악악(岳鄂) 지방의 농사짓는 백성들은 아들 둘과 딸 하나를 키우는 것을 상례로 삼고 있으며 이를 넘기면 곧 죽여 없앱니다. 낳자마자 냉수에 처박아 죽이는데, 그 부모 역시 어쩔 수 없이 두 눈을 꽉 감고 고개를 돌려 버리고 아이를 물동이 속에 처박으면 아이는 "으앙!" 하고 조금 울다가 이내 죽어 버립니다.

이 지방에 진광형(秦光亨)이라는 사람이 있는데 지금은 이미 과거에 급제까지 하였습니다만, 그가 어머니 뱃속에 있을 때의 일입니다. 그의 외삼촌 진준(陳遵)의 꿈에 한 어린아이가 그의 옷을 끌어당기면서 무엇인가 애절하게 호소하는 듯하였는데 똑같은 꿈이 이틀 밤 계속 되는 것으로 보아 사정이 몹시 다급한 듯하였습니다. 가만히 생각해 보니 그 누이가 임신 중인데 산일(産日)이 가까웠습니다. 얼핏 머리에 스치는 것이 있어 급히 누이의 집으로 달려가 보니 아이가 이미 물동이 속에 처박혀 있었습니다. 진준이 급히 어린 핏덩이를 건져 올려 죽음을 면하게 되었습니다.

법조문에 의하면 고의로 자손을 죽인 죄는 2년 동안 노역(勞役)을 시키는 형벌에 해당하며 이는 장리(長吏)가 집행하도록 되어 있습니다. 원컨대 공(公)께서는 법률로써 알리고 화복(禍福)으로써 깨우치시어 법에 따라 행하시면 이런 풍습은 고쳐질 것입니다.'

歲値荒儉 棄兒如遺 收之養之 作民父母.

흉년이 드는 해에는 아이 버리기를 물건 버리듯 하니 (수령은) 이를
거두어 길러 백성의 부모가 되어야 한다.

【字義】 値:값 치. 만날 치. 荒:거칠 황. 흉년 들 황. 儉:검소할 검. 흉년
　　들 검. 棄:버릴 기. 遺:남길 유. 버릴 유.
【語義】 歲値荒儉(세치황검):곡식 익음이 흉년을 만남. 遺(유):물건을 버
　　림. 收之養之(수지양지):거두어 기름.

【解說】 후한(後漢) 때 방삼(龐參)이 한양(漢陽) 수령이 되었는데 그 고을
　　에 임당(任棠)이란 사람이 은거(隱居)하면서 후학(後學)을 가르쳤다.
　　방삼이 먼저 문안차 임당을 찾아갔더니 그는 아무 말 없이 부추 한
　　뿌리와 물 한 사발을 병풍 앞에 놓고는 어린애를 안고 문 밖에 엎드
　　리는 것이었다. 방삼은 임당의 행위 하나하나를 다음과 같이 짐작해
　　냈다.
　　　'물은 내가 청렴하기를 바라는 것이요, 부추는 내가 강한 무리들
　　을 치라는 것이요, 어린애를 안고 문 밖에 엎드린 것은 문을 열어 놓
　　고 고아들을 구휼하라는 뜻이로군.'
　　방삼이 그대로 실행하니 한양은 잘 다스려졌다.
　　북송(北宋)의 왕조(王詔)가 정주(定州) 지사(知事)로 있을 때 버려
　　진 아이들을 거두어 기르니 정치의 교화가 크게 행해졌다. 촉생(蜀
　　生)이라는 사람이 정주를 지나다 거액의 돈이 든 자루를 잃어버리고
　　는 왕조에게 와서 사정을 말하자 왕조는,
　　"거기에 다시 가 보면 그대의 돈을 지켜 주는 자가 있을 것이다."

하였다. 그의 말대로 촉생이 돈 자루를 잃은 곳으로 가 보니 과연 자기의 돈 자루를 지키고 있는 자가 있었다. 촉생이 그 사람에게,

"당신은 왜 이 돈 자루를 가져가지 않았소?"

하고 물으니 그 사람은,

"나는 사람들이 어린애 버리는 것을 지키는 사람이오. 우리 왕공(王公)께서는 어린애 버린 것을 지켜 주는 사람이 없어도 눈물을 흘리시는데 하물며 내가 이 돈을 가지고 가서 당신으로 하여금 우리 왕공의 경내를 찾아 헤매게 해서야 되겠소?"

하였다. 고아를 구휼하는 정사(政事)가 사람을 감동시킴이 이와 같은 것이다.

我朝立法 許其收養 爲子爲奴 條例詳密.

우리나라 조정에서도 (버려진 아이를) 거두어 길러 그 아이를 자식이나 종으로 삼는 것을 허용하여 법으로 정하였는 바, 그 법조문은 상세하고도 치밀하다.

【字義】 許:허락할 허. 爲:하 위. 삼을 위. 詳:자세할 상. 密:빽빽할 밀.
【語義】 我朝(아조):우리나라의 조정. 詳密(상밀):상세하고 치밀함.

【解說】 현종(顯宗) 12년 4월에 '수양유기아법(收養遺棄兒法)'을 마련하였는데 무릇 길가에 버려진 아이를 얻은 자는 한성부(漢城府)에 알려 공문을 받도록 하되 자식으로 삼든 종으로 삼든 얻은 자의 임의대로 하게 하였다.

전에 내가 경기 지방에 암행어사로 파견된 일이 있는데 선왕(先

王:正祖大王)께서 나를 영춘헌(迎春軒)으로 부르시어, 버려진 아이들을 거두어 기르게 하도록 성의를 다하라고 거듭 당부하시는 모습이 너무도 측은하고 간절하셨다. 내가 고을을 두루 다니면서 유념하여 살펴본즉 임금의 뜻을 받들어 펴는 자가 한 사람도 없었으니 목민을 책임진 수령들이 제 직분을 다하려 하지 않음이 이미 오래였다.

≪속대전(續大典)≫에 다음과 같이 규정하였다.

"흉년에 유기된 어린애는 다른 사람이 수양하여 제 자식으로 삼거나 종으로 삼게 하되 어린애 연령의 한도와 수양 날짜의 한계는 임시 사목을 따르도록 하라. 유기아의 수양은 3세 미만을 그 한도로 하되 흉년이 계속되는 경우에는 8, 9세 혹은 십오 세를 한도로 한다. 그 양쪽의 사정과 청원을 들어 나중에 그 아이가 낳는 아이들까지도 노비로 만든다거나 아니면 그 아이 당대(當代)에 한한다거나, 연한을 정하여 사역시키는 경우에는 흉년이 더하고 덜함에 따라 그 연한을 연장하거나 단축하되 그것은 오직 임시 사목에 준해야 한다.

수양일이 육십 일 미만으로 수양은 하였으되 끝까지 하지 않은 자에게는 이 규정을 적용치 아니한다. 수양 기한을 채운 자는 양인(良人:常民)·공노(公奴)·사노(私奴)를 불문하고 수양한 사람이 임의로 처리하며, 그 아이의 부모나 관(官)·주(主)도 그 아이를 요구할 수 없다.

그 아이의 부모나 친족으로서 석 달이 되기 전에 그 아이를 찾아가려 하는 경우에는 수양에 소비된 양식·물자 등을 두 배로 변상해 주고 데려갈 수 있다. 석 달이 지난 후에는 그것도 불가하다. 수양받아 살아난 아이가 자라서 그 주인을 싫어하고 회피하면 주인을 배반한 죄로 논할 것이며, 권력을 내세워 다시 데려가려 하는 자는 불법으로 논죄한다.

아이를 데려다 기르게 된 자는 그 아이의 나이와 용모를 관(官)에 보고하고 어린애의 부모와 이임(里任:里長)이 가까운 이웃을 자세히 조사하여 진술을 받아 관(官)으로부터 그 증서를 받아야 한다.”

이는 영조(英祖) 때 정한 것인데 공노(公奴)나 사노(私奴)라도 천한 신분으로 되돌리기를 허락지 않은 것은 어린것을 재활시키자는 데에 그 지극한 뜻이 있기 때문이다.

若非饑歲 而有遺棄者 募民收養 官助其糧.

기근이 든 해가 아닌데도 어린애를 버리는 자가 있거든 고을의 백성들에게 그 아이를 거두어 기르도록 하되 관에서 그 양식을 보조해 주도록 하라.

【字義】饑:주릴 기. 흉년 기. 募:모을 모. 뽑을 모. 糧:양식 량.

【語義】饑歲(기세):기근이 든 해. 募民收養(모민수양):백성들을 모집하여 거두어 기르게 함.

【解說】진휼(賑恤)을 베푸는 해에는 의당 진장(賑場)에서 양식을 보조해 주어야 하며, 평년에는 민간에서 수양(收養)할 사람을 모집해야 한다. 마침 가난한 여자가 모집에 응해 왔는데 혼자 힘으로 그 아이를 키울 능력이 없는 경우에는 수령이 양곡을 내어 보조해 주어야 하되 매달 쌀 두 말씩 지급하고 여름에는 매달 보리 네 말씩 지급하기를 2년 동안 계속해야 한다.

흉년이 들어 아이를 내다 버리는 경우 이외에 서울에서는 개천에 어린애를 버리는 경우가 있는데 이는 대개 간음에 의한 사생아들이다. 그러나 하늘과 땅이 목숨 있는 것을 만드시는 이치는 그 부모의 죄를 아이에게까지 마치게 하지 않는 것이니 이 또한 거두어 길러 자식이나 종으로 삼는 것을 허용해야 할 것이다.

제3조 진궁(振窮): 불쌍한 사람들을 진휼(賑恤)함

> 鰥寡孤獨 謂之四窮 窮不自振 待人以起. 振者擧也.

鰥 · 寡 · 孤 · 獨을 일컬어 사궁(四窮)이라 하는데 이들은 궁하여 스스로 생계를 꾸려 갈 수 없고(不自振), 남에게 의지해야만 살아갈 수 있다. 진(振)이란 거(擧)를 말한다.

【字義】鰥:홀아비 환. 寡:적을 과. 과부 과. 振:떨칠 진. 구휼할 진. 待:기다릴 대. 대접할 대. 의지할 대. 起:일어날 기.

【語義】鰥(환):늙은 홀아비. 寡(과):과부. 孤(고):고아. 獨(독):늙어 의지할 곳 없는 사람. 自振(자진):자신을 구원함. 스스로 생계를 꾸려 나아감. 待人(대인):남에게 의지함. 振者擧(진자거):振이란 擧이다. 玉篇을 보면 '振'에는 '擧'의 뜻이 있다. 여기에서는 '구원하다'의 뜻.

【解說】문왕(文王)은 정치를 펴서 인(仁)을 베풀되 반드시 이 사궁(四窮)을 먼저 걱정하였고, 대사도(大司徒)의 보식 육정(保息六政)에서도 세 번째를 진궁이라 하였으니 바로 이것을 이른 말이다. ≪시경(詩經)≫에서, '부유한 사람들이야 좋겠지만 찌들고 외로운 사람들은 애닯도다.' 라고 한 것처럼 가난하면서도 의탁할 곳이 없는 사람들만을 일러 사궁이라 한다. 그러므로 재산이 넉넉한 자는 비록 육친(六親)이 없더라도 사궁에 넣을 수 없다.

수령은 사궁을 선정함에 있어 세 가지를 참작해야 하거니와 그 첫째가 나이요, 둘째가 친척의 유무(有無)요, 셋째가 재산의 유무(有無)이다. 나이가 육십 세 미만으로 능히 자신의 능력으로 생계를 이어갈 수 있는 사람과 이미 열 살이 되어 스스로 먹을 것을 구할 수 있는 사람은 돌보아 주지 않아도 무방하다.

또 육친(六親:父·母·兄·弟·妻·子)은 없더라도 종형제(從兄弟)나 종숙질(從叔姪)의 친척이 도와줄 수 있는 경우 관(官)에서는 친척들을 타이르거나 엄하게 경계하여 돌보아 주게 하되 그런 사람에게까지 구호의 손길을 펼 것은 없다. 또 나이가 많고 육친이 없더라도 재산이 넉넉한 사람은 관(官)에서 생계를 도와주지 않아도 된다.

이상의 세 가지 조건이 모두 여의치 않아 형편이 참으로 딱하게 된 사람은 관(官)에서 돌보지 않으면 안 된다.

≪대명률(大明律)≫에 다음과 같이 규정하고 있다.

"홀아비·과부·고아·늙어 자식 없는 사람 및 병이 깊어 폐인이 된 사람으로서 가난하고 의지할 친척도 없어 스스로 생계를 이어갈 수 없는 사람은 그 지방 관청에서 구호해 주어야 하며, 이를 외면하는 자는 곤장 육십 대의 벌로써 다스린다. 또 이들에게 지급하게 되어 있는 옷과 양식을 관리(官吏)가 깎아 먹으면 감수자도(監守自盜: 지키고 감독해야 할 자가 오히려 스스로 도적질함)의 죄목으로써 논죄한다."

> 過歲不婚娶者 官宜成之.

혼기가 지나도록 혼인을 하지 못한 사람은 마땅히 관(官)에서 성혼시켜야 한다.

【字義】婚:혼인할 혼. 娶:장가들 취. 중매들 서. 成:이룰 성.
【語義】過歲(과세):혼기(婚期)가 지남. 婚娶(혼취):혼인(婚姻)을 함.

【解說】옛날에는 나이 삼십에 아내를 갖고 나이 이십에 시집간다고 하였는데 이는 대체로 그 나이를 넘어서는 안 되는 마지막 한계이다. 그렇지만 이제는 남자 나이를 이십오 세로 한계를 정할 것이나 옛날 말에 구애될 필요는 없다.

임연(任延)이 구진(九眞) 태수가 되었는데 그곳 백성들은 시집가고 장가드는 풍속이 없었다. 여자들에게는 일정한 상대가 없어 아이를 낳아도 성(姓)을 알 길이 없었다. 그래서 임연은 남자 나이 이십에서 오십까지, 여자 나이 십오에서 사십까지 나이에 따라 서로 배필을 삼게 하였으며, 그중 가난하여 예(禮)를 올릴 수 없는 경우에는 장리(長吏)들로 하여금 봉록의 일부를 덜어 예를 치르게 하니 아내를 맞아들인 집이 동시에 이천이나 되었다. 이 해에는 풍우가 순조로워 곡식도 큰 풍년을 이루었다.

함녕(咸寧) 옹태(雍泰)가 양회(兩淮:淮水의 남부지방과 북부지방을 일컬음) 지방의 순염어사(巡鹽御史)로 있을 때 소금 굽는 사람들 가운데 가난한 홀아비가 이천 명 가까이 있었는데 2년에 걸쳐 거의 다 아내를 갖게 해 주었다. 그가 임무를 마치고 떠나자 그곳 사람들이 다음과 같은 시(詩)를 지어 읊었다.

'떠나는 객(客)의 짐 속에는 벼루 하나도 없는데
바닷가에 남은 백성들은 모두 아내가 있네.
사천 명 남녀의 원(願) 풀어 주고
춘풍에 닻 풀고 조정(朝廷)으로 가시네.'

> 勸婚之政 是我列聖遺法 令長之所宜恪遵也.

혼인을 권장하는 정책은 우리나라 역대 임금들이 남기신 법이니 수령
된 사람은 마땅히 성의를 다해 준수해야 한다.

【字義】列:벌일 렬. 늘어설 렬. 聖:성인 성. 임금 성. 恪:삼갈 각. 정성
　　각. 遵:좋을 준.
【語義】勸婚之政(권혼지정):혼인을 권장하는 정책. 列聖(열성):역대(歷
　　代)의 임금. 令長(영장):수령. 목민관. 恪遵(각준):각별히 좇음. 성
　　심껏 준수함.

【解說】정종(正宗) 15년(1791년) 신해년(辛亥年) 2월에 왕께서는 사서인
　　(士庶人) 중에 가난하여 혼기를 놓치는 남녀가 있음을 민망히 여기시
　　어 서울의 오부(五部)에 신칙하여 혼인을 권장하게 하셨으며, 정혼
　　(定婚)을 하고서도 사정이 여의치 못해 예를 올리지 못하는 자에게는
　　관에서 오백 푼의 자금과 두 필의 포(布)를 보조해 주어 혼례를 서두
　　르게 하시고는 매월 보고하라 하시었다.
　　　마침 서부(西部) 신덕빈(申德彬)의 딸이 이십일 세였고 김희집(金
　　禧集)의 나이가 이십팔 세였는데 두 사람 모두 혼기를 놓치고 있었
　　다. 6월 초 이튿날 왕께서 이르셨다.
　　　"짐(朕)이 5부 안에 많은 홀아비가 있는 것을 보고 혼인을 권한 자
　　가 무려 백 수십 명인데 오직 서부의 두 사람만이 아직 예를 이루지
　　못하고 있으니 어찌 천지의 화기를 인도하고 만물의 본성에 따르는
　　것이겠는가. 일이란 시작을 잘 정제함을 중히 여기고 정사(政事)란
　　끝을 잘 맺도록 힘써야 하는 것이니, 덕빈과 희집에게 권하여 좋은

일이 맺어지게 하라."

이에 덕빈의 딸과 희집의 혼약이 성사되니 왕께서는 기뻐하시며,

"한 지아비와 한 지어미가 제자리를 찾아감에 김(金), 신(申) 두 사람처럼 공교롭게 맞아떨어진 일도 없었은즉 이렇듯 기묘하고 대단한 기쁨이 또 있겠느냐."

하셨다. 백성의 목자(牧者)된 사람이 임금의 뜻을 체득하여 이를 실행한다면 그 직분을 다했다 할 수 있을 것이다. 천지간에 우울한 마음을 펴지 못함이 혼기를 놓친 남녀간의 일보다 더한 것은 없다.

每歲孟春 選過時未婚者 並於仲春成之.

매년 음력 정월이면 혼기가 지나도록 아직 혼인하지 못한 사람들을 골라 2월에 함께 혼례를 치러 주도록 해야 한다.

【字義】孟:맏 맹. 選:가릴 선. 仲:버금 중.
【語義】孟春(맹춘):음력 정월. 仲春(중춘):음력 2월.

【解說】고을 안에 이십오 세 이상 된 남자와 이십 세 이상 된 여자를 골라 그들에게 부모나 친척, 재산이 있는 경우에는 성혼(成婚)토록 독려해야 하며, 혼인을 회피하는 자는 논죄해야 한다. 친척도 없고 재산도 없는 자들은 고을에서 덕망 있는 사람들로 하여금 중매하게 하여 성혼시키되 관(官)에서 돈과 포목 약간을 내어 도와주고 결혼식 예복(禮服)도 관에서 빌려 주도록 한다.

양가(兩家)의 빈부가 엇갈리거나 서로 궁한 두 집끼리의 결합은 수령이 한 번 권하는 것이 일반 백성들의 백 마디 말보다 더 나을진대,

어찌하여 그 한마디 말을 아껴 이런 좋은 음덕(陰德)을 심으려 하지
않는 것일까.

> 合獨之政 亦可行也.

홀아비와 과부를 짝지어 주는 정책 또한 펴 나아가야 할 행정이다.

【字義】合:합할 합. 獨:홀로 독. 홀어미 독. 行:행할 행. 다닐 행.
【語義】合獨(합독):외로운 사람들, 즉 홀아비와 과부를 짝지어 줌.

【解說】합독(合獨) 또한 선정(善政)이다. 살펴보면 시골의 과부로서 그
신분은 천하지 않은데 개가(改嫁)할 뜻이 있어도 부끄럽고 겁이 나
어찌할 바를 몰라 하면 반드시 늙고 교활한 방물장수 노파가 은밀한
간계를 꾸미기를, 이웃 마을의 고약한 청년들을 모아 밤을 틈타 가
만히 업어 와 분쟁을 일으키고 풍속을 해칠 뿐만 아니라 길에서 누
군가에게 강제로 추행당한 것처럼 꾸며 과부의 정조를 더럽히니 그
과부는 재가를 포기해 버리게 된다.
　그러므로 수령이 예로써 권하여 각기 알맞은 상대를 찾아 홀아비
와 과부가 재혼하여 살게 하는 것만 못하게 된다. 이런 일은 법령으
로 공포할 것까지야 없지만 백성들에게 은근히 타일러서 옛사람들의
뜻을 따르게 해야 할 것이다.

제4조 애상(哀喪):상(喪)을 입은 사람들을 구휼(救恤)함

> 有喪蠲徭 古之道也. 其可自擅者 皆可蠲也.

상(喪)을 당한 사람에게는 부역을 감해 주는 것이 옛날의 도이다. 그러므로 수령이 스스로 결정할 수 있는 것은 모두 면제해 주어야 한다.

【字義】蠲:밝을 견. 덜 견. 徭:부역 요. 부릴 요. 擅:멋대로 할 천.
【語義】蠲徭(견요):부역(賦役)을 덜어 줌. 自擅(자천):수령이 마음대로 결정할 수 있는 일을 가리킴. 擅은 제 마음대로 한다는 뜻.

【解說】≪예기(禮記)≫의 「예운(禮運)」편에 다음과 같이 일렀다.
"공(公)에 벼슬을 살면 신(臣)이라 하고 가(家)에 봉직하면 복(僕)이라 하는데 신이나 복이 삼년상(三年喪)을 당하면 그들을 부려서는 안 된다."
≪월어(越語)≫에 일렀다.
"월의 왕 구천(句踐)이 백성들에게 맹세하기를, 가문의 상속자가 죽으면 3년간 그 정사(政事)를 면제해 주고 차자(次子)가 죽으면 석 달 동안 정사의 의무에서 풀어 주겠다."
≪예기(禮記)≫의 「잡기(雜記)」편과 「왕제(王制)」편에도 상을 당한 사람은 정사에 종사하지 않는다는 글이 있는데 정현(鄭玄)은 그것에 주(註)를 달면서 '요역(徭役)을 감해 준다.'로 풀었으나 나의 생각은 그렇지 않다.
이제 그 법을 정하여 부모의 상을 당한 자에게 백 일 동안은 일체의 잡역을 관대하게 면제해 주는 것이 옛 어른들의 뜻에 부합할 것이다. 다만 가짜와 속임수가 난무할 소지가 있으며 그 허와 실을 구분하기 어려우니 이 점은 불가불 유념해야 할 것이다.

> 民有至窮極貧 死不能斂 委之溝壑者 官出錢葬之.

백성들 가운데 지극히 궁하고 가난하여 죽었는데도 염(殮)조차 할 수 없어 진구렁에 처박힐 형편에 있으면 관(官)에서 돈을 내어 장례를 치르게 해야 한다.

【字義】 斂:거둘 렴. 염할 염. 委:맡길 위. 버릴 위. 溝:도랑 구. 壑:골학. 구렁 학. 葬:장사 지낼 장.

【語義】 斂(염):염하다. '殮'과 같음. 죽은 사람의 몸을 깨끗이 씻기고 옷을 입혀 염포(殮布)로 묶는 일. 委之溝壑(위지구학):구렁에 처넣음.

【解說】 ≪시경(詩經)≫에 '길을 가다 죽은 사람을 보면 묻어 주라.'고 하였거니와 길 가는 이도 그러한데 하물며 백성의 부모 된 수령이야. 평소에 백성들에게 널리 전하기를, '그런 사실이 있거든 즉시 보고하고, 도울 수 있는 이웃이나 친척이 있는 경우에는 관에 보고할 것 없이 서로 상의하여 매장토록 하되 장례를 치르지도 않고 보고하지도 않으면 처벌할 것이다.' 하라.
　관에 보고가 들어오면 수백 전(錢)을 내주어 죽은 이를 염하게 하고 이웃이나 친척들로 하여금 부조금을 보태어 입관(入棺)하여 매장토록 해야 한다.
　윤형래(尹亨來)가 회인(懷仁:오늘날 報恩郡에 속하는 충청도 옛 고을) 현감이 되었을 때, 하루는 그가 정당(政堂)에 앉아 있는데 현문 앞을 지나가는 사람의 곡 소리를 듣고는,

"어인 곡 소리냐?"

하고 물었다. 그러자 아전이,

"한 백성이 어제 죽었는데 장사지내러 가는 것 같습니다."

하고 대답했다. 윤공(尹公)이 다시,

"그래, 염이나 했다더냐?"

하고 묻자,

"가난하여 하지 못했다 합니다."

하니 그가 돈을 주어 관을 짜서 장사지내게 하였다.

其或饑饉癘疫 死亡相續 收瘞之政 與賑恤偕作.

혹 기근과 전염병으로 사망자가 속출하면 이를 거두어 장사지내는 정 책을 펴는 것과 아울러 진휼(賑恤)의 정사도 병행해야 한다.

【字義】癘:창질 려(여). 疫:전염병 역. 瘞:묻을 예. 賑:구휼할 진. 恤: 불쌍할 휼. 구휼할 휼. 偕:함께 해.

【語義】癘疫(여역):전염성 열병의 통칭. 相續(상속):속출함. 收瘞(수 예):거두어 매장함. 偕作(해작):함께 행함.

【解說】《속대전(續大典)》에 '서울과 지방에 전염병이 만연하여 온 가 족이 몰사해 거두어 장사지내 줄 사람이 없는 경우에는 관에서 휼전 (恤典)을 거행한다.'고 되어 있다.

가경(嘉慶) 무오년(戊午:正祖 22년, 1798년) 겨울에 갑자기 독감

이 성했다. 그때 나는 서읍(西邑:황해도 谷山)의 부사(府使)로 있었
는데 제일 먼저 시체들을 거두어 장사지내는 정사를 폈다. 아전이
내게,

"조정으로부터 명령도 없는데 수예(收瘞)를 행하심은 아무런 공적
도 되지 않을 것입니다."

라고 말했다. 그래도 나는 아전에게,

"가서 수예를 행하라. 조정의 영(令)이 있을 것이다."

라고 하명했다. 그러고는 닷새마다 사망자 명단을 장부에 기록하
고, 친척이 없는 자는 관(官)에서 비용을 지급하여 장사지내게 하였
다.

그렇게 한 달이 지날 무렵 조정에서 영(令)이 당도하니 감사의 장
부 독촉이 성화 같았다. 다른 읍에서는 모두 갑작스레 허둥지둥 장
부를 꾸미느라 여러 차례 문책을 받았으나 나는 이미 다 정리 되어
있어 무사히 처리하니 아전들은 그제야 크게 기뻐하였다.

> 或有觸目生悲 不堪悽惻 卽宜施恤 勿復商度.

슬픈 광경이 눈에 띄어 측은한 마음을 견딜 수 없거든 마땅히 구휼을
베풀고, 다시 헤아려 생각지 말라.

【字義】觸:닿을 촉. 悽:슬퍼할 처. 惻:슬퍼할 측. 가엾게 여길 측. 商:
　　장사 상. 헤아릴 상. 度:법도 도. 헤아릴 탁. 살 택.
【語義】觸目(촉목):눈에 띔. 不堪(불감):견딜 수 없음. 悽惻(처측):처량
　　하고 측은함. 商度(상탁):헤아려 생각함.

【解說】 범문정공(范文正公)이 빈주(邠州) 태수가 되었는데 한가한 날 요
속(僚屬)들을 거느리고 누각에 올라 주연을 벌였다. 술잔을 막 들려
하는데 상복을 입은 사람 몇 명이 상구(喪具)를 정리하고 있는 것을
보았다. 공(公)이 명령하여 그 사연을 물으니 이곳에 살았던 선비가
빈(邠) 땅에서 죽었는데 근교에 임시로 묻으려 하는 것이라 하였다.
공이 보니 봉(賵)·염(殮)·관(棺)·곽(槨) 등 장사지내는 데 필요한
것이 아무것도 갖추어지지 않았는지라. 공은 분연히 술자리를 거두
게 하고 부조금을 후히 주어 장례를 치르게 하니 함께 앉아 있던 손
님들이 모두 감탄하였으며 눈물 흘리는 사람도 있었다.

或有客宦遠方 其旅櫬過邑 其助運助費 務要忠厚.

혹 먼 객지에서 벼슬살이하다가 그곳에서 죽어 내 고을을 지나게 되
는 운구(運柩) 행렬이 있거든 그 운송을 도와주고 비용도 성심껏 후하게
도와주도록 힘쓰라.

【字義】 宦:벼슬 환. 환관 환. 櫬:무궁화나무 친. 널 츤. 要:요긴할 요.
요구할 요.
【語義】 客宦(객환):객지에서 벼슬살이하는 사람. 旅櫬(여친):객지에서
죽어 본가(本家)로 옮겨 가는 관(棺). 助運(조운):운구(運柩)를 도와
줌.

【解說】 범문정공이 월주(越州) 지사(知事)로 있을 적에 그의 속관(屬官)
손거중(孫居中)이 임지에서 죽었다. 그의 아들은 나이가 아직 어리
고 집안이 가난하였으므로 범공(范公)은 자기의 봉록에서 돈 백 꾸러

미를 내주고 배를 마련하여 아교(牙校:本營을 지키는 軍校)까지 파
견하여 운구(運柩)를 돕게 한 후 시를 지었다.

　'열 식구 서로 의지하여 큰 냇물을 건넜으니 올 때는 즐거웠으나
가는 길은 처량하구나. 관문과 나루에선 이름일랑 묻지 마오. 떠나
가는 이 배는 고아 · 과부의 배로세.'

　조영경(趙榮慶)이 황주(黃州) 수령으로 있을 때, 나는 영조사(迎詔
使)로서 정당(政堂)에 함께 앉아 있었는데 상여 지나는 소리가 나기
에 물은즉,

　"변방 수령이 임지에서 죽어 고향의 장지(葬地)로 돌아가는 길입
니다."

　하였다. 그 말을 들은 조공(趙公)은 아전을 불러 호송자(護送者)에
게 위로의 말을 전하면서 그 일행에게 음식을 접대하고 부조금 삼십
냥을 보내 주었다. 그러나 나가서 조문하지는 않았다. 내가 그 이유
를 물었더니 조공은 이렇게 대답하는 것이었다.

　"여친(旅櫬)이 고을을 지날 때는 음식을 대접하고 부조금을 내는
것이 옛 법도입니다. 그렇지만 나는 본시 그 죽은 사람을 알지 못하
고 또 상주(喪主)를 모르니 직접 가서 조의(弔意)를 표할 명분이 없
지 않습니까."

郷丞吏校 有喪有死 宜致賻問 以存恩意.

　지방 관아의 승(丞)이나 이(吏)나 교(校)가 상(喪)을 입거나 본인이 죽
으면 수령은 마땅히 부의를 표하고 조문함으로써 은혜로운 마음을 남겨
야 한다.

【字義】丞:정승 승. 도울 승. 나아갈 증.   賻:부의 부.   存:있을 존. 보존
    할 존.
【語義】丞吏校(승리교): '丞'은 종5품(從五品)에서 정9품(正九品)까지 관
    아의 모든 벼슬. '吏'는 모든 이속들. '校'는 군교(軍校).   賻問(부
    문):부의를 표하고 조문(弔問)함.   恩意(은의):은혜로운 마음.

【解說】옛날에는 조정의 신하가 상을 당하면 임금이 몸소 조문했으며,
    소렴(小殮:屍身을 먼저 옷과 이불로 싸는 것)과 대렴(大殮:小殮 이틀
    날에 屍身을 棺에 넣는 의식)도 친히 보고 염(殮)에는 수의(壽衣)를
    보내 주었으며 장례에 조의금을 보내 주었다. 그 뜻을 미루어 생각
    건대 수령도 자기 수하(手下)의 관속과 아전들이 상을 입으면 마땅히
    이와 같이 하여 은혜로운 뜻을 전해야 할 것이다.
        아전과 군교가 본인이 죽거나 부모의 상을 입으면 수령은 종이와
    초를 부조하고 미음과 죽을 권하여 먹게 함으로써 상관으로서의 아
    랫사람에 대한 은정을 남겨야 한다. 또 좌우의 향관(鄕官)이 죽거나
    상을 당해도 이와 같이 해야 한다.

제5조 관질(寬疾): 병든 사람들을 관대히 배려함

> 廢疾篤疾者 免其征役 此之謂寬疾也.

불치의 병이나 치명적인 병에 걸린 사람에게는 병역과 부역의 의무를
면제해 주어야 하는데 이를 일러 관질(寬疾)이라 한다.

【字義】 篤:도타울 독. 위중할 독.　征:칠 정. 구실 정.　寬:너그러울 관.
【語義】 廢疾(폐질):불치의 병.　篤疾(독질):위독한 병. 치명적인 병.　征
役(정역):병역과 부역.　寬疾(관질):질병을 고려하여 관(官)에서 너그
러움을 베푸는 것.

【解說】 ≪주례(周禮)≫의 보식(保息) 정책의 다섯 번째가 관질(寬疾)이
다. 후한(後漢)의 정현(鄭玄)도 '오늘날 꼽추는 그 임무를 올바로 수
행해 낼 수 없기 때문에 군졸에 넣지 않는다.'고 했거니와, 관(寬)이
란 불구자에게 병역과 요역을 면제해 주는 것을 말한다. 벙어리와
고자[內侍]는 자신의 힘으로 생계를 이어갈 수 있으며 장님은 점을
치고 절름발이는 그물을 떠서 살아갈 수 있으므로 원조해 줄 것까지
야 없지만, 중병과 불치병에 걸린 사람은 구휼(救恤)해 주어야 할 것
이다. 무릇 장님·벙어리·절름발이·고자 등은 군졸로 편입시켜서
도 안 되며 요역을 부과해서도 안 된다.

> 罷癃殘疾 力不能自食者 有寄有養.

꼽추나 여러 가지 질환으로 인해 스스로 생계를 꾸려갈 수 없는 자에게는 의지할 곳을 마련해 주고 생계를 대 주어야 한다.

【字義】罷:마칠 파. 고달플 피.　癃:느른할 륭.　殘:잔인할 잔. 남을 잔.
　　食:먹을 식. 먹이 사.　寄:부칠 기. 기댈 기.

【語義】罷癃(파륭):꼽추병.　殘疾(잔질):원래 의미는 '잔병'이나 여기에
　　서는 '이런저런 질환'의 뜻.　有寄有養(유기유양):의탁할 곳을 마련
　　해 주고 생계를 이어 줌.

【解說】장님·절름발이·팔다리 불구자·문둥병자 등은 사람들이 천하
　　게 여기고 싫어한다. 또 육친(六親)이 없어 이리저리 떠돌아다니고
　　안주(安住)할 곳이 없는 사람들을 위해서도 그들의 종족(宗族)을 타
　　일러 부양하게 하거나 관(官)에서 대책을 세워 안주할 수 있게 해 주
　　어야 한다. 친속(親屬)도 전혀 없고 의지할 곳도 없는 사람들은 그의
　　고향 마을에서 덕망 있는 사람을 골라 의탁하되 그에게는 잡역을 면
　　제해 주고 세금도 감면해 주도록 해야 할 것이다.

軍卒羸病 因於凍餒者 贍其衣飯 俾無死也.

군졸들 중 추위와 굶주림으로 인하여 야위고 병든 자가 있거든 옷과 음식을 주어 죽는 일이 없도록 해야 한다.

【字義】羸:파리할 리.　餒:주릴 뇌.　贍:넉넉할 섬. 보탤 섬.　飯:밥 반.

【語義】羸病(이병):병으로 파리해짐. 병에 걸려 고생함.　凍餒(동뇌):추
　　위와 굶주림.　贍(섬):도와줌. 제공함.

【解說】진(晉)나라 유홍(劉弘)이 형주(荆州)를 다스릴 때의 일이다. 한
밤중에 일어나 들으니 성 위에서 파수 보는 자가 긴 탄식을 하며 몹
시 괴로워했다. 가까이 불러서 보니 늙은 병졸이 야위고 병들었는데
저고리조차 입고 있지 않았다. 유홍은 급히 가죽옷과 겹모자를 주었
다.

　장윤(張綸)이 강회(江淮)의 발운부사(發運副使)로 있을 때의 일이
다. 조졸(漕卒) 가운데 추위와 굶주림 때문에 죽어 길에 나자빠진 자
가 많은 것을 보고는 탄식하여 말했다. '이는 담당 관리의 잘못이니
주상(主上)의 어지심을 본받지 못한 때문이다.' 그리고는 자신의 봉
급을 털어 솜저고리 천 벌을 사서 형편이 어려운 자들에게 나누어 입
혔다.

> 瘟疫流行 蚩俗多忌 撫之療之 俾無畏也.

　염병이 유행할 때는 어리석은 풍속에 금기(禁忌)하는 것이 많으니 위
로하고 치료해 주어 (병을) 두려워하지 않게 해 주어야 한다.

【字義】瘟:염병 온. 疫:전염병 역. 蚩:어리석을 치. 畏:두려워할 외.
【語義】瘟疫(온역):염병. 장티푸스. 蚩俗(치속):어리석은 풍속. 撫之療
之(무지요지):어루만지고 치료해 줌.

【解說】수(隋)의 문제(文帝) 때 신공의(辛公義)가 민주(岷州) 자사가 되
었는데 그곳 풍속은 염병을 두려워하여 한 사람의 환자가 생기면 온
가족이 문을 닫고 피해 버리니 그대로 죽는 이가 많았다. 신공의가
명령을 내려 환자들을 가마에 실어 관청 뜰로 옮기게 하니 여름날

관청 앞마당이 환자로 가득하였다. 신공의는 평상을 설치해 놓고는 밤낮으로 그들과 더불어 거처하면서 녹봉으로 의약을 공급하고 몸소 보살피니 환자들 중 대다수가 쾌유하였다. 그리하여 그 친척들을 불러서,

"사람이 죽고 사는 것은 다 명(命)에 달린 것이다. 서로 전염되어 죽기로 말하면 나는 진작 죽었을 것이 아니냐."

하고 깨우쳐 주니 그들은 모두 부끄러워하며 사죄하고 돌아갔다.

瘟疫麻疹及諸民病 死亡夭札 天災流行 宜自官救助.

염병이나 마마 및 전염병으로 백성들이 사망 요절하는 천재(天災)가 만연할 때는 마땅히 관에서 구조해야 한다.

【字義】麻:삼 마. 마비될 마. 疹:마마 진. 앓을 진. 夭:일찍 죽을 요. 어릴 요. 札:편지 찰. 일찍 죽을 찰.

【語義】麻疹(마진):마마. 천연두. 民病(민병):돌림병. 전염병. 夭札(요찰):요절. 일찍 죽음.

【解說】송(宋)나라 가우(嘉祐:宋나라 仁宗 때의 年號) 연간에 황주(黃州) 지방에서 백성들 사이에 열병이 크게 유행하였는데 성산자(聖散子)를 써서 완치된 사람이 헤아릴 수 없이 많았다. 이에 소동파가 성산자의 약효를 돌에 새겨 널리 전파하니 그 처방은 이러하다.

창출(蒼朮)·방풍(防風)·후박(厚朴:생강에 볶은 것)·저령(豬苓)·택사(澤瀉) 각 두 냥(兩)과 백지(白芷)·천궁(川芎)·적작약(亦芍藥)·곽향(藿香)·시호(柴胡) 각 반 냥과 마황(麻黃)·승마(升麻)·강

활(羌活)·독활(獨活)·지각(枳殼)·오수유(吳茱萸)·세신(細辛)·고본(藁本)·복령(茯苓) 각 7전(箋)과 석창포(石菖蒲)·초두구(草豆蔲)·양강(良薑) 각 8전(箋)과 감초(甘草) 두 냥 반, 대부자(大附子) 한 개 등 이상의 약재(藥材)들을 거친 가루로 만들어 1회에 3전씩 복용하되 물 두 종지에 대추 한 개를 넣어 8부[分]쯤 끓여 조금 더울 때 그 물로 먹는다.

명(明)나라 때 명의(名醫) 장개빈(張介賓)도 성산자(聖散子)를 일러 '일체의 산람(山嵐)이나 장기(瘴氣) 같은 풍토병, 또는 유행성 열병이나 상한(傷寒)·풍습(風濕) 등의 질병을 치료하는 데에 비상한 효험이 있다.'고 했다. 또 이대조(李待詔)의 말대로 내한외열(內寒外熱)인 사람이나 상실하허(上實下虛)의 체질을 가진 사람에게는 이 처방이 신통한 효험이 있으며, 오한을 구제하여 학질을 치료하는 데에도 비상한 효과가 있다.

복암(茯菴) 이기양(李基讓)이 문의(文義:오늘날 忠北 淸原郡에 속하는 고을) 현감으로 있을 때 염병이 크게 성행하였는데 성산자(聖散子)를 먹여 많은 백성들을 구하였으며 이웃 고을인 청주(淸州)·옥천(沃川)까지 보급되어 살아난 사람이 부지기수였다.

내가 강진(康津)에 유배되어 있을 때 기사년(己巳年:1809년)과 갑술년(甲戌年:1814년)에 큰 기근이 들었고 그 이듬해 봄에 염병이 크게 번졌다. 그때 나는 이 처방을 보급하여 많은 사람들을 구했다. 그런데 이 처방 가운데 부자(附子)는 포부자(泡附子)를 쓰면 효험이 없고 반드시 생부자(生附子)를 써야 신기한 효험을 볼 수 있다.

각 고을의 수령된 사람은 반드시 성산자의 처방을 적어 두었다가 염병이 만연하게 되는 해에 이 약을 많이 조제하여 아전들로 하여금 백성들에게 싸게팔아(약재 값이 헐하다) 널리 구제해야 할 것이다.

> 流行之病 死亡過多 救療埋葬者 宜請賞典.

　　전염병이 돌면 사망자가 과다한 법이니 구호 및 치료에 나서는 사람과 매장하는 일에 나서는 사람에 대해 수령은 상부에 포상을 신청해야 한다.

【字義】療:병 고칠 료. 병 삭.　埋:묻을 매. 장사 지낼 매.

【語義】救療(구료):구제하고 치료함.　請賞典(청상전):포상해 줄 것을 상부에 청원함.

【解說】무오년(戊午年:1798년) 겨울에 갑자기 독감이 성하여 죽는 자가 헤아릴 수 없이 많았다. 그러자 조정에서는 부유층 백성들에게 환자들을 구호 · 치료 · 매장하라는 명령을 내리고 이에 응하는 자에게는 삼품(三品)이나 이품(二品)의 자격을 줄 것을 허락하였다. 내가 곡산(谷山) 부사로 있을 때 윤음(綸音:임금의 말씀)으로써 깨우쳐 일러 주니 이에 응한 자가 다섯 명이었다. 일을 마치고 나서 상사에게 일일이 보고하니 상사는,

　　"다른 고을에서는 받들어 행한 자가 한 명도 없으니 한 고을의 백성만을 상주(上奏)할 수 없소."

　　하고는 불문에 붙이려 하였다. 그래서 나는 즉시 승정원에 보고하여 이렇게 아뢰었다.

　　"차후로는 백성들이 윤음의 성지(聖旨)를 믿고 따르지 않을 것입니다. 이것은 지나쳐 버릴 만큼 작은 일이 아니니 마땅히 임금께 아뢰어야 합니다. 그렇지 않을 경우 차후 내가 상경하여 직접 상소할 것입니다."

그리하여 승정원에서 왕께 아뢰자 왕은 크게 놀라시며 감사를 두 등급 감봉 조치하시고 내 고을의 백성 다섯 명에게 모두 품계(品階)를 내리셨다.

> 近所行麻脚之瘟 亦有新方自燕京來.

근래에 유행했던 마각온(麻脚瘟)이란 질병에 대해서는 연경(燕京)으로부터 들어온 새로운 처방이 있다.

【字義】 脚:다리 각. 瘟:염병 온.

【語義】 所行(소행):유행함. 麻脚之瘟(마각지온):다리가 마비되는 일종의 열병. 新方(신방):새로운 처방. 燕京(연경):지금의 북경(北京).

【解說】 도광(道光:淸나라 宣宗의 年號) 원년 신사년(辛巳年:1821년) 가을에 이 병이 유행하였는데 열흘도 못 되어 평양에서만 사망자가 수만 명이요, 서울의 5부(五部:동부·서부·남부·북부·중부)에서의 사망자가 십삼만 명이었다. 그 증상은 장질부사 같기도 하고 혹 전근곽란(轉筋霍亂:곽란이 심하여 근육이 뒤틀리는 병) 같기도 한데 치료법이 아직 없었다.

그해 겨울 평소 나와 교분이 있던 청(淸)의 학자 엽동경(葉東卿)이 유리창(流璃廠:北京 남쪽에 있는 地名)에서 약방문을 보내왔는데 이에 기록하려 한다. 유행성 온역(瘟疫) — 일명 麻脚瘟 — 을 다스리는 방법:아조(牙皂)·북세신(北細辛) 각 3전 5푼, 주사(硃砂)·명웅황(明雄黃) 각 2전 5푼, 당목향(唐木香)·진피(陳皮)·곽향(藿香)·길경(桔梗)·박하(薄荷)·관중(貫仲)·백지(白芷)·방풍(防風)·반하

(半夏)·감초(甘草) 각 2전(箋), 고번(枯礬) 1전 5푼을 함께 갈아서 고운 가루로 만든다. 이것을 잘 싸서 질그릇 병에 넣어 몸에 차고 다니면 위급할 때 요긴하게 쓸 수 있을 것이다.

제6조 구재(救災):재난 당한 사람들을 구제함

水火之災 國有恤典 行之惟謹 宜於恒典之外 牧自恤之.

수재와 화재에 대해서는 국가의 휼전이 있으니 그대로 받들어 행하되 수령은 항전(恒典)을 행하는 이외에도 스스로 백성을 구휼해야 할 것이다.

【字義】 災:재앙 재. 화재 재.   惟:생각할 유. 오로지 유.   謹:삼갈 근.
恒:항상 항.

【語義】 恤典(휼전):나라에서 재난당한 백성을 구제하는 은전(恩典).   恒典(항전):으레 따르게 마련인 법.

【解說】 ≪비국요람(備局要覽)≫에 다음과 같이 규정하고 있다.

"물에 떠내려가고 잠겼거나 무너져 내렸거나 불에 탄 인가(人家)가 백 호(百戶) 미만인 경우에는 전례에 따라 구휼하되 대호(大戶)는 쌀 일곱 말, 중호(中戶)는 쌀 여섯 말, 소호(小戶)는 쌀 다섯 말을 지급하고, 백 호 이상일 경우에는 각각 따로 구휼하되 대호는 쌀 아홉 말, 중호는 쌀 여덟 말, 소호는 쌀 일곱 말로 하고, 호랑이에 물려 죽었거나 물에 빠져 죽었거나 불에 타 죽은 경우에 휼전은 각각 피잡곡(皮雜穀) 한 석(열다섯 말)으로 한다."

또 휼미(恤米)를 지급하는 외에 수령은 몸소 그 지방에 가서 부근의 사유림(私有林)에서 목재를 벌목하되 값을 서로 상의해 결정해서 그만큼 산주(山主)의 요역을 면제해 주고 면제 기한을 어기지 말 것이며, 값에 해당하는 만큼 면제해 주었으면 그것으로 끝내야 한다. 그 산에서 베어 낸 목재가 대수로운 양이 아닌 경우 그리할 필요가 없다.

　재해를 입은 민가는 1년 동안 요역을 면제해 주면 된다.

　물에 빠져 죽거나 불에 타 죽은 사람은 그 사람의 액운이다.

　집도 파손되고 사람까지 죽은 경우에는 휼전을 이중으로 베풀 수 없으니 그중 후한 쪽을 택하여 베풀어야 한다.

　호랑이에 물려 죽은 사람에게는 휼전 외에 더 보태 줄 필요가 없다. 다만 그 호랑이를 잡아서 원수를 갚아 주면 된다.

凡有災厄 其救焚拯溺 宜如自焚自溺 不可緩也.

　무릇 재해와 액운이 있을 때는 불타는 것을 구하고 물에 빠진 것을 건져내기를 나 자신이 불타고 있는 것처럼, 또 나 자신이 물에 빠진 것처럼 서둘러 구해야 하며 늑장부려서는 안 된다.

【字義】厄:액 액. 재앙 액.　拯:건질 증.　溺:빠질 닉. 오줌 뇨.　緩:느릴 완. 부드러울 완.

【語義】救焚(구분):불타는 것을 구원함.　拯溺(증닉):물에 빠진 것을 구해 냄.

【解說】소식(蘇軾)이 밀주(密州)에서 서주(徐州)로 옮겼는데 그때 하수 (河水)가 터져 물이 성 밑으로 밀려드니 백성들이 다투어 물을 피하려 했다. 식(軾)이 말하기를,

　"내가 여기에 있는 한 성이 무너지게 하지는 않을 것이다."

하고는 그들을 다시 성 안으로 들어오게 한 후 몸소 말채찍을 들고 무위영(武衛營)으로 들어가 졸장을 불러 말하되,

"너희가 비록 금병(禁兵:성을 지키는 임무를 맡은 군사)이나 나를 도와 진력토록 하라."

하니 졸장이 응답하기를,

"태수께서 강물을 피하지 않으시는데 저희가 감히 목숨을 아끼겠나이까."

하고는 부하들을 이끌고 옷을 걷어붙이고 맨발로 삼태기와 삽을 들고 나아가 동남(東南)으로 긴 둑을 쌓기를 희마대(戲馬臺)에서 시작하여 성까지 닿으니 백성들이 안심했다.

선조(宣祖) 때 황진(黃進)이 동복(同福:오늘날 全南 和順郡의 同福面 일대) 현감이 되었는데 그 고을에 마침 큰물이 들었다. 백성들이 떠내려가고 빠져 죽게 되자 황공(黃公)은 스스로 몸을 던져 떠내려가는 사람들을 건져냈다. 그 가운데 한 노파를 구출해 냈는데 그 노파는 죽음을 면하자, '내 표주박도 좀 건져 주슈!' 하고 외쳤다.

思患而預防 又愈於旣災而施恩.

환난이 있을 것을 생각하여 미리 방비하는 것이 이미 재난을 당하고 나서 은혜를 베푸는 것보다 낫다.

【字義】預:맡길 예. 미리 예. 又:또 우. 거듭 우. 愈:나을 유. 구차할 투.
【語義】患(환):환난(患難). 愈於(유어):~보다 나음.

【解說】초두난액(焦頭爛額:불에 머리를 태우고 이마를 끄슬림)이 곡돌

사신(曲突徙薪:굴뚝을 돌려내고 불에서 멀리 땔감을 옮김)만 못한 것이니 지대가 낮고 강이 가까운 곳에 산골의 민가가 있으면 수재를 당하기 전에 미리 이사하도록 경계해 주고, 이미 큰 마을이 형성되어 쉽게 이동할 수 없는 경우에는 여름철에 반드시 배를 준비해 두는 것이 좋다.

또 큰 마을에서는 화재에 대비하여 저수지를 파서 물을 저장하게 하거나 독에 물을 가득 채워 놓도록 했다가 불이 나면 거적이나 멍석을 물에 흠씬 적셔 불을 끄도록 한다. 평양이나 전주(全州) 같은 대도시에는 수총(水銃)을 십여 구(具) 준비해 두어야 한다.

若夫築堤設堰 以捍水災 以興水利者 兩利之術也.

제방을 쌓고 방죽을 설치하여 수재를 막고 그 물을 이용한다면 이는 양쪽으로 이익을 얻는 방법이다.

【字義】築:쌓을 축. 악기 이름 축. 堰:둑 언. 방죽 언. 捍:막을 한. 몽둥이 간.

【語義】堰(언):언덕. 방죽. 捍(한):막음. 방지함. 兩利之術(양리지술):양쪽으로 이롭게 하는 방법.

【解說】나의 집이 열수(洌水:漢江) 가에 있어 해마다 여름 가을로 큰물이 지곤 하는데 떠내려오는 집들이 봄철의 얼음장 같았으며, 혹 그 집의 지붕 위에서는 닭이 울기도 하고 문틀에 옷가지가 걸려 있기도 하였다. 해마다 이런 일이 되풀이되니 이는 모두 목민하는 자들이 백성의 안전을 생각하지 않기 때문이다.

현이나 읍이 큰 강가에 인접해 있는 경우에 수령은 마땅히 수촌(水村)을 순찰하면서 떠내려가거나 물에 쓸릴 위험이 있는 집들은 지대가 높은 곳으로 옮기도록 독려해야 하며, 큰 산기슭에 있는 집들을 위해서는 마을 뒤에 따로 긴 둑을 쌓아 폭우와 급류를 막아야 하거니와 이는 결코 소홀히 해서는 안 되는 일이다.

其害旣去 撫綏安集 是又民牧之仁政也.

재해가 이미 지나가고 나면 재난당한 백성들을 위로하고 안심시켜 편히 모여 살게 하는 것 또한 목민관의 어진 정사이다.

【字義】撫:어루만질 무. 綏:편안할 수. 끈 수. 集:모을 집. 이룰 집.
【語義】撫綏(무수):위로하고 안심시킴. 安集(안집):편안히 모여 삶.

【解說】옛날에 교리(校理) 김희채(金熙采)가 장련현(長連縣:오늘날 황해도 殷栗郡) 지사로 일할 때 큰물이 져서 구월산(九月山)이 무너져 내려 삼십 리나 매몰되었다. 이로 인한 인명 피해와 농사의 피해가 이루 헤아릴 수 없었다. 김공(金公)이 나아가 시찰하니 백성들이 그를 맞아 통곡하였다. 그는 말에서 내려 백성들의 손을 잡고 함께 통곡하니 백성들이 감격하여 죽어도 여한이 없다고 하였다.

울음이 멎자 백성들에게 원하는 바를 물어 즉시 순영(巡營)으로 달려가 백성들의 소원을 낱낱이 중앙에 아뢸 것을 요구하면서 온종일 감사와 다투니, 감사는 이를 괴롭게 여겨 '김공이 어질기는 하나 일에 요령이 없다' 하고는 장계(狀啓)를 올려 유능한 사람으로 교체해 줄 것을 요청하였다. 이에 전조(銓曹)에서는 안협(安峽)의 현감과 자리를 맞바꿀 것을 허락하였다.

김공이 벼슬을 버리고 돌아가려 하자 백성들이 길을 막고 말고삐를 잡은 채 열 겹이나 둘러쌌다. 공(公)은 하는 수 없이 촌가에서 십여 일을 묵다가 백성들이 조금 늦추어진 틈을 타 밤에 몰래 도망치니 백성들이 고을의 경계에 모여 어미 잃은 아이 울듯이 하였다. 이로 보건대 목민은 인(仁)으로써 해야지 정(政)으로만 해서 되는 것도 아니다.

飛蝗蔽天 禳之捕之 以省民災 亦可謂仁聞矣.

황충이 하늘 가득히 날아오르면 (수령은) 하늘에 빌어 황충 떼를 쫓거나 잡아 죽여 백성들의 재앙을 덜어 줌으로써 어질다는 소리를 들을 수 있을 것이다.

【字義】蝗:메뚜기 황. 황충 황. 蔽:덮을 폐. 닦을 별. 禳:물리칠 양.
捕:잡을 포. 省:살필 성. 덜 생.

【語義】飛蝗蔽天(비황폐천):황충(蝗虫)이 하늘 가득히 날아오름. 禳(양):신에게 제사지내 재앙이나 여역(癘疫)을 물리치는 것. 省(생):덜어 줌. 줄여 줌.

【解說】후한(後漢) 때 마원(馬援)이 무릉 태수가 되었는데 군내(郡內)에 연달아 황충이 떼가 기승을 부렸다. 백성들의 피해가 이만저만이 아니어서 마원이 가난한 백성을 구휼하고 세금을 가볍게 하니 황충이 떼가 바다로 날아가 새우가 되었다.

신라 시대에 김암(金巖)이 패강진(浿江鎭:대동강 하류 지방)을 다스릴 때 황충 떼가 서쪽으로부터 패강 경계에 들어와 들을 뒤덮으니 백성들이 두려워하였다. 암(巖)이 산정에 올라 분향하고 하늘에 기도하니 홀연히 비바람이 일어 황충을 전멸시키고 말았다.

생각건대 본래 우리나라에서는 황충의 재해가 없다. 내 나이 예순이지만 이제껏 황충을 본 적이 없는데 신라 때는 그런 일이 있었던 모양이다.

5. 이전육조(吏典六條)

제1조 속리(束吏):아전들에 대한 단속

> 束吏之本 在於律己 其身正 不令而行 其身不正 雖令
> 不行.

이속들을 단속하는 근본은 율기(律己)에 있는 것이니 수령이 자신의 몸가짐을 올바로 하면 명령하지 않아도 이속들이 임무를 잘 수행하며, 수령의 처신이 올바르지 못하면 명령을 해도 이속들이 행하지 않는다.

【字義】束:묶을 속. 약속할 속. 단속할 속. 律:법칙 률. 법에 따를 률.
　　雖:비록 수.
【語義】束吏(속리):이속(吏屬)들을 단속함. 不令而行(불령이행):명령하
　　지 않아도 스스로 수행함.

【解說】백성은 토지를 밭으로 삼고 아전들은 백성을 밭으로 삼는다. 그
　　래서 아전들은 백성들의 살을 깎고 뼈를 긁어내는 일을 밭갈이로 여
　　기며 백성들의 머릿수대로 마구 거두어들이는 것을 수확하는 일로
　　삼는데, 이것이 습성이 되어 당연한 것으로 여기니 아전을 단속하지
　　못하고서 목민을 유능하게 한 수령은 일찍이 없었다.
　　　그렇지만 자신에게 허물이 없고서야 남의 허물을 나무랄 수 있는
　　것이 천하의 이치이니 백성을 기르는 자[牧民官]의 행실이 남들에게
　　설득력이 없고 오로지 아전을 단속하는 일만을 위주로 한다면 명령

을 해도 반드시 시행되지 않고, 금한다 해서 반드시 멈추지 않고, 위세를 부린다 하여 반드시 떨지 않으며, 법으로 다스리려 해도 반드시 뜻대로 되지는 않을 것이다.

자신은 거칠고 음흉한 짓을 하면서 아전들에게만 속되고 극악하다고 한다면 이는 통할 수 없는 논리이다. 속된 벼슬아치들은 늘 엄한 형벌과 사나운 매로써 아전들을 단속하는 근본으로 삼거니와 자기 자신은 청렴하지도 못하고 지혜롭지도 못하면서 사납게 다그치기만 하니 그 폐단이 어지럽기 짝이 없다.

참판 유의(柳誼)가 홍주(洪州) 목사(牧使)로 있을 때 그곳 아전들의 간교한 버릇이 충청 지방 전체에서도 가장 심했다. 이에 공(公)은 자신이 앞장서 청렴과 검소로써 지성껏 백성들을 사랑하니 아전들이 모두 감동하여 채찍이나 매를 쓰지 않았는데도 기쁜 마음으로 그를 따라 터럭만큼도 범하는 자가 없었다. 나는 그것을 보고서 율기(律己)가 속리(束吏)의 근본임을 알았다.

齊之以禮 接之有恩 然後束之以法 若陵轢虐使 顚倒詭遇者 不受束也.

예로써 정제(整齊)하고 은혜로써 대한 연후에 법으로 단속해야 하거니와 능멸하고 위에 군림하여 무시하고 학대하여 부린다거나, 일의 순서를 바꾸어 명하고, 일을 시킬 때 이랬다저랬다 변덕을 부리고, 엉뚱한 처리를 요구한다면 아전들은 수령의 단속을 받으려 하지 않을 것이다.

【字義】陵:언덕 릉. 업신여길 릉. 轢:칠 력. 짓밟을 력. 虐:모질 학. 학대할 학. 使:하여금 사. 부릴 사. 詭:속일 궤. 어길 궤. 바꿀 궤.

遇:만날 우. 대접할 우. 맞을 우.

【語義】齊之以禮(제지이례):예로써 정제(整齊)함.　接之有恩(접지유은):
은혜로써 대접함.　陵轢虐使(능력학사):능멸하고 짓밟고 학대하여
부림.　詭遇(궤우):일을 시킴에 있어 이랬다저랬다 변덕을 부리고 상
식 밖의 처리를 요구하는 것.

【解說】초하루와 보름에 점고(點考:군대의 점호와 비슷한 것으로 수령
이 아전들의 이탈 행위를 막기 위해 하나하나 점검하는 것)하는 외
에 아무 때나 점고하는 것은 예가 아니다. 흔히 말하기를 이속들이
마을로 내려가 백성들을 괴롭히는 일이 있기 때문에 불시로 점고를
행하는 것이라고 하나 이속들이 직접 민폐를 끼치지 않더라도 자식
이나 아우를 보내어 백성들을 침학할 수도 있으니 어찌 막을 수 있
겠는가.

　수령이 한밤중에 횃불을 들고 장가(張哥)를 부르고 이가(李哥)를
부른다면 정령(政令)이 전도되어 오히려 위엄을 손상하게 된다. 행
적을 드러내지 않고 몸소 단속하되 때를 가리지 않고 하는 것은 수
령으로서 할 짓이 아니다.

　또 아전의 부모가 병환 중에 있거나 뜻밖의 재앙을 만난 자가 있다
면 수령이 이를 위로하고 구원해 주어야 한다. 상사로서의 이러한
도리를 다한 후에 아전들이 상사의 눈을 속여 국고를 훔치고 백성들
을 등쳐먹는 죄를 징계한다면 아전들은 제 본분을 이탈하는 일이 없
을 것이다.

居上不寬 聖人攸誡 寬而不弛 仁而不懦 亦無所廢事矣.

윗자리에 있으면서 아랫사람에게 너그럽지 않은 것은 성인(聖人)들이 경계하는 바이니, 너그럽게 대하되 풀어 주지 않고 어질게 대하되 나약하지 않으면 일을 그르치는 바가 없을 것이다.

【字義】攸:바 유. 誡:경계할 계. 弛:늦출 이. 느슨할 이. 懦:나약할 나. 겁쟁이 유.

【語義】居上不寬(거상불관):윗자리에 있으면서 아랫사람에게 너그럽지 않음. 攸誡(유계):경계하는 바. 寬而不弛(관이불이):너그럽게 대하면서도 아주 풀어 주지는 않는 것. 仁而不懦(인이불유):어질게 대하되 나약하지는 않음. 廢事(폐사):일을 그르침.

【解說】양귀산(楊龜山)은 이렇게 말했다.

"공자께서는 '아랫사람을 부리되 너그러움으로써 하라.' 하였으나 모든 일을 관리하지 않고서 오로지 너그럽게만 대해 준다면 아전들이 문서를 꾸미고 법을 농간하여 관부의 질서가 어지러워질 것이니 수령이 권한을 손에 쥐어 풀어 주고 죄는 것을 스스로 조종하여 모든 일이 다른 사람의 손에 좌우되지 않게만 한다면 아전들에게 관대하게 대해 주어도 무방할 것이다."

도남림(陶枏林)은 '집에서 부녀자들을 어여삐 여겨 아끼면 반드시 벗들이 노여워할 것이며, 벼슬살이하면서 아전들을 기쁘고 즐겁게 해 준다면 백성들의 원성이 일게 마련이다.'고 했다.

성종조(成宗朝)의 문신 이세정(李世靖)은 경학(經學)에 정통하여 부지런히 가르치니 그의 문하(門下)에서 많은 재상(宰相)이 나왔다.

그러나 그가 정작 벼슬길에 나아가 청양현(靑陽縣)을 다스리게 되자 실정(實政)에는 무능했다. 마침 최숙생(崔淑生)이 그 고을의 관찰사로 제수되니 한때 이세정의 문하에서 공부했던 사람들이 청양 현감을 부탁하며 말하기를, '우리 선생님께서는 학문이 깊고 지조가 맑으시니 섣불리 폄하(貶下:考課 점수를 낮게 줌)하지 말아 주시오.' 했다.

최숙생이 쾌히 응낙하고 임지로 떠났으나 맨 처음 고과(考課)에서 이세정을 파출(罷黜)시켜 버렸다. 최숙생이 돌아온 후 여러 재상들이 찾아가,

"호서(湖西) 일도(一道)에 어찌 교활한 벼슬아치가 없기에 우리 스승님을 하고(下考)로 평(評)했소?"

하고 다그치자 최숙생은 이렇게 대답했다.

"다른 고을의 수령은 교활하기는 하나 다만 한 사람의 도적일 뿐이니 백성들이 견디어 낼 수 있지만, 청양 현감은 청렴하기는 하나 그 밑에 여섯 도적(吏·戶·禮·兵·刑·工의 六房)이 있으니 어찌 백성들이 견딜 수 있겠습니까?"

이로써 살피건대 학문이 깊고 넓다 해도 수하(手下)의 아전들을 단속할 능력이 없다면 가히 목민을 할 수 없는 것이다.

誘之掖之 敎之誨之 彼亦人性 未有不格 威不可先施矣.

올바로 이끌고 의지가 되어 주고 깨우쳐 주면 그들 또한 인간의 본성을 지녔을 것이므로 고쳐지지 않을 것이 없을 것인즉 위세로써 단속하려 해서는 안 된다.

【字義】掖:겨드랑이 액. 낄 액. 부축할 액.　誨:가르칠 회.　格:격식 격.
고칠 격.　威:위엄 위.

【語義】誘(유):올바른 길로 이끄는 것.　掖(액):부축하여 의지가 되어 줌.
誨(회):깨우쳐 줌.　未有不格(미유불격):고쳐지지 않을 것이 없음.

【解說】당나라 시대에 낙양(洛陽) 수령 양덕간(楊德幹)이 아전을 곤장으
로 쳐서 죽여 위세를 세우려 하니 가돈실(賈敦實)이 그에게 말했다.

　"정치란 백성들을 양육함에 있는 것이며, 의(義)란 모름지기 백성
들을 어루만져 주는 데에 있는 것이니 생명을 해치는 일이 지나치게
많으면 비록 유능한 정책이라 하더라도 귀하다 할 것이 없소."

　이에 양덕간의 가학 행위가 줄어들었다.

　고려 때 정운경(鄭云敬)이 안동(安東) 판관이 되었는데 그 고을의
아전인 권원(權援)은 일찍이 정운경과 더불어 향학(鄕學)에서 동문수
학한지라, 술과 안주를 준비하여 그에게 만나기를 청하였다. 정운경
이 그와 더불어 술을 마시면서 말했다.

　"지금 내가 자네와 더불어 술을 마시는 것은 옛정을 잊지 않았기
때문이나 내일이라도 법을 어긴다면 판관으로서 자네를 용서치 않을
것이네."

誘之不牖 敎之不悛 怙終欺詐 爲元惡大奸者 刑以臨之.

올바로 이끌려 해도 따르지 않고, 가르쳐도 고치려 하지 않으며, 과거
의 잘못을 뉘우치지 않고 자꾸 수령을 속이는 극악무도하고 간악한 자
는 형벌로써 다스려야 한다.

【字義】牖:들창 유. 깨우칠 유.　悛:고칠 전. 깨달을 전.　怙:믿을 호. 의
　　지할 호. 아버지 호.　欺:속일 기.　詐:속일 사.　臨:임할 림. 대할 림.
【語義】誘之不牖(유지불유):올바로 이끌려 해도 따라오지 않음.　敎之不
　　悛(교지부전):가르쳐도 고치지 아니함.　怙終(호종):지난번 잘못을
　　뉘우침이 없이 다시 죄를 범함.　元惡(원악):악의 우두머리. 즉 으뜸
　　가는 악의 괴수. 원흉.

【解說】숙종 때 이정영(李正英)이 가산(嘉山) 현감으로 있을 때 일이다.
　　고을에 간악한 아전이 부사(府使)의 힘에 의지하여 관리들을 능멸하
　　고 백성들의 재물을 빼앗는데, 매질까지 하며 궁하고 힘없는 백성들
　　을 사사로이 협박하여 빼앗았다.

　　이정영이 그 죄를 다스리고 빼앗은 것을 되돌려주게 하자 아전은
　　그에게 앙갚음하고 해를 입힐 음모를 꾸미고 있었다. 낌새를 알아채
　　고는 감사에게 보고하여 그 죄를 다스리기를 청하고 허락을 얻었으
　　나 도중에 번복되어 버렸다. 그렇지만 이정영이 그 아전을 곤장 쳐
　　죽이자 백성들은 춤추고 노래하며 기뻐하였다.

　　판서 이노익(李魯益)이 전라 감사가 되었는데 최치봉(崔致鳳)이란
　　자가 간악한 아전들의 괴수였다. 전라도 내 오십삼 개의 읍마다 반
　　드시 두세 명의 간악한 아전이 있어 모두가 최치봉과 결탁하여 그를
　　맹주(盟主)로 삼고 백성들의 고혈을 짜내니 그의 1년 수입은 수십만
　　냥이나 되었다.

　　감사가 이교를 파견하여 수령들의 잘잘못을 탐문하게 하면 그들은
　　먼저 최치봉의 지시를 받고 또 돌아와서도 최치봉에게 먼저 보이니
　　그는 청렴ㆍ근실로써 법을 지키는 수령은 모두 중상하여 기록하게
　　하고, 탐학ㆍ비루하고 법을 어기는 수령과 간교한 향리로서 기록에

넣어야 할 자들은 그 기록을 빼내어 찢어버리게 한 후 그것을 본인들에게 보내어 제 위덕으로 삼으려 하니, 도내(道內)에서 그의 간교한 행위를 혐오한 지 오래였다.

그러던 중 이노익이 판서로 부임하게 된 것인데 십여 일 만에 최치봉을 잡아들여 '네 죄는 죽어 마땅하다.' 하고 곤장을 쳤으나 죽지 않아 서너 고을로 옮겨 가두다가 고창(高敞)에 이르러서는 속히 물고장(物故狀:죄인을 처단했다는 보고서)을 올리도록 재촉하니, 치봉이 다음날 오시(午時)까지만 목숨을 이어 주기를 애걸하였으나 현감이 들어 주지 않아 마침내 고창 땅에서 죽임을 당하였다.

치봉이 다음날 오시까지만 살려 달라고 애걸한 것은 그가 재상들과 결탁하고 있었기 때문에 세 아들을 재상들에게 보내 구명(救命)을 도모하였으니 그때까지면 살 길이 트일 것으로 생각했기 때문이다.

그때 나는 강진에 있었는데 치봉과 결탁했던 간악한 아전 몇 사람이 자기에게까지 화가 미치지 않을까 두려워 숨도 제대로 쉬지 못하고 애를 태우면서 뼈만 앙상하게 남은 지 몇 달 후에야 겨우 조금씩 마음 놓는 것을 보았다. 악당의 괴수를 죽임에는 그와 연루된 자들에게 미치는 영향이 이와 같은 것이다.

元惡大奸 須於布政司外 立碑鐫名 永勿復屬.

간악한 무리들의 우두머리는 반드시 포정사(布政司) 밖에 비(碑)를 세우고 이름을 새겨 영원히 복직시키지 말아야 한다.

【字義】須:모름지기 수. 반드시 수. 鐫:새길 전. 솥 휴. 屬:무리 속. 이을 촉.

【語義】元惡大奸(원악대간):간악한 무리의 우두머리.　布政司(포정사): 감사가 정사를 펴던 관청.　鐫名(전명):이름을 새김.　復屬(복속):다시 복직(復職)시킴.

【解說】당나라의 청백리 노환(盧奐)은 여러 차례 큰 고을을 맡아 다스렸는데 놀라운 치적을 이루어 사람들이 그를 두려워하기를 신(神)과 같이 하였다. 무릇 간악한 자들을 다스림에 있어 먼저 죄를 처단하고 범한 죄를 돌에 새겨 문 앞에 세웠으며, 다시 범하는 자는 반드시 사형에 처하고 이를 경계하기 위하여 비를 세웠으니 이를 기악비(記惡碑)라 한다. 생각건대 기악비를 세운 것은 옛 제왕의 방법이다.

중국 상고(上古) 황제(黃帝) 때 고관(高官)이었던 운씨(雲氏)에게 못난 자식이 있어 음식을 탐하고 재물을 욕심내니 백성들이 그를 도철(饕餮)이라 하였다. 은(殷)나라의 술통과 주(周)나라의 솥에는 모두 도철의 형상을 새겼는데 머리는 있으되 몸통은 없으니 이는 효수(梟首)의 형벌을 상징하는 것으로서 사람들에게 경계심을 일깨우기 위한 것이었다. 그런데 ≪산해경(山海經)≫에서는 도철과 도올(檮杌)을 모두 악수(惡獸)의 이름으로 기록하고 있어 그 의미가 다소 애매해져 버렸다.

근래에 보면 어사나 관찰사가 악의 근원이 되는 아전들을 잡아 형벌을 가하거나 귀양을 보내지만 그자들의 권력이 워낙 든든한지라 잠시 후면 다시 제 집에서 편히 지내기 일쑤이고, 또 얼마 후면 다시 제 직책을 맡아 악을 행하는 것이 전과 같아도 따지는 사람이 아무도 없다.

그래서 내 생각으로는 어사나 관찰사가 아전의 죄를 적발하거든 그것을 돌에 새겨 포정문 밖에 세워 두면 그 돌이 닳기 전에는 다시 복직(復職)될 수 없을 것인즉 반드시 그 악을 뿌리 뽑을 수 있을 것이다.

牧之所好 吏無不迎合 知我好財 必誘之以利 一爲所誘
則與之同陷矣.

수령이 좋아하는 것이 무엇인지 알면 아전이 수령의 뜻에 영합하지 않을 것이 없으니 내가(수령이) 재물을 좋아하는 것을 알면 아전은 반드시 이(利)로써 유혹할 것이요, 한 번 유혹에 넘어가면 자꾸 그들과 휩쓸리게 될 것이다.

【字義】誘:꾈 유. 가르칠 유. 與:더불 여. 줄 여. 陷:빠질 함. 함정 함.
【語義】誘之以利(유지이리):이로움으로써 꾐. 同陷(동함):함께 빠짐.

【解說】 살펴보면 수령이 처음 부임해 오면 발표하는 명령이나 시책에 볼 만한 것이 있으나 불과 몇 달만 지나면 아전들의 꾐에 빠져 혀가 뒤집힌 듯 아무 말이 없으니 썩은 쥐가 웃을 노릇이다.
　　여씨(呂氏)의 ≪동몽훈(童蒙訓)≫에 이렇게 이르고 있다.
　　'나이 젊어서 지방의 수령으로 나아가면 교활한 아전의 밥이 되어 자신의 뜻에 따라 정사를 살피지 못하게 되는데, 자기가 얻는 것은 터럭 끝 만한데도 재임 기간이 끝나면 감히 다시는 거동도 하지 못하게 된다. 그러니 벼슬살이하면서 이(利)를 탐한다면 자기의 소득은 작고 아전들을 도둑으로 만들게 되는 것이다. 또 그로 인해 중한 벌을 받게 되니 정말 애석한 일이다.'

> 性有偏僻 吏則窺之 因以激之 以濟其奸 於是乎墮陷矣.

　성품에 편벽됨이 있으면 아전들은 기회를 노려 수령의 편벽을 구실 삼아 치고 자기의 간계를 이루려 하니 이에 수령은 그 함정에 빠지게 된다.

【字義】偏:치우칠 편.　僻:궁벽할 벽. 치우칠 벽. 피할 피.　窺:엿볼 규.
　墮:떨어질 타. 빠질 타.
【語義】偏僻(편벽):한쪽으로 치우침.　窺(규):틈을 노림.　因以激(인이격):구실 삼아 침.　墮陷(타함):함정에 빠짐.

【解說】포증(包拯)은 경조윤(京兆尹)으로 일하는 동안 명찰(明察)하기로 이름나 있었다. 백성들 중에 법을 어긴 자가 곤장을 맞게 되자 아전이 그에게 뇌물을 받으며 약속하기를,
　"윤(尹)께서는 반드시 나를 시켜 네게 곤장 치게 하실 것이니 내가 힘껏 때리는 척하면 너는 그저 큰 소리로 비명을 지르며 변명만 해라."
　고 했다. 이윽고 포증이 죄인을 끌어내어 문책하니 죄인은 아전이 시킨 대로 했다. 그러자 아전은 짐짓 죄인을 꾸짖으며,
　"잔말 말고 곤장이나 받을 일이지 무슨 말이 그리 많으냐!"
　했다. 그러자 포증은 아전이 권세를 팔아먹는다 하여 아전을 곤장 치고 죄인은 너그러이 풀어 주었다. 포증은 아전이 죄수에게 매수되어 있음을 몰랐던 것이다.
　이렇듯 소인의 간계는 진실로 막기 어렵다. 생각건대 이것은 소위 병법(兵法)에 있어 반간(反間)이라는 것이다. 빼앗고자 할 때는 주기를 청하고, 가두고자 할 때는 풀어 주기를 청하고, 서쪽을 차지하고

자 하면 동쪽을 치고, 좌측을 원하면 우측을 끌어당김으로써 그 편벽된 성질을 치니, 염라대왕 못지않은 포증의 현명한 판단으로도 그 술책에 빠지지 않을 수 없는 것이다.

이 어찌 한탄스럽지 아니한가. 모름지기 수령은 군자의 마음을 지녀 공평하고, 예산을 먼저 정하여 물욕에 동요되지 아니하고, 분풀이를 다른 데로 옮기지 않아야 아전들이 그 간계를 부릴 틈이 없게 된다.

不知以爲知 酬應如流者 牧之所以墮於吏也.

알지 못하면서도 아는 체하여 (아전들의 요구에) 물 흐르듯 막힘없이 응하는 것은 수령이 방자한 아전들의 술수에 떨어지는 까닭이 된다.

【字義】酬:갚을 수. 응대할 수. 應:응할 응. 응당 응.
【語義】不知以爲知(부지이위지):알지 못하면서도 아는 척함. 酬應如流(수응여류):물 흐르듯 시원시원히 응함.

【解說】우리나라 사람들은 문신(文臣)은 젊어서 시부(詩賦)를 익히고 무신(武臣)은 젊어서 활쏘기를 익힐 뿐, 그 밖에 배운 것이라고는 골패(骨牌) 따위의 노름이나 기생 끼고 술 마시는 것이다. 좀 낫다고 하는 자라야 고작 구궁팔문(九宮八門:曆算과 易術法)의 이치나 하도낙서(河圖洛書:易卦나 洪範)의 수(數) 정도를 공부하였다 하나 그런 것들이야 인간 만사와는 별 상관이 없고, 활쏘기 정도는 다소 실용적 가치가 있다 하겠으나 그것도 관리가 일을 처리하는 데에는 별 소용이 없다.

그런 생활만 하다가 하루아침에 수령이 되어 천 리 밖으로 혼자 떠나와 아전들과 많은 백성들 위에 우뚝 서서 평생 꿈도 못 꾸던 일들을 손에 맡고 보면 일마다 아득하게 느껴지는 것은 오히려 당연하다.

그런데도 수령은 일 처리에 어두운 것을 수치로 여겨 모르는 것도 아는 체하며, 아전들이 일을 올리면 곡절도 묻지 않고 도장을 꾹꾹 누르며 물 흐르듯 순순히 응하여, 스스로 모든 일에 널리 통달하여 막힘이 없는 듯 자처하니 이것이 바로 수령이 함정에 빠지는 까닭이 되는 것이다.

한마디 명령이나 한 가지 지시를 내릴 때도 마땅히 수리(首吏)와 담당 아전에게 자세히 물어 뿌리를 캐고 지엽까지 더듬어 문제의 밑바닥까지 파고들어가 훤히 알고 나서야 결재를 한다면 불과 몇 십 일 지나지 않아 사무에 통달하게 될 것이다.

내가 현성(縣城)에 오래 살면서 듣기로 새로 부임해 온 수령이 일에 미숙하여 그 내막을 하나하나 캐고 들어가는 경우에는 고을의 나이 든 아전들이 서로 수군거리기를, '징조를 보니 고달플 것 같다'고 하고, 물 흐르듯 쉽게 응해 주는 경우에는 수령을 비웃으며, '그 징조 알 만하다' 하였으니 아전들을 단속하는 요체가 바로 여기에 있는 것이다.

> 吏之求乞 民則病之 禁之束之 俾無縱惡.

아전들의 구걸 행위가 백성들에게는 곧 괴로움이니 (수령은 이를) 금하고 단속하여 함부로 나쁜 짓을 행하지 못하게 해야 한다.

【字義】病:병 병. 근심 병. 괴로울 병. 縱:세로 종. 멋대로 할 종.

【語義】 俾無縱惡(비무종악):함부로 악을 행하지 못하게 함.

【解說】 나는 《다산록(茶山錄)》에서 이렇게 말한 적이 있다.

"교활한 아전은 교만과 사치와 음탕과 방탕을 일삼다가 마침내 그
것으로 인해 쫓겨나게 되는데 그렇게 되면 그는 촌리(村里)로 돌아다
니면서 돈과 곡식을 구걸하거나 마을 주민들의 환곡(還穀)을 미리 거
두어 챙기고는 아직 환수하지 못한 것으로 꾸며 자기의 포흠(逋欠)을
때우려 할 것인즉, 수령은 미리 그런 낌새를 간파하여 '네가 그런 죄
를 범하면 반드시 벌주어 용서치 않으리라.'고 경계해야 하며, 그런
데도 기어이 죄를 범한다면 법에 따라 엄중히 처벌해야 할 것이다."

員額少 則閒居者寡 而虐斂未甚矣.

(아전의) 인원이 적으면 한가로이 지내는 자가 적게 되고 혹독하게 거
둬들임이 심하지 않을 것이다.

【字義】 員:인원 원. 더할 운. 額:이마 액. 수량 액. 虐:모질 학. 斂:거
둘 렴. 장사지낼 렴.
【語義】 員額(원액):인원(人員) 수. 여기서는 아전의 수. 閒居(한거):한가
로이 빈둥빈둥 지냄. 虐斂(학렴):혹독하게 거둬들임.

【解說】 《주례(周禮)》에 보면 부(府)·사(史)·서(胥)·도(徒)는 모두
그 정원(定員)이 있으니 중국의 향(鄕)·당(黨)·주(州)·족(族)은 곧
우리나라 경성(京城)의 5부(部)와 유사하며, 중국 고대의 향리 제도
인 수(遂)·현(縣)·찬(鄪)·비(鄙)는 우리나라 경기(京畿) 지방의 여

러 고을과 같다.

그런데 중국의 부(府)와 사(史)의 정원은 극히 적어서 부(府)가 6인을 넘지 않았고 사(史)가 불과 열두 명이요, 서(胥)가 열두 명이요, 도(徒)만은 수가 많아 백이십 명이었다. 우(虞)·하(夏)·은(殷)·주(周) 등의 고대 중국 제도에 아전의 정원이 이렇듯 적었으니 옛 성인(聖人)들이 백성을 염려함이 이렇듯 깊고 넓었다.

그런데 우리나라 제도는 옛 법을 전혀 본받지 않아 중앙과 지방 아전의 수가 어지러울 정도로 많다. 중앙의 각 기관에는 그래도 관리(官吏)의 정원이 있으나 지방의 고을들은 정원이 없어 많은 곳은 수백 명에 이르고 ─ 안동·나주 등 ─ 적어도 육십 명을 내려가지 않아 무리를 지어 다니면서 다투어 풍속을 해치니 그 난폭한 행실은 형언키 어렵다.

약천(藥泉) 남구만(南九萬)이 병조판서(兵曹判書)로 있을 때 아전의 수를 백 명이나 줄이자 우암(尤庵) 송시열(宋時烈)이 왕께 상소하였다.

"부·사·서·도는 실로 나라를 좀먹는 직책이니 불가불 그 인원을 줄여야 할 것이나 이제 병조에서 감원된 자가 일백 명이나 되니 무고(誣告)하고 비방하는 자가 떼 지어 일어날 것입니다. 그렇지만 그 유익함이 이미 적지 않으니 엎드려 바라옵건대 전하께서는 속히 각 조(曹)에 영을 내리시어 같은 예(例)로 줄이도록 하소서."

今之鄕吏 締交宰相 關通察使 上蒙官長 下剝生民 能不爲是所屈者 賢牧也.

오늘날의 향리들은 재상들과 교분을 맺고 관찰사와 내통을 하니 위로는 수령을 업신여기고 아래로는 백성들을 수탈하는데, 이에 굴하지 않을 수 있는 사람이라야 현명한 수령이다.

【字義】締:맺을 체. 단속할 체.　薎:멀 묘. 업신여길 모. 아득할 막.　剝: 벗길 박.　屈:굽힐 굴.
【語義】締交(체교):교분을 맺음.　關通(관통):관계를 맺고 내통함. 薎(모):업신여김.　剝(박):벗김. 수탈함.

【解說】만력(萬曆:明나라 神宗의 年號) 이전에는 아전의 횡포가 심하지 않더니 임진왜란 이후로 사대부들의 녹봉이 박하여 집이 가난해지고 나라의 재정이 모두 오군문(五軍門)의 양병(養兵)에 기울여지니, 그로 인해 탐학의 풍조가 점점 커지고 아전들의 습속도 날로 타락하여 오늘날 이렇듯 극한의 지경에 이르게 된 것이다.

　내가 백성들 틈에 끼어 살면서 그 폐단의 근원을 캐 보니 하나는 조정의 권문 귀족들이 뇌물을 받는 일이요, 또 하나는 감사(監司)가 뇌물을 받는 일이요, 다른 하나는 수령이 이익을 나누어 먹는 일이었다.

　아전이 재상과 교분을 맺는 데에는 세 가지 길이 있으니 그 첫째가 적교(謫交)요, 둘째가 궁교(宮交)요, 셋째가 유교(由交)이다. 적교란 귀관(貴官)이 유배당하면 교활한 아전이 손을 뻗쳐 귀관을 떠받들어 비분강개하며 의기를 숭상하는 척 은근히 귀관과 교분을 맺는 것을 말한다. 이에 처음으로 고향을 떠나 객지에서 근심에 싸여 있던 귀관은 홀연 그의 호의에 감격하여 고마움이 뼈에 사무치게 된다.

　경계와 감시가 엄한 속에서 아전은 고관의 서신을 전해 주고 음식으로 고통당하면 술과 고기를 대접하니 고관으로서는 그 아전의 고 마음에 감격하여 저승에 가서라도 이 은혜는 꼭 갚으리라 약속하게 된다. 그러다가 하루아침에 판도가 뒤바뀌어 교관이 다시 권세를 잡게 되면 이 아전은 기세가 충천하여 온갖 악행을 자행하게 되는 것이다.

또 궁교(宮交)란 아전이 궁방의 자손과 친교를 맺음을 말한다. 궁방에서 소유하는 전장(田庄)은 대개 먼 지방에 있는데 아전들이 그것을 맡아 관리하면서 궁방의 권문 자손과 교분을 맺어 그 세력을 등에 업고 악행을 저지르는 일이 비일비재하다.

유리(由吏:전임 수령의 解由를 작성하여 제출하는 아전)는 물러나는 수령이 영전할 것으로 짐작되면 그와 친분을 맺고, 좌천될 낌새가 보이면 차갑게 끊어 버리는데 그의 호의를 받는 수령은 자기의 조건을 아전이 이용하려는 속셈인 줄 모르고 자기에게 진심어린 충성심에서 호의를 베푸는 것으로 안다. 이에 아전이 뇌물을 바치며 청탁하면 그것을 선물로 생각하여 그의 청을 들어 주기에 힘을 다하니 아전은 그와의 교분을 두터이 하여 그 세력을 믿고 악행을 저지른다. 이것을 일러 유교(由交)라 한다.

내가 오랫동안 현성(縣城)에 살면서 공이 있는 수령은 승진시켜 기용하고 무공자(無功者)는 내치는 것을 보아 온 바, 그것이 모두 아전들의 손에서 놀아남을 알았다. 순영(巡營)의 저리(邸吏)들이 향리와 짜고 거짓으로 수령을 추켜올려 좋은 고과(考課)를 얻게 하거나 억울하게 무고하여 내치게 하는데, 이는 감사(監司)가 아전들을 풀어 수령의 행적을 염탐하게 한 후 그들의 말을 액면 그대로 받아들이기 때문이다. 따라서 그 잘못은 감사에게 있으니 수령으로서는 어찌할 도리가 없다.

그러나 아전들도 옳고 그름을 가리는 마음은 하늘로부터 받고 태어났으니 수령의 소행이 맑고 밝아 아무런 잘못이 없다면 아전들도 터무니없는 무고 행위는 하지 않을 것이며, 수령이 법을 범하고서 교활한 아전에게 아첨하며 달라붙어 그 해를 면하려 한다 해도 한 구멍을 막으면 다른 구멍이 터질 것인즉 결코 덕 되는 일이 없을 것이다. 오직 '자(自)'와 '수(修)' 두 자(字)만이 해악을 멀리해 줄 방책이다.

首吏權重 不可偏任 不可數召 有罪必罰 使民無惑.

수리(首吏:우두머리 아전)는 그 권한이 막중하니 그에게 일을 지나치게 맡겨서도 안 되고, (수령의 집무실로) 자주 불러들여도 안 되며, 죄가 있으면 반드시 벌을 주어 백성들의 의혹을 사는 일이 없도록 해야 한다.

【字義】 偏:치우칠 편.   數:셈 수. 자주 삭. 촘촘할 촉.   召:부를 소.   惑:
　미혹할 혹. 의심할 혹.
【語義】 偏任(편임):치우쳐 맡김.   數召(삭소):자주 불러들임.

【解說】 호대초(胡大初)가 말했다.
　"일을 맡김에 있어 수령이 특정 아전을 지나치게 중용(重用)하면 그자는 스스로 망령되이 과장하여 '일이 크건 작건 그 시비곡직은 모두 내게 달려 있으니 네가 돈을 빌려 주면(이 경우 사실은 빌리는 것이 아니라 빼앗는 것이다.) 일을 잘 처리해 주겠다.'고 한다. 이렇게 되면 아전의 욕심보가 다 차기도 전에 수령에 대한 원망의 소리가 사방에서 들리게 된다."

> 吏屬參謁 宜禁白布衣帶.

이속들이 참알함에 있어 (수령은) 마땅히 흰 베로 만든 옷과 허리띠를 금해야 한다.

【字義】屬:무리 속. 이을 촉. 參:참여할 참. 뵐 참. 석 삼. 謁:뵐 알. 아뢸 알.

【語義】白布衣帶(백포의대):흰 베로 만든 옷과 허리띠, 즉 평상복.

【解說】무릇 이속들의 참알을 받을 때 수령이 조관(朝冠:烏沙帽)을 착용하는데 이속이 어찌 백의포대 차림으로 관정(官庭)에 들어올 수 있겠는가. 지금 경사(京司)에서는 참알을 할 때 서리(書吏)들이 모두 홍단령(紅團領)을 착용하는데 그것이 법도이다. 다만 상중(喪中)에 있는 몸으로 공무에 임하는 사람에게는 검은 갓과 검정 띠의 착용을 허락할 것이다.

> 吏屬游宴 民所傷也 嚴禁屢戒 毋敢戲豫.

이속들의 잔치 놀이는 백성들의 마음을 상하게 하니 엄격히 금지하고 수시로 경계하여 감히 놀고 즐기는 일이 없게 하라.

【字義】屢:여러 루. 자주 루. 戒:경계할 계. 戲:희롱할 희. 놀 희. 豫: 미리 예. 놀 예. 펼 서.

【語義】屢戒(누계):자주 경계함. 戲豫(희예):놀며 즐김.

【解說】관리가 기생을 끼고 술을 마시는 것에는 본래 형률(刑律)이 있
다. 근래에 보건대 수령된 자가 잔치를 벌이기 위해 산에 오르거나
물에 배를 띄워 가무(歌舞)를 번갈아 하게 하는데 백성들이 그 광경
을 보고 원수처럼 미워한다. 아전들이 그런 짓을 하더라도 원망은
수령이 듣게 될 것인즉 엄금해야 할 것이다.

  혹 시절이 화평하고 풍년이 들면 화창한 봄날이나 쾌청한 가을날
하루를 잡아 부중(府中)에 일이 적을 때 흰밥과 야채 반찬을 차려 산
이나 물가로 나가 소박한 모임을 가져야 한다.

吏廳用笞罰者 亦宜嚴禁.

  아전들의 청당(廳堂)에서 매의 형벌을 가하는 것은 마땅히 엄금해야
한다.

【字義】廳:관아 청. 건물 청. 笞:볼기칠 태. 매질할 태.
【語義】吏廳(이청):아전들의 청당(廳堂). 笞罰(태벌):매의 형벌.

【解說】하급 아전들이나 하인들이 사사로이 서로 징계하고 신칙하는 것
  을 일일이 금할 필요는 없겠으나 열 대 이상의 태형을 가할 때는 마
  땅히 품의를 올려 행하도록 한다. 그렇지만 관청에 속하지 않은 읍
  민이나 촌민에게는 단 한 대의 매도 사사로이 가하게 해서는 안 된
  다. 그러니 아전들에게 미리 일러 어기는 일이 없도록 하라.

上官旣數月 作下吏履歷表 置之案上.

부임한 지 몇 달이 되었거든 아전들의 이력표를 작성하여 책상 위에 비치하도록 하라.

【字義】旣:이미 기. 다할 기. 끝낼 기. 履:밟을 리. 겪을 리. 신 리. 置: 둘 치.

【語義】上官旣數月(상관기수월):부임한 지 몇 달이 됨.

【解說】아래 표는 단지 십 안에 대한 십 년 동안의 이력을 표로 만들어 본 것이다. 그렇지만 정식으로 잘 만들기 위해서는 이십 년 동안의 상황을 이와 같은 방법으로 만들어야 할 것이다.
　이 표를 보면 아무개는 몇 번이나 요직에 있었으며, 또 아무개는 늘 한가한 직책으로만 돌았으며, 아무개는 다능(多能)하나 반드시 간활할 것이요, 아무개는 지혜가 없으니 마음 놓고 일을 맡길 수 없다는 등의 상황을 한눈에 볼 수 있을 것이다. 고을살이를 오래 했으며 그 능력이 충분한데도 본인이 겸손하여 나서기를 좋아하지 않아 일을 맡지 못한 자가 있거든 연초(年初)에 아전들에게 직책을 배정할 때 참작하여 요긴한 직책을 주는 것이 좋을 것이다.

	甲子	乙丑	丙寅	丁卯	戊辰	己巳	庚午	辛未	壬申	癸酉
李壽聃	都倉色	吏房	吏房	戶長	吏房	吏房	都書員	戶長	戶長	戶長
柳宗永	工房		戶房			紙所色		公事色		兵房
盧景植	刑房	均役色	刑房	大同色	北倉色	所籍色	刑房	都書員	吏房	吏房
李膺福	入仕	禮房	軍器色	戶房	兵房					
崔斗一		入仕	刑房	南倉色	官廳色	兵房	都書員	歲抄色	戶籍色	都倉色
尹啓萬			入仕		工房			客舍色		
金宗仁				入仕	刑房	御營色	西倉色	禮房		都書員
鄭有年					入仕	工房	公事色		禮房	
朴在臣						入仕	刑房	禁衛色		東倉色
安得春							入仕	工房		禮房

> 吏之作奸 史爲謀主 欲防吏奸 怵其史 欲發吏奸 鉤
> 其史.

아전들이 농간을 부림에 있어 그 주모자는 대개 사(史)이니 아전들의
농간을 막으려 한다면 사(史)로 하여금 두려움을 알게 해야 하며, 아전
들의 농간을 들추어 내고자 한다면 사(史)를 끌어내야 한다.

【字義】奸:간사할 간. 범할 간.   謀:꾀할 모.   怵:두려워할 출. 꾈 술.
  鉤:갈고리 구. 끌어낼 구.
【語義】史爲謀主(사위모주):사(史:書記)가 음모의 주체가 됨.   怵(출):두
  렵게 함.   鉤(구):갈고리로 끌어냄.

【解說】 사(史)란 서기(書記)를 이른다. 창고의 곡식을 농간 부려 구름처
  럼 흩어지고 안개로 변해도 그 사실을 아는 자는 오직 사(史)인 것이
  다. 또 전세(田稅)를 몰래 빼돌려 산속에 감추고 덤불숲에 숨겨도 그
  수량을 아는 자 또한 사(史)이다.
    아전들은 원래 엄벙덤벙하여 대강만 관리할 뿐이며, 사(史)는 매우
  꼼꼼하여 그 세목(細目)을 낱낱이 다 알고 있으니 백성을 위할 줄 아
  는 수령이라면 무엇보다도 사(史)를 엄히 다스려 그 위엄에 떨게 함
  으로써 농간을 미연에 방지해야 하며, 이미 비행이 저질러진 경우에
  는 다른 경로를 통하여 그 농간의 실상을 캐어 죄를 용서해 주겠다
  고 하면 예상치 않았던 부정의 구멍이 드러날 것이다.

제2조 어중(馭衆):수령이 대중을 통솔함

馭衆之道 威信而已. 威生於廉 信由於忠 忠而能廉 斯可以服衆矣.

대중을 통솔하는 길은 위엄과 신용뿐이다. 위엄은 청렴에서 나오며 신용은 충성에서 나온다. 충성하면 능히 청렴할 수 있는 것이니 이로써 가히 대중을 따르게 할 수 있는 것이다.

【字義】馭:말 부릴 어. 마부 어. 服:옷 복. 굽힐 복.
【語義】馭衆(어중):대중을 통솔함. 威信(위신):위엄과 신용. 服衆(복중):대중을 복종시킴.

【解說】설경헌(薛敬軒)은 이렇게 말했다.
"마음에 털끝만큼이라도 치우침이 있어서는 안 된다. 치우침이 있으면 반드시 사람들이 엿보아 알게 된다. 내가 한 주졸(走卒)을 부린 적이 있는데 그의 민첩함이 믿음직하여 자주 부렸더니 다른 하인들이 그를 중히 여겼다. 그래서 나는 그를 좇아냈다. 이것은 작은 일이지만 이로써 나는 수령 자리에 있는 사람은 누구에게나 공명정대해야 하며 털끝만큼도 치우침이 있어서는 안 된다는 것을 알았다."
≪운곡정요(雲谷政要)≫에서 이렇게 이르고 있다.
"이졸(吏卒)이 관(官)과 민(民) 사이에 처함에 거친 가래가 위아래의 목구멍 사이를 가로막는 것과 같으면 수령은 이러한 병폐를 과감히 제거하여 위의 수령과 아래의 백성 사이가 확 트여 막힌 곳이 없도록 해야 한다. 그런데 이졸들 중에는 가난하여 고통을 받는 자가 많아 배고픔과 추위에 몰려 그 측은함이 이만저만이 아니니 수령은 반드시 그들을 보살펴 그들 또한 백성이라는 생각을 잠시라도 잊어서는 안 될 것이다."

軍校者 武人麤豪之類 其戢橫宜嚴.

군교란 무인(武人)으로서 거칠고 사나운 무리들이니 수령은 마땅히 약탈의 횡포를 엄히 막아야 한다.

【字義】麤:거칠 추. 豪:호걸 호. 굳셀 호. 戢:거둘 즙.
【語義】麤豪(추호):거칠고 사나움. 戢橫(즙횡):약탈의 횡포.

【解說】대개 성안의 사람으로 배우지 못하여 글을 모르고 거칠고 패악(悖惡)하여 교화(敎化)에 따르지 않는 자들은 으레 군교에 투신하는데, 이들은 기생을 끼고 술이나 마시는 일을 제 직분으로 삼으며 사람을 치고 재물을 약탈하는 것이 생리이다.

　군교에는 세 가지 직종이 있는데 첫째는 장관(將官)으로서 천총(千總)과 파총(把總)이 이에 속하며, 둘째는 군관(軍官)으로서 병방(兵房) · 장무(掌務) 등이 이에 속하며, 셋째는 포교(捕校)로서 토포(討捕)와 도장(都將)이 이에 속한다.

　대체로 포도(捕盜)와 군관(軍官)은 서울이나 지방을 막론하고 모두 큰 도적이다. 도둑과 친교를 맺어 장물(臟物)을 분배하고는 도둑을 풀어 주면서 여러 가지 방법을 가르쳐 준다. 관(官)에서 도둑을 잡으려 하면 그들이 먼저 기밀을 누설하여 도둑들을 빨리 도망치게 한다. 또 관에서 도적을 처형하려 하면 은밀히 옥졸을 사주(使嗾)하여 고의로 도적을 놓아 주게 하니 그들의 천 가지 만 가지 죄악을 이루 다 말로 할 수 없다.

수령된 자는 마땅히 군교나 포졸을 엄히 감독하여 이러한 폐단을 막아야 하며, 이들의 죄상이 밝혀지면 사정없이 곤장치고 무겁게 징계하여 백성들의 피해와 고통을 줄여야 할 것이다.

門卒者 古之所謂皀隸也 於官屬之中 最不率敎.

문졸이란 옛날의 소위 조예(皀隸)로서 관속(官屬)들 중 가르침에 가장 따르지 않는 자들이다.

【字義】皀:하인 조. 隸:종 예. 率:거느릴 솔. 따를 솔.
【語義】門卒(문졸):지방 관아에서 심부름하는 하노(下奴)의 총칭. 皀隸 (조예):천관(賤官). 사환(使喚). 率敎(솔교):가르침에 따름.

【解說】문졸은 일수(日守) 혹은 사령(使令) 또는 나장(羅將)이라고도 한다. 이들은 원래 근본이 없는 떠돌이로서 광대 출신도 있고 꼭두각시놀이 패거리도 있는데 모두 천한 신분이라 교화하기 어려운 자들이다.

그들이 권력을 손에 잡는 것에는 모두 다섯 가지 있는데 첫째가 혼권(閽權)이요, 둘째가 장권(杖權)이요, 셋째가 옥권(獄權)이요, 넷째가 저권(邸權)이요, 다섯째가 포권(捕權)이다. 이 다섯 가지 권력으로 해서 백성들이 그들을 늑대처럼 두려워하는데 수령된 자가 그들이 포학한 짓을 하도록 내버려 두니 이로 인해 백성들은 곤욕을 겪게 되는 것이다.

혼권(閽權)이란 백성이 소장(訴狀)을 가지고 관아의 문에 이르러 호소하는 바가 아전들에게 관계되는 것이면 문지기[閽人]가 소장의 접수를 저지하는 것을 말한다. 여러 날을 배회해도 다리품만 파는 꼴이 되어 결국 눈물을 머금고 돌아서게 된다.

장권(杖權)이란 곤장을 칠 때 심하게 또는 가볍게 칠 수 있는 권한을 말한다. 관(官)의 분노가 엄한데도 곤장질이 가볍다면 이는 장리(杖吏)가 뇌물을 받아먹은 때문이며, 관에서는 아무런 말이 없는데도 사납게 곤장질하는 것은 장리가 사적(私的)으로 원한을 분풀이하는 것이다.

뇌물을 먹고 곤장질을 가벼이 함은 빙긋이 웃으며 지나쳐도 되나 ─ 죄인이 재산을 덜어 바친 것도 죄에 대한 보상을 한 셈이니 굳이 성한 매로 다스릴 것은 없으므로 ─ 원한을 분풀이하기 위해 사납게 곤장 치는 것은 가벼이 보아 넘겨서는 안 된다.

옥권(獄權)이란 형틀을 씌우고 벗기는 것에 대한 권한인데 이것은 형전육조(刑典六條)에서 자세히 설명하겠다.

저권(邸權)이란 백성들로부터 각종 세금을 거두어들이는 권한인데 이를 수행하는 저졸(邸卒)들의 횡포가 심하여 오권(五權) 중에서도 민폐(民弊)가 가장 크다.

국법에 관둔전(官屯田:지방 관청에 딸린 논밭)은 대읍(大邑)이면 이십 결(結:면적의 단위로 1결의 넓이는 시대에 따라 다름), 중읍(中邑)이면 십육 결, 소읍(小邑)이면 십이 결인데 이는 본래 문졸(門卒)들의 차지이다. 그런데 세상의 도의가 날로 떨어져 수령이 이를 먹어 버리니 문졸들은 외촌(外村)의 저인(邸人)이 되고 만다. 그리하여 저졸들은 수령에게 빼앗긴 자신의 이권(利權)을 벌충하기 위해 보리 수확 때나 가을 추수 때 곡식과 목화를 거두고 빼앗아 제 욕심을 채우려 한다.

이들은 요전(徭錢)·세전(稅錢)·창전(倉錢)·군전(軍錢)을 빗발같이 독촉하며 백성들을 벗기고 추렴하여 마작이나 골패 노름을 하거나 백성들에게 높은 이자로 대여하는데 납부를 거부하는 백성에게는 가짜로 꾸민 주첩(朱牒:刑杖에 이름을 기록한 것)을 내보이면서 협박하여 강탈하며, 기어이 납부하지 않고 도망친 자의 몫은 다른 백성들에게서 재징수하니 저졸(邸卒)들의 횡포가 이만저만이 아니나 수령은 깊숙이 들어앉아 이런 사정을 전혀 알지 못하는 것이다.

포권(捕權)이란 죄인을 인도하는 포졸(捕卒)의 권한인데 이들의 행패 또한 극심하였다. 관에서 백성을 부름에 누가 감히 거역하겠는가. 혹 소(訴)를 제기한 백성이 무고(誣告)한 것이거나 군리(軍吏)가 거짓으로 간(訐)하면 그것을 믿는 수령은 차사(差使)를 보낸다. 포졸이 홍첩(紅帖)을 들고 마을에 이르면 원래 예전(禮錢)이란 것이 있어 부자는 오백 전이요, 가난한 자는 이백 전이다. 붉은 포승줄로 겁을 주니 술을 거르고 돼지를 삶는 등 온 마을이 난리를 만난 듯 떠들썩하다. 수령은 도적을 체포하는 경우가 아니고는 포졸을 파견해서는 안 된다.

바다에 연한 마을이나 섬에서는 저졸들의 침학(侵虐)이 더욱 심하여 농간질이 육지의 열 배나 된다. 먼 곳의 백성들이 대수롭지 않다 하여 소홀히 해서는 안 되며, 오히려 육지 고을에 대한 정사의 몇 배의 힘을 쏟아야 할 것이다.

官奴作奸 惟在倉廒 有吏存焉 其害未甚 撫之以恩 時
防其濫.

관노들의 농간은 오직 창고에 있으며 거기에는 아전들이 있으니 그
해(害)가 심하지 않으면 은정(恩情)으로 어루만져 가끔 지나친 처사나
막아야 한다.

【字義】惟:생각할 유. 오로지 유.　廒:곳집 오.　濫:넘칠 람. 함부로 할
　람.
【語義】倉廒(창오):창고.　濫(람):함부로 처리함. 지나친 처사.

【解說】모든 관속들 중에서 관노들이 가장 고생한다. 시노(侍奴)는 종일
뜰 위에 서서 잠시도 자리를 떠나지 못하며, 수노(首奴)는 물건 사들
이느라 고생하며, 공노(工奴)는 관에서 사용하는 각종 기구들을 만
들거나 수리하느라 고생이 많고, 구노(廄奴)는 말을 키운다거나 수
령의 행차 시에 일산(日傘)을 받쳐 들며, 방노(房奴)는 방에 불을 지
펴 덥게 하고 뒷간을 치우며, 수령이 행차할 때는 이들 관노가 모두
수행한다.
　이들의 고생이 이와 같은데도 수고에 대한 대가를 받는 것은 오직
포노(庖奴)와 주노(廚奴)와 창노(倉奴)뿐이다. 그나마 이들이 받는
대가라야 고작 낙정미(落庭米) 몇 섬이니 어찌 딱하지 아니한가. 그
러니 수령된 자는 마땅히 이들을 위로하고 보살펴야 하며 그 농간을
막아야 하는 것은 다만 창고지기뿐이다.

> 侍童幼弱 牧宜撫育 有罪宜從末減 其骨骼已壯者 束之
> 如吏.

　시동이 어리고 약하면 수령은 그를 잘 어루만져 키워야 하며 죄가 있
더라도 아주 가벼이 다스려야 한다. 그러나 그의 골격이 이미 건장하게
자랐으면 아전을 단속하듯 해야 한다.

【字義】侍:모실 시.　骼:뼈 격(가).　壯:장할 장. 굳셀 장.
【語義】撫育(무육):어루만져 기름.　從末減(종말감):아주 가벼이 다스림.
　束之如吏(속지여리):아전을 단속하듯 함.

【解說】시동이란 통인(通引:지방 관청에서 심부름하는 아이)인데 혹 지
　인(知印)이라고도 한다. 이들은 간혹 위조된 첩문(帖文)에 도장을 훔
　쳐 찍거나 과강(科講:小科의 初試에 앞서 각 고을에서 시행하는 예
　비 과거 시험)의 공첩(空帖:科講 합격증서)을 훔치거나 시장(試場:白
　日場)의 방권(房卷)을 바꿔치기하거나 한다. 또 수령의 동정을 엿보
　아 바깥에 교묘한 유언비어를 만들어 퍼뜨리거나 헐뜯어 고자질하니
　체구가 작다 하여 소홀히 넘겨서는 안 된다.
　　그렇다고 해서 회초리로 따끔한 맛을 보이는 데에 그쳐야지 성인
　아전들에게 하듯 곤장을 쳐서는 안 된다. 그러나 시동이 다 자라서
　건장한 청년이 된 후에는 여느 아전들과 똑같이 다스려야 할 것이
　다.

제3조 용인(用人):사람을 잘 골라 씀

> 爲邦 在於用人 郡縣雖小 其用人 無以異也.

　나라를 잘 다스림은 사람을 잘 기용하는 것에 달렸으니 군현이 그 규모가 작더라도 사람을 기용하는 이치는 (큰 고을이나) 다를 바 없다.

【字義】爲:할 위. 다스릴 위. 될 위.　邦:나라 방.　異:다를 이.
【語義】爲邦(위방):나라를 다스림.　用人(용인):사람을 기용(起用)함.　無以異(무이리):다를 바 없음.

【解說】공자의 제자 중 한 사람인 자유(子游)가 무성(武城) 원으로 있을 때 공자가 그에게 '쓸 만한 인물을 얻었느냐?' 하고 묻자, 자유는 '담대멸명(澹臺滅明)이라고 하는 사람이 있는데 그는 샛길을 지나는 일이 없고 공사(公事)가 아니고는 저의 방에 들어오는 일이 없습니다.' 하고 대답했다.

　여기서 샛길을 걷는 일이 없다 함은 옆문이나 뒷문으로 드나드는 일 없이 늘 떳떳하게 정문으로만 드나듦을 말하며, 공사가 아니고는 윗사람의 방에 들어오는 일이 없다 함은 오직 나라의 일이나 백성의 일이 있을 때만 들어와 의논한다는 뜻이다. 이것이 곧 향승(鄕丞)이 아니겠는가.

　공자의 제자 중궁(仲弓)이 계손씨(季孫氏)의 가신(家臣)으로 있을 때 스승에게 정사(政事)의 법을 여쭈었다. 그러자 공자는 '어진 사람을 기용하는 일에 힘쓰라'고 하였다. 나라를 다스리는 사람은 마땅히 어진 사람을 기용하는 일을 우선으로 해야 한다. 이치에는 크고 작음이 없으니 소를 잡는 칼로 닭을 잡을 수 있는 것이다. 그러므로 향승이나 군교 및 모든 아전에서부터 풍헌·약정에 이르기까지 쓸 만한 사람을 얻는 일에 소홀함이 없어야 할 것이다.

> 鄕丞者 縣令之輔佐也 必擇一鄕之善者 俾居是職.

향승이란 현령의 보좌역이니 반드시 고을의 착한 사람을 골라 그 직책을 맡겨야 한다.

【字義】輔:도울 보. 佐:도울 좌. 居:살 거. 있을 거. 職:직분 직. 일 직.
【語義】俾居(비거):맡게 함. 행하게 함.

【解說】성호(星湖) 선생님께서 말씀하셨다. '요즈음 수령을 보좌하는 직책으로 좌수와 별감이 있는데 이를 일러 향소(鄕所)라 한다. 옛날에는 향소 외에도 경소(京所)가 있었는데 그 고을 출신으로서 서울에 사는 사람을 골라 고을의 일을 잘 조정하고 주선하게 하였다.'
　세종대왕도 왕위에 오르기 전인 충녕대군(忠寧大君) 시절에 함흥 경소를 맡았던 적이 있다.
　정조(正祖) 대왕 말년에는 어느 서원(書院)의 원장 이모(李某)가 좌수의 수망(首望)에 오르고 승지 김한동(金翰東)은 이미 전라 감사까지 지낸 적이 있는데도 부망(副望)밖에 오르지 못했으나 그래도 이것이 원래 법도이다. 옛날에는 조선팔도가 모두 그러하였는데 세월과 더불어 이 법도가 무너지고 안동(安東)에서만 아직까지 그 제도를 지켜 오고 있는 것이다.

무릇 수령의 직책에는 백성들의 목숨이 달려 있어 한 사람이 눈만 부릅떠도 만 명의 목숨이 연이어 떨어지니 감사는 이를 감찰하고, 도사(都事)로 하여 감독하게 하고, 그 지방의 명사(名士)를 택해 향소를 맡게 하여, 서로 통제하여 수령이 악행을 저지르지 못하게 해야 한다.

> 座首者 賓席之首也 苟不得人 庶事不理.

좌수는 빈석의 우두머리이니 진실로 마땅한 사람을 구하지 못하면 모든 일이 순리대로 처리되지 않을 것이다.

【字義】 座:자리 좌. 賓:손 빈. 苟:진실로 구. 구차할 구. 庶:여러 서. 무리 서.

【語義】 座首(좌수):조선시대 주(州)·부(府)·군(郡)·현(縣)에 두었던 향청(鄕廳) 우두머리. 賓席(빈석):'손님의 자리'라는 뜻이니 수령을 고을의 주(主)로 볼 때 관아들은 빈(賓)인 셈이다. 苟(구):진실로. 庶事(서사):두루두루 모든 일. 不理(불리):이치대로 되지 않음.

【解說】 수령은 보좌역인 좌수를 잘 골라 써야 한다. 그러므로 부임하여 한 달 정도 지내 본 후 현재의 좌수를 그대로 눌러 앉혀도 좋으리라 생각되면 그리하고, 못마땅하면 향청의 여망에 따라 교체함이 좋다.
　　교체하기로 작정을 했다면 명령을 내리기를, '향임을 지내고도 아직 수임(首任)을 지내지 못한 사람은 내일 나와서 대기하도록 하라.' 하고 이튿날 그들을 정당으로 불러, '본관은 경력이 있는 사람 중에서 새로 좌수를 뽑으려 하니 그대들은 서로 상의하거나 문의하지 말고 각자가 권점(圈點:후보자들 중 자기가 표를 주고 싶은 사람의 이름 밑에 점을 찍는 것)토록 하라.' 고 한다. 그리고는 종이 한 장에 그들의 이름을 모두 기록하여 차례로 권점하게 한다. 권점을 가장 많이 받은 사람을 좌수로 임명하고 차점자를 부승(副丞)으로 임명하였다가 좌수 자리가 비게 되면 부승으로 대체토록 한다.

완평군(完平君) 이원익(李元翼)이 안주(安州) 목사로 있을 때 행정의 치적이 가장 컸다. 사람들이 정치의 요체를 물으면 공(公)은 이렇게 대답했다. "나는 쓸 만한 인물 한 사람을 잘 골라 좌수로 삼고 모든 일을 그와 상의하여 실행하니, 내가 크게 할 일은 없고 그저 계획대로 승낙할 뿐일세."

左右別監 首席之亞也. 亦宜得人 評議庶政.

좌우 별감은 좌수 다음 지위이다. 그러므로 이들 또한 마땅히 적임자를 구하여 모든 정사를 평하고 의논해야 한다.

【字義】亞:버금 아. 評:평할 평. 議:의논할 의.
【語義】亞(아):다음의, 둘째의. 首席(수석):좌수. 評議(평의):평가하고 의논함.

【解說】≪정요(政要)≫에 이르기를 '좌수(座首)는 이방(吏房)과 병방(兵房)의 업무를 관장하고, 좌별감은 호방(戶房)과 예방(禮房)의 업무를 관장하며, 우별감은 형방(刑房)과 공방(工房)의 업무를 관장한다.' 라고 했다.

≪치현결(治縣訣)≫에 이르기를 '향승(鄕丞)과 향감(鄕監)은 반드

시 사람을 골라서 써야 할 것이다. 현재 향청에 재직하고 있는 관리들로 하여금 후보자를 각 3인씩 추천하게 하고, 그 명단을 향교로 보내 권점하게 하여 가장 많은 권점을 얻은 사람을 취하면 된다.'고 했다.

> 苟不得人 備位而已 不可委之以庶政.

진실로 마땅한 사람을 구하지 못하면 적당히 채용하여 자리만 채울 뿐, 그에게 정사를 맡겨서는 안 된다.

【字義】苟:진실로 구. 구차할 구.　備:갖출 비. 준비할 비. 채울 비.　委: 맡길 위. 버릴 위.　庶:여러 서. 무리 서.
【語義】備位(비위):자리를 채움.

【解說】황패(黃覇)가 영천(潁川)을 다스리면서 정사의 성취와 안정에 힘썼다. 마침 수리(首吏) 허승(許丞)이 늙고 병든 데다가 귀까지 먹어 독우(督郵:태수의 보좌관)가 그를 쫓아내기를 청했다. 그러자 황패는 "허승은 청렴한 아전이다. 늙긴 했으나 아직은 능히 예절을 갖추어 사람을 맞고 보낼 수 있으니 귀가 안 들린다 하여 큰 지장이 있겠느냐. 게다가 보조 역할을 잘하고 있지 않느냐."고 하면서 독우의 청을 거절했다.

누군가가 황패에게 그리 한 이유를 묻자, "우두머리 아전을 자주 바꾸면 보내고 맞는 비용이 많이 들며, 어수선한 틈을 타 아전들이 농간을 부려 장부를 없애거나 재물을 도둑질할 우려가 있고, 새 아전이 반드시 전임자보다 유능하다고 할 수도 없거니와 오히려 그만 못할 수도 있으니 무릇 다스림의 도(道)는 심한 것만 제거하면 되는 것이다." 하였다.

善諛者不忠 好諫者不偝 察乎此則 鮮有失矣.

아첨을 잘하는 자는 충성스럽지 못하고 간하기 좋아하는 자는 배반하지 않으니 이 점을 잘 살펴 유념하면 실수가 별로 없을 것이다.

【字義】善:착할 선. 좋을 선. 諛:아첨할 유. 偝:버릴 배. 등질 배.
【語義】善諛(선유):아첨을 잘함. 好諫(호간):간하기를 좋아함. 偝(배): 배반함. 鮮有(선유):드물게 있음. 별로 없음.

【解說】≪다산필담(茶山筆談)≫에 말하였다. "비록 수령의 지위는 낮으나 거기에도 군도(君道:임금이 나라를 다스리는 법도)와 같은 도(道) 가 있으니 그 도란 아첨하는 자를 물리치고 간쟁(諫爭)하는 것을 흡족히 받아들이려 힘쓰는 것이다.

그런데 이노(吏奴)들은 지체가 낮기 때문에 감히 간쟁할 엄두도 못 내거니와 아첨하기에도 불편한 입장이다. 오직 향승이나 수교(首校) 들만이 수령의 눈치를 살펴 간언도 하고 아첨도 할 수 있다. 백성들이 수령에 대해 비방하기를 물 끓듯 해도 그들은 '칭송의 소리가 고을마다 가득합니다.' 아첨을 하고, 수령이 내쫓길 기미를 미리 내다보면서도 '오래 누리실 것이니 걱정 마십시오.' 한다. 이에 수령은 기뻐하며 그 사람만이 자기에게 충성을 다하는 것으로 믿는다.

감영의 공문이 이미 당도해 있는 것도 모르고 있다가 갑자기 조사를 당하게 되면 어제까지만 해도 면전에서 알랑거리던 자는 스스로 나서서 수령의 비행(非行)의 증인이 되어 사소한 잘못까지도 들추어 내지만, 그래도 끝까지 수령의 잘못을 감싸 주고 덮어 주는 것은 지난날 바른 말을 간하여 자기를 괴롭히던 사람이다. 수령된 자는 이 점을 깊이 성찰해야 할 것이다."

> 風憲約正 皆鄉丞薦之 薦非其人者 還收差帖.

풍헌과 약정은 모두 향승이 천거하는데 천거된 사람이 그 자리에 적임자가 아니라면 수령은 차첩을 환수해야 한다.

【字義】 憲:법 헌. 薦:천거할 천. 還:돌릴 환. 帖:문서 첩. 증서 첩.
【語義】 差帖(차첩):하급 관리의 발령장.

【解說】 대개 향청에서 풍헌이나 약정을 천거할 때는 뇌물을 보고 천거하니 뇌물을 주어 천거 받기를 꾀하는 자는 반드시 간교한 자이다. 그런 자는 농사일을 내팽개치고 술 마시는 것만을 일삼으며 성부(城府)를 출입하면서 여러 해에 걸쳐 농간을 부려 온 자로서 백성의 좀이다. 그러니 수령은 풍헌이나 약정을 천거 받을 때는 향승을 신칙하여 올바른 적임자를 택하되 진실로 마땅한 사람이 아니면 그 차첩을 거두어들여야 한다.

무릇 백성을 다스리는 이치는 그 직책에 적임자를 잘 골라 쓰는 데 있다. 말단의 소임(小任)일지라도 반드시 어진 사람을 뽑아 쓰기에 힘써, 고을 안을 맑고 밝게 정돈하면 당우삼대(唐虞三代)의 기상이 있을 것인즉 이것이 곧 훌륭한 수령이다.

> 軍官將官之 立於武班者 皆桓桓赳赳 有禦侮之色 斯
> 可矣.

　군관과 장관(將官) 등 무관의 반열에 서 있는 자는 굳세고 씩씩하여
적의 수모(受侮)를 물리칠 만한 기색이 있어야 한다.

【字義】武:호반 무. 班:나눌 반. 줄 반. 桓:굳셀 환. 赳:헌걸찰 규. 굳
　　셀 규. 禦:막을 어. 侮:업신여길 모.
【語義】將官(장관):장수(將帥). 武班(무반):무관의 반열(班列). 桓桓赳
　　赳(환환규규):대단히 굳세고 씩씩함. 禦侮(어모):적의 수모(受侮)를
　　물리침. 적의 습격을 막음.

【解說】수교(首校)가 뇌물을 받고 차임(差任)하는 것은 수향(首鄕)의 경
　　우와 같으니 수령은 이들을 신칙하고 차첩을 거두어들이는 것을 위
　　와 같이 하면 마땅한 사람을 얻을 수 있을 것이다.
　　　사람을 보는 법은 위엄과 예의에 있으니 무인(武人)은 더욱 풍채를
　　중히 여긴다. 그러므로 키가 난장이만하고 생김새가 천박하고 노예
　　처럼 누추하고 물고기 주둥이에 개의 모양을 한 괴상한 사람을 양반
　　의 대열에 끼워 백성들 앞에 내세워서는 안 된다. 군교를 채용할 때
　　수령은 몸과 마음이 굳세고 씩씩한 자들을 가려 뽑아 언제고 적의
　　기습을 퇴치할 수 있도록 대비해야 한다.

> 其有幕裨者 宜愼擇人材 忠信爲先 才諝次之.

　수령이 비장을 두고자 한다면 인재를 고를 때 신중하되 충(忠)과 신

(信)을 먼저 보고 재주와 지혜는 그 다음으로 보아야 할 것이다.

【字義】 幕:장막 막. 진영 막.　裨:도울 비.　愼:삼갈 신.　諝:슬기 서.
　　次:버금 차. 머뭇거릴 차.

【語義】 幕裨(막비):비장(裨將). 감사나 수령을 보좌하는 사람.　才諝(재
　　서):재주와 지혜.

【解說】 의주(義州)·동래(東萊)·강계(江界)·제주(濟州) 수령 및 방어
　　사(防禦使)를 겸한 모든 수령은 비장 거느리기를 감사나 절도사와 같
　　이 한다. 그런데 사대부의 염치와 체통이 날로 무너져 솜 흥정꾼이
　　나 땔나무 장사꾼 등 자기와 거래가 있던 자들을 비장으로 임명하
　　니, 그들이 아전들과 농간하여 수령을 속이고 백성을 침학하여 씻기
　　어려운 수치를 남기는 예가 많다.
　　　그러니 수령은 이 사정을 살펴 청렴결백한 자세로 충성과 신의를
　　가지고 일할 수 있는 자를 골라 비장으로 삼아야 할 것이다. 재능이
　　나 지혜를 충성이나 신의에 앞세워 선발해서는 안 된다.

제4조 거현(舉賢):어진 사람을 천거(薦舉)함

舉賢者 守令之職 雖古今殊制 而舉賢不可忘也.

어진 사람을 천거하는 것은 수령의 직무이니 옛날과 오늘날의 제도가
서로 다르더라도 수령은 거현(舉賢)의 소임을 잊어서는 안 된다.

【字義】舉:들 거. 일으킬 거. 職:직분 직. 일 직. 殊:다를 수. 忘:잊을
망.

【語義】舉賢(거현):어진 사람(훌륭한 인물)을 천거함. 殊制(수제):제도
가 다름.

【解說】요(堯)와 순(舜) 및 삼왕(三王:夏의 禹王·殷의 湯王·周의 武王)
의 법에는 태학(太學)에서는 국자(國子)를 교육하여 세경(世卿)으로
삼고, 사도(司徒)는 일반 백성을 교육하여 빈객에 충당토록 하고 있
다. 그러던 것이 한(漢)나라 이후로 두 법이 모두 무너지고 오직 군
수와 현령으로 하여금 어질고 유능한 사람을 찾아 천거하게 하여 조
정의 벼슬에 오르게 하였으니 한나라 때는 훌륭한 인재를 많이 얻음
이 삼대(三代)에 버금갔다.

그러나 수(隋)와 당(唐) 이후로는 사과(詞科)를 통해 인재를 뽑았는
데도 세상의 도의가 날로 비루해졌고, 오히려 군이나 현에서 천거한
사람들 가운데에서 훌륭한 인물들이 많이 나왔으니 인물을 발굴하여
조정에 천거하는 일은 수령된 사람의 중요한 임무 중 하나이다.

우리나라에서도 군과 현에서 인재를 천거하는 법이 있었으나 유명

무실하였다. 그렇지만 수령의 직분에 인재를 골라 천거하는 일이 들어있음을 잊어서는 안 될 것이다. 근래에 남구만(南九萬)이 변경 지방을 순찰하고 돌아올 때면 인재를 골라 조정에 추천했던 일이 그의 장주(章奏)에 자주 나타나 있다. 대신(大臣)이 인재를 천거하여 임금을 섬기는 뜻이 본래 이와 같으니 뜻 있는 선비가 수령이 되었다면 이것을 어찌 잊을 수 있겠는가.

經行吏才之薦 國有恒典 一鄕之善 不可蔽也.

학문의 경력과 행실 및 정사를 보살피는 능력이 훌륭한 인재를 천거하는 것은 나라의 항전(恒典)에 있으니 (수령은) 자기 고을에서 훌륭하다 일컬어지는 사람을 덮어 두어서는 안 된다.

【字義】薦:천거할 천. 恒:항상 항. 蔽:덮을 폐. 닦을 별.
【語義】經行(경행):학문의 경력과 행실. 吏才(이재):정사(政事)를 보살피는 능력. 恒典(항전):항상 적용되는 법, 즉 국법.

【解說】우리나라에서는 원래 중국의 옛 법을 본떠 식년(式年:子・午・卯・酉가 든 해)마다 군과 현에서 현자(賢者)를 천거하게 하고 있으나 중세 이래로 당쟁(黨爭)이 점점 고질화되어 자기 당이 아닌 사람은 천거가 있어도 기용하지 않으니 이 법은 있으나마나한 것이 되어 버렸다.
　　그렇다고 해서 훌륭한 인재를 덮어 두는 죄는 상서롭지 않은 죄이니 천거하여 기용되지 않더라도 수령된 자는 이를 소홀히 해서는 안 될 것이다. 그저 형식으로 '그런 인재가 없습니다.' 하고 지나쳐 버릴 일이 아니다. 수령은 외진 구석 마을까지 샅샅이 살펴 학문과 행실이 훌륭한 사람을 조정에 천거하여 국가의 동량(棟樑)으로 키워야 할 것이다.

> 科擧者 科目之薦擧也. 今法雖闕 弊極必變 擧人之薦 牧之當務也.

과거란 과(科)와 목(目)으로 천거하는 것이다. 오늘날 비록 법이 잘 지켜지고 있지 않으나 이 폐단이 극에 달하면 반드시 변하게 마련이니 인재를 천거하는 일은 수령이 마땅히 힘써야 하는 책무이다.

【字義】闕:대궐 궐. 궐할 궐. 이지러질 궐. 弊:폐단 폐. 폐해 폐. 해질 폐. 當:마땅 당.
【語義】科目(과목):科와 目. 闕(궐):받들지 않음. 허물어짐.

【解說】원래 과거 시험이란 과(科)와 목(目)에 따라 인물됨과 실력을 평가하여 인재를 등용하던 제도이다. 한(漢)나라 때는 현량방정(賢良方正)의 과(科)·직언극간(直言極諫)의 과(科)·효제역전(孝弟力田)의 과(科)·무재이등(茂才異等)의 과(科)가 있었다.

무제(武帝)는 이 네 과(科)에 대해 각각 네 가지 목(目)을 정하였는데 첫째는 덕망이 높고 지조와 절개가 청백함이요, 둘째는 학문에 통하고 언행이 닦였으며 경(經)에 정통한 박사요, 셋째는 법령에 밝아 의옥(疑獄)을 결단함이요, 넷째는 강직하고 지략이 많아 그 재목이 가히 현령을 맡을 만함이다. 군현(郡縣)의 우두머리가 천거하는 사람이 과장(科場)에 나아가므로 이를 일러 과거라 한 것이다.

그런데 우리나라 과거에는 본래 과(科)와 목(目)의 분류가 없었고 또 천거하는 법도 없었으니 그저 과거라는 이름만 따왔을 뿐 사실상 과거가 아니다. 우리나라에는 명색뿐인 것이 두 가지 있는데 주적(奏績)과 거현(擧賢)이 그것이다. 즉 관리를 기용함에 있어 그 사람의 행적이나 치적을 먼저 상부에 아뢴 후 상부에서 그것을 평가하는 것이 법도인데, 우리나라에서는 주적도 없는데 고적(考績)하고 있으며 천거도 없는데 응거(應擧)하고 있으니 이는 천하의 웃음거리다.

이제 과거 제도의 폐단은 극에 달하였다. 세상만사가 극에 이르면 반드시 변하게 마련이니 군현에서의 천거법은 우리나라에서도 올바로 행해질 것인즉 수령된 자는 이 뜻을 알아야 할 것이다.

中國科擧之法 至詳至密 效而行之 則薦擧者 牧之職也.

중국의 과거법은 지극히 상세하고 치밀하니 그것을 본받아 행한다면 인재를 천거하는 것은 수령의 직무이다.

【字義】詳:자세할 상. 거짓 양. 效:본받을 효.
【語義】效而行之(효이행지):본받아 행함.

【解說】명(明)·청(淸)의 제도는 무릇 학정(學政)을 감독하는 관리를 십칠 성(省)에 각각 1명씩 두었으며 3년이면 임기가 만료된다. 이부(吏部)에서는 글과 학문이 깊은 사람의 성명을 펼쳐 늘어놓고는 황제께 조서(詔書)를 청하여 간택해 쓰는데 혹 부승(府丞)이 겸리(兼理)하기도 하고 순도(巡道)가 겸리하기도 한다.

이들이 직접 고시장에 임석하여 시험을 행하는데 금년에 세과(歲

科:府·州·縣의 재학생 모두에게 치르게 하는 시험)를 실시하면 명년에는 향시(鄕試:歲科에 합격한 사람에 한해 省에서 실시하는 시험)를 실시하고, 또 그 이듬해에는 회시(會試:鄕試에 합격한 사람에 한해서 禮部에서 치르는 시험)를 실시한다.

시험은 양장(兩場)으로 하는데 초장(初場)에서는 사서(四書) 문(文) 두 편과 경의(經義) 두 편으로 했으며, 이장(二場)에서는 책(策) 1편, 논(論) 1편 및 오언팔운배율시(五言八韻排律詩) 1수(首)로 했다. 이렇듯 중국의 과거 제도는 대단히 치밀하고 엄격했다.

그런데 우리나라에서는 교관(敎官)도 없고 제학(提學)도 없어 생원(生員)의 응시자를 뽑는 일은 오직 군수와 현령이 그 임무를 맡을 뿐이다. 살피건대 오늘날 과거 제도의 폐단을 바로잡는 길은 오직 '정거액(定擧額)' 세 글자에 있으니 천거의 수를 정한다면 천거를 지극히 공정하게 하는 것은 수령으로서 마땅히 힘써야 할 일이 아니겠는가.

科擧鄕貢 雖非國法 宜以文學之士 錄之于擧狀 不可苟也.

과거(科擧)의 향공(鄕貢)은 비록 국법으로 정해진 것은 아닐지라도 마땅히 학문하는 선비에게 추천서를 써 주어 법에 구애되지 말아야 한다.

【字義】貢:바칠 공. 천거할 공.　錄:기록할 록.　狀:형상 상. 문서 장. 苟:진실로 구. 구차할 구.

【語義】鄕貢(향공):수령의 추천을 받아 과거에 응시함.　文學之士(문학지사):학문을 하는 선비.　擧狀(거장):추천하는 글.　苟(구):여기서는

'狗'의 뜻으로 '구애받다'

【解說】우리나라의 과거 제도는 고려 때 시작되었다. 제4대 광종(光宗)
임금 때 후주(後周)의 쌍기(雙冀)가 조사(詔使)를 수행하러 왔다가 병
으로 귀국하지 못하고 머물면서 우리나라에 과거법을 전해 준 것이
다. 당시에 어찌하여 향거(鄕擧)의 법을 상세히 전해 주지 않았는지
모르겠다.

중국에서는 예부터 지금까지도 천거가 있은 후에야 과거에 응시할
수 있는 것이 법도인데 우리나라에서는 천거 없이도 과거에 응하게
하여 부잣집 자식이 글자 한 자 배우지 않고도 글을 사고 뇌물을 주
어 합격자 틈에 끼니 이 어찌 한심스러운 일이 아닌가. 비록 중국처
럼 제도화 되지는 않았더라도 수령 된 자는 훌륭한 인재를 발굴·천
거하여 과거에 응할 수 있도록 주선해야 할 것이다.

오늘날 식년(式年) 가을에 군현에서 부거장(赴擧狀)을 작성하여
경시관(京試官)에게 보고하는데 혹시 이것이 옛날 향거의 유풍(遺風)
이 아닌가 싶다.

> 部內 有經行篤修之士 宜躬駕以訪之 時節存問 以修
> 禮意.

관내에 학문과 행실을 열심히 닦는 선비가 있다면 수령은 몸소 그를
방문하고 명절에 존문(存問)하여 예(禮)를 갖추고 뜻을 닦아야 한다.

【字義】篤:도타울 독. 위중할 독. 駕:멍에 가. 訪:찾을 방.
【語義】篤修(독수):착실히 닦음. 躬駕(궁가):몸소 멍에를 멘다는 뜻. 수

령으로서 자기가 맡아 다스리는 고을의 선비를 먼저 찾아가는 일이
쉽지 않음을 표현한 것. 時節(시절):명절.

【解說】천하를 다스리는 데에는 네 가지 큰 법도가 있다. 첫째가 친친
(親親:친족을 친애함)이요, 둘째가 장장(長長:어른을 올바로 대접함)
이요, 셋째가 귀귀(貴貴:귀한 사람을 귀하게 여길 줄 앎)요, 넷째가
현현(賢賢:어진 사람을 어질게 대함)이다.
　서울과 경기(京畿) 같이 문명한 곳에서는 일일이 다 실천할 수 없
겠지만 사람이 많이 살지 않는 먼 지방에서는 귀한 인물과 어진 사
람에 대해서는 더욱 경의를 표해야 한다. 평소에 친분이 없더라도
마땅히 찾아보아야 하며, 명절에 술과 고기를 보내 주는 일을 잊어
서는 안 된다. 띠 집에 사는 가난한 선비일지라도 학문과 행실에 대
한 칭송이 고을에 자자하다면 수령은 마땅히 찾아가 몸을 굽혀 예를
갖춤으로써 백성들에게 권선(勸善)의 의지를 보여야 한다.

제5조 찰물(察物): 물정(物情)을 살핌

> 牧 孑然孤立 一榻之外 皆欺我者也 明四目 達四聰 不
> 唯帝王然也.

수령은 외롭게 홀로 서 있어 내 한 자리 외에는 모두 나를 속이는 자들이니 사방을 두루 밝게 보고 사방의 소리를 다 들어야 하거니와 이는 오로지 제왕만이 그래야 하는 것은 아니다.

【字義】孑: 외로울 혈. 榻: 걸상 탑. 欺: 속일 기. 聰: 귀 밝을 총. 총명할 총.

【語義】孑然(혈연): 외로운 모양. 一榻(일탑): 한 자리, 즉 자기 자신. 四目(사목): 네 개의 눈이니 이는 육체의 두 눈과 마음의 두 눈을 말한다. 四聰(사총): 사방의 소리를 다 들음.

【解說】자고로 정사(政事)가 올바로 베풀어지고 있는지 아닌지를 알기 위해 임금이 몸소 백성들 사이를 자주 드나들 수는 없다. 대체로 대신(大臣)들이나 각 고을 수령들의 보고를 통하여 세정(世情)을 판단하게 마련이다. 그러니 임금은 오직 얼굴에 달린 두 눈과 두 귀만으로 보고 들어서는 안 되며, 마음의 눈과 마음의 귀를 통해서도 보고 들을 수 있어야만 대신이나 관리들이 눈을 가리고 귀를 막으려 해도 눈멀고 귀먹지 않을 수 있다.

　또 이것은 임금에게만 해당되는 일이 아니며 한 고을의 수령 또한 아전들이나 군교들의 농간에 눈멀고 귀먹어서는 안 된다. 수령이 그들의 말만 믿고 백성들의 사정에 밝지 못하면 백성들은 수령을 원망하고 미워할 것이다.

> 鈺筩之法 使民重足側目 決不可行. 鉤鉅之問 亦近譎詐 君子所不爲也.

항통의 방법은 백성들로 하여금 행동을 위축되게 하고 서로 눈치를 살피게 하니 결단코 행해서는 안 된다. 구거(鉤鉅)의 심문도 간활한 속임수에 가까우니 군자의 행할 바가 아니다.

【字義】 鈺:투서함 항. 筩:대통 통. 전동 용. 側:곁 측. 鉤:갈고리 구.
鉅:클 거. 강할 거. 갈고리 거. 어찌 거. 譎:속일 휼. 詐:속일 사.
【語義】 鈺筩(항통):백성들이 억울한 사정이나 아전들의 비행(非行)을 고발하는 투서함. 重足(중족):마음 놓고 행동하지 못함. 위축되어 삼가는 것. 側目(측목):곁눈질함. 서로 눈치를 살핌. 鉤鉅之問(구거 지문):갈고리로 찍어 당기듯 함정을 파 놓고 던지는 질문. 일종의 유도 심문. 譎詐(휼사):간활한 속임수.

【解義】 ≪정요(政要)≫의 〈항통설(鈺筩說)〉에 이렇게 이르고 있다.
"수령된 사람의 정령(政令)이 반드시 다 좋다고는 할 수 없거니와 밖의 백성들이 이미 올바로 간할 수 없고, 간교한 아전들이 수령과 백성의 사이를 가로막아 수령의 눈과 귀를 막으니, 백성들의 원망이 분분하게 일어도 수령의 귀에는 아득하여 들리지 않는다."
그러니 수령이 어찌 염찰(廉察)을 그만둘 수 있겠는가. 그렇다고 해서 은밀히 사사로이 염탐꾼을 파견하면 의혹과 비방이 들끓을 것이다. 옛사람들의 항통의 법은 능히 사소한 부정도 살필 수 있으니 정말로 좋은 법이다. 그러나 오늘날에 와서 항통을 악용하는 무리들이 있어 남을 비방하고 무고(誣告)하는 데 이용하니 백성들은 서로가 서로를 경계하고 눈치 보게 되어 인정이 피폐해지고 있는 것이다.

每孟月朔日 下帖于鄕校 以問疾苦 使各指陳利害.

해마다 정월 초하루 향교에 첩문을 내려 백성들의 아픔과 괴로운 사정을 물어 이롭고 해로움을 낱낱이 지적하여 진술하게 하라.

【字義】帖:문서 첩. 증서 첩. 指:가리킬 지. 손가락 지. 陳:베풀 진. 말할 진.

【語義】孟月朔日(맹월삭일):음력 정월 초하루. 下帖(하첩):첩문(帖文)을 내림. 疾苦(질고):아픔과 괴로움. 指陳(지진):지적하여 구체적으로 진술함.

【解說】향교는 정사를 의논하는 곳이기도 하다. 수령은 해마다 정월 초하루 향교에 첩문을 내려 정사의 병폐를 묻는다. 각 면(面)에서 나이 많고 행실 바르고 고을의 사정을 잘 아는 사람을 4명씩 선발하여 이들을 향로(鄕老)로 삼는다. 그리고 수령이 이들에게 첩문을 내릴 때는 이렇게 한다.

'전 달 며칠에 양곡을 방출했으며, 다음 달 며칠에는 창고를 열어 세곡을 거두어들었으며, 그 다음 달 며칠에는 군보(軍保)를 새로 작성하였는데 이 중에 백성들에게 크게 해가 되는 농간과 폐단이 있거든 낱낱이 지적하여 진술하라. 또 송사(訟事)의 판결에 잘못된 것이 있거나 죄를 준 것에 억울함이 있거나 정령(政令)에 흠이 있다면 낱낱이 지적하여 진술하라.

그리고 아전이나 관노들이 마을로 나가 사사로이 세금을 거둔 것이 있거나 풍헌이나 약정이 고약한 마음을 품고 사사로이 농간 부린 적이 있으면 낱낱이 진술하라. 또한 불효(不孝)·부제(不悌)·불목(不睦)·불화(不和)하여 풍속의 교화에 해를 끼치거나 장터의 질서를 문란하게 하고 어른에게 무례한 짓을 범한 자가 있거든 빠짐없이 진술하라. 그렇지만 아전을 겁내고 토호들의 보복을 두려워하여 그들의 부정을 은폐하거나 평소 사감(私感)과 원한을 이 기회에 풀고자 모함하거나 무고한다면 그 또한 죄를 물을 것이다.

자기 이름을 밝혀도 좋으면 성명을 기록하고, 자기를 내세우고 싶지 않은 사항에 대해서는 성명을 기록하지 않아도 된다. 진술이 다 끝났으면 얇은 종이로 봉하여 도장을 찍어 교궁(校宮)에 제출하고, 교궁에서는 그것을 거두어 두었다 초열흘에 장의(掌議)가 수령에게 직접 바치도록 하라.'

수령은 진술서들을 수합하여 조목조목 검토한 후 정사에 반영토록 하고 미심쩍은 것이 있으면 따로 은밀히 사정을 캐 보아야 한다.

子弟親賓 有立心端潔 兼能識務者 宜令微察民間.

자제와 친척과 빈객 가운데 그 마음가짐이 단정하고 결백하며 능히 그 일을 할 수 있는 자에게 명하여 슬며시 백성들의 사정을 살피게 하라.

【字義】 兼:겸할 겸. 微:작을 미. 엿볼 미. 察:살필 찰. 자세할 찰.
【語義】 親賓(친빈):친척과 빈객. 立心(입심):마음가짐. 能識務(능식무):

능히 해낼 수 있음. 微察(미찰):슬며시 살핌.

【解説】 아전들이 수령의 눈을 가리고 귀를 막으면 수령으로서는 백성
들의 사정을 밝게 알 수 없다. 그러므로 수령은 가끔 자식이나 아우
또는 친척·빈객들로 하여금 백성들 사이에 끼어들어 그들의 고충
과 애로를 살피도록 하는 것이 좋다. 다만 이들이 민간에 끼어들 때
는 그 본색을 숨기고 은밀히 정황을 살피게 해야 하며, 이들이 오히
려 백성들에게 폐를 끼치는 일이 없도록 하기 위해 반드시 마음이
단정하고 일을 능숙하게 수행할 수 있는 사람을 골라 보내야 한다.

首吏權重 壅蔽弗達 別歧廉問 不可已也.

수리(首吏)의 권한을 두터이 하면 수령과 백성의 사이가 막히고 덮여
서로 통하지 아니하니 달리 염문하는 일을 그만둘 수 없다.

【字義】 壅:막을 옹. 弗:아닐 불. 말 불. 歧:갈림길 기.
【語義】 壅蔽(옹폐):막고 덮음. 임금의 총명을 가리는 것. 弗達(부달):통
하지 않음. 別歧(별기):갈림길. 廉問(염문):염탐. 已(이):그만두다.

【解説】 지혜롭지 못한 수령은 수리를 사인(私人)으로 삼아 그에게 지나
친 권한을 부여하고 그와 더불어 행·불행을 함께하며, 편벽되이 그
의 말만을 믿고 조금도 의심하지 않는다. 그리하여 그와 적대 관계
에 있는 사람들을 수령이 덩달아 엎치고 뒤쳐 편히 쉴 사이 없이 들
볶으며 수령 스스로 자신의 눈과 귀를 막고 우뚝 고립되어 밖의 소
식은 한 가지도 듣지 못하니 아전들이 배반하고 백성들이 저주하여

낭패를 보는 경우가 많다.

凡細過小疵 宜含垢藏疾 察察非明也. 往往發奸 其機如神 民斯畏之矣.

미세한 과실과 작은 허물쯤은 덮어 주고 감싸 주어야지 낱낱이 살펴 밝히는 것은 현명한 일이 못 된다. 어쩌다 농간을 적발해도 신(神)과 같은 기지(機智)로 처리하면 백성들은 그것을 경외할 것이다.

【字義】疵:허물 자. 含:머금을 함. 담을 함. 垢:때 구. 티끌 구. 明:밝을 명. 밝힐 명. 機:틀 기. 기회 기. 위험할 기. 畏:두려워할 외.

【語義】細過(세과):미세한 과실. 小疵(소자):작은 흠. 含垢藏疾(함구장질):허물을 덮어 주고 병폐를 감춰 줌. 察察(찰찰):낱낱이 살펴 밝힘. 發奸(발간):농간을 적발함. 機(기):기지(機智).

【解說】수령이 아전이나 백성들의 한두 가지 숨겨진 허물을 들고는 마치 엄청난 재화(財貨)라도 얻은 듯이 농간을 들추고 덮인 것을 캐내어 세상에 드러내 놓고 널리 폭로함으로써 자신의 통찰력이 밝음을 과시하려 하는 것은 천하에 부덕한 짓이다. 큰 죄라면 들추어 밝혀야 하겠지만 사소한 잘못은 간략히 처리하거나 덮어 주고 넘어가거나 따뜻한 말로 훈계하여 스스로 새로운 마음을 갖게 하고, 관용을 베풀되 방종하지 않게 하고, 엄하되 가혹하지 않게 하여 온후한 덕으로써 감복하게 하는 것이 아랫사람을 제어하는 길이다.

左右近習之言 不可信聽 雖若閑話 皆有私意.

주위에 늘 가까이 있는 자들의 말을 그대로 믿고 들어서는 안 된다. 한가롭게 나누는 대화일지라도 그 속에는 사의(私意)가 들어 있기 마련이다.

【字義】習:익힐 습. 늘 습. 閑:한가할 한. 話:말씀 화.
【語義】近習之言(근습지언):늘 가까이 있는 자의 말. 閑話(한화):한가롭게 스스럼없이 나누는 대화.

【解說】호대초(胡大初)는 이렇게 말했다.
　"현령의 사람됨이 치밀하고 굳세어 좀체 아전에게 일을 내맡기려하지 않으면 아전들은 온갖 도리를 들추어 장광설(長廣說)을 풀며 은근히 현령을 치켜세운다. 그래도 현령이 들어 주지 않으면 현령이 쉬고 있는 동안 저희들끼리 주고받는 말인 척하면서 은근히 그 말이 현령의 귀에 들어가게 한다. 그러면 현령은 그들의 잔꾀에 넘어가 그것이 자기들끼리 나눈 말인 줄도 모르고 그대로 믿어 버리고 만다."
　이렇듯 아전들의 간계는 천태만상이니 수령된 자는 조금만 소홀하여도 이들의 꾀에 속아 넘어가기 쉬운 것이다.

微行不足以察物 徒以損其體貌 不可爲也.

미행(微行)으로는 물정(物情)을 살피기에 부족하며 오히려 부질없이 체모만 손상할 뿐이니 수령으로서는 할 짓이 못 된다.

【字義】 物:물건 물. 살필 물. 徒:무리 도. 헛될 도. 형벌 도. 損:덜 손.
해칠 손.

【語義】 微行(미행):미복잠행(微服潛行). 들키지 않게 숨어 미행함. 徒
(도):부질없이. 한갓.

【解說】 수령은 일거일동을 가벼이 해서는 안 된다. 설령 숨겨진 간계가
있더라도 몸소 미행하는 따위의 짓은 하지 않는 것이 좋다. 한밤중
에 한 번 나갔다 하면 이튿날 아침에는 이미 온 고을이 비웃음으로
가득할 것인즉 어찌 사사로이 하는 말이나 밀담(密談)을 다시 얻어
들을 수 있겠는가. 부질없이 여염집 부녀자들로 하여금 등불을 끄고
길쌈을 멈추게 할 뿐이다. 미행을 일삼는 수령을 일러 고을 사람들
은 도깨비라 한다.
　생각건대 수령이 몸소 미행에 나서는 것은 체모의 손상을 가져 올
뿐이다. 어떤 큰일의 음모를 캐내기 위한 경우라면 비장(裨將)을 시
켜 미행하게 하는 것이 좋을 것이다.

> 監司廉問 不可使營吏營胥.

감사가 염문하는 경우 감영의 아전이나 서리를 시켜서는 안 된다.

【字義】 廉:청렴할 렴. 살필 렴. 營:지을 영. 진영 영. 胥:서로 서. 아전
서.

【語義】 營吏(영리):감영의 아전. 營胥(영서):감영의 서리.

【解說】 《다산필담(茶山筆談)》에서 이렇게 말한 일이 있다.

"감사가 염문하는 경우에는 친척이나 빈객 가운데 죽음도 두려워하지 않는 인사(人士)를 골라 촌마을에 은밀히 숨어들게 해야 백성들의 숨은 고통을 알아 낼 수 있고 관(官)의 실정(失政)도 파악할 수 있다. 그런데 근래에 와서는 감사들이 감영 내의 이서(吏胥)들을 심복으로 생각하여 이들을 염문에 투입하는데 감사는 이들이 고을의 교활한 아전들과 결탁하고 있음을 모른다."

또 ≪운곡일초(雲谷日鈔)≫에는 이렇게 이르고 있다.

"어사가 염문할 때 촌락으로 숨어 다니면 부정을 살필 수가 없고 몸소 읍내에 들어가면 그 정체를 감출 길이 없다. 그러므로 영리한 수하(手下)를 보내어 염문하되, 일찍이 수리(首吏)를 지내다 자리를 잃고 실의에 빠져 있는 자로 현재의 수리와 원수지간인 자를 찾아 보내도록 한다. 이때 현재의 수리를 먼저 잡아다 이백 리 밖의 옥에 가두고 며칠 후 그 영리한 수하를 옥으로 보내어 수리의 친척이라 속이고 마패를 내보이며 옥 안의 그로 하여금 수령의 허물과 아전들의 농간을 낱낱이 적게 한다.

그리고 '네 죄는 죽어 마땅하나 진실한 마음으로 낱낱이 적되 털끝만큼이라도 숨기지 않고 속이지 않으면 죄를 모두 용서해 주겠다. 그러나 숨기거나 속이는 것이 털끝만큼이라도 있게 되면 너는 죽음을 면치 못하리라.' 한다. 이렇게 하면 그 수리(首吏)는 죽음에서 삶을 얻고 아울러 서로간의 원한마저 풀 수 있기 때문에 곧 낱낱이 기록을 하여 털끝만한 거짓도 없을 것이다."

이리하여 어사는 수령 및 아전들의 비위 사실을 밝혀 낼 수 있으며 감사 또한 이 방법으로 염문할 수 있다.

> 凡行臺察物 唯漢刺史六條之問 最爲牧民之良法.

　무릇 행대가 물정을 살필 때는 오직 한(漢)나라 시대의 자사(刺史)들이 쓰던 여섯 가지 문항(問項)이 목민을 하는 가장 좋은 방법이다.

【字義】 臺:대 대.　刺:찌를 자. 꾸짖을 자.　最:가장 최.
【語義】 行臺(행대):원래 의미는 외국에 보내는 사신의 수행원. 여기서는
　　암행어사의 성격을 띤 관원 일행을 말함.　刺史(자사):한대(漢代)의
　　정무(政務) 감찰관.

【解說】 한(漢)나라 무제(武帝) 원봉(元封) 5년 때 처음으로 자사를 두어
　　십삼 주(州)를 맡게 했는데 추분(秋分)에 군(郡)과 나라 안 전체를 두
　　루 돌아다니며 다스려지는 상황을 살피게 하였다. 이때 이들이 사용
　　한 방법이 곧 육조지문(六條之問)인데 그 내용인즉 이러하다.
　　　제1조는 '강력한 족벌과 토호들이 전택(田宅) 제도를 위반하여 강
　　한 힘으로 약자들을 능멸했으며, 다수의 힘으로 소수의 백성에게 횡
　　포를 부렸는가?' 이며,
　　　제2조는 '이천석(二千石:漢代의 郡의 太守)이 조서(詔書)를 받들
　　지 않고 공(公)을 등지고 사(私)를 추구했거나 아첨을 일삼아 자신의
　　이익을 꾀하며 백성들의 재산을 침탈하는 간악함을 범하지 않았는
　　가?' 이며,
　　　제3조는 '이천석이 억울한 옥살이를 외면하고 확실한 증거 없이
　　살인의 피의자를 분노로써 급히 처형하며, 기분 내키면 멋대로 상을
　　주고 고을을 소요스럽고 불안하게 하며, 백성의 껍질을 벗겨 그 원
　　성이 극에 달해 산이 무너지고 돌이 갈라지는 등 해괴한 현상이 일

고 유언비어가 나도는 일이 있는가?'이며,

제4조는 '이천석이 관리를 채용함에 있어 불공평하거나 자기에게 아첨하는 사람만을 사랑하여 어진 사람을 막고 완악한 자를 감싸는 일이 있는가?'이며,

제5조는 '이천석의 자제들이 그 세력을 믿고 청탁받은 일이 있는가?'이며,

제6조는 '이천석이 공(公)을 어기면서 하수인(下手人)과 어울려 간악한 짓을 하고, 강족(强族) 토호들에게 아부하여 뇌물을 주고받고 정령(政令)을 어긴 일이 있는가?'이다.

우리나라 목민관들도 이 자사육문(刺史六問)의 방법을 활용한다면 백성들을 편한 마음으로 살게 할 수 있을 것이며 아래 관리들의 비행(非行)도 막을 수 있을 것이다.

제6조 고공(考功): 아전들의 공적을 평가함

> 吏事必考其功 不考其功 則民不勸.

    아전들이 한 일에 대해서는 반드시 공적을 평가해야 하며, 그 공적을 평가하지 않고는 백성들을 권면할 수 없다.

【字義】考:생각할 고. 살펴볼 고. 성적 고.　功:일 공. 공로 공.　勸:권할
　　권. 권면할 권.
【語義】吏事(이사):아전들이 한 일.　考(고):평가함. 고과(考課)함.　不勸
　　(불권):권면할 수 없음.

【解說】≪주례(周禮)≫에 '관리는 치적(治績)으로써 백성을 얻는다.'고
　　했거니와 사람을 부리는 법은 오로지 '권(勸)'과 '징(懲)' 두 글자에
　　있다. 공(功)이 있음에도 상(賞)이 없으면 백성을 권면하기 어렵고,
　　죄가 있음에도 벌이 없으면 백성을 징계할 수 없다. 권면하지도 않
　　고 징계하지도 않으면 만민이 해이해지고 만사가 무너지게 되니 이
　　는 모든 관리와 아전들의 경우에도 다를 바 없다. 오늘날 죄에는 벌
　　을 주면서도 공(功)에는 상(賞)이 없다. 이 때문에 아전들의 습성이
　　날로 간악으로 치닫는 것이다.

> 國法所無 不可獨行 然 書其功過 歲終考功 以議施賞
> 猶賢乎已也.

국법에 없는 것을 독단적으로 행할 수는 없겠지만 그 공과(功過)를 기록해 두었다가 그해 연말에 공적을 평가하여 상을 내리면 그나마 그만두는 것보다는 낫다.

【字義】考:생각할 고. 살펴볼 고. 성적 고. 猶:오히려 유. 賢:어질 현. 현명할 현. 나을 현.

【語義】所無(소무):없는 것. 歲終(세종):그해 연말. 賢乎已(현호이):그만두는 것보다 나음.

【解說】책 한 권을 비치하여 한 장에 한 사람씩 이름을 적고 향임(鄕任)과 군교·아전·하노(下奴)들의 공과를 모두 기록한다. 그리하여 허물은 있을 때마다 다스리고 공(功)은 그해 연말에 비교 검토하여 9등급으로 분류한다. 상(上) 세 등급은 새해 인사 발령 때 요직을 주고, 중(中) 세 등급에 대해서는 상을 주되 차등을 두어 행하고, 하(下) 세 등급은 1년 동안 직임(職任)을 주지 말아 각성하게 하면 어느 정도 권선(勸善)에 도움이 될 것이다.

> 六期爲斷 官先久任而後 可議考功 如其不然 唯信賞必罰 使民信令而已.

수령의 임기는 6년으로 해야 한다. 수령이 먼저 그 자리에 오래 있은 후에야 아전들의 공과를 평가할 수 있을 것인즉, 그렇지 못하면 오직 신상필벌에 의존해야 할 것인데 그렇게 하면 백성들로 하여금 수령의 처분에 따르라고 강요하는 것밖에 되지 않는다.

【字義】斷:끊을 단. 결단할 단. 久:오랠 구. 唯:오직 유.

【語義】六期爲斷(육기위단):말 그대로라면 여섯 기간으로 끊는다는 뜻
이나 여기서는 수령의 임기를 6년으로 해야 한다는 주장인 것 같다.
官(관):수령. 信賞必罰(신상필벌):상을 줄 만한 사람에게는 반드시
상을 주고 벌을 줄 만한 사람에게는 반드시 벌을 줌.

【解說】이십 년 이래 수령이 자주 교체되니 오래 머무는 자라야 2년이
고 나머지는 1년이다. 이 법이 고쳐지지 않고서는 아전과 백성이 장
기 계획을 세울 수 없고, 고공(考功)의 법은 웃음거리가 될 뿐이다.

　공자께서 제자의 질문에 대답하기를, '병력도 버리고 식량도 버릴
지언정 신의(信義)만은 끝내 버려서는 안 된다.'고 했다.

　수령으로서 영(令)을 미덥게 하는 것은 백성에 대한 첫 번째 임무
이다. '이러이러한 죄를 범하면 이러이러한 벌을 줄 것이다.'라고 영
을 내렸다가 그대로 시행하지 않는다거나 '이러이러한 공을 세운 자
에게는 이러이러한 상을 내릴 것이다.'라고 영을 내렸다가 그대로
시행하지 않는다면 그 이후로는 수령의 입에서 어떤 영이 내려도 백
성들은 그를 믿으려 하지 않을 것이다.

　수령이 백성들로부터 신임받지 못하면 평소에는 큰 해 될 것이 없
을지 모르나 외환(外患)을 당한다면 장차 어찌 할 것인가. 명령을 미
덥게 하는 것은 수령의 첫 임무이다.

監司考功之法 因可議也. 疏略旣然 無以責實 奏改其
式 抑所宜也.

감사의 고공법은 의론함직하다. 그 대략은 이미 다른 바와 같으나 실

효를 거두지 못하니 그 방법을 고치도록 주청(奏請)함이 또한 옳을 것이다.

【字義】疏:소통할 소. 성길 소.   略:간략할 략. 대략 략.   奏:아뢸 주.
 抑:누를 억. 또한 억.
【語義】疏略(소략):대략. 대충. 責實(책실):실효를 거둠. 抑(억):또한.

【解說】나는 ≪고적의(考績議)≫ ― 茶山이 官吏들의 공적을 평가하는 방법을 상세히 기록한 책 ― 에서 다음과 같이 말한 일이 있다.

"국가의 안전과 위태는 민심의 향배에 달려 있으며, 민심의 향배는 백성의 편하고 고달픔에 달려 있으며, 백성의 편함과 고달픔은 수령의 선악에 달려 있으며, 수령의 선악은 감사(監司)의 포폄(褒貶)에 달려 있는 것인즉 감사가 행하는 고과(考課)의 방법은 곧 천명(天命)과 민심의 향배를 결정하는 기틀이 되는 것이요, 이에 따라 국가의 안전과 위태가 판가름 난다."

감사의 고공(考功)이 이렇듯 중요함에도 지금만큼 그 법이 엉성하고 흐트러진 적도 없다. 나는 이것이 심히 걱정스러울 뿐이다. 내가 중국 전대(前代)의 제도를 두루 돌이켜보니 고과의 방법은 대체로 9등급으로 나뉘어 연말에 한 번 고공할 뿐이었다.

그런데 우리나라에서는 오직 세 등급으로만 나누어 1년에 두 번 고과하니 왜 이리도 잦은지 모르겠다. 당우(唐虞) 시대 사람들은 3년 후에야 그 공적을 요구하였으니 반년마다 고과하는 것은 지나치지 않은가. 내 생각으로 수령에 대한 고과는 9등급으로 하되 연말에 한 번 하는 것이 좋을 것 같다.

6. 호전육조(戶典六條)

제1조 전정(田政):농지(農地) 행정(行政)

> 牧之職五十四條 田政最難 以吾東田法 本自未善也.

수령의 직무 오십사 조 가운데 전정(田政)이 가장 어려운데 그것은 우리나라의 전법(田法)이 본래부터 잘 되어 있지 않았기 때문이다.

【字義】難:어려울 난. 未:아닐 미. 아직 미. 善:착할 선. 좋을 선.
【語義】田政(전정):농지에 대한 정책. 吾東(오동):우리나라. 本自未善(본자미선):본래부터 잘 되어 있지 않음.

【解說】중국에서는 토지의 면적을 경(頃)·묘(畝)로 헤아리고 우리나라에서는 결(結)·부(負)로 헤아린다. 길고 짧음이나 넓고 좁음에는 형체가 있으나 비옥함과 척박함, 기름짐과 메마름에는 그 형체가 없다. 그런데 형체는 옛날이나 오늘날이나 변함이 없지만 토질은 때에 따라 다른 것이니 결(結)과 부(負)로써 토지를 다스리는 것은 좋은 방법이 아니다.

　원래 전결(田結)이라는 명칭은 ≪관자(管子)≫에서 비롯된 것인데 신라 시대에도 이미 결(結)·부(負)라는 말이 있어 최치원(崔致遠)의 ≪산사비명(山寺碑銘)≫에는 토지 십 결(結)을 하사받았다는 말이 나오며, ≪고려사(高麗史)≫ '식화지(殖貨志)'에 산전(山田) 1결, 평전(平田) 2결이라는 말들이 나오나 그것은 오늘날의 법처럼 토지의 비옥하고 척박함에 따라 등급을 가감하는 것이 아니다.

고려 말기에 비로소 3등급의 자[尺] — 고려 공양왕 원년에 제정한 농지를 재는 자로서, 上田尺은 이십 指, 中田尺은 이십오 指, 下田尺은 삼십 指이다. — 를 제정하여 토지를 측량했으며, 조선조 초에 5등급의 자를 제정하니 그 차등이 더 많아졌으나 비옥·척박의 5등급은 전안(田案:토지에 관한 법)에 실려 있을 뿐 5등급 토지의 실제 넓이는 모두 같았다.

오늘날 토지 등급의 체가법(遞加法)은 측량을 아무리 잘 살펴도 진실로 그 넓이를 밝힐 수 없으니 수령이 그 농간을 어찌 적발할 수 있겠는가.

> 時行田算之法 乃有方田直田句田梯田圭田梭田腰鼓田
> 諸名 其推算打量之式 仍是死法 不可通用於他田.

현재 시행되고 있는 토지 계산법에는 방전(方田)·직전(直田)·구전(句田)·제전(梯田)·규전(圭田)·사전(梭田)·요고전(腰鼓田) 등의 명칭이 있는데 그것을 추산하여 측량하는 방식은 이미 쓰이지 않은 지 오래이니 다른 모양의 토지에는 통용될 수가 없다.

【字義】時:때 시. 梯:사다리 제. 圭:서옥 규. 모날 규. 梭:북 사. 나무
　　이름 준. 腰:허리 요. 推:밀 추(퇴). 따질 추. 천거할 추. 打:칠 타.
　　셀 타. 仍:인할 잉.
【語義】時行(시행):현재 행해지고 있는. 方田(방전):정사각형의 농지.
　　直田(직전):직사각형의 농지. 句田(구전):직각삼각형의 농지. 梯田
　　(제전):사다리꼴 모양의 농지. 圭田(규전):이등변 삼각형의 농지.

梭田(사전):평행사변형의 농지.　腰鼓田(요고전):장구 모양의 농지.
打量(타량):측량함.

【解說】 토지 계산법에 보면 '산서(算書)에 길이 5척(尺)에 폭 5척(尺)을
1보(步)라 했으니 지금의 측량법으로 말하면 1척이 된다. 또 십 척이
1속(束)이요, 십 속이 1부(負)가 되며, 백 부가 1결(結)이고, 8결이 1
부(夫)가 된다.' 라고 했다.

　그러나 이들 일곱 가지 모양의 농토를 측량하여 계산하는 방식은
실제로 무용지물이 되어 버렸음은 삼척동자도 다 아는 바이다. 땅의
모양이 반드시 이 일곱 가지 형태로만 되어 있는 것이 아니요, 구불
구불한 땅, 뾰족한 땅, 원형이나 계란형의 땅, 활처럼 휘어진 땅, 뱀
모양의 땅, 찢어진 북 모양의 땅 등 아무렇게나 생긴 땅의 넓이는 어
떻게 산정(算定)할 것인가. 이와 같은 경우에 어리석은 수령은 밭두
둑 위에 서서 전례에 비추어 측량의 농간을 적발하려 하나 그것이
어찌 가능한가.

　이렇듯 실지의 면적을 공평하게 측량하는 것도 어려운데 여기에 2
등의 팔십오라든가 4등의 오십오 등 그 차를 가산해서, 그로써 비
옥·척박을 살펴 증감을 논하려 하지만 이 비례를 정밀하게 밝힐 수
있는 자가 있겠는가. 도대체 이 일곱 가지 도형을 만든 자는 이런 이
치를 알고나 한 것일까.

　쉽게 알 수 있는 것은 드러내고, 통하기 어려운 것은 감추어 먼저
그 근본을 세워 놓고 만 가지 다른 형태의 땅에까지 미루어 적용하
려 하니 이는 속임수가 아닌가. 소위 전산법(田算法)이 의거할 만한
바탕이 없는 것이 본래 이와 같다.

改量者 田政之大擧也. 査陳覈隱 以圖苟安 如不獲已
黽勉改量 其無大害者 悉因其舊 釐其太甚 以充原額.

개량(改量)이라는 것은 전정(田政)의 큰 일이다. 진전(陳田)을 조사하
고 숨겨진 땅을 밝혀냄으로써 구안(苟安)을 꾀하고, 부득이한 경우에만
개량을 꾀하되 크게 해롭지 않은 것은 모두 옛것을 따르고, 아주 심한
것만을 바로잡아 원래의 액수를 채우도록 한다.

【字義】擧:들 거. 일으킬 거. 覈:찾아 밝힐 핵. 苟:진실로 구. 구차할
   구. 獲:얻을 획. 黽:힘쓸 민. 맹꽁이 맹. 悉:다 실. 釐:다스릴 리.
   정리할 리. 額:이마 액. 수량 액.
【語義】改量(개량):토지의 양을 고침. 다시 측량함. 大擧(대거):큰 사업.
   힘들고 중요한 사업. 査陳(사진):진전(陳田), 즉 묵히고 있는 밭을
   조사함. 覈隱(핵은):숨겨진 땅, 즉 세금을 내지 않고 경작하는 땅을
   조사하여 밝혀 냄. 苟安(구안):일시적 편안을 꾀함. 여기서는 대대
   적인 개혁을 하지 않고 임시 조치만 취하는 것을 뜻함. 不獲已(불획
   이):부득이. 黽勉(민면):힘씀. 悉因其舊(실인기구):모두 옛것을 따
   름. 釐其太甚(이기태심):아주 심한 것을 바로잡음. 原額(원액):원래
   의 세금 액수.

【解說】우리나라의 토지 제도는 예부터 좋지 않았다. 훌륭한 왕과 현명
   한 신하가 묘당(廟堂) 위에서 의논하여 토지 제도를 바로잡아 결부법
   (結負法)을 허물고 경묘법(頃畝法)으로 하되 한결같이 중국의 제도를
   모방하고 정전법(井田法)을 응용하는 것이 좋으며, 각 고을의 수령
   은 지혜를 다하여 합리적으로 운용함으로써 백성들에게 터럭만한 유

감도 없도록 해야 할 것이다.

오늘날의 결부법은 토지를 6등급으로 나누니 그 엉성하고 현혹됨이 이보다 심한 것이 없다. 하물며 토지의 비옥하고 척박함은 세월따라 달라져 마을이 번성하여 거름을 많이 하면 비옥해지고 마을이 퇴락하여 거름을 못하면 비옥했던 토지도 척박해지게 마련이며, 옛날에 물이 흔하던 곳도 샘이 말라 물 대기가 힘든 곳이 있는가 하면 물이 없던 곳도 도랑을 파서 물이 풍족해지기도 하는데 어찌 땅의 등급을 고정시켜 오랜 시대를 두고 바꾸지 않을 수 있겠는가.

그런데 개량(改量)해 보았자 역시 결부법(結負法)일 것이니 애당초 제도 자체가 그릇되었는데 고친다 하여 좋아질 수는 없다. 그래서 나는 불가피한 경우에 고치되 아주 심한 것만 바로잡으라고 하는 것이다.

오늘날 남부 지방의 토지는 숙종(肅宗) 경자(庚子)년에 측량한 것이다. 내년이 기묘(己卯)년이니 벌써 백 년이나 되었는데 토지의 결수(結數)가 날로 줄어들고 있으니 이는 다시 측량하는 것이 급선무이다.

> 改量條例 每有朝廷所頒 其中要理 須申明約束.

개량(改量)의 조례는 매양 조정에서 반포할 것인즉 수령은 그 중요점이 되는 이치를 거듭 밝혀 다짐해야 한다.

【字義】頒:나누어줄 반. 퍼뜨릴 반. 要:요긴할 요. 요구할 요. 須:모름지기 수. 반드시 수. 申:거듭 신.
【語義】要理(요리):요점이 되는 이치. 申明(신명):거듭 밝힘.

【解說】개량(改量)을 할 때는 삼십 일 전에 방(榜)을 써 붙여 백성들에게 알리고 다음 사항을 다짐해야 한다.

첫째, 시기전(時起田:현재 세금을 내고 경작 중인 토지)으로서 황폐되지 않은 땅은 옛날 결수(結數)대로 하고 증감을 허락지 않을 것인즉 비록 세율이 무겁더라도 소(訴)를 제기하지 말 것이며 세율이 가볍더라도 고간(告訐)하지 말라. 쓸데없는 말이 분분하고 일을 방해하는 자는 죄로 다스릴 것이다.

둘째, 아무 마을 아무 논배미가 예부터 서로 전해오는데 장씨의 논이 이씨의 경계에 잘못 편입되어 있다거나 이씨의 밭이 장씨의 밭에 잘못 편입되어 있다는 등 미심쩍게 전승되는 것이 있다면 잘못된 점을 낱낱이 기록하여 책으로 묶어 기일 이전에 제출토록 하라.

셋째, 아무 마을 아무개의 진전(陳田)은 측량 전과 측량 후의 사정을 두 책에 따로 기록하고, 측량 이후에 묵힌 밭은 을해년(乙亥年)의 진전인지 갑인년(甲寅年)의 진전인지 기사년(己巳年)의 진전인지를 각각 전액(田額) 아래에 상세히 명기토록 하라.

넷째, 속전(續田:한 해 걸러 경작했다가 묵혔다 하는 밭)과 환기전(還起田:묵혔던 밭 중 다시 경작하는 땅) 및 신기전(新起田:새로 개간하여 농지로 편입된 땅) 가운데 양안(量案:조선시대 토지 대장. 오늘날 토지 등기)에 등록되지 않은 것은 백성들이 그 등록 여부를 잘 알지 못하므로 어쩔 수 없지만, 측량 후의 환기전과 신기전은 각기 그 마을에서 실태를 조사해 조목조목 나열하여 별도의 책으로 만들어 기일 전에 제출토록 하라.

다섯째, 풍수설(風水說)에 빠져 묘지 범위를 넓게 점유하여 주변에 소나무·가래나무를 심어 농사를 지을 수 없게 된 땅을 묘진(墓陳)이라 하는데 이에 대해서는 종전대로 세곡을 내게 하면 그만이지 깎아 없애서는 안 되며, 따로 조사하고 검토하기에 편리하도록 책 한 권을 만들어야 한다.

여섯째, 한 자호(字號:量田할 때 千字文의 순서에 따라 각 토지에 번호를 매기는 것) 내에서 사무 착오로 세액이 서로 엇갈려 십 번의 밭에 이십 번의 세액이 매겨지기도 하고 칠십 번의 밭에 팔십 번의 세가 매겨지기도 하는데, 그것은 관에 와서 호소하지 말고 바로 그 마을에서 낱낱이 열거하여 책으로 묶도록 하라.

> 量田之法 下不害民 上不損國 唯其均也 唯先得人 乃可議也.

양전(量田)의 법은 아래로는 백성에게 해가 되지 않고 위로는 나라에 손해를 끼치지 않고 오로지 공평하게 해야 하니 먼저 적임자를 얻고 나서야 이를 논할 수 있다.

【字義】 量:헤아릴 량. 均:고를 균. 乃:이에 내. 곧 내.
【語義】 得人(득인):인물, 즉 적임자를 얻음.

【解說】 현종(顯宗) 계묘(癸卯)년에 경기(京畿) 토지를 측량하여 등급을 매길 때 상사(上司)가 강제로 궁방(宮房)에서 소유한 토지를 높은 등급으로 매기게 명하면서 '궁방토는 세금이 면제되는 땅이니 1등급을 매겨도 무방하다'고 하였다. 그런데 양주(楊州)에 김씨 성을 가진 감관(監官)이 반대하여 말하기를,

"궁방토가 면세되는 것은 몇 십 년에 불과합니다. 이 토지가 민간에 돌아가기는 잠깐일 것이며 반드시 무궁한 폐단이 될 것입니다."

하였다. 그러나 상사가 감관의 청을 듣지 않더니 지금에 와서는 백성들이 그 토지를 버리고 경작하지 않는 경우가 많다. 살피건대 토지는 영원한 주인이 없고 잠깐 사이에 주인이 바뀌므로 세력을 믿고 등급을 낮추어서도 안 되는 것이요, 세력을 믿고 등급을 높일 수도 없는 것이며, 오직 고르게 해야 하는 것이다.

이를 올바로 수행하기 위해 수령은 우선 적임자를 구해야하는데 그것이 쉬운 일이 아니다. 영리한 자는 반드시 속임수가 있고 순박한 자는 반드시 굽히게 마련이며, 남에게 속임을 당하지 않는 자는 나를 속이기 쉽고 나를 속이지 않는 자는 남에게 속기 쉬운 법이니 올바른 사람 구하기가 이렇듯 어려운 것이다. 그렇지만 역시 다루고 부리기를 어떻게 하느냐에 달려 있을 뿐이다.

畿田雖瘠 本旣從輕 南田雖沃 本旣從重 凡其負束 悉因其舊.

경기 지방의 토지는 척박한 것이 사실이나 본래부터 세금을 가벼이 해 오고 있으며, 남부 지방의 토지는 비옥하나 세금을 무겁게 해 오고 있으니 그 부(負)나 속(束)은 모두 옛것을 따르도록 하라.

【字義】畿:경기 기. 瘠:여윌 척. 메마를 척. 沃:기름질 옥. 물댈 옥. 負:질 부.

【語義】畿田(기전):경기 지방의 논밭. 瘠(척):땅이 척박함. 기름지지 않음. 旣從(기종):이미 ~해 오고 있음. 負束(부속):負와 束 모두 면적 단위. 悉(실):다. 모두. 因(인):~을 따름.

【解說】나는 경기도 양근군(楊根郡)에 척박한 토지를 가지고 있다. 논이 칠십 두락(斗落:마지기)이요, 밭이 이십 일경(日耕:1日耕은 하루에 갈아엎을 수 있는 땅)으로 모두 1결(結)밖에 되지 않는다. 그런데 멀리 남부 지방으로 귀양 와서 보니 다소 비옥한 편에 속하는 논은 대체로 이십 두락이면 1결로 쳤다.

이로 미루어 보건대 남부 지방의 토지는 대개 1등과 2등에 속하는 것이 많고 척박한 것은 3등과 4등이었다. 그런데 경기 지방의 토지는 비옥한 땅이라도 혹 5등에 들고 나머지는 모두 6등으로 되어 있다.

연분(年分:풍년·흉년에 따라 정하던 田稅의 율로 上上·上中·上下·中上·中中·中下·下上·下中·下下 아홉 등급이 있음)의 대개장(大槩狀:郡縣에서 田結 총수를 관찰사에게 보고하면 관찰사가 조정에 올리는 보고서)에는 남방의 토지 또한 하중(下中)과 하하(下下)만 있는데 이렇듯 연분으로써 토지 등급을 매기는 것은 잘못이다. 연분이란 쓸데없이 만들어 낸 헛이름으로 그로 인해 해마다 국가에서 손실하는 쌀만 해도 수십만 석이 되니 속히 연분을 혁파(革破)해 버려야 할 것이다.

唯陳田之邃陳者 明其稅額過重 不可不降等也.

진전(陳田) 중에서 아주 오래 묵힌 것은 분명히 세액이 과중하니 등급을 낮추어야 할 것이다.

【字義】邃:드디어 수. 나아갈 수. 陳:베풀 진. 말할 진. 降:내릴 강. 항복할 항.

【語義】 遂陳(수진):아주 오래 묵힘. 降等(강등):등급을 낮춤.

【解說】 진전(陳田)이 묵은 이유는 촌락이 쇠퇴하거나 계속 흉년이 들었기 때문이니 무거운 조세(租稅) 탓으로 돌려서는 안 된다. 그러나 정말로 조세가 가볍다면 때로는 경작하기도 하고 묵혀 두기도 하는 것을 허용해도 된다. 한 해 묵혔다고 곧바로 폐전(廢田)시켜 버리는 것은 이치에 맞지 않는다.

　개량(改量) 전과 개량 후의 진전은 모두 그 등급을 낮추어 주되 마을 가까이에 있으면서 비옥한 것은 5등급으로 낮추어 주고, 마을에서 멀리 떨어져 있고 척박한 것은 6등급으로 낮추어 주어 그 결부(結負)를 개정하여 백성들에게 경작을 권장토록 해야 한다.

> 陳田降等 字號遷變 民將多訟 凡其變者 悉給牌面.

　진전의 등급이 낮추어져 자호(字號)가 바뀌면 백성들의 송사(訟事)가 많아질 것인즉 바뀐 것에 대해서는 모두 패면(牌面)을 지급토록 해야 한다.

【字義】 遷:옮길 천. 바꿀 천. 給:줄 급. 牌:패 패. 부절 패.
【語義】 字號(자호):천자문의 순서에 따라 토지를 天·地·玄·黃 등으로 분류하여 지번(地番)을 매긴 것. 牌面(패면):전패(田牌). 토지의 위치 및 지번 등급 등이 기록된 양식으로 오늘날 땅 문서.

【解說】 ≪속대전(續大典)≫에는 '묵히는 땅과 다시 경작하는 땅을 막론하고 5결이 되면 하나의 자호로써 표시한다.'고 규정되어 있다.

또 '모든 토지에는 사표(四標:四至, 즉 땅 한 필지에 대하여 東西南北 四方의 경계를 표시한 것) 및 지주(地主) 이름을 기록하되 진전(陳田)도 주인의 이름을 기록하며 주인 없는 땅은 〈무주(無主)〉라고 기록한다.'고 규정했다.

진전(陳田)이 3등 칠십 부(負)인 경우 그것이 5등으로 낮아지면 사십 부로 줄고 또 6등으로 낮아지면 이십오 부밖에 되지 않는다. 이렇게 되면 차전(次田)을 끌어 붙여야 1결이 차는데 이로 인해 자호의 순서가 모두 뒤집히고 바뀐다. 이런 경우에는 전패(田牌) 한 장씩을 지급하여 그 땅을 매매할 때마다 전해야 할 것이다.

總之 量田之法 莫善於魚鱗爲圖 以作方田 須有朝令乃可行也.

총체적으로 양전법은 어린도(魚鱗圖)로서 방전(方田)을 만드는 것보다 더 좋은 방법이 없는데 이는 조정의 명령이 있어야만 시행할 수 있다.

【字義】總:다 총. 합할 총. 鱗:비늘 린. 須:모름지기 수. 반드시 수.
【語義】總之(총지):총체적으로. 莫善(막선):더 나음이 없음. 가장 좋음. 魚鱗爲圖(어린위도):토지의 모양과 크기를 축소하여 낱낱이 그려 만든 지도. 물고기 비늘같이 생겼다 하여 붙여진 이름. 方田(방전):사방 일천 步를 1방전이라 함.

【解說】방전(方田)에 관한 설(說)은 본래 장횡거(張橫渠)로부터 비롯되었는데 주자(朱子)가 어린도를 작성한 것 또한 방전법이다. 명나라 홍무(洪武:明나라 太祖의 年號) 초에 칙령으로 이 법을 썼으며 오늘

날에 더욱 정비되었으니 이보다 더 좋은 법은 없다. 그렇지만 한 고을의 수령이 홀로 이 법을 행하려면 고생만 많고 경비가 엄청나게 들므로 그 폐단을 고치는 것에 별 도움이 되지 않는다. 조정의 명령을 발동하여 전국적으로 행해야만 좋은 법이 될 것이다.

성호(星湖) 선생께서 이렇게 말씀하셨다. '어린도는 토지의 모양을 두루 그린 것이니 오늘날 지역 지도와 같은 것이다. 모든 평야와 계곡이 작은 것을 큰 것에 합하면 전도(全圖)가 되고, 작은 것을 그대로 두면 분도(分圖)가 된다. 구릉과 수렁과 냇물과 연못 등 농사짓기 어려운 땅과 묵고 황폐하여 갈아먹기 힘든 땅도 모두 누락됨 없이 그 축소 비율에 따라 계산하여 넓고 좁음·길고 짧음을 그린다. 총도(總圖) 위에는 어디부터 어디까지 몇 자인 것을 기록하고 사방 경계에 제○번의 밭·산·냇물이라 기록하여 고험(考驗)을 기다리면 어찌 숨기고 누락될 걱정이 있겠는가.'

査陳者 田政之大目也. 陳稅多冤者 不可不査陳也.

사진(査陳)은 전정(田政)의 큰 조목이다. 진전에 대해 과세할 때는 많은 원망이 따르는 법이니 진전은 자세히 조사하지 않을 수 없다.

【字義】査:조사할 사. 陳:베풀 진. 말할 진. 冤:원통할 원.
【語義】査陳(사진):묵히고 있는 농지를 조사함. 陳稅(진세):묵히고 있는 농토에 대해 부과하는 세금.

【解說】≪속대전(續大典)≫에 이르기를, '해마다 개간된 진전에 대해서는 일일이 기록하여 본조(本曹)에 보고하고 세금의 절반을 감해 주

라. 또 이미 개간하였다가 다시 묵힌 것에 대해서는 세금을 부과하지 말라.' 하였다.

진전의 조사에는 두 가지가 있는데 하나는 위사(僞査)라 하고 다른 하나를 진사(眞査)라 한다. 위사란 이런 것이다. 반드시 오래 묵혀야만 진전은 아니니 흉년에 한 번 묵혔다가 이듬해에 전처럼 파종(播種)하면 이를 어찌 진전으로 보고하겠는가. 다시 파종하였다 하여 아전이 함부로 이를 보고하면 백성들은 진전의 개간을 보고하지 않을 것이며, 혹시 발각되면 아전은 슬며시 뒤로 거두어 제 배를 채우니 수령이 이를 어찌 알겠는가. 다시 경작된 땅을 보고하여 기록하지 않으면 이는 은결(隱結)이 되고, 은결이 자꾸 불어나면 국가 재정에 손해가 될 것인즉 이는 조사하지 않으면 안 되는 것이다.

또 진사(眞査)란 이런 것이다. 촌락이 쇠퇴하고 토지가 척박해져 소출은 적은데도 조세는 무거워 한 번 묵힌 땅을 다시 경작하지 않으려 하는 경우가 많다. 처음 묵힌 해에 면세를 받지 못하여 계속 세곡을 바치게 되면 끝내 면세 대상에서 제외된다. 또 실제로 경작하는 토지의 소출은 아전이 제 배를 채우고, 진전을 경작되고 있는 것으로 바꾸어 보고하여 끝내 억울한 세곡을 바치는 경우도 있다.

고가(故家:여러 대에 걸쳐 벼슬이 끊이지 않고 이어 내려오는 집안)의 유족이 패망하는 것은 모두 이 때문이니 이는 철저히 조사하지 않으면 안 될 것이다. 그러니 위진(僞眞)을 조사해서 진전을 충당함이 좋지 않겠는가.

陳田起墾 不可恃民 牧宜至誠勸耕 又從而助其力.

진전을 다시 개간하는 일은 백성들에게만 의존해서는 안 되며, 수령

은 성의를 다해 경작을 권장하고 그들을 좇아 힘이 되어 주어야 한다.

【字義】墾:개간할 간. 恃:믿을 시. 의지할 시. 耕:밭 갈 경.
【語義】起墾(기간):거친 땅을 개간하여 논이나 밭을 일굼. 恃民(시민): 백성들에 의존함.

【解說】옛날의 어진 수령은 소를 빌려 주고 양식을 도와주면서까지 백성들에게 개간을 권장했다. 그런데 어리석은 백성들은 법의 뜻을 알지 못하고 단 한 번 발꿈치를 들기만 해도 무거운 세금을 짊어질까 두려워 섣불리 개간하려 하지 않는다. 그러니 수령이 몸소 마을로 찾아가 3년간은 면세해 주게 되어 있음을 납득시키고 관에서 스스로 결재해 주어 믿을 수 있는 증거로 삼게 하여 옛날의 어진 수령이 한 것처럼 그들의 뒤를 보조해 주면 진전(陳田)을 경작하려는 백성들이 날로 늘어날 것이다.

내가 마을과 들판을 돌아다니며 살펴볼 때마다 진전이 끝없이 널려 있는지라, 그 이유를 물으면 부세(賦稅)가 두려워 개간하기가 겁난다고 한다. 법전에는 자세히 기록되어 있으나 어리석은 백성이 이를 잘 모르고 있으니 반드시 수령이 때때로 거듭 밝혀 개간을 권유해야 하며, 홍권(紅卷:농지세 면제를 보증하는 붉은 쪽지)을 지급하여 면세를 확실하게 보장해 주면 묵히던 땅이나 황폐한 땅이 점점 더 많이 개간될 것이다.

隱結餘結 歲增月衍 宮結屯結 歲增月衍 而原田之稅于 公者 歲減月縮 將若之何.

은결(隱結)과 여결(餘結)이 해마다 증가하고 달마다 늘어나며 궁결(宮結)과 둔결(屯結)도 해마다 증가하고 달마다 늘어나, 정당하게 논밭을 갈아 국가에 세금 내는 것이 해마다 줄고 달마다 줄어드니 장차 이를 어찌 할 것인가.

【字義】隱:숨을 은. 餘:남을 여. 衍:넓을 연. 넓힐 연. 屯:진칠 둔. 어려울 준. 縮:줄일 축.

【語義】餘結(여결):양전(量田)하여 기록된 면적을 초과한 토지. 이를 경작하여 탈세(脫稅)를 했음. 歲增月衍(세증월연):해마다 증가하고 달마다 늘어남. 宮結(궁결):후비(后妃), 왕자, 공주 등의 궁방에서 소유한 농토. 세금이 면제됨. 屯結(둔결):지방의 경상비나 군량을 충당하기 위해 해당 관청에서 소유하는 농지. 세금이 면제됨. 原田(원전):정당하게 세금을 내고 경작하는 논과 밭. 稅于公(세우공):나라에 세금을 바침.

【解說】은결이란 양안(量案)에 고의로 올리지 않고 몰래 경작해 먹는 전답이며, 여결이란 양안에 등록된 면적보다 실제로 더 넓은 면적의 땅으로 이런 농지들을 경작하여 탈세를 했다.

　이에는 크게 세 가지 경우가 있는데 토지 소유주가 깊은 산골의 전답 등 남의 눈에 띄지 않는 곳의 농지를 양안에 올리지 않고 몰래 경작해 먹는 경우가 그 하나요, 사유(私有) 농지를 궁결(宮結)이나 둔결(屯結)에 거짓으로 편입시켜 세금을 면제받는 것이 다른 하나요, 땅 주인이 담당 아전과 결탁하여 농지를 양안에 올리지 않고 경작하는 것이 또 다른 방법이다.

　이렇게 은결과 궁결과 둔결은 해가 가고 달이 갈수록 증가하고 정작 원전(原田)은 자꾸 줄어들어 국가에서 거두어들이는 세곡이 해마다 감소되니 나라의 재정이 심히 어려워지는 것이다. 수령된 이는 은결을 샅샅이 뒤져 살피고, 원전이 궁결이나 둔결로 은밀히 편입되는 일이 없도록 신경을 곤두세워야 할 것이다.

예부터 '전정(田政)은 올바로 수행해 나아가기가 정말로 어려운 것이다.'라고 했거니와 이는 온갖 종류의 땅에 이해(利害)가 얽히고 설켜 딱 잘라 구분 짓기 어려운 경우가 많기 때문이기도 하다.

제2조 세법(稅法):조세(租稅)의 부과(賦課) 및 징수(徵收)

> 田制旣然 稅法隨紊. 失之於年分 失之於黃豆 而國之
> 歲入無幾矣.

농지 제도가 이미 그러하니 세법도 따라서 문란하다. 연분(年分)에서
손실이 생기고 황두(黃豆)에서 손실되니 국가의 세입(歲入)이 얼마 되지
않는 것이다.

【字義】 隨:따를 수. 게으를 타.　紊:어지러울 문. 문란할 문.　幾:몇 기.
얼마 기.

【語義】 隨紊(수문):따라서 문란해짐.　年分(연분):농작물의 작황(作況)
에 따라 해마다 정하는 전세(田稅)의 율.　黃豆(황두):'누런 콩'의 뜻
이나 밭곡식에 대한 세(稅)를 콩으로 환산해 받은 데서 나온 말로 이
는 아전들이 착복하는 몫이 컸다.　無幾(무기):별로 없음. 얼마 되지
않음.

【解說】 당초 양전(量田)을 할 때 이미 비옥하고 척박함에 따라 6등급으
로 나누었는데 1등급의 땅 1결(結)은 2등급의 땅으로 환산하면 팔십
오 부(負)요, 3등급으로 환산하면 칠십 부……, 등으로 차츰 감하여
6등급에 이르게 된다. 그러므로 1결(結)을 기준으로 할 때 1등급의
땅이나 6등급의 땅이나 그 소출(所出)이 같고 따라서 세(稅)도 같다.
　그런데 여기에 홀연히 연분구등법(年分九等法)을 적용하니 하하
(下下)는 4말이요, 하중(下中)은 6말이요, 하상(下上)은 8말……, 하

는 식으로 거슬러 올라가면 상상(上上) 등급은 이십 말을 세곡으로
바치게 된다. 이리하여 등급 간에 서로 모순되고 앞뒤가 엇갈리고
얽혀 합리적인 세정(稅政)을 펼 수 없게 된다.

　이 연분구등법은 주(周)에서 한(漢)의 제도에 이르기까지 그 근거
를 찾아 볼 수 없다. 게다가 이미 이러한 법을 마련하였으면 마땅히
그 연분(年分)은 작황에 따라 해마다 바뀌어야 하는데도 한 번 정해
진 등급은 내내 확고부동한 것이 되고 마니 이는 연분이 아니라 고
정된 토분(土分)이 되어 버리는 것이다. 이에 백성들이 세곡을 바치
면서도 문란한 세법에 대해서는 불만과 석연치 않음을 표명하지 않
을 수 없으니 속히 시정(是正)해야 할 것이다.

執災俵災者 田政之末務也. 大本旣荒 條理皆亂 雖盡
心力而爲之 無以快於心也.

집재(執災)와 표재(俵災)는 전정(田政)에 있어서 끝 임무이다. 전정의
대본(大本)이 이미 이렇듯 흐트러지고 조리가 문란해졌으니 온 마음과
힘을 다해 수행한다 해도 마음에 흡족함이 없을 것이다.

【字義】俵:나누어 줄 표. 흩을 표.　荒:거칠 황. 흉년 들 황.　快:쾌할 쾌.
　좋아할 쾌.
【語義】執災(집재):홍수나 가뭄으로 인한 농사의 재해 상황을 조사함.
　俵災(표재):집재한 결과를 근거로 수령이 감사의 결재를 받아 재해
　농가에 대해 세금을 감면해 주는 것.　末務(말무):끝 임무.　大本(대
　본):가장 중요한 바탕. 여기에서는 전정을 펴는 데 있어서의 근본 제
　도.　快於心(쾌어심):마음에 흡족함.

【解說】농사를 짓다 보면 홍수나 가뭄이나 태풍 또는 각종 병충해로 수확량이 크게 감소하는 경우가 있다. 수령은 이를 철저히 조사하여 세금 감면 혜택을 상부에 청해야 한다. 그런데 여기에도 아전과 백성들의 농간질이 심하니 수령은 이를 철저히 가려 억울한 사정이 생겨나지 않게 해야 한다.

이른바 위재(僞災)가 있는데 이것은 재해를 입지 않고도 아전과 결탁하여 재결(災結)로 올리거나 피해가 적은데도 몽땅 피해로 처리해 버리는 것을 말한다. 반면에 재해를 크게 당했는데도 담당 아전이 이를 인정치 않아 백성들의 원망이 사방에서 빗발치듯 하는 경우도 있다. 또 아전이 백성들의 말은 들어 보지도 않고 멋대로 재결로 올려놓고는 상부 결재가 나면 그 재결권을 팔아먹는 경우도 있는데 이를 일러 허집(虛執)이라 한다.

집재(執災)를 올바로 하려면 이렇게 하면 된다. 망종(芒種) 열흘 전부터 — 이때쯤이면 보리를 베고 모내기를 하게 된다. — 풍헌·약정에게 명령하여 닷새마다 이렇게 보고하게 하라. '우리 고을 내에서 어느 마을은 모내기를 거의 절반 정도 했고, 어느 마을은 거의 끝냈으며, 아무개는 모내기를 절반도 못하였고, 아무개는 전혀 하지 못하고 있습니다.' 그리고 대서(大署)날에 모든 마을의 보고(報告)를 모아 그 중요 내용을 간추리고 조목조목 나열하여 책으로 만든다.

풍헌·약정들은 한가로이 긴장을 풀고 있을 때면 대체로 진실하고 솔직한 말을 하게 마련이니 잘 들어서 기록해 두었다가 추수할 때에 이르러 앞서 기록해 두었던 것들을 대조하여 캐들어 가면 모내기가 늦어 수확량이 적은 것인지 가물어 모내기를 하지 못한 것인지 알수 있다. 또 병충해·수해·풍해·상해(霜害)·우박으로 인한 피해 등도 닷새마다 보고 받았다가 상세히 신칙하면 집재에 도움이 될 것이다.

그러나 전정(田政)의 큰 근본이 앞서 말한 것처럼 이미 흐트러지고 문란해졌으니 수령이 아무리 몸과 마음을 다해 정재·표재를 철저히 하더라도 끝내 흡족할 수 없고 꺼림칙한 뒷맛은 남게 마련이다.

> 書員出野之日 召至面前 溫言以誘之 威言以怵之 至誠
> 惻怛 有足感動 則不無益矣.

서원(書員)이 들로 조사를 나가는 달에 수령이 그를 면전에 불러 따뜻한 말로 타이르기도 하고 위엄 있는 말로 겁을 주기도 하여 그 성의가 간절하게 전해져 감동이 된다면 무익하지 않을 것이다.

【字義】怵:두려워할 출. 꾈 술. 惻:슬퍼할 측. 가엾게 여길 측. 怛:슬플 달. 방자할 단.

【語義】書員(서원):기록원. 농작물의 피해 상황을 조사하여 기록하는 사람. 怵(출):두려워하게 함. 惻怛(측달):가엾게 여겨 슬퍼함. 수령의 간곡한 뜻이 측은하리만큼 눈물겨움을 의미함.

【解說】수령은 서원이 집재(執災)를 나가는 날 그를 불러 이렇게 타이르는 것이 좋다.

"한 도(道)의 아전들이 모두 도둑질을 하는데 한 읍에서만 충성한다 하여 나라에 보탬이 되는 것은 아니요, 한 고을의 아전이 모두 도둑질을 하는데 한 사람만이 충직하다 하여 고을의 경비에 보탬이 되는 것은 아니지만 내가 그대에게 반드시 사실대로 조사해 오기를 당부하는 것은 이런 이유에서이다.

즉 떳떳한 도리를 지키려는 마음은 인간이라면 다 같이 타고나는 것인데 그대 또한 국가의 신하로서 도적이 되는 소치를 뻔히 잘 알고 있으면서 자신이 그 죄를 범한다면 천지간의 귀신이 줄줄이 늘어서 훤히 내려다보고 있으니 어찌 종국에 음화(陰禍)를 입지 않겠느냐.

그대에겐 이미 은결이 있어 열 식구를 부양하고 있고, 서청(書廳)의 잡비가 한 손에서 나오는 것도 아니니 또 재결(災結)을 함부로 도둑질한다면 이는 그대 자신이 스스로 중죄를 자초하는 것이 된다. 필묵(筆墨) 값 정도라면 혹 용서받을 수도 있겠지만 지나친 농간은 내가 기어코 캐내어 용서치 않을 것이니 마음을 단단히 고쳐먹고 지금까지의 관습을 답습하여 근성을 자초하는 일이 없게 하라. 피해가 심한 경우 부유한 자들은 그래도 덜하나 가난한 자들의 피해를 재결에서 빠뜨려 원망을 사는 일이 없도록 하라.'

그 후 서원들이 집재(執災)해 온 재결의 장부가 다 모이면 수령은 수리(首吏)와 도리(都吏)를 불러 이렇게 이르라.

"서청에 들어가거든 각 아전들에게 은밀히 일러 서로 상의하여 거짓 조작된 위재(僞災)를 깎도록 하라. 그렇지만 위재가 없다고 하거든 강제로 깎지는 말라. 내가 백성들에 대해 얼마나 지성을 가지고 있는지는 너희가 잘 알 것이다. 두 번 세 번 타일러도 없다고 한다면 내가 별도로 염탐하여 그 진상을 밝힐 수 있고, 또 내가 표재(俵災)하는 과정에서 적발해 내는 방법이 있으니 그때 가서 드러나는 불의는 모두 법에 따라 처벌당할 것이다."

큰 가뭄이 드는 해에는 모내기를 미처 하지 못한 실태를 조사하게 되는데 이때 수령은 적임자를 잘 택하여 맡겨야 한다.

【字義】旱:가물 한.   秧:모낼 앙. 심을 앙.   踏:밟을 답. 살필 답.   驗:시험 험. 증거 험.   任:맡길 임. 맞을 임.

【語義】大旱(대한):큰 가뭄.   移秧(이앙):벼를 옮겨 심는 것. 모내기.   踏驗(답험):논밭에 가서 실제로 조사함.

【解說】가경(嘉慶) 기사년(己巳:純祖 9년, 1809년)과 갑술년(甲戌:純祖 14년, 1814년)에 가뭄이 극심하여 모내기를 하지 못한 곳이 거의 3분지 1이나 되었다. 가을이 되어 관(官)에서 사람들을 풀어 재결의 농간을 적발하게 하였는데 이때 백성들 틈에 끼여 내 눈으로 직접 보았다.

처음에는 전리(田吏)나 전감(田監)이 한 번 순행하고 그 후에 또 다른 전리와 전감을 보내 한 번 더 순행하게 했다. 그런데 이들이 농간하는 재결이 작게는 일이십 결에서 크게는 오륙십 결에 이르기도 했다. 내가 본 바로는 전리와 전감 두 사람만이 1속(束)도 농간이 없었는데 그 또한 우연히 그렇게 되었을 뿐이다.

그러니 이런 일은 절대 이향(吏鄕)들에게 맡겨서는 안 되며 수령이 따로 사람을 골라 수행하게 해야 한다. 고을로부터 추천을 받아 그중 청렴·근실한 사람에게 맡기되 재래의 격식에 구애받지 않음이 좋을 것이다.

> 其報上司 宜一遵實數 如或見削 引咎再報.

상사에게 보고할 때 수령은 한결같이 실제의 수를 보고해야 하며, 혹 삭감을 당하면 자신의 허물을 밝혀 다시 보고해야 한다.

【字義】遵:좇을 준. 削:깎을 삭. 引:끌 인. 바룰 인. 咎:허물 구. 큰북 고.

【語義】一遵實數(일준실수):한결같이 실제의 숫자를 따름. 見削(견삭): 삭감 당함. 引咎(인구):허물을 밝힘.

【解說】속된 수령은 상사에게 보고할 때 으레 여분의 수치(數值)를 두어 마치 거간꾼이 물건 값을 흥정하듯 상사의 삭감에 대비하는데 이는 장사치들의 수법이니 결코 따라서는 안 된다. 혹 예비의 결수(結數)를 확보해 놓고 보고하였는데 상사가 그대로 인정하여 표재(俵災)의 혜택이 내려진다면 어떻게 할 것인가? 이를 환납(還納)하면 죄가 될 것이니 그냥 삼켜 버리는 수밖에 없다. 그렇다 하여 끝내 허물이 없을 것인가.

상사가 재결(災結)을 삭감하는 것이 나에 대한 불신에서 나온 것이라면 나는 두 번이고 세 번이고 올바로 고쳐 보고한 뒤 그래도 받아들여지지 않는 경우에는 스스로 거취(去就)를 결정해야 할 것이다.

> 俵災亦難矣 若其所得 少於所執 平均比例 各減幾何.

표재 역시 어려운 것이어서 수령이 상사로부터 결재를 얻어낸 재결(災結) 양이 집재한 것보다 적다면 그것을 평균 내어 비율에 맞추어 각 재결에서 얼마쯤 공평하게 삭감하면 된다.

【字義】執:잡을 집. 처리할 집. 減:덜 감. 줄 감.
【語義】所得(소득):여기서는 수령이 상사(上司)인 감사에게 표재의 결재
　　를 올려 승인을 받아낸 성과를 말함.　所執(소집):집재(執災)한 것.
　　幾何(기하):얼마쯤.

【解說】재결을 신청한 그대로 인가받는 경우에는 표재가 어렵지 않지
　　만, 상사로부터 삭감을 당하면 삭감한 결수를 비례하여 각 재결에서
　　공제한다. 가령 고을에서 집재한 것이 오백 결인데 감사로부터 결재
　　받은 것이 사백 결밖에 안 된다면 재해전(災害田)마다 5분지 1씩 삭
　　감하면 된다.
　　　또 수령이 표재를 행하는 방법은 이러하다. 재결의 결재를 받은 내
　　용을 세 벌의 장부로 작성하는데 절대 정체(正體)로 쓰지 말고 아전
　　들이 알아볼 수 없도록 해서체(楷書體)로 쓰게 한다. 이중 한 벌은
　　관(官)에서 보관하고 한 벌은 아전들에게 주어 수세(收稅)할 때 쓰게
　　하며, 나머지 한 벌은 백성들에게 고시하되 글자를 한 자 한 자 철저
　　히 대조하여 잘못 전해지지 않도록 해야 한다.
　　　아전이 백성들로부터 장부에 도장을 받을 때는 반드시 인주(印朱)
　　를 사용하여 또렷하게 찍고, 종이가 부족하여 잇대어 작성한 경우에
　　는 그 사이에 간인(間印)을 찍을 것이며, 수정한 곳이 있거든 아인
　　(牙印)을 찍는다. 표재(俵災)가 끝난 장부는 아주 얇은 종이를 사용
　　하여 풀로 봉하고 봉투의 위아래에 도장을 찍는다.
　　　이때 술상을 차려 각 마을의 명망 있는 선비들을 불러 수령은 그
　　자리에서 장부가 든 봉투를 그들에게 건네준다. 그러면 선비들은 각

자 자기 마을로 돌아가 도장 찍힌 것을 백성들에게 보여 주고는 그 두루마리를 꺼내어 펼친다. 선비는 두루마리의 내용을 똑같이 한 벌을 베껴 마을 주민들에게 와서 검토하고 위재(僞災)가 있는 곳마다 점을 찍게 한다. 점 찍힌 곳은 온 마을 사람들의 눈이 집중되게 마련인즉 모두 탄로 나 많은 사람들의 입을 막을 수 없게 된다.

선비는 타점된 두루마리를 풀로 봉한 후 도장을 찍어 수령에게 보낸다. 타점된 두루마리가 모두 들어오면 그것들을 한데 모아 비교 검토하고 계산하되 점 찍힌 부분이 위재로 드러나더라도 대수롭지 않은 정도라면 지나쳐 버리고 그 농간질이 큰 것이라면 즉시 환수하여 억울하게 피해 입은 사람에게 돌려 주어야 한다.

> 俵災既了 乃令作夫 其移來移去者 一切嚴禁 其徵米之
> 簿 許令從便.

표재 처리가 이미 완료되었거든 곧 작부(作失)에게 명하여 이사 오가는 것을 일체 엄금하되 세곡을 징수하는 장부는 편리한 쪽을 따르는 것을 허용하는 것이 좋다.

【字義】了:마칠 료. 밝을 료. 徵:부를 징. 거둘 징. 許:허락할 허.
【語義】作夫(작부):8결씩을 묶어 1부(夫)로 만드는 것. 또는 그 징세(徵稅) 책임을 진 사람. 徵米之簿(징미지부):쌀을 징수한 장부. 從便(종편):편리한 쪽을 따름.

【解說】백 부(負)가 1결(結)이고 8결이 1부(夫)로, 몇 부(負)안 되는 자투리 땅들을 한데 모으고 호수(戶首:代表)를 뽑아 그로 하여금 징세하

게 하는데 그 징세를 맡은 사람을 작부(作夫)라고 한다.

　무릇 이사를 가거나 오는 것이 대다수 농간의 온상이 된다. 동쪽 마을 사람이 서쪽 마을 사람들에게 전답을 팔면 전답은 동쪽 마을에 있는데도 결(結)은 서쪽 마을로 옮겨 가니 이것이 소이며, 동쪽 면(面) 사람이 서쪽 면 사람에게 전답을 팔면 전답은 동면(東面)에 있는데 결은 서면(西面)으로 옮기니 이것을 면이(面移)라 한다.

　아전들의 농간질을 보면 자기 집 가까운 곳에서 쌀을 징수하면 그것을 자기 집으로 운반하고, 또는 바닷가 가까운 곳에서 징수하면 배에 싣기 편하니 징수한 쌀을 팔아먹는데 이사를 오고 가는 까닭이 여기에서 비롯되는 것이다. 수령은 이를 일체 엄금하고 작부(作夫)하는 날에는 한결같이 전안 대장(田案臺帳)에 따르게 하여 그 마을의 전답은 오로지 그 마을 내의 전답만 합하여 작부하게 해야 한다.

　한 사람의 전답이 여러 마을에 산재(散在)해 있는 경우에는 경작자가 각기 다르더라도 반드시 땅 주인 한 사람 앞으로 묶어 통합해서 납부하게 해야 경비가 크게 절약될 것이다. 그러므로 징미(徵米) 장부에서는 그 편의에 따라 동쪽 마을에 있는 전답의 세미(稅米)를 서쪽 마을의 대장(臺帳)에 기재토록 허용하고 그 반대의 경우도 인정해 주도록 함이 좋다.

奸吏猾吏 潛取民結 移錄於除役之村者 明査嚴禁.

　간활한 아전이 민결(民結)을 몰래 취하여 제역촌(除役村)에 옮겨 기록하는 것은 분명히 밝히고 조사하여 엄금해야 한다.

【字義】猾:교활할 활.　潛:잠길 잠. 숨길 잠.　禁:금할 금.

【語義】潛取(잠취):몰래 취함.　民結(민결):백성들이 소유·경작하는 농지를 의미하지만 여기에서는 과세(課稅) 대상이 되는 농지.　移錄(이록):옮겨 기록함.　除役之村(제역지촌):납세의 의무를 면제받는 마을.　明查(명사):밝혀 조사함.

【解說】≪속대전(續大典)≫에 다음과 같이 규정하고 있다.

"민결을 탈취하여 역가(役價)를 강제로 징수하는 것을 속칭 양호(養戶)라 하는데 이는 그 부정의 경중을 헤아려 '도형(徒刑:복역 기간은 1년에서 3년까지 5개월 단위로 한 등급을 삼음. 곤장 열 대에 복역 반년이 한 등급)이나 유형(流刑)으로 죄를 다스린다."

간활한 아전이 작부(作夫)할 때 민결을 취하여 제역촌(除役村)으로 옮겨 기재하고는 그 땅의 주인으로 하여금 쌀을 바치게 하는데 방납(防納)과 같이 한다. 그리고 아전은 자기가 직접 그 사람의 전세(田稅)와 대동세(大同稅)를 내 주고는 그 차액을 착복한다. 이것이 양호(養戶)를 해먹는 수법이다.

수령으로서 아전들이 제역촌을 이용해 농간부리는 것을 모조리 적발해 내기는 어려운 일이나 작부할 때 양호와 방결을 거듭거듭 명령하여 금하고, 신칙하여 두려워 범하지 않도록 해야 한다.

> 將欲作夫 先取實戶 別爲一冊 以充王稅之額.

작부를 하려 할 때는 먼저 부유한 집들을 취하여 따로 한 권으로 묶음으로써 왕세(王稅:國稅)의 액수를 채울 일이다.

【字義】將:장수 장. 장차 장.　實:열매 실. 재물 실.　額:이마 액. 수량 액.

【語義】 實戶(실호):부호(富戶). 別爲(별위):별도로 만듦.

【解說】 입추(立秋)날에는 백성들에게 방(榜)을 내걸어 방결(防結)을 금
지하도록 한다. 그때는 서청(書廳)이 설치되어 촌민들의 방결전(防結
錢)이 흘러 들어오기 시작하기 때문이다.

대체로 왕세(王稅)와 대동세(大同稅:현물로 바치던 貢物을 쌀로 환
산하여 1結에 대하여 일정량을 거두던 세)는 그 기한이 몹시 급하니
우선 부유한 집들의 기름진 땅을 대상으로 거두어들이는 것이 이치
에 합당하다. 관수(官需:관청 일을 수행하는 데에 소요되는 경비) 이
외의 것은 그 기한을 늦추어 주거나 앞당길 수 있으니 가난한 집의
척박한 땅을 그 대상으로 취해도 상관없다.

여기까지 처리가 끝났으면 작부(作夫)에 들어가는데 수령은 수리
(首吏)와 도리(都吏)를 불러 앞서 작성했던 작부의 장부를 가져오게
한 후 정본(正本)을 바탕으로 부잣집의 기름진 땅을 낱낱이 열거해
가며 전세(田稅)와 대동미(大同米) 사천 석의 액수를 채우고 그것을
책상 위에 놓아둔다.

作夫之簿 厥有虛額 參錯其中 不可不查驗.

작부(作夫)의 장부에 허액(虛額)이 들어 있으면 조사하여 입증해 내지
않으면 안 된다.

【字義】 簿:문서 부. 장부 부. 厥:그 궐. 錯:어긋날 착. 섞을 착. 둘 조.
【語義】 參錯(참착):섞여 있음. 들어 있음. 查驗(사험):조사하고 입증함.

【解說】 ≪속대전≫에는 "감관(監官)이나 서원(書員)들 중 거짓으로 부(負)를 조작하여 민결(民結)에 넣어 징수하는 자는 곤장 백 대에 삼천 리 밖으로 귀양 보낸다. 또 수령으로서 그것을 적발하지 못한 자도 죄를 줄 것이다."라고 되어 있다.

허액에는 몇 가지가 있는데 첫째가 걸복(乞卜)이요, 둘째가 조복(助卜)이요, 셋째가 첨복(添卜)인데 여기서 복(卜)은 부(負)를 가리킨다. 걸복이란 작부가 끝났는데 느닷없이 십 부 또는 이십 부를 더하여 그 마을의 경작자들로 하여금 더 바치게 함으로써 서원(書員)의 필묵(筆墨) 값을 충당하는 것으로 이는 구걸 행각이나 다름이 없다.

또 첨복이란 이런 것이다. 가령 유천리(柳川里) 이(李) 아무개의 밭에 대한 세액은 원래 7부뿐이었는데 금년 작부에서 갑자기 9부가 되는 따위이다. 첨복의 원인은 몇 가지 있는데 이로 인해 은결이 생겨나는 것이다. 첫째, 마을 안의 간사한 토호(土豪)가 전감과 결탁하여 차이 2부를 이 아무개에게 옮겨 기록하는 것이고, 둘째는 이 아무개의 밭이 십이 부였으나 그중 5부를 떼어 다른 사람에게 팔았는데 새로 산 사람이 전리(田吏)와 결탁하여 5부 중 2부를 다시 전 주인 이 아무개 앞으로 기재하는 것이고, 셋째는 전리가 고의로 농간질하여 1부나 2부를 까닭 없이 첨가하는 것이고, 넷째는 이 아무개의 친척이 이 마을에서 살다가 가족 전체가 사망했거나 먼 곳으로 이사를 가 그 집에 대한 세액이 비게 되면 전감과 호수(戶首)가 아전과 모의하여 그 차액을 이 아무개에게로 전가하는 따위이다.

이상과 같은 연유로 백성들이 억울한 세금을 뒤집어쓰니 해마다 은결이 늘어난다. 모름지기 수령은 걸복·조복·첨복에 의한 허액(虛額)이 발생하지 않도록 감시를 소홀히 하지 말 일이며 작부(作夫)가 끝나면 낱낱이 살펴 허액을 들추어야 할 것이다.

> 作夫旣畢 乃作計版 計版之實 密察嚴覈.

작부를 이미 끝마쳤으면 바로 계판(計版)을 작성하되 계판의 내용을
면밀하게 살피고 엄격하게 밝혀야 한다.

【字義】 畢:마칠 필. 版:판목 판. 명부 판. 密:빽빽할 밀. 자세할 밀.
【語義】 計版(계판):도리(都吏)와 아전들이 그 해의 세액과 세율을 의논
하여 결정하는 것. 嚴覈(엄핵):엄격하게 밝혀 냄.

【解說】 계판(計版)이란 도리(都吏)와 아전들이 그 해의 세액과 세율을
의논하여 결정하는 것인데 계판에는 국납(國納)과 선급(船給)과 읍징
(邑徵) 세 가지가 있다. 또 이 세 가지에 대해서는 각각 결렴(結斂)·
쇄렴(碎斂)·석렴(石斂) 세 가지 징수 방법이 있으니 그 내용은 다음
과 같다.

국납(國納) 계산 방법.

1결마다 전세미(田稅米)는 여섯 말이요, 대동미(大同米)가 열두 말,
삼수미(三手米:砲手·殺手·射手의 放料로서 거두는 稅米)가 한 말 두
되요, 결미(結米)가 서 말이다. 또 창작지미(倉作紙米:京倉에서 쓰는 종
이를 생산하기 위해 거두는 쌀)가 두 섬이요, 호조작지미(戶曹作紙米)가
다섯 섬이요, 공인역가미(貢人役價米:京倉에서 일하는 貢人들의 報酬로
거두는 稅米)가 다섯 섬이다.
또 한 섬마다 가승미(加升米:비·쥐·새에 의해 결손된 쌀을 보충한
다는 명목으로 거두는 쌀)가 석 되요, 곡상미(斛上米:稅穀의 부패·변질
된 결손의 量을 보충한다는 명목으로 거두는 쌀)가 석 되요, 경창역가미

(京倉役價米)가 여섯 되요, 하선입창미(下船入倉米)가 7홉 5작이다.

결렴(結斂)이란 1결마다 거두는 것을 말하며, 쇄렴(碎斂)이란 창작지미 두 섬을 수천 결에 분배 부과하고 호조작지미 다섯 섬과 공인역가미 다섯 섬을 수천 결에 분배 부과하는 것을 말한다. 또 석렴(石斂)이란 상납할 세곡의 매섬마다 위에서와 같이 분배 부과하여 거두어들이는 것을 말한다.

결렴에서 농간이 생기는 것은 어째서인가? 국법에 하하(下下)의 논은 세미(稅米)가 너 말인데 현재 여섯 말을 징수하고 있으며, 밭세는 콩으로 받기로 하여 콩 두 말을 쌀 한 말로 환산하여 받게 되어 있는 것을 현재 쌀 두 말로 징수하고 있으니 이것이 결렴에서 행해지는 농간질이다. 그런데 이는 한 고을의 수령의 권한으로는 개혁할 수 있는 일이 아니라 하여 그저 방임해 둘 뿐이다.

또 쇄렴(碎斂)에서 농간은 어찌하여 생기는가? 쇄렴미는 열두 섬인데 열두 섬은 백팔십 말이요 — 당시에는 한 섬이 열다섯 말이었다. — 백팔십 말은 천팔백 되[升]이다. 이에 이 쇄렴을 묶어 결렴에 나누어 붙이면 5홉짜리로 삼천육백이 된다. 그러므로 그 고을 논의 총결수(總結數)가 삼천육백이라면 1결당 쇄렴미는 5홉에 불과하다. 그런데 1결에 대한 세(稅)가 삼분오열(三分五裂)하여 부(負)다 속(束)이다 하는 것이 수십 가지라 이 5홉을 수십 몫으로 나누어야 하니 누가 그것을 일일이 쪼개고 있겠는가.

그러므로 조금씩 거둔 것이 1홉이 되고 그 1홉이 쌓여 반 되가 되니 이것은 호수(戶首)의 이득이 된다. 또 아전들이 이와 같은 호수의 이득을 알기 때문에 걸복(乞卜)·조복(助卜)으로 그 이득을 나누어 먹으니 이는 아전들의 이득이 된다. 이리하여 법에 따라 징수하게 되어 있는 것은 열두 섬이지만 백성들이 내는 것은 수백 섬이니 이렇듯 법의 소홀함이 애석하고 안타깝다.

석렴(石斂)의 농간은 어떠한가? '한 섬마다'라고 할 때의 한 섬은 실제의 세곡으로 바쳐 경창(京倉)에 입고(入庫)시키는 한 섬을 말한다. 경창에 들어갈 실제 수량을 알려면 연분 대개장(年分大槪狀) 끝에 네 행[四行]으로 기록된 것을 보면 되는데 거기에는 예컨대 '하하전(下下田)은 콩이 몇 섬이요, 하중전(下中田)은 콩이 몇 섬이다.'라고 되어 있으니 이를 쌀로 환산하면 반수(半數)가 되며, '하하답(下下畓)은 현미(玄米) 몇 섬이요, 하중답(下中畓)은 몇 섬이다.'라고 되어 있는데 이는 그대로 전체 수량이다. 가령 이 네 줄에 적힌 항목을 합산하여 전세미(田稅米) 천이백삼십사 섬을 얻었다면 이에 석렴을 배당하여 세미 1섬마다 한 말 두 되 7홉 5작을 더 거두면 된다.

그런데 현재 행해지는 것은 그렇지가 않다. 경창에 입고시킬 실제의 수량을 수령이 상세히 알지 못하므로 하하지싱(下下之賸)과 황두지싱(黃豆之賸)과 선가 잡역(船價雜役), 즉 앞에서 말한 선급미(船給米)·읍징미(邑徵米)를 모두 합하면 삼천오백육십칠 섬이 된다. 그런데 이 숫자를 토대로 석렴을 산정(算定)하니 이 어찌 억울하지 않겠는가.

선급(船給)의 계산 방법.

한 섬마다 선가미(船價米:稅穀을 배로 운반할 때 그 거리에 따라 뱃삯의 명목으로 추가하여 거두는 稅米)는 서 말 닷 되이며, 부가미(浮價米:합법적인 것은 아니나 관청의 묵인 하에 船員들이 공공연히 거두는 稅米)는 한 말이며, 가급미(加給米:浮價米에 추가하여 더 받아내는 稅米)는 여덟 되이며, 인정미(人情米:稅穀을 수납하고 計量하는 관리들에게 수고비로 주는 稅目)는 두 되이다.

쌀 한 섬마다 선가(船價)가 서 말 닷 되이면 한 말 닷 되의 선가는 서

되 5홉이다. 그러므로 전세가 여섯 말이면 1결당 전세에서 바치는 선가는 한 말 너 되이며, 소비(小費:田稅 · 大同 · 三手 이외의 앞에서 말한 각종 부대 비용)의 선가도 몇 홉은 된다.

그러나 이 가운데에는 이치에 합당치 않은 것이 있다. 작부 도록(作夫都錄)에 들어 있는 것 외에 분명히 은결과 방납결이 있으며, 이들 땅에 대한 세미(稅米)는 현지(現地)에서 착복되어 배에 실리지도 않았는데 어찌하여 선가를 징수하는가. 또 부가미와 가급미는 어떤 명분으로 그런 세목(稅目)을 강징(强徵)하는가.

수령이 다소 원리 원칙대로 처리하려고 제재를 가하면 난폭한 뱃사람들이 발악하며 향승 · 도리가 함께 승선할 것을 요구한다. 향승 · 도리가 동승해도 이들은 배 위에 누워 있고 도둑질은 배 밑에서 행해지니 경창에 상납할 때는 반드시 사오백 섬이 부족하게 되고, 이를 다시 백성들에게서 거두게 된다. 무릇 뱃사람들이란 간교한 자들이다. 인간으로서의 도리는 찾아볼 길이 없고 도적질이 몸에 배어 있는 이들을 한때의 나그네 같은 수령이 어찌 바로잡을 수 있겠는가. 다만 관례에 따를 뿐이다.

읍징(邑徵)의 계산 방법.

1결당 본현의 치계시탄가미(雉鷄柴炭價米:官에서 소용되는 꿩 · 닭 · 숯 · 땔나무 등을 사들이는 비용으로 거두는 쌀)가 너 말이요, 부족미가 몇 되요, 치계색락미(雉鷄色落米:치계시탄가미 중 등급을 매기기 위해 빼 보는 쌀과 落庭된 쌀을 채우기 위해 더 거두는 쌀)가 한 되 여섯 홉이다. — 이것들은 모두 結斂이다.

또 한 섬당 간색미(看色米:품질의 등급을 매기기 위해 견본으로 빼 보는 쌀)는 한 되요, 낙정미(落庭米:말질할 때 땅에 흩어져 소실된 양을 채우기 위해 더 거두는 쌀)는 너 되이며, 타석미(打石米:세곡을 거두어 섬으로 묶을 때 부족한 양을 채우기 위해 거두는 쌀)는 한 되이다. ― 이것들은 모두 석렴(石斂)이다.

전세기선 감리양미(田稅騎船監吏糧米:田稅를 말이나 배로 운반할 때 함께 타는 감관과 담당 아전에게 지급한다는 명목으로 거두는 쌀)는 이십 섬이요, 대동 기선 감리 양미(大同騎船監吏糧米:대동미를 운반할 때 함께 타는 감관과 담당 아전에게 지급한다는 명목으로 거두는 쌀)는 이십 섬이요, 경주인 역가미(京主人役價米:아전이나 서민으로서 서울에 머물면서 지방 관서의 일을 보는 사람에게 줄 보수의 명목으로 거두는 쌀)는 육십 섬이요, 영주인 역가미(營主人役價米)는 구십 섬이요, 진상 첨가미(進上添價米:감사가 중앙의 고위 관리들에게 상납할 물건을 장만하기 위해 거두는 쌀)가 구십 섬이요, 병영주인 역가미(兵營主人役價米: 병영과 군현 사이의 일을 맡아 처리하는 사람에게 보수로 주는 쌀)가 십사 섬이요, 호방청 전관미(戶房廳傳關米)는 백삼십 섬이다. ― 이는 모두가 碎斂이다.

살피건대 치계시탄가미 네 말이란 국가에서 전세(田稅)와 대동미(大同米) 외에 수령에게 허가하여 1결마다 네 말씩 거두어 꿩·닭·숯·땔나무 값에 충당하게 한 것이다. 그런데 경기도와 충청도·경상도·전라도가 그 비율이 모두 같으며 풍년과 흉년을 막론하고 1결당 네 말로 고정되어 있다. 그러므로 재해로 수확이 줄어든 해에는 백성들 몫의 쌀이 적다. 쌀의 양은 적으나 그 값이 네 곱이니 이로울지언정 해는 되지 않는다.

그런데 새로운 법이 생겨 재해를 입은 해에도 그 현의 최고 수확량을 기준으로 재해가 없는 결(結)에 덮어씌우니 이는 팽죄(烹罪:삶아서 죽이는 형벌)감이 아니겠는가. 또 색락미·타석미는 석렴(石斂)이니 이는 계판(計版)에 올려서는 안 된다. 국납(國納)의 경우에는 이것이 인정되나 읍징(邑徵)의 경우마저 이를 계판에 올린다면 장차 그 섬수가 불어 한도 끝도 없을 것이다.

이상에서 살펴본 바와 같이 백성들이 수령이나 아전 또는 감사에게 수탈당할 수 있는 구멍은 헤아릴 수 없이 많다. 수령은 법에 따라 수행하되 계판의 실제 내용을 정밀하고 엄격히 살펴 백성들의 원망이 극소화되게 해야 할 것이다.

計版旣成 條列成册 頒于諸鄕 俾資後考.

계판이 완성되었으면 조목조목 나열하여 각 마을에 반포해 후일의 참고 자료로 삼도록 하라.

【字義】 計:셀 계. 版:판목 판. 명부 판. 册:책 책. 칙서 책.
【語義】 條列成册(조열성책):조목조목 나열해 적어 책으로 묶음. 俾資後考(비자후고):자료로 삼아 후일에 참고함.

【解說】 수령의 마음가짐이 허식적이어서 명예만을 추구하고 눈앞의 책임을 떠넘기는 데에 그쳐서는 안 된다. 백성들에게 오래 혜택을 줄 방도를 생각하여 굳건한 법을 세워야 하거니와 그 법이 내일 부서지더라도 수령된 자의 마음가짐은 마땅히 그래야 한다.

세미(稅米)가 몇 말 몇 되라고 하지만 백성들은 그에 밝지 못하여 그저 명령만을 따를 뿐이다. 계판(計版)이라는 것이 있는 모양인데 그 이름만 들었을 뿐 눈으로 본 적이 없는 백성들도 많을 것인즉 수령은 이를 책으로 묶어 반포함이 옳은 일이다.

국납(國納)이 몇 말이고 선급(船給)이 몇 말이며 읍징(邑徵)이 몇 말인지, 또 결렴(結斂)이란 무엇이며 석렴(石斂)은 무엇이고 쇄렴이란 무엇인지, 원결(原結)이 얼마이고 면결(免結)이 얼마이며 선결(羨結:隱結 및 防結)이 얼마인지를 백성들 모두에게 환하게 밝혀 알리는 것이 수령된 자의 임무이다.

　죄를 밝히고 나서 벌을 주어야 억울하게 생각하지 않듯, 씀씀이를 밝히고 나서 세금을 거두어야 백성들이 수긍할 것이다. 정작 세금을 낸 백성들에게는 자신의 피땀이 어디로 흘렀는지 모르게 하고 그저 거둬들이는 일에만 몰두한다면 그것이 어찌 도리이겠는가.

計版之外 凡田役尙多.

계판에 실린 것 외에도 전역(田役)이 아직도 많다.

【字義】役:부릴 역. 부역 역.　尙:오히려 상. 아직 상.
【語義】田役(전역):농지로 인하여 거두는 각종 세금.　尙多(상다):아직도 많음.

【解說】계판에 오르지 않은 것 외에도 농민들이 부담하는 세금이 많이 있으니 그 내역을 보면 다음과 같은 것들이다.
　영납(營納)이 있는데 이것은 규장각(奎章閣)의 책지값(册紙價)으로 거두는 3푼이다. — 이것은 結斂이다.
　또 관납(官納)으로 신관 쇄마가(新官刷馬價) 삼백여 냥과 구관 쇄마가(舊官刷馬價) 육백여 냥과 신관아 수리 잡비전(新官衙修理雜費錢) 백여 냥이 있다. — 이상은 모두 碎斂이다.
　이징(吏徵)으로서 1결당 서원 고급조(書員考給租:面內의 농지를 답사하며 災結을 조사하는 書員에게 수고비 명목으로 바치는 稅目)가 너 말이고, 방주인 근수조(坊主人勤受租:州·府·郡·縣과 坊 사이를 오가며 일하는 심부름꾼에게 手當으로 지급하는 세목) 두 말이 있다. ― 이상은 모두 結斂이다.

그 밖에도 계판에 오르지 않은 세목에는 민고전(民庫錢)·표선전(漂船錢) 등이 있다.

생각해 보라. 이래서 백성들이 어찌 견뎌 내겠는가. 1결의 논에서 수확할 수 있는 곡식이 많으면 팔백 말이요, 좀 적으면 육백 말, 더 적으면 사백 말이다. 농부들은 제 농토가 없어 대부분 남의 땅을 경작하는데 1년 내내 고생하여 여덟 식구 식량과 이웃에 품삯을 치러야 하는데도 전주(田主)가 수확량의 절반을 떼어 가니 육백 말을 추수한 농부가 제 몫으로 차지하는 것은 고작 삼백 말뿐이다. 삼백 말에서 다음해에 뿌릴 종자를 제하고 세전(歲前) 양식을 제하면 나머지는 백 말도 못 된다.

그런데도 세부로 박박 긁어 가는 것이 이와 같으니 백성들이 어찌 살겠는가. 그나마 중간에서 상부에 호소하고 아전들의 간계를 막아 줄 수 있는 사람은 수령뿐이니 백성들의 쓰라림을 깊이 헤아려 그 원망이 후손에까지 미치지 않게 해야 할 것이다.

故 羨結之數 不可不定 結總旣羨 田賦程寬矣.

선결(羨結)의 수는 정하지 않을 수 없으니 결세(結稅)의 총계가 여유 있으면 전세(田稅)를 다소 관대하게 하는 것이 좋다.

【字義】羨:부러워할 선. 넘칠 선. 맞아들일 연. 賦:부세 부. 매길 부. 거

둘 부. 程:한도 정. 길 정. 헤아릴 정.
【語義】 羨結(선결):은결(隱結)과 방결(防結) 등 왕세(王稅)를 채우고도 남는 결세. '羨結'을 '연결'이라고 읽는 것은 오독(誤讀)이다. 羨 (선):남음. 여유가 있음. 田賦(전부):전세(田稅). 程寬矣(정관의):좀 관대하게 해도 좋음.

【解說】 전결(田結)은 세 가지 명목으로 이루어져 있는데 첫째가 원결(原結)이요, 둘째가 면결(免結)이요, 셋째가 선결(羨結)이다. 원결이란 본읍의 전답 총결수로서 토지 대장에 실린 것을 말한다. 면결이란 면세 받는 토지로서 궁방전(宮房田)·둔전(屯田)·역전(驛田)·아록전(衙祿田)·이복전(吏復田)·학전(學田)·원전(院田)·관청 대지(垈地)·사찰 대지 등 으레 해마다 면세 받는 땅과 구진전(舊陳田)·금진전(今陳田)·모내기 못한 논·재해 입은 농지 등 당년에 한해 전세(田稅)를 면제 받는 땅을 말한다. 그리고 선결(羨結)이란 새로이 만들어진 명칭이다.

은결과 여결(餘結)은 본래 토지 대장에는 없다. 다만 전결의 총수에서 국세(王稅)를 충당하고 남는 여결을 은결이라고 한다. 그러나 이 은결은 여결이라고 할 수 없다. 내가 보기에 이것은 곧 철결(鐵結)이요, 오히려 국세가 여결이다.

흔히 은결이라고 불리는 것은 아무리 큰 홍수에도 침몰되지 않고 돌을 녹이는 큰 가뭄에도 마르지 않고 해충이나 서리로 인한 피해도 없어 일천 결이면 일천 결 다 완전히 잘 익으니 안전하기가 태산 같은데 이것이 바로 철결이 아니고 무엇이겠는가.

반면에 비변사(備邊司)에서 재결을 반포하고 감사가 그것을 표재하지만 아전들이 가로채고 감하여 형체는 없어지고 빈 껍데기만 남은 후에 하찮은 뙈기논만 국세로 돌리니 이것이 여결이 아니고 무엇인가.

수세(收稅)를 하는 날이면 부잣집의 기름진 땅에서 생산된 황금 낟알과 옥 같은 쌀은 모두 아전들의 집으로 들어가고, 국납·선급·읍징되는 것들은 오로지 하찮은 뙈기논에서 나온 벼와 가죽만 남은 빈민들의 쭉정이 곡식뿐이다. 이에 일천 결의 척박한 땅으로 수천 결의 세액까지 부담해야 하니 백성들의 부담이 치우쳐 날로 고통을 더하게 되니 어찌 원통치 아니하랴.

그러므로 선결은 반드시 조사하여 정하지 않을 수 없다. 또 수령은 장부에서 응당 빠지게 되어 있는 것 이외에 그 요역과 부세에 들어가 있지 않은 것은 낱낱이 밝혀 선결로 하고, 이를 모든 전역(田役)에 고루 분배하여 징수토록 해야 할 것이다.

正月開倉 其輸米之日 牧宜親受.

정월에 개창을 하고 세미를 수송해 오는 날에 수령은 친히 나와 수납해야 한다.

【字義】倉:곳집 창. 輪:보낼 수. 親:친할 친. 어버이 친. 몸소 친. 受: 받을 수. 거둘 수.

【語義】開倉(개창):세곡을 수납하기 위해 창고를 여는 것. 輪米之日(수미지일):쌀을 수송하는 날. 親受(친수):친히 수납함.

【解說】세미(稅米)를 받을 때는 그 양을 지나치게 정밀하게 해서는 안되며 오직 옛 관례를 따르기만 하면 된다. 그렇지만 수납하는 자리

에 수령이 참관하지 않으면 아전들의 횡포가 난무하고 절도가 흐트러지며, 민심이 해이해지고 수송을 맡은 자들 또한 나태할 것이니 열흘을 기간으로 삼아 수령이 한 번씩 참석하여 감독함이 옳다.

그리고 조창(曹倉)을 여는 날에 수령은 따뜻한 말로 백성들을 이렇게 타이른다. '세곡은 환곡과 다르다. 환곡은 거두고 방출함이 내게 달렸으므로 헐하게 받아도 해될 것이 없지만, 세곡은 서울의 경창(京倉)으로 입고(入庫)시키기 때문에 축이 나는 것을 방지하지 않을 수 없다. 뱃사람들은 욕심이 한이 없어 그들을 거슬리면 우리 고을을 해 입히려 할 것인즉, 내가 백성들을 이롭게 하려다 오히려 괴롭히게 되는 일이 많다. 그러므로 말질은 평두(平斗)가 원칙이나 반드시 정밀하게 할 수 있는 것은 아니니 너희는 그것을 알라.'

> 將開倉 榜諭倉村 嚴禁雜流.

조창을 열기에 앞서 수령은 창촌에 방을 붙여 세곡이 헛되이 유출되는 것을 엄금하라는 유시를 내려야 한다.

【字義】將:장수 장. 장차 장.　榜:방 붙일 방.　諭:타이를 유. 비유할 유.
雜:섞일 잡. 낭비 잡.
【語義】榜諭(방유):방을 붙여 유시함.　倉村(창촌):조창(曹倉)이 있는 마을.　雜流(잡류):이리저리 헛되이 흘러 나감.

【解說】조창이 있는 마을에 금해야 할 것은 첫째가 우파(優婆:남사당패)요, 둘째가 창기(娼妓)요, 셋째가 주파(酒婆)요, 넷째가 화랑(花郎:무녀의 지아비로서 방언으로는 廣大)이요, 다섯째가 악공(樂工)이요,

여섯째가 뇌자(櫑子:초라니)요, 일곱째가 마조(馬弔:투전 노름)요, 여덟째가 도사(屠肆:가축의 도살)이다.

무릇 이들 잡류는 소리와 여색과 술과 고기 등 만 가지로 유혹하는 것이니 조창을 관리하는 아전들과 뱃사람들은 이에 빠져들게 마련이다. 이로 인해 조창의 세곡이 흘러 나가면 그 포흠질한 것을 백성들로부터 착취하여 다시 채우려 할 것인즉 수령은 다음과 같은 방(榜)을 써서 조창이 있는 마을에 붙여 세곡의 유출을 방지해야 한다.

'이 여덟 부류의 잡류들에게 하룻밤 방을 제공한 자에게는 곤장 삼십 대에 쌀 서 말을 물려 그것으로 축난 세곡을 메울 것이다. 또 이들에게 밥 한 상을 제공한 자에게는 곤장 열 대에 쌀 한 말을 물릴 것이다.

아전으로서 법을 어기고 잡배들과 어울려 노느라 세곡을 축낸 자에게는 곤장 오십 대에 쌀 한 섬을 물린다. 뱃사람으로서 법을 어기고 이들과 어울린 자에게는 곤장 삼십 대를, 도사공(都沙工:뱃사공의 우두머리)은 곤장 이십 대이다. 또 이들 팔반잡인(八般雜人)도 모두 현으로 이송하여 법에 따라 처벌할 것이다.'

雖民輸愆期 縱吏催科 是猶縱虎於羊欄 必不可爲也.

백성들이 세금 바치는 기일을 어기더라도 아전들을 보내 독촉하게 하는 것은 호랑이를 양의 우리에 풀어 놓는 것이니 결코 그렇게 해서는 안 된다.

【字義】愆:허물 건. 어길 건. 縱:세로 종. 놓을 종. 催:재촉할 최. 欄: 난간 란. 우리 란.

【語義】 愆期(건기):기일을 어김. 縱吏(종리):아전을 풀어 보냄. 催科(최과):세금의 납부를 독촉함. 縱虎於羊欄(종호어양란):호랑이를 양의 우리에 풀어 놓음.

【解說】 세곡을 징수하는 끝에 마감이 되지 않는다 하여 아전과 군교들을 풀어 민가를 뒤져 강제로 징수하는 것을 검독(檢督)이라 한다. 백성들에게 검독은 늑대나 호랑이와도 같은 것이다. 목민(牧民)을 해야 할 사람으로서 어찌 그런 짓을 할 수 있는가.

  은결과 방납으로서 넉넉한 집들을 빠뜨리지 않기만 해도 세액은 저절로 찰 것이며, 설령 다소 부족함이 있더라도 수령이 따뜻하고 인자한 말로 백성들을 타이르면 기한 내에 세곡을 바치지 않는 자가 드물 것이다. 검독을 한 번 내보내는 것만으로도 수령의 사람됨을 가히 짐작할 수 있으니 이에 대해서는 더 말할 바가 없다.(蘇東坡는 세금 독촉하는 관리를 호랑이에 비유했다.)

> 其裝發漕轉 並須詳檢法條 恪守毋犯.

  짐을 꾸려 육로로 발송하는 일과 배의 운송은 둘 다 법조문을 상세히 검토하여 각별히 지키고 조금도 어긋남이 없게 해야 한다.

【字義】 漕:배로 실어 나를 조. 轉:구를 전. 옮길 전. 犯:범할 범.
【語義】 裝發(장발):짐을 꾸려 육로(陸路)로 발송함. 漕轉(조전):배로 운송함. 詳檢(상검):상세히 검토함. 恪守(각수):각별히 지킴.

【解說】 조선(漕船)에 다른 물건들을 끼워 싣는 것에 대한 금지 조례가

매우 엄격한데도 이를 범하는 자가 끊임없이 나와 파직당하고 잡혀 들어가는 자가 없는 해가 없으니 이는 모두 재물에 미혹됨으로 인한 것이 아닌가.

조선이 출발할 때 보면 대나무 · 나무 절구 · 쇠솥 · 왕굴 돗자리 등을 짚으로 싸고 새끼줄로 묶어 포구(浦口)로 실어 보내는데, 백성들은 이를 비웃으며 탐욕으로 빼앗은 물건이라고 손가락질하고 뱃사람들은 화를 내고 내던지며 '이런, 죄 덩어리 같으니라구!' 하고 소리를 버럭 지르니 이는 천금이라도 귀히 여길 바가 못 된다.

또 바닷가 고을은 조선(漕船)이건 임선(賃船)이건 이용하여 세곡을 힘들이지 않고 운송할 수 있는데 내지(內地)에서 조창으로 운반하는 경우에는 백성들이 등에 지고 수백 리를 걸어야 하니 그 고통이 이만저만이 아니다. 그러므로 감사는 여러 고을에 하명하여 길을 넓고 평평히 닦아 조창까지 이르게 하고, 수레를 만들어 한 고을에 사오십 대씩 분배하면 백성들의 고통을 크게 줄일 수 있을 것이다.

宮田屯田 其剝割太甚者 察而寬之.

궁전과 둔전에 대해 박탈과 수탈이 극심한 것은 수령이 살펴 너그럽게 해 주어야 한다.

【字義】剝:벗길 박. 割:벨 할.
【語義】剝割(박할):가죽을 벗기고 살을 베어냄. 탐관오리가 백성의 재물을 약탈하는 것. 太甚(태심):극심함.

【解說】궁방의 면세전과 경사(京司)에 속하는 둔전은 그것을 관리하러

내려온 자나 차출된 자가 세를 거두어 해당 부서에 바치는 경우도 있고 혹은 스스로 그 자리를 사서 자기가 거두어 먹는 경우도 있다. 그들이 빼앗아 가는 것은 많고 혜택을 주는 것은 적다.

그런데 궁전이나 둔전을 경작하는 백성은 납세의 의무가 면제되어 요부(徭賦)에 응하지 않는다 하여 수령은 그들의 애로와 고충에 유념치 않기 일쑤이다. 그들 또한 수령의 품에 있는 자들인데 부세를 면제받는다 하여 소홀히 해서야 되겠는가. 수령은 이들의 사정 또한 밝게 살펴 지나치게 수탈당하는 일이 없도록 보살펴야 할 것이다.

> 南北異俗 凡種稅 或田主納之 或佃夫納之 牧唯順俗而
> 治 俾民無怨.

남쪽 지방과 북쪽 지방은 습속이 서로 달라서 씨앗과 부세를 지주(地主)가 내는 경우도 있고 소작인이 내는 경우도 있다. 수령은 그 지방 습속에 따라 다스리되 백성들의 원망이 없게 해야 한다.

【字義】佃:밭 갈 전. 唯:오로지 유. 順:순할 순. 따를 순.
【語義】種稅(종세):씨앗과 세곡. 佃夫(전부):소작인.

【解說】경기도와 충청도 지방에서는 벼를 베는 즉시 타작하여 마당에서 똑같이 나누기 때문에 전주(田主)는 손해 보는 일이 없다. 그런데 남쪽 지방에서는 벼를 베어서는 논에 펴 널어 이틀간 바람에 말린 후 볏단을 소작인의 집으로 옮겨 볏가리로 높이 쌓아 두었다가 겨울이 되어서야 타작하여 전주와 나누니 전주로서는 소작인의 농간을 살필 수가 없다.

또 그해 씨앗으로 소요된 것과 세곡을 북쪽 지방에서는 전주가 내는데 남쪽 지방에서는 소작인이 내니 그 까닭 또한 타작하는 시기에서 연유한다. 볏짚도 북쪽 지방에서는 전주와 소작인이 똑같이 나누는데 남쪽 지방에서는 소작인이 모두 차지한다. 씨앗과 세곡의 부담이 위에서 말한 것처럼 다른 것은 관습에 연유한다.

남쪽 지방에 흉년이 들면 그해의 수확을 소작인이 모두 차지하는데다가 부세(賦稅)의 독촉은 전주가 받으니 부유했던 전주들이 흉년이 들어 파산하는 이유는 이 때문이다.

천지간의 이치로 따지자면 농부가 왕토(王土)를 경작하여 9분의 1을 국세로 나라에 바치고 나머지 9분지 8을 차지하는 것이 예부터의 법이다. 북쪽 지방에서 빈둥거리며 손 하나 까딱 안 하는 선비들이 넓은 농토나 소작인들에게 경작시키고는 수확량의 절반을 가져가면서도 국세까지 소작인에게 떠넘기니 이 어찌 옳은 이치인가.

내가 처음 남쪽 지방에 와서 이 사실을 알고는 깜짝 놀랐으나 오래 머무르며 습속을 알고 보니 나름대로 이유가 있었다. 북쪽 지방은 땅이 척박하여 고생은 크나 수확은 적으니 가련한 것은 소작인이다. 그런데 남쪽 지방은 이와 반대이다. 국가가 법을 만들어 하나의 제도를 확립하였다면 쇠를 자르듯이 남북의 습속을 같게 하는 것이 옳다. 그렇지만 일시적인 임무를 맡은 수령으로서 한 고을의 오랜 풍습을 깨는 것은 바람직한 방법이 아니니 그 고을의 관행을 따르되 백성들의 원망이 없게 해야 할 것이다.

> 西北及關東畿北 本無田政 惟當按籍以循例 無所用
> 心也.

　서북 지방과 관동 지방 및 경기도의 북부 지방은 본래부터 전정이 없
으니 다만 전적만을 살펴 관례에 따를 뿐 마음 쓸 것이 없다.

【字義】畿:경기 기.　惟:생각할 유.　按:누를 안. 살필 안.
【語義】畿北(기북):경기도의 북부 지방.　按籍(안적):전적(田籍)을 살핌.

【解說】경기도의 북부 지방과 황해도 북부는 원래부터 전세(田稅)에 재
　　감(災減)을 적용치 않는다. 재결을 조사하는 서원(書員)도 없고, 가
　　을에 답험(踏驗)도 하지 않으며, 마을의 노련한 사람이 부세의 총액
　　을 경작자들에게 적당히 분배하여 세액에 충당한다. 크게 흉년이 든
　　해에는 백성이 수령에게 세액의 삭감을 청원하니 이 또한 천하의 좋
　　은 법이다. 내가 어사(御史)가 되어 경기 북부의 삭녕(朔寧)에서 그
　　런 습속을 보았고 곡산(谷山) 부사로 갔을 때도 그런 습속을 보았다.
　　　그런데 남쪽 지방으로 귀양 와서 십팔 년에 걸쳐 아전들의 농간과
　　백성들의 숨은 고통을 비로소 밝게 알았다. 감사가 재결을 수만 결
　　얻어도 백성들에게는 그 혜택이 돌아가지 않는다. 나라에서 진작 양
　　법(良法)을 썼다면 위로는 국가의 재정을 넉넉하게 할 수 있고 아래
　　로는 백성들의 원한을 풀어 줄 수 있을 것인즉 어찌하여 쓰지 않는
　　것일까.
　　　요컨대 전정(田政)은 정전 구일법(井田九一法)을 부활시켜 사용함
　　이 가장 좋을 것이요,(이에 대해서는 田制考에서 자세히 설명하겠다.)
　　서북 지방의 법을 응용하여 시행하는 것이 차선책(次善策)일 것이다.

> 火粟之稅 按例比總 唯大饑之年 量宜裁減 大敗之村
> 量宜裁減.

　화전세(火田稅)는 관례를 참작하여 비총(比總)하되 다만 큰 흉년에만 그 양을 재량껏 감해 주고, 농사를 크게 망친 마을에 대해서만 재량에 따라 감해 주도록 한다.

【字義】按:누를 안. 살필 안.　總:다 총. 합할 총.　裁:마를 재. 지을 재. 헤아릴 재.

【語義】火粟之稅(화속지세):화전(火田)에 대한 세금.　按例(안례):관례를 참작함.　比總(비총):영조(英祖) 36년부터 실시된 새로운 전세법(田稅法). 비총법에서는 호조에서 조사원을 파견하지 않고, 감사의 보고를 바탕으로 과거의 세수액을 기준으로 그 고을의 전세액과 재결수를 결정했다.　大饑之年(대기지년):큰 기근이 드는 해.　量宜裁減(양의재감):세액의 양을 수령 재량에 의해 감해 줌.　大敗之村(대패지촌):농사를 크게 망친 마을.

【解說】법전에 '화전(火田)은 모두 6등급으로 한다.'고 되어 있고, 또 '화전은 이십오 일 갈이를 1결로 한다.'고 되어 있다. 그런데 화전에 대해서는 1결당 전미(田米) 일백 말을 받기도 하고, 반세(半稅)로 하면 쌀과 콩으로 각각 이십오 말을 받는다. 혹은 세미 십오 말을 거두기도 하고, 세포 열 필이나 세태(稅太) 8말 또는 4말을 받기도 한다.

　화전 1결은 대개 산등성이가 구불구불한 것을 포함하기 일쑤인데 그런데도 타량(打量)을 평전(平田)과 같이 한다. 이런 농지에 대해서는 예부터 일백 말을 징수하기도 하고 타량된 것은 8말을 징수했으며, 취산(聚散)이 되지 않는 것에 대해서는 4말을 징수하는 등 지방이나 풍속에 따라 각기 다르다.

전에 화전이 있는 곳을 보면 가파른 산비탈에 군데군데 긁어서 일구었기 때문에 그 면적은 경묘법(頃畝法)으로도 계산할 수 없고 결이나 부(負)로 묶을 수도 없으며, 두락(斗落)으로 헤아릴 수도 없고 일경(日耕)으로 한정지을 수도 없다.

그래서 화전민들에게 무엇을 기준으로 결세를 바치냐고 물으면 '세금에는 정해진 총수가 있으니 골고루 분배하여 그 세액을 채운다.'고 대답한다. 그렇다면 흉년에는 마땅히 재감(災減)이 있어야 하거늘, 한전(旱田)에 대해서도 재결을 인정치 않는데 하물며 화전에 대해서랴.

또 화전에서 거두는 조세는 호조로 들어가는 것, 궁방으로 납부하는 것, 현관이 받아먹는 것이 있으니 수령이 받게 되어 있는 몫은 탕감해 주는 혜택을 베풀어 백성들의 고충을 조금이나마 덜어 주는 것이 옳다.

제3조 곡부(穀簿):환곡(還穀)의 관리(管理)

> 還上者 社倉之一變 非糶非糴 爲生民切骨之病 民劉國
> 亡 呼吸之事也.

환상(還上)이라는 것은 사창(社倉)의 변형인데 그것은 쌀을 팔고 사고 하는 것도 아니면서 백성들의 뼈에 사무치는 병이 되니 백성이 죽고 나라가 망할 정도의 급박한 일이다.

【字義】 糶:쌀 팔 조. 糴:쌀 살 적. 劉:죽일 류. 베풀 류.

【語義】 還上(환상):환곡(還穀). 社倉(사창):각 고을에 마련한 곡식 창고. 춘궁기에 백성들에게 곡식을 대여하고 가을에 약간의 이자를 붙여 거두는 일도 사창이라 했음. 非糶非糴(비조비적):'糶'는 쌀을 파는 것이며 '糴'은 사들이는 것이니, 쌀을 팔지도 않고 사지도 않음. 切骨(절골):뼈에 사무침. 民劉國亡(민유국망):백성이 죽고 나라가 망함. 呼吸之事(호흡지사):몹시 긴급한 지경에 처한 일.

【解說】 수(隋)나라 장손평(長孫平)이 탁지상서(度支尙書:戶曹判書)로 있을 때 처음으로 의창(義倉:隋의 文帝 때 水災나 가뭄에 대비하여 곡식을 저장했다가 농민을 구제하던 제도)을 만들었고, 주자(朱子)가 그것을 다듬어 시행하였는데 이름 하여 사창(社倉)이라 하였다. 그런데 오늘날은 환상(還上)을 사창 제도의 답습이라 생각하나 그렇지 않다.

　　사창의 경우에는 곡식을 저장하고 나누어 주는 일을 모두 향사(鄕

社)에서 자치적으로 하고 관(官)에서는 전혀 관여하지 않았으니 이야 말로 백성을 위하는 참마음이요, 오늘날 우리나라의 환상법과는 천지 차이였다.

다만 송대(宋代) 왕안석(王安石)의 청묘법(青苗法)에서는 진대(賑貸)라는 명칭을 붙여 강제로 이자(利子)를 받아냈으니 이는 우리나라의 환상법과 대동소이한 것이었다. 백제 시대에 조적(糶糴)이라는 명칭이 있었는데 그것은 한(漢)·위(魏) 제도에 바탕을 둔 것이었다. 그리고 고구려 시대 고국천왕(故國川王)은 처음으로 진대법을 시작하여 봄에 백성들에게 양곡을 대여해 주었다가 겨울에 환수했다. 그리고 고려 초기에 처음으로 이창(里倉)을 두었는데 성종(成宗) 때 의창(義倉)으로 개칭하였다.

조선조 초기까지도 고치지 않고 그대로 따랐는데 그 법이 처음에는 사창(社倉)을 모방하였으나 세월이 흐르면서 관고화(官庫化)되어 지금에 와서 환상이 되어 버린 것이다. 이것도 당초에 법을 만든 본의는 백성들을 먹여 살리기 위함이요, 다른 한편으로는 나라의 경비를 충당키 위함이었다.

어찌 백성들을 괴롭히고 수탈하기 위해 그 법을 세웠으랴마는 오늘날에 와서는 폐단이 폐단을 낳고 문란에 문란이 거듭되어 본래의 취지를 크게 이탈하니 나라에 소용되는 경비를 보충하는 것은 십 분의 1이요, 여러 아문(衙門)에서 자기들의 몫으로 받아가는 것이 십 분의 2요, 군이나 현의 아전들이 농간질하고 팔아먹어 이득을 취하는 것이 십 분의 7이다. 이것은 조선팔도 가운데서도 남부 지방의 아전들이 특히 심하며 역사적으로 볼 때는 오늘날이 가장 심하다.

> 還上之所以弊 其法本亂也. 本之旣亂 何以末治.

환상이 폐단이 되는 까닭은 그 법의 근본이 어지럽기 때문이다. 근본이 이미 어지러운데 어찌 말단(백성)이 잘 다스려지겠는가.

【字義】弊:폐단 폐. 폐해 폐. 해질 폐. 亂:어지러울 란. 末:끝 말.
【語義】何以末治(하이말치):어찌 말단(백성)이 잘 다스려지겠는가.

【解說】 근본이 어지럽다 하는 것은 무엇인가. 첫째는 곡명(穀名)의 문란함이요,(예컨대 보리를 대여하고 쌀로 갚으라고 하는 따위) 둘째는 아문(衙門)의 문란함이요, 셋째는 수량(數量)의 문란함이요, 넷째는 모법(耗法:환곡을 대여했다가 거두어들일 때의 利子 계산법)의 문란함이요, 다섯째는 순법(巡法:치우침 없이 골고루 혜택을 줌)의 문란함이요, 여섯째는 분류(分留:창고에서 환곡을 풀어 주는 양과 남겨두는 양의 기준)의 문란함이요, 일곱째는 이무(移貿:창고의 곡식을 비싼 고을에 팔고는 싼 고을에서 사다가 채움)의 문란함이요, 여덟째는 정퇴(停退:환곡의 회수 기한을 연장해 줌)의 문란함이다.
　　이 여덟 가지가 온갖 병폐를 낳는 근본적인 문란이요, 여기에 다시 수많은 폐단이 보태지니 이래서야 어찌 백성들이 올바로 다스려지겠는가.

> 上司貿遷 大開商販之門 守臣犯法 不足言也.

상사(上司:監司)가 장사를 하느라 상판(商販)의 문을 크게 열고 있으니 수령이 법을 어김은 이루 말로 다할 수 없다.

【字義】貿:바꿀 무. 살 무. 遷:옮길 천. 바꿀 천. 商:장사 상.

【語義】貿遷(무천):장사하는 것. 商販(상판):상점. 장사. 守臣(수신):수령. 不足言(부족언):이루 말로 다할 수 없음.

【解說】감사가 모든 고을에 영을 내려 매월 그 고을의 곡가(穀價)를 보고하게 하여 시세의 높고 낮음을 상세히 파악하고는 이를 토대로 장사 행각을 벌인다. 가령 갑(甲)이라는 고을에서는 벼 한 섬에 7전인데 을(乙) 고을에서는 1냥 4전이면 감사는 갑 고을의 쌀 이천 섬을 을 고을에 팔아 이천팔백 냥을 만든다. 그리고는 장사하여 남은 이익 일천사백 냥은 제 배를 채우고 나머지 일천사백 냥을 갑 고을에 투자하여 다시 벼 이천 섬을 사들인다.

이것이 이른바 이무(移貿)요, 입본(立本:감사가 장사를 하여 이익은 제가 챙기고 본래의 수량을 다시 채워 넣는 것)이요, 보속(步粟:곡식이 제 발로 걸어서 값싼 고을에서 비싼 고을로 옮겨간다는 뜻)이다.

감사의 녹봉이 박한 것도 아닌데 장사치 노릇까지 하며 백성의 고혈을 짜고 나라의 질서를 어지럽히니 그 아래의 수령이나 아전들이야 말해 무엇하랴. 내가 전에 암행어사로 다닐 때 보니 서로 이웃하고 있는 대여섯 고을의 곡가가 각기 달랐다. 결국에는 가장 높은 가격을 따르니 이로써 가히 그 실정을 알 만하다.

守臣翻弄 竊其嬴羨之利 胥吏作奸 不足言也.

수령이 농간질하여 이익을 도둑질하듯 착복하니 아전들의 농간질이야 더 말할 나위도 없다.

【字義】翻:날 번. 나부낄 번. 뒤집을 번. 弄:희롱할 롱. 놀릴 롱. 竊:훔칠 절. 贏:찰 영. 남을 영.

【語義】翻弄(번롱):농간을 부림. 贏羨(영선):재물이 넉넉하여 여유가 있음. 이익이 남음.

【解說】수령이 농간질할 구멍 역시 많다. 대체로 여섯 가지가 있으니 첫째가 번질[反作]이요, 둘째가 가분(加分)이요, 셋째가 허류(虛留)요, 넷째가 입본(立本)이요, 다섯째가 증고(增估)요, 여섯째가 가집(加執)이다.

번질[反作]이란 봄철에 백성들에게 양곡을 풀어 나누어 주어야 하는데 수령이 이를 행하지 않고 거짓으로 문서를 꾸며 감사에게 보고한 후 중간에서 이익을 취하는 것을 말한다.

가분(加分)이란 이자(利子)를 착복하기 위해 수령이 창고에 남겨 두어야 할 양곡마저 모두 대여함을 말한다. 법에 따르면 창고를 다 털어 분급한 자는 무기(無期) 유배시키며, 남겨 두어야 할 수량의 절반을 분급한 자는 도형(徒刑) 3년에 처하며, 가분(加分)의 수량이 적은 자는 고신(告身:직위)을 박탈한다고 되어 있다. 혹 백성이 굶주리는데 양식이 적어 구제할 방도가 없을 때는 상사에게 승인을 얻어 가분(加分)하는 것은 괜찮다.

허류(虛留)란 실제로 창고에는 유곡(留穀)이 없는데 거짓으로 서류를 꾸며 있는 것처럼 위장하는 것을 말한다. 전임(前任)수령이 아전의 포탈을 덮어 둔 채 인계해 준 것이 모두 허록(虛錄)인데 신임 수령 또한 사정에 어둡고 소홀하여 곡부(穀簿)가 어떻게 되어 있으며 포흠질한 것이 얼마인지 알지 못하며, 사시(四時)로 감영에 보고하는 장부에는 분명히 유고(留庫)가 몇 섬 있는 것으로 되어 있으나 창고를 열어 보면 텅 비어 아무것도 없다. 혹 비변사나 감영에서 이 부정을 적발하더라도 뇌물 거래가 이미 고질화되어 버렸으니 허물을 들추지 않고 그냥 덮어 두기가 일쑤이다. 열 고을을 들추면 일곱이나 여덟 고을은 모두 허록을 안고 있으니 백성이나 나라 살림을 생각하면 참으로 애통한 일이다.

입본(立本)이란 수령이 법을 어기지 않으면서 요령을 부려 이익을 취하는 것을 말한다. 가령 가을이 되어 환곡을 회수할 때 그해에 흉년이 들면 곡식으로 거두지 않고 환조(還租) 한 섬의 시세가 2냥이라면 돈으로 2냥을 거두는데 이는 백성들도 좋아하는 바이다. 그러나 이듬해 봄에 백성이 양식 부족으로 굶주리면 관에서 영을 내려,

"올 가을에 풍년이 들면 벼 한 섬에 한 냥밖에 안 나갈 것인즉 너희는 지금 돈으로 받고 가을에 벼로 갚으면 좋지 않겠느냐?"

한다. 이 또한 백성들이 좋아한다. 그러는 동안에 이익이 한 냥이 되고 일천 섬을 잡으면 이익이 일천 냥이 되니 이것이 이른바 입본이다. 관의 이익은 한 냥이나 백성의 손해는 두 냥인 것이다. 쌀값한 섬이 당년 가을에 두 냥이면 이듬해 봄에는 반드시 세 냥이 되며, 세 냥인 시세에 한 냥만 받으니 두 냥 손해가 아닌가. 손해임을 분명히 알면서도 가을이 되면 선뜻 바치고 봄이 오면 또 기꺼이 꾸어 쓰니 가련한 것은 백성뿐이다.

증고(增估)란 이런 것이다. 감사가 수령에게 관문을 띄워 한 아문에 곡식 이천 섬을 상정례(詳定例)에 따라 돈으로 만들어 올리라 한다. 상정례는 쌀 한 섬에 3냥이고 벼 한 섬에 1냥 2전인데 본현의 시세로는 쌀 한 섬에 5냥이고 벼 한 섬에 2냥이라면 백성들에게 시세대로 징수한 후 상정례에 따라 바치고 그 차익을 자기가 챙긴다. 그런데 감사가 상정례대로 돈을 만드는 경우는 극히 드물며 매양 시가

대로 작전(作錢)하여 스스로 그 이익을 훔치면 수령은 그에 간여할 수가 없다.

　가집(加執)이란 한 아문의 곡식을 감사는 이천 섬만 돈으로 바꾸라고 허가했는데 수령이 이천 섬을 추가하여 사천 섬을 돈으로 징수한 것을 말한다. 이미 상정례에 의한 차익을 훔치고도 또 가집의 본전을 취하여 이듬해 봄에 다시 3냥씩 백성들에게 나누어 주고는 가을에 쌀로 거두어 입본하면 1섬당 2냥이 또 떨어지니 이천 섬이면 수령이 가집을 이용하여 본 이익이 사천 냥이다.

　감사와 수령의 농간질이 이상과 같은데 아래 아전들과 창졸(倉卒)들의 농간질이야 더 말해 무엇하랴.

上流旣濁 下流難淸. 胥吏作奸 無法不具 神姦鬼猾 無以昭察.

　윗물이 이미 흐리니 아랫물이 맑기 어렵다. 아전들의 작간(作奸)에 동원되지 않는 방법이 없으니 귀신같이 교묘한 간계와 교활을 밝게 살필 수가 없다.

【字義】濁:흐릴 탁.　具:갖출 구.　姦:간음할 간. 간사할 간.　猾:교활할 활.　昭:밝을 소.

【語義】無法不具(무법불구):갖추어지지 않는 방법이 없음. 온갖 방법을 다 동원함.　神姦鬼猾(신간귀활):귀신 같은 간계와 교활함.

【解說】아전의 농간질에는 천 가지 방법에 백 가지 간계가 있어 그 구멍이 무수한데 크게 보아 대략 열두 가지가 있다. 첫째가 번질[反作]이

요, 둘째가 입본(立本)이요, 셋째가 가집(加執)이요, 넷째가 암류(暗留)요, 다섯째가 반백(半白)이요, 여섯째가 분석(分石)이요, 일곱째가 집신(執新)이요, 여덟째가 탄정(呑停)이요, 아홉째가 세전(稅轉)이요, 열째가 요합(搖合)이요, 열한째가 사혼(私混)이요, 열두째는 채륵(債勒)이다.

번질[反作]이란 겨울이 되어 환곡을 수납하는데 아직 수납이 끝나지 않은 환곡을 아전이 포탈하는 것이다.

아전이 행하는 입본(立本)이란 이러하다. 입본하려 할 즈음 아전이 수령을 꾀어 감언이설로 간교를 떨면 수령은 그를 충성스러운 자라 하여 그의 말에 따르게 된다. 아전은 계획대로 창리(倉吏)가 되어 온갖 방법으로 포흠을 한다.

가집(加執)은 앞에서 설명하였다. 그런데 아전의 가집에는 두 종류가 있으니 아전이 수령을 꾀어 가집하게 한 것을 관가(官加)라 하며, 아전이 수령을 속여 스스로 가집한 것을 이가(吏加)라 한다. 감영에서 이천 섬을 작전(作錢)하라는 명령이 하달되면 수령이 일천 섬을 가집하고 그 밑의 아전이 팔백 섬을 가집하여 여러 마을에 배당한다. 아무개의 집은 몇 말, 또 아무개의 집은 몇 말 하는 식으로 조목조목 계산하면 충분히 열 섬이 되는데 장부 끝에 적혀 있는 총수는 여덟 섬밖에 안 되니 그 끝수만을 합산하는 수령으로서는 이를 낱낱이 밝혀내기가 어렵다. 수령은 각 호별로 말[斗] 수를 배정하여 내려 보낼 것이 아니라 마을별로 배당하여 내려 보내면 백성들이 능히 자치적으로 쪼개어 차질이 없을 것이다.

암류(暗留)란 백성들에게 나누어 주어야 할 것을 아전들이 수령의 눈을 속이고 분배하지 않음을 말한다. 곡가가 오를 기미가 있으면 아전이 수령과 의논하여 백성들에게 나누어 주지 않고 오히려 싼 값으로 쌀을 사들여 뒷날의 이익을 도모하고, 거짓으로 백성들에게 분급(分給)했다는 문서를 꾸며 감사에게 보고한다.

반백(半白)은 천하에 가장 억울한 것이다. 반 섬의 곡식을 아전이 근거 없이 훔치고 백성이 까닭 없이 바치는 것을 말한다. 그 수법은 이러하다. 환곡을 풀어 분급할 때마다 세력 있는 아전과 부유한 아전이 마을의 유지를 불러서 이렇게 꾄다.

"네 마을이 받아 갈 양곡은 사십 섬인데 창고 안에서 줄어들고 겨와 쭉정이가 많아 키질하면 이십 섬도 못 될 것인데다가, 왕래하고 수납하느라 이틀 품을 소비하게 되고, 간색미·낙정미·모곡(耗穀)·섬 꾸리기에 또 몇 말의 비용이 날 것이니 이것을 받아 간들 마을에 무슨 이득이 있겠느냐. 그래서 한 가지 방책이 있는데 어떻게 하겠느냐?"

그러면 그 유지는 이렇게 대답한다.

"그 방도가 무엇입니까? 하라는 대로 따르겠습니다."

그러면 아전이 이렇게 간계를 부린다.

"내가 마침 춘궁기를 당하여 조금이나마 그 어려움을 피하고자 하니 이 사십 섬을 모두 내게로 돌리면 내가 그것을 쓰고 가을에 너희가 그 절반(이십 섬)을 바치고 나머지 절반을 내가 채우면 되지 않겠느냐?"

이런 식으로 열 개 마을과 약정을 하면 곡식 사백 섬을 그냥 얻는 셈이 된다. 그리고는 알차고 축나지 않은 곡식을 골라 창고에서 이백 섬을 끌어내어 착복하고 이백 섬은 그대로 묵힌다. 가을이 되어 창고를 열 즈음 곡식 십여 섬만을 준비한 후 겨와 쭉정이를 섞어 사십 석을 만들고 모곡 명목으로 창고에 입고시키면 열 개 마을 백성은 곡식의 껍질도 구경 못하고 이백 섬을 바쳐야 하는 것이다.

분석(分石)은 예전부터의 수법이다. 내가 강진으로 귀양 가서 처음에 읍내 주막에 거처를 정했는데 주모(酒母)가 키질하다 나온 겨와 쭉정이를 모아 따로 보관하는 것을 보았다. 내가 그것을 어디에 쓰려고 그러느냐고 물으니 주모는,

"창리(倉吏)가 민가에 돈을 나누어 주고는 이것을 거두어 갑니다. 어디에 쓰려는지 새삼스레 말해 무엇하겠습니까?"

하며 낄낄대고 웃었다. 그 후 다산(茶山:本書의 著者인 丁若鏞의 號이며 강진에 귀양 가 초막을 짓고 거처하던 뒷산 이름)에 살면서 창리(倉吏)의 아우가 갯마을을 돌아다니며 돼지먹이로 겨 수백 섬을 사들인다는 소문을 들었는데 이 또한 분석(分石)에 쓸 것이었다.

아전이 백성들로부터 곡식을 거둘 때는 키질 후 수북수북이 말질하여 받아서 창고에 넣고는, 밤이 되면 촛불을 들고 창고에 들어가 알곡에 겨와 쭉정이를 섞고 말질을 납작하게 하여 한 섬을 두 섬으로 심하면 서너 섬까지 불려 원래의 숫자를 채우고 나머지는 몰래 자기 집으로 가져간다. 이를 일컬어 분석(分石)이라 한다.

집신(執新)이란 백성들에게 묵히고 묵혀 벌레 먹은 쭉정이 곡식을 분급(分給)하고는 아전이 백성들에게서 거두어들일 때는 햇곡식으로 하는 것인데 백성들의 원망이 충천하나 수령의 귀에까지는 들어가지 않는다.

탄정(呑停)이란 이런 것이다. 흉년이 크게 드는 해에는 연말(年末)이 되어서야 조정에서 정퇴(停退)의 영을 내린다. 노련하여 농간질에 달통한 아전은 이를 미리 짐작하고는 백성들로부터 환곡 거두어들이는 것을 급히 서두르며, 수령의 눈을 속여 백성들에게 매질까지 해가며 풍헌·약정을 시켜 혹독하게 뒤져 약탈하다시피 거두게 한다.

그 후 정퇴령이 당도하면 기왕에 거둔 곡식을 백성들에게 되돌려

주는 일 없이 그것으로 자기들이 요판(徭販)하고 포흠질한 것을 채우니 정퇴의 혜택이 한 톨도 백성에게 미치지 못하게 된다. 임금은 부모요, 백성은 자식이다. 임금이 자식인 백성을 불쌍히 여겨 정퇴령을 내린 것인데 수령과 아전이 중간에서 그 은혜를 가로막고 있으니 그저 슬플 따름이다.

세전(稅轉)이란 환곡을 세미로 삼거나 세미를 환곡으로 삼는 것을 말한다. 아전이 창고에서 포흠하여 세 번 뒤집고 네 번 굴리니 겨울에는 창고의 포흠이 되고 봄에는 세미의 포흠이 된다. 끝없이 반복되는 근본 원인은 한 가지 병폐에 있다. 세미를 거듭 뒤집고 굴리면 민고(民庫)의 쌀 한 섬은 필경 환미 이십여 섬이 된다. 불쌍한 백성들이 이를 어찌 감당할 것인가.

요합(徭合)이란 관고(官庫)와 민고(民庫)의 곡식을 섞어 아전이 이를 이용해 농간질하는 것이다. 민고의 요역은 모두 조[粟]로 징수하는데 결환(結還:田結 수를 기준으로 요역을 배당하는 것)을 적용하는 읍에서는 1결당 몇 말로 하며, 통환(統還:그 마을의 戶口의 총수에 따라 요역을 배당하는 것)을 적용하는 읍에서는 매호당 몇 말씩 징수한다.

또 용도가 생길 때마다 수시로 징수하기도 하고 환장에 포함시켜 징수하기도 한다. 환장에 포함시켜 징수하는 경우에는 색락미와 타섬미를 추가하여 징수하니 그 자체만으로 이미 백성을 크게 괴롭히는 명례가 된다. 창고 안에 공곡(公穀)만 있으면 그 수납과 방출에 관련되는 모든 공문(公文)이 영문(營門)을 거치게 마련이니 수령의 눈을 속여 아전이 농간을 부리기 어렵다.

요조(徭租:徭役을 충당키 위해 예비한 벼로서 民庫에 속한다)와 이조(吏租:아전들 몫인 私有)가 창고 안에 섞여 있으면 아전들은 이를 이용하여 농간질을 한다. 곡가가 오르고 내림에 따라 입고(入庫)와 출고를 마음대로 하여 팔아먹고 사들이니 이는 공창(公倉)을 사고(私庫)로 삼는 것이다. 그래서 예부터 '무릇 백성들에게서 거두는 것은 돈으로 해야지 곡식으로 해서는 안 된다.'고 하는 것이다.

사혼(私混)이란 서원(書員)이 고복채(考卜債:結負에 변동 사항이 있을 때 사실 여부를 조사하는 비용으로 거두는 돈)를 환곡과 함께 거두어들이는 것을 말한다. 삼남(三南) 지방에는 이른바 고급조(考給租)라는 것이 있어 곡식이나 돈으로 거두기도 하며, 전결이나 가호(家戶)에 부과하기도 한다. 또 신분의 귀천을 가리지 않고 징수하기도 하고 그 지방 유지에게는 징수를 면제해 주기도 한다.

내가 강진에서 귀양살이할 때 그곳 현감 이모(某)가 환상(還上)을 개창하는 날에 장부와 대조해 가며 고복채를 환곡과 혼합해서 징수하지 못하게 했다. 그러자 아전 삼십여 명이 합세하여 소란을 피우고 반대하여 결국 현감이 굽히고 말았다. 내가 그 일을 아주 괴이하게 여겨 곡절을 물었더니 아전이 대답했다.

"고복채를 환곡과 분리해서 거두면 이 고을 안에서 단 한 사람도 포흠 죄를 면할 수 없을 것인즉 이는 산도깨비가 숲을 잃음이요, 꼭두각시가 무대를 잃음이니 어떻게 분리하여 거두겠습니까."

그러나 공곡(公穀)과 사곡은 결코 뒤섞이는 일이 있어서는 안 될 것이다.

채륵(債勒)이란 이채(吏債:아전들이 사사로이 백성들에게 이자를 붙여 곡식을 빌려준 것)와 저채(邸債:서울 및 지방의 저리들이 백성의 貢納을 防納함으로써 백성들이 이들에게 진 빚) 따위를 환곡과 함께 징수하는 것이다. 환곡에 편승해서 백성들이 지고 있는 각종 채무액을 강제로 징수하니 백성들은 괴롭기 그지없고 나라 꼴은 말이 아니게 된다.

이상에서 열거한 열두 가지 조목은 해마다 되풀이되는 관례인데 백성에게 한 톨의 곡식이라도 분급한 것이 있는가. 또 입본(立本)하는 돈 삼십 냥이나 오십 냥을 분급한다 하고는 결전·군전·요전·세전을 공제해 버리니 사실상 백성들의 손에 들어가는 돈은 한 닢도 없게 된다.

내가 다산(茶山)에 살면서 창고로 가는 길을 내려다보기 십 년인데 곡식 섬을 지고 가는 백성을 본 적이 없다. 그런데도 겨울이 되면 집집마다 5, 6, 7섬씩 관창(官倉)에 바치면서 이를 환상(還上)이라 하니 딱하기 짝이 없다. '환(還)'이라 함은 '돌아옴(回)'이요 '갚음(報)'인즉 가지 않으면 돌아올 것이 없고 베풀어 받은 것이 없으면 갚을 것 또한 없는 법이거늘 어찌 '환'이라 하는가. 그것은 환상이 아니라 백상(白上:까닭 없이 내라 하니 까닭 없이 바침)인 것이다.

弊至如此 非牧之所能救也. 惟其出納之數 分留之實
牧能認明 則吏橫未甚矣.

폐단이 이쯤 되면 수령으로서 구제할 수 있는 정도가 아니다. 다만 출납의 수량과 분류(分留)의 실상을 수령이 확인하고 밝히면 아전들의 횡포가 더 심해지지는 않을 것이다.

【字義】 救:구원할 구. 막을 구. 認:알 인. 인정할 인.
【語義】 分留之實(분류지실):창고에서 내준 것과 남겨 둔 것의 실상. 認明(인명):확인하여 밝힘.

【解說】곡부(穀簿)의 기록은 천 가지 만 가지로 다르고 복잡해서 아전살이를 오래 한 자도 장부를 쉽사리 파악하지 못한다. 단속할 수 있는 간편한 방식이 있어야 그 큰 줄거리나마 다스릴 수 있을 것이다. 곡명(穀名)이 많다고 해도 한 고을에서 저장하는 것은 대여섯 가지에 불과하며, 아전이 많다 해도 환곡을 관리하는 사람은 너덧 명에 불과하다. 그러므로 모법(耗法)이 어지러워도 구별이 분명하면 그 수량을 알 수 있고, 분류(分留)가 어지러워도 조리 있게 나열해 놓으면 그 실제를 파악할 수 있다.

전총(田總)에 비하면 오히려 이것이 명백하니 정신을 가다듬어 살피면 저절로 분명해질 것이다. 그러니 수령된 자는 스스로 포기하거나 태만해서는 안 되며, 애써 살피려는 마음가짐이 있지 않으면 안 된다.

> 每四季磨勘之還 其回草成帖者 詳認事理 不可委之於吏手.

네 계절마다 환곡을 마감하고 나서 그 결과를 감사에게 보고하기 위해 회초 성첩을 할 때는 수령이 그 내용을 상세히 알고 있어야 하므로 이를 아전들의 손에 맡겨서는 안 된다.

【字義】磨:갈 마. 勘:헤아릴 감. 帖:문서 첩. 증서 첩.
【語義】回草成帖(회초성첩):환곡의 처리 결과를 상부에 회답, 보고하기 위해 작성하는 문서.

【解說】무릇 상사(上司)가 마감한 것은 곧 본현에서 실행해야 할 실제

숫자이다. 이미 분급한 것이 몇 섬이고 창고에 남겨둔 것이 몇 섬이며 장차 수납할 것이 몇 섬인지를 분명히 알고 엄격하게 지키면 아전의 농간은 저절로 막아질 것이다.

환곡의 분급(分給)과 수납을 마감하고 나서 결과 보고서를 작성할 때는 절대 아전들의 손에 맡겨서는 안 된다. 이는 곧 호랑이 입에 고깃덩이를 넣어 주는 것이니 그동안 자신들이 농간질한 것을 거짓으로 꾸며 작성할 것이기 때문이다.

凶年停退之澤 宜均布萬民 不可使浦吏專受也.

흉년이 들어 정퇴(停退)의 혜택을 베풀 때는 모든 백성에게 고루 펴야 하며, 포흠질하는 아전으로 하여금 독차지하게 해서는 안 된다.

【字義】停:머무를 정. 멈출 정. 澤:못 택. 은혜 택. 浦:개 포. 물가 포. 흐를 포. 專:오로지 전. 홀로 전.

【語義】停退(정퇴):환곡 상환을 연기해 줌. 浦吏(포리):포흠하는 아전.

【解說】그해 농사가 크게 흉년이 들어 본현이 하등(下等)에 들 것이라고 예상되면 겨울에 정퇴령이 내리리라는 것을 분명히 알 것이니 수령은 백성들에게 고루 혜택을 줄 방도를 강구해야 한다. 여러 면과 동리 가운데 농사의 피해가 극심한 곳은 수령이 알 것이니 추분 날이면 면에 두루 시달하여 환곡을 바치기 어려운 자를 추천하게 해 명단을 작성한다.

10월에 창고를 열면 그 명단을 여러 고을에 돌려,

"이 마을의 빈궁한 집에서 바쳐야 할 환곡이 이십여 섬인데 그중 열 섬은 정퇴의 혜택을 받을 것 같으니 기다려 보도록 하고, 나머지 열 섬은 속히 준비하여 마을에 보관한 후 관의 영을 기다리라."

하고 하달한다. 조정에서 영이 당도하면 그날로 표정(俵停:정퇴의 혜택을 줄 대상자와 액수를 조사하여 결정)하되 표재(俵災)하는 방법에 따라 하면 된다. 그리고 아전들이 포흠질한 것에 대해서는 단 한 섬도 정퇴의 혜택을 내려서는 안 된다.

> 若夫團束簡便之規 惟有經緯表一法 眉列掌示 瞭然 可察.

간편하게 단속하는 방법으로 경위표를 만드는 방법이 있으니 이것을 작성해 놓으면 눈썹을 늘어놓고 손바닥을 보듯 일목요연하게 살필 수 있다.

【字義】團:둥글 단. 모을 단. 規:법 규. 책략 규. 眉:눈썹 미. 瞭:밝을 료. 뚜렷할 료.

【語義】 經緯表(경위표):가로 줄과 세로 줄로 칸을 만들어 가로 칸에는 여러 가지 곡식 명을 기재하고 세로 칸에는 여러 아문 이름과 용도를 기재하여 각기 칸에 몇 섬 몇 말을 기록하여 만든 표. 眉列掌示 (미열장시):눈썹처럼 나열해 놓고 손바닥 보듯 함. 아무리 복잡해도 한눈에 볼 수 있음. 瞭然(요연):환히. 일목요연하게.

【解說】 환곡은 관리하는 방법이 각기 다르고, 분류(分留)하는 방법이 각기 다르고, 신모(新耗)를 모아 기록하는 법이 각기 다르니 질서를 잡아 나열해야 할 것이다. 모든 읍의 여러 가지 곡식이 여러 아문(衙

門)에게 분속(分屬)되어 있어 결국 쌀이 전부 몇 섬이며 조(粟)가 전부 몇 섬이 되는가를 알 수 있는 기록이 없으니 너무 소홀한 것 아닌가.

그런데 경위표를 작성하여 가로 줄을 보면 각종 곡류의 총수를 알 수 있고 세로줄을 보면 각 아문의 곡식의 분류를 알 수 있다. 간혹 증감되는 경우가 있으나 칸을 더 만들어 현재의 수량에서 더하거나 빼면 되니 창고의 곡식을 입출(入出)하는 날에는 실제 숫자를 환히 볼 수 있다.

頒糧之日 其應分應留 査驗宜精 須作經緯表 瞭然可察.

양곡(환곡)을 나누어 주는 날에는 응당 분급해야 할 것과 창고에 남겨 두어야 할 것을 살피고 증험하여 정밀히 해야 할 것인즉 모름지기 경위표를 작성하면 일목요연하게 살필 수 있을 것이다.

【字義】頒:나누어 줄 반. 퍼뜨릴 반.　應:응할 응. 응당 응.　精:정할 정. 세밀할 정.

【語義】頒糧(반량):양곡을 나누어 줌.　應分應留(응분응류):응당 분급(分給)해야 할 것과 응당 남겨 두어야 할 것.　査驗宜精(사험의정):살피고 증험(證驗)하는 일을 정밀하게 함.

【解說】수령이 진실로 자세하고 밝으면 아전들은 분급하고 남겨 두는 실제 수량을 감히 속이지 못할 것이다. 읍에는 월보(月報)가 있고 감영에는 회초(回草)가 있어, 분류(分留)가 책으로 묶여 공안(公案)으로 되어 있으니 아전들은 속일 수 없을 것이다. 그러나 수령인 내가

환곡을 분급할 때는 의당 간편한 방법을 써야 할 테니 순분(巡分)할 때 감영에 보고한 것을 기준으로 해서는 안 된다. 모름지기 분류표를 작성하여 한 해 동안의 총수를 조사함으로써 막힘없이 실행할 수 있다.

凡還上 善收而後 方能善頒 其收未善者 又亂一年 無救術也.

무릇 환상은 잘 거두어들인 후에라야 비로소 잘 나누어 줄 수 있으니 그것을 잘 거두지 못하면 다음 한 해가 또 어지럽게 되어 구제할 방도가 없다.

【字義】 還:돌릴 환.　方:모 방. 방법 방. 바야흐로 방.　救:구원할 구. 막을 구.　術:재주 술. 방법 술.

【語義】 善收(선수):잘 거두어들임.　善頒(선반):잘 나누어 줌.　救術(구술):구제할 방도.

【解說】 추분 날에 수령은 창고의 두곡(斗斛:곡식을 되는 말과 되)·색승(色升:곡물의 등급을 매기 위해 看色米로 거두어들인 것)·낙승(落升:落庭米)을 모아 그 가운데 크지도 작지도 않은 중간치를 견본으로 삼는다. 되나 말 중에서 표준보다 크거나 작은 것은 관청 뜰에서 부숴 없애고 견본에 맞추어 되와 말을 새로 만들게 하여 그것들을 읍창(邑倉)·외창(外倉) 및 여러 공고(公庫)와 관주(官廚)에 배급하여 서로간에 터럭만큼의 차이도 없게 하되 그에 앞서 되와 말에 압인(押印)과 낙인(烙印) 및 관지(款識)를 새겨 넣도록 한다.

창고를 여는 날 외창 감리들을 모두 읍창으로 불러, 그들 앞에서 다음의 사항들을 결정하는 표준 방법을 시범해 보이고 차후로는 이 날 정해진 것을 표준으로 삼게 한다. 첫째, 곡품(穀品:곡물의 등급), 둘째, 곡량(斛量), 셋째, 간색과 낙정, 넷째, 타섬(打苫), 다섯째, 영척(零尺:되질이나 말질을 다 끝낸 후 조금 남는 곡식) 등의 처리가 그것이다.

수령이 환곡을 잘 회수한다는 것은 나라의 창고에 해 되지 않고 억울한 백성도 없이 원만하게 처리하는 것을 말한다. 곡물의 등급을 매길 때나 또 곡물을 되질하고 말질할 때나 간색미·낙정미·타섬미·영척의 처리에 있어 백성들의 원성이 있게 해서는 안 된다. 또 환곡을 잘 거두지 못하고서는 이듬해에 어려움을 당해도 백성들을 구제할 대책이 없을 테니 이 또한 수령이 유념치 않을 수 없는 일이다.

> 其無外倉者 牧宜五日一出親受之 如有外倉 唯開倉之日 親定厥式.

외창(外倉)이 없는 경우 수령은 마땅히 닷새에 한 번 나가 친히 환곡을 받도록 하고, 외창이 있는 마을에 대해서는 창고를 여는 날에만 친히 거두어들이는 방식을 정해 주도록 한다.

【字義】倉:곳집 창. 唯:오직 유. 厥:그 궐.
【語義】親定厥式(친정궐식):친히 그 방식을 정해 줌.

【解說】목민을 하는 도(道)는 '균(均)'한 자(字)에 있을 뿐이다. 늘 보면 수령들은 읍창(邑倉)만을 살피고 외창(外倉)에 대해서는 무관심하니

이는 소를 지키느라 양은 잊는 것이며 닭만 잡고 오리는 놓아 주는 것이니, 그 고르지 못함이 이만저만이 아니다. 수령으로서 혜택을 고르게 펴지 못할 바에야 차라리 괴로움을 고르게 나누는 것이 옳은 일인데 어찌 읍창만을 철저히 살피는 것인가.

외창이 없는 경우 수령은 닷새에 한 번 장이 서는 날에만 창청(倉廳)에 나아가 몸소 환곡을 받고 나흘간은 좌수(座首)로 하여금 수납하게 하면 된다.

凡還上者 雖不親受 必當親頒 一升半龠 不宜使鄕丞代頒. 巡分之法 不必拘也.

환상을 거두어들일 때는 수령이 친히 하지 않더라도 나누어 줄 때는 반드시 친히 해야 한다. 단 한 되나 반 홉이라도 수령을 대신하여 향승(鄕丞)이 나누어 주게 해서는 안 된다. 순분(巡分)의 법에 구애될 필요는 없다.

【字義】 雖:비록 수. 升:되 승. 오를 승. 龠:피리 약. 작 약. 巡:돌 순. 순행할 순. 拘:잡을 구. 한정할 구.

【語義】 龠(약):1/10되, 즉 1홉. 代頒(대반):대리하여 나누어 줌. 巡分(순분):몇 차례로 나누어 지급함.

【解說】 외창이 있는 마을에 대하여는 수령이 환곡을 친히 수납하려 해도 그리 할 수 없다. 또 환곡의 수납에는 아전들의 농간이 끼어들 여지가 없지만, 환곡을 분급해 줄 때 수령의 감시가 소홀하면 아전들의 농간이 횡행하게 되어 앞서 쌓아 온 공이 애석하게 무너져 내릴

것인즉 환곡을 나누어 주는 일은 불가불 수령이 친히 행해야 한다. 외창 대여섯 개가 사방에 흩어져 있더라도 분급하는 날 수령은 몸소 각 창고에 임석해야 하며, 이를 귀찮게 여겨 향승에게 내맡긴다면 향승은 창리들과 모의하여 농간을 부릴 것이다.

또 순분(巡分)이란 천하에 폐단이 많은 것이다. 순분법의 시행을 주창하는 자들은 '어리석은 백성들은 계획이 짧아 한 번 배불리 먹고는 곧 양식이 떨어지게 된다. 이렇듯 살림의 두세를 모르니 관에서 절약시켜 주는 도리밖에 없다.'고 말한다. 이 무슨 억지 소리인가.

그렇다면 부모가 자식들에게 살림을 내 주어 스스로 재산을 관리하라 해 놓고는 '우리 아들은 재산 관리를 변변히 해 낼 능력이 없는데다가 우리 며느리는 씀씀이가 헤프다.' 하면서 아침 끼니거리를 아침에 내어 주고 저녁 끼니거리를 저녁에 내준다면 아들과 며느리가 마음 편히 받아먹겠는가. 부모가 자식에게 행하기도 어려운 것을 수령이 고을 백성들에게 행하려 하니 이 어찌 망령된 일이 아닌가.

환상법을 시행하는 것은 백성으로 하여금 양식을 이어 가게 하려는 데에 뜻이 있거늘, 두 섬의 곡식을 여덟 차례에 걸쳐 순분하니 환곡을 타 먹으러 다니느라 여드레 품을 소모하게 된다. 도대체 환곡은 백성들을 위하여 있는 것인가, 아니면 백성들로부터 이자를 받아 재정(財政)에 보태기 위해 있는 것인가.

凡欲一擧而盡頒者 宜以此意 先報上司.

한 차례에 (환곡을) 다 나누어 주고자 하는 수령은 마땅히 그 뜻을 상사에게 먼저 보고해야 한다.

【字義】 欲:하고자 할 욕. 盡:다할 진. 頒:알릴 보. 갚을 보.

【語義】 一擧而盡頒(일거이진반):한 차례에 (환곡을) 다 나누어 줌.

【解說】 백성들을 편하게 해 주는 정책이라면 굳이 법례에 구애될 필요
　　가 없다. 그러니 수령으로서 순분법을 준수하고 싶지 않으면 먼저
　　감사에게 이를 보고하여 허락을 얻어 시행할 것이요, 감사가 법에
　　저촉된다 하여 허락하지 않으려 하면 '그렇다면 우리 고을에서는 내
　　뜻에 따라 할 것이니 감사께서 중앙에 올리는 보고문에는 관례에 따
　　른 것으로 해 주십시오.' 하면 감사도 실상을 알 것이므로 허락할 것
　　이다.

　　중국에서는 각 주(州)의 판관들도 천자(天子)에게 직접 상주(上奏)
　　할 수 있어 백성들의 사정이 상부에 통하고 천자의 은혜가 아래로
　　순조로이 흐르는데 우리나라에서는 이 길이 막혀 있으니 수령이 백
　　성들을 다스리기가 더욱 어려운 것이다.

収糧過半 忽有糶錢之令 宜論理防報 不可奉行.

　환곡의 회수를 절반 이상이나 끝냈는데 갑자기 조전(糶錢) 명령이 내
려오면 마땅히 이치를 따져 방보(防報)해야 하며 그대로 받들어 행하여
서는 안 된다.

【字義】 忽:갑자기 홀. 소홀히 할 홀. 糶:쌀 팔 조. 防:막을 방. 奉:받들
　　봉.

【語義】 収糧(수량):대여했던 환곡을 회수함. 糶錢(조전):쌀을 내어 주
　　고 돈으로 받음. 論理(논리):이치를 따짐. 防報(방보):상급 관청의

명령에 따를 수 없는 이유를 붙여 그 통보를 막음.

【解説】 환곡을 돈으로 거두라 할 때는 그것이 이익이 되던 해가 되던 모든 백성이 고루 나누어야 한다. 환곡을 이미 절반 이상 곡물로 거두었는데 그제야 갑자기 돈으로 거두라는 명령이 내려오면 환곡을 아직 갚지 못한 자들은 대개 빈궁한 자들인데 이들만이 해를 입게 된다. 또 미납된 환곡을 돈으로 회수해도 작전(作錢)의 액수가 채워지지 않으면 아전들은 기왕에 입고(入庫)된 환곡까지 백성들에게 다시 내어 주고는 돈으로 해 오기를 요구한다. 그런데 아전들이 이를 기화로 농간질을 하여 백성들은 이중으로 손해를 볼 터인즉 어찌 되돌려 받으려 하겠는가.

왜 진작 작전(作錢)의 영을 내리지 않고 뒤늦게 수령과 백성들을 골탕 먹이는가. 수령은 그 이치를 따져 물어 당초의 통보를 취소하게 할 것이며 그 명령을 그대로 시행해서는 안 된다.

災年之代收他穀者 別修其簿 隨卽還本 不可久也.

재해가 있는 해에 다른 곡물로 대체하여 수납한 것에 대해서는 별도의 장부로 꾸며 두었다가 곧 본래대로 환원하되 그 기간을 오래 끌어서는 안 된다.

【字義】 穀:곡식 곡.　簿:문서 부. 장부 부.　隨:따를 수.　還:돌릴 환.
【語義】 代收他穀(대수타곡):다른 곡식으로 대체하여 수납함.　隨卽(수즉):잇달아 곧.　還本(환본):본래대로 환원시킴.

【解說】곡식 간에 서로 대납(代納)하는 것, 가령 보리가 흉년이 든 해에
는 콩이나 조로, 벼농사가 흉년인 해에는 콩으로 대신 내는 법은 ≪
대전통편(大典通編)≫에도 자세히 나와 있다. 그러나 본래 상대(相
代)란 혼란의 근본이 되니 부득이한 경우가 아니고는 쉽게 허락해서
는 안 된다. 하지만 이듬해 봄에 양곡을 나누어 주려 할 때는 마땅히
실제 수를 조사하여 별도로 장부를 만들고, 곡식을 출고할 때 달리
표시를 해 두면 사슴을 말(馬)로 하는 일은 없을 것이다.

> 其有山城之穀 爲民痼瘼者 蠲其他徭 以均民役.

  산성(山城)의 곡식으로서 백성들에게 고질적인 병폐가 되는 것이 있
으면 다른 요역(徭役)을 덜어 줌으로써 백성들의 요역을 고르게 해야
한다.

【字義】痼:고질 고. 瘼:병들 막. 蠲:밝을 견. 덜 견. 徭:부역 요. 부릴
  요.
【語義】山城之穀(산성지곡):대개 성(城)은 산 위에 둘러서 쌓게 마련이
  니 이 말은 곧 '군량미'를 가리킨다. 痼瘼(고막):고질적인 병폐.
  蠲(견):덜어 줌.

【解說】산성이 있는 곳의 군량미는 인근 여러 고을의 백성들을 동원하
  여 운반하는데, 거리가 먼 자는 이백 리나 되고 가까운 자도 백여 리
  가 되니 백성 한 사람을 보내 곡식을 수령해 오게 하여 산성 밑 가까
  운 마을에 팔아 돈으로 만든다. 가을이 되면 또 한 사람을 파견하여
  산성 밑의 마을에 가서 돈으로 곡식을 사서 납부하게 한다.

곡식 섬을 지고 산성으로 오르기도 하고 내려오기도 해야 하니 혼자서 먼 거리를 가야 하는 경우라면 선뜻 나서는 자가 없다. 그래서 창리(倉吏)와 결탁하여 쌀을 헐값에 팔고 비싼 값으로 방납하여 이익의 절반은 그 성을 맡고 있는 성장(城將)에게 뇌물로 바치고 절반은 창리의 욕심을 채운다.

대체로 산성에 군량미를 비축하는 것은 옛날 전쟁이 빈번하던 시대를 ─ 壬辰·丙子의 해에는 남북에 병란이 있었다. ─ 대비한 것인데 세월이 흐르고 해가 거듭함에 따라 전쟁은 이미 멀어졌는데도 이 법만 남아 병폐가 되고 있다. 대체로 큰 전쟁이 일어날 때는 징조가 있게 마련이며 하루아침에 오는 것이 아니다. 임진왜란과 병자호란 때도 5, 6년의 조짐이 있은 후에야 상대방 군대가 우리나라에 들어온 것이지 갑작스레 쳐들어 온 것이 아니다.

그러므로 산성 안에는 이백 섬만을 비축하고 산 밑의 여러 마을로 하여금 해마다 새 곡물을 가져다 교환하여 먹게 하면 곡식이 상하여 버리는 일도 없고 산성에는 군량미가 늘 끊이지 않고 있을 것이다. 남한산성(南漢山城)이 우리나라의 군사적 요충지이나 역시 이 방법을 적용해도 무방하리라. 전쟁의 조짐은 사방 어디에도 없는데 공연히 백성들로 하여금 곡식 섬을 지고 천 길 만 길이나 되는 산꼭대기를 오르내리게 하니 이는 결코 편리한 방법이 아니다.

其有一二士民 私乞倉米 謂之別還 不可許也.

사족이나 일반 백성 한두 사람이 공창(公倉)의 쌀을 사사로이 구걸하는 것을 별환(別還)이라 하는데 결코 허락해서는 안 된다.

【字義】別:나눌 별. 다를 별. 還:돌릴 환. 許:허락할 허.

【語義】士民(사민):사족(士族)과 일반 백성. 私乞(사걸):사사로이 구걸함. 別還(별환):특혜로 베푸는 환곡.

【解說】그 고을 유지로서 혹 거짓으로 재앙을 구실 삼거나 혹 큰 공사(工事)를 벌여 놓았다는 핑계로 사사로이 특혜 환곡을 구걸하여 따로 수십 섬을 받아 두고 오랫동안 갚지 않으며, 게다가 다시 보태어 받아 마침내 포흠이 되고 마는 경우가 있는데 이를 일러 유포(儒逋)라 한다. 그러다가 큰 기근이 있거나 나라에 큰 경사가 있어 오래 묵은 환곡을 탕감해 줄 기회가 있으면 수령은 사사로운 마음으로 이 유지의 환곡을 탕감에 넣는다. 이는 특히 기호(畿湖) 지방에서 많이 횡행하는 병폐이다. 수령은 마땅히 창고의 열쇠를 굳게 지켜 모든 백성이 똑같이 혜택을 받는 경우가 아니고는 창고를 열어서는 안 된다.

歲時頒糧 唯年荒穀貴 乃可爲也.

세시(歲時)에 양곡을 반급(頒給)하는 것은 오직 흉년이 들어 곡식이 귀한 해에만 행해야 한다.

【字義】糧:양식 량. 荒:거칠 황. 흉년 들 황. 乃:이에 내. 곧 내.

【語義】歲時(세시):해가 바뀌는 때. 연말연시. 年荒(연황):흉년이 드는 것

【解說】섣달그믐 전의 반량(頒糧)을 일러 세궤(歲饋)라 하며, 정월 대보름 전의 반량을 일러 망궤(望饋)라 하는데 이는 모두 번거로워 백성

들을 괴롭히는 것이니 좋은 정책은 못 된다. 다만 곡식이 귀한 해에
만 세궤(歲饋)를 지급하면 된다.

其或民戶不多 而穀簿太溢者 請而減之 穀簿太少 而接
濟無策者 請而增之.

혹 민호(民戶)는 많지 않은데 곡부가 넘치는 것은 (상부에) 청하여 감
해야 하며, 곡부가 너무 적어 (그것을 가지고는) 도저히 구제할 방도가
없는 경우에는 청하여 늘려야 한다.

【字義】溢:넘칠 일. 接:이을 접. 맞을 접. 濟:건널 제. 구제할 제. 策:
    꾀 책. 계책 책.
【語義】太溢(태일):크게 넘침. 接濟(접제):구제함.

【解說】몇 십 년 전에 황주(黃州)에 곡부가 지나치게 넘쳐 한 가구당 삼
    사십 섬을 받게 되었다. 이는 황주가 교통의 요지요 병영(兵營)이 있
    는 곳이라 조정에서 군량미를 많이 비축해 두었기 때문에 일어난 일
    이다. 그런데 마침 그곳에 흉년이 들어 농작물은 폐허가 되고 백성
    들은 다른 고장으로 떠나 호수(戶數)가 줄어들어 한 가구당 갚아야
    할 환곡의 양은 더욱 늘어만 갔으나 그곳 병사(兵使)와 목사(牧使)는
    자신들의 이익을 노려 이송(移送)할 것을 상부에 청하지 않았다.
    아, 통탄할 일이로다! 도대체 관방(關防)의 정책이 백성을 보호하
    는 데에 있는 것인가, 아니면 식량을 쌓아 두는 데에 있는 것인가.

> 外倉儲穀 宜計民戶 使與邑倉 其率相等 不可委之下吏
> 任其流轉.

외창(外倉)에 저장한 곡식은 마땅히 민호를 계산하여 읍창(邑倉)과 그
비율을 맞추어야 하며, 하급 아전에게 내맡겨 임의로 유출하게 해서는
안 된다.

【字義】儲:쌓을 저. 率:거느릴 솔. 비율 률. 流:흐를 류. 轉:구를 전.
　　옮길 전.
【語義】儲穀(저곡):곡식을 저장함. 流轉(유전):다른 곳으로 유출함.

【解說】민호(民戶)의 총수와 환곡의 총수를 통계하여 각 호에 배당하면
　　한 호당 받을 곡식이 몇 섬인지 나온다. 이를 기준으로 각 창(倉)에
　　고르게 분배한다. 아전들은 공창(公倉)을 사고(私庫)인 양 여긴 지
　　이미 오래여서 읍창의 곡식을 끌어내어 외창으로 옮기기도 하고 반
　　대로 외창의 것을 꺼내어 읍창으로 옮기기도 한다. 그런데 혹 외창
　　이 수백 리 밖에 있어서 수령이 백성들 편의를 위한 창고를 세운 이
　　래 한 번도 가본 적이 없으니 아전들이 멋대로 농간질해도 수령은
　　백성들의 원성을 들을 길이 없다. 그 폐단을 이루 다 열거할 수 없으
　　나 수령은 이를 두루 살펴야 할 것이요, 분급(分給)은 몸소 행해야
　　할 것이다.

> 吏逋不可不發 徵逋不可太酷 執法宜嚴峻 慮囚宜哀矜.

아전의 포흠은 찾아내어 밝히지 않을 수 없으나 포흠한 것을 징수할

때 지나치게 혹독하게 해서는 안 되며, 법의 집행은 마땅히 준엄하게 해야 하나 죄인을 불쌍하고 가엾게 여겨야 한다.

【字義】逋:도망갈 포. 포탈할 포. 發:필 발. 나타낼 발. 徵:부를 징. 거둘 징. 酷:심할 혹. 峻:높을 준. 준엄할 준. 慮:생각할 려. 근심할 려. 矜:자랑할 긍. 불쌍히 여길 긍.
【語義】吏逋(이포):아전들의 포흠. 發(발):찾아내어 밝힘. 太酷(태혹):지나치게 가혹함. 執法(집법):법을 집행함. 哀矜(애긍):불쌍하고 가엾게 여김.

【解說】무릇 포흠을 징수하는 방법은 먼저 범인의 재산을 조사하는데 그의 논밭과 집·우마(牛馬)·의복·용기(用器) 등을 모조리 몰수하고 난 후 그 밖의 일들을 논의한다.

범인이 창리(倉吏)로 임명되던 당시 수리(首吏)가 누구이건 그를 잘못 추천한 죄를 면할 수 없다. 그러므로 수령은 그 수리를 불러, '네가 추천을 잘못하여 일어난 일이니 너의 풍채(風債:수령이 부임할 때 아전들에게 내리는 禮錢) 백 냥은 이치대로 따져 응당 환납해야 한다. 그것이 싫거든 죄인의 숨겨진 재산을 탐지하여 보고토록 하라.'고 다그친다. 그가 탐지하여 보고한 것이 많으면 풍채를 대략 감하여 징수하고 그렇지 않으면 백 냥 전액을 환수한다.

또 범인이 처음 입청(入廳)할 때 청례(廳禮)로 받은 삼십 냥이나 오십 냥을 전액 회수한다. 또 창감(倉監)으로서 범인과 같은 해에 공직에 들어온 자는 포흠액의 1/10을 징수한다. 범인이 창리가 된 이듬해에 창감이 된 자로서 그 사실을 숨기고 보고하지 않은 자는 1/30을 징수한다. 범인이 교체되면서 그의 자리를 인계받은 창리가 전임자의 비리를 보고하지 않았다면 가난한 경우 1/10을 징수하고 가난하지 않으면 1/4을 징수한다.

범인이 포흠질한 이래 이방(吏房)들이 보고하지 않고 관에서 먼저 적발했으면 그 사이의 이방들에게 1/10이나 1/5을 징수한다. 범인이 창고를 관리하던 당시의 서원(書員)에게서도 2/10를 징수한다. 이렇게 하고서도 포흠액이 차지 않으면 청징법(廳徵法)에 따라 같은 이청(吏廳) 직원 7, 8명에게 연대 책임을 물어 빈부에 따라 차등을 두어 징수한다.

앞에서 죄에 대한 법은 준엄하게 집행하되 죄수는 불쌍히 여기라 했거니와 수령은 백성을 보호하고 올바로 이끌 의무가 있는 사람이기 때문이다.

> 或捐官財 以償逋穀 或議上司 以蕩逋簿 乃前人之德政 刻迫收入 非仁人之所樂也.

포흠한 곡식을 관재를 덜어 상환하게 한다거나 포흠한 것을 상사와 의논하여 장부에서 탕감해 주던 일은 선인(先人)들의 덕정(德政)인 바, 포흠한 것을 각박하게 거두어들이는 것은 어진 사람으로서 즐겨 할 일이 아니다.

【字義】捐:버릴 연. 덜 연. 償:갚을 상. 蕩:방탕할 탕. 씻을 탕. 刻:새길 각. 각박할 박. 迫:핍박할 박. 닥칠 박.

【語義】前人(전인):선인(先人). 조상. 또는 선임 수령들.

【解說】농암(聾巖) 이현보(李賢輔)가 영천(榮川) 군수가 되었는데 군에

오래된 포흠이 많았다. 공(公)은 일을 잘 처리하고 비용을 절약하여 한 해가 지난 후 전임자들의 포흠액을 채워 넣었다. 그리고 오래되어 징수하기 어려운 것들은 그 문권(文卷)을 모두 불살라 버렸다.

감사 정언황(丁彦璜)이 안동 부사(安東府使)가 되었는데 그 고을에 여러 해 쌓인 포흠이 있었다. 상부에서는 해마다 독촉했지만 징수할 곳조차 없어 그 도(道)의 큰 병폐가 되어 있었다. 공(公)이 상사에게 논보(論報)하여 조정에 아뢰게 하자, 임금이 특별히 탕감을 윤허하였다. 그 밖의 환곡은 가난하고 능력 없는 백성이 납부키 어려워 그 친척들에게 떠넘긴 것이 수백 섬이었는데 공은 비용을 절약하여 변상 조치하고 그 수를 다 채우자 문권을 모두 불살라 버렸다.

제4조 호적(戶籍):부(賦)와 역(役) 할당을 위한 호수(戶數)와 인구 기록

> 戶籍者 諸賦之源 衆徭之本 戶籍均而後 賦役均.

호적이란 부역(賦役)의 근원이요 요역의 근본이니, 호적이 고르게 정리된 후에라야 부역 또한 고르게 행해질 것이다.

【字義】籍:문서 적. 명부 적.　賦:부세 부. 매길 부. 거둘 부.　衆:무리 중. 많을 중.　徭:부역 요. 부릴 요.
【語義】衆徭(중요):모든 요역(徭役).

【解說】호적에는 두 가지 법이 있는데 하나는 핵법(覈法)이요, 다른 하나는 관법(寬法)이다. 핵법이란 한 사람이라도 구부(口簿)에서 누락됨이 없게 하고 한 호(戶)라도 호부(戶簿)에서 누락됨이 없게 하는 것으로서, 적(籍)이 없는 사람은 피살을 당해도 검시(檢屍)하지 않으며, 겁탈을 당해도 소송을 제기할 수 없기 때문에 실제의 수(數)를 얻으려 애쓰고 엄한 법으로써 단속하는 것이다.

이와는 달리 관법(寬法)이란 한 사람 한 사람을 다 기록하지 않고 각 호(戶)도 모두 포괄하지는 않으며, 동네에서 자치적으로 사력(私曆)을 갖추어 요역과 부세를 할당하되 관(官)에서는 대강 총수만을 파악하여 공평에 따르도록 힘쓰면서 부드럽게 이끌어 가는 것을 말한다.

≪주례(周禮)≫에 사민(司民)의 직책을 맡은 사람은 사람이 태어나

는 대로 호적에 올려, 천자(天子)와 하늘에 아뢰어 단 하나라도 숨기
거나 빠뜨리지 않는다 하였으니 이는 곧 핵법을 쓴 것이다.

또 조간자(趙簡子:춘추시대 晋나라 제후)가 가신(家臣) 윤탁(尹鐸)
으로 하여금 진양(晋陽)을 다스리게 하였는데 윤탁은 그 고을의 호수
를 줄여 보장(保障:조세를 가볍게 하여 백성들을 편안하게 함)을 후
하게 하기를 청하여 그 덕분에 백성이 힘을 기를 수 있게 되었으니
이는 관법을 쓴 것이다.

우리나라에서도 만약 정전(井田)이 제도화되어 있어 세렴(稅斂)이
지나치지 않고 각종 부역(賦役)이 법대로 행해져 요역이 번거롭지 않
다면 호(戶)와 구(口)를 낱낱이 조사하여 밝혀도 백성들이 놀라지 않
을 것이며 핵법을 쓰는 것도 어렵지 않을 것이다. 그러나 이 법이 거
국적으로 행해지지 않는데 한 고을의 수령만이 홀로 핵법을 시행한
다면 부역은 날로 늘고 소란과 원망이 날로 불어날 것이며, 아전들
의 농간질에 견디다 못한 백성들은 뇌물을 주고 혜택을 받으려 할
것인즉 이는 태평스러운 세상을 공연히 어지럽게 할 뿐이다.

그러니 우리나라에서는 아직 관법(寬法)에 따라 호적을 처리해야
할 것이다. 내가 나라의 법전을 논하면서 핵법을 써야 한다고 주장
하였으니 이는 핵법이 나라를 다스리는 대도(大道)이기 때문이요,
지금 이 《목민심서》에서는 관법을 쓰기를 주장하는 바이니 이는
습속에 순응하려는 소규(小規)인 것이다.

> 戶籍貿亂 罔有網紀 非大力量 無以均平.

호적이 흐리고 문란하여 기강에 크게 어긋나면 역량(力量)이 크지 않
고서는 고르게 해 나갈 수 없다.

【字義】貿:바꿀 무. 살 무.　罔:그물 망. 없을 망.　綱:벼리 강. 그물 망.
紀:벼리 기.

【語義】貿亂(무란):질서가 흐리고 문란함.　罔有綱紀(망유강기):기강에
크게 어그러짐.

【解說】수십 년 이래 목민을 하는 자들이 전연 일을 돌보지 않아 아전들
의 횡포가 지나쳐 기강(紀綱)을 어지럽히는 것이 극에 달하였으니 그
중에서도 호적 관계가 더욱 심하다. 매양 호적을 다시 정리하는 해
가 되면 — 寅·申·巳·亥가 든 해의 여름과 가을 — 적리(籍吏)가
각 마을에 공문을 띄워 십 호를 늘리겠다고 위협한다. 이에 부촌(富
村)에는 추호(酋豪)라는 것이 있어 이웃들을 느릅나무 그늘에 모아
의논하기를,
　"십 호의 증호(增戶)는 형편상 면하기 어렵소. 민고(民庫)와 사창
(社倉)의 요역이 점점 더 심해질 것이니 십 호의 1년 부담이 백 냥이
될 것이고 3년이면 삼백 냥이 될 것이오. 이 액수의 1/3로 이 일을
막을 수 있다면 서로가 좋지 않겠소?"
　라고 한다. 그러면 그곳에 모인 동네 사람들은 모두,
　"암, 그야 그렇지. 마을의 일은 모두 어른께 맡기겠습니다. 우리는
돈을 거둘 것이니 어서 가서 일이나 성사시키십시오."
　한다. 그리고는 이정(里正:里長)을 시켜 돈 백 냥을 지고 가게 하
는데 이때 그 추호(酋豪)는 그중 이십 냥을 몰래 제 주머니에 넣고
나머지 팔십 냥을 적리에게 뇌물로 주어 십 호 늘리는 일을 5호만 감
해 달라고 한다. 당초에 마을 주민들에게는 십 호를 감호(減戶)받겠
다고 약속하여 백 냥을 받아 내고는 이런 식으로 처리해 버리고 만
다. 그리고 나머지 5호는 다른 마을로 떠넘기니 그곳에서도 한바탕

고통을 겪게 될 것은 뻔한 이치이다.

　수령이 적리를 차임하는 시초에 이미 뇌물을 받았다면 공무를 수행함에 있어 어찌 농간을 막겠는가. 그가 마음대로 백성을 침학하여도 수령이 전혀 질책하지 않으니 이런 까닭에 호적이 이토록 문란해진 것이다.

將整戶籍 先察家坐 周知虛實 乃行增減 家坐之簿 不可忽也.

　장차 호적을 정리하려 할 때는 먼저 가좌(家坐)를 살펴 그 허(虛)와 실(實)을 두루 알고 나서 증감을 행해야 할 것이니 가좌의 작성은 소홀히 해서는 안 된다.

【字義】整:가지런할 정.　察:살필 찰. 자세할 찰.　忽:갑자기 홀. 소홀히할 홀.

【語義】家坐(가좌):한 가호(家戶)에 관련된 일체의 사항을 기록한 것. 그집의 위치 · 크기 · 기와집인가 초가집인가, 또 그 집안 씨족의 신분 · 가족 사항 · 직업 · 전답 및 각종 재산 · 거느리고 있는 머슴의수 · 소유하고 있는 가축 · 선박, 그리고 각종 세금의 내역 등이 낱낱이 기록된다.

【解說】수령은 취임한 지 열흘이 되면 노련한 아전들 중 글에 능한 자몇 사람을 골라 그 고을의 지도를 만들게 한다. 주척(周尺)으로 한자를 십 리로 잡아 지도에 먼저 읍성(邑城)을 그려 넣고, 산림 · 구릉 · 냇물 · 저수지 등의 형세를 실제의 형태대로 그려 넣고, 일백 호

되는 마을에는 △표를 일백 개 그려 넣고 — △는 각 호의 지붕 모양을 나타냄 — 십 호가 있는 마을에는 △를 열 개, 3호가 있는 마을은 세 개로 나타낸다. 산 아래에 외딴집이 있으면 △ 하나로써 나타내야 한다.

구불구불한 도로는 실제의 모양대로 그려 엷은 흙색을 칠하고 기와집은 푸른색으로, 초가집은 누르게 칠하며 산은 초록색, 물은 파란색, 길은 붉은색으로 칠하여, 정당(政堂) 벽에 붙여 놓고 늘 눈여겨보면 수령은 자기 관할 지역 내의 백성들의 살림을 또렷하게 볼 수 있고, 공문을 보내거나 출장을 보낼 때도 그 멀고 가까움을 알아 오가는 것을 손바닥 보듯 알 수 있을 것이니 이 경내(境內) 관도(管圖)는 반드시 만들어야 할 것이다. 단, 이 지도를 작성하게 할 때는 엄중히 경계하여 단 하나라도 누락되거나 잘못 기재되는 것이 없도록 해야 한다.

일단 이 지도가 완성되면 가좌(家坐)의 기록부 작성에 들어간다. 가좌 책(家坐冊)이란 송(宋)나라 사람들이 '침기부(砧基簿)'라고 부르는 것으로 여기에는 본래 논밭과 전 재산을 기록하는데 미세한 것도 빠뜨려서는 안 되는 것이다. 나는 앞서 호적법에서는 관법(寬法)을 쓰는 것이 좋다고 하였으나 가좌의 작성에 있어서만큼은 반드시 핵법(覈法)을 써서 조금이라도 어긋나거나 빠뜨림이 없도록 해야 한다.

가좌 책을 만들기 위해서는 우선 여러 아전들 가운데 똑똑하고 마음이 올바르고 노련한 자 서너 명을 뽑아 수령이 직접 면전에 불러 가좌를 작성하는 데 꼭 적어 넣어야 할 조목과 사항을 낱낱이 일러주며 이렇게 말한다.

"내가 이 가좌 책을 작성하는 것은 호(戶)나 정(丁:각종 노역에 동원시킬 수 있는 壯丁)을 캐내어 찾고자 함도 아니며, 부세(賦稅)의 근원을 늘리자는 것도 아니며, 백성들을 윽박질러 길들이고자 함도 아니다. 내 이미 백성의 수령이 되었으니 직책상 당연히 백성들을 잘 이끌어야 할 것인즉 백성들의 넉넉하고 모자라는 형편과 그 허(虛)와 실(實)을 상세히 알아야 하지 않겠느냐. 내 뜻이 이러하니 너희가 가좌를 작성함에 있어 한 치의 어긋남도 없게 해야 함은 물론이려니와 이 일로 혹 백성들이 놀라거나 의혹을 사는 일이 없도록 하라."

가좌가 표로 작성되고 나면 각 호(戶)의 빈부와 그 마을의 허실(虛實)과 그 문벌(門閥)의 강약 및 세력의 주객(主客)이 손바닥 보듯 한눈에 명쾌하게 들어온다. 한 장에 이십여 호에 관련된 각종 사항이 기록되어 있으니 일백 장이면 이천 호가 수록된다. 가령 이만 호가 되는 고을을 맡아 다스리는 수령일지라도 십 권이면 총망라할 수 있다.

이것을 책상 위에 비치해 두고 늘 열람해 보면 호적을 고르게 할 수 있을 것이요, 요부(徭賦)를 공평하게 할 수 있을 것이며, 옥사(獄事)와 송사(訟事)를 억울함이 없도록 처리할 수 있을 것이며, 차발(差發:아전을 새로이 差任하고 떠나보내는 일)을 밝게 할 수 있을 것이다. 참으로 가좌는 목민을 하는 데에 있어 중요한 칼자루인 것이다.

戶籍期至 乃據此簿 增減推移 使諸里戶額 大均至實 無有虛僞.

호적을 개정할 시기가 되면 이 장부(가좌 책)를 근거로 늘리거나 줄이거나 옮기도록 하고, 모든 마을의 각 호(戶)에 대한 액수를 아주 공평하고 사실에 맞게 하며 허위가 없게 해야 한다.

【字義】據:근거 거. 推:밀 추(퇴). 따질 추. 천거할 추. 移:옮길 이. 額:
　이마 액. 수량 액.

【語義】戶籍期至(호적기지):호적을 개정할 시기가 됨. 此簿(차부):이 장
　부. 가좌 책. 大均至實(대균지실):지극히 공정하고 사실과 부합함.
　無有(무유):없음.

【解說】인(寅)·신(申)·사(巳)·해(亥)가 든 해 7월 초하룻날에 향승(鄕
　丞)이 수령에게 '호적을 개정할 시기가 되었으니 도감(都監:호적 작
　성 작업의 총감독)을 차임(差任)하셔야 하며, 모든 마을의 풍헌과 약
　정도 관례대로 다시 차임하셔야 합니다.'라고 보고하면 수령은 '급
　할 것 없으니 내가 명할 때까지 기다리라.'고 해야 한다.
　　또 수교(首校)가 '호적을 개정할 시기가 되었으니 감관(監官)과 감
　고(監考:각 관아에서 곡물이나 물품을 출납 관리하던 관리)를 차임
　하셔야 할 것입니다.'라고 아뢰면 수령은 '급할 것 없다. 달리 명이
　있을 때까지 기다리라.'고 해야 한다.
　　그러고 나서 수령은 과거에 작성된 면(面)과 리(里)의 총 호수를 별
　도의 책자를 만들어 참고·열람하기에 편리하게 하고, 전에 만들어
　진 가좌부(家坐簿)와 비교 대조하여 누락된 것·거짓된 것·농간질
　한 것·억울한 것 등을 밝혀 적어 두었다가 이윽고 도감·감관·풍
　헌·약정 등을 차임하여 호적의 개정 작업에 들어갈 때 반영하여 각
　호(戶)에 공평하게 처리토록 해야 할 것이다.

新簿旣成 直以官令 頒總于諸里 嚴肅立禁令 無敢煩訴.

새로운 가좌부가 작성되었으면 곧 수령의 명령으로써 모든 마을에 각

기 그 총액을 반포하되 엄숙하게 금령을 내려 감히 번거롭게 이의를 제
기하는 일이 없도록 해야 한다.

【字義】總:모두 총. 敢:감히 감. 구태여 감. 煩:번거로울 번. 訴:호소
할 소. 고소할 소. 헐뜯을 척.
【語義】新簿(신부):새로 만든 가좌부. 頒總(반총):총액을 반포함. 煩訴
(번소):번거롭게 이의를 제기함.

【解說】새로이 가좌부를 작성하는 일이 끝나면 수령은 각 현에 공문을
보내어 이렇게 공표한다.
 "본 현령은 널리 알리노라. 본현의 호적에 오랫동안 문란이 누적
되어 아전들의 농간질에 백성들의 요역이 고르지 못하여 넉넉한 마
을에서는 해마다 몇 호씩 줄어들고 쇠잔한 마을에서는 오히려 해마
다 몇 호씩 늘어가, 이를 몰아쳐 묶어 요역이 없는 마을에 처넣으니
허호(虛戶)는 첩첩이 쌓이고 실역(實役)은 줄어들어 백성들의 사정을
생각하면 마음이 편치 못하다.
 본관(本官)은 이제 한 현의 가좌수를 한데 모아 통틀어 4, 5, 6가
(家)를 합하여 1호(戶)를 만든즉 본리(本里)는 이십 호가 되며 아울러
남녀의 인구 수를 아래에 적어 공표하는 바이다. 바라건대 본리의
부로(父老)와 사족(士族)이 한자리에 모이되 풍헌과 약정은 그 모임
에 참여시키지 말고, 서로 의논하여 이십 호를 구성하고 7월 15일
안으로 명단을 만들어 관(官)에 제출하면 곧 도장을 찍어 첩자(帖子)
로 만들 것이요, 거듭하여 초단(草單)·정단(正單)을 거론치 않을 것
이니 그리 알라.
 지난번 호총(戶總)에 비하여 5호가 늘기는 했으나 이는 아주 공평

한 처리이니 억울해 해서는 안 된다. 억울하다고 번거로이 탄원하는 백성이 한 사람이라도 있다면 그를 징계하여 감히 망령된 행동을 하지 못하게 할 것이다. 또 사사로이 아전과 모의하여 뇌물을 주고 이를 모면하려는 자가 있다면 그것도 통하지 않을 것이요, 법으로도 엄히 다스릴 것이니 두 가지를 모두 조심토록 하라.'

若烟戶衰敗 無以充額者 論報上司 大饑之餘 十室九空 無以充額者 論報上司 請減其額.

만약 기근이 들어 연호(烟戶)가 농사를 망쳐 호액(戶額)을 채울 수 없는 것은 상사에게 보고하고, 큰 흉년이 들어 열 집 가운데 아홉 집이 비어 총액을 채워 넣을 수 없는 경우에도 상사에게 보고하여 그 액수를 감해 줄 것을 청원해야 한다.

【字義】 烟:연기 연. 衰:쇠할 쇠. 充:채울 충. 額:이마 액. 수량 액.

【語義】 烟戶(연호):일반 민호(民戶). 大饑之餘(대기지여):크게 기근이 든 나머지 ~함. 十室九空(십실구공):열 집 가운데 아홉 집이 비어 있음.

【解說】 본현에서 마감해야 할 총액은 많은데 가좌(家坐)의 호수가 적으면 소호(小戶) 네 개를 1호로 삼고, 중호(中戶) 두 개를 1호로 할 것이며, 대호(大戶)는 하나를 그대로 1호로 한다.

또 마감해야 할 총액은 지나치게 높은데 가좌의 호수는 너무 적어 이와 같이 분배할 수 없는 경우 수령은 총 호수를 계산할 때 한 현을 통틀어 계산하지 말고 여러 마을 중 가장 황폐한 마을을 골라 그 허호(虛戶)를 조사하되 사리를 따져 감영에 보고하여 호총을 줄여 받도록 할 것이요, 그것이 받아들여지지 않으면 수령의 자리를 걸고라도 두 번, 세 번 거듭 청원해야 한다.

또 흉년이 들어 십 호 가운데 9호가 빌 지경에 이르면 그런 집이 수천 호일지라도 수령은 직접 감영으로 달려가 감사에게 호총의 탕감을 요청하고 요역을 줄여 줄 것을 청원해야 한다.

> 若夫人口之米 正書之租 循其舊例 聽民輸納 其餘侵虐
> 並宜嚴禁.

인구미와 정서조(正書租)는 이제까지의 관례에 따라 백성들이 내는 대로 들어 주고, 그 외에 (아전들이) 침학하는 행위는 마땅히 엄금해야 한다.

【字義】 租:조세 조. 輸:보낼 수. 納:들일 납. 바칠 납. 虐:모질 학. 해칠 학.

【語義】 人口之米(인구지미):인구미. 인두세(人頭稅). 正書之租(정서지조):매·호당·종이·붓·먹·대서료(代書料) 등으로 거두는 벼. 輸納(수납):가져다 바침. 其餘(기여):그 밖의.

【解說】 남쪽 지방의 관례로는 인구미는 1인당 한 되(升)요, 인정전(人情錢)은 두 푼이며, 정서조(正書租)는 1호당 한 말이다. 이런 것들은 그 해의 호구수(戶口數)에 비추어 모든 마을에서 거두는데 쌀은 아전들이 나누어 먹고, 돈은 경사(京司)에서 호적을 마감할 때 쓰이며, 조(租)는 호적 대장을 등서(謄書)하는 비용으로 쓰인다.

호적 단자를 거두어들일 때 호적청에서는 으레 각 마을에서 대여섯 냥씩을 토색질한다. 또 바닷가 마을이나 정포 마을에서는 열 냥을 내지 않으면 호적 단자를 바칠 수도 없다. 호적이 작성되고 나면 호적청은 별도로 좋은 종이를 써서 1통을 정서(淨書)하여 성첩(成帖)하는데 이를 정단(正單)이라 한다. 이때 또 종이 값·먹 값·대서료를 뜯어낸다. 수령은 관례에 따라 받도록 되어 있는 인구미와 정서조 외에 다른 명목의 돈을 토색질하게 내버려두어서는 안 된다.

> 增年者 減年者 冒稱幼學者 僞戴官爵者 假稱鰥夫者
> 許爲科籍者 並行査禁.

나이를 늘이는 자, 나이를 줄이는 자, 유학(幼學)을 모칭(冒稱)하는 자, 관작(官爵)을 허위로 쓰는 자, 홀아비라고 거짓 칭하는 자 등 호적의 조목들을 거짓으로 기재한 것은 모두 조사하여 금해야 한다.

【字義】冒:무릅쓸 모. 거짓으로 댈 모. 덮을 모. 戴:일 대. 받들 대. 爵: 벼슬 작. 鰥:홀아비 환.

【語義】增年(증년):나이를 실제보다 늘임. 減年(감년):나이를 실제보다 줄임. 冒稱(모칭):거짓으로 칭함. 幼學(유학):벼슬하지 아니한 유생(儒生). 僞戴(위대):거짓으로 씀. 여기에서는 관명을 사칭하는 것. 鰥夫(환부):홀아비. 科籍(과적):호적에 기록되는 사항들.

【解說】노직(老職)의 이점(利點)을 누리고자 하는 자는 나이를 늘이고, 개첨(改簽:다시 軍役에 簽丁당함)을 걱정하는 자는 나이를 줄인다.(나이 예순이 되면 그의 아들로 개첨하는데 군포를 바치는 것은

마찬가지이나 돈이 들기 때문에 스스로 나이를 줄인다)

과거 시험에는 고을의 천거를 받아야 한다는 법이 없기 때문에 어중이떠중이 모두 과장(科場)에 들어갈 수 있어 이를 기화로 유학(幼學)을 모칭하는데 공노(公奴)나 사천(私賤)까지도 이를 흉내 내니 온 백성 누구나 유학을 모칭할 수 있게 되었다. 신분이 흐트러지고 직명(職名)이 문란하기가 이보다 더한 것이 없다. 관자(管子)는 '귀인(貴人)이 많으면 나라가 가난해진다.'고 했거니와 이는 곧 우리나라에 해당되는 말이다.

군첨(軍簽)은 괴로운 것이라 온 백성이 제 본성을 잃고 아비를 바꾸고 할아비를 고쳐 관작(官爵)을 모칭하여 군역을 면하려 한다. 이것이 몇 십 번 지나면 묵은 기록이 되는데 호적을 거짓으로 꾸민 자가 자식에게 사실대로 전해 주지 않으니 자손들은 자기 조상들이 정말로 그런 벼슬을 한 것으로 안다. 관(官)에서 이를 들추어 밝히면 그들은 울부짖으며 억울하다 하니 참으로 딱한 노릇이다.

가족 수가 많으면 납미(納米)도 많으므로 호적에 홀아비로 거짓 기재하는 자가 많으니 백성들의 괴로움이 큼을 이로써 알 수 있다. 그러나 지난번에 조사했던 구총(口總)을 근거로 백성들이 제 가족 수를 임의로 늘리거나 줄이지 못하게 한다면 홀아비로 거짓 아뢰지는 못할 것이다.

수령은 이상의 그릇된 행위로써 호적을 어지럽히는 자들을 엄하게 다스리고, 다시는 한 조목도 허위로 기록되는 일이 없게 해야 한다.

凡戶籍事目之 自巡營例關者 不可布告民間.

무릇 호적에 기록되는 사항과 요목 중 순영(巡營)으로부터 내려오는 관례적인 관문(關文)은 백성들에게 포고해서는 안 된다.

【字義】籍:문서 적. 명부 적. 巡:돌 순. 순행할 순. 布:베 포. 벌일 포.
【語義】事目(사목):사항과 요목(要目). 例關者(예관자):관례적인 관문
(關文).

【解說】호적의 사목(事目)은 법전에 구체적으로 실려 있다. 무슨 죄는 장
(杖) 일백 대, 무슨 죄는 도(徒) 3년형이라 하였으나 이는 시행되지
않는 법이다. 시행되지 않는 법을 민간에 포고하는 것은 백성들로 하
여금 쓸데없이 조정의 명령을 불신하게 하고 국법을 두려워하지 않
게 할 뿐이다. 그런 법은 반포하지 않는 것이 좋다.
　내가 보아 온 바로는 향촌의 우매한 촌민들은 대개 슬기와 기억력
이 없어 몇 년 전의 일들조차도 잊어버리고, 응당 하달되는 관문(關
文)에도 눈을 휘둥그렇게 뜬다. 호적의 사목들이 새로 반포될 때마
다 우매한 촌민들은 '올해는 별나게 엄한 법을 쓰는군.' 하고 말하며
소란스럽다.
　이에 아전들은 촌민들에게 장(杖) 일백 대나 도(徒) 3년은 굉장히
무서운 형벌이라고 겁을 주고 위협하니 호적 사목에 티끌만큼이라도
꺼림칙한 조목이 있는 촌민들은 지레 겁을 먹고 적리(籍吏)에게 뇌물
을 주어 벌을 피하려 한다. 대개 조금이라도 뒤가 켕기지 않는 자가
드무니 뇌물이 관례가 되어 호적 사목에 거짓 사항이 없는 자들 또
한 뇌물을 바치게 된다.
　이것이 호적 단자를 받아들일 때 으레 대여섯 냥씩 토색하게 하는
까닭이다. 그러므로 호적 사목에 관한 관문은 민간에 포고하지 않는
것이 좋다.

> 戶籍者 國之大政 至嚴至精 乃正民賦 今玆所論 以順
> 俗也.

호적은 국가의 큰 정사이니 지극히 엄격하고 지극히 정밀하게 해야 백성들의 부세를 바르게 행할 수 있는 것이지만, 지금 여기서 논하는 것은 그저 풍속에 순응하라는 것이다.

【字義】 嚴:엄할 엄.　精:정할 정. 세밀할 정.　賦:부세 부. 매길 부. 거둘 부.　玆:이 자. 여기 자.

【語義】 至嚴至精(지엄지정):지극히 엄격하고 지극히 정밀함.　正民賦(정민부):백성들의 부세(賦稅)를 바르게 행함.　今玆所論(금자소론):지금 여기서 논하는 것.

【解說】 나라의 법이 완비되어 있다면 호적은 마땅히 핵법을 써서 집 한채, 사람 한 명이라도 빠뜨려서는 안 될 것이다.

　명(明)나라 시대의 문신(文臣) 엽춘(葉春)은 혜안(惠安)의 현령이 되어 정서(政書)를 지었는데 이 책에는 예순 살 이상의 노인들을 예우(禮遇)하며, 음사(淫祠:백성들을 미혹하게 하는 미신적인 祠堂)를 헐어 버리고, 사학(社學:민간의 자제들을 교육하던 명나라 시대 학교)을 세우며, 보(保)에 보장(保長)과 부장(副長)을 두어 각 포(鋪)의 장정들을 통솔하여 현을 방어하는 일을 맡게 하는 등의 내용이 있다.

　그는 고을을 다스리는 자는 온 고을의 민정(民情)과 물정(物情)을 두루 파악하고 있어야 한다고 했다. 그래서 장정은 관인(官人)이건 사인(私人)이건 노인이건 어린이이건 모두 호적에 올린 것이니 전쟁이 없을 때는 그 호적을 가지고 교화를 행할 수 있고, 유사시에는 군사 조직으로 대비할 수가 있다. 백성들은 처음에는 의혹을 품었지만 결국 믿게 되었다. 혹 세력 있는 집에 조그만 허물이 있어도 반드시 법으로 다스리니 이로 해서 명령은 시행되고 금령(禁令)은 지켜지게 되었다.

> 五家作統 十家作牌 因其舊法 申以新約 則奸宄無所容矣.

오가작통(五家作統) 및 십가작패(十家作牌)는 옛 법을 따르되 새로운 규약을 덧붙여 펴 나아가면 온갖 간교한 행위는 용납될 여지가 없을 것이다.

【字義】牌:패 패. 부절 패. 舊:예 구. 申:거듭 신. 宄:도둑 귀(궤). 容:얼굴 용. 받아들일 용.

【語義】五家作統(오가작통):숙종(肅宗) 원년에 다섯 민호(民戶)를 묶어 한 통(統)으로 정한 호적 제도. 十家作牌(십가작패):민호 열 가(家)를 묶어 하나의 패(牌)로 함. 명나라 때의 왕양명(王陽明)이 창안한 호적법임. 申以新約(신이신약):새로운 규약을 펌. 奸宄(간궤):여러 가지 간교한 행위. 無所容(무소용):용납될 여지가 없음.

【解說】오가작통이나 십가작패는 그 운용 방법이 대동소이하니 여기서는 십가작패를 들어 설명하겠다.

한 패(牌)에 속하는 열 가(家)는 매일 유시(酉時)쯤 되면 패를 가지고 나머지 아홉 집으로 가서 분패(分牌)를 대조하여 다음의 사항을 살피는데 이 임무를 순번대로 행한다. 아무개의 집에는 오늘 밤 가족 중 누가 집에 없는데 그는 어디에 무슨 용무로 갔고 언제 돌아올 것이요, 아무개의 집에도 오늘 밤 낯선 객(客)이 하나 왔는데 그는 어디에 사는 누구이며 무슨 용건으로 온 것인지를 정확히 파악하여 곧 한 패에 속하는 다른 집들에 통지해 준다. 혹 의심쩍은 일이 있으면 즉시 관가에 보고할 것이요, 이를 숨겼다가 발각되면 열 가가 똑같이 죄를 받는다.

또 열 가(家) 내에 싸움이 생기면 서로 중재하여 화해시키도록 한다. 강한 자가 약한 자를 능멸하거나 타인을 무고(誣告)하는 일이 있으면 관가에 보고한다. 또 각 가(家)에서는 패(牌)에 따라 서로 권하고 타일러 신뢰와 화목을 다지고 다투는 일이 없도록 한다.

십가작패 방법은 아주 간단하지만 효과는 아주 크다. 이를 잘 운용하면 도적이 없어지고, 송사(訟事)가 줄어들며, 부역이 공평해지고, 외적을 막을 수 있고 풍속이 순후해지며, 예(禮)와 악(樂)이 융흥하게 된다. 십가작패의 법이 그 고장의 민정(民情)과 토속에 맞지 않는 경우에는 이를 수정 윤색(潤色)하여 행함이 좋다.

성호(星湖) 선생님께서는 이렇게 말씀하셨다.

"왕양명의 십가작패는 향약(鄕約)에서 나온 것을 본뜬 것이지만 장차 반드시 폐단이 있을 것이다. 무릇 행정이 까다롭고 번거로우면 어기는 사람이 많은 법이요, 어기는 자가 많으면 징계하지 않을 수 없으니 그리 되면 어리석은 백성이 마구 죄를 입어 원망이 많을 것인즉 계속 시행할 수 없게 된다."

내 생각으로도 요가작통법이나 십가작패법은 지나치게 엄격하여 까다롭게 적용할 것까지는 없는 것 같다.

제5조 평부(平賦): 부(賦)와 역(役)을 공평하게 함

> 賦役均者 七事之要務也. 凡不均之賦 不可徵 錙銖不
> 均 非政也.

부역을 공평하게 하는 것은 수령 칠사(守令七事) 가운데서도 중요한
임무이다. 무릇 고르지 못한 부역은 징수해서는 안 되며, 아주 조금이라
도 공평치 않은 것은 정치가 아니다.

【字義】 均:고를 균. 錙:저울눈 치. 銖:저울눈 수.
【語義】 七事(칠사):목민관의 일곱 가지 임무. 수령 칠사(守令七事)는 농
상성(農桑盛)·호구증(戶口增)·학교흥(學校興)·군정수(軍政修)·
부역균(賦役均)·사송간(詞訟簡)·간활식(姦猾息). 錙銖(치수):아주
조금. 미소(微小)한 것. 錙와 銖는 모두 저울 눈금.

【解說】 옛날에는 전세(田稅)는 일률적으로 9분의 1을 거두었고, 부(賦)
는 각 호(戶)의 생산량을 근거로 책정하였다. 전세는 토지에서 나오
고 부는 사람에게서 나오는 것으로 이 두 가지는 서로 양립하여 뒤
섞이지 않았던 것이다.
　　한나라와 위나라 때 법을 만들면서 전(田)과 호(戶)를 합해서 부를
징수하였는데 동진(東晉) 시대의 학자 매색(梅賾)이 이 법에 너무
몰두한 나머지 우공편(禹貢篇:禹임금의 治世를 기록한 것으로 ≪書
經≫의 한 篇名)을 잘못 주석(註釋)하여 부를 전세로 잘못 알아 이
양자가 혼합되어 버린 것이다. 그 이후로 부(賦)가 무엇인지 아는 사

람이 없게 되었다.

≪주례(周禮)≫의 구부법(九賦法)에서는 부를 거둠에 있어 백성들의 빈부를 참작하되 가축 및 수레의 수까지도 계산에 넣었으며, 노나라 말엽에 정책의 실수로 토지에서 부를 징수하자 공자(孔子)는 이를 잘못이라 하였다. 그런데 사람들은 이 법에 익숙하여 의심을 우려하지 않는다.

우리나라에서는 본래 전세(田稅)가 가벼웠는데 중세 이래로 부(賦)로 거두어들여야 할 것까지 전세로 거두는 것이 관례가 되어 버렸다. 오늘날 대동미(大同米)도 토지에 부과하고 있으며, 균역(均役)·삼수미(三手米)·모량미(毛糧米:明나라 장군 毛文龍이 淸에 대항하여 椵島에 진을 치고 있을 때 황해도 백성들이 대던 군량미)·치계미(雉鷄米)까지 모두 토지에 부과하고 있으며 이는 조정에서도 다 아는 사실이다. 이런 것들은 부(賦)이지 전세는 아니다.

수령 칠사(守令七事) 중에서도 부역균(賦役均)은 날마다 수령이 접하는 일이므로 마땅히 마음을 다해야 할 것이다. 부역은 가볍게 해 주는 것이 좋으니 공용(公用)의 허실을 잘 살펴보면 거두어들임을 가볍게 할 수 있을 것이며, 부역은 공평하게 하는 것이 좋으니 백성들의 수에서 누락된 인원을 찾아내면 거두어들이는 것이 고르게 될 것이다.

田賦之外 其最大者 民庫也. 或以田賦 或以戶賦 費用日廣 民不聊生.

전세(田稅)와 부(賦) 이외에 가장 큰 것은 민고(民庫)이다. 혹은 토지에 부과하고 혹은 가호(家戶)에 부과하는데 비용이 날로 불어나니 백성

들은 도저히 살 수 없다.

【字義】庫:곳집 고. 廣:넓을 광. 넓힐 광. 聊:애오라지 료.
【語義】田賦(전부):전세(田稅)와 부(賦). 民庫(민고):백성들로부터 정규
납세 이외에 관청의 임시비로 쓰기 위하여 거두던 세곡 및 세전(稅
錢). 또는 이를 보관하던 각 지방의 창고. 일정한 기금을 모아 그 이
자로 운영하기도 했으나 민고전(民庫田)을 설치하여 운영하는 경우
가 많았다. 나중에는 백성들을 수탈하는 방법으로 이용되었다. 日
廣(일광):날로 불어남. 民不聊生(민불료생):백성들이 도저히 살 수
없음.

【解說】민고의 폐단은 그 근원이 두 가지이며 아전들은 연루되어 있지
않다. 하나는 감사가 함부로 권위를 행사하는 것이요, 다른 하나는
수령이 마음대로 탐욕을 부리는 것이다. 이 두 가지 근원이 없으면
근본적으로 민고가 없을 것이요, 아전들도 농간질은 용납 받지 못할
것이다.

감사가 처자 권속을 이끌고 부임해 온 이후로 갑자기 이곳저곳에
대도 궁실(大都宮室)을 세워 연회를 베풀며, 좌우의 시종을 거느림
이나 음식 · 거마(車馬) · 의복 등의 위엄과 성대함이 왕에 견줄 만하
고 체모의 존귀함이 대신(大臣)에 버금간다. 속이 텅 비어 무식하기
이를 데 없는 사람이 감사가 되면 으레 그렇게 하는 것으로 여긴다.
이에 각 고을의 수령들은 목이 달아날까 벌벌 떨며 감히 비용을 아
끼지 못하게 되며, 그 피해를 가난한 백성들에게로 돌리니 이것이
민고가 생겨나는 근원이다.

또 수령으로 인하여 생겨나는 민고가 있다. 즉 수령이 관서(官署)

를 지키고 있으면 으레 요구해 오는 자가 있게 마련인데 이에 대해서는 수령이 자신의 봉록에서 쓰고 남는 것으로 응함이 마땅하다. 그런데도 슬기롭지 못한 수령들은 그 비용을 가난한 백성들에게 돌린다. 또 경사(京司)에서 요구하는 것이나 하사(賀使:중국에 경사가 있어 하례차 가는 축하 사절)가 요구하는 것들을 백성들에게 돌린다. 심지어 옛 동료가 수령에게 술자리를 청하거나 수령의 선배가 후학(後學)을 가르치는 서원(書院) 수리비를 요구하면 그것까지도 백성들에게 짐을 지운다.

감사와 수령의 횡포가 이러하니 민고의 비율은 해마다 더해 가고 달마다 늘어나게 마련이다. 이런 병폐가 그치지 않는다면 필경 백성들은 다 죽어 없어지고 말 것이다.

내가 다산 초당(茶山草堂)에 있을 때 과유(科儒) 몇 사람이 책문(策問)을 내어 달라고 요청하기에 〈민고(民庫)〉를 제목으로 삼아 아래와 같이 기록하였다.

'지금 각 도의 군현에 소위 민고라는 것이 있다. 대체 그것은 백성들의 쓰임을 돕기 위한 것이어서 〈민고〉라 하는가, 아니면 백성들의 재물을 저축하기 위한 것이어서 〈민고〉라 하는 것인가. 민고를 창설할 당시에 조정의 영(令)이 있었던가. 널리 시행된 후에 조정에서는 금령(禁令)이 없었던가.

토공(土貢)의 폐단이 비록 크지만 본래 국법에 있는 것이고, 양역(良役:일반 良民에게 부과되던 役, 즉 軍役)의 폐단이 비록 심하지만 본래 조정의 명령에 의한 것이다. 그런데 민고란 것은 향리들이 멋대로 그 준례를 만들었고, 수령들이 멋대로 그 법을 만들었으니 천지가 생긴 이래로 이런 일이 있었던가.

팔도(八道)에 모두 민고가 있으나 그 법이 도마다 각기 다르고, 고

을마다 모두 민고가 있으나 그 규범이 각기 다르다. 법의 득실은 고
사하고라도 한 왕을 섬기는 한 나라 안에는 마땅히 한 왕의 제도가
있어야 하거늘 그 혼란함이 이와 같으니 천지가 생긴 이래로 이런
일이 있었던가. 어찌하여 공용(公用)과 사용(私用)을 가리지 않고 백
성들에게만 짐을 지우는가…… (이하 생략)'

> 民庫之例 邑各不同 其無節制 隨用隨斂者 其厲民尤烈.

민고의 관례는 읍에 따라 다르거니와 절제가 없이 소용이 있을 때마다
수시로 거두어들이는 것이 백성을 더욱 심하게 괴롭히는 것이다.

【字義】隨:따를 수. 斂:거둘 렴. 厲:갈 려. 괴로울 려. 尤:더욱 우. 오
히려 우. 烈:매울 렬. 사나울 렬.

【語義】隨用隨斂(수용수렴):쓸 곳이 생길 때마다 수시로 거두어들임.
厲民(여민):백성을 괴롭힘.

【解說】맹자(孟子)가 선왕(先王)의 법을 논하여 말하기를, '백성들에게
서 취할 때는 절제가 있어야 한다. 취함에 있어 절제가 없으면 그 도
(道)는 오래갈 수 없다.'고 했거니와 소위 절목(節目)이란 일시적으
로 구차하게 행해진 법이었으니 농간의 구멍도 막지 못한 채 폐단의
덩굴이 서로 엉켜, 혼돈이 채 정리되기도 전에 파탄이 극에 달했다.
  이 법을 찬정(撰定)한 당초부터 이미 폐단이 생겼으며, 오랜 세월
이 흐르면서 더욱 깊어진 데다가 세상 물정이 사뭇 달라졌으니 옛
사람이 만든 법을 어찌 오늘날에 행할 수 있겠는가. 시행된 지 오래
된 법이라도 수정을 해야 할 판인데 원래부터 정식 제도도 아닌 것

을 법으로 삼아 소용이 있을 때마다 마구 거두어들이니 장차 누구라서 그 폐단을 이어받을 수 있겠는가. 절목의 수정은 그만둘 수 없다.

修其法例 明其條理 與民偕遵守之 如國法 乃有制也.

법례를 수정하고 조리를 밝혀 백성들과 함께 준수하되 국법처럼 해야 절제가 있을 것이다.

【字義】修:닦을 수. 고칠 수.   偕:함께 해.   遵:좇을 준.   制:절제할 제. 법도 제.
【語義】與民偕(여민해):백성들과 더불어.

【解說】매년 응하(應下)하는 물자에 대해서는 그 식례(式例)만 밝히고 하기(下記)는 없앨 것이며, 수시로 응하는 물자에 대해서는 그 식례도 밝히고 하기(下記)도 보존해 두어야 한다.

서북 지방은 토지가 척박하기 때문에 민고(民庫)를 호(戶)에 따라 염출하며, 남부 지방은 토지가 비옥하기 때문에 민고를 토지의 결수(結數)에 따라 부과한다. 그러나 남부 지방은 전부(田賦)가 열 배나 늘었으니 농가에만 편중되게 고통을 주어서는 안 되며, 마땅히 호에 따라 부과하여 그곳 백성들의 부담을 덜어 주어야 한다.

그런데 결(結)에 따라 거두는 것은 아전들의 방결(防結)에 이익 됨이 많기 때문에 아전들 간에 서로 뜬소문을 퍼뜨려 호에 따라 거두는 방식을 막으려 할 것이니 수령은 이를 염두에 두어야 한다.

또 호적이 맑지 못하여 허(虛)와 실(實)이 서로 엇갈려 있으면 호에 따라 거두는 일도 불가능하며, 계방(契房)을 혁파하지 않아 빠지고 누락됨이 여전하다면 호에 따라 거두는 것이 불가능하다.

契房者 衆弊之源 羣奸之竇 契房不罷 百事無可爲也.

계방은 여러 가지 폐단의 근원이요 온갖 농간의 구멍이니 계방을 혁
파하지 않고는 어떤 일도 해 낼 수 없다.

【字義】契:맺을 계. 房:방 방. 관아 방. 弊:폐단 폐. 폐해 폐. 해질 폐.
　　　羣:무리 군. 많을 군. 竇:구멍 두. 개천 독. 罷:마칠 파. 내칠 파.
【語義】契房(계방):오늘날 유행하는 '계(契)'와 비슷하나 당시에는 강제
　　　적이었음. 羣奸之竇(군간지두):온갖 농간의 구멍.

【解說】계방에는 두 가지가 있는데 하나는 이계(里契)요 다른 하나는 호
　　계(戶契)이다. 이계란 온 마을을 계방으로 하여 해마다 돈 수백 냥을
　　거두는 것이며, 호계란 몇몇 호를 계방으로 하여 해마다 백여 냥씩
　　을 거두는 것이다.(나주와 장성에는 호계가 많다)
　　　무릇 계방촌으로 된 마을은 환곡도 배당받지 못하지만 군첨(軍簽)
　　의 침해도 받지 않고 민고(民庫)에 바치는 일체의 요역도 면제되며,
　　한 번 돈 수백 냥을 가져다 바치기만 하면 그해가 다 가도록 마음 편
　　히 지낼 수 있다. 그래서 백성들은 기꺼이 더불어 계방에 들려 한다.
　　　그렇지만 반드시 마을의 재력이 풍부하고 마을 유지들의 권한이
　　강해야 계방의 구성을 허가받을 수 있는 것이니 가난하고 쇠잔한 마
　　을의 어리석고 하찮은 백성이나 홀아비·과부·불구자 등이 모여 사
　　는 동네에 어찌 계방이 있을 수 있겠는가.
　　　계호(契戶) 또한 마찬가지여서 반드시 토지가 십 결이 넘는 집이

백 가(家)가 될 정도로 융성해야 한 호(戶)로 묶어 계방이 될 수 있는 것이다. 그러니 무릇 부촌과 부호에서 나오는 요부(徭賦)는 모두 아전들의 입으로 들어가고. 오직 영세하고 외롭고 고통받는 백성들만이 공부(公賦)에 응하며 관(官)의 요역을 떠맡아야 할 형편이다. 그리하여 일만 호가 나누어 져야 할 부역이 일천 호에 떠넘겨지고, 일천 호가 부담해야 할 요역이 일백 호에 떠넘겨지니 애석하기 짝이 없는 일이다. 한 호의 부담이 한 해에 백 전을 넘지 않던 것이 지금 와서는 수천 전으로도 오히려 부족하다.

　백성들이 울부짖고 엎어짐이 물고기가 썩어 문드러지고 강둑이 터지는 것 같은 위기를 당하였으니 지금 급히 구하지 않으면 이 불쌍한 백성들은 장차 씨도 없이 사그라질 것인즉 계방을 혁파하는 일이 급선무이다.

迺査宮田　迺査屯田　迺査校村　迺査院村　凡厥庇隱　踰其所田　悉發悉敷　以均公賦.

　궁전과 둔전과 교촌과 원촌을 조사하여 무릇 관(官)의 비호 아래 숨겨져 그 정해진 결수를 초과한 것이 있다면 모두 적발하여 공부(公賦)를 고르게 해야 한다.

【字義】迺:이에 내. 비로소 내.　厥:그 궐.　庇:덮을 비. 허물 자.　踰:넘을 유. 멀 요.　悉:다 실.　敷:펼 부. 두루 부.
【語義】迺査(내사):조사함.　校村(교촌):향교에서 관리하는 토지.　院村(원촌):원(院)은 역(驛)과 역 사이에 있는 국영 여관으로 여행자의 공용 숙소. '원촌'은 원에서 경작하는 원전.　庇隱(비은):관의 비호를

받아 숨김. 踰其所田(유기소전):그 정해진 결수를 초과함. 悉發悉
敷(실발실부):모두 적발하여 고루 폄.

【解說】대체로 1결(結)의 농지는 실호(實戶) 두 집에 맡겨 경작하게 하면
잘 다스려질 것이다. 궁전이 십 결이면 이십 가(家)에 나누어 경작하
게 하고 그 나머지를 묶어 요역에 응하게 하는 것은 상관없을 것이
다. 둔전이 6결이면 십이 가에 나누어 주어 경작하게 하고 그 나머지
를 묶어 요역에 응하게 해도 괜찮을 것이다.
　　교노(校奴)·교비(校婢)는 향교에서 부리고 있으니 요역을 면제해
주어도 좋지만, 고을 세력가에 의지하여 허호(虛戶)가 쌓인 것은 모
두 캐내어 공부(公賦)를 실제에 맞게 조정해야 할 것이다.

乃査驛村 乃査站村 乃査店村 乃査倉村 凡厥庇隱 匪
中法理 悉發悉敷 以均公賦.

역촌·참촌·점촌·창촌을 조사하여 관(官)의 비호 아래 숨겨져 법과
이치에 맞지 않는 것이 있으면 모두 적발하여 공부(公賦)를 공평히 해야
한다.

【字義】驛:역 역. 站:역마을 참. 우두커니 설 참. 店:가게 점. 倉:곳집
　　창. 匪:비적 비. 아닐 비. 나눌 분.
【語義】站村(참촌):말을 쉬어 가던 곳이 참(站)이며, 참이 있는 마을을
　　참촌이라 함. 店村(점촌):상점 마을. 倉村(창촌):관청의 창고가 있
　　는 마을. 匪中法理(비중법리):법과 이치에 맞지 않음.

【解說】역노(驛奴)·역비(驛婢)·역리(驛吏)·역녀(驛女)는 의당 고을의 요역을 면제받게 마련이지만, 그 외의 객호(客戶)가 부호나 관리에 의탁하여 요역을 면제받는 것을 어찌 그냥 지나쳐 버리겠는가. 또 참호(站戶) 가운데에서 몇 집은 요역을 면제해 주되 나머지는 요역의 명부에 올려야 할 것이다.

점촌(店村)을 비호해 주는 것은 수령의 탐욕에 기인한다. 수령이 이들의 점포에서 유기(鍮器)·철기(鐵器)·자기(磁器)·와기(瓦器)·죽기(竹器)·유기(柳器) 등을 마구 가져다 쓰고는 이들의 요역을 면제해 주어 그 구멍을 막으려 하니 이는 백성들의 부역을 도둑질함이 아닌가.

창촌(倉村)을 비호해 주는 것은 아전들의 사리사욕 때문이다. 낙정미(落庭米)와 싸라기에서 이미 새어나온 것으로 재미를 보고도 욕심이 차지 않아 그것으로 술을 거르고 돼지를 삶아 또 이(利)를 남기니, 그들은 궁촌(窮村) 중에서 그래도 여력이 있는 편이다. 그러나 이들 중에도 혹 형편이 여의치 못한 자들에게는 요역을 덜어 주고, 형편이 많이 나아진 자들은 요역에 넣는 것이 좋다.

> 結斂不如戶斂. 結斂則本削 戶斂則工商苦焉. 游食者苦焉 厚本之道也.

결렴(結斂)이 호렴(戶斂)만 못하다. 결렴을 행하면 농사짓는 사람들이 깎이고, 호렴을 행하면 공업이나 상업하는 자들이 고통을 받는다. 놀고 먹는 자들을 고통 받게 하는 것이 근본(농사)을 두터이 하는 길이다.

【字義】斂:거둘 렴. 염할 렴.　削:깎을 삭.　游:헤엄칠 유. 놀 유.　厚:두

터울 후.

【語義】 不如(불여):~만 못함.　本削(본삭):근본이 깎임. 즉 농사짓는 사람들이 고통을 받음.　游食者(유식자):놀고먹는 자.　厚本(후본):근본을 두터이 함. 즉 농사짓는 사람들을 풍족하게 함.

【解說】 농토를 소유하지 않은 사람은 있어도 집이 없는 자는 없다. 그러니 호(戶)에 대해 부과하는 것이 역시 옳지 않겠는가. 그런데 호적이 문란해진 지 오래라 호렴을 시행하기 위해서는 먼저 호적을 바로잡아야 할 것이다. 마구 문란해진 호적을 바탕으로 호렴을 실시해서는 안 된다.

아전들이 호렴을 극구 반대하는 이유에는 삼고(三顧)가 있으니 첫째가 방고(防顧)요, 둘째가 적고(籍顧)요, 셋째가 계고(契顧)이다. 결역(結役)이 무거우면 방납(防納)의 액수가 높아지며, 결역이 가벼우면 방납의 액수가 낮아진다. 그래서 아전들은 결렴을 돌아보게 되는 것이다.

적고(籍顧)란 무엇인가? 호렴을 행하면 허호(虛戶)가 드러나게 되고, 호적이 분명해지면 뇌물이 끊긴다. 그래서 아전들은 결렴을 주장하는 것이다. 계고(契顧)란 무엇인가? 호렴을 실시하면 계방(契房)이 허물어지며, 계방이 허물어지면 추결(抽結)이 어려워진다. 그래서 아전들은 결렴에 연연하는 것이다.

수령이 일에 밝지 못하면 아전들이 서로 근거 없는 소문을 퍼뜨려 어리석은 백성들을 미혹에 빠뜨린다. 백성들은 우매하여 결렴이 이로운지 호렴이 이로운지 판단하지 못한다. 아전들은 백성들을 은밀히 선동하여 호렴이 싫다고 떠들고 다니게 한다. 그러면 수령은 이것이 백성들의 진심인 줄 알고 솔깃하니 수령과 백성이 더불어 아전의 꾀에 빠지고 마는 것이다.

경기 지방의 관례로는 전주(田主)가 세를 부담하며, 남부 지방에서는 소작인이 세를 부담한다. 전주가 부담하는 경우에는 그가 다른 곳에 살고 있더라도 요역을 피할 수 없을 것이요, 소작인이 물게 되는 경우에는 전주가 한동네에 살고 있다 하더라도 요역을 부담하지 않으니 어찌 됐든 토지에 대해서는 세를 물게 마련이다. 그러나 토지에 요역을 부과하는 것에 대해서는 공자(孔子)도 경계하였으니 전주가 다른 곳에 살고 있느냐 아니냐를 논할 것이 뭐 있겠는가.

米斂不如錢斂 其本米斂者 宜改之爲錢斂.

미렴은 전렴만 못한 것이니 원래부터 쌀로 징수하던 것도 마땅히 고쳐 돈으로 징수해야 할 것이다.

【字義】 斂:거둘 렴. 염할 렴. 錢:돈 전.
【語義】 米斂(미렴):쌀로 징수함. 錢斂(전렴):돈으로 징수함.

【解說】 곡식은 백성들의 농사에서 나오고, 돈은 관(官)의 주조(鑄造)에서 나오므로 옛사람들은 대개 '부(賦)는 곡식으로 내는 것이 편리하고 돈으로 내는 것은 불편하다.'고 했다. (陸宣公과 蘇長公은 모두 그렇게 말했다.) 그러나 돈의 액수는 속이기 어려우므로 꾸러미만 다 채우면 트집 잡을 도리가 없다.

그렇지만 곡식으로 거두는 경우에는 등급이 여러 가지인 데다가 말질과 되질을 함부로 하니 아전이 상등품을 요구함이 한도 끝도 없고, 말질을 하다가 흘린 곡식이 뜰에 마구 흐트러져도 주울 길이 없으며, 쌀을 옥(玉)처럼 정결하게 해 오라고 강요당해도 하소연할 길이 없는 것이다. 그러니 돈으로 납부하는 것이 편치 않겠는가.

또 쌀값의 시세라는 것이 풍흉에 따라 각기 달라 풍년에는 돈 한 냥으로 여섯 말을 살 수 있는가 하면 흉년에는 한 말밖에 살 수 없는 경우도 있다. 풍년에는 백성들의 형편이 좋아 세금이 다소 무겁더라도 크게 해됨이 없으나 흉년에는 백성들의 사정이 급박하여 세금이 다소 가볍더라도 부담스러울 것인즉 이런 관점에서 보더라도 돈으로 징수함이 옳을 것이다. 또 미렴을 하면 운반에도 힘이 들 것이나 전렴을 하면 간편하다는 점에서도 역시 이 방법이 좋다.

其巧設名目 以歸官橐者 悉行蠲減 乃就諸條 刪其濫僞 以輕民賦.

명목을 교묘하게 만들어 관리의 전대로 들어가는 것은 덜어 없애고, 모든 조목을 낱낱이 검토하여 지나친 것과 거짓된 것을 삭제하여 백성들의 부(賦)를 가볍게 해 주어야 한다.

【字義】橐:전대 탁. 풀무 탁.　悉:다 실.　蠲:밝을 견. 덜 견.　就:나아갈 취. 좇을 취.　刪:깎을 산.　濫:넘칠 람. 함부로 할 람.

【語義】巧設(교설):교묘하게 만듦.　歸官橐者(귀관탁자):관리의 전대(錢帶)로 들어가는 것.　悉行蠲減(실행견감):모두 덜어 버림.　刪其濫僞(산기남위):지나치거나 거짓된 것을 삭제함.

【解說】내가 우연한 기회에 몇몇 고을의 절목(節目)을 얻어 보았는데 그 가운데 지나친 것과 허위로 조작된 것이 이루 헤아릴 수 없이 많았

다. 포진가(鋪陳價:고을의 연회에 사용되는 포장과 돗자리 등의 비용) 삼백 냥은 반드시 다 소용되지는 않을 것이며, 쌍교가(雙轎價:高位 官吏의 행차 시 쌍가마에 드는 비용) 이백 냥도 반드시 다 쓰이지는 않을 것이며, 분양마가(分養馬價:官用 말을 민간에 나누어 키우는 데에 드는 사육비와 인건비) 백오십 냥도 다 쓰이지는 않을 것이요, 전관가(傳關價:공무상의 車馬費 및 공문 발송비) 일천이백 냥도 필시 다 소용되지는 않을 것이다. 이 이외에도 절목(節目)은 수없이 많으니 어찌 다 열거하겠는가.

청련(淸蓮) 이후백(李後白:中宗 15년~선조 11년(1520~1578년) 明宗때 文科에 급제, 大提學을 지냈음)이 함경도 감사로 있을 때 오랜 폐단을 모두 없애고 군현의 부세를 거의 다 덜어 주니 그 크고 부유하던 고을이 마침내 쇠잔하게 되었다. 그 후의 수령들이 근거 없이 엉뚱한 명목을 달아 세를 징수하니 백성들은 이를 괴롭게 여겼다. 이에 임제(林悌:明宗 4년~선조 20년. 號는 白潮. 禮曹正郎을 지냄)가 이후백을 헐뜯어 시를 지으니 이러하다.

'혜초(蕙草)가 서리에 시들고 옥이 티끌에 묻히니

한때의 맑은 덕이 고관대작을 감동시켰도다.

애석하다, 맥도(貊道:백성에게서 세금을 너무 적게 거둠. 孟子는 이것도 옳은 일이 아님을 지적했다)를 끝내 이어 가기 어려우니

상국(相國:영의정·좌의정·우의정)이 백성들의 병을 고치려다 오히려 병들게 하고 말았구나.'

생각건대 청련(靑蓮)의 처사는 천리(天理)의 공정에서 나온 것인데 임백호가 시로써 이를 비웃으니 이는 오활한 유생의 생각에 지나지 않거니와 온 세상이 이 시를 전해 외우며 명언(名言)인 양하니 모두가 속론이라 더 언급할 것도 없다.

> 朝官之戸 蠲其徭役 不載於法典 文明之地 勿蠲之 遐
> 遠之地 權蠲之.

조관의 호에 대해 요역을 덜어 주라는 규정이 법전에는 실려 있지 않
지만 문명한 지방 조관의 호에 대해서는 삭감해 주지 말고, 먼 지방 조
관의 호에 대해서는 수령의 직권으로 감해 주도록 하라.

【字義】蠲:밝을 견. 덜 견. 遐:멀 하. 權:권세 권. 저울추 권.
【語義】朝官(조관):조정의 신하. 文明之地(문명지지):백성들이 문명한
　　지방. 勿蠲之(물견지):덜어 주지 말라. 삭감해 주지 말라. 遐遠之地
　　(하원지지):먼 지방. 즉 서울에서 멀어 백성들이 우매한 지역.

【解說】경기 지방에서는 조관의 호에 대해서 요역을 감면해 주는 법이
　　없었는데 남쪽 지방에 내려와 이 관례를 보았다. 이 또한 좋은 풍속
　　인 것 같다. 경기·충청 지방에는 조관호(朝官戸)가 많아서 그들에
　　대해 모두 감면 혜택을 줄 수가 없다. 그러나 먼 시골의 외진 곳에는
　　조관이 어쩌다 한두 집 있을 뿐이니 이에 대하여는 수령의 직권으로
　　써 전례에 따라 요역을 감면해 주어도 좋을 것이다.
　　당(唐)나라 법에서는 유내 구품관(流內九品官:당나라의 관제에서
　　는 품계가 1品에서 9品까지 있고 각기 正과 從으로 나눔)에 대해 호
　　역(戸役)을 면제하였다. 이 법이 좋은 것 같으나 한(漢)나라 초기의
　　천경법(踐更法)에서는 송상의 자제라도 변방의 수자리에 나아갈 의
　　무가 있었고, 이 법은 진(晋)·송(宋)시대까지 행해졌다.

> 大抵民庫之弊 不可不革 宜於本邑 思一長策 建一公田
> 以防斯役.

대체로 민고의 폐단은 혁파하지 않을 수 없으니 수령은 마땅히 본읍
에 적합한 한 가지 좋은 계책을 강구하여 공전(公田)을 만들어 백성들의
민고를 막아 주어야 한다.

【字義】抵:막을 저. 해당할 저. 革:가죽 혁. 고칠 혁. 策:꾀 책. 계책
책.

【語義】大抵(대저):대저, 대체로. 長策(장책):좋은 계책. 公田(공전):관
청에서 관리하는 땅으로, 거기에서 나오는 수입으로 관청의 경비를
충당함. 斯役(사역):이 요역. 즉 민고의 역.

【解說】고려 시대에 이보림(李寶林)이 남원 부사(南原府使)로 있을 때
새로이 제용재(濟用財)를 설치하여 모든 경비를 지원하게 하자 백성
들로부터 함부로 염출하는 행위가 사라졌다. 목은(牧隱) 이색(李穡)
은 이에 대하여 이렇게 기록하고 있다.

　'항상 보면 사자(使者)가 부세를 급히 독촉하는데 백성들 자신도
미처 마련치 못하고 현(縣)에서도 변통해 줄 능력이 없어 백성들은
할 수 없이 이자 돈을 빌려 메우니 파산하는 자들이 생겼다.

　이보림이 이를 근심하던 중 포탈된 세를 징수하여 포(布)를 약간
장만하고, 노비의 송사(訟事)를 판결하여 포를 또 약간 모으니 그렇
게 모은 포가 총 육백오십 필(疋)이 되었다. 게다가 예부터 내려오는
둔전(屯田)이 아전들의 농간에 내맡겨져 있었는데 보림이 몸소 그 둔
전을 경작하니 아전들이 감히 속이지 못하여 둔전에서 쌀 이백 섬과

콩 백오십 섬을 얻었다. 거기에 새로 개간한 밭에서 얻은 칠십이 섬을 보태어 이를 모두 합쳐 열 가구가 쓸 수 있는 용구(用具)를 완비하여 제용재(濟用財:公務에 쓰이는 여러 가지 도구들을 제공하기 위한 財源)라 이름 하였다. 그 후로는 백성들이 함부로 횡렴(橫斂)당하는 고통이 없었다.'

생각건대 이것이 곧 오늘날의 민고(民庫)인 것이다.

남쪽 지방의 여러 고을들은 둑을 쌓고 도랑을 내면 공전(公田)으로 이용할 수 있는 곳이 아주 많다. 또 해안(海岸)에 있는 고을들은 섬을 이용하여 농사를 지을 수 있으며, 그것으로 민고의 1년 비용을 감당할 수 있을 터인즉 수령이 진실로 마음을 다하여 방법을 강구한다면 어찌 길이 없다고 근심하겠는가.

民庫下記之 招鄕儒査檢 非禮也.

민고의 지출 내역을 기록한 장부를 그 고을의 유생(儒生)들을 초대하여 검사하게 하는 것은 예의가 아니다.

【字義】招:부를 초. 儒:선비 유.
【語義】下記(하기):지출한 돈의 내역을 기록한 장부. 鄕儒(향유):그 고을의 유생.

【解說】 연말에 결산해 보면 민고의 가하전(加下錢:지나치게 지출되어 적자가 난 액수)이 거의 천 냥이나 된다. 이에 수령은 그 고을의 유생들을 초대하여 향회(鄕會)를 열어 돼지를 잡고 생선을 끓여 예로써 대접한다. 그리고 하기(下記)를 가져다가 지나치게 지출된 것과 거

짓으로 지출된 항목을 살피게 하면 유생들은 대충대충 훑어 내려가
면서 '거짓이 없습니다.' 라고 말한다. 그리고는 민고에서 초과 지출
된 일천 냥은 백성들에게 나누어 부담시킨다.

유생들 가운데 군자(君子)가 있다면 '그것은 예(禮)가 아닙니다.'
라고 말할 것이다. 민고의 하기(下記)는 수령이 서명한 것이다. 이미
서명하고 도장을 찍었으니 수령이 마감한 셈이다. 그런데도 수령이
백성들에게, '내가 도둑질을 했는지 청렴한지를 너희들이 판결하라.
장부가 여기 있으니 너희가 살펴보고 판결하라.' 고 하면 천하에 이
런 일도 있는가.

게다가 유생들이라고 좀 낫다고 해 봐야 과시(科詩)와 과부(科賦)
를 읊거나 항우(項羽)·패공(沛公)의 귀절 따위로 머리가 희어지고,
그만도 못한 자들은 모심기·보리타작이나 하는 까막눈인데 온갖 농
간이 감춰져 있는 민고의 장부에서 어찌 허위를 적발해 낼 수 있단
말인가. 또 간혹 미심쩍은 데가 있다 한들 감히 수령을 의심할 엄두
도 낼 수 없는 데다가 이미 돼지고기와 생선으로 배를 채운 후이니
어찌 검다 희다 한마디인들 할 수 있겠는가.

> 雇馬之法 國典所無 其賦無名. 無弊者因之 有弊者
> 罷之.

고마법(雇馬法)은 나라의 법에도 없거니와 고마부(雇馬賦)라는 것은
이름조차도 없다. 폐단이 없는 것에는 따르되 폐단이 있는 것은 혁파
하라.

【字義】雇:품 팔 고. 빌릴 고. 因:말미암을 인. 따를 인. 罷:마칠 파. 내

칠 파.

【語義】 雇馬之法(고마지법):말을 빌리는 법. 因(인):따르다(隨).

【解說】 수령이 임지(任地)로 내려올 때는 쇄마전(刷馬錢) 삼백 냥을 이미 하사받았으며, 행차할 때는 저치미(儲置米) 네다섯 섬을 다 회감(會減)해 주는데 고마비(雇馬費)는 또 무슨 명목인가. 수령이 서울에 있을 때는 집안에 사흘 먹을 양식이 없어도 말 한 필을 길러서 바쁜 일에 이용하였는데, 콩과 보리가 관사(官舍) 주방에 쌓여 있고 꼴 베어다 쌓은 것이 현사(縣司)에 가득하며 한두 명의 종이 내옥(內屋)에 딸려 지내면서 한가로이 낮잠이나 자고 있는데 수령은 어찌하여 말을 두 필쯤 사서 기르지 않고 꼭 백성들의 고혈을 짜내야 속이 시원할 것인가.

수령이 행차할 때는 마땅히 교마(轎馬:수령이 타는 말) 한 필과 치마(輜馬:옷ㆍ이부자리ㆍ돗자리ㆍ음식 등을 싣는 말) 한 필은 내양마(內養馬:관아 내에서 기르는 말)를 사용하고, 배리마(陪吏馬:형방이 타는 말) 한 필과 배동마(陪童馬:通引이 타는 말) 한 필은 본청에서 고마(雇馬) 비용을 지급하기도 하고 민고에서 지급하기도 하는데 전례에 따라 행하면 된다.

이상의 예에 따라 말을 배정하여 사용함이 마땅한데 요즈음 고마고(雇馬庫)를 설치하여 해마다 백성들에게 일천여 냥씩을 부과하여 말을 8, 9필씩이나 비치하고, 한 필당 본전 오육십 냥씩을 지급해 가며 사람을 모집하여 이를 맡긴다. 그리고는 말이 죽으면 그 반값을 징수하고 말이 병들면 다른 말로 대체시킨다. 다른 말로 대체할 때는 그 값을 보태어 준다. 수령이 가까운 곳으로 행차할 때는 고마비를 주지 않으며 먼 데로 행차하면 고마비를 절반만 준다.

공비(公費)의 지급이 예규(例規)로 되어 있으니 수령은 공비를 받으면 마고(馬庫)로 돌려야 하는데도 오히려 마고에서 육십여 냥을 더 토색하여 제 전대에 넣는다. 이것을 1년 통계하면 칠백이십 냥이나 되는데 이를 가하(加下)라는 명목으로 백성들로부터 징수하는 것을 많이 보아 왔다. 세상에 이보다 더 참기 어려운 일은 없는 것이다.

> 均役以來 魚鹽船稅 皆有定率 法久而弊 吏緣爲奸.

균역법(均役法)의 시행 이후로 어업세·염전세·선박세가 모두 세율이 정해져 있는데 법이 오래되어 폐단이 많아 아전들이 그것을 이용해 농간을 부리고 있다.

【字義】鹽:소금 염. 率:거느릴 솔. 비율 률. 弊:폐단 폐. 폐해 폐. 해질 폐.

【語義】均役(균역):균역법. 英朝 26년에 백성들의 부담을 덜어 주기 위해 만든 법률로 종래의 良布稅를 절반으로 줄이고, 나머지를 어업세·염세·선박세·결작의 징수로 보충함. 魚鹽船稅(어염선세):고기잡이·염전·선박에 대한 세금. 法久而弊(법구이폐):법이 오래되어 폐단이 있음.

【解說】어업세·염전세·선박세는 이치로 보아 마땅히 있어야 한다. 그런데 당시 정사를 논하던 신하들의 역량이 넓지 못하여 서로 의견이 맞지 않고 그들이 세운 제도는 각 도(道)와 읍의 사사로운 관례들을 모아 놓은 것을 구차하게 늘어놓아 서로 일관됨이 없었다. 그리하여 모든 세율이 각 도마다 다르고 읍마다 달라, 그 높고 낮음과 오르고

내림이 본래 획일적인 법이 없었던 것이다. 그 후 변화에 변화를 더하면서 대중을 어거할 방법이 없게 되고, 오랜 세월이 흐르도록 다시 조사하지 못하니 허(虛)와 실(實)이 서로 엇갈리고 간사한 속임수가 날로 심해져 간다.

무릇 해안 고을에 수령으로 부임하는 자는 삼정(三政:나라의 가장 중요한 세 가지 政事인 田賦·軍政·還穀) 외에도 별도의 큰 정사가 이 일에 있으니 불가불 유의해야 할 것이다.

船有多等 道各不同 點船唯循舊例 收稅但察疊徵.

배에는 등급이 많이 있는데 도(道)마다 각기 다르니 배를 점검하는 일은 오직 예부터의 관례를 따르고, 세금을 거두어들이는 데 있어서 다만 거듭 징수하는 일이 없도록 살피기만 하면 된다.

【字義】 等:무리 등. 등급 등. 點:점 점. 검사할 점. 但:다만 단. 疊:거듭 첩.
【語義】 點船(점선):배를 점검함. 疊徵(첩징):거듭 징수함.

【解說】 배가 물건을 싣는 것은 그 힘에 있다. 높이와 너비가 다르면 싣는 용적도 다르다. 그런데도 배의 길이가 길고 짧음에 따라 세율을 정하니 이는 본디 엉성한 방법이다. 세율을 정하던 당시 쌀 몇 섬을 실을 수 있는가를 기준으로 세율에 차등을 두었다면 이치에 맞는 일이었을 것이다. 그런데 지금에 와서 그리 할 수도 없는 일이니 애석하기는 하나 수령은 배를 점검하는 날에 이 점을 유의해야 할 것이다.

경기도와 황해도 지방에서는 배를 4등급으로 나누는데 각기 몇 섬씩 실을 수 있는가를 살펴 반드시 그 실리는 수량이 같으면 한 등급으로 분류해야 하며, 배의 길이가 몇 파(把)인가에 따라 등급을 정해서는 안 된다.

또 충청도에서는 배를 열 등급으로 나누고, 전라도에서는 9등급으로 분류하며, 경상도에서는 3종으로 나누고, 강원도와 함경도에서도 3등급인데 이렇듯 법이 정돈되어 있지 않으니 수령은 전례를 따를 뿐이다.

선세(船稅)를 중복하여 거두는 폐단은 내가 직접 본 적이 있다. 모도(茅島)에 황(黃) 아무개가 조그마한 배 한 척으로 바닷길을 왕래하며 장사를 하다가 그 배를 장(張) 아무개에게 팔았다. 또 그 장모(張某)는 다시 1년 만에 이모(李某)에게 팔았다. 그런데 균역을 담당한 아전이 이 세 사람을 모두 선안(船案:오늘날 선박 관리 대장)에 올리고는 해마다 선세를 징수하였다. 황모(黃某)는 돌아오는 길에 다산(茶山)으로 나를 찾아와 그 억울함을 호소했다.

무릇 선세의 징수는 선안(船案)을 상고하여 그 실액(實額)을 알아서, 균역리(均役吏)로 하여금 배 한 척마다 각각 1패(牌)씩 거두되 현재의 선주(船主)를 확인하여 중복하여 제출된 것이 아님을 확인한 연후에 도장을 찍어야 한다.

魚稅之地 皆在海中 無以細察 唯期比總 時察橫徵.

어업세의 바탕은 바다에 있어 세밀하게 살필 수 없으니 오직 총액에 비례하여 거두기를 기하고, 함부로 징수하는지 때때로 살펴야 한다.

【字義】地:땅 지. 바탕 지.   期:기약할 기. 기간 기. 기한 기.   總:다 총.
합할 총.   橫:가로 횡. 제멋대로 할 횡.

【語義】魚稅之地(어세지지):어업세의 바탕.   無以細察(무이세찰):세밀하
게 살필 수 없음.   期比總(기비총):총액에 비례하여 거두기를 기함.
橫徵(횡징):함부로 징수함.

【解說】어업세의 바탕이 되는 것에는 네 가지가 있으니 첫째가 어장(漁
場)이요, 둘째가 어수(漁隧)요, 셋째가 어종(魚艐)이요, 넷째가 어홍
(漁篊)이다. 어장이란 넓은 바다 가운데 그물질하는 배가 모이는 곳
을 말하며, 어수란 고기떼가 몰려다니는 길목에 배를 세워 두는 것
을 말하며, 어종이란 종선(宗船)의 좌우에 여러 배가 날개처럼 벌려
서는 것을 말하며, 어홍이란 대나무로 발을 엮어 한쪽 끝의 아구리
는 넓히고 한쪽 끝은 오므려 함정을 만드는 것[통발]을 말한다.

　어업세도 지방에 따라 달라 충청도 지방에서는 어홍(漁篊)을 열
등급으로 나누고, 어장(漁場)·어수(漁隧)·어종(魚艐)에는 각기 4
등급만 있을 뿐이다. 그런데 전라도에서는 어홍을 9등급으로 나누고
어수는 3등급으로 나누며, 어장과 어종에 대한 세율이 가장 높다. 경
상도의 어업세는 5분의 1세(五分稅一)로서 모든 도(道) 가운데 세법
이 가장 잘못되었다. 나머지 여러 도(道)의 어업세에 대해서는 명확
치 않다.

　각 도의 조례(條例)에 서로 우열이 있더라도 해마다 총액에 비례하
여 원액(原額)을 충당토록 하고, 혹 남고 모자람이 고르지 않아 이해
(利害)가 서로 엇갈려도 수령은 일일이 따져 검토하지 않는다. 그러
나 세력 있는 감사나 교활한 아전들이 공세(公稅)를 빙자하여 함부로
백성들을 약탈하는 것은 때때로 살펴 엄히 막아야 할 것이다.

鹽稅本輕 不爲民病 唯期比總 時察橫斂.

염전에 대한 세(稅)는 본래 가벼워 백성들에게 병폐가 되지 않으니 총액에 비례하여 거두기를 기하고, 때때로 함부로 징수함이 없나를 살피면 된다.

【字義】鹽:소금 염.　病:병 병. 근심 병. 괴로울 병.

【語義】鹽稅(염세):염전(鹽田)에 대한 세금.　不爲民病(불위민병):백성들에게 병폐가 되지 않음.

【解說】경기도 지방의 염전세는 네 등급뿐이며 세율이 가장 가벼워 상등(上等)이 넉 냥이요, 하등(下等)은 한 냥이다. 황해도의 염전도 네 등급이나 세율이 좀 높아 상등이 십육 냥이다. 또 충청도의 염전세는 8등급이요, 전라도의 염전세는 9등급이며, 이득이 가장 많은 경상도 염전의 세율은 가벼워서 염전 규모의 대소(大小)를 막론하고 세금이 여섯 냥이다. 강원도도 마찬가지이다. 함경도의 염전세는 토분(土盆:소금 굽는 가마를 흙으로 만든 것)인 경우 대소를 불문하고 열냥, 철분(鐵盆:쇠로 만든 소금가마)인 경우 여섯 냥을 징수한다.

　염세에는 그 조례가 상세한 것과 개략적인 것이 있고 염장(鹽場)에도 번성과 쇠퇴가 있기는 하나 해마다 그 총액에 견주어 원액(原額)을 채우면 된다. 다만 염감(鹽監)과 염리(鹽吏)가 함부로 백성들을 약탈하는 일이 없도록 수령은 엄중 경계해야 한다.

土船官船 魚商鹽商 苔藿之商 厥有深冤 無處告訴 邸
稅是也.

토선이나 관선을 이용하는 생선장수 · 소금장수 · 김, 미역장수가 극심
한 억울함이 있어도 고소할 곳이 없는 것이 바로 저세(邸稅)이다.

【字義】苔:이끼 태. 藿:콩잎 곽. 미역 곽. 冤:원통할 원. 訴:호소할 소.
　고소할 소. 헐뜯을 척. 邸:집 저. 관저 저. 이를 저.

【語義】土船(토선):개인이 소유하는 작은 배. 官船(관선):관에서 운용하
　는 큰 배. 苔藿(태곽):김과 미역. 邸稅(저세):선주(船主)가 포구에
　저점(邸店)을 차리고 상선이 도착하면 그 화물을 주관하면서 상인으
　로부터 그 이익을 갈취하는 것.

【解說】저세(邸稅)란 무엇인가? 정현(鄭玄)이 말하는 저점(邸店)의 세이
　다. 저점이란 무엇인가? 오늘날의 이른바 선주인(船主人)이 그것이
　다. 포구의 배가 닿는 곳에는 그곳을 관장하는 호민(豪民)이 있어 저
　점을 차려 놓고는 상선(商船)들이 정박하면 그 화물을 주관하면서 다
　른 곳으로 옮기지 못하게 하고, 스스로 거간꾼이 되어 마음대로 물
　건 값을 올리고 내리고 하여 은근히 상인을 돕는 척하면서 덕을 베
　푸는 양하고, 자기의 오랜 채무를 떠넘기기도 하고, 혹은 은밀히 육
　지의 상인을 도와 억지로 가격을 헐하게 매겨 그 이익을 나누어 먹
　기도 한다. 그리고는 상품의 주인에게 술과 고기를 대접하면서 그
　저세(邸稅)를 올려 받는 것이다.
　　이윽고 배가 떠나는 날에 장부를 펴 놓고 결산해 보면 상인의 이익
　의 절반은 저점으로 돌아가고 나머지 절반은 삼분오열(三分五裂)되

고 만다.

　게다가 아전이나 군교 · 관노들이 배가 들어왔다는 소문만 들으면 벌떼처럼 달려와 화물을 약탈하거나 반값으로 가져가거나 대금을 후일로 미루는데, 조금이라도 거절하는 기색을 보이면 난폭하게 때리고 쓰러뜨리고 하여 유혈(流血)이 옷소매를 적시기도 하고 비명이 하늘에 닿는다. 이리하여 상선(商船)은 모여들지 않고 화물(貨物)이 없어 포촌(浦村)은 날로 쇠퇴하게 마련이다.

　수령은 상인들을 위해서나 포구 마을의 주민들을 위해서도 저세(邸稅)를 막아야 할 것이다.

場稅關稅津稅店稅 僧鞋巫女布 其有濫徵者 察之.

　장세(場稅) · 관세(關稅) · 진세(津稅) · 점세(店稅) · 승혜(僧鞋) · 무녀포(巫女布) 따위를 마구 거두어들이는 것을 살펴야 한다.

【字義】 津:나루 진.　僧:중 승.　鞋:신 혜.　巫:무당 무.
【語義】 場稅(장세):저자(市場)의 세금.　關稅(관세):영로(嶺路)에 설치된 관문을 통과하는 상인에게서 거두는 세금.　津稅(진세):강이나 바다의 나루터를 거쳐 나가는 상품에 대해 거두는 세금.　店稅(점세):여관에 대해 부과하는 세금.　僧鞋(승혜):중들로부터 거두는 짚신.　巫女布(무녀포):무당들로부터 거두는 무명이나 삼베.

【解說】 장세란 시장에서 거두는 세금이다. 한(漢)나라 법에서는 저자[市]에서 거두는 세금은 천자(天子)의 사용(私用)에 속했으며, 관세와 진세도 세월이 흐르면서 차츰 조례(條例)를 갖추고, 그 후 송

(宋)·명(明)의 시대에 이르러 그 법이 더욱 상세하게 되었으니 장세(場稅) 또한 이치에 합당한 것이다.

다만 장세를 패악(悖惡)한 군교(軍校)에게 맡겨 상인들의 재산을 마음대로 탈취하게 해서는 안 된다. 또 간활한 자들이 빈손으로 장터에 들어와 거간꾼이 되어 물건의 거래를 마음대로 휘두르는데 곡식 거래의 말질이나 되질, 포백(布帛) 거래의 자[尺]질, 솜[綿] 거래의 저울질, 그 밖에 어물·젓갈·대추·밤·배·감 등과 질그릇·사기그릇·소·말·꿩·닭의 거래에 이르기까지 모든 거래를 농간질하니 수령은 이들을 염찰하여 한두 명을 엄히 벌 주어 백 사람에게 경종을 주어야 한다.

관세(關稅)란 고갯길의 좁은 곳에 설치한 통행문이니 동선령(洞仙嶺:황해도의 鳳山에 있는 고개)·청석동(靑石洞:황해도의 載寧에 있는 靑石嶺)·철령(鐵嶺:강원도와 함경도의 접경에 있는 고개)·대관령(大關嶺)·조령(鳥嶺)·추풍령(秋風嶺) 등의 고갯마루를 통과하는 상인들에게서 받아내는 세금을 관세라 한다.

또 진세(津稅)란 강이나 바닷가의 나루터를 통과하는 상품에 대해 부과하는 세금을 말한다. 중국에서는 관(關)이나 진(津)을 통과하는 상품에 대한 세금이 고금을 통해 있어 왔지만, 우리나라에서는 본디 관에 대해서는 세가 없고 진에 대해서는 세가 있었으나 진세는 진부(津夫:나루터에서 일하는 여러 종류의 일꾼)들의 차지이므로 여기서는 논하지 않겠다.

점세(店稅)란 여관에 대해 부과하는 세금이다. 서관대로(西關大路:서울로부터 黃州·安州·義州 등 황해도와 평안도로 통하는 큰 길)와 양남대로(兩南大路:서울로부터 경상도와 전라도로 통하는 큰 길)는 서울에서 오백 리 길이라 여점(旅店)이 모두 크므로 세금을 거두어 관용(官用)에 보탠다. 수령은 부당하게 징수되는 점세(店稅)가 있는지 살펴 원성이 길에 깔리지 않게 해야 한다. 여관은 각 지방의 행인들이 묵어가는 곳이므로 그 고을의 너그러운 정사(政事)도 곧 다른 고을로 퍼져 나아갈 것이요, 각박한 정사가 있어도 또한 그러할 것인즉 수령이 각별히 조성할 바가 바로 이곳에 있다.

절간의 중들에게서 짚신을 거두는 것은 원래 부세(賦稅)의 명목에도 없는 것이다. 그런데 중들은 시주 쌀을 받아 놀고먹으면서 요역을 면제받는 것이 이치에 합당치 않다 하여 짚신이나 삼끈을 달마다 바치게 하였다. 그런데 근자에 들어 시주도 끊기고 절이 모두 퇴락하여 절간이 열 가운데 여덟은 텅 비게 되므로 여러 절이 나눌 부담이 한 절에 떠맡겨졌는데 수령은 멍청하여 아전과 관노들이 마구 거두어들여도 알지를 못한다.

무녀포(巫女布)는 늘려 징수함이 마땅하다. 무당은 잡신(雜神)을 모시는 것으로서, 형조(刑曹)에서는 잡신의 제를 지내는 것을 금하고 있다. 그런데다가 요사스러운 짓으로 우민(愚民)들을 현혹하며 멋대로 화복(禍福)을 점쳐 남의 옷과 쌀을 바닥내면서도 저는 비단옷에 생선과 젓갈로 포식하니 이들은 당연히 억제해야 한다. 무녀포의 원액(原額) 외에 그 액수를 늘려서 더 받되 큰 고을의 무녀에게는 이백 필로 한정하고 중간 고을의 무녀에게는 일백 필로 한정하되 해마다 징수하여 그 악습을 벌한다면 다소 누그러질 것이다.

力役之政 在所愼惜 非所以爲民興利者 不可爲也.

역역(力役)의 정책은 신중히 하고 삼가는 데에 있는 것이니 백성들에게 이로운 것이 아니면 시행해서는 안 된다.

【字義】愼:삼갈 신. 惜:아낄 석. 아쉬워할 석. 興:일 흥. 일으킬 흥.
【語義】力役(역역):노동의 요역. 愼惜(신석):신중히 하고 아낌.

【解說】 역역에는 축언(築堰:둑을 쌓아 바다의 潮流를 막는 것), 착거(鑿
渠:도랑을 파는 것), 준호(浚湖:메워진 저수지의 준설 작업), 담여(擔
轝:객지에서 죽은 벼슬아치를 상여로 운구하는 것), 예선(曳船:객지
에서 죽은 벼슬아치를 배로 운구하는 것), 예목(曳木:임금의 棺을 만
드는 소나무나 官에서 쓰는 목재 및 배 만드는 목재의 운송), 수공
(輸貢:각 지방의 貢物을 수송하는 일), 구마(驅馬:제주 지방에서 貢
物로 바치는 말을 끌어 올리는 일), 장빙(藏氷:官에 바칠 얼음을 보
관하는 일), 조장(助葬:관리 등의 장례 때 뜸집을 짓거나 석회·백토
를 섞는 일), 견여(肩輿:상여를 메고 험한 고개를 넘는 일), 노임(路
任:길가에 사는 백성들이 官의 짐을 지어 나르는 일) 등이 있으며,
이외에도 자질구레하고 힘든 일들이 수없이 많다.
　이상의 온갖 노역(勞役)들 중에서 불가피한 것들만을 백성들에게
의뢰하고 구태여 동원하지 않아도 될 것은 수령의 아량으로 처리해
야 한다. 그렇지만 백성들의 농사를 위해 저수지를 판다거나 도랑을
내는 공사 등 그 이익이 그들에게로 돌아가는 경우에는 공평하게 노
역을 부과한다.

其無名之物 出於一時之謬例者 亟宜革罷 不可因也.

명목에도 없는 것으로써 한때 그릇된 관례에서 나온 것은 속히 혁파
하되 그대로 따라서는 안 된다.

【字義】謬:그르칠 류.　亟:빠를 극. 자주 기.　因:말미암을 인. 따를 인.

【語義】無名之物(무명지물):명목에도 없는 것.　出於一時之謬例者(출어
　　일시지류례자):한때의 그릇된 관례에서 나온 것.　亟(극):속히, 급히.

【解說】남당(南唐) 장숭(張崇)이 여주(廬州)를 다스릴 때 법에 없는 짓을
　　함부로 하기 일쑤였다. 한번은 그가 임금을 뵈러 가자 여주 사람들
　　은 한결같이 '거이(渠伊:다른 사람을 지칭, '저 사람')는 아마 다시
　　돌아오지 못할 거야.'라고 말했다. 그런데 장숭이 다시 돌아와서는
　　그 고을의 인구수를 헤아려 거이전(渠伊錢)을 거두었다. 이듬해에
　　또다시 대궐로 임금을 뵈러 가게 되었는데 이번에는 사람들이 그의
　　떠남을 기뻐하면서도 아무 말도 하지 않고 서로 수염을 쓸어내리며
　　[捋鬚] 좋아하였다. 그러자 장숭이 다시 돌아와 이번에는 날수전(捋
　　鬚錢)을 징수해 먹었다.
　　　옛날에 우리나라의 어떤 수령이 탐학하자 백성이 밤중에 산에 올
　　라가 수령을 꾸짖고 욕하며 고래고래 소리를 질렀다. 이튿날 수령이
　　향승을 불러,
　　　"산에서 외침 소리가 있으니 이는 귀신이 노했기 때문이다. 제(祭)
　　를 올려 노여움을 풀어 주도록 하라."
　　　하고 분부했다. 그래서 매호당 십 전씩 거두어 돼지를 사서 제사지
　　내고 나머지 돈은 수령이 챙겨 넣었다. 백성들이 분통이 터져 또다
　　시 산에 올라 외치니 수령이 말했다.
　　　"제사가 너무 소홀했기 때문이다. 좀더 풍성히 지내도록 하라."
　　　그리하여 매호당 일백 전씩을 거두어 다시 제사를 올리니 백성들
　　은 다시는 산에 올라 수령을 욕하지 않았다.

> 或有助徭之穀 補役之錢 布在民間者 每爲豪戶所呑 其
> 可查拔者徵之 其不可追者 蠲而補之.

조요곡과 보역전이 민간에 퍼져 있는 경우에는 매양 그 지방 토호(土
豪)가 삼켜 버리는데, 조사해서 밝혀 낼 수 있는 것은 징수하고 추징할
수 없는 것은 백성들에게 요역을 덜어 주며 부족한 액수를 보충해 주도
록 하라.

【字義】布:베 포.　每:매양 매.　呑:삼킬 탄.　拔:뽑을 발. 가릴 발. 무성
　　할 패.　追:좇을 추. 구할 추.　蠲:밝을 견. 덜 견.
【語義】助徭之穀(조요지곡):백성들의 요역을 보조하기 위해 계(契)의 형
　　식을 빌려 모은 곡식.　補役之錢(보역지전):조요곡과 마찬가지이나
　　돈으로 거두어 모은 것.　蠲而補之(견이보지):덜어 주고 보충해 줌.

【解說】옛사람들이 벼슬살이할 때는 보역전을 민간에 깔아 두고 있었
　　다. 간혹 감사가 수만 전을 풀어 소를 사서 백성들에게 빌려 주는 일
　　도 있었다. 당초에는 백성들이 계(契)를 만들어 그것을 증식시켰는
　　데 세월이 흐르다 보니 토호(土豪)나 간교한 무리들이 그 본전을 먹
　　어치워 결국 허록(虛錄)이 되어 버리곤 했다.
　　　이런 것은 마땅히 근절하고 약조(約條)를 개정하여 준수하게 해야
　　한다. 혹 큰 흉년을 당하여 백성들이 뿔뿔이 흩어져 결손이 생긴 것
　　은 추징하지 말고 탕감해 주어야 하며, 부족한 것은 새로운 재원(財
　　源)으로 보충하여 백성들의 요역을 보조해 주어야 한다.

> 欲賦役之大均 必講行戶布口錢之法 民生乃安.

부세와 요역을 고르게 하려면 반드시 호포법과 구전법을 강구하여 시
행함으로써 민생을 안정시켜야 한다.

【字義】欲:하고자 할 욕. 均:고를 균. 講:설명할 강. 연구할 강.
【語義】講行(강행):강구하여 행함. 戶布口錢之法(호포구전지법):호포법
　　과 구전법. 호포법이란 각 민호(民戶)에서 군포를 징수하는 법이며
　　구전법이란 인구수에 대해 돈으로 징수하던 법.

【解說】≪균역사실(均役事實)≫에서 이렇게 말하고 있다. '양역변통론
　　(良役變通論)에는 네 종류가 있으니 첫째가 호포(戶布)요, 둘째가 결
　　포(結布)요, 셋째가 구전(口錢)이요, 넷째가 유포(游布:놀고 지내는
　　양반의 자제와 儒生에게서도 軍布를 거두는 것)이다. 그런데 각기
　　자기 주장만을 내세우므로 하나로 통일될 수는 없다.'
　　≪주례(周禮)≫의 구부법(九賦法)은 아홉 가지 직업을 바탕으로 한
　　것인데 '구공(九貢)'이라 하며 '구부(九賦)'라 하기도 한다. 아홉 등
　　급으로 나눈 그 법이 매우 상세하니 우리나라 수령들이 가히 참고하
　　여 시행할 만하다.

제6조 권농(勸農):농사를 권장함

> 農者 民之利也. 民所自力 莫愚者民 先王勸焉.

농사라는 것은 백성들의 이익이다. 그러므로 백성들이 스스로 힘쓰는
바이지만 어둡고 어리석은 것이 백성이라, 선왕들이 권장했던 것이다.

【字義】力:힘 력. 힘쓸 력. 莫:없을 막. 저물 모. 어두울 모. 덮을 멱.
　　勸:권할 권. 힘쓸 권.
【語義】自力(자력):스스로 힘씀. 莫愚(막우):어둡고 어리석음.

【解說】≪주례(周禮)≫에 보면 대사도(大司徒)는 열두 가지 토양에서 나
　　는 작물을 분별하여 그에 알맞은 종류를 알려 주어 농사와 조림(造
　　林)·원예를 가르쳤다.
　　또 수인(遂人:遂는 周代의 행정 구역으로 王官에서 백 리에서 삼백
　　리 사이에 있는 땅을 관장하던 官吏)은 토양에 맞는 곡식으로 백성
　　들에게 농사를 가르쳤다. 농사일을 서로 돕는 방법을 제시하여 백성
　　들을 이롭게 했으며, 각종 농기구들을 만들어 농사를 권장했으며,
　　백성들에게 토지를 나누어 맡겼고, 그 토지를 균등히 함으로써 공평
　　한 정책을 폈다.
　　수사(遂師:遂人을 도와 영농 정책을 올바로 펴는 임무를 맡은 관
　　리)는 농사일을 보살피고, 백성들을 이리저리 옮겨 때를 잃지 않도
　　록 했다. — 각 지방에 따라 농사철이 이르고 더딘 곳이 있기 때문에
　　한가한 지방 사람들을 바쁜 지방으로 보내어 서로 돕게 하였음.

현정(縣正)은 농사일을 독촉하여 상과 벌을 준다.

찬장(鄭長)은 밭 갈고 김매는 일을 독촉하고 부녀자들에게 길쌈을 권장한다.

이재(里宰)는 시절에 맞게 농기구를 이리저리 공급하고 밭 갈고 김매는 일을 다스려 그 질서를 유지시킨다.

사가(司稼)는 들판을 돌아다니며 올벼와 늦벼를 가려 어떤 것이 그 땅에 적합한가를 알아서 지침을 시달한다.

내가 선왕들의 권농 정책을 돌이켜보건대 농사를 권장하는 일에 그치지 않고 상벌을 행하였다. 이렇듯 농사에 부지런하고 게으름에 따라 그 공과 죄를 따져, 공 있는 자를 뽑아 관록을 주고 죄 있는 자를 벌하여 그 고을에서 얼굴을 들고 살 수 없게 한다면 백성들의 습속이 날로 순박해지고 국력이 날로 부강해질 것이다.

내가 생각건대 지극히 어리석은 자는 백성이고, 지극히 정밀한 것은 농사의 이치이다. 반드시 이치에 밝고 물정에 통달한 군자가 농사(農師)가 되어 농민들을 가르치고 이끌어 그 토양에 알맞은 작물을 선택해 주고 농기구의 사용에 익숙하게 하여 그들이 미처 알지 못하는 점들을 깨우쳐 준 후에야 백성들의 농사일이 궤도에 오르고 법도에 맞게 될 것이다.

古之賢牧 勤於勸農 以爲聲績 勸農者 民牧之首務也.

옛날의 현명한 수령은 농사를 권장하는 일에 부지런함으로써 명성과 업적을 이루었으니 권농이란 수령된 자에게 으뜸가는 책무이다.

【字義】勤:부지런할 근. 聲:소리 성. 명예 성. 首:머리 수. 으뜸 수.

【語義】聲績(성적):명성과 공적.　首務(수무):으뜸가는 책무.

【解說】주자(朱子)가 남강(南康)에 있을 때 「권농문(勸農文)」을 지어 일렀다.

'본 군(軍:宋代의 지방 행정 단위의 하나로 縣)은 농토가 척박하여 흙이 두꺼워야 세 치에서 다섯 치가 되지 못한다. 그래서 농민들이 때맞춰 농사를 지어도 그 수확량이 다른 군에 미치지 못하는데 이 고장 사람들이 모두 게을러 갈고 심는 때를 늘 놓치는 데다가 김을 매고 거름 주는 일에도 힘을 다하지 않으니 생계를 꾸리고 넉넉히 먹고 살겠다는 것에 있어서는 대체로 그 계획이 치밀하지 못하다.'

또 주자는 「권농방(勸農榜)」에서 이렇게 이르고 있다.

'비가 알맞게 오고 싹이 무성하게 자라니 농사꾼들에게 바라건대 제때 김매고 풀을 뽑고 거름을 많이 하여 법대로 재배하라. 내가 이미 첩지를 내렸으니 달반 후에 예고 없이 마을로 내려가 점검하여 밭에 풀만 무성하고 거름을 하지 않은 자가 있다면 정도에 따라 처벌할 것이며 결코 가벼이 용서치 않으리라.'

> 勸農之要 又在乎蠲稅薄征 以培其根 地於是墾闢矣.

권농의 요체는 세를 덜어 주고 부역을 가볍게 해 줌으로써 그 근본을 배양하는 것에 있으니 그리 하면 땅이 개간되어 넓어질 것이다.

【字義】蠲:밝을 견. 덜 견.　薄:엷을 박.　征:칠 정. 구실 정.　培:배양할 배.　墾:개간할 간.　闢:열 벽. 개척할 벽.
【語義】薄征(박정):부역을 덜어 줌.　墾闢(간벽):개간하여 넓힘.

【解說】송(宋)나라 태종(太宗) 때 진정(陳靖)이 권농사(勸農使)가 되었다. 이에 앞서 그는 왕에게 다음과 같이 건의했다.

'신이 평소에 사신으로 나아가 농민들의 이해관계를 깊이 살펴보았는데 보이느니 황폐한 땅이요, 기름진 땅마저도 묵히고 있었습니다. 그래서 그런 농토에 대해서는 여러 차례 조서를 내려 백성들이 농사에 복귀토록 부세를 경감해 주고 납부 기한도 관대히 해 주었습니다.

그런데 지방마다 백성들의 괴로움이 더욱 심했습니다. 한 집이 귀농(歸農)하면 이웃의 고발로 인하여 아침에 한 치의 땅을 개간해도 저녁이면 요역 대장에 올라 추서(追胥:비리를 추적하여 캐내는 役人)들의 문책이 끊이지 않으니 부세를 감면받는다 해도 백성에게는 득이 되는 것이 없었습니다. 백성들이 정착하지 못하고 떠돌이 생활을 하는 것은 애초부터 빈곤 때문에 빚에 쪼들리고 공곡(公穀)을 갚지 못해 도피했던 것입니다.

그러니 신에게 이 임무를 맡겨 주신다면 일 없이 놀고먹는 무리들을 모아 묵고 있는 땅을 개간하여 경작하게 하겠습니다. 다만 그들에게 세금을 부과치 않도록 하고, 따로 호적과 도면을 작성할 테니 제게 그 재량권을 주십시오. 그렇게 해 주신다면 농사짓고 누에치는 일 외에 잡목·채소·과일나무를 심게 하고 양·개·닭·돼지 같은 가축도 기르게 할 것입니다. 또 살아 있는 사람을 잘 봉양하고 죽은 사람을 후하게 장사지낼 수 있도록 경조(慶弔)를 서로 돕는 제도를 마련하겠습니다.

3년에서 5년만 소신(小臣)의 계획대로 실시하면 그들은 생계의 바탕이 마련될 것이며, 집과 땅에 애착을 갖게 될 것이므로 백성들은 다시는 떠돌이 생활을 하려 하지 않을 것입니다. 그때 가서 호구(戶

口)를 헤아려 공물(貢物)을 내게 하고, 토지를 헤아려 전세(田税)를 바치게 하면 될 것입니다. 이것이 근본을 굳건하게 하고 백성들을 순화시키는 넓은 도량입니다.'

그리하여 송(宋)의 임금은 진정(陳靖)을 권농사(勸農使)로 삼아 그의 계획을 재량껏 실행하게 하였다.

勸農之政 不唯稼穡是勸 樹藝畜牧蠶績之事 靡不勸矣.

권농의 정책은 곡식 농사만을 권장해서는 안 되고, 원예·목축·누에 치기와 길쌈 같은 일도 권장하지 않으면 안 된다.

【字義】稼:심을 가. 일할 가.　穡:거둘 색.　藝:재주 예. 심을 예.　蠶:누에 잠. 누에 칠 잠.　績:길쌈할 적. 성과 적.　靡:쓰러질 미. 말 미.

【語義】稼穡(가색):곡식을 심고 가꾸는 일.　樹藝(수예):나무 심기와 원예.　蠶績(잠적):누에치기와 길쌈.　靡不(미불):~하지 않으면 안 됨.

【解說】≪주례(周禮)≫의 「여사편(閭師篇)」에 '무릇 서민으로서 가축을 기르지 않는 자는 제사에 고기를 올려서는 안 되며, 농사짓지 않는 자는 메를 올려서는 안 되며, 나무를 심지 않는 자는 죽어서 관(棺)을 써서는 안 되며, 누에를 치지 않는 자는 비단옷을 입어서는 안 되며, 길쌈을 하지 않는 자는 상(喪)을 당해도 상복을 입어서는 안 된다.'라고 했다.

황패(黃覇)가 영천(潁川) 태수로 있을 때 우정(郵亭)의 향관들로 하여금 닭과 돼지를 기르게 하여 홀아비·과부·극빈자들을 구제하고, 부로(父老)와 사장(師長)을 두어 선을 행하도록 권장하고, 농사와 누에치기에 힘쓰며, 절약하여 재산을 늘리고, 나무를 심고 가축을 기르게 하였다.

> 農者食之本 桑者衣之本 故課民種桑 爲守令之要務.

농사는 식생활의 근본이요 뽕나무는 의생활의 근본이므로 백성들로 하여 뽕나무를 심게 하는 것은 수령의 중요한 임무이다.

【字義】 桑:뽕나무 상. 課:공부할 과. 과정 과. 부과할 과. 種:씨 종. 뿌릴 종.

【語義】 課民(과민):백성들로 하여금 ~하게 함. 種桑(종상):뽕나무를 심는 것.

【解說】 농사는 어디에서나 행해지고 있으나 백성들의 의복에 대해서는 소홀하니 수령된 자는 백성들로 하여 누에치고 길쌈하는 일을 장려해야 한다.

범충선(范忠宣)이 양성현(襄城縣)을 맡아 다스릴 때 그곳 백성들은 양잠과 길쌈에 소홀하여 뽕나무를 심는 자가 드물었다. 그가 이를 걱정하여 가벼운 죄를 지은 자는 너그러이 용서해 주면서 대신 집에 돌아가는 즉시 뽕나무를 심게 하였는데 죄의 경중에 따라 그 수를 정해 주었다. 후에 그가 심은 뽕나무가 무성한가를 살펴 죄를 완전히 풀어 주었더니 그로 인해 사람들이 혜택을 받게 되었다. 그가 떠난 후에도 백성들이 그를 잊지 못하여 지금까지 뽕밭을 '저작림(著作林:著作은 范公이 양성현을 다스리던 때의 벼슬 이름)' 이라 부르고 있다.

주자(朱子)가 남강(南康)에 있을 때 「권농문」에서 말했다.

'뽕나무와 삼[麻]의 이익이란 의복의 바탕이 되니 뽕나무와 삼을 많이 심어 부녀자들로 하여금 양잠과 길쌈에 힘쓰게 해야 한다.'

내가 전에 명례방(明禮坊:지금의 서울 明洞·忠武路 일대)에 살 때 뽕나무 이십여 주(珠)가 있었는데 공무(公務)를 마치고 집으로 돌아오면 잔가지를 쳐 주곤 했더니 수년 사이에 무성해져 서울인데도 집안 사람들이 해마다 비단을 짤 수 있었다.

作爲農器織器 以利民用 以厚民生 亦民牧之攸務也.

농기구와 직기를 만들어 백성들로 하여 편리하게 쓰게 함으로써 백성들의 생활을 넉넉하게 해 주는 것 또한 수령이 힘써야 할 임무이다.

【字義】織:짤 직. 기치 치. 攸:바 유.
【語義】作爲(작위):만드는 것. 제작. 織器(직기):베틀 등 직물을 짜는 도구. 厚民生(후민생):백성들의 생활을 넉넉하게 함. 攸務(유무):힘써야 할 임무.

【解說】황보융(皇甫隆)이 돈황(燉煌)의 현령이 되었는데 그곳 습속으로는 쟁기와 보습 만드는 법을 알지 못하여 농사를 지을 때 사람과 소의 공력(功力)을 많이 소비하고서도 수확량은 오히려 적은지라, 그가 쟁기와 보습 제작법을 가르치니 힘은 절반으로 줄고 수확은 5할이나 늘었다.

수령된 자는 마땅히 '농기 도보(農器圖譜)'에 열거되어 있는 각종 농기구들 중 편리한 것들을 제작하는 방법을 강구하고, '직기 도보

(織器圖譜)'에 열거되어 있는 각종 직기들을 제작 배포하여 백성들로 하여금 능률적으로 일할 수 있게 해 주어야 한다.

農以牛作 或自官給牛 或勸民借牛 亦勸農之恒務也.

농사는 소로 짓는 것이니 관(官)에서 공급하기도 하고 백성들로 하여금 서로 빌려 주고 빌려 쓰게 권하는 것 또한 농사일을 권장함에 있어 항상 힘써야 할 일이다.

【字義】自:스스로 자. 부터 자. 給:줄 급. 借:빌릴 차. 핑계 삼을 차. 恒:항상 항.

【語義】 勸民借牛(권민차우):소를 서로 빌려 주도록 백성들에게 권함. 恒務(항무):항상 힘써야 할 일.

【解說】 위(魏)나라의 안비(顔斐)가 경조(京兆) 태수로 있을 때 고을 백성들의 대다수가 수레와 소를 갖고 있지 않았다. 그는 백성들로 하여금 농한기에 목재를 장만하게 하여 공장(工匠)을 시켜 수레를 만들게 하고, 소가 없는 백성들에게는 개와 돼지 등을 길러 팔게 함으로써 소를 장만하게 하였다. 백성들이 처음에는 이를 번거롭게 여겼으나 차츰 집집마다 수레와 소를 갖게 되자 기뻐하였다.

徐氏農書 有牧牛諸方 備載治病之法 遇有牛疫 宜頒示民間.

서광계(徐光啓)의 ≪농정전서≫에 소를 기르는 방법들이 실려 있고 병을 다스리는 방법도 자세히 실려 있으니 소의 유행병이 돌거든 백성들에게 치료 방법을 널리 알려야 한다.

【字義】徐:천천히 할 서. 평온할 서. 諸:모두 제. 遇:만날 우. 대접할
　　우. 疫:전염병 역.
【語義】徐氏農書(서씨농서):서광계(徐光啓)가 쓴 ≪農政全書≫를 가리
　　킴. 牧牛諸方(목우제방):소를 기르는 데에 있어 병을 치료하는 모든
　　방법. 備載(비재):자세히 갖추어 실려 있음. 牛疫(우역):소의 질병.
　　頒示(반시):널리 펴서 제시함.

【解說】소의 장역(瘴疫:毒氣로 인하여 발생하는 열병)을 치료하려면 진
　　다(眞茶) 가루 두 냥을 물 다섯 되에 타서 먹이면 된다.
　　　소가 병이 나서 갑자기 머리를 흔들고 겨드랑이를 치거든 파두(巴
　　豆) 일곱 개를 껍질을 까서 곱게 찧어 그 액을 짜서 먹이면 된다. 또
　　는 창출(蒼朮)을 태워 그 냄새를 코로 마시게 하여도 낫는다.
　　　소의 기창(氣脹)을 치료하려면 깨끗한 물로 땀에 젖은 버선을 우려
　　내어 식초 반 되 가량을 타서 먹이면 낫는다.
　　　소가 복창(腹脹)으로 죽게 된 것을 치료하려면 삼씨[麻子]를 갈아
　　즙을 내어 따끈하게 데워 대여섯 되쯤 먹이면 낫는다.
　　　소의 꼬리가 타고 풀을 먹지 않는 병을 치료하려면 대황(大黃)·황
　　련(黃蓮)·백지(白芷) 각 닷 돈씩을 가루로 만들어 계란과 청주(淸酒)
　　에 개어 먹인다.
　　　소가 피 섞인 오줌을 누면 당귀(當歸)와 홍화(紅花)를 가루로 만들
　　어 술 두 되 반에 달여 두 되가 되면 식혀 먹인다.
　　　무릇 소의 외양간 옆에는 파초(芭蕉) 서너 뿌리를 심어 두면 사방

에 전염병이 돌아도 별 탈이 없을 것이다.

> 農以牛作 誠欲勸農 宜戒屠殺 而勸畜牧.

　농사는 소로 짓는 것이니 진심으로 농사를 권장하고자 한다면 마땅히 소의 도살을 금하고 목축을 권장해야 한다.

【字義】誠:정성 성. 참 성.　戒:경계할 계.　屠:죽일 도. 잡을 도.　畜:짐
　　승 축. 쌓을 축.
【語義】誠欲(성욕):진실로 ~하고자 함.　畜牧(축목):소를 기름.

【解說】중국에서는 늘 소를 목욕시키고 손질해 주니 우리나라 사람들이
　　소가 죽을 때까지 씻어 주지 않아 똥이 온몸에 말라붙게 하는 것과
　　는 크게 대조적이다. 또 중국에서는 소의 도살을 금하고 있다. 황성
　　(皇城:北京)에 돼지 푸줏간이 칠십이 개소, 양(羊) 푸줏간이 칠십 개
　　소가 있는데 하루에 돼지와 양이 각각 삼백 마리 팔린다고 한다. 그
　　런데도 쇠고기 푸줏간은 단지 두 곳뿐이다.
　　　우리나라로 돌아오는 길에 푸줏간 사람을 만나 물어 보니 우리나
　　라에서 하루에 도살되는 소가 오백 마리나 된다고 했다. 소는 열 달
　　만에 태어나며 세 살이 되어야 새끼를 가질 수 있는데 몇 년 만에 한
　　마리 낳는 것을 하루에 오백 마리나 도살한다 하니 농사의 때를 놓
　　치는 일이 비일비재한 것은 너무도 당연하다.
　　　혹자는 '돼지고기·양고기는 사람들에게 익숙하지 않아 탈이 날
　　까 염려된다.'고 하나 음식은 습관하기에 달린 것이다. 그렇다면 중
　　국 사람들이 돼지고기·양고기에 모두 탈이 났단 말인가. 율곡(栗

谷)은 '이미 그 힘으로 지은 곡식을 먹었거늘 어찌 그 고기마저 먹어야 하는가.' 라고 말하면서 평생 동안 쇠고기를 먹지 않았으니 참으로 당연한 이치이다.

> 總之 勸農之政 宜先授職 不分其職 雜勸諸業 非先王之法也.

총체적으로 보아 권농 정책은 먼저 직책을 주어야 하며, 그 직책을 나누어 맡기지 않고 여러 가지 일을 뒤섞어 관장하게 하는 것은 선왕의 법이 아니다.

【字義】 授:줄 수. 職:직분 직. 일 직. 雜:섞일 잡.
【語義】 總之(총지):총체적으로 보아. 授職(수직):직책을 줌. 雜勸(잡권):뒤섞어 권함.

【解說】 한(漢)·위(魏) 이래로 어질었던 수령들의 권농 정책이 역사에 기록되어 이어 오지만, 그 정령(政令)이 복잡하고 어지러워 선왕의 법과는 크게 다르다. 선왕의 법에는 농사짓는 자는 채소밭 가꾸는 일을 하지 않고, 채소밭 가꾸는 자는 농사를 짓지 않도록 되어있다.

한·위의 법에는 농사짓는 자로 하여금 구곡(九穀)을 바치게 하고, 온갖 채소를 가꾸게 하며, 온갖 과일나무를 심게 하며, 모든 종류의 가축을 기르게 하며, 여덟 가지 목재를 가공하여 바치게 하며, 목화와 삼베를 생산하여 포백(布帛)을 짜게 하니 어찌 이 명령이 다 시행될 수 있겠으며 법이 올바로 설 수 있겠는가.

내가 오랫동안 백성들 틈에 살면서 농가의 형편을 살펴보니 모두

가 채소 심기를 꺼렸다. 그러니 파 한 뿌리, 부추 한 단도 돈을 주고
사기 전에는 얻을 수 없었다. 처음에는 내가 시골 사정에 어두워 그
들이 채소 가꿀 줄을 몰라 그런 것으로만 여겼는데 차츰 살아가면서
보니 대부분의 농가에 채소를 가꿀 만한 땅의 여유가 없어 그런 것
이었다.

그러니 백성의 수령된 자가 한·위의 방법을 따라 농사짓는 백성
에게 목축까지 요구한다면 백성들이 괴로워하고 근심하여 원망하지
않을 자가 없을 것인즉 각기 나누어 행하게 해야 할 것이다.

> 凡勸農之政 宜分六科 各授其職 各考其功 登其上第
> 以勸民業.

무릇 권농 정책은 마땅히 육과(六科)로 나누어 각기 그 직무를 주고,
그 공적을 평가하여 상등급인 자는 기용하여 백성들의 농업을 권장하게
한다.

【字義】 考:생각할 고. 살펴볼 고. 성적 고. 登:오를 등. 기재할 등. 第:
차례 제. 시험 제. 등급 제.
【語義】 六科(육과):농사의 여섯 분야로서 전농(田農)·원전(園廛)·포휴
(圃畦)·빈공(嬪功)·우형(虞衡)·축목(畜牧). 考其功(고기공):그 공
적을 평가함. 上第(상제):상등급.

【解說】 각 농가를 육과(六科)로 분류하여 각기 그에 적합한 분야를 맡기
고, 성적을 평가할 때도 각 과에 따라 우수한 자를 선발하여 진귀한
상품을 내리고 고을의 직임(職任)을 준다. 또 감사(監司)는 각 고을

의 고과표(考課表)를 모아 그 우열을 비교하여 우수한 자 2/3를 뽑아 초사(初仕)로 보임하되 농(農)·빈(嬪)·우(虞)·형(衡)은 이조(吏曹)에서 경전원 외랑(經田員外郞)에 보임시키고, 원포와 축목에서 우수한 자는 병조(兵曹)에서 무원원 외랑(武院員外郞)에 보임시킨다.

이렇게 이들을 임용하여 쓰고 육과(六科)의 직임이 항구적인 직업이 되면 십 년이 되기 전에 온갖 곡식과 과일과 채소가 다 먹을 수 없을 만큼 풍족해질 것이며 가축과 어물이 나라 안에 가득할 것이니, 나라를 부유하게 하고 백성들을 넉넉히 살게 할 수 있는 좋은 정책이다.

每春分之日 下帖于諸鄕 約以農事早晩 考校賞罰.

해마다 춘분날에 모든 마을에 첩문을 내려, 농사의 이르고 늦음을 상고·조사하여 상과 벌을 내릴 것을 약조하라.

【字義】帖:문서 첩. 증서 첩. 約:맺을 약. 약속할 약. 早:이를 조. 晩: 늦을 만. 校:학교 교. 헤아릴 교.
【語義】早晩(조만):이르고 늦음. 考校(고교):상고(詳考)하고 조사함.

【解說】수령이 각 농가에 내리는 첩문의 내용은 이러하다.
'시부(詩賦)에도 재주의 겨룸이 있거늘, 농사짓기라 하여 낮고 못함이 없겠는가. 모내기는 일찍 하는 것이 중요하니 모내기를 일찍 하고자 하면 못자리를 일찍 설치해야 하고, 못자리를 일찍 설치하자면 논을 일찍 갈아야 한다.
수령으로서 백성들과 약속하노니 금년 망종(芒種)이 지나고 열흘 있다가 본관이 직접 각 마을을 순찰하거나 사람을 보내 순찰하게 하여 모내기를 가장 먼저 끝낸 마을에 대해서는 각 호마다 민고전을 두 냥씩 감해 줄 것이며, 그 마을의 풍헌·약정·전감 및 칠십 세 이상의 노인들에게 상을 내릴 것이다.

또 모내기를 가장 늦게 끝내는 마을에 대해서는 각 호마다 민고전을 한 냥씩 더 부과할 것이며, 그 마을의 풍헌·약정·전감에게는 벌음(罰飮:모내기를 가장 늦게 끝낸 마을 사람들이 제일 먼저 끝낸 마을로 가서 물 한 사발씩 마시는 벌)을 내릴 것이다. 그러니 각기 알아서 일찍 끝내도록 하라.'

이렇게 하면 농민들이 분발하여 부지런히 농사일에 힘쓸 것인즉 반드시 좋은 결과가 올 것이다.

7. 예전육조(禮典六條)

제1조 제사(祭祀): 수령이 주관해야 할 제례 의식(祭禮儀式)

> 郡縣之祀 三壇一廟 知其所祭 心乃有嚮 心有所嚮 乃
> 齊乃敬.

군(郡)과 현(縣)의 제사에는 삼단(三壇)과 일묘(一廟)가 있는데 제사
지내는 까닭을 알아야 마음으로 기리는 바가 있을 것이며, 마음에 기리
는 바가 있어야 엄숙하고 경건한 마음을 갖게 된다.

【字義】祀:제사 사. 壇:단 단. 평탄할 단. 祭:제사 제. 嚮:향할 향. 기
　　　릴 향. 흠향할 향. 齊:가지런할 제. 단정할 제.

【語義】三壇一廟(삼단일묘):토신(土神)과 곡신(穀神)에게 제사지내는 사
　　　직단(社稷壇)과 제사를 못 받아먹는 귀신들을 위한 여제단(厲祭壇)
　　　과 그 부락의 수호신에게 제사지내는 성황단(城隍壇)을 삼단이라 하
　　　며, 묘(廟)란 문묘(文廟)를 가리킴. 有嚮(유향):기리는 마음이 있음.
　　　齊(제):엄숙한 마음가짐.

【解說】≪춘추(春秋)≫의 기록에 따르면 진(晋)의 태사(太史) 채묵(蔡墨)
　　　이 위(魏)의 헌자(獻子)에게 다음과 같이 말했다.
　　　"공공씨(共工氏:중국 신화의 인물로 물을 다스리는 관직명인 共工
　　　을 그대로 자신의 姓氏로 삼음)에게 구룡(句龍)이라고 하는 아들이
　　　있어 그가 후토(后土:중국 신화의 관직명으로 물과 흙을 다스렸음.

句龍이 水土를 잘 다스려 后土 자체가 土神으로 쓰이게 되었음)가
되었는데 후토는 후에 '사(社:토지의 신)'가 되었습니다. '직(稷)'은
밭을 관장하는 관직인 전정(田正)을 말합니다. 열산씨(烈山氏=神農
氏)에게는 아들 주(柱)가 있었는데 그가 직(稷)이 되어 하(夏)나라 이
전부터 제사를 받았습니다. 또 주(周)나라의 기(棄) 또한 직(稷)이 되
어 상(商)나라 이래로 제사를 받았습니다."

또 ≪예기(禮記)≫의 〈제법(祭法)〉편에는 이렇게 기록되어 있다.

"공공씨(共工氏)가 9주(九州)를 제패하자 그 아들을 후토(后土)로
삼았는데 그가 능히 9주를 태평하게 하였으므로 그를 사(社)로 삼아
제사를 올렸다. 여산씨(厲山氏=烈山氏=神農氏)가 천하를 손에 넣자
그의 아들 농(農)이 온갖 곡식을 크게 번식시켰다. 하(夏)나라가 쇠
망하자 주(周)나라의 기(棄)가 이를 계승하였으므로 그를 직(稷)으로
삼아 제사지냈다."

≪춘추정의(春秋正義)≫에는 이렇게 적고 있다.

"배(配)란 함께 먹는다는 뜻이니 신(神)의 이름을 따서 배자(配者)
의 이름을 삼은 것이다. '사(社)'는 원래 토신(土神)의 이름이며 '직
(稷)'은 원래 곡신(穀神)의 이름이니 '배(配)' 또한 '사직(社稷)'의 명
칭을 얻게 된 것이다."

내 생각으로는 ≪주례(周禮)≫에서 '사일(司日)'이니 '사월(司月)'
이니 하는 것은 곧 천신(天神)이며, '사토(司土)'니 '사직(司稷)'이니
하는 것은 지신(地神)이다. 그러나 천신과 지신은 다 같이 천신(天
神:이 경우에는 천지 만물의 주재자로서의 최고의 신)이다. 그러므
로 욕수(蓐收:가을의 神. 수확의 神. 刑罰을 관장하였음)는 원래 지
신에 속하나 주(周)의 태사(太史) 사은(史嚚)이 욕수를 하늘의 형신
(刑神)이라고 한 뜻을 알겠다. 하늘이 만물을 생성하여 모든 신령(神

靈)들에게 각기 관장할 것을 맡겼거니와 그중에서도 땅을 관장하고 곡식을 관장하는 것이 큰 임무였던 것이다.

우리나라의 법 역시 국사(國社)와 국직(國稷)에게 제사지낼 때 구룡(句龍)과 희기(姬棄:앞에서 나온 棄로서, 周의 始祖이며 농사를 관장하는 后稷)에게 배향(配享)하니 옛 법과 부합한다.

여단(厲壇)이란 후손이 없어 제사를 받지 못하는 귀신들의 신위(神位)를 죽 늘어놓고 제사지내는 곳을 말한다. 옛날에는 후손 없는 귀신들만 여제(厲祭)의 대상이었으나 세월이 흐르면서 물에 빠져 죽은 자·불에 타서 죽은 자·압사자(壓死者)·형(刑)을 받아 죽은 자 등은 제사지내 줄 후손이 있어도 여제에 넣게 되었다.

또 성황단에 제사지냄은 이러하다. 성(城)은 그 안에 살고 있는 주민을 보호하고 간악한 자들의 출입을 막아 주니 주민에게 기여하는 공이 가장 크다. 그런데 옛날부터의 관습이 아니라 하여 제사를 지내지 않는다면 주민들의 마음이 어찌 편안하겠는가. 그러므로 당나라 이래로 군현에서 성황단에 제를 올려 왔으며 오늘날에는 더욱 정성스레 지내고 있다.

수령이 성황제에 임함에 있어서도 그 의식이 다른 신들의 사당보다 더 위이다. 사직(社稷)이 높다 하나 법령과 격식을 따를 뿐이며, 화(禍)를 물리치고 복을 내려 줄 것을 기원함에는 오직 성황단뿐이니 그 엄숙한 예가 중하지 않겠는가.

이상에서 삼단에 올리는 제(祭)를 논했거니와 수령은 백성들로 하여금 그 제사가 가지는 깊은 뜻을 충분히 알게 하여 백성들이 마음으로부터 신(神)을 기리는 엄숙함을 갖게 해야 하며, 다만 형식적인 의식이 되게 해서는 안 될 것이다. 그리고 문묘(文廟)에 올리는 제(祭)에 대해서는 바로 다음 항목에서 설명하겠다.

文廟之祭 牧宜躬行 虔誠齊沐 爲多士倡.

　문묘에 제사지낼 때는 수령이 몸소 행하되 경건하고 정성스러운 마음으로 목욕재계하여 다른 많은 선비들을 이끌어야 한다.

【字義】虔:공경할 건. 삼갈 건.　誠:정성 성.　齊:가지런할 제. 단정할 제.　沐:머리 감을 목. 씻을 목.　倡:광대 창. 인도할 창.
【語義】文廟(문묘):孔子의 위패를 모신 사당. 그런데 제사 때는 역대 유현(儒賢)들의 위패를 함께 모셔 지냈다. 중앙에는 성균관에 있고 지방에는 각 고을 향교에 모셔져 있다.　躬行(궁행):몸소 행함.　虔誠齊沐(건성제목):경건하고 정성스럽게 목욕재계함.　倡(창):인도함. 선도함.

【解說】다른 제사 때는 참례자들이 많지 않기 때문에 시끄럽고 난잡함이 그다지 심하지 않으나 향교에서 석전제(釋奠祭)를 올리는 날에는 헌관(獻官)과 여러 집사(執事)들 외에도 여기저기로부터 제사에 참례하러 오는 자들이 일백 명이 넘는 경우가 있다. 무례하고 비천한 무리들이 그 속에 섞여 들어와 마늘 냄새와 술 냄새를 풍기고, 추악하고 난잡한 꼴을 보이며, 제사가 파한 후에는 주먹을 휘두르며 향당이 무너질 듯하니 수령은 이런 추태를 엄히 막아야 한다.
　제사지내기 하루 전날 수령은 일찍 나가 제사에 쓸 고기와 제기(祭器)를 살펴보고, 묘전(廟殿)에 들어가 두루 살펴보고, 좌우 양편에 있는 곁방에 가서 제상과 각종 제기들을 자세히 살피고, 모든 찬(饌)의 진설(陳設) 상태까지 낱낱이 점검하고, 청소가 정결하게 되었는가를 둘러보아야 하며, 출입할 때 조금도 불경(不敬)을 보이지 말고 위엄과 예의를 신중히 하여 백성들의 존경을 받도록 해야 한다.

저녁에는 목욕재계하고 제사에 임하여 청정하고 엄숙하여 위의(威儀)에 어긋남이 없어야 한다. 매월 행하는 삭망분향(朔望焚香)은 반드시 몸소 행하지는 않더라도 사맹(四孟:孟春·孟夏·孟秋·孟冬)의 분향은 수령이 몸소 행해야 한다.

> 廟宇有頹 壇墠有毀 祭服不美 祭器不潔 並宜修葺 無
> 爲神羞.

묘당의 신주(神主)를 모신 건물이 헐었거나 단장(壇場)이 훼손된 곳이 있거나 제복(祭服)이 누추하거나 제기(祭器)가 불결하면 (수령은) 이들을 모두 수리하고 시정하여 신에게 불경을 범하지 말아야 한다.

【字義】宇:집 우. 頹:무너질 퇴. 壇:단 단. 평탄할 단. 墠:제사 터 선.
느릿할 천. 毀:헐 훼. 葺:기울 즙. 일 즙. 羞:부끄러울 수. 수치 수.
【語義】廟宇(묘우):신주(神主)를 모신 집. 壇墠(단선):단장(壇場). 修葺
(수즙):수리하고 고침. 羞(수):수치. 불경(不敬).

【解說】임악(林鶚)이 소주부(蘇州府)를 맡아 다스릴 때 그곳 문묘(文廟)에 모신 상(像)들이 대부분 헐고 손상되었다. 누군가가 그것을 손질하여 다시 옛 모습으로 꾸미자고 하자 그는 분연히 꾸짖어 말했다.

"이것이 흙덩이에 불과하지 어찌 성현의 상이라 할 수 있느냐. 공자께서는 불교가 중국에 들어오기 이전에 탄생하셨는데 어찌 진흙으로 만든 상(像)을 알아보시겠느냐. 저 상들이 아직 헐지 않았더라도 일부러 헐어 없앰이 지당하거늘, 다행히도 헐었으니 차제에 목상(木

像)으로 신주(神主)를 바꾸는 것이 옳을 것이다."

그리하여 공자 이하 제사를 받는 모든 유현(儒賢)들의 상까지 목주(木主)로 바꾸었다. 살펴보건대 지금 향교에서 쓰고 있는 제복(祭服)은 오래되어 낡고 누추하여 모양이 말이 아니다. 제관(祭冠)에는 갓끈조차 달려 있지 않으며 후수(後綬)에는 청색, 적색이 마구 칠해져 있고 패옥(佩玉)도 달려 있지 않으니 그런 제복을 입고 제반(祭班)에서면 모두 귀신과 같아, 촛불 밑에서 보면 그야말로 목불인견이다.

군자가 중히 여길 것이 오직 위엄과 예의인데 의(儀)가 이미 다하고서 무엇을 더 바라겠는가. 수령은 경관(京官) 시절에 입던 제복을 깨끗이 손질하여 입도록 하고, 헌관(獻官)들에게 입힐 제복은 제삿날 며칠 전에 수선하거나 새로 지어 입히되 규정과 법도에 맞도록 하여 예를 행함에 불경스러움이 없도록 해야 한다.

境內有書院 公賜其祭者 亦須虔潔 無失士望.

수령의 관할 지역 내에 서원(書院)이 있어 나라에서 그 고을의 제사를 하사받은 경우 또한 반드시 경건하고 정결하게 행하여 그 고을의 선비들을 실망시키지 말아야 한다.

【字義】賜:줄 사. 베풀 사. 虔:공경할 건. 삼갈 건. 潔:깨끗할 결.
【語義】公賜其祭(공사기제):나라에서 그 고을의 제사를 내려 줌.

【解說】 사액 서원(賜額書院)에는 그 제물(祭物)을 관(官)에서 공급하며, 아울러 공곡(公穀)으로 회감(會減)하는데 살펴보면 주방을 관장하는 아전들이 성실치 못하여 진기한 과일 대신 흔한 과일을 제상에 올리

며 좋은 안주 대신 야채를 올리기가 예사이니, 수령은 엄히 신칙하여 본래의 격식을 준수하게 해야 하며 제물을 풍성히 하여 조금이라도 소홀함이 없게 해야 한다.

돌이켜보건대 서원 제도는 남당(南唐) 시대에 시작되어 송대(宋代)에 이르러 점점 확대되었다. 당시 서원은 학문하는 사람들이 실력을 닦는 곳이었지 옛사람들의 제사를 받드는 곳은 아니었다. 그러던 것이 주자(朱子)가 백록 서원(白鹿書院)을 세워 염계(濂溪:宋代의 性理學의 始祖인 周敦頤의 號) 선생을 제사지내면서 중국의 서원이 모두 그 법을 따랐으며, 우리나라에서는 주세붕(周世鵬)이 백운동 서원(白雲洞書院)을 세워 안향(安珦) 선생을 제사지내면서부터 그 법을 따르게 된 것이다.

그런데 오늘날에 와서는 서원이 제사나 지내는 사묘(祠廟)가 되어 버려 학궁(學宮)으로서 옛 서원의 모습은 찾아볼 수 없게 되었다. 생각건대 수령은 옛 선인들의 자취를 찾아 그 숨겨진 뜻을 드러내어 실천하는 일에도 힘써야 할 것이다.

其有祠廟在境內者 其修葺庇治宜亦如之.

(수령은 자기의) 경내(境內)에 사묘가 있는 경우 그것을 수리하고 잘 가꾸고 관리함에 마땅히 위에서와 같이 할 것이다.

【字義】 境:지경 경. 곳 경. 葺:기울 즙. 일 즙. 庇:다스릴 비. 갖출 비.
【語義】 祠廟(사묘):신주(神主)를 모셔 둔 곳. 庇治(비치):잘 가꾸고 관리함.

【解說】 가령 평양의 기자묘(箕子廟)·경주의 숭덕묘(崇德廟)·순천의
충민사(忠愍祠)·강진의 탄보묘(誕報廟) 같은 사묘들이 있는 고을이
있는데 수령은 관할 지역 안에 있는 사묘를 수리하고 잘 관리해야
하며, 각종 제기(祭器)들을 청결히 하여 제사를 받는 신(神)들에게
서운함이 없게 해야 한다.

> 牲不瘠瘰 粢盛有儲 斯可曰賢牧也.

제물로 바치는 짐승은 야위거나 비루먹은 것으로 해서는 안 되며, 나
라의 큰 제사에 쓸 곡물을 미리미리 여축해 둔다면 가히 어진 수령이라
할 수 있다.

【字義】 牲:희생 생. 瘠:여윌 척. 메마를 척. 瘰:연주창 라. 옴 라. 粢:
기장 자. 술 제. 儲:쌓을 저.
【語義】 牲(생):제물로 바치는 짐승. 瘠瘰(척라):야위고 비루먹음. 粢盛
(자성):나라의 큰 제사에 쓰이는 곡물. 儲(저):쌓아 둠. 여축해 둠.

【解說】 군현에서는 어디든 공양(公羊)을 기르기 마련인데 대개 염소이
며 그 종자가 번식력이 강하다. 오래 전 내가 어린 시절에 아버님의
벼슬길을 따라 어떤 고을에 갔을 때 모두 수십 마리를 길렀으나 지
금은 그 종자가 다 사라져 남아 있는 것이 드물다.
  양을 기르자면 응당 목전(牧田:가축의 먹이를 기르는 밭)이 있어야
하고, 수령은 양을 기르는 사람에게 마땅히 식량을 대 주어야 하는
데 오늘날의 수령들은 창노(倉奴)들로 하여금 양을 기르게 하니 창노
가 한 해에 얻어먹는 것이라곤 곡식 수십 석에 불과하다. 그들에게

는 이미 오이며 각종 야채를 재배하여 관에 바치게 하는 임무가 주
어져 있는데 또 양까지 기르게 하니 어찌 제사에 쓸 만한 기름진 양
을 길러 낼 수 있겠는가. 제물로 쓰일 양은 늘 굶주리고 얼어 죽기
일쑤인 것이다.

   도랑을 파고 둑을 쌓으면 공전(公田)을 마련할 수 있고 민역(民役)
에도 도움을 줄 수 있으니 두어 이랑을 목전(牧田)으로 이용하게 한
다면 양뿐만 아니라 돼지도 맡겨 기를 수 있을 것이다. 제물로 쓰이
는 짐승을 살찌고 강건하게 키워 제사를 받는 신들이 서운하지 않게
하는 것이 수령의 직분이다. 그리고 각 고을에 속한 학전(學田)을 두
어 배미 따로 떼어 제전(祭田)으로 삼고, 거기에서 나는 쌀을 잘 갈
무리해 두었다가 제사에 공양함이 옳은 일일 것이다.

其或邑有淫祀 謬例相傳者 宜曉諭士民 以圖撤毁.

   혹시 고을에 음사(淫祀)가 있어 그릇된 관례로 전해 내려오는 것이 있
다면 (수령은) 마땅히 사민(士民)들을 깨우쳐 타일러서 철폐하고 행하지
않도록 도모해야 한다.

【字義】淫:음란할 음. 사악할 음. 曉:새벽 효. 깨달을 효. 諭:타이를
   유. 비유할 유. 撤:거둘 철. 없앨 철.
【語義】淫祀(음사):내력이 올바르지 않은 귀신을 받들어 지내는 제사.
   謬例(유례):그릇된 관례. 曉諭(효유):깨우쳐 타이름. 撤毁(철훼):철
   폐하여 행하지 않음.

【解說】율곡(栗谷)은 초사(醮詞:日月星辰에게 지내는 제사를 醮祭라 하

며, 초제에 사용하는 祭文을 醮詞라 함)와 청사(靑詞:道敎의 신들에게 지내는 제사에 사용하는 祭文)를 써 줄 것을 사양했으며, 약포(藥圃:宣祖 때의 大臣 鄭琢號)는 무당들이 기도하는 데에 쓸 향(香)의 지급을 거절하였다. 이는 군자의 바른 처사이니 수령은 이와 같은 경우를 당하여 구차해서는 안 된다. 사묘가 분명히 음사에 속하는 것이라면 예부터의 관례라 하더라도 답습하여 행해서는 안 된다.

당나라 때 적인걸(狄仁傑)이 강남(江南)의 순무사가 되었는데 당시 오(吳)와 초(楚) 지방에는 음사(淫祠)가 많았다. 적인걸은 일천칠백의 음사를 철폐하고, 다만 하(夏)의 우왕(禹王)과 오(吳)의 태백(太伯:周나라 太王의 長子로서 후에 吳나라의 始祖가 되었음)과 계찰(季札)과 오원(伍員:伍子胥. 春秋時代의 楚나라 태생으로 吳나라로 건너가 吳王 闔廬와 夫差에게 충성했으나 간신의 참소로 夫差에게 죽임을 당함)을 제사지내는 네 개의 사당만을 남겨 두었다.

정언황(丁彦璜)이 안동 부사가 되었는데 안동에서는 고려 때부터 신라 공주의 오금잠(烏金簪:烏金으로 만든 비녀. 烏金이란 장식품을 만들 때 쓰이는 검정색 쇠붙이)을 신(神)으로 섬겨 오고 있었다. 사람들은 영괴(靈怪)한 일이 많이 생긴다고 믿어 그것을 경건히 떠받들었다. 과거에 김효원(金孝元)이 수령으로 있을 당시 그 사당을 불태워 버린 적이 있었으나 그 후 아전들과 백성들이 다시 복원하여 숭배하면서 해마다 5월 5일이면 무당과 광대들이 그 신을 받들고는 수십 명씩 패거리가 되어 온 경내를 두루 돌아다녔다.

그런데도 전후(前後)의 태수(太守)들이 능히 막지를 못하더니 정공(丁公)이 부임하여 유사(儒士)들을 모두 불러 그들 앞에서 그 요사스러운 것을 불살라 버리자 악습이 그쳤다.

祈雨之祭 祈于天也 今之祈雨 戲慢褻瀆 大非禮也.

기우제(祈雨祭)란 (비를 내려 줄 것을) 하늘에 비는 것인데 오늘날의 기우제는 장난 삼아 허투로 행하여 (하늘을) 욕되게 하고 모독하니 이는 예(禮)에 크게 어긋나는 것이다.

【字義】 祈:빌 기.　戲:희롱할 희. 놀 희.　慢:게으를 만. 업신여길 만. 느
　　슨할 만.　褻:더러울 설.　瀆:도랑 독. 더럽힐 독.
【語義】 戲慢(희만):장난 삼아 허투로 함.　褻瀆(설독):더럽히고 모독함.

【解說】 곱사등이나 무당을 윽박질러 하늘에 비를 빌게 했던 것이 옛 서
　　적에 보인다. 흙을 빚어 만든 용(龍)으로 비를 빌었다는 이야기는 ≪
　　회남자(淮南子)≫에 실려 있다. 또 돌을 깎아 만든 소의 등에 진흙을
　　발라 비를 빌었다는 이야기는 ≪광주기(廣州記)≫에 나온다. 오성(五
　　星)을 불러 요술을 부려 비를 내리게 한 것은 관로(管輅:魏나라 시대
　　의 占星家·力術家)에게서 비롯된 것이며, 오룡(五龍)을 부추겨서 비
　　를 내렸다는 사설(邪說)은 신농씨(神農氏)에게서 비롯된 것이라는 기
　　록도 있다.
　　　이렇듯 태고 때부터 비를 기원하는 온갖 방법은 모두가 장난기 섞
　　인 것들이었다. 그런데 오늘날의 수령들도 가뭄을 만나면 짚으로 용
　　을 만들고 거기에 붉은 흙을 발라 아이들로 하여금 끌고 다니면서
　　매질하여 용을 욕보이게 하거나 시궁창을 파 뒤집어 악취를 풍기게
　　하거나 뼈다귀를 묻고는 주문을 외게 하는 등 기괴한 짓을 서슴지
　　않으니 이는 윤리가 아닐 뿐더러 참으로 개탄할 노릇이다.
　　　가뭄을 당하면 수령은 마음을 경건히 하여 목욕재계하고 비를 내

려주실 것을 신에게 빌어야 하며 속된 풍속은 일체 엄금해야 한다.

祈雨祭文 宜自新製 或用舊錄 大非禮也.

기우제에 쓰는 제문(祭文)은 마땅히 (수령이) 몸소 새로 지어야 하며,
혹 전에 누군가가 썼던 것을 그냥 쓰는 것은 예에 크게 어긋난다.

【字義】製:지을 제. 舊:예 구. 錄:기록할 록.
【語義】祈雨祭文(기우제문):기우제를 지낼 때 읽는 제문(祭文). 自新製
  (자신제):수령이 몸소 새로 지음. 舊錄(구록):전에 기록해 두었던 것.

【解說】모든 제문(祭文)은 4언(四言)으로 지어야 읽는 소리가 잘 조화된
  다. 산만하고 뒤섞인 글은 읽어도 그 소리가 조화되지 않는다. 향촌
  의 축사(祝史)들이 축문을 읽을 때 입 안에 가시가 박힌 것처럼 더듬
  거리는 것은 제문이 4언으로 되어 있지 않아 제대로 읽을 수 없기 때
  문이다.
  인조(仁祖) 때 공신 장유(張維)가 고을살이를 할 때 지은 기우제문
  (祈雨祭文)은 이러하다.

  "이 가뭄은 대체 누구의 허물이옵니까,
  봄부터 여름이 가도록 비 한 방울이 없으니.
  기장이 말라죽고 보리는 거둘 것이 없으니
  백성들이 굶주려 병들면 어찌 고치오리까.
  꿈틀꿈틀 신물(神物)이 영추(靈湫)에 살아
  구름을 끌고 비를 내려 그 덕을 떨쳐야 하거늘,

가만히 처박혀서 덕을 베풀진 않고 무엇을 바라
나의 백성들의 숨통을 차마 끊으십니까.
수령이 할 바를 다하지 못해 신의 주벌(誅罰)을 범한 것이니
죄가 있다면 나에게 있는데 어찌 백성을 벌하시나이까.
살찐 짐승, 맑은 술에 젓갈을 갖추어 바쳐 신께서 즐기시길 기원하
오니,
이 음식을 두루 드시고
하늘을 휘젓고 천둥과 번개로 하늘을 진동시켜 주룩주룩 단비를
내리시어
마르고 타 버린 만물을 적셔 소생하게 해 주신다면
영세(永世)토록 제사로 보은하여 감히 변함이 없겠나이다.”

이 제문은 용신(龍神)께 올리는 것이다.
또 산신(山神)께 올리는 제문은 이러하다.

“우뚝 솟은 명산은 온 고을 사람들이 우러르는 것이니
그 움직임은 보지 못하오나 저희에게 내리시는 은택과 이로움은
헤아릴 길이 없나이다.
고약한 햇볕이 포학을 부려 오곡이 다 말라 버렸고,
다시 며칠만 더 가물면 모두 타 버리고 아무것도 남지 않을 것
입니다.
늪 속에 잠긴 용은 깊은 잠에 빠져 백성들의 호소를 듣지 못하오니
산신(山神)께서 어지심을 베풀지 않으시면 누가 이 백성들을 구휼
하겠나이까.
저의 이 향기로운 음식을 흠향(歆饗)하시옵고

은혜로우신 우리 신령께서 주룩주룩 단비를 내리시어 뭇 생명을
적셔 주소서."

또한 우리나라의 기우제문(祈雨祭文) 가운데 희암(希菴) 채팽윤(蔡
彭胤)의 것이 탁월하니 그가 설악산에 올렸던 기우제문을 싣는다.

"높고 울창한 산이여, 당신은 천지가 처음 생길 때부터 있었나이
다.
　위로는 하늘과 호흡을 통하고,
　아래로는 새들의 날갯짓과 짐승들의 달음질도 닿지 못하나이다.
　혼탁한 티끌 멀리하고 청정한 기운을 길렀으니
　음양의 두 기운을 휘둘러 일으키는 변화가 무쌍합니다.
　기원함이 없으면 모르되 빌기만 하면 들어 주시지 않음이 없어
　우리나라 백성들에게 비호와 복으로써 은혜를 내리셨습니다.
　그런데 어찌하여 이번 가뭄은 달이 갈수록 더욱 더 극심하여
　구름과 노을마저도 이다지 따갑고 불길 같사옵니까.
　구름이 몰리는가 싶으면 매일 저녁 바람이 그것을 흩어 버리니
　백성들은 희망이 끊기곤 합니다.
　농사 절기가 자꾸 지나 걱정스러운 마음의 조급함이
　차라리 굶주림보다 더 견디기 힘드옵니다.
　백성들의 병이 갈수록 깊어 가고 조금도 덜하지 않으니
　소신(小臣)이 왕을 대신하여 이리 뛰고 저리 뛰며 비 내려 주시기
를 기원하옵나니
　진실로 왕께서 감히 오만하셔서가 아니옵니다.
　산신께서 어찌 저희를 돌보시지 않겠사옵니까마는

하늘을 올려다보매 막막하기만 합니다.

못자리는 갈라지고 이 달도 저물어 갑니다.

이제라도 비가 오지 않으면 모든 고을이 다 굶어 죽을 것이요,

그 후에 비가 많은들 이미 말라 버린 곡식이 어찌 소생하겠나이까.

그것은 죽은 물고기에게 물을 떠 주는 것이나 한가지입니다.

설악의 신령은 온 나라가 우러르는 바이온데

백성이 다 죽어가고 있는 터에 어찌 산신께서만 홀로 마음 편하리까.

왕께서는 짜인 일이 있어 몸소 내왕치 못하셨으나

소신이 삼가 제물을 올리어 간곡히 기원하옵나니

굽어 살피시어 백성들로 하여금 절기를 놓치지 않게 해 주옵소서.

즉시 단비를 내리시어 넓은 자비를 흐르게 하소서."

日食月食 其救食之禮 亦宜莊嚴 無敢戲慢.

일식(日蝕)과 월식 때 식량을 풍족히 해 줄 것을 기원하는 예(禮)도 또한 마땅히 장엄해야 하며 장난기 섞인 태도로 임하여서는 안 된다.

【字義】救:구원할 구. 막을 구. 莊:씩씩할 장. 엄할 장.
【語義】日食(일식):'日蝕'의 옛 표기인 듯함. 救食之禮(구식지례):식량을 풍족히 해 줄 것을 기원하는 의식.

【解說】해와 달이 서로 침식하는 현상은 본래 천체(天體)의 운행 정도에 따라 생겨나며 그 시각을 미리 알 수 있는 것이므로 본디부터 재난이나 이변이 아닌 것이다. 요순(堯舜) 시대에 이미 역법(歷法)이 밝

혀져 있었으니 일식이나 월식을 알지 못했던 것이 아니다. 특히 해와 달의 빛이 가려져 그 색채가 을씨년스러워지므로 북을 치고 짐승을 잡아 의식을 행함으로써 그 변화를 보여 주었을 뿐이다.

그런데 오늘날 군현에서는 구식법(救食法)으로서 중들을 잡아다가 징을 울리고 판(板:널빤지 조각으로 만든 옛날 악기)을 두드리며 '일광보살, 월광보살'을 외쳐대며 경중경중 뛰어오르곤 하거니와 이것은 그 재앙을 두려워하는 것이 아니라 오히려 하늘에 방자한 짓이니 예(禮)에 크게 어긋난다.

일식이나 월식 현상이 일어나면 수령은 몸을 단정히 하고 앉아 주변을 조용하게 하고, 달이나 해가 다시 둥글게 되기를 기다리는 것이 옳은 일이다. 이를 사직단에 가서 행한다면 옛 법도에 더욱 합치한다.

제2조 빈객(賓客):공적(公的)인 손님에 대한 접대

> 賓者 五禮之一 其餼牢諸品 已厚則傷財 已薄則失歡
> 先王爲之 節中制禮 使厚者不得踰 薄者不得減 其制禮
> 之本 不可以不溯也.

빈(賓)이란 오례(五禮) 중 하나이니 손님을 접대하는 모든 음식은 지나치게 후하면 재물의 낭비가 되고, 지나치게 박하면 (손님에게) 기쁨을 주지 못한다. 선왕(先王)들께서는 절도에 맞는 예법을 만들어 후하되 그 도를 지나치지 않고 박하되 부족함이 없게 하셨으니 그 예법을 만든 근본을 거슬러 살피지 않으면 안 된다.

【字義】餼:쌀 희. 보낼 희. 牢:우리 뢰. 희생 뢰. 品:물건 품. 등급 품. 已:이미 이. 너무 이. 傷:다칠 상. 해칠 상. 歡:기쁠 환. 踰:넘을 유. 멀 요. 溯:거스를 소. 거슬러 올라갈 소.

【語義】賓者(빈자):손님을 맞아 접대하는 것. 五禮(오례):吉禮·凶禮·軍禮·賓禮·嘉禮 등 국가의 다섯 가지 의례. 餼牢(희뢰):손님 접대에 쓰이는 음식. 已厚則傷財(이후즉상재):지나치게 후하면 재물의 낭비가 됨. 已薄則失歡(이박즉실환):너무 박하게 하면 기쁨을 주지 못함. 節中制禮(절중제례):절도에 맞게 예법을 정함. 不得踰(부득유):도(度)를 넘지 않게 함. 不得減(부득감):줄일 수 없게 함. 不可以不溯(불가이불소):거슬러 올라가지 않을 수 없음. 옛 법도부터 자세히 살펴보아야 한다는 뜻. '溯'는 '泝'와 同字.

【解說】빙례(聘禮:외국의 使臣을 맞아 대접할 때의 예의)와 공사례(公食禮)는 모두 옛날에 손님을 맞아 잔치를 베풀던 예법이다. 이때 변(邊:마른 반찬을 담는 그릇)·두(豆:물기 있는 음식을 담는 그릇)·궤(簋:밥이나 떡을 담는 그릇)·형(鉶:국을 담는 그릇) 등의 수는 손님의 지위 고하(高下)에 따라 각기 정해진 법식이 있으니 주인과 손님이 이를 지켜 행여나 지나치는 일이 없게 하려는 것이 선인들의 뜻이었다.

당시에는 경대부(卿大夫)가 이웃 나라에 사신으로 가서 대접받는 향사(饗食)의 예가 1작(爵) 1변(邊)이라도 넘치는 것이 있으면 두려워하고 멈칫거리며 감히 편한 마음으로 받지 못했다.

춘추 시대에 진(晋)의 사신 조문자(趙文子:趙孟)가 정(鄭)나라에 가서 접대를 받는데 오헌(五獻)의 변두(邊豆)로 하자 그는 굳이 사양하고는 끝내 일헌(一獻)만을 받았으며, 노(魯)의 계손숙(季孫宿)이 진(晋)나라에 가서 대접을 받는데 잔칫상에 변(邊)의 수효를 늘리자 끝내 사양하고는 '하급 신하로서 감히 받을 수 없습니다.'고 하였다.

또 주(周)의 공열(公閱)이 진(晋)나라에 가서 대접을 받는데 창포(菖蒲) 김치가 놓여 있는 것을 보고는 굳이 사양했으며, 제(齊)의 관이오(管夷吾:管仲)가 주(周)나라에 가서 대접을 받을 때 반드시 하경(下卿)의 예를 받았으니 이는 명분과 예법이 일정하여 그것을 어기지 않기 위해서가 아니었겠는가.

그런데 오늘날 감사들이 관할 구역을 순행하면 군현에서는 접대하는 규모에 아무런 절제도 없이 그저 풍성하고 호사스러운 것에만 힘써, 변·두·형·조(俎:익힌 고기를 담는 그릇)의 수가 대뢰(大牢)의 열 배나 된다.

≪오례의(五禮儀)≫에 규정한 내용이 너무도 박하고 지나치게 검

약하여 보통의 안정과는 거리가 멀기 때문에 이렇듯 지나친 무절제가 범람하고 횡행하는 것이니, 삼대(三代)의 전장(典章)들을 상고하지 않고 경솔하게 일시적인 법이나 제도를 만든 것치고 이렇게 무너지지 아니한 것이 없었다.

> 古者 燕饗之饌 原有五等 上自天子 下至三士 其吉凶
> 所用 無以外是也.

옛사람들이 잔치에 쓰던 찬(饌)에는 원래 다섯 등급이 있었는데 위로는 천자(天子)로부터 아래로는 삼사(三士)에 이르기까지 길례(吉禮)와 흉례(凶禮)에 쓰이는 것이 이 5등급의 찬(饌) 외에는 없었다.

【字義】 燕:제비 연. 잔치 연. 饗:잔치할 향. 饌:반찬 찬. 지을 찬. 吉: 길할 길. 凶:흉할 흉.

【語義】 燕饗之饌(연향지찬):잔칫상에 올리는 찬. 三士(삼사):五爵의 제후 밑에 두었던 上士·中士·下士의 관직. 吉凶(길흉):吉禮와 凶禮. 無以外是(무이외시):이것 외에는 없음.

【解說】 대뢰(大牢)에는 두 등급이 있는데 이중 상등급의 경우 9정(鼎)에 작(爵)은 9헌(獻)이요, 식(食)은 8궤·7형·9조(俎)·8두·8변으로 한다. 이것은 천자나 제후에 대한 예법이다. 또 하등급의 경우에는 7정에 작은 3헌이요, 식은 6궤·5형·7조·6두·6변으로 한다. 이것은 공(公)이 대부(大夫)를 접대할 때의 예법이다.

　소뢰(小牢)는 5정에 작(爵)은 3헌이요, 식(食)은 4궤·3형·5조·6두·6변이다. 이것은 대부(大夫)끼리의 예법이다.

특생(特牲)은 3정에 작(爵)은 3헌이요, 식은 2궤·3형·3조·4두·4변이다. 이것은 사(士)를 접대할 때의 예법이다.

특돈(特豚)은 1정에 작(爵)은 1헌이요, 식(食)은 2궤·1형·1조·2두·2변이다.

옛날의 예법에 천자의 사신(使臣)이 제후의 나라에 가면 그 식단을 대뢰로 했는데 우리나라의 의례법(儀禮法)에는 천자보다 한 등급을 낮추어 하도록 되어 있으므로 관찰사가 본 읍에 당도하면 수령은 그를 접대할 때 법에 맞추어 소뢰(小牢)로 하면 되며, 그에 더 보탬이 있어서는 안 되는 것이다.

今監司巡歷 天下之巨弊也. 此弊不革 則賦役煩重 民盡劉矣.

오늘날 감사의 순력은 천하의 큰 폐단이다. 이 폐단을 혁파하지 않는다면 백성들의 부역을 번거롭고 과중하게 하여 백성들이 다 죽게 될 것이다.

【字義】巡:돌 순. 순행할 순. 歷:지날 력. 煩:번거로울 번. 盡:다할 진. 모두 진. 劉:죽일 류. 베풀 류.

【語義】巡歷(순력):감사가 도내(道內)의 각 고을을 순회하는 것. 煩重(번중):번거롭고 무거움. 盡劉(진유):모조리 죽임.

【解說】감사가 순력을 할 때는 큰 깃발을 세우고 큰 일산(日傘)을 받쳐 들게 하며, 큰 북을 치고 큰 각(角)을 불게 하며, 쌍마교를 타고 옥로모(玉鷺帽:백성의 生殺權을 가진 관리의 표시로서 옥으로 만든 해오

라기를 단 모자)를 쓰고 다니는데 거기에 수행하는 자는 부(府:재물의 보관과 관리를 맡은 아전)가 2명에 사(史:각종 公文書의 기록을 맡은 아전)가 2명이요, 서(胥:府와 史의 업무를 보조해 주는 아전)는 부와 사의 수와 같게 하고 거기에 2명을 더하여 그 무리가 수십 명이며, 여(與:가마를 메는 무리)·조예(皁隷:감사의 수발을 드는 賤官)·대(儓:하인) 등의 하인배들이 수십 혹은 수백 명이나 된다.

또 각 고을과 역에서 대기하고 있다가 감사를 영접하는 이속의 무리가 수십 내지 수백 명이요, 말을 타고 감사를 뒤따르는 자들이 일백 명에 짐을 실은 말이 일백 필이나 된다. 그 외에도 횃불과 초롱불을 들고 앞서 밝히는 자들 및 기름과 횃불을 대비하는 자가 수백 명이다.

백성들의 부세(賦稅)가 날로 늘어나 그 이유를 물으면 모두가 감사의 순력 때문이라 하고, 민고(民庫)가 지나치게 거두어들이기에 그 연유를 물으면 그 또한 감사의 순력 때문이라 하며, 아전의 수를 줄이지 않는 이유를 물으면 그 또한 순력 때문이라 하며, 계방(契房)을 혁파하지 못하는 이유를 물으면 그 또한 감사의 순력 때문이라고 한다. 또 질그릇 굽는 집들이 날로 흩어지고 주막집들이 날로 파산하고 점촌(店村)이 날로 쇠퇴하고 절간이 날로 피폐해져 그 이유를 물은즉 이 또한 감사의 순력 때문이라고 한다.

어부들은 물고기를 잃고, 닭을 치는 집들은 닭을 잃으며, 바닷가의 장사치들은 전복과 대합을 잃고, 산골의 백성들은 삼[麻]과 메밀을 손실당하기에 그 까닭을 물으면 이 또한 감사의 순력 때문이라고 한다. 그러니 순력의 법을 고치지 않는다면 백성들이 도탄에 빠지는 화를 면할 길이 없을 것이다.

> 內饌非所以禮賓 有其實而無其名 抑所宜也.

　내찬(內饌)은 손님에 대한 예의가 아니니 그 실상은 있되 명분은 없게
하는 것이 또한 마땅할 것이다.

【字義】 實:열매 실. 내용 실.　名:이름 명. 명분 명.　抑:누를 억. 또한
　　억.
【語義】 內饌(내찬):감사를 맞아 수령이 거느리는 아녀자들이 차려 내는
　　찬.　有其實而無其名(유기실이무기명):실제로는 그러하되 명분은 내
　　세우지 않음.

【解說】 오늘날에는 감사가 본 고을에 당도하면 밥과 잘 차린 반찬 외에
　　별도로 안에서 진수성찬을 마련하여 올리는데 이를 일러 내찬이라
　　하거니와 감사가 먹는 것은 이것뿐이다. 이때 음식을 장만한 부녀자
　　는 안에만 있고 공사(公事)에 간여해서는 절대 안 된다. 공적인 손님
　　을 대접하는 음식을 아녀자의 손으로 만드는 것은 예가 아니나 감사
　　일행이 여러 날에 걸쳐 대접받은 고량(膏粱)에 싫증이 나서 안주와
　　산적 등의 음식이 먹음직스럽지 못하면 목에 넘기지 못할 것인즉 접
　　대하는 쪽에서는 염려스럽기 마련이다.
　　　그런 때는 내찬을 만들게 하되 공적인 형식을 갖추어 내찬의 명목
　　이나 흔적을 없도록 하고, 오직 손님이 배불리 먹기만을 바라야지
　　자신의 배려에 대해 생색을 내서는 안 된다.

監司廚傳之式 厥有祖訓 載在國乘 義當恪遵 不可毀也.

감사(監司)의 음식과 잠자리의 법식은 모두 선조들의 훈계가 있어 나라의 역사에 실려 있으니 의당 각별히 준수하여 손상하지 말아야 한다.

【字義】廚:부엌 주. 傳:전할 전. 역참 전. 厥:그 궐. 乘:탈 승. 사기 승.
【語義】廚傳(주전):음식점과 여관. 즉 먹는 음식과 잠자리. 祖訓(조훈): 선조들의 가르침. 載在(재재):실려 있음. 國乘(국승):나라의 역사. 恪遵(각준):각별히 준수함.

【解說】정선(鄭瑄)은 다음과 같이 말했다.

"높은 벼슬에 오르면 오직 자기를 존귀하고 중하게 대접할 것을 요구하여 백성들로부터 영송(迎送)을 받으니 멀리까지 나와서 맞이하고 환송할 것을 바라며, 칭호를 높여 부르기를 바라며, 절하고 무릎 꿇어 공경해 줄 것을 바라며, 향연에 쓰는 도구와 그릇을 화려하게 해 주기를 바라며, 술과 음식은 풍성하게 대접해 주기를 바라며, 행차에 거느리는 수행원을 많이 따르게 하여 위엄을 보이고 싶어 하며, 문안을 받음에 엄숙한 예우를 바라 그가 이르는 곳마다 만백성에게 누를 끼치고 온 가정에 근심과 고통을 주며, 지방에 사신으로 나가는 관리가 창생들에게 큰 보탬을 주어야 하는데 오히려 온갖 손실만 입히고 민생의 고통에 대하여는 귀머거리 장님이 되고 마니, 이를 일러 '요얼(妖孼)'이라 한다.

임금의 은혜를 저버리고 하늘의 노여움을 건드리니 이는 민생에게 고통의 열매요 자손에게 재앙의 근원이 되므로 우리는 이를 경계해야 할 것이다."

> 一應賓客之饗 宜遵古禮 嚴定厥式 法雖不立 禮宜常講.

　　일체의 손님 접대 잔치는 마땅히 옛 의례를 준수하여 그 법식을 엄히 정해야 하며, 법이 정해 있지 않다 해도 예법은 항상 강구해야 한다.

【字義】應:응할 응. 응당 응.　常:항상 상.　講:설명할 강. 연구할 강.
【語義】一應(일응):일체의 모든.　常講(상강):늘 강구함. 항상 따름.

【解說】체찰사(體察使) · 하정사(賀正使) · 원접사(遠接使) · 관반사(館伴使) 및 대신(大臣)이나 정경(正卿) 등의 1품 관리들에게 향(饗)은 대뢰(大牢)를 베풀고 사(食)는 소뢰로써 한다. 또 관찰사 · 순무사 · 위유사(慰諭使) · 절도사 등의 중하 대부(中下大夫)로서 당상관에 속하는 관리들에게 향에는 소뢰를 쓰고 사(食)에는 특생(特牲)을 쓰며, 어사 · 경시관(京試官) · 접위관(接慰官) · 서장관(書狀官) 등에게는 벼슬이 높지 않더라도 앞서의 경우와 같이 접대해야 하며, 금부랑(禁府郞) · 반사관(頒赦官) · 비변랑 · 선전관 등 지위가 낮은 관리에 대해서는 향은 특생으로 하고 사(食)는 특돈(特豚)으로 한다.
　　이상의 법식은 반드시 대신(大臣)이 임금께 아뢰어 법이나 제도로 반포한 후에야 준수할 수 있는 것이다. 오늘날에는 그렇지 않긴 하나 수령은 선왕들이 예법을 정할 때 본시 이와 같이 하였음을 마음 속으로 분명히 알아 그 형(鉶) · 조(俎) · 변(籩) · 두(豆)의 수를 묵묵히 스스로 상량하여 주공(周公)과 공자(孔子)의 예법을 따름이 좋지 않겠는가.

古之賢牧 其接待上官 不敢踰禮 咸有芳徽 布在方册.

옛날의 어진 수령들은 (자기의) 상급 관리를 접대함에 있어 감히 예법을 넘는 짓을 행하지 아니하였으니 그 덕스럽고 훌륭함은 여러 책들 속에 여기저기 기록되어 있는 바이다.

【字義】踰:넘을 유. 멀 요. 咸:다 함. 두루 미칠 함. 芳:꽃다울 방. 아름다울 방. 徽:아름다울 휘. 표기 휘.

【語義】芳徽(방휘):덕스럽고 훌륭함. 布在(포재):여기저기 기록되어 있음. 方册(방책):원래는 목판이나 대쪽에 써서 묶은 책을 뜻하나 여기서는 두루 모든 책을 의미함.

【解說】유남원(劉南垣)이 늙자 은퇴하여 집에 머물러 있었다. 마침 어떤 직지사(直指使)가 음식을 가혹하게 요구하니 군현의 이속들은 걱정이 태산 같았다. 이를 본 유공(劉公)은 이속들을 안심시키며, '마침 그 직지사가 나의 문하생이니 내가 그를 깨우쳐 주겠다.' 하고는 아침부터 점심때가 지나도록 밥상을 올리지 못하게 하였다. 직지사는 몹시 시장했다. 그때서야 밥상을 올리는데 조밥에 두부 한 그릇뿐이었다. 그는 밥과 두부를 각각 세 그릇씩 비우고는 배가 잔뜩 불렀다. 조금 있다가 좋은 안주에 좋은 술을 즐비하게 벌여 놓았으나 수저를 들 수조차 없었다. 유공이 억지로 권하자 직지사는,

"너무 배가 불러 더 먹을 수가 없습니다."

하였다. 그러자 유공은 껄껄 웃으면서,

"음식에는 본디부터 좋고 나쁜 것이 따로 있는 것이 아닐세. 배고플 때는 아무 음식이나 쉽게 넘어가나 배가 부를 때는 맛있게 먹기

어려우니 때가 그렇게 만들 뿐일세."

하였다. 직지사가 유공의 가르침을 깨닫고 그 후로는 감히 음식을 가려 사람들을 책망하는 일이 없었다.

> 雖非上官 凡使星之時過者 法當致敬 其橫者勿受 餘宜
> 恪恭.

(자기보다) 상급 관리가 아니더라도 임금의 사명을 받아 (자기 고을을) 지나가는 모든 사신에게는 마땅히 경의를 표해야 하며, 그가 무리한 요구를 해 오는 것은 받아 주지 말고 다른 것들은 각별히 공대해야 한다.

【字義】雖:비록 수. 餘:남을 여. 나머지 여. 恭:공손할 공. 받들 공.
【語義】使星(사성):임금의 사신(使臣). 致敬(치경):경의를 표함. 橫者勿受(횡자물수):지나친 요구는 받아 주지 말라. 恪恭(각공):각별히 공대함.

【解說】 후주(後周) 때 왕파(王罷)가 강동을 다스리고 있었는데 마침 그 지방에 사신이 들렀다. 그 사신에게 음식을 차려 대접하였더니 그는 떡의 가장자리를 모두 떼어 내고는 가운데 부분만을 먹고 있었다. 이에 왕파가 노하여

"밭 갈고 씨 뿌리고 김을 매고 거두어들인 공이 이미 깊은데다가, 가루로 빻고 불을 때어 익히는 데에 들인 공 또한 적지 않은데 그대는 가려 먹고 있으니 아직 배가 덜 고픈 때문이오."

하고는 아랫사람들에게 명하여 음식상을 치워 버리니 그 사신은

크게 부끄러워하였다.

완천군(完川君) 이순신(李純信)이 의주 판관(義州判官)으로 있었는데 중국에 가는 사신 하나가 그 고을을 지나면서 물건을 마구 토색질하면서도 염치가 없었다. 공(公)은 이를 부당히 여겨 노자(路資) 외에는 아무런 청도 들어 주지 않고 보내 버렸다. 그 후 사신이 돌아오는 길에 일부러 다른 일을 트집 잡아 앙갚음하려 하자 공(公)은 인수(印綬)를 풀어 놓고 관직을 떠나 버렸다.

> 古人 於內侍所過 猶或抗義 甚者 車駕所經 猶不敢虐民 以求媚.

옛사람들은 내시(內侍)가 지나갈 때도 오히려 의(義)를 내세웠거니와 심한 경우에는 임금의 수레가 지나가도 백성을 침학하면서까지 잘 보이기 위해 아첨하지는 않았다.

【字義】抗:겨룰 항. 들어 올릴 항. 甚:심할 심. 經:지날 경. 글 경. 虐: 모질 학. 학대할 학. 媚:아첨할 미. 예쁠 미.

【語義】抗義(항의):의(義)를 고정함. 車駕(거가):임금이 타는 수레. 求媚(구미):잘 보이기 위해 아첨하는 것.

【解說】송(宋)나라 때 한강(韓絳)이 성도(成都)의 지사로 있었는데 내시(內侍)로서 임금의 사명을 받들고 촉(蜀)에 온 자가 무역을 하니, 그곳 주군(州郡)의 수령들이 넌지시 이익을 많이 남겨 주어 그를 기쁘게 하였다. 한공(韓公)이 그 내시의 상행위를 조정에 주청하여 금지시키니 영종(英宗)께서는 그를 가상히 여겼다.

왕응진(汪應軫)이 사주(泗州)의 태수로 나가 있을 적에 무종(武宗)께서 남쪽 지방의 순행 길에 올랐다. 임금의 행차가 당도한다고 하자 고을의 태수들이 당황하여 어찌할 바를 몰랐는데 왕응진만은 의연히 흔들림 없이,

"지금으로서는 왕의 어가(御駕)가 온다는 기약이 없는데 사방으로 아전들을 내보낸다면 그들에게 농간질할 기회를 줄 뿐이다."

라고 하였다. 다른 고을에서는 횃불을 잡게 하는 일에만도 천 명을 동원하여 대기하는 기간이 달포나 되자 얼어 죽고 굶어 죽는 자가 속출했다. 그런데 왕응진은 횃불을 느릅나무와 버드나무 사이에 잡아매게 하고는 한 사람당 열 개의 횃불을 관리하게 했다. 임금의 행차가 밤에 그곳을 지나니 횃불의 질서가 정연하여 오히려 다른 고을보다 나았다.

왕응진은 천자의 행차에도 백성을 아낌이 이와 같았는데 오늘날의 수령들은 감사를 맞는 데에도 백성 몰아치기를 개나 닭처럼 하니 스스로 부끄러움을 알아야 할 것이다.

勅使接待 謂之支勅 支勅者 西路之大政也.

칙사를 접대하는 일을 일러 지칙(支勅)이라 하는데 지칙은 서도(西道)의 큰 정사이다.

【字義】 勅:칙서 칙. 신칙할 칙. 支:지탱할 지. 치를 지.
【語義】 勅使(칙사):임금의 명령을 받은 사신도 '칙사'라 하나 여기서는 주로 중국에서 오는 사신을 지칭한다. 支勅(지칙):칙사를 접대하는 일.

【解說】칙사가 온다는 것을 미리 알리는 것을 칙기(勅奇)라 한다. 칙기가 당도하면 온 고을이 부산스럽다. 특히 중국에서 오는 사신은 서로(西路=西道:평안도와 황해도)를 거쳐 오므로 관서지방(평안도)과 해서지방(황해도)이 더욱 분주해진다. 칙사의 접대에 필요한 모든 물건들은 각 고을의 부민(富民)들에게 나누어 맡기는데 이것을 기화로 아전들의 농간질이 난무한다. 그러므로 수령은 엄한 모습으로 형리(刑吏)를 불러 각 향(鄕)과 리(里)에 방을 붙여 유시하게 하여 농간의 싹을 근절해야 한다. 방문(榜文) 내용은 다음과 같이 작성한다.

"행현령이 방을 붙여 유시하노라. 이제 본 고을에 칙사가 온다는 소문이 돌고 있으니 모두 잘 알 줄로 생각한다. 옛 관례대로 하자면 칙사의 접대에 소용되는 모든 물품은 외촌의 부민들을 감관으로 뽑아 멀리까지 파견하여 그 피해를 감수하게 함이 옳겠으나, 금년에는 옛 관례를 적용치 않고 읍내의 아전과 군교를 골라 이 임무를 맡길 것인즉 이 계획에서 채워지지 않는 것은 관에서 보충 지급할 것이며, 관의 힘으로도 충당치 못할 때는 각 민호에 고루 분담하게 할지언정 몇 십 호에만 피해를 주는 일은 없을 것이니 본관의 뜻을 알고 안심토록 하라.

그중에 간혹 간휼한 자가 있어 옛 관례에 따른 것이라고 제멋대로 백성들을 윽박질러 갈취하려 해도 절대 재물을 잘못 쓰는 일이 없도록 하라. 이에 미리 포고하노니 향갑(鄕甲)과 이장(里長)은 마을 사람들에게 일일이 알려서 듣지 않은 자가 없도록 하라."

제3조 교민(教民): 백성들의 교화(教化)

옛날에는 대사도가 백성을 가르치고 대사악(大司樂)이 국자(國子)를 가르쳤으니 백성을 가르치는 것은 지관(地官:교육·조세·지방 행정을 관장하던 벼슬)의 직무이다. 일찍이 내가 이 글을 초(草)하면서 예법 가르치는 것을 지관의 임무에 넣었으나 오늘날 정지(井地)도 고르지 않고 법제도 아직 성안(成案)되지 않았으니, 교민은 예속(禮俗)을 행할 것을 권장하는 데 불과하며, 향약을 지키라고 타이르는 것에 그칠 뿐이다. 그래서 우선 이 기록을 예전(禮典)에 수록하는 바이다.

> 民牧之職 教民而已 均其田産 將以教也 平其賦役 將以教也 設官置牧 將以教也 明罰飭法 將以教也. 諸政不修 未遑興教 此百世之所以無善治也.

백성을 기르는 직분은 교민(教民)뿐이니 농지를 고르게 하는 것도 장차 교화를 하기 위함이요, 부역을 고르게 하는 것도 장차 교화하기 위함이요, 관청을 설치하여 목민관을 두는 것도 장차 교화하기 위함이요, 벌을 밝히고 법을 신칙함도 장차 교화를 하기 위함이다. 정책이 정비되지 않고는 교화를 일으킬 겨를이 없으니 이것이 백 대(代)가 지나도록 선치(善治)가 없는 까닭이다.

【字義】 置:둘 치. 飭:신칙할 칙. 바로잡을 칙. 修:닦을 수. 고칠 수.
     遑:급할 황. 한가할 황. 善:착할 선. 좋을 선.
【語義】 田産(전산):농경지. 設官置牧(설관치목):관청을 설치하고 목민

관을 배치함. 明罰飭法(명벌칙법):벌을 밝히고 법을 신칙함. 不修 (불수):제대로 정비되지 않음. 未遑(미황):~할 겨를이 없음.

【解說】≪주례(周禮)≫에 보면 족사(族師)는 ── 一百家가 一族이 되며 五族이 一黨 ── 매월 초하룻날에 백성들을 모아 놓고 나라의 법을 읽어 주고는 효(孝)·제(弟)·목(睦)·인(婣)을 행한 자를 기록하였고, 당정(黨正)은 사시(四時)의 첫달 길일(吉日)에 백성들을 모아 나라의 법을 읽어 주고는 덕행과 도예(道藝)가 있는 자들을 기록했으며, 주장(州長)은 해마다 정월의 길일을 택하여 법을 읽어 주고는 백성들의 덕행과 도예를 고과(考課)하여 그 허물과 악행을 대중들 앞에 고했으며, 향대부는 정월의 길일에 사도(司徒)로부터 교민의 법을 받아 자기의 향에 두루 반포하였다.

생각건대 주대(周代)에는 교민을 할 때 달마다 과제를 주고 수시로 감독하여 그 덕행에 등급을 매기되 고공(考功)하듯 했으며, 그 과오를 규찰하되 최과(催科)하듯 하였으니 이것은 소위 향삼물(鄕三物: 鄕學에서 교육의 지표로 삼는 六德·六行·六藝)로써 만백성을 교화하고, 향팔형(鄕八刑:不孝·不睦·不婣·不弟·不任·不恤·造言·亂民의 여덟 가지 죄에 대해 鄕에서 내리는 형벌)으로써 만백성을 규찰했음을 알 수 있다. 그런 후에야 왕도의 정치가 서는 것이다.

그런데 오늘날의 수령은 재임 기간이 길어야 3년이요 짧으면 1년에 그치니 그야말로 목민을 하는 사람이 아니라 거쳐 가는 나그네인 것이다. 인(仁)이란 한 세대 후에야 빛이 나며, 예악(禮樂)을 일으키는 데에는 일백 년이 걸리는 것인즉 교민이란 거쳐가는 나그네로서 할 수 있는 일이 아닌 것이다.

그러나 기왕에 백성을 맡는 수령이 된 사람으로서 자기 고을의 백

성들이 오랑캐나 짐승으로 빠져 드는 것을 그냥 보고만 있을 뿐 그
들을 구해 낼 생각조차 하지 않는다면 이 또한 하루의 책임조차 수
행치 않음이니, 백성들에게 예속(禮俗)을 권장하여 실행하게 하고
향약을 힘써 정비하는 일을 어찌 그만둘 수 있겠는가.

> 束民爲伍 以行鄕約 亦古鄕黨州族之遺意 威惠旣洽 勉
> 而行之 可也.

　백성을 오(伍)로 편성하여 향약을 실행하는 것 또한 옛날의 향(鄕)·
당(黨)·주(州)·족(族)이 물려 준 뜻이니 위엄과 은혜가 이미 흡족할 만
큼 미쳤으면 힘써 행하는 것이 좋을 것이다.

【字義】伍:다섯 오. 대열 오.　洽:흡족할 흡. 젖을 흡.　勉:힘쓸 면. 권면
　　할 면.
【語義】束民爲伍(속민위오):백성을 묶어 오(伍)로 편성함. 5戶를 1伍로
　　묶는 것.　州族(주족):'州'와 '族' 모두 옛날의 지방 행정 단위.　旣
　　洽(기흡):이미 흡족할 만큼 두루 미침.

【解說】≪여씨향약(呂氏鄕約:宋의 呂大鈞이 만든 향약으로 德業相勸·
　　過失相規·禮俗相交·患難相恤을 강령으로 삼았으며, 후에 朱子가
　　증감하여 손질한 것이 우리나라에 큰 영향을 주었음)≫에 다음과 같
　　이 적혀 있다.
　　"무릇 같은 향약을 받드는 사람끼리는 덕업을 서로 권하고(德業相
　　勸), 과실은 서로 규제하며(過失相規), 예속은 서로 교분하며(禮俗相
　　交), 환난은 서로 구휼하여(患難相恤), 선행은 기록에 올리고 과실을

저지른 자와 향약을 위반한 자 또한 기록하여, 세 번 범하면 벌을 내리고 그래도 고쳐지지 않으면 향약의 명단에서 빼 버린다."

진양(陳襄)이 선거(仙居)의 현령으로 있었는데 그 고을은 너무도 궁벽하고 누추하여 백성들이 제대로 교화되어 있지 않았다. 그래서 그는 다음의 권학문(勸學文) 한 편을 지어 고을 백성들을 교유(敎諭)하니 교민의 효과가 컸다.

"내 고을의 백성이라면 아비는 의로워야 하며(자기 가정을 올바로 거느림), 형은 아우를 사랑하고 아우는 형을 공경하며, 자식은 효도하고, 부부는 서로 은애하고(가난할 때 서로 지켜 주는 것이 은애요, 아내를 돌보지 않거나 남편이 죽었다 하여 개가하는 것은 은애가 아님), 남녀 간에는 분별이 있고, 자제에게는 배움이 있고, 마을 안에서는 예의가 지켜지고, 가난과 환난은 친척끼리 서로 돕고, 혼례와 장례에는 이웃이 서로 돕고, 농사일과 누에치기를 게을리 하지 않으며, 도적질을 하지 않고, 도박을 배우지 않으며, 송사(訟事)로써 다투기를 좋아하지 않으며, 악으로써 선을 능멸하지 않으며, 부(富)로써 가난을 착취하지 않으며, 길을 갈 때는 서로 비켜 주고, 밭갈이할 때는 두렁을 양보하고, 늙은 사람들에게 짐을 이거나 지게 하지 말아야 올바른 예의의 풍속이 이루어질 것이다."

후에 주자(朱子)가 장주(漳州)를 맡아 다스릴 때 진양의 권학문을 방으로 써 붙여 백성들에게 유시하니 이것이 곧 〈주자방유문(朱子榜諭文)〉이다.

前言往行 勸諭下民 使之習慣於耳目 亦或有助於化導.

선인(先人)들의 말과 행실을 백성들에게 권장하고 타일러 귀와 눈에 익히게 하는 것 또한 백성들을 교화하고 선도함에 도움이 될 것이다.

【字義】 쩝:익힐 습.   慣:익숙할 관.   助:도울 조.   導:이끌 도.
【語義】 前言往行(전언왕행):옛사람들의 말과 행실.   化導(화도):교화하
고 선도함.

【解說】 ≪경국대전(經國大典)≫에 다음과 같이 이르고 있다.
　　"≪삼강행실도(三綱行實圖:세종 때 집현전 부제학 偰循 등이 왕명
을 받들어 충신・효자・열녀 각 삼십오 명의 행적을 한문으로 편집
한 책)≫를 언문(諺文:한글)으로 번역하여 서울과 지방의 사족(士族)
이나 가장(家長)・부로(父老)・교수(敎授)・훈도(訓導) 등으로 하여
금 부녀자와 소년・소녀들을 가르쳐 깨우치게 하되 능히 대의(大義)
를 통하고 행실이 탁월한 사람이 있으면 관찰사는 임금께 보고하여
상을 내릴 것이다."
　　주자(朱子)가 장주(漳州)를 맡아 다스릴 때 방을 써 붙여 다음과
같이 권유(勸諭)하였다.
　　"첫째, 사민(士民)에게 권유하노니 내 몸이 형제와 더불어 부모에
게서 나왔음을 알아야 한다. 그러므로 부모와 형제는 하늘 같은 은
혜가 지극히 깊고 지극히 중하다. 사람들이 부모를 사랑하고 어른을
공경하는 것은 본심에서 자연히 우러나는 것이지 강요해서 되는 일
이 아니다. 오늘날 부모의 가르침과 명령을 어기고 공양해 받드는
것을 소홀히 하고, 형제간에는 경솔히 함부로 다투어 하늘의 이치를
거스르고 패륜하니 참으로 통탄할 노릇이다. 속히 스스로 깨우쳐 새
사람이 되어 큰 형벌을 자초하지 말라.
　　또 한 가지 사민(士民)에게 이르노니 부부의 혼인은 인륜의 으뜸임

을 알아야 한다. 매파를 놓아 방문하게 하는 예법이 극히 엄한 것인데도 이 지방의 풍속에는 소위 관고(管顧)라는 것이 있어서 본디 처첩(妻妾)도 아니면서 공공연하게 한 방에 거처하고, 소위 도반(逃叛)이라는 것이 있어서 중매를 기다리지도 않고 몰래 서로 꾀어 도망치니 예(禮)를 깨고 법을 어김이 이보다 심한 것이 없다. 속히 새 사람이 되어 큰 형벌을 면해야 할 것이다.

사민에게 또 한 가지 타일러 권하노니 향당 및 친척·인척간에는 마땅히 친목을 두터이 해야 한다. 혹 조금 분한 일이 있더라도 각자가 깊이 생각하여 다시 화해를 하고 어울려야 하며, 경솔히 논쟁하거나 법에 호소하는 일이 없도록 해야 한다.

이번에는 환관(宦官)들에게 권유하노니 벼슬살이한 집이라면 다른 백성들과는 마땅히 달라야 한다. 순리에 따라 자기 분수를 지키고 극기를 통해 남들을 이롭게 하도록 힘써야 한다. 하물며 한 향에 사는 이웃들 치고 자기와 친분 없는 이가 없을 것인즉 어찌 자기의 강함으로 약한 자를 능멸하며 부(富)로써 빈(貧)을 침학할 수 있는가. 성쇠란 돌고 도는 것이니 깊이 생각하여 행동해야 한다.

상(喪)을 당한 집에 권유하노니 때 늦지 않게 장례를 치러야 하며, 시신(屍身)을 집에 오래 둔다든가 절간에 오래 기탁해서는 안 된다. 가세(家勢)의 풍족하고 빈한함에 따라 망인(亡人)을 속히 매장토록 해야 한다. 이를 위반하는 자는 법조문에 따라 곤장 일백 대에 처하며, 관리가 이를 어겼을 때는 관직을 박탈하며, 선비가 장례의 예법을 어기면 과거에 응시할 자격을 박탈당한다. 마을 사람들과 친지들이 와서 조문할 때 물자로 부조하는 것은 가하나 음식을 차려 바칠 것을 요구하는 것은 부당하다."

| 不敎而刑 謂之罔民 雖大憝不孝 姑唯敎之 不悛乃殺. |

　가르치지도 않고서 형벌을 내리는 것을 일러 망민(罔民)이라 하거니와 비록 흉악한 불효를 저지른 자일지라도 교화의 기회를 주되 그때도 고치지 아니하면 죽인다.

【字義】罔:그물 망. 없을 망. 속일 망.　憝:원망할 대. 악인 대. 미련할 돈.　姑:시어머니 고. 잠깐 고.　唯:오직 유.　悛:고칠 전. 깨달을 전.

【語義】不敎而刑(불교이형):가르치지도 않고서 형벌을 내리는 것.　罔民(망민):백성을 속임.　大憝(대대):큰 악인. 극악무도한 사람. ‘憝’는 ‘惡’의 의미.　姑唯敎(고유교):또한 가르치도록 허락함.　不悛(부전): 고치지 않음.

【解說】후한 때 구향(仇香)이 포정(浦亭)의 장(長)이 되었는데 백성 가운데 진원(陳元)이란 자의 어미가 자식의 불효를 고발해 왔다. 이에 구향이 놀라며 말하기를,

　“내가 근래에 당신의 집을 지나온 일이 있는데 집이 잘 정돈되어 있던 것으로 보아 당신의 아들은 필시 악인이 아닐 것이오. 교화가 아직 미치지 못하여 그런 것인데 수절하며 지내는 과부가 아비 없는 자식을 기르면서 어찌 한때의 감정으로 자식을 불효자로 만들려 하오.”

　하니 그 어미는 감동하여 뉘우치고 울며 돌아갔다. 그리고 나서 구향이 친히 진원의 집에 가서는 그들 모자(母子)와 더불어 음식을 나누면서 인륜과 효행을 화(禍)와 복(福)의 말로 비유하여 깨우쳤더니 진원은 마침내 깨닫고 효자가 되었다.

> 兄弟不友 嚚訟無恥者 亦姑敎之 勿庸殺之.

    형제간에 우애가 좋지 않거나 거짓말을 잘하여 쟁송(爭訟)을 좋아하고 부끄러움을 모르는 자일지라도 교화하도록 하되 죽이지는 말아야 한다.

【字義】 嚚:어리석을 은. 간사할 은. 庸:떳떳할 용. 쓸 용.

【語義】 兄弟不友(형제불우):형제간에 우애가 좋지 않음. 嚚訟(은송):정직하지 못한 말로써 쟁송(爭訟)을 좋아함. 庸殺(용살):사형의 벌을 내림.

【解說】 소경(蘇瓊)이 남청하(南淸河)의 태수를 제수 받았다. 그곳 백성 가운데 을보명(乙普明) 형제가 있었는데 밭의 분배를 놓고 여러 해에 걸쳐 쟁송을 하여도 쉽게 판결이 나지 않아 두 사람이 증인으로 내세운 사람만도 일백 명이나 되었다. 소경이 이들 형제를 불러서,

    "천하에 얻기 어려운 것은 형제요, 구하기 쉬운 것은 밭이다. 가령 밭을 얻고 형제를 잃는다면 그 마음이 어떠하겠느냐."

    하면서 교화하고 눈물을 흘리니 증인으로 나온 사람들 모두 눈물 흘리지 않는 이가 없었다. 그리하여 을보명 형제는 고개를 숙이고 밖으로 나가 다시 생각한 끝에 갈라선 지 십 년 만에 드디어 돌아와 함께 살았다.

    기사(己巳)·갑술(甲戌)년에 기근이 들었는데 내가 당시 민간에 묻혀 살면서 보니 불효한 자는 오히려 적은데 형제간에 우애 없는 자는 집집마다 즐비하여 참고 들을 수조차 없었다. 형은 형세가 붙어 새로이 전답을 장만했는데 아우는 이웃집에 살면서 먹을 것 좀 달라

고 고래고래 소리를 지르다가 처자식들까지 함께 곧 죽어 가면서도 자기 형에게 쌀 한 톨 얻어 내지 못하는 자가 많았다.

수령이 이들을 잡아들이면 얻지 못할 걱정이 없으니 한 향에서 몇 명씩만 잡아다 죄를 주되 ≪서경(書經)≫의 「강고(康誥)」편에서 경계한 것처럼 한다면 백성들의 풍속이 다시 순후한 쪽으로 기울 것인즉 향약보다 훨씬 나을 것이다.

遐陬絶徼 遠於王化 勸行禮俗 亦民牧之先務也.

아득하게 멀리 떨어져 외진 벽촌은 임금의 교화가 미치기에는 너무 멀므로 (그런 고을의 백성에게) 예속(禮俗)을 행하도록 권하는 것도 목민을 하는 사람이 먼저 힘쓸 일이다.

【字義】遐:멀 하. 陬:구석 추. 絶:끊을 절. 뛰어날 절. 徼:돌 요. 변방 요.

【語義】遐陬(하추):먼 지방. 벽촌. 絶徼(절요):아득하게 먼 변방.

【解說】세종 때 판중추부사(判中樞府事) 기건(奇虔)이 제주(濟州) 목사로 있을 때 일이다. 그곳의 전통적인 풍속으로는 부모가 죽어도 장사지내지 않고 시궁창에 버리게 되어 있었다. 기공(奇公)은 부임하기에 앞서 그 고을의 아전들을 시켜 관(棺)과 널[槨]을 준비하게 하여 염(斂)하고 장사지내는 법을 교화하였다. 기공이 장사지내는 법을 가르쳐 시행하면서부터 온 고을의 풍속이 크게 바뀌었다.

하루는 공(公)이 꿈을 꾸는데 삼백여 명이 그의 방 뜰 아래에 부복하여 공에게 고맙다며 절을 하는 것이었다.

"나리의 은혜 덕분에 해골이 땅바닥에 굴러다닐 것을 면하게 되었으나 진작 은혜를 갚지 못하였나이다. 나리께서는 금년에 반드시 현손(賢孫)을 낳아 기르시게 될 것입니다."

그 해에 과연 공은 그렇게도 기다리던 손자를 얻었다. (기건은 아들 셋을 두었으나 그때까지 손자를 하나도 보지 못하고 있었다)

孝子烈女 忠臣節士 闡發幽光 以圖旌表 亦民牧之職也.

효자와 열녀와 충신과 절사(節士) 등의 숨겨진 덕망을 밝혀 드러내어 여러 사람에게 알리는 것 또한 수령의 직무이다.

【字義】闡:밝힐 천. 幽:그윽할 유. 어두울 유. 旌:기 정. 나타낼 정.
【語義】節士(절사):절개를 지키는 선비. 闡發(천발):밝혀서 드러냄. 幽光(유광):숨겨진 덕망. 旌表(정표):선행을 드러내어 여러 사람에게 알림.

【解說】당나라 때 정공저(丁公著)가 아비의 상을 당하여 흙을 져 올려다 무덤의 봉분을 만드느라고 얼굴이 야위고 기운이 떨어져, 이를 지켜보는 사람들은 그가 효를 행하다가 죽을까 걱정하였다. 관찰사가 정공저의 지극한 효성에 감동하여 그 행실을 임금께 아뢰자 임금께서는 자사(刺史)에게 조서를 내려 마을 입구에 효자문을 세워 정표하게 했다.

영조(英祖) 때 이수이(李壽頤)가 금천(衿川) 현감이 되었는데 성삼문(成三問) 등 사육신(死六臣) 묘가 노량(露梁) 서쪽에 있음을 보고는 비석을 세우고 묘지기 2호(戶)를 두었다. 생각건대 이런 일들은 목민

관이 풍속과 명성을 백성들에게 돈독히 교화하는 근본을 수립하는
것이다.

若夫橋激之行　褊狹之義　不宜崇獎　以啓流弊　其義
精也.

무릇 과격한 행동이나 편협한 의리를 숭상·장려하지 않아 예부터 내
려오던 폐습을 열어 주지 않는다면 그 뜻이 정(精)한 것이다.

【字義】橋:다리 교. 굳셀 교.　激:세찰 격.　褊:좁을 편. 휘날릴 변.　狹:
　　좁을 협.　獎:작은 노 장. 돛대 장.
【語義】橋激(교격):성질이 강하고 과격함.　褊狹(편협):성격이 치우치고
　　옹졸함. '褊'은 '偏'의 뜻.　崇獎(숭장):숭상하고 장려함.　流弊(유
　　폐):예부터 이어져 내려오는 폐습.

【解說】효(孝)가 인륜 가운데 가장 지극한 것임은 두말할 나위도 없다.
　　그래서 평소에 즐거운 표정과 유순한 마음으로 부모를 봉양하는 것
　　만으로는 그 효성을 고을에 드러낼 수 없다 하여 부모님을 위해 자
　　신의 손가락을 자르거나 허벅지의 살을 베는 따위의 처참한 행동을
　　저지르는 사람이 많다.
　　　그 탁월한 행위는 남들이 따를 수 없는 것이긴 하지만 손가락을 자
　　르고 허벅지 살을 베는 것은 순임금이나 증삼(曾參)이 행한 바가 아
　　니요, 주공(周公)과 공자(孔子)가 가르친 바도 아니며, 아홉 경전을
　　두루 살펴보아도 실려 있는 곳이 없다.
　　　참새가 스스로 줄에 걸리고 잉어가 스스로 얼음 밖으로 튀어나오

는 상서로운 일과(이 두 가지 故事는 王祥이 자기 繼母에게 효성이 지극하여 계모가 병들어 눕자 참새를 잡아 공양하고 잉어를 잡아 보신시켜 드리려는 간절한 소망을 참새와 잉어가 스스로 들어 주었다는 것을 지칭), 죽순(竹筍)이 돋아나고(孟宗이 그 어미에게 한 겨울에 竹筍을 구하여 달여 먹여 병을 고쳤다는 故事), 잣나무가 말라죽은 기이한 일(王裒가 아비의 죽음을 슬퍼하여 매일 묘 앞의 잣나무를 부여잡고 곡하는 바람에 그 잣나무가 말라 죽었다는 故事) 같은 것은 그들의 지성이 하늘까지 닿은 것이라 천 년에 한 번 있을까 말까 한 기적이다.

그런데 오늘날 한 가문에서 효자를 추천하는 글을 올리거나 한 향에서 효자를 추천하는 첩문을 올리면서 대개 이와 비슷한 상서로운 이야기를 적어 넣으니 하늘이 내리시는 상서로움이 이같이 많으리라고는 생각할 수 없다. 터럭 끝만큼이라도 허위를 기록하여 선행을 인정받으려 한다면 이는 오히려 큰 악행이 될 것인즉 이 또한 사람의 자손으로서 마땅히 삼가야 할 것이다.

열녀(烈女)의 정표(旌表) 또한 잘 상량하여 합당하게 처리해야 할 것이다. 혹 도적이나 오랑캐를 만나 겁탈당하여 그 몸이 더럽혀질 상황이라면 죽음을 택함이 지극히 당연하다. 그러나 젊어서 지아비를 여의고 그 수치와 한(恨)을 감당치 못하여 스스로 목을 매거나 독약을 마셔 그 편협한 뜻을 이루고자 하는 과부에 대해서는 결코 포상을 내려 장려해서는 안 될 것이니 실제 정황을 세밀히 탐지하여 처리해야 할 것이다.

열녀를 표창함에 있어서는 오직 그 슬픔과 아픔을 참고 견디며 시부모님을 잘 봉양하고 자식들을 잘 길러서 남편의 가문에 빛을 더해 준 과부만을 선정하여 그 숨겨진 빛을 드러내 주고 명성을 세워 주는 것이 수령된 사람의 직무이다.

> 末俗雖薄 敎以導之 亦有歸化者矣.

말속(末俗)이 비록 박하기는 하나 가르쳐서 선도하면 교화되어 본성
으로 되돌아가는 자가 있을 것이다.

【語義】 末俗(말속):말단의 풍속. 극히 타락된 풍속. 歸化(귀화):인간의
본성으로 되돌아감.

【解說】 후한(後漢) 때 노공(魯恭)이 중모령(中牟令)으로 있었는데 어떤
정장(亭長)이 남의 소를 빌려다 쓰고는 돌려주지 않자 소의 주인이
소송을 제기했다. 노공이 정장에게 소를 반환할 것을 명령했으나 들
으려 하지 않았다. 노공은 '교화가 행해지지 않는구나.' 하고 탄식하
면서 인수(印綬)를 풀어 놓고 떠나려 하자 아전들이 모두 만류하였
다. 정장은 부끄러워하며 소를 주인에게 되돌려 주고는 스스로 옥에
갇혔다.
   언젠가 하남(河南)의 윤(尹) 원안(袁安)이 아전 비친(肥親)으로 하
여금 고을을 살펴보게 하였는데 꿩 곁에 한 아이가 있기에 '어째서
저 꿩을 잡지 않느냐?' 하고 물으니 그 아이는 '이제 막 태어난 새끼
이기 때문입니다.' 하고 대답했다. 이에 비친은 '황충(蝗虫)이 고을
간의 경계를 범하지 않고, 교화가 금수에까지 미치며, 어린 아이가
인(仁)을 가졌으니 이 세 가지는 기이한 일이로다.' 하고는 돌아와
원안에게 보고하였다. 그리하여 원안이 상서(上書)를 올리니 황제도
감탄하였다.

제4조 흥학(興學):학문과 교육의 부흥

古之所謂學校者 習禮焉 習樂焉 今禮壞樂崩 學校之敎
讀書而已.

옛날에는 소위 학교라는 것이 예(禮)를 익히고 악(樂)을 익히는 곳이
었으나 오늘날에는 예와 악이 무너져 내려, 학교에서 가르치는 것이란
독서에 그칠 뿐이다.

【字義】 習:익힐 습. 늘 습. 壞:무너질 괴. 악할 괴. 崩:무너질 붕.
【語義】 禮壞樂崩(예괴악붕):예가 무너지고 음악이 붕괴됨.

【解說】 옛날 제후국에는 학궁이 있었는데 그곳에서 가르치는 방법은 도
    성(都城)의 태학(太學)에서 가르치는 것과 조금도 다름이 없었다. 그
    곳에서는 삼덕(三德:至德·敏德·順德)과 삼행(三行:孝行·友行·
    順行)과 육예(六藝:禮·樂·射·御·書·數의 기예)와 육의(六儀:祭
    祀·賓客·朝廷·喪紀·軍旅·車馬의 의식)를 가르쳤는데, 그 교육
    이 지향하는 바는 중용(中庸)과 효(孝)와 우애였으며 풍송(諷誦:소리
    를 내어 외는 것)과 언어를 통해서 가르쳤다.
    봄과 가을에는 예악을 가르쳤으며 여름·겨울에는 시서(詩書)를
    가르쳤다. 늘 익히는 것으로는 악(樂)·무(舞)·현(弦)·가(歌)를 위
    주로 하였는데 그것은 요(堯)와 순(舜) 시대에도 전악(典樂)을 위주로
    교육한 것과 주(周)의 제도에서도 사악(司樂)을 교육의 주된 과목으
    로 삼았던 것에 기인한다.

오늘날 우리나라 각 고을의 학교는 옛날 중국 제후국의 학궁을 본받은 것이나 악(樂)과 무(舞)는 이미 가르치지 않으며 현(弦)과 가(歌)도 가르치지 않으니 후세에 소위 학교를 부흥시킨다는 것은 모두 헛된 명분일 뿐이다. 현(弦)이란 가야금과 비파이며 가(歌)란 풍아(風雅)이다.

공자의 문하에서 가르침을 받던 사람들만 해도 현(弦)과 가(歌)를 주로 했기 때문에 자로(子路)가 비파를 타는데 승당(升堂)이니 입실(入室)이니 하는 말이 있거니와, 승당은 당상(當上:대청)의 음악이며 입실이란 방중(房中:室內)의 음악이다. 공자의 아들 백어(伯魚)가 ≪시경(詩經)≫을 배우는데 주남(周南)이니 소남(召南)이니 하는 것은 창(唱)으로 불러 노래하고 현(弦)으로 연주함을 이르는 것이지 시를 읽어 그 뜻을 앎을 이르는 것이 아니다.

현(弦)·가(歌)가 이미 끊어졌으니 학교도 마땅히 폐지해야 할 것이나 중용의 덕을 강론하고, 효행과 우애를 가르치고, 시를 외고 책을 읽히며, 때때로 활쏘기도 익히고 향음례를 행한다면 이 또한 학교를 부흥하는 일이라 할 만하다.

文學者 小學之敎也. 然則 後世之所謂興學者 其猶爲小學乎.

글을 배운다는 것은 소학(小學)의 교육을 받는 것이다. 그런즉 후세의 소위 흥학(興學)이란 소학의 교육을 행함과 같은 것인가.

【字義】謂:이를 위. 興:일 흥. 일으킬 흥. 猶:오히려 유.
【語義】小學(소학):아이들을 가르치는 학교. 8세에 입학하며 십오 세에

는 대학(大學)에 들어감.

【解說】문옹(文翁:漢의 武帝 때 각 고을에 學校를 세워 교육에 힘쓴 사람)이 촉군(蜀郡)의 태수로 있었는데 그는 인애(仁愛)하여 교화를 좋아했다. 그는 촉의 땅이 궁벽·누추하고 오랑캐 풍속이 있음을 보고는 그들을 선도하고자 군현의 아전들 중에서 장숙(張淑) 등 영민하고 재주 있는 사람 십여 명을 뽑아 친히 신칙하고 격려하여 서울로 올려 보내서 악사들에게 배우게 했다. 몇 해 후에 그들이 학업을 마치고 귀향하자 문옹은 그들에게 중요한 직위를 주었다.

또 성도(成都)의 시중에 학관을 세워 주변 각 고을의 자제들을 불러 배우게 하고, 그가 고을로 순행을 나갈 때마다 학관의 생도들 중 경서에 밝고 행실이 바른 자들을 데리고 다니면서 교령(敎令)을 전하는 일도 시키고 내아(內衙)에 출입하게 하니, 현과 읍의 이민(吏民)들이 이것을 보고 영광으로 여겨 서로 다투어 학관의 생도가 되려 했다. 그리하여 교민(敎民)의 정책이 두루 마치게 되었는데 오늘날까지 파(巴)와 촉(蜀)의 백성들이 문아(文雅)를 좋아하는 것은 문옹의 교화 덕분이다.

생각건대 문옹의 흥학(興學)이란 글을 가르치는 것을 벗어나지 못했다. 글을 가르치는 것은 옛날의 소학(小學)에서 하던 교육이다. 소학의 교육은 육서(六書)를 위주로 하는데 육서란 상형(象形:사물의 형상을 본떠 만들어진 文字. 天·月 등)·회의(會意:두 개의 상형 문자가 합쳐져 새로운 의미를 나타냄. 明·好등)·전주(轉注:文字의 모양을 轉變하여 쓴 것. 考-老)·가차(假借:어떤 뜻을 지닌 음을 표기하는데 적합한 글자가 없어 뜻은 다르나 음이 같은 글자를 빌려 쓰는 것. 令·長 등)·해성(諧聲:두 개의 文字를 결합하여 새 文字를

만든 것으로 문자의 일부는 음을, 나머지 부분은 뜻을 나타냄. 柱·
訪 등)·지사(指事:문자의 모양 자체가 사물의 위치나 모양을 나타
내는 것. 上·下·凹·凸 등) 등으로 한자(漢字)의 구성과 운용에 대
한 여섯 가지 기본 방법이다.

글을 가르침에는 이 육서를 첫째로 하는데 우리나라에서는 기본이
되는 육서조차 아직도 캄캄하니 어찌 흥학을 진행해 나아갈 수 있겠
는가.

學者 學於師也. 有師而後有學 招延宿德 使爲師長 然
後學規乃可議也.

배운다고 함은 스승에게서 배우는 것이다. 스승이 있은 후에야 배움
이 있으니 덕이 높은 사람을 초빙하여 스승으로 삼고 나서야 배우는 방
법을 논의할 수 있다.

【字義】師:스승 사. 招:부를 초. 延:늘일 연. 이을 연. 이끌 연. 宿:잘
숙. 지킬 숙. 재계할 숙. 별자리 수. 規:법 규. 책략 규. 議:의논할
의.

【語義】學於師(학어사):스승에게서 배움. 招延(초연):초빙하는 것. 宿
德(숙덕):덕을 오래 쌓음. 使爲(사위):~이 되게 함. ~으로 삼음. 師
長(사장):스승. 은사. 學規(학규):배움의 방법. 공부하는 방법.

【解說】중국의 주학(州學)에는 교수(敎授)가 있었다. 우리나라 군현의
학당에도 훈도(訓導)가 있었는데 중세(中世) 이후로 이 관직이 폐지
되어 버렸으니, 오늘날 생도들을 모아 학문을 권장하려 해도 덕이

높고 학문이 깊은 선비를 스승으로 모신 후에야 행할 수 있을 것인데 참으로 어려운 일이다.

왕형공(王荊公)이 은현(鄞縣)의 영(令)으로 있을 때 두순(杜醇) 선생을 그 고을의 학궁으로 초빙하는 편지를 썼다.

"내가 이 고을을 맡아 다스린 지 해를 넘겼습니다. 그래서 공자묘를 학궁으로 삼아 이 고을의 자제들을 교육하고자 하오니 바라건대 선생께서는 나의 청을 받아들이시어 이곳에 오셔서 생도들의 스승이 되어 주신다면 나도 그들과 더불어 선생의 가르침을 듣겠습니다."

생각건대 어진 사람을 학교로 모셔 여러 생도들을 가르치게 하는 것이 흥학을 위해 제일 먼저 힘써야 할 일이다. 그런데 우리나라에서는 영남 지방에서만 이 일을 논의할 수 있을 뿐 다른 지방에서는 쉽지가 않다.

修葺堂廡 照管米廩 廣置書籍 亦賢牧之所致意也.

학당의 건물과 대청을 수리하고 지붕을 잇고 미름(米廩)을 잘 관리하고, 서적을 고루 갖추는 일 또한 어진 수령이 마음을 다해 힘써야 할 바이다.

【字義】葺:기울 즙. 일 즙.　廡:집 무. 무성할 무.　照:비출 조. 증거 조.
　　廩:곳집 름. 녹미 름.　廣:넓을 광.　致:이를 치. 다할 치.

【語義】修葺(수즙):집의 벽 등 허물어진 곳을 수리하고 지붕을 잇는 것.
　　堂廡(당무):학당의 건물과 대청.　照管(조관):잘 살펴 관리함.　米廩
　　(미름):원래의 의미는 '쌀 곳간'이나 夏나라 때 유우씨(有虞氏)가 세운 학교에서 전(轉)하여 일반 학교나 서당을 가리키기도 함.　所致意

(소치의):마음을 다해야 할 바.

【解說】 중국 하(夏)나라 때 유우씨(有虞氏)가 세운 학교의 이름을 '미름 (米廩)'이라 하였거니와 진실로 학교가 있으면 선비가 있을 것이요, 선비가 있으면 이들을 양성해야 할 것인즉 미름(米廩:쌀 창고. 여기 서는 글공부하는 사람들을 먹일 양식)이 끊기면 선비를 양성할 수가 없다.

오늘날 각 고을의 학전(學田)이 적지도 않은데다가 각 학궁에서 사 사로이 저축해 둔 재물이 읍마다 있는데도 수령은 이를 살피지 않아 고을의 못된 자들까지 학궁에 드나들면서 삼삼오오 떼를 지어 술과 밥을 토색질하고, 학궁의 미름을 맡은 자들과 결탁하여 농간을 부리 니 이로 해서 학궁의 재산이 텅 비게 되는 것이다. 수령이 학궁의 일 을 올바로 건사할 생각이 있다면 먼저 미름을 잘 살펴 자산을 넉넉 히 해 놓고서야 어진 스승을 초빙하고 학도들을 모아들일 수 있을 것이다.

또 수령은 학궁에 많은 서적을 구하여 비치하는 일도 소홀히 해서 는 안 된다. 풍속이 미개하고 학문이 흐트러져 올바로 수행되지 않 는 까닭은 서적이 없기 때문이다. ≪십삼경주소(十三經注疏)≫·≪ 이십삼대사(二十三代史)≫·≪삼국사(三國史)≫·≪고려사≫·≪국 조보감≫ 및 두우(杜佑)의 ≪통전(通典)≫, 정초(鄭樵)의 ≪통지(通 志)≫, 우리나라의 ≪문헌비고(文獻備考)≫ 등 몇 질(帙)의 서적은 구비해 놓지 않으면 안 된다.

수령은 힘을 기울여 이런 서적들을 구입하여 비치하되 책들의 관 리를 엄격히 하여 때때로 바람을 쐬어 책을 건조시키고, 책의 출납과 열람은 모두 규정을 갖추어 그에 따라 시행하는 것이 좋을 것이다.

> 簡選端方 使爲齋長 以作表率 待之以禮 養其廉恥.

(행실이) 단아하고 방정한 사람을 골라 뽑아 재장(齋長)으로 하고 사표(師表)로 삼아 예(禮)로써 대우하여 부끄러움을 아는 마음을 기르게 한다.

【字義】 簡:편지 간. 간소할 간. 端:끝 단. 단정할 단. 方:모 방. 방법 방. 바야흐로 방. 齋:재계할 재. 집 재. 率:거느릴 솔. 비율 률

【語義】 簡選(간선):여럿 중에서 골라 뽑음. 端方(단방):행동이 단아하고 방정함. 齋長(재장):서재의 장(長). 즉 교장(校長). 表率(표솔):두드러지게 뛰어나고 모범됨. 사표(師表). 廉恥(염치):자신의 그릇된 언행에 대해 부끄러운 마음을 가지는 것.

【解說】 향교에서 일을 맡는 사람으로는 교장(校長) 1명, 장의(掌議) 1명, 색장(色掌) 2명이다.

거칠고 먼 지방에는 사족(士族)은 드물고 토족(土族)이 많은데 서로 어울리는 것을 수치로 여겨 절대 왕래를 않는다. 그리하여 토족이 학궁을 독차지하여 소굴로 삼는데 이들은 대개 불학무식한 자들로서 끼리끼리 떼 지어 당을 만들고는 서로 간에 알력이 생기면 상대방의 숨은 약점을 들추어내고 쟁탈하는 모습은 마치 조정의 높은 관직들이 정권을 다투듯 하며, 간교한 아전과 결탁하여 감사에게 유언비어를 고하며, 현관(縣官)이 가까이하는 기생과 교분하여 뇌물을 전하게 하며, 아침저녁으로 술집에서 만나 싸움질을 일삼는다.

이들이 꾀하는 것은 부잣집 아들을 끌어들여 재임(齋任)으로 삼고 제사를 집사하게 해 주면서 뇌물을 받아 자신의 배를 불리는 것뿐이

다. 수령은 이런 풍속을 알아 미리 막고 단아한 선비를 골라 재임으로 삼아야 한다.

재임 중에 죄를 범한 자가 있으면 반드시 유생(儒生) 명부에서 이름을 삭제한 후 상사에게 보고하고 나서 형장(刑杖)을 써야 한다. 오늘날 수령들은 향교의 교장이나 색장·장의들을 볼기 치고 형벌하기를 노예나 다를 바 없이 하고, 그들도 이미 염치가 없어 그대로 받아들이기는 하나 내가 생각하기에는 그렇게 하는 것이 도리에 합당치 않다. 명색이라도 학유(學儒)라 하면 그들을 대우할 때 명문(名門) 청족(淸族)처럼 해 주는 것이 옳은 일이다.

> 季秋行養老之禮 敎以老老 孟冬行鄕飮之禮 敎以長長
> 仲春行饗孤之禮 敎以恤孤.

계추(季秋)에는 노인들을 공양하는 예를 행하여 노인들께 노인 대접하는 것을 가르치고, 맹동(孟冬)에는 향음의 예를 행하여 어른들께 어른 대접하는 것을 가르치며, 중춘(仲春)에는 향고(饗孤)의 예를 행하여 고아들을 불쌍히 여길 것을 가르쳐야 한다.

【字義】季:계절 계. 끝 계. 孟:맏 맹. 첫 맹. 長:길 장. 어른 장. 仲:버금 중. 가운데 중. 饗:잔치할 향. 누릴 향. 恤:불쌍할 휼. 구휼할 휼.
【語義】季秋(계추):음력 9월. 늦가을. 敎以老老(교이노노):노인을 노인 대접하도록 가르침. 孟冬(맹동):음력 10월. 초겨울. 鄕飮之禮(향음지례):수령이 관내 고을의 유생들을 불러 술잔치를 베푸는 예법. 敎以長長(교이장장):어른을 어른 대접하도록 가르침. 仲春(중춘):음력 2월. 봄의 한창 때. 饗孤之禮(향고지례):고아들을 위해 잔치를 베푸

는 예법. 敎以恤孤(교이휼고):고아들을 불쌍히 여기도록 가르침.

【解說】양로(養老)에 대한 예(禮)는 앞서 애민 육조의 제1조에서 설명했다.

향음례를 행할 때는 수령이 주인이 되고 처사(處士)들 중 어진 사람을 골라 빈(賓)으로 한다. 학궁의 장의(掌議)를 준(僎:주인인 수령을 보조해 주는 사람)으로 삼고 처사들 중 어진 사람을 개(介)로 삼는다. 또 색장 2명과 훈장(訓長) 1명을 찬(贊:주인을 보좌하는 사람)으로 삼는다. 처사들 중 어진 사람을 삼빈(三賓)으로 삼고, 예승(禮丞) 한 사람을 악정(樂正)으로 삼고, 단정한 선비 한 사람을 골라 사정(司正)으로 삼으며, 여러 향승과 아전 이십칠 명을 시중드는 사람으로 삼고, 중빈(衆賓)과 제자 가운데에서 종자(從者) 이십칠 명을 둔다.

노래 잘하는 자와 거문고 잘 켜는 자를 초청하되 녹명(鹿鳴:≪詩經≫의 한 편명으로서 흔히 향음례의 악곡으로 사용) 3편과 주남(周南) 3편과 소남(召南) 3편을 미리 주어 잔칫날 전에 외워 익히게 하고, 노래와 비파가 서로 잘 조화하여 그 소리가 부드럽고 은은하게 울리도록 해야지 격렬하게 해서는 안 된다.

잔치 3일 전에 주인인 수령은 빈(賓)들을 찾아가 초청하는데, 새벽에 일어나 오사모와 흑단령 등 관복을 갖추고 빈의 집에 찾아가 절하면서 잔치에 왕림해 줄 것을 청하면 빈은 답배(答拜)하고 수령의 초대를 허락한다.

향음례를 베푸는 큰 뜻은 어른과 아이를 구별하여 질서를 잡고 신분의 귀천을 분명히 하는 데에 있다. 잔치를 벌이되 질서의 흐트러짐이 없고, 서로 어울리되 어른과 젊은이의 상하(上下)가 흐트러지지 않는 것이 향음례의 오묘한 효과이다.

향고례(饗孤禮)의 의식은 ≪의례(儀禮)≫에 남아 있는 것이 없어 오늘날 제대로 상고할 수 없다. 그런데 ≪예기≫의「교특생(郊特牲)」편에는 '봄에는 고자(孤子)들에게 잔치를 베풀고 가을에는 기로(耆老)들을 대접한다.'고 하였고,「월령(月令)」편에는 '중춘(仲春)에는 어린이들을 먹이고 고아들을 휼양(恤養)한다.'고 되어 있다.

수령이 이미 학교의 정책을 닦아 놓았다면 이번엔 이 향고의 예를 닦아야 할 것이다. 소위 고자(孤者)란 나라를 위해 죽은 사람의 후손을 말한다. 수령은 관내에 나라를 위해 죽은 충신의 후손들이 있는가를 찾아내되 공이 없더라도 전쟁에 나가 죽은 사람들의 자손을 모두 구휼해야 한다.

> 以時行鄕射之禮 以時行投壺之禮.

때 맞추어 향사(鄕射)의 예도 행하고 때 맞추어 투호(投壺)의 예도 행한다.

【字義】射:쏠 사. 비출 사. 投:던질 투. 壺:병 호.
【語義】鄕射之禮(향사지례):수령이 봄·가을로 자기 고을의 백성들에게 잔치를 베풀면서 겸하여 활쏘기 대회를 열던 예. 投壺之禮(투호지례):잔치 자리에서 화살을 술병에 던져 넣어 이긴 사람이 진 사람에게 술을 먹이던 예.

【解說】향사례는 옛날의 예가 너무 번거롭고 까다로워 실행하기가 어려우니 ≪향례합변(鄕禮合編)≫을 펼쳐 놓고 옛것을 참고하되 오늘날

의 예법을 바로잡아 조문(條文)으로 작성하여 실행함이 좋을 것이다. 투호례(投壺禮)는 ≪예기≫에 실려 있는 예법 중 가장 상세하고 세밀하므로 그것을 잘 살펴 실행할 수 있을 것이다.

향음례와 향사례는 그 일이 장대(張大)하여 자주 행할 수 없으나 투호례는 절차가 간략하여 행하기 어렵지 않으니, 수령은 봄·가을에 좋은 날을 잡아 몸소 학궁에 나아가 유생들과 더불어 늘 이 예를 행하면서 의(義)와 도리를 타일러 깨우쳐 주면 반드시 감동하여 분발하는 사람이 있을 것이다.

제5조 변등(辨等): 위계질서(位階秩序)의 확립

> 辨等者 安民定志之要義也. 等威不明 位級以亂 則民
> 散而無紀矣.

변등(辨等)이란 백성을 안정시키고 (수령이 정책의) 뜻을 정하는 요체
이다. 계급의 위엄이 흐려지고 지위와 계급의 위계(位階)가 문란해지면
백성들의 마음이 흐트러져 기강이 없게 된다.

【字義】辨:분별할 변. 갖출 판. 亂:어지러울 란. 散:흩을 산. 나누어 줄
　　　산. 紀:벼리 기.
【語義】辨等(변등):등급을 구별함. 신분 및 지위의 등급을 구분하여 상
　　　하(上下) 간 위계질서를 엄격히 하는 것. 定志(정지):뜻을 정함. 수
　　　령이 정책의 방향을 정함. 要義(요의):요체(要諦). 중요한 의의. 等
　　　威(등위):계급의 위엄. 位級(위급):지위와 계급. 民散(민산):백성들
　　　의 마음이 해이해져 제멋대로임.

【解說】≪주역(周易)≫에 '상하(上下)를 구별하여 백성들의 뜻을 바르게
　　　한다. 이(履)란 예(禮)이다.' 라고 했다. 이것은 ≪주역≫의 천택리괘
　　　(天澤履卦)에 나오는 말로 가장 높은 것이 하늘이고 가장 낮은 것이
　　　연못임을 나타내는 '履'이다. 군자는 履의 법칙을 터득하여 상하의
　　　신분을 분명하게 구별하여 서로 간의 예의를 확립하고, 백성들이 각
　　　기 자신의 분수에 맞게 처신하도록 이끌어야 한다.
　　　또 ≪예기(禮記)≫에는 '군신(君臣)과 상하(上下)는 예(禮)가 아니

고는 그 위계(位階)가 서지 않는다.'고 하였다. 옛 성현들은 사물의 막힌 것을 열어 통하게 하고 백성들이 힘쓰는 바를 이루게 함으로써 천하의 도를 확립하였다.

문채(文彩)를 만들어 신분의 귀천을 표시하였는데 가령 황제(黃帝)나 요(堯)임금 · 순(舜)임금도 지체에 어울리는 의장을 갖추어 입어 천하의 기강이 서 올바로 다스려졌으니 이를 두고 하는 말이다.

의복과 문채에도 등급이 있고, 깃발의 술[旗斿]에도 등급이 있으며, 타고 다니는 수레에도 등급이 있고, 제사를 받드는 데에도 등급이 있고, 음식에도 등급이 질서 정연하게 있음으로써 상하가 분명해지니 이것이 성인이 세상을 어거하고 백성을 안정시킨 대권(大權)인 것이다.

우리나라의 습속에서도 상하(上下) 등급을 분별함이 매우 엄격하여 각기 제 분수를 잘 지켰다. 그런데 근세 이후로 작록(爵祿)이 한쪽으로 치우치고 귀족이 쇠폐하여, 부유해진 아전과 백성들이 때를 타고 기세를 부려 집과 말을 사치스럽게 꾸미고 의복과 음식도 호사를 누림이 모두 법도를 넘었다. 아랫사람이 윗사람을 능멸하여 다시 신분의 등급이 없게 되니 장차 어찌 질서를 유지하고 원래의 기강을 통하게 하겠는가. 그러니 변등이 오늘날 수령의 급선무인 것이다.

> 族有貴賤 宜辨其等 勢有强弱 宜察其情 二者 不可以偏廢也.

족(族)에는 귀천이 있으니 마땅히 그 등급을 구별해야 하며, 세(勢)에는 강약이 있으니 마땅히 그 정황을 살펴야 하거니와 이 두 가지는 어느 하나라도 그만둘 수 없다.

【字義】等:무리 등. 등급 등. 勢:형세 세. 권세 세. 偏:치우칠 편. 廢:
폐할 폐. 버릴 폐.

【語義】察其情(찰기정):그 정황을 살핌. 偏廢(편폐):어느 한쪽을 폐함.

【解說】옛날에 천하나 국가를 다스리는 사람에게는 그 대의(大義)가 네
가지 있었으니 첫째는 친족을 친애하는 것이요(親親), 둘째는 존귀
한 사람을 존귀하게 예우하는 것이요(尊尊), 셋째는 윗사람에게 어
른 대접을 해 드리는 것이요(長長), 넷째는 어진 사람에게 어질게 대
하는 것이다(賢賢).

친족을 친애하는 것은 인(仁)이며, 존귀한 사람을 존귀하게 예우하
는 것은 의(義)이며, 윗사람에게 어른 대접을 해 드리는 것은 예(禮)
이며, 어진 사람에게 어질게 대하는 것은 지(知)이다. 천륜(天倫)에
의한 혈연 관계 이외에는 벼슬과 나이와 덕망이 삼달존(三達尊)이 되
는데 이것은 고금의 통례다.

소위 존존(尊尊)이란 벼슬에 들어 군자가 된 사람으로 그 지위가
존귀하며, 생업에만 종사하는 사람은 소인으로 그 지위가 비천하니
두 등급이 있을 뿐이다. 그런데 군자의 자손으로서 도를 지키고 학
문을 쌓고 예를 지키면 벼슬에 오르지 못하더라도 귀족인데 아래 백
성과 노예의 자손들이 이들에게 감히 불경(不敬)하게 대하니 이것이
첫 번째로 변등(辨等)해야 할 것이다.

또 향승은 비록 벼슬길에 오른 환관은 아니지만 그 고을에서 대대
로 수령의 정사를 보좌하므로 하민(下民)과 노비 등의 천민들은 마땅
히 이들에 대하여 예의를 갖추어 대해야 할 것인즉 이것이 두 번째
로 변등해야 할 일이다.

그리고 천민으로서 재물을 모아 부자가 되면 그 아들이나 손자가

뇌물을 바쳐 향승이 되기도 하고, 조상들의 족보를 거짓으로 꾸미기도 하고, 땅을 헌납하고 계집종을 바쳐서 귀족과 인척 관계를 맺거나 요리조리 길을 뚫어 각 관아의 장(長)들과 유대를 맺기도 하니, 이런 무리들은 징계하고 억눌러 기고만장하는 일이 없게 해야 한다.

그러나 그런 자들 중에도 간혹 행실이 올발라 장차 재목으로 다듬을 만한 사람이 있으니 그들을 북돋우고 키워 주는 것은 덕에 해롭지 않다. 이것이 세 번째로 변등해야 할 일이다.

내가 오랫동안 백성들 사이에 섞여 살면서 보니 수령에 대한 비방과 찬사가 모두 이 변등을 잘하고 못하는 데에서 나오는 것임을 알았다. 수령이 애민을 한답시고 편파적으로 강한 자를 누르고 약한 자를 떠받쳐 주어 하민(下民)이 귀족을 예로써 대하지 않아 원망이 일고 풍속이 퇴폐해지니 이는 수령이 절대 범해서는 안 되는 일이다.

> 凡辨等之政 不唯小民是懲 中之犯上 亦可惡也.

무릇 변등의 정책이란 오로지 소민(小民)만을 징계하는 것이 아니거니와 중인(中人)들이 자기보다 윗사람을 범하여도 또한 징계해야 한다.

【字義】懲:징계할 징. 犯:범할 범. 惡:악할 악. 미워할 오.
【語義】不唯小民是懲(불유소민시징):오로지 소민만을 징계하는 것이 아님. 可惡(가오):가히 미워함. 용서치 않음.

【解說】백 년 이래로 작록(爵祿)이 먼 외지까지 미치지 않아 옛 사대부들과 그들의 자손들이 영락 쇠퇴하여 형편이 말이 아니게 되자, 토족(土族)들이 권세를 잡아 온갖 계략으로써 이들을 모함하고 박해하

여 몇 세대에 걸쳐 굴욕 받고 억눌려 온 수치에 대해 보복을 한다.

이에 새로 부임해 온 수령은 헛소문을 듣고는 어느 고을의 아무개의 집안은 원래 대족(大族)이므로 마땅히 무단(武斷)해야 한다고 말하기도 하고, 또 간교한 향임의 참언을 들어 오로지 그 집안에 억압을 가하는 일에만 마음을 쓰니 이 또한 큰 오류가 아닌가. 무릇 귀족으로서 토족으로부터 침학과 능멸을 당하는 경우 수령은 그 토족을 통렬하게 다스려야 하거니와 이 또한 변등을 꼭 해야 하는 이유다.

근래에 아전들의 습속이 날로 변하여 소리(小吏)가 길에서 귀족과 마주쳐도 허리 굽혀 절하려 하지 않고, 아전의 자식으로서 벼슬에 들지도 못한 자들이 경내의 귀족들을 대등한 지위로 나, 너를 트고 자(字)를 부르니 이런 예가 또 어디 있는가. 수령은 마땅히 아전들을 신칙하여 절대 그런 일이 없도록 해야 할 것이다.

宮室車乘 衣服器用 其僭侈踰制者 悉宜嚴禁.

가옥이나 수레 · 의복 · 기물(器物) 등이 분수를 넘게 사치스럽고 규정을 넘어서는 것은 마땅히 엄금해야 한다.

【字義】乘:탈 승. 사기 승. 僭:주제넘을 참. 어그러질 참. 侈:사치할 치. 과분할 치. 踰:넘을 유. 멀 요. 悉:다 실.

【語義】宮室(궁실):궁전 같은 대저택. 車乘(거승):수레. 僭侈(참치):분수를 넘게 사치스러움. 踰制(유제):규정을 넘어섬.

【解說】≪대명률(大明律)≫에 이렇게 규정하고 있다.
"무릇 관(官)과 민(民)의 가옥 · 수레 · 의복 · 기물(器物) 같은 것에는 각기 등급이 있으니 만일 이 법도를 어기고 분수에 지나침이 있다면, 관직에 있는 자라면 장(杖) 일백 대에 파직시키고 다시는 임용치 않으며, 관직에 있지 않은 자가 이 법도를 어길 때는 태(笞) 오십 대에 그의 가장(家長)도 죄에 연루시켜 그런 물건들을 아무에게나 판 공장(工匠)과 더불어 태(笞) 오십 대에 처하고, 법을 어기고 유통된 물건은 모두 관에서 몰수한다."

또 ≪속대전(續大典)≫에는 이렇게 규정하고 있다.

"서민의 겉옷은 '앞쪽은 땅에서 네 치[寸] 떨어지고 뒤쪽은 땅에서 세 치 떨어지며, 소매의 길이는 손을 가릴 만큼 길어야 하며, 소매 팔의 폭은 여덟 치로 하고 소매의 입구는 다섯 치이다. 속옷도 역시 이에 맞추어 그 푼수와 칫수를 감한다."

그런데 오늘날에는 일반 백성과 노비 등 미천한 자들까지 도포를 걸쳐 큰 소매를 길게 늘어뜨려 근엄 떨기를 조정의 고관이라도 된 듯이 하며, 이로 인하여 포백(布帛)은 날로 귀해지고 기강이 날로 퇴폐해지니 이것이 어디 작은 걱정거리인가. 그러나 이것은 조정에서의 명령이 있지 않고는 수령이 임의로 어찌할 수 없는 것이니 순순히 타일러 경계하는 수밖에 없다.

요즈음 군현의 소리(小吏)들은 그 의복과 그릇 및 말과 마차의 치장이 지나치게 사치스러워 기강을 다시 바로잡기 힘든 처지에 이르렀다. 중국의 기물(器物)과 일본의 기물에 붉은 색, 푸른색이 찬연하고 비단으로 수를 놓으며 금과 은을 사용하지 않는 곳이 없다 하여 이를 따르려 하니 아, 이를 또 어쩐단 말인가.

> 蓋自奴婢法變之後 民俗大渝 非國家之利也.

    대체로 노비법이 변한 이후로 백성들의 습속이 크게 변하였는데 이는
국가에 이로움이 되지 못한다.

【字義】蓋:덮을 개. 대개 개. 어찌 합.　奴:종 노.　婢:여자 종 비.　渝:달
    라질 투.
【語義】蓋(개):대개. 대체로. '蓋' 의 俗字.　大渝(대투):크게 변함(나쁜
    쪽으로의 변화).

【解說】옹정(雍正) 신해년(辛亥年:英祖 7년, 1731년. 3월에 公私賤法을
    제정하여 어머니가 良人이면 아버지가 노비일지라도 그 자식들을 良
    人으로 하였음) 이후로 사노(私奴)가 양인(良人) 신분의 여자를 아내
    로 맞아 낳은 아이들은 모두 양인이 되게 하였다. 이 조치 이후로 상
    류는 약해지고 하류는 강해졌으며 기강이 무너지고 백성들의 뜻은
    흐트러져 상하(上下)의 질서를 올바로 통어할 수 없게 되었다.
    이 사실을 뒷받침하는 뚜렷한 예로 임진왜란 때는 남쪽 지방에서
    의병을 모아 젊은이 수백 명으로 군대를 편성할 수 있었으나 순조
    (純祖) 12년(1812년) 임신(壬申)의 난리[홍경래의 난] 때는 노비의 수
    가 크게 줄어들어 한 집에서 한 명의 가노(家奴)도 얻기 어려웠다.
    국가가 의지하는 바는 사족(士族)인데 이와 같이 사족이 권세를 잃
    으니 혹시 국가에 위급한 일이 생길 때 소민(小民)들이 서로 작당하
    여 난리라도 일으킨다면 누가 이를 능히 막아 내겠는가. 이로 보건
    대 노비의 법은 결코 좋은 방향으로 변한 것이 아니다. 대세가 이렇
    게 변했으니 수령은 귀족들이 권세를 휘두르던 옛날을 생각하여 억

강부약(抑强扶弱)한다면 이는 큰 잘못이다. 사족(士族)들을 잘 보호하고 북돋아서 국가의 기반을 튼튼히 하고 상하의 질서를 견고히 해야 할 것이다.

> 貴族旣殘 賤流交誣 官長按治 多失其實 斯又今日之俗弊也.

귀족들이 이미 쇠잔하고 비천한 무리들끼리 서로 (귀족을) 모함하니 각 관아의 장(長)이 잘 살펴 다스려도 그 실상을 놓치는 경우가 많은데 이 또한 오늘날 습속의 폐단이다.

【字義】殘:잔인할 잔. 남을 잔. 멸할 잔. 賤:천할 천. 誣:속일 무. 비방할 무. 按:누를 안. 막을 안. 살필 안.

【語義】殘(잔):쇠잔함. 賤流(천류):비천한 무리들. 交誣(교무):서로 다투어 무고함. 按治(안치):살펴 다스림. 失其實(실기실):그 실상을 놓침. 실제적 상황을 정확히 파악치 못함. 俗弊(속폐):습속의 폐단. 폐습.

【解說】가난한 선비가 시골에 묻혀 살면 이런저런 비방을 듣기 마련인데 이는 천민들 중 부유한 자들이 수령 및 아전들과 결탁하고는 뒤로 무고한 험담을 퍼뜨리기 때문이다. 그 헛소문이 관찰사의 귀에 들어가면 관문(關文)을 띄워 강도를 체포하듯 끌어다가 차꼬를 채우는 등 욕을 보이니 가난한 선비가 한번 그런 욕을 당하면 고개를 떨어뜨리고 맥이 빠져 감히 한마디도 자기변호를 하지 못하거니와 기강이 무너지는 것은 이 때문인 것이다.

수령은 천민들의 맹랑한 무고에 부화뇌동해서는 안 되며, 그 헛소문의 근원을 밝혀 귀족으로서 가난한 선비가 체면이나 명예의 손상을 입는 일이 없도록 각별한 주의를 기울여야 한다.

제6조 과예(課藝):과거 제도(科擧制度)의 운용(運用)

> 科擧之學 壞人心術 然 選擧之法 未改 不得不勸其肄
> 習 此之謂課藝.

과거 시험의 공부는 사람의 마음 쓰는 법을 무너뜨리지만, 과거 제도
가 고쳐지지 않는 한 그것을 애써 익히도록 권장하지 않을 수 없으니 소
위 과예(課藝)란 이런 것이다.

【字義】科:과목 과. 과정 과. 壞:무너질 괴. 肄:익힐 이. 노력 이. 課:
　　　공부할 과. 과정 과. 藝:재주 예. 심을 예.

【語義】科擧之學(과거지학):과거 시험을 위한 공부. 心術(심술):마음 쓰
　　　는 방법. 選擧(선거):과거 시험을 통해 인재를 뽑음. 肄習(이습):애
　　　써 익힘. 학습에 몰두하는 것을 말함. 課藝(과예):재주를 시험하는
　　　것. 과거 시험.

【解說】수령 칠사(守令七事) 가운데 세 번째가 〈학교흥(學校興)〉인데 속
　　　된 아전들은 〈학교흥〉이 무엇인지 알지 못하여 과예(課藝)를 그것에
　　　해당하는 것으로 착각하고 있다. 집에 있으면서 과시(課試)에 응하
　　　는 것을 순제(旬題)라 하며, 시험장에 입정(入庭)하여 재주를 겨루는
　　　것을 백일장(白日場)이라 한다.
　　　　그런데 순제(旬題)의 폐단은 이러하다. 한 고을을 통틀어 순제에
　　　응할 만한 사람은 문읍(文邑:공부하는 유생들이 많은 읍)이라야 수
　　　십 명에 불과하고, 질읍(質邑:유생들이 많지 않은 읍)이라면 대여섯

명을 넘지 않는 것이 보통이다. 그런데도 시권(試卷)을 거두어 보면 많은 경우 일천 장이요 적어야 오백 장이니, 나무꾼 아이나 소 키우는 아이 등 일자무식한 아이들까지도 남의 붓을 빌어 작성된 시권을 제출하기 때문이다.

그런데도 수령은 공무가 번잡하여 세밀히 살피지 못하고 수령의 자제와 빈객들이 곁에서 마구 비점(批點)을 찍고, 시동(侍童) 아이와 수령이 가까이하는 기생까지 급제를 날조하여 잔치를 벌이네, 상을 주네, 혼잡을 떨며 질서가 없고 실제의 사정과 거리가 멀어 큰 혼란이 일어난다. 수령에게는 흙덩이, 돌덩이가 날아들고 욕설이 퍼부어지며, 이에 수령은 군교를 풀어 유생들을 결박하여 곡소리가 하늘을 진동하고 칼에 씌워 갇힌 자들이 감옥에 넘치니 이는 조용한 세상에 환란을 불러일으키는 것이다.

과거 시험의 제도가 한대(漢代) 좌웅(左雄)에 의해 생겨난 이래 오늘에 이르기까지 면면히 흐르고 넓게 퍼져 나아가 온 세상 사람들로 하여금 서로 이끌어 광대들이 미천한 재주를 겨루듯 하고 있으니 그것이 법도에 맞고 정밀하더라도 오히려 부끄러운 노릇이라 하겠거늘, 하물며 이 지경에 이르러서야! 꿈속의 꿈과도 같으니 정말 한탄할 일이로다.

백일장 역시 백성들에게 폐단이 되고 있다. 읍에서 수십 리 밖에 사는 사람들은 기일 전에 읍에 들어가야 하는데 오고 가는 데에 드는 술값·방값·담뱃값·짚신 값에 종이 값·붓 값·먹 값까지 합치면 두 사람이 응시하는 집에서는 백 전(錢)을 넘는다. 가령 한 집에서 대여섯 명이 백일장에 응시하면 그 비용이 삼백 전이나 되는데 삼백 전이라면 송아지가 한 마리이다. 백일장 방이 나붙으면 어린것들이 솔깃하여 들뜨는데 가난한 늙은이로서는 자식들을 막지 못하여 백일장의 영이 내릴 때마다 얼굴이 절로 찡그러지니 수령은 이런 사정 또한 유념치 않으면 안 된다.

과거 제도에 법도가 없기 때문에 한 집안에 비용이 삼천 전에 이르게 되고, 읍의 과예 또한 무법 천지여서 한 집안에 비용이 삼백 전에 이르니 과거 시험의 병폐로 백성들이 받는 고통은 견디어 내기 힘들 정도이다.

> 課藝 宜亦有額 旣擧旣選 乃試乃編 於是乎課之也.

과예(課藝)에도 마땅히 정원(定員)이 있어야 하는데 먼저 천거를 받아서 뽑고, 그러고 나서 시험을 치러 (합격자를) 편성해야만 이를 과예라 할 수 있는 것이다.

【字義】額:이마 액. 수량 액.   旣:이미 기. 다할 기. 끝낼 기.   試:시험 시.   編:엮을 편.

【語義】有額(유액): '額' 은 '수효'의 뜻으로 '有額' 은 '定員이 있음'의 뜻.   旣擧旣選(기거기선):먼저 천거를 받아서 뽑음.

【解說】학궁에 명을 내려 일기(一技)에 능한 사람을 뽑게 하되 문읍(文邑)에서는 이백 명을, 질읍(質邑)에서는 일백 명을, 소읍(小邑)에서는 오륙십 명을 뽑게 한다. 그들 중 실력이 뛰어난 사람에게는 시험을 면제해 주고 그렇지 않은 사람들은 면시(面試)를 하여 한 편도 작성할 능력이 없는 자들은 내쫓는다. 그러고서도 억울하다고 눈물을 흘리며 자천(自薦)하는 자에게는 다시 한 번 면시를 허락한다.

시험이 끝나면 몇 십 명을 선발하여 항액(恒額:定員)으로 삼고 '사림생(詞林生)'이라는 명칭을 붙여 따로 명단을 작성한다. 그 후 변고가 생겨 빠지는 사람의 자리는 다른 사람을 뽑아 충원하고, 병자나 멀리 나가 있어 본시(本試)에 응하기 어려운 자의 자리도 보충하여 언제라도 과예에서 거두는 시권(試卷)의 숫자는 정원에서 남지도 모자라지도 않아야 한다.

순제(旬題)는 한 달에 세 번 시행하되 아홉 회가 끝나면 성적대로 구분하여 간단히 작은 상을 준다. 백일장은 한 달에 한 번 시행하되 열두 달이 되면 구분하여 큰 상을 내린다.

近世以來 文體卑下 句法澆悖 篇法短促 不可以不
正也.

근세 이래로 문체(文體)가 비속(卑俗)해지고, 구법(句法)은 경박하고 제멋대로이며, 편법(篇法)은 짧고 작아졌으니 이는 바로잡지 않으면 안된다.

【字義】卑:낮을 비. 저속할 비. 澆:물 댈 요. 경박할 요. 悖:거스를 패.
    어지러울 패. 篇:책 편. 시문 편. 促:재촉할 촉. 짧을 촉.
【語義】句法(구법):詩文의 구절을 만들고 배열하는 방법. 澆悖(요패):
    경박하고 제멋대로임. 篇法(편법):완전한 시나 문(文) 한 편을 작성
    하는 방법. 短促(단촉):짧고 작음.

【解說】시(詩)나 부(賦)란 본디 경술(經術:儒家의 經書에 관한 학문)에
    있는 것인데 꾀 이외에 따로 글 짓는 재주를 요구하고, 백가(百家)를
    능가하고 만물에 정통할 것을 요구하니 이것이 후세에 와서 소위 문

장학(文章學)이 되었다. 이는 본디 뿌리 없이 뜬 글이니 없애 버려도 좋지만 기왕에 명목이 있으니 마땅히 그 체(體)를 바로잡는 것이 좋을 것이다.

건륭(乾隆) 초년에 홀연히 이 유별난 격식이 생겨났는데 매양 3운(韻)으로써 1단(段)을 삼고, 그 중단(中段)에서는 반드시 대우(對耦)를 쓰게 하였다. 백 년 전까지만 해도 이런 격률(格律)은 없었으니 이것이 한 가지 폐단이다. 게다가 몇 십 년 전부터 또 한 가지 폐습이 생겨났으니 그것은 과거 시험에서 시(詩)나 부(賦) 제목을 모두 경서(經書)의 소주(小註)에서 내고 있다는 점이다.

성리학(性理學)과 도학(道學)의 가르침이 어찌 시나 부에 어울리겠는가. 본보기가 이미 그러하여 서로 전하고 본받는데다가 향촌에서의 사습(私習) 또한 모두가 그렇게 되어 버렸다. 이런 까닭으로 시부(詩賦)의 풍(風)과 격(格)이 날로 비속해지니 그 누구악편(陋句惡篇)을 차마 눈 뜨고 보아 넘길 수가 없다.

중고(中古)의 작품으로 거슬러 올라가 보면 백사(白沙:선조 때 임진왜란의 수습에 공이 많았던 鰲城 李恒福)·한음(漢陰:鰲城과 친구로 함께 활약한 李德馨)·삼연(三淵:숙종·경종 때 뛰어난 문장가 金昌翕)·도암(陶菴:영조 때 성리학의 대가인 李縡) 같은 분들의 세상에 이름난 작품들은 모두 그들이 받은 훌륭한 제목에 힘입어 생겨난 것들이다. 그분들에게 오늘날과 같은 속된 제목을 내 주고 글을 짓게 했더라면 그렇듯 청아한 경구들을 지어 내지는 못했을 것이다.

오늘날 관각(館閣)의 모든 관리들이 어찌하여 이렇듯 동요(童謠)나 속담을 모두 세태와 관련짓는지 모르겠다. 과시(科詩)는 속된 것이기는 하나 그 풍격(風格)의 성쇠는 걱정하지 않을 수 없다. 제생(諸生)이니 선생이니 하여 경술(經術)을 돈독히 숭상한다 하면서 출제는 이렇게 하니 결코 그래서는 안 되는 것이다.

> 童蒙之聰明强記者 別行抄選 教之誨之.

어린 초학도들 중 총명하고 기억력이 썩 좋은 아이들을 가려 뽑아 가르치고 깨우치는 것이 좋다.

【字義】蒙:어두울 몽. 어릴 몽. 聰:귀 밝을 총. 총명할 총. 强:강할 강. 성할 강. 抄:뽑을 초. 誨:가르칠 회.

【語義】童蒙(동몽):어린 초학도(初學徒). 强記(강기):기억력이 썩 좋음. 別行(별행):명단을 작성할 때 따로 기재하는 것. 抄選(초선):가려 뽑음. 誨(회):가르쳐 깨우침.

【解說】군현에는 각 향마다 수십 개의 마을이 있고 대략 너덧 마을에 하나쯤은 반드시 서재가 있다. 그곳에 나오는 학동들 중에서 열 살 안팎의 우수한 아이들을 선발하되 하루에 삼사천 자의 글을 배워 십여 차례 읽고 돌아앉아 외울 수 있는 아이를 상등(上等)으로 하고, 하루에 이천 자의 글을 배워 이십 회 읽고 돌아앉아 외울 수 있는 아이를 중등(中等)으로 삼고, 하루에 일천여 자를 배워 삼십 회 읽고 돌아앉아 외울 수 있는 사람을 하등으로 한다.

수령은 각 학궁에 첩문을 보내어 서재의 학동들 중 앞서 말한 3등에 들 수 있는 사람의 성명과 나이와 그때까지 읽은 책들을 기재하여 보고하게 한다. 명단이 도착하면 수령은 날짜를 잡아 면전에 소집하여 친히 시험하여 진실로 수재이면 따로 명단을 만들어 순제와 백일장에 응시할 수 있는 자격을 부여한다.

또 그들 중에서도 특히 총명과 호기(豪氣)가 뛰어난 사람은 수령이 임무를 끝내고 돌아가는 날에 데리고 상경하여 큰 그릇을 만들어 국가에 바치는 것이 예부터 목민관들이 해 온 직분이다.

> 課藝旣勤 科甲相續 遂爲文明之鄕 亦民牧之至榮也.

과예에 부지런히 힘써 과갑(科甲)이 속출하면 마침내 문명된 고을이 되는 것이니 이는 또한 수령의 지극한 영광이기도 하다.

【字義】勤:부지런할 근. 續:이을 속. 계속할 속. 遂:드디어 수. 나아갈 수. 榮:영화 영. 영광 영.

【語義】科甲(과갑):과거 시험에 우등으로 급제한 사람. 相續(상속):잇달아 생김.

【解說】선조(宣朝) 때 찬성(贊成) 이상의(李尙毅)가 성천 부사가 되었다. 성천 고을은 변방에 치우쳐 있어 백성들이 배움을 알지 못하여 일찍이 과거에 합격한 사람도 없었다. 그러던 차에 이공(李公)이 흥학을 우선 정책으로 삼아 그 고을 백성들 중 준수한 사람을 골라 친히 가르치고 장려하여 고을에 온통 경쟁이 일게 하였다.

그러자 거문고 타고 시 읊는 소리가 사방에서 들리더니 3년도 채 안 되어 한 사람이 소과(小科)에 합격했는데 사람들은 이를 일러 '파천황(破天荒)'이라 하였다. 그 후 소과에 등용되는 사람들이 속속 나왔고 드디어 대과(大科)에 급제하여 큰 벼슬하는 사람도 나오게 되자 고을 사람들이 모두 그를 칭송하였다.

> 科規不立 則士心不勸 課藝之政 亦無以獨善也.

　과거 제도의 규정이 서지 않고는 선비들의 마음을 부추겨 학문에 힘쓰게 할 수 없으니 과예 정책 또한 따로 잘 될 수 없다.

【字義】 規:법 규. 책략 규.　獨:홀로 독. 홀어미 독.　善:착할 선. 좋을 선.

【語義】 科規(과규):과거 제도의 규정.　士心不勸(사심불권):선비의 마음을 권장하지 않음. 즉 공부하려는 마음을 부추길 수 없음.

【解說】 ≪유산필담(酉山筆談)≫에서 다음과 같이 일렀다.

　'중국 제도에서는 주(州)와 현(縣) 학궁에 각각 교관(教官)을 배치하고 ── 우리나라의 옛 제도에 훈도(訓導)가 있었던 것과 같다. ── 한 달에 끝내야 할 교과 과정으로 의(義:四書疑) 1편과 배율(拜律) 한 수(首)와 책문(策問) 1도(道) 및 율문(律文) 몇 조이고, 사계절마다 별도로 경의(經義)와 배율·사책(史策)을 시험하여 그 우등자를 뽑아 제학(提學)에게 보낸다.

　제학은 각 성(省)마다 한 사람의 학정 제거(學政提舉) 1명을 배치하여 그로 하여금 한 성의 과시(課試) 정책을 모두 관장하게 한다. 교관이 제학의 지시를 받는 것은 현령이 감사의 통솔을 받는 것과 같다. 인(寅)·신(申)·사(巳)·해(亥)가 든 해를 식년(式年)으로 하여 가령 해년(亥年)에 회시(會試)하였으면 자(子)·축(丑) 두 해에는 제학이 임의로 과시를 베푸는데 이를 '세과(歲科)'라 하거니와 말하자면 3년에 두 차례 시험을 베푸는 것이다.

　우등한 열 사람의 답안지는 예부(禮部)로 올리고 축년(丑年) 가을이 되면 향시(鄕試)를 실시한다. 세과와 향시에는 합격자의 정원이 있으나 회시에는 정원이 없으니 법에 맞으면 뽑고 억지로 도태시키지 않으며, 법에 맞지 않으면 낙방시키고 구태여 충원(充員)시키지 않는다. 나라에 경사가 있으면 특별히 은과(恩科)를 베푸는데 응시자 수를 늘리기는 하나 합격자 수를 늘리지는 않는다.'

8. 병전육조(兵典六條)

제1조 첨정(簽丁): 군역(軍役)의 부과(賦課) 및 징집(徵集)

> 簽丁收布之法 始於梁淵 至于今日 流波浩漫 爲生民切
> 骨之病 此法不改 而民盡劉矣.

첨정하여 군포(軍布)를 거두는 법은 양연(梁淵)에게 비롯되어 오늘날
에 이르렀는데, 그 번져 나아감이 크고 넓어 백성들에게는 뼈를 자르는
아픔이 되니 법을 고치지 않으면 백성들을 다 죽이고야 말 것이다.

【字義】簽:제비 첨. 뽑아 올릴 첨. 梁:들보 량. 浩:넓을 호. 漫:흩어질
　　　 만. 질펀할 만. 劉:죽일 류. 베풀 류.
【語義】簽丁(첨정):병역 의무가 있는 장정의 인적 사항을 장부에 기록하
　　　 는 것. 梁淵(양연):중종(中宗) 때의 문신. 자는 거원(巨源), 호는 설
　　　 옹(雪翁). 流波(유파):번져 나아감. 浩漫(호만):크고 넓은 모양. 切
　　　 骨之病(절골지병):뼈를 자르는 아픔. 盡劉(진유):다 죽임.

【解說】조선조 초기에 호포(戶布)라는 것은 있었으나 군포(軍布)는 없었
　　　 다. 중종(中宗) 임금 때 와서 대사헌 양연(梁淵)이 군적 수포법(軍籍
　　　 收布法)을 임금께 주청하여 행하기 시작했다. 그러나 군적 수포는
　　　 그 명칭이 공포(貢布:戶 단위로 납부하는 布)였지 번포(番布:장정 1
　　　 인당 계산하여 거두는 布)는 아니었다. 그래서 율곡(栗谷)이 상소하
　　　 여 '군졸의 공포 역(役)을 감하여 전결(田結)로 합치고자 합니다.' 하

고 군적을 고칠 것을 청하였으니 이로써 알 만하다.

임진왜란 이후에는 오위(五衛)가 혁파되고 오영(五營)이 설치되었으니 훈련도감은 선조(宣祖) 31년(1598년)에 처음 설치되었고, 어영청은 인조(仁祖) 2년(1624년)에 처음으로 어영사(御營使)를 두고 효종(孝宗) 3년(1652년)에 청(廳)을 설치하였다. 또 금위영(禁衛營)은 숙종 8년(1682년)에 훈련도감의 군사를 차출하여 설치하였고, 수어청(守禦廳)은 인조(仁祖) 4년(1626년)에 설치했으며, 총융청(總戎廳)은 인조 2년(1624년)에 설치하였다. 이것이 소위 5군문(五軍門)이다.

수어청과 총융청의 군졸들은 경기 지방에서 뽑았고, 훈련도감·어영청·금위영 군졸과 군포는 각 도에서 뽑아 거두었다. 정군(正軍)을 호수(戶首)라 하고 각 호수에게는 두세 명의 보인(保人)이 딸려 있어 이들에게서 미포(米布)를 거두어 그 경비를 충당하게 하였다. 1년에 쌀로 바치는 경우 열 두 말이요, 포로 바칠 때는 두 필(匹)이며, 돈으로 바치면 넉 냥이었다.

영조 26년에 이르러 균역법(均役法)이 실시되었다. 그리하여 균역청을 세워 군포를 절반으로 경감하였다. 군포가 절반으로 줄어 백성들의 힘이 다소 펴진 것 같으나 첨군(簽軍)의 액수는 달이 가고 해가 갈수록 늘어만 갔다. 군포를 내는 양군(良軍)이 숙종 초년에는 삼십만 명이던 것이 영조께서 균역법을 실시할 무렵에는 이미 오십만 명이나 되었다. 오십만 명이 1인당 넉 냥씩 납부한다면 이백만 냥이요, 이백만 명이 1인당 두 냥씩 납부하면 사백만 냥이다.

영조가 군포를 반감시켜 주었음에도 각 고을의 부세는 배로 늘어났으니 나라에 법이 있다고 할 수 있겠는가. 균역법 실시 초에 비하면 오늘날 백성들로부터 거두는 것이 네 배로 늘었으니 백성들이 어찌 곤궁하지 않을 것이며 물력(物力)이 어찌 고갈되지 않을 것인가.

대저 군포라는 명칭은 그 이름부터가 올바르지 못하다. 황제(黃帝)가 군사를 훈련시킨 이래로 양병(養兵)을 했다는 말은 들었어도 군포를 징수했다는 말은 듣지 못했다. 당우(唐虞) 3대의 제도 또한 백성들 가운데서 군사를 뽑아 전지(田地)를 주었으니 소위 정전(井田) 가운데 군전이 아닌 것은 하나도 없었다. 또 한(漢)·위(魏) 이후로는 둔전(屯田)을 두어 양병(養兵)하였다. 이렇듯 아무리 법도가 없던 시대에도 천하의 재물을 다 써서 양병을 했을지언정 군포를 거두었다는 말은 들어 본 일이 없다.

군대에 나가지 않는 자는 재물로 대신하고 출병하는 자는 목숨을 내는 것이 옛날의 도리였다. 그런데 오늘날에는 목숨을 내라고 할 것이면서도 먼저 재물 바칠 것을 요구하니 이런 이치가 또 어디에 있는가. 이 법을 고치지 않으면 백성들이 죽어 갈 것이다.

아, 애석하다. 영조 때 임금의 지극한 정성으로 백성을 불쌍히 여김이 그와 같았는데 아래 신하들이 능히 받들지 못하여 그 성과는 구차스레 균역청을 세우는 것에 그쳤으니 어찌 한스럽지 않는가.

내가 건륭(乾隆) 갑인년(甲寅年:1794년) 겨울에 암행어사로 적성현(積城縣:오늘날 경기도 漣川) 시골 마을에 이르러 다음과 같은 시(詩)를 지었다.

시냇가의 허물어진 집은 사기 접시 같은데
북풍에 이엉이 날아가 서까래만 앙상하네.
묵은 재 눈[雪]에 섞여 아궁이는 싸늘한데
뚫린 벽 틈으로 별빛 새어 드누나.
집안의 살림살이 너무도 빈약하여

다 내다 팔아야 7, 8푼도 못 되네.

세 가닥 조 이삭은 삽살개 꼬리 같고,

매운 고추 한 두름은 닭 창자를 닮았네.

깨진 항아리는 베[布]로 발라 새는 구멍을 막았고,

찬장과 시렁은 새끼줄로 묶어 떨어지지 않게 하였네.

구리 수저는 오래 전에 이정(里正)에게 빼앗겼고,

쇠 냄비마저 이웃 토호에게 탈취 당했네.

다 해진 푸른 무명 이불 한 채뿐이니

부부유별이란 말이 이 집엔 통하지 않네.

어린애 적삼은 구멍이 나 어깨와 팔꿈치가 드러나고,

태어난 이래 바지도 버선도 알지 못하네.

다섯 살 난 맏아들은 이미 기병(騎兵)으로 첨정(簽丁)되고,

세 살 난 작은애는 군관(軍官)에 입적되었네.

두 아들의 군포가 1년에 오백 푼이니

하루 빨리 죽기를 바라는 터에 항차 옷가지에 마음을 쓰겠는가.

강아지 세 마리가 아이들과 함께 자는데

늑대와 호랑이가 밤마다 울 밖에서 으르렁대네.

남편은 나무하러 산으로 가고 아낙은 방앗간에 품팔이 가니

대낮에 사립문 닫힌 모양 참담하기 그지없네.

아침 점심 두 끼는 굶고 밤에야 돌아와 불을 지피며,

여름에는 다 해진 무명옷에 겨울에는 베옷 입네.

들녘의 냉이는 이미 싹이 묻혔으니 땅이 풀려 새싹 나기만을 기다릴 수밖에 없고,

술지게미라도 얻어먹으려니 남의 집 술 익기를 기다릴 뿐일세.

지난봄에 향미(餉米) 닷 말을 꾸어 먹었는데

그 일로 금년에는 살아남지 못할 것이 뻔하구나.

나졸이 사립문에 들이닥치면 덜컥 겁이 나지만

동헌에 끌려가 곤장 맞는 것을 걱정하지는 않네.

아, 슬프도다! 이런 점들이 온 나라에 가득한데

구중궁궐이 바다만큼이나 아득하니 어찌 다 살피리오.

직지사(直指使)란 것은 한(漢)나라 때의 관리로

각 고을의 현령을 마음대로 내치고 벌 주고 했음에도

온갖 병폐의 근원과 어지러움의 근본을 바로잡지 못하였으니

공수(龔遂)나 황패(黃覇)같은 인물이 다시 난다 한들

이 병폐를 어찌 뿌리 뽑으리오.

옛날 정협(鄭俠:宋代 사람으로 백성들의 떠돌이 생활의 상황을 지도로 그려 神宗에게 바쳤음)의 유민도(流民圖)를 흉내 내어

  지금 우리 백성들의 실상을 시(詩)로써 그려

  대궐의 임금님께 올릴까 한다.

隊伍名也 米布實也. 實之旣收 名又奚詰. 名之將詰 民受其毒 故 善修軍者 不修 善簽丁者 不簽 査虛覈故 補闕責代者 吏之利也 良牧不爲也.

대오(隊伍)는 명분이요, 미포(米布)를 (거둠은) 실질인데 실질은 이미 거두어 가고서 어찌 또 명분까지 묻는가. 명분까지 물으려 한다면 그 해독은 백성들이 받을 것이므로, 수군(修軍)을 잘하는 것은 아예 수군하지 않는 것이며 첨정을 잘하는 것은 아예 첨정을 행하지 않는 것이다. 허위를 조사하고 일의 연유를 따져 밝히되 빠진 자리를 채워 넣어 그 책임을 대신하게 하는 것은 아전들에게 이익의 소지(所地)를 줄 뿐이므로 훌륭

한 수령이라면 그런 짓은 하지 않는다.

【字義】隊:무리 대. 奚:어찌 해. 詰:물을 힐. 꾸짖을 힐. 毒:독 독.
覈:따져 밝힐 핵. 엄할 핵. 闕:대궐 궐. 궐할 궐. 이지러질 궐.

【語義】隊伍(대오):군대의 행렬. 여기서는 남자를 군적에 편입하는 것.
名(명):명분. 奚詰(해힐):어찌하여 묻는가. 修軍(수군):군정(軍政)을
펴는 것. 査虛(사허):거짓된 것을 조사함. 覈故(핵고):일의 연유를
따져 밝힘. 責代(책대):책임을 대신 수행함. 良牧(양목):훌륭한 목
민관.

【解說】"남의 덕에 밥을 먹는 자는 그를 위해 죽는다."라는 말이 있다.
그래서 옛 성인들은 백성에게 목숨을 요구하기에 앞서 전지(田地)를
주어 길렀으니 백성들은 자기의 전지에서 죽을지언정 도망치는 일이
없었다. 그런데 오늘날에는 먼저 그 재물을 빼앗아 살 수 없게 하고
다시 훗날에 목숨을 요구하니 어찌 백성들이 기꺼이 목숨을 내놓으
려 하겠는가.

　무릇 부세(賦稅)를 징수하는 법은 호(戶)와 구(口)에 따라 균등하게
부과하여 공평하게 거두는 것이다. 우공(禹貢)의 9등법과 주관(周官)
의 9직법(九職法)에서부터 한(漢)·위(魏)·당(唐)·송(宋)의 세법(稅
法)에 이르기까지 모든 부세의 법이 대체로 그러하였다. 요역이 가
벼우면 모든 백성이 고루 혜택을 입고 무거우면 모든 백성이 그 피
해를 입는다. 다스림의 어려움이 똑같지는 않더라도 법을 재정하는
원칙은 이와 같은 것이다. 편벽되이 한 남자를 군적(軍籍)에 편입시
켜 수백 전을 물리고, 편벽되이 한 가족을 군적에 올려 수천 전을 요
구하는 따위는 고금의 천하에 없는 법이다.

호포법(戶布法)과 구전법(口錢法)은 조정에서 마땅치 않게 여겨 시행하지 않았는데 오늘날 하민(下民)들이 멋대로 편법을 만들어 군역에 응하게 하고 있으니 호포나 구전이라는 명칭은 쓰지 않으나 실제에 있어 그와 똑같다. 그 첫째가 군포계(軍布契)요 둘째가 역근전(役根田)인데 이 두 가지 법이 시행되자 백성들이 다소 편안한 생활을 할 수 있게 되었거늘 어째서 또 고통과 근심으로 백성들을 어지럽히고, 이 지극히 좋은 법을 허물어뜨려 백성들을 도탄에 빠뜨리는가.

무릇 관청에서 시행치 않던 제도를 새로이 만들어 행하려 함은 아전들에게 사리(私利)를 취할 구실을 제공할 뿐이니 현명한 수령이라면 그런 짓은 절대 해서는 안 된다.

其有一二不得不簽補者 宜執饒戶 使補役田 以雇實軍.

부득불 첨정을 보충할 것이 한두 명 있는 경우 마땅히 요호들 중에서 역전(役田)을 보충하게 함으로써 실제로 군인을 고용하게 해야 한다.

【字義】執:잡을 집. 처리할 집. 雇:품 팔 고. 고용할 고.
【語義】饒戶(요호):생활이 넉넉한 집. 役田(역전):역근전(役根田). 군보전(軍保田)의 하나.

【解說】도망치거나 죽거나 하여 군정(軍丁) 수를 보충해야 하는 일이 생기면 군포계나 역근전이 없고 이를 채우지 않을 수는 없는 일이다. 이런 경우에는 생활이 넉넉한 자들 중에서 몇 호를 골라 역근전을 바치게 하여 그것으로 군정의 수를 채우도록 한다.

무릇 정사(政事)의 도(道)는 마땅히 영구적인 계획에 두어야 하는

것이니 오늘 허위로 첨정했다가 내일 다시 결원(缺員)이 생기게 한다
면 이는 군리(軍吏)를 살찌게 할 뿐 아무런 이가 되지 못한다. 그러
니 역근전으로써 첨정을 대신하게 한다면 백 년이 지나도 군역의 폐
단이 없을 것이다.

또 주관(周官)의 법을 돌이켜보더라도 모든 군오(軍伍)에는 반드시
농토를 분배하는 것이 성인(聖人)의 제도이니 감히 묵묵히 받들어 시
행치 않을 수 있겠는가. 역근전(役根田)을 두면 가난한 자는 몸으로
천한 이름을 가릴 수 있고 부유한 자는 약간의 재물만으로 병역을
면하게 되어 이는 양자가 힘을 합쳐 공부(公賦)를 납부하는 것이니
그 뜻이 공평한 것이다.

또 수령의 정사로 말하더라도 가난한 백성들을 박탈하여 생명을
보전할 수 없게 함은 어진 사람으로서 차마 하지 못할 짓이며, 선량
한 백성을 억눌러 앞길을 열지 못하게 하는 것 또한 어진 사람이 행
할 바가 아니다. 한 차례의 역근전 설치로 군역에 응하는 자는 생계
를 보전하는 데에 해롭지 않을 것이며, 재물을 내놓는 자는 출세길
에 해롭지 않으니 양자 모두에게 이롭고 편리함이 이보다 더한 것이
있겠는가.

軍役一根 簽至五六 咸收米布 以歸吏橐 斯不可不察也.

군역(軍役) 한 자리에 대여섯 명을 첨정하여 그들 모두에게서 미포(米
布)를 거두어 아전들의 전대로 들어가니 (수령은) 이를 살피지 않을 수
없다.

【字義】 咸:다 함. 두루 미칠 함. 橐:전대 탁.

【語義】一根(일근):첨정의 한 자리. 군복무 의무가 있는 한 사람의 자리.

【解說】 세간(世間)에서 군역을 논하는 자들은 궐액을 충당키 어렵다는 것만 알지 군액이 겹쳐 있음을 적발하는 것이 어렵다는 것은 모르니 참으로 통탄할 일이다. 가령 포보(砲保:砲軍 네 사람 중 한 사람은 군역에 복무하고 나머지 세 사람은 그 保로서 쌀과 베를 바치는데 이 세 사람이 각기 하나의 포보이다) 이득춘(李得春)이 죽은 지 몇 해가 된 데다 자손도 없는데 그의 미망인에게서 해마다 군포를 거두니 이것이 한 차례의 징수요, 이득춘의 조카가 타향에 살고 있는데도 관에 보고하여 패첩을 발부하여 군포를 징수하니 이것이 또 한 차례의 징수이다.

이득춘의 자리는 이미 오래 전에 다른 사람을 보첨(補簽)하였는데도 새로이 전입해 온 백성들 가운데 혹 종반(宗班)의 후손이니 공신(功臣)의 후예니 하여 망령되이 현령이나 수령에게 첨정을 면제해 줄 것을 제소하면 이를 허락하여 군리(軍吏)에게 처리토록 하는데 군리는 이를 빌미로 향갑을 시켜 그의 대충(代充)을 보첨하게 하니 이것이 세 번째의 징수이다.

또 네 번째로 첨정된 백성이 혹 첩역(疊役)이라고 제소하거나 유약하다는 구실로 탄원하면 수령은 또 이를 허락하여 군리에게 맡기고 군리는 다시 향갑을 시켜 보첨하게 한다.

그리고 다섯 번째로 첨정된 백성이 혹은 교생(校生)이라 하여 군역을 면하고자 하거나 혹은 모록(冒錄)이라 하여 서로 버티면 그 일은 미결인 채 보첨자가 서너 명에 이르게 된다.

그러나 실제로는 이상의 사람들 가운데 군안(軍案)에 황첨(黃簽:군역을 면제받은 자의 란에 노란색 쪽지를 붙이는 것)을 붙여 기재된 자가 단 한 명도 없는데 이럴 즈음에 군포를 속히 징수하라는 관문(關文)이 내려오면 군리는 농간질할 마음을 품고는 이들 5인에게 모두 주첩(朱帖)을 발부한다. 그러면 이득춘의 미망인은 제소도 하지 않고 납부하며, 조카는 억울함을 제소하나 수령이 군리에게 그 연유를 물으면,

"이 군역의 자리는 아직 대충자(代充者)가 없으니 금년의 군포는 그 조카가 응납하는 수밖에 다른 방도가 없습니다."

라고 하여 수령은 '과연 그렇겠구나. 금년에는 네가 납부토록 하라.'고 한다. 또 새로이 전입된 자가 제소해 오면 수령은 그 내막을 다시 군리에게 묻는다. 그러면 군리는 앞서와 똑같이 대답한다. 이런 식으로 보첨된 사람들이 제소해 올 때마다 군리와 수령의 판결은 한결같으니 군역 1근(根)에 군포의 징수가 5중(五重), 6중(六重)이 되는 것이다.

수령이 현명치 못하여 백성들의 억울함을 알지 못한다면 그들은 누구에게 하소연하겠는가.

軍案軍簿 並置政堂 嚴其鎖鑰 無納吏手.

군안(軍案)과 군부(軍簿)는 모두 정당(政堂)에 비치하고 그 단속을 엄히 하여 아전들의 손에 들어가는 일이 없도록 해야 한다.

【字義】並:나란히 병. 모두 병. 置:둘 치. 鎖:쇠사슬 쇄. 鑰:자물쇠 약. 열쇠 약. 지킬 약. 納:들일 납. 바칠 납.
【語義】鎖鑰(쇄약):자물쇠와 열쇠, 즉 문단속. 無納(무납):들어가지 않게 함. 내맡기지 않음.

【解說】십 식년(十式年) 동안의 군안과 도안(都案)과 상부 감영에 올릴 마감된 군안 및 본읍에서 보류하고 있는 상부에 올릴 군안, 그리고 초도안(草都案)과 척적(尺籍), 식년 이후로 군포를 수납한 장부, 군미를 거둔 장부는 모두 수정하여 하나의 궤에 넣고 그 단속을 엄히 하여 송사가 있을 때마다 꺼내어 살피고 농간과 협잡이 있을 때마다 꺼내어 조사해야 한다.

　무릇 군안은 식년마다 바로잡아 고치는데 식년 안에 궐액이 생겨 자주 대충(代充)하면 원래의 군역자 이름 위에 황첨을 붙이고 묵인(墨印)을 찍는다. 그런데 자주 빠지고 자주 대충(代充)하면 3년도 못 가서 황첨이 3중, 4중이 되는 바, 군리들의 농간질은 모두가 이 황첨에 있는 것이니 수령은 군안과 군부를 철저히 단속하여 아전들의 농간을 막아야 할 것이다.

威惠既洽 吏畏民懷 尺籍乃可修也.

　(수령의) 위엄과 은혜가 이미 두루 미쳐, 아전들이 경외하고 백성들이 고마운 마음을 품게 되면 척적(尺籍)을 수정하기가 수월할 것이다.

【字義】洽:흡족할 흡. 젖을 흡.　畏:두려워할 외.　懷:품을 회　籍:문서 적. 명부 적.　修:닦을 수. 고칠 수.

【語義】威惠(위혜):위엄과 은혜.　洽(흡):두루 미침.　懷(회):마음에 품음. 수령의 은혜를 고마워함.

【解說】척적이란 그 고을의 호총(戶總)과 군총(軍總)을 모두 모아 고르게 배당하는 것이다. 즉 호총과 군총의 비율에 따라 군액을 정하여

조그마한 장부를 만들어 각 마을에 나누어 주는 것을 말한다.

그런데 군역에는 가벼운 것과 무거운 것이 있고 양역(良役)과 천역(賤役)이 있으니 반드시 고르게 배당하는 것이 사리에 맞을 것이다. 역의 무겁고 가벼움의 차이가 현격하고 양질(良質)과 천질(賤質)의 차이가 커서 수정하지 않을 수 없는 경우 수령은 신중을 기하여 군역을 증가시키거나 경감시키기도 하되 쇠잔한 마을에 대해서는 군역을 덜어 주고 넉넉한 마을에 대해서는 더해 주도록 한다.

척적이 분명하면 군액에 궐액이 생겨도 장정을 뽑아 대충(代充)하는 폐단은 그 마을에 그치지만, 척적이 분명치 않으면 그 폐해가 모든 마을로 번지고 모든 향(鄕)에까지 미치게 되어 한 고을의 소요스러움이 난리를 만난 듯하다. 그러므로 척적은 백성들에게는 이롭고 군리들은 달가워하지 않는 것이다.

수령이 척적을 수정함에 있어 아전들과 백성들로부터 호응을 얻기 위해서는 평소에 아전들에게 위엄을 잃지 않아야 하며 백성들에게 고루 은혜를 펴야 한다.

> 欲修尺籍 先破契房 而書院驛村豪戶大墓 諸凡逃役之藪 不可不査括也.

척적을 수정코자 할 때는 먼저 계방(契房)을 혁파하고 서원·역촌·토호·대묘(大墓) 등 군역을 피해 도망칠 수 있는 모든 근거지를 샅샅이 뒤지지 않으면 안 된다.

【字義】破:깨뜨릴 파. 契:맺을 계. 墓:무덤 묘. 逃:도망할 도. 藪:늪 수. 수풀 수. 括:묶을 괄. 찾을 괄.

【語義】逃役之藪(도역지수):군역을 도피하는 숲. 군역을 피해 도망칠 수
있는 구멍. 査括(사괄):샅샅이 뒤짐.

【解說】 오늘날 백성들이 가장 고통스럽게 여기는 것이 바로 군역의 첨
정이다. 그러므로 이것을 공평하게 하지 못한다면 훌륭한 수령이라
고 할 수 없다. 무릇 계방촌에도 군호(軍戶)가 있는데 이것은 계방이
생기기 전부터 전래되어 온 군역으로서 다른 마을로 이전되지 않은
것이거나 아니면 다른 마을의 백성이 군역의 의무를 지닌 채로 이사
해 온 것이다. 군역을 진 채로 이사 온 자는 그대로 그 마을의 군역
에 넣어 본래의 군액을 충당하게 한다. 그러고도 채워지지 않아 당
년에 대충(代充)하지 못한 것은 그대로 배당하여 영구히 그 마을의
군액으로 삼아 액수를 채우고 나서야 척적에 기재한다.
　서원(書院)의 보호(保戶)는 본디부터 정액(定額)이 있거니와 그외
의 것을 어찌 면첨(免簽)해 줄 수 있겠는가. 그러나 아직까지는 서원
을 빌미로 군역을 도피하려는 자가 많지 않으므로 불과 몇 명을 찾
아내기 위해 온 서원을 샅샅이 뒤진다면 선비들의 원성을 살 뿐이니
이는 삼가는 것이 좋다.
　역촌을 군역의 도피처로 삼는 자는 가장 가증스러운 자이다. 역리
(驛吏)와 역노(驛奴) 이외에는 샅샅이 조사하여 잡아내야 한다. 역졸
딸의 남편이나 역비(驛婢)의 남편이라도 그 호주가 본래 역붙이가 아
니면 모두 적발해 내어 첨정토록 한다.
　토호의 비호 하에 군역을 피하고 있는 노속(奴屬)은 마땅히 속오(束
伍)에 충당하고, 토호가 덮어 숨기는 양정(良丁)은 양역에 충당한다.
　묘호(墓戶:왕족이나 공신의 묘를 돌보아 군역을 면제받는 사람)는
본디부터 정해진 인원이 있으니 정원 이외의 장정은 모두 적발하여

군역에 충당해야 한다.

> 收布之日 牧宜親受 委之下吏 民費以倍.

　군포를 거두는 날에는 수령이 친히 받아야 하며 아래 군리들에게 맡기면 백성들의 부담이 두 배로 늘 것이다.

【字義】費:쓸 비. 비용 비.　倍:곱 배.

【解說】돈에는 정해진 액수가 있고 쌀 또한 폐단이 적은 편이다. 그런데 포(布)는 폭이 넓은 것과 좁은 것이 있고, 길이가 긴 것과 짧은 것이 있으며, 올이 굵은 것과 가는 것이 있고, 천이 두꺼운 것과 얇은 것이 있어 그것을 수납하는 군리가 트집을 잡으려면 얼마든지 횡포를 부릴 수 있다. 그러므로 군포를 수납할 때는 수령이 직접 현장에 나가 백성들이 억울한 일을 당하는 일이 없도록 살펴야 한다.

> 僞造族譜 盜買職牒 圖免軍簽者 不可以不懲也.

　족보를 위조하거나 직첩을 몰래 사들임으로써 군첨을 면제받으려 하는 자는 엄히 징계하지 않으면 안 된다.

【字義】僞:거짓 위.　譜:족보 보.　盜:도둑 도.　圖:그림 도. 꾀할 도.　免:
　면할 면.
【語義】盜買(도매):몰래 사들임.　職牒(직첩):관직을 증명하는 첩지. 어
　떤 직책에 있음을 입증하는 일종의 신분증.

【解說】 군첨은 백성들에게 고통과 해독이 되므로 온갖 계책과 꾀로써 면제받으려 하니 죄를 범하지 않는 자가 없다. 간활한 아전들은 이러한 사정을 잘 알므로 백성들을 꾀어 분수에 넘는 짓을 한다. 가령 귀족의 보계(譜系)를 훔쳐 후손이 없는 파(派)를 택해 전혀 관계도 없는 족벌에 접속시켜 아비를 바꾸고 할아비를 바꿔치기하니, 이는 왕굴 돗자리를 비단에 이어 붙인 것과 다를 바 없다.

종반(宗班) 자손 중에도 가난하고 의지할 곳 없는 자들이 있는데 자기 가문에 대대로 물려받은 ≪선원보략(璿源譜略:왕실의 계보를 간략하게 정리한 책)≫ 여덟 권을 팔면 일백 냥의 돈을 받을 수 있다. 간교한 백성이 이 진본(眞本)을 사들여 후손이 끊긴 파에 제 할아비의 이름을 접속시켜 그 서체(書體)를 모방하고 새기는 법을 흉내내어 감쪽같이 기록하면 혜안(慧眼)을 지닌 수령이 아니고는 그 간교한 수법을 알아내지 못하는 것이다.

노련치 못한 수령은 그 ≪선원보략≫을 얼핏 보고는 과연 진본인지라 아무런 의심을 두지 않고 군역의 면제를 허락하고 마니 이 몽매함의 죄를 어찌 벗을 수 있겠는가.

또 두메 고을의 문과 출신자가 처음 분관(分館)에서 시작하여 낭서(郎署)까지 올라가는 동안 고신(告身:벼슬에 부임하는 사람이 위로부터 받는 사령장. 직첩)을 받는데 많으면 수십 장이요 적어도 십여 장이 되는데, 그가 죽은 후 자손이 가난해지면 물려받은 직첩들 중 높은 벼슬의 직첩은 보관하여 가보로 삼고 나머지는 내다 팔게 된다. 양인과 천민들 중 같은 성(姓)을 가진 자들이 그 직첩을 비싼 값에 사서 남의 조상을 제 조상으로 떠받들며 그 호적을 고쳐 놓고는 자기 집안에 대대로 배당되던 군역이 억울한 것임을 제소한다. 그러면 수령은 증거가 될 만한 문서를 바치라 하는데 이에 기다렸다는 듯이 사들인 직첩을 떠받들고 들어간다.

수령이 보기에 어인(御印)이 휘황하고 아전의 글씨가 진짜임을 믿고는 더 이상 의심하지 않고 군역의 면제를 허락하니 이 몽매함의 죄를 어찌 씻을 것인가. 수령은 족보와 직첩의 위조를 끝까지 사찰하여 진실을 밝히고, 이를 이용하여 군첨을 면제받으려 하는 자가 발각되면 엄한 벌로 다스려야 할 것이다.

上番軍裝送者 一邑之巨弊也 十分嚴察 乃無民害.

상번군을 뽑아서 (서울로) 보내는 것은 한 읍의 큰 폐단이니 십분 엄히 살피어 백성들의 피해가 없게 해야 한다.

【字義】 裝:꾸밀 장. 행장 장.   送:보낼 송.   巨:클 거. 어찌 거.
【語義】 上番軍(상번군):지방의 군졸 중에 서울의 군영으로 뽑혀 가는 사람.   裝送(장송):뽑아서 보냄.

【解說】 기병(騎兵)과 어영군(御營軍)·금위군(禁衛軍)을 번상(番上:지방의 군군졸들 중 건장한 사람을 뽑아 서울의 군영으로 보내는 것)하는 경우, 큰 고을에서는 육십 명이 징집되고 작은 고을에서는 삼사십 명이 징집되는데 매양 현 군졸 중에서 뽑히는 자보다 새로이 첨정되는 군졸이 더 많다. 상부의 군영에서 관문이 내려올 때마다 군리들은 기뻐 날뛰며 기다렸다는 듯이 한없는 욕심을 채우려 한다. 그리고 가난한 백성들이 한편으로는 수리에게 아첨을 하고 한편으로는 향갑을 도와주며 한편으로는 저졸과 내통한다.

이에 한 명의 첨정자리로 일백 가(家)가 침해당하고, 열 명을 뽑는

데 일천 가가 떠들썩하게 해독을 입으니 마치 온 고을이 난리를 만
난 듯하다. 심한 경우 수령까지도 이 일로 뇌물을 먹는데 수령이 십
관(貫)을 먹으면 아전들은 일백 관을 먹으나 모든 허물은 수령의 뇌
물 탓으로 돌리니 수령은 장차 어찌할 것인가.

또 농사에 힘쓰는 백성들 중 생활이 넉넉하되 여러 가지 일이 얽혀
단 하루도 집을 비울 수 없는 사람은 어떤 이유로도 번상을 면할 수
가 없는데 아전들이 먼저 사정을 알고는 저졸을 보내 이를 기화로
토색질을 한다.

실로 수령된 사람은 번상의 면제를 빌미로 아전들이 온갖 농간질
을 교묘히 저지르는 것을 밝은 혜안으로써 엄히 살펴 막아야 할 것
이다.

제2조 연졸(練卒):군졸(軍卒)들을 훈련함

練卒者 武備之要務也 操演之法 敎旗之術也.

연졸은 군사적 대비의 요체가 되는 임무요, 조련법은 깃발로써 가르
치는 기술이다.

【字義】練:익힐 련. 卒:마칠 졸. 군사 졸. 武:호반 무. 操:잡을 조. 다
룰 조. 演:펼 연. 旗:기 기.

【語義】練卒(연졸):군졸들을 훈련시키는 것. 武備(무비):군사적 대비.
操演(조련):'操練'과 같은 말로 군대를 훈련함. 훈련하여 익힘. 敎
旗之術(교기지술):각종 깃발로써 가르치는 기술.

【解說】모원의(茅元儀:明나라 때 孫承宗의 군무를 보좌하다가 군대가
반란을 일으키자 비분하여 죽었음)가 말했다.
"군사는 훈련을 하지 않으면 진을 칠 수가 없어 공격도 수비도 할
수 없으며, 군대를 이끌 수도 전투를 할 수도 없으며, 수공(水攻)과
화공(火功)의 유리한 점을 충분히 활용할 수도 없으며, 말이 있어도
달릴 수 없고 군량미만을 축낼 뿐이다. 군사적 대비로 말한다면 오
직 훈련만이 최상책이다.
그런데 군사를 뽑지 않고는 훈련을 시킬 수 없으니 군사를 뽑고 난
연후에 오(伍)를 묶고, 금령(禁令)의 조목을 반포한 연후에 진퇴의
절도를 가르친다. 눈을 깃발의 신호에 숙달시키고 귀를 징과 북에
익숙하게 하여 백 가지로 달리 신호를 해도 눈과 귀를 한결같이 모

든 신호에 숙달시켜야 비로소 절도 있는 군사(軍師)라 할 수 있다. 훈련은 대체로 다섯 단계이니 군사를 뽑고, 오(伍)를 편성하고, 금령을 내리고, 깃발로써 훈련하고, 무예를 가르치는 것이 그것이다."

今之所謂練卒 虛務也 一曰束伍 二曰別隊 三曰吏奴隊
四曰水軍 法旣不具 練亦無益 應文而已 不必擾也.

오늘날의 소위 연졸(練卒)은 헛된 것이어서 속오(束伍)·별대(別隊)·이노대(吏奴隊)·수군(水軍)에 대한 훈련법이 아직 갖추어지지 않았으니 훈련을 한대야 별 이로움이 없고 다만 상부의 관운에 응할 뿐이니 훈련을 시킵네 하고 소요를 일으킬 필요가 없다.

【字義】具:갖출 구. 應:응할 응. 응당 응. 擾:시끄러울 요. 움직일 우.
【語義】別隊(별대):본 뜻은 본대(本隊)에서 따로 독립한 부대이나 여기서는 기병(騎兵)을 말함. 吏奴隊(이노대):아전들과 관노(官奴)들로 편성된 부대. 應文(응문):상부의 관문에 형식적으로 따름.

【解說】나라를 다스리는 법은 식량을 풍족히 하고 군병을 넉넉히 하여 안으로는 백성들을 먹여 기르고 밖으로는 군사로써 방어하는 것이니 나라의 큰 정책은 연졸에 있다. 그러므로 양병(養兵)은 반드시 해야 하는 것이기 때문에 선왕들은 전토(田土)로써 양병하였고 후세의 임금들은 쌀로써 양병하였다. 그 방법은 달랐으나 양병을 하지 않은 왕은 없었다.
　장차 목숨을 기꺼이 바치게 하기 위해서는 반드시 먼저 생계를 후하게 해 주어야 백성들로 하여금 군에 들어가는 것을 벼슬길에 나아가는 것처럼 여기게 할 수 있으며, 서로 다투어 군에 들어가려 하고 퇴짜를 맞을까 두려워할 정도가 되어야 가히 쓸 만한 군대를 이룰 수 있을 것이다.

오늘날의 소위 속오군이란 사노(私奴) 등의 천인들로 억지로 그 수를 채우고 어린애와 백발노인을 한데 섞어 오(伍)를 편성한다. 게다가 전립(氈笠)은 썩은 오이처럼 울퉁불퉁하고 전투복은 등나무 넝쿨로 엮어 만든 것처럼 허술하며, 백 년 묵은 칼은 자루만 있고 날은 없으며, 3대를 걸쳐 물려받은 깨진 총은 불똥만 튀길 뿐 소리도 내지 못한다. 법을 만든 당초부터 그 쇠폐(衰敝)함이 이러했던 것이지 오늘날에 와서야 이리 된 것이 아니다.

이렇게 되고 보면 연졸이란 모두 헛된 일이다. 그것이 헛된 일임을 알았다면 수령은 억지로 군무를 일신하고 고치고 정비하려다가 오히려 백성들을 곤혹스럽게 할 뿐이니 형식을 위해 소요와 번거로움을 일으켜서는 안 된다.

惟其旗鼓號令 進止分合之法 宜練習詳熟 非欲敎卒 要使衙官列校 習於規例.

오직 깃발과 북만으로 호령하여 나아가고 멈추고 흩어지고 모이는 법을 연습시키되 상세히 익히는 것은 군졸들만을 가르치려는 것이 아니요, 아관과 군교들을 규례에 익숙하게 하고자 함이다.

【字義】 惟:생각할 유. 오로지 유. 詳:자세할 상. 熟:익을 숙. 衙:마을 아. 관아 아. 校:학교 교. 장교 교.
【語義】 旗鼓(기고):깃발과 북. 分合之法(분합지법):흩어지고 모이는 법.

詳熟(상숙):상세히 익힘. 敎卒(교졸):병졸을 가르침. 衙官(아관):軍府에 속한 벼슬아치. 列校(열교):모든 계급의 군교.

【解說】 명(明)나라 때 척계광(戚繼光)이 쓴 ≪기효신서(紀效新書)≫는 오늘날까지도 병가(兵家)들의 금과옥조(金科玉條)이니 오늘날 행하고 있는 ≪병학지남(兵學指南)≫은 정조(正祖)의 왕명에 따라 ≪기효신서≫에서 그 요체들만을 뽑은 것이다.

징과 북소리로써 진격하고 후퇴하는 것을 호령하고 군오(軍伍)의 합(合)과 분(分) 제도는 황제(黃帝) 이래로 전해오는 옛 법이다. 이 법을 본받지 않고는 십개(十箇) 오쌍(五雙)을 통솔할 수 없다.

한 사람의 위엄은 불과 5명을 통솔할 뿐이지만, 이에 5명을 오(伍)로 하고 두 행(行)을 대(隊)로 하여 한 사람의 대장(隊長)으로 하여금 통솔하게 하고, 5대(隊)를 1기(旗)로 하여 한 사람의 기총(旗摠)으로 하여금 거느리게 하고, 5기를 1초(哨)로 하여 한 사람의 초관(哨官)으로 하여금 거느리게 하고, 5초를 1사(司)로 하여 한 사람의 파총(把摠)으로 하여금 거느리게 하고, 5사를 1부(部)로 하여 한 사람의 천총(千摠)으로 하여금 거느리게 하고, 5부를 1영(營)으로 하여 한 사람의 영장(營長)으로 하여금 거느리게 하고, 5영을 1군(軍)으로 하여 대장(大將) 한 사람으로 하여금 거느리게 한다.

개개인에게 직접 알리는 일은 다급한 상황에서 불가능하다. 그래서 징과 북 및 기(旗)와 포(砲)로 신호하는 방법이 생긴 것이다. 하나의 명령을 내리려 할 때는 반드시 포를 한 번 쏘는데 포성이 한 번 울리면 모든 군사가 일제히 장대(將臺)를 바라본다. 그러면 대장은 깃발을 들어 한 지점을 가리키거나 좌우로 흔들거나 눕히거나 마구 흔들어 대는데 군졸들은 그 신호에 따라 움직이니 전진과 후퇴, 분

(分)과 합(合)이 대장의 뜻대로 되는 것이다. 이렇듯 대장은 말 한마디 없이도 모든 군사를 정확히 부릴 수 있으니 그래서 군대에는 신호가 있는 것이다.

속오(束伍)와 별대(別隊)는 아침에 모였지만 저녁에 흩어지고, 몸과 이름이 다르며, 봄에 가르쳐 놓아도 가을에는 다시 오지 않으니 그런 군대를 훈련하여 무엇에 쓰겠는가. 오직 아관과 군교들만은 관부에 오래 있으므로 평소에 훈련을 숙달시켜 그 대의(大義)를 익히게 하면 위급한 때를 당하여 그 힘을 빌려 면할 수 있으니 소위 봄과 가을의 군점(軍點)으로써 1푼이라도 힘이 되어 주기를 바랄 수 있는 것은 오직 이들 뿐이다.

吏奴之練 最爲要務 前期三日 宜預習之.

아전과 노비들의 훈련이 가장 중요하니 (훈련에 들어가기) 3일 전에 미리 연습을 시켜야 한다.

【字義】 期:기약할 기. 기간 기. 기한 기. 預:맡길 예. 미리 예.

【語義】 前期三日(전기삼일):훈련에 들어가기 3일 전. 預習(예습):미리 연습함.

【解說】 우리나라 군제(軍制)에 수령의 수하에는 한 명의 친병도 없다. 속오와 별대마저도 전쟁이 나면 수령이 이들을 인솔하여 진관(鎭管)에게 넘겨주면 진관은 또 그들을 진영(鎭營)에 인계한다.

수령은 돌아와서 아전과 관노들만으로 대오(隊伍)를 만들어 초병(哨兵)으로 삼아 고을을 지킬 뿐이다. 그러므로 이노(吏奴)들의 훈련은 실로 중요하다. 그런데도 매양 보면 각 고을에서 연졸(練卒)하는 날에 형식적으로 명단을 가지고 호명하면 한 번 대답하고 물러날 뿐, 훈련하는 일이 없으니 시시덕거리며 장난으로 간주해 버리는 것이다. 이것이 훗날 성(城)을 버리고 수령을 배반하고 부랴부랴 도망치는 이유가 되는 줄 모르니 어찌 한심하지 않은가.

그러니 수령은 속오군을 소집하기 전에 따로 하루를 잡아 이노들을 연습시키는 기간으로 하여 부서의 분배와 진퇴하는 법을 군대와 똑같이 훈련하되 엄숙한 자세로 임하도록 상벌령(賞罰令)을 엄히 내려, 감히 장난 삼아 훈련에 임하는 자가 없게 하고 규정대로 실시하면 한때의 훈련으로 실효를 기대하지는 못한다 해도 군법의 엄함은 알게 할 수 있을 것이다.

若年豊備弛 朝令無停 以行習操 則其充伍飾裝 不得不致力.

만약 풍년이 들어 군비(軍備)가 해이해져 있는데 조정에서 훈련의 시행을 멈추라는 명령이 없으면 (수령은) 대오(隊伍)를 채우고 군사 장비를 갖추는 일에 온힘을 다해야 한다.

【字義】豊:풍년 풍. 弛:늦출 이. 느슨할 이. 停:머무를 정. 멈출 정. 操:잡을 조. 飾:꾸밀 식. 裝:꾸밀 장. 실을 장. 행장 장.
【語義】備弛(비이):군사적 대비가 해이해짐. 習操(습조):군사를 훈련시키는 일. 飾裝(식장):장비를 갖춤. 致力(치력):온힘을 다함.

【解說】훈련은 연례적인 일인데 해마다 중지하다가 수십 년 만에 한 번

행하면 병영의 군리와 군교들이 이 명령을 듣고 기뻐 날뛰며 큰 경사나 만난 것 같다. 그들은 대오(隊伍)에 결원이 있거나 무기에 결함이 있거나 복장이 갖추어져 있지 않거나 동작이 굼뜨거나 호궤(犒饋: 군사에게 음식을 먹여 사기를 돋우는 것)가 풍족치 않으면 하나하나 트집 잡아 뇌물을 뜯어내고 토색질로써 사욕을 채울 수가 있기 때문이다.

고을이 봉변을 당하는 것은 수령의 수치이다. 수령은 이 사실을 명심하여 미리 살펴서 대오 속에 유약자(幼弱者)가 없게 하고, 수레와 화포를 맡은 대열에 병든 자가 없게 해야 하며, 칼과 총에 파손된 것이 없게 하고, 군복에 찢어진 것이 없게 하며, 절뚝거리는 말이나 부서진 안장이 없게 해야 한다. 또 아전과 군교들은 기상이 넘치고 절도가 있으며, 병졸들은 배불리 먹고 즐거운 기분이어야 그 고을의 수령을 현명하다 할 수 있는 것이다.

> 軍中收斂 軍律至嚴 私練公操 宜察是弊.

군영 내에서 돈을 거두는 것에 대해 군율(軍律)이 지극히 엄하니 사사로운 훈련에 있어서나 공적인 훈련에 있어서나 (수령은) 이 폐단을 잘 살펴야 한다.

【字義】 收:거둘 수. 斂:거둘 렴. 염할 렴. 律:법칙 률. 법에 따를 률.

【語義】 收斂(수렴):돈을 거둠. 私練(사련):사사로이 훈련시킴. 公操(공조):공적인 훈련.

【解說】 소위 기총(旗摠)이 장령(將領)을 자칭하고 고을에 들어오는 날

저녁이면 따로 성 모퉁이에 좌기(坐起)를 설치하고는 모든 대장(隊長)들을 불러들여 본대(本隊) 안에 새로 전입해 온 군졸들을 조사하여 신입례(新入禮)니 지면례(知面禮)니 하여 수백 전을 거둔다. 수령이 이를 말리려 하면 '병영의 장관(將官)들이 전례에 따라 요구하니 저희로서도 어찌할 수가 없습니다.'고 한다. 그러나 전례에 따라 병영에 주는 액수가 많지 않은데다가 따로 나오는 곳이 있으니 이들의 말은 핑계에 지나지 않으며 거두는 돈은 모두 본청(本廳) 비용으로 들어갈 뿐이다.

　수령은 훈련이 있기 열흘 전에 여러 차례 다짐하여 이르기를, '군영 내에서의 수렴은 군령에 따라 하되 목을 베어 매다는 대신 죽지 않을 정도까지 곤장으로 다스려, 돈을 준 자나 받은 자 모두 중벌을 면치 못하리라.'고 해야 한다. 그 다짐이 이미 엄하니 대개는 자숙할 것이다.

水軍之置於山郡 本是謬法.

　수군(水軍)을 산간 지대의 고을에 배치하는 것은 본디부터가 그릇된 법이다.

【字義】 置:둘 치.　謬:그르칠 류.
【語義】 山郡(산군):산간 지대의 고을.　謬法(유법):그릇된 법.

【解說】 순찰사(巡察使) 이정암(李廷馣)이 왕께 글을 올려 아뢰었다.
　"수군(水軍)은 마땅히 연해안 지방에 있어야 하는데 산간 고을에 많이 있으니 수령들이 공문을 띄워 가포(價布)를 마구 징수하게 재촉함이 다른 지방으로 번져 친족과 이웃사람들까지 침학하게 되는 것은 바로 이 때문입니다. 소신(小臣)의 어리석은 생각으로는 각 진영(鎭營)에 투입할 수군의 수를 헤아려 연해의 육군과 바꾸어 배정하되 그 거리가 하룻길을 넘지 않게 하면, 배를 부리는 것이 익숙하니 급한 상황에도 쓸 수 있고, 변고가 생겨 징발하더라도 때를 놓치지 않을 것이며, 육군으로 하여금 육로를 나누어 방비하게 하면 양편이 모두 유리할 것 같으니 천하께서는 속히 결정하시어 시행토록 하심이 좋을 듯하옵니다."

수군절도사 이순신(李舜臣)이 임금께 장계(狀啓)를 올려 아뢰었다.

"수군과 육군을 서로 바꾸어 방어하게 하는 것은 중요한 일입니다. 수군과 육군이 대적하고 있는 곳에서는 경솔하게 바꾸어 배치해서는 안 될 것이오니 엎드려 빌건대 조정에서는 다시 세밀히 헤아리시어 조처해 주시기 바랍니다."

水操有令 宜取水操程式 逐日肄習 俾無厥事.

수군을 훈련하라는 명령이 내려오면 마땅히 수군(水軍) 훈련의 과정과 방식을 취하여 날마다 실습을 통하여 익히되 빠뜨리는 사항이 없게 해야 한다.

【字義】程:한도 정. 길 정. 보일 정. 逐:쫓을 축. 따를 축. 肄:익힐 이. 노력 이. 厥:그 궐.
【語義】水操(수조):수군(水軍)을 훈련함. 程式(정식):과정과 방식. 逐日(축일):날마다. 肄習(이습):실습을 통하여 익힘. 俾無厥事(비무궐사):빠뜨리는 사항이 없게 함.

【解說】 대오(隊伍)를 보충하고 복장을 갖추고 사사로운 수탈을 금하는
일은 육군을 훈련하는 방법을 참조하여 행하도록 한다.

제3조 수병(修兵):각종(各種) 병기(兵器)의 관리

> 兵者 兵器也. 兵可百年不用 不可一日無備 修兵者 土
> 臣之職也.

병(兵)이라는 것은 병기(兵器)이다. 병기는 백 년을 쓰이지 않더라도 하루라도 갖추지 않아서는 안 되거니와 병기를 손질하는 것은 수령의 직무인 것이다.

【字義】器:그릇 기. 도구 기. 備:갖출 비. 준비할 비. 修:닦을 수. 고칠 수.

【語義】 無備(무비):갖추지 않음. 修兵(수병):병기(兵器)를 손질함. 土臣 (토신):나라의 신하. 여기서는 수령을 가리킴.

【解說】 군현에는 모두 군기고(軍器庫)가 있으며 그 안에는 활과 화살, 창과 칼, 조총(鳥銃), 화약과 납으로 만든 탄환, 각종 깃발, 갑옷과 투구, 활집과 화살 통, 구리 솥, 천막 등이 있는데 이 모든 병기들 중 파손된 것을 보수하고 없어진 것을 채우는 것은 수령의 직무이다. 그렇지만 내 생각은 좀 다르다. 천하의 모든 사물은 사용하지 않으면 부패하게 마련이며 쥐가 갉거나 곰팡이가 슬거나 한다.

그러므로 지금처럼 세상이 태평한 때 해마다 돈 천만 전을 쓰면서 활과 화살, 창과 칼 등 모든 병기를 장만하여 창고에 넣어 두면 며칠 못 가 습기가 차고 안개와 빗방울이 스며 화살은 좀먹고 깃이 떨어지며, 쇠는 녹슬고 칼자루는 썩으며, 비단으로 수놓은 것은 변색되고 포목과 비단은 낡아서 해지며, 화약은 젖어서 못 쓰게 되어 불을 붙여도 터지지 않으며, 활줄은 늘어나고 활은 꺾여 있다. 금년에 일제히 새로 손질하고 채워 넣어도 내년이면 다시 못 쓰게 될 것인즉 만일 불행한 일이 생겨도 무기고에 소장하고 있는 무기가 하나같이 쓸 수 없게 된다.

무릇 무익한 소비는 성인(聖人)들이 아까워하는 바이며, 실속 없는 일은 지혜로운 자들이 싫어하는 바이다. 옛사람들은 병기를 보수함에 있어 기회를 잘 보고 물정을 잘 살펴서, 일에 착수하기에 앞서 징조를 보아 가며 전쟁에 대비하며 조석의 변화를 기다렸다.

조야가 태평하여 만에 하나도 우려되는 바가 없는데 병기를 수리하고 채우는 것은 재물의 낭비만을 초래할 뿐이다. 다만 화급한 상황에 대비하여 활과 화살 및 화포와 화약 등의 병기를 즉시 제조할 수 있도록 필수적인 재료들만을 갖추어 두면 될 것이다.

箭竹之移頒者 月課火藥之分送者 宜思法意 謹其出納.

화살을 나누어 주는 자와 매달 지급되는 화약을 나누어 나르는 자는 이 법의 취지를 잘 생각하여 그 출납을 신중하게 해야 한다.

【字義】箭:화살 전. 課:공부할 과. 과정 과. 부과할 과. 謹:삼갈 근. 納:들일 납. 바칠 납.
【語義】箭竹(전죽):화살. 移頒(이반):옮겨다가 나누어 줌. 月課(월과): 월례적으로 지급함. 法意(법의):그 법을 만든 취지.

【解說】≪경국대전≫에 다음과 같이 일렀다.

"해마다 화살을 양계(兩界:함경도와 평안도. 함경도는 영남·영동 지방으로부터 화살을 받았고 평안도는 호남·호서지방으로부터 받았다.)에 보내면 절도사가 각기 그 소속 진영에 분급하고, 만든 화살의 총수와 장졸들에게 나누어 준 화살의 수를 기록하여 보고한다."

매월 지급되는 화약을 받아 오는 날에는 군관과 색리(色吏)들이 노자와 인정(人情) 등의 명목으로 장비를 거두는 일이 허다한데 창고에 한 번 들어가면 수령이 엄히 살피지 아니하여 무기 창고를 담당한 자들이 훔쳐 팔아 사사로이 이득을 취함이 한도 끝도 없으며, 너무 부족하게 되면 가짜를 만들어서 채운다. 그러므로 수령은 매달 점검하여 그 실제의 수량을 지켜야 한다.

若朝令申嚴 以時修補 未可已也.

조정의 명령이 더욱 엄하면 때때로 (병기를) 손질하고 채워 넣지 않을 수 없을 것이다.

【字義】申:거듭 신. 補:기울 보. 도울 보.
【語義】申嚴(신엄):더욱 엄함. 거듭 타이름. 未可已(미가이):하지 않을 수 없음.

【解說】수령은 조정에서 명령이 내려올 때마다 각종 무기를 손질하고 채워 넣어 불시에 전란이 일더라도 대처할 수 있도록 해야 하며, 이는 또한 수령이 그 책임을 면하는 길이기도 하다.

제4조 권무(勸武):무예(武藝)의 권장

> 東俗柔謹 不喜武技 所習惟射 今亦不習 勸武者 今日
> 之急務也.

　우리나라의 풍속은 온유하고 점잖아서 무예의 기술을 즐기지 않아 익
히는 것이라고는 오로지 활쏘기뿐인데 오늘날에는 그것마저도 익히려
하지 않으니 무예를 권장하는 것이 오늘날의 급선무이다.

【字義】柔:부드러울 유.　謹:삼갈 근.　射:쏠 사. 비출 사.　急:급할 급.
【語義】東俗(동속):우리나라의 풍속.　柔謹(유근):온유하고 점잖음.　不
　　喜(불희):즐겨하지 않음.　射(사):활쏘기.　勸武(권무):무예를 권장함.

【解說】활쏘기와 창 쓰기는 모두 태고 때의 무예이다. 우리나라의 풍속
　　은 창과 방패가 무엇하는 물건인지도 알지 못하고 활과 화살만을 무
　　예로 삼았다.
　　　수령이 무예를 권장하고 싶어도 온갖 폐단이 극심하여 권장해 보
　　았자 효과가 없다. 격축(擊逐)·공로(空老)·징포(徵布)·만과(萬
　　科)·무액(無額) 등 다섯 가지 폐단이 극심한 문란을 초래하는 원인
　　이다. 그러므로 이 다섯 가지 폐단이 그치지 않고는 활쏘기에 전념
　　하려는 자가 아무도 없을 것이다.
　　　격축이란 무엇인가? 식년 증광시(式年增廣試) 규정은 열 가지 무
　　예와 한 가지 병서(兵書)의 강론으로 널리 모든 무예를 시험하므로
　　한 가지 무예만을 취하여 뽑는 정시 만과(庭試萬科)보다 훨씬 우월하

다. 그래서 예전 식년 증광시 출신자들은 전조(銓曹:文武官을 銓衡하는 吏曹와 兵曹의 통칭)에서 다른 과시의 출신자들에 우선하여 발탁하였다. 시험장에서 많은 점수를 얻는 것은 철전(鐵箭)과 목전(木箭)을 멀리까지 쏘는 것에 달렸으며, 점수를 얻지 못하면 병과에 급제할 도리가 없는 것이다.

이에 서북 지방의 용맹한 무사와 영·호남 지방의 뛰어난 재사들이 철전과 목전 쏘기에서 이미 높은 점수를 얻어 놓으면 서울의 장수 집 자제들은 힘이 달려 이들에게 대적할 수가 없다. 그래서 무뢰한 패거리들을 널리 모아 격축법을 행사하는데 시골에서 올라온 활잘 쏘는 응시자들을 어두운 골목에서 지키고 있다가 시비를 걸어 몽둥이로 두들겨 패게 하니 그 많은 떼거리들을 어찌 당해 내겠는가. 유혈이 낭자하고 평생 꼽추가 되어 과거에 응할 수 없게 된다. 혹 이런 행패를 모면하여 시험에서 높은 점수를 얻더라도 7명의 시험관이 서로 눈짓으로 짜고 트집을 잡아 낙방시키기 일쑤다.

건륭(乾隆) 경술년(庚戌年:正祖 14년, 1790년)에 내가 감시관으로 일하면서 이런 일들을 직접 목격했다. 활쏘기 점수와 잡기(雜技) 점수가 백오육십 점이나 되고 경서의 강론도 잘하여 열 가지 무예와 한 가지 강론에 하나의 착오도 없었는데도 억울하게 낙방하여 피를 토하며 돌아가고, 비단옷 입은 연약한 자들이 일등으로 급제하여 풍악을 울리며 준마를 타고 과장(科場)을 나오니 천하에 원통하고 사기를 꺾는 일이 이보다 더하지 않을 것이다. 또한 억울하게 낙방한 사람들은 고향으로 돌아가 활을 부수고 화살을 꺾으며 자손들에게 훈계하기를, 결코 무예를 익혀 과시에 응할 생각은 하지 말라고 하니 유능한 무사를 발탁하는 길이 막히고 만다.

또 공로(空老)란 이런 것이다. 세력 있는 집안의 사람은 만과(萬科)

출신이라도 아침에 발령 받아 저녁에 승진하고 남북의 군적을 두루 거쳐 십 년도 안 가서 병사(兵使)의 자리까지 오르지만, 시골 출신은 식년(式年)에 등과한 사람일지라도 좌우에서 그 출세를 막고 방해하므로 늙도록 승진을 못하고 뒤처져 십 대에 걸쳐 객사(客舍)에서 가산이 탕진되고 만다. 우리나라 습속에서는 무인(武人)을 천시하는데 그중 무과에 급제하고도 벼슬하지 못한 사람을 더욱 천하게 여긴다. 집안의 내력에 이 한 가지 누(累)가 있어도 자손들로 하여금 삼사(三司)에 통하지 못하게 되니 이런 까닭으로 자손에게 무예를 익히지 말라는 훈계를 내리는 것이다.

징포(徵布) 또한 무예에 등 돌리게 하는 요인이 되고 있다. 근래의 예를 보면 무과 출신은 그 아들·사위·아우·조카까지도 모두 군적에 실려 유청 군관(有廳軍官)이라는 명분으로 매년 포(布) 한 필씩 바치는데 병조에서 장부를 조사하여 어린아이 하나라도 빠뜨리지 못하게 하며, 혹 숨기거나 빠진 것이 드러나면 군리가 찾아내어 토색질이 한이 없다. 그리하여 문중(門中) 사람이 무과에 급제하면 3족(族)이 모두 침학당한다. 과거에 급제함은 영광인데 영예를 구하려다 얻지 못하면 도리어 재앙과 욕을 당하니 누가 무과에 응시하려 하겠는가.

만과(萬科)의 폐단은 이러하다. 나라에 큰 경사가 있으면 과거 시험으로써 그 기쁨을 장식한다. 화살 하나만 명중해도 모두 합격시켜 그 수가 일천 명을 넘기도 하고 심지어 수천 명에 이르는 일도 있으니 이것이 소위 만과다. 이렇듯 만과라는 이름이 이미 천하니 백성들이 예로써 대하지 않으며 전조(銓曹)에서조차 이들을 꺼려 채용치 않는다. 화살 하나만 명중시키면 누구나 급제하니 무예를 익히지 않고서도 운만 좋으면 급제한다. 그러니 누가 자손들에게 무예를 익히라고 훈계하겠는가.

무액(無額)의 폐단은 이러하다. 문과와 무과를 막론하고 응시자 정원이 있는데 우리나라 과거 제도에는 그 정원이 없기 때문에 온갖 폐단이 여러 층으로 생겨 마침내 대혼란이 일어난다. 무과에 응시하려 하는 자는 본현에서 활쏘기와 총 쏘기를 시험하여 합격한 자들만 과거에 응시하게 하면 무과에 대리로 응시하는 폐단이 끊길 것이다. 그런데 오늘날에는 열 명이고 백 명이고 간에 무과에 합격하는 자들을 보면 모두 대리 응시를 한다. 돈 있는 자는 활 쏘는 방법조차도 모르면서 어린 나이에 등과하고, 돈 없는 자는 아무리 활을 잘 쏘아도 백발이 되도록 구지레하게 지낸다. 그리하여 애써 무예를 익히기보다는 대리 응시자 내세울 궁리만 하니 어찌 무예에 능한 자가 배출되겠는가.

이상의 다섯 가지 문란함이 그치지 않고서는 수령이 입술이 타고 혀가 닳도록 백성들에게 무예를 권장하여도 애써 익히려 하는 자가 없을 것이다.

> 牧之久任者 或至六朞 揣能如是者勸之 而民勸矣.

수령으로 오래 재임하는 사람은 6년까지도 하니 이것들을 참조하여 권장한다면 백성들도 따를 것이다.

【字義】朞:돌 기. 揣:헤아릴 췌(취).
【語義】六朞(육기):6주년. 6년. 揣(취):헤아림. 돌이켜 참조함. 是者(시자):이것들. 즉 앞에서 설명한 다섯 가지 폐단.

【解說】 외진 곳의 백성들은 향임과 교임을 벼슬로 여기고 순제(旬題)와 월과(月課)를 과거(科擧)로 여긴다. 그러므로 과거 제도의 규범이 허물어지고 문란해져도 수령된 사람이 과시에 응할 것을 권장함에 법도가 있으면 백성들은 반드시 서로 권할 것이며, 5, 6년에 걸쳐 습속이 점차 이루어지면 그 풍속이 멀리까지 흘러 국가에 도움이 될 것이므로 과거 제도의 규범이 크게 타락했다 하여 이 정사(政事)를 폐기해서는 안 될 것이다.

수령이 무과 응시를 권장하기 위해서는 식년 증광시에 소용되는 열 가지 무예와 한 가지 경서 강론을 모두 익힐 필요는 없고, 다만 정시(庭試)·별시(別試) 및 병영에서 실시하는 도시(都試)에 소용되는 것만을 장려한다면 기꺼이 따르는 자가 반드시 있을 것이다.

強弩之張設發放 不可不習.

강노(強弩)를 설치하고 발사하는 것을 익혀 두지 않으면 안 된다.

【字義】 弩:쇠뇌 노. 張:베풀 장. 넓힐 장.
【語義】 强弩(강노):강한 쇠뇌. 여러 개의 화살을 쏘아 한꺼번에 날아가게 하는 활. 張設(장설):화살을 시위에 장착함. 發放(발방):발사하는 것.

【解說】 ≪형천무편(荊川武編)≫에 일렀다.
"강노가 가장 이로운 병기이다. 굳센 것을 꿰뚫을 수 있고 화살이 먼 곳까지 이를 수 있으며, 험한 곳을 공격하고 좁은 곳을 지키며, 적군의 돌격을 제어하는 데에는 강노가 아니고는 해 낼 수 없다."

어떤 사람들은 '강노는 전쟁을 할 때 불편하다'고 말하지만 그것
은 강노의 사용에 익숙하지 못한 자들이 하는 말이다. 강노를 잘 이
용하는 사람은 활 줄을 다섯 층으로 벌여 놓고 한 층에 세 개 내지
다섯 개의 화살을 장전하여 쏘는데, 쏘고 난 후에 다시 끌어당겨 펼
치고 연이어 발사하여 끊임이 없다. 게다가 높은 위치에서 낮은 곳
의 적군을 대적하는 데에는 강노가 가장 좋다. 그리고 노수(弩手)에
게 각기 요도(腰刀) 한 자루씩 허리에 휴대하게 하여 적이 가까이 오
면 강노를 타고 앉아 칼로써 공격하게 한다. 이리 하면 먼 곳에 있는
적을 쏘는 강노와 가까이 있는 적을 베는 칼이 상호 보완할 수 있다.

> 若夫號令坐作之法 馳突擊刺之勢 須有隱憂 乃可肄習.

신호의 지시와 행동 요령 및 말을 달려 돌격하여 (적을) 찌르는 자세
는 모름지기 숨겨진 전쟁의 낌새가 있을 때만 실습을 통하여 익힐 일이
다.

【字義】馳:달릴 치. 突:갑자기 돌. 擊:칠 격. 刺:찌를 자. 憂:근심 우.
　　肄:익힐 이. 노력 이.
【語義】坐作之法(좌작지법):행동 요령. 馳突擊刺之勢(치돌격자지세):말
　　을 달려 돌격하여 자객을 찌르는 자세. 隱憂(은우):드러나지 않은
　　걱정. 즉 숨겨진 전쟁의 기미.

【解說】태상(太常:漢나라 이래 종묘 예의를 관장하던 벼슬) 조군(刁君)
　　이 양주(楊州)에 주둔하고 있었는데 부(府)의 서북쪽에 무성한 수풀
　　을 잘라 내고 터를 닦아 성(城)을 세웠다. 성의 담장을 따라 도랑을

팠는데 둘레가 육백 보(步)요, 대나무 일만 그루가 그 위를 덮었다. 그리하여 높은 정자가 담장의 동남쪽에 있고 삼십 궤(軌) 정도의 거리를 빙 돌아가며 당(堂)을 지었다.

당의 남북 간 길이는 8연(筵)이요 폭도 8연이며, 정북방에 활터를 만들어 나무 팔백 그루를 줄 맞춰 심어 날개처럼 두 갈래로 펼쳤다. 또 서쪽으로 십이 궤쯤에 정자를 지어 '이무정(肄武亭)'이라 하였는데 남북 간의 길이가 4연이요 폭도 같았다. 이 정자의 둘레에도 당(堂)의 경우처럼 나무를 벌여 심어 활터를 만들어 놓고는 연중(年中) 때때로 군졸들에게 전투법과 활쏘기와 여러 가지 동작을 가르쳤다.

제5조 응변(應變): 변란(變亂)에 대응함

> 守令 乃佩符之官 機事多不虞之變 應變之法 不可不預講.

　수령은 고을의 원님이므로 기밀에 속한 정사 중에 생각지도 않았던 변고가 일어나는 경우 그런 변고에 대응하는 방법을 미리 강구해 두지 않으면 안 된다.

【字義】佩:찰 패. 符:부호 부. 부절 부. 機:틀 기. 기회 기. 위험할 기. 虞:염려할 우. 생각할 우. 講:설명할 강. 연구할 강.

【語義】佩符之官(패부지관):고을 원의 지위에 있는 관리. 機事(기사):기밀에 속하는 정사. 不虞之變(불우지변):생각지도 않았던 변고. 應變之法(응변지법):변고에 대응하는 방법. 預講(예강):미리 강구함.

【解說】 인품(人品)의 대소(大小)는 그 사람의 그릇됨에 달렸거니와 그 그릇이 얇고 좁은 자는 조그만 일에도 가슴이 철렁 내려앉거나 허튼 소문에도 마음이 동요되며 이윽고 대중들의 마음까지도 소요스럽게 하여 많은 사람들의 웃음거리가 되지만, 대인(大人)은 이와 같은 상황에 닥쳐도 담소하며 그에 대처할 뿐이다. 모름지기 평소에 지난 역사를 잘 관찰하여 선인들의 지혜로운 처사를 마음에 배어들게 하면 급한 일을 당하여도 두려워하지 않고 잘 처리할 수 있을 것이다.

訛言之作 或無根而自起 或有機而將發 牧之應之也 或
靜而鎭之 或默而察之.

와전된 말의 조작은 혹 사실 무근하게 그냥 생겨나기도 하며, 혹 어떤
빌미가 있어 문득 발생하기도 하거니와 수령은 이에 대응함에 있어 조
용한 가운데 진정시키기도 하고 묵묵히 살피기도 해야 할 것이다.

【字義】訛:그릇될 와. 作:지을 작. 機:틀 기. 기회 기. 위험할 기. 將:
　　　장수 장. 장차 장. 鎭:진압할 진. 진정할 진. 默:잠잠할 묵.
【語義】訛言(와언):와전(訛傳)된 말. 유언비어. 無根而自起(무근이자
　　　기):근거 없이 저절로 일어남. 有機而將發(유기이장발):어떤 빌미가
　　　있어 문득 발생함. 靜而鎭(정이진):조용한 가운데 진정시킴. 默而
　　　察(묵이찰):묵묵히 살핌.

【解說】수년 이래로 부역이 번거롭고 과중한데다가 탐관오리들의 침학
　　　이 심하여 백성들이 편히 살 수 없게 되었다. 그리하여 모두 난리라
　　　도 났으면 좋겠다고 생각하는 바람에 요망스러운 소문이 동쪽 지방
　　　에서 일면 서쪽 지방에서 맞받아 응하나 이들을 법에 따라 죽인다면
　　　백성들 중 살아남을 자가 한 사람도 없을 것이다.
　　　게다가 속담에 "유언비어는 보리 뿌리가 거두어들이게 마련이다."
　　　라고 했으니 보리가 익고 농사일이 바빠지면 백성들도 서로 왕래할
　　　겨를이 없어 헛소문은 저절로 잠잠해짐을 뜻한다. 그러니 이와 같은
　　　것은 들었어도 못 들은 척 조용한 가운데 진정시키는 것이 좋다.
　　　그런데 혹 흉악한 반역의 무리들이 뜻을 잃고 나라를 원망하여 음
　　　모를 꾸며 난을 일으키려 할 때는 반드시 유언비어를 먼저 퍼뜨려 백

성들의 뜻을 어지럽히게 마련이다. 가경(嘉慶) 임신년(壬申年:純祖 12년, 1812년)에 토적(土賊) 홍경래(洪景來) 등이 음모하여 난을 일으 켰는데 그에 앞서 경오(庚午)·신미(辛未)년 경에 유언비어가 크게 횡행하였으니 이는 모두가 이미 겪어 본 분명한 체험이다.

이와 같은 경우에 수령이 귀가 막힌 듯 듣지 아니하고 유념치 않 는다면 청주(淸州)에서 병사(兵使)가 살해되고 가산(嘉山)에서 군수 가 죽임을 당하는 일이 일어나지 않으리라 보장할 수 없는 것이다.

凡掛書投書者 或焚而滅之 或默而察之.

무릇 괘서(掛書)나 투서(投書) 같은 것들은 (사정에 따라) 불에 태워 없애 버리거나 또는 묵묵히 뒷조사를 함이 옳다.

【字義】掛:걸 괘. 焚:불사를 분. 탈 분. 滅:꺼질 멸. 없어질 멸.
【語義】掛書(괘서):이름을 밝히지 않고 벽 등에 게시하는 글. 주로 역모 나 모함을 목적으로 함. 焚而滅(분이멸):불에 태워 없애 버림.

【解說】 ≪경국대전≫에 "익명서(匿名書)는 국사에 속하는 것일지라도 부자(父子) 간에도 서로 전해서는 안 된다. 그 소문을 옮겨 말하는 자와 불에 태워 없애지 않고 여러 날 가지고 있는 자는 모두 법에 따 라 논죄한다."고 규정하고 있다.

무릇 괘서와 투서가 반역에 속하여 놀라운 낌새가 엿보이는 경우 대단한 것이면 즉시 감영으로 달려가 감사와 직접 상의해야 하며, 작은 일이면 수리(首吏)나 수향(首鄕)을 보내 감사에게 은밀히 보고 토록 한다. 혹 고을 사람들이 서로 모함하거나 아전들이 서로 무고·날조하여 사사로운 원한을 갚으려 하는 경우의 괘서나 투서는 즉시 불태워 전파되지 않도록 해야 한다. 그 말하는 바가 사사로운 원한 관계에서 나온 것일지라도 근거가 있고 중요한 일에 관계된 것은 아무런 소요 없이 뒤로 살펴서 그 싹과 맥을 캐내야 한다.

송(宋)나라 때 왕안례(王安禮)가 개봉부(開封府)를 다스릴 때의 일이다. 어떤 자가 투서로 한 부잣집에서 역모를 꾸미고 있다고 무고하였다. 도성(都城) 사람들은 두려워하였으나 왕안례는 그렇지 않을 것이라 생각하고 며칠 후에 지시를 내려 그 근거를 캐기 위해 부잣집을 탐문하게 하였으나 아무런 흔적도 찾을 수 없었다.

그래서 과거에 누구와 원수진 일이 있는가를 물었더니 몇 달 전에 장지(狀紙:訴狀의 양식을 그려 놓은 종이)를 파는 마생(馬生)이란 자가 돈을 꾸어 달라고 한 적이 있었는데 응하지 않자 자못 원망에 찬 말을 마구 해댄 일이 있다고 하였다. 왕안례는 은밀히 다른 일을 구실 삼아 마생을 불러들여 대면하고 글씨를 쓰게 하여 앞서의 익명 투서와 비교해 보니 필체가 조금도 다르지 않았다. 그리하여 모든 사실을 자백 받았다.

凡有變亂 宜勿驚動 靜思歸趣 以應其變.

무릇 변란이 일어나면 놀라서 동요하지 말고 조용히 그 귀추를 생각함으로써 그 변란에 대응해야 한다.

【字義】 驚:놀랄 경. 趣:뜻 취. 應:응할 응. 응당 응.
【語義】 驚動(경동):놀라서 동요함. 靜思(정사):조용히 생각함. 歸趣(귀취):귀착되는 취지. 귀추(歸趨).

【解說】송(宋)나라 때 우윤칙(虞允則)이 군졸들에게 연회를 베풀어 주고 있는데 병기 창고에 불이 났다. 그러나 우윤칙은 풍악과 술 마시기를 중지시키지 않았는데 잠시 후 불이 꺼졌다. 어떤 자가 그를 힐난하니 그는, '병기를 보관한 곳은 화재의 단속이 지극히 엄한 법인데 하필 연회를 베풀 때 불이 난 것은 반드시 어떤 간악한 자의 소행일 것이다. 그러니 만일 연회를 멈추고 진화 작업에 나선다면 어떤 일이 일어날지 예측할 수 없다.'고 하였다.

  권준(權晙)이 순조(純祖) 임신년(壬申年)에 연안(延安) 부사가 되었는데 그때 가산(嘉山)의 역적 홍경래(洪景來)가 험한 곳에 틀어박혀 나오지 않자 서쪽 지방의 분위기가 흉흉하였다. 그래서 전임 부사가 아전·군교·노예들을 시켜 관아를 위수하게 하니 밤낮으로 쉬지 못하여 그 고통이 극심하였다. 그러던 차에 권준이 부임하여 수위를 풀고 성문을 활짝 열어 평소와 같이 하니 고을 백성들이 크게 기뻐하였다.

> 或土俗獷悍 謀殺官長 或執而誅之 或靜以鎭之 炳幾折奸 不可膠也.

혹 그 지방의 풍속이 모질고 독살스러워 수령을 살해할 음모를 하는 경우에는 잡아 죽이거나 조용히 진압하되 그 낌새를 밝혀 간악함을 근절해야 하며, 동요해서는 안 된다.

【字義】獷:사나울 광. 悍:사나울 한. 誅:벨 주. 鎭:진압할 진. 炳:불꽃 병. 밝을 병. 膠:아교 교. 움직일 교.
【語義】土俗(토속):그 지방의 풍속. 獷悍(광한):모질고 독살스러움. 官

長(관장):수령을 높여 부르는 말. 執而誅(집이주):잡아서 죽임. 炳幾(병기):낌새를 밝힘. 折奸(절간):간악함을 꺾어 버림. 不可膠(불가교):동요해서는 안 됨.

【解說】송(宋)나라 때 소송(蘇頌)이 항주(杭州)의 지사로 있을 때의 일이다. 막 연회를 벌였는데 장사(壯士)들이 모여 관리들을 해칠 음모를 꾸미고 있다는 말이 귀에 들어왔다. 그러나 그는 태연자약하게 담소하면서 병관(兵官)에게 은밀히 지시하여 음모의 우두머리를 잡아들이게 하여 옥에 가두었는데 좌객(坐客)들은 알지도 못했다.

　무릇 수령의 정사가 옳지 못하면 아전과 백성들 가운데 원한을 품는 자들이 산에 올라가 비난의 욕지거리를 마구 퍼부어 대는데 이를 일러 산호(山呼)라 한다. 대개 이런 봉변을 당하는 수령은 잘 처신하기가 지극히 어려우므로 자신의 정사가 탐학하고 불법이라 이 지경에 이른 것임을 스스로 생각한다면 마땅히 즉시 떠남으로써 큰 치욕을 면해야 할 것이다.

　그렇지만 아전들의 포흠 징수하는 것을 강력히 억제하고 부세(賦稅)를 고르게 하려다가 이런 지경에 이르렀다면, 수령은 확고한 신념을 가지고 동요해서는 안 되며 단속을 더욱 엄히 하고 결의를 더욱 굳게 해야 하며, 기발한 묘책을 써서 범인을 잡으면 벌을 주어 용서치 말아야 한다.

強盜流賊 相聚爲亂 或論以降之 或計以擒之.

강도나 유적(流賊)들이 서로 모여 변란을 일으키면 경우에 따라서는 타일러 투항하게 하고 또 어떤 때는 계략을 써서 사로잡도록 한다.

【字義】賊:도둑 적. 聚:모을 취. 降:내릴 강. 항복할 항. 擒:사로잡을 금.

【語義】流賊(유적):떠돌이 도적. 相聚(상취):서로 취합함. 諭以降(유이항):타일러서 항복하게 함. 計以擒(계이금):계책으로써 잡음.

【解說】후한(後漢) 순제(順帝) 때 장강(張綱)이 광릉 태수로 있었는데 그지방의 토적 장영(張嬰)이 양주(楊州)와 서주(徐州) 사이를 오가며 노략질을 하여 백성들을 괴롭혔다. 이에 장강이 단거(單車)로 장영의 진지(陣地)로 들어가자 장영은 크게 놀라 달아나며 진영 문을 닫았다. 장강이 문 밖에서 아전과 군졸들을 해산시켜 돌려보내고 십여명만을 남긴 후 장영에게 글을 보내어 대면하기를 청했다. 장영이 나와 장강을 배알하자 장강은 그를 상좌(上座)에 앉히고는 깨우쳐 일렀다.

"전부터 이천 석(二千石:漢代 郡의 태수. 年俸이 이천 석이었음)들이 탐학과 횡포를 마음대로 자행한 것이 그대들로 하여금 울분을 품고 서로 취합하게 한 것이니 죄는 진실로 이천 석들에게 있는 것이다. 그러나 그대들 소행 또한 옳은 처사라고는 할 수 없다. 어지신 주상(主上)께서 교화의 덕으로써 반역자들을 굴복하게 하시고자 하여 태수인 내가 이렇게 온 것이니 지금이야말로 진실로 전화위복의 때이다.

그러니 의(義)를 듣고서도 굴복치 않는다면 천자께서는 진노하시어 형주(荊州)·양주(楊州)·연주(兗州)·예주(豫州)의 대병(大兵)을 구름처럼 모아 몸뚱이와 머리를 두 동강내 버릴 것이며, 혈사(血祀:피 묻은 산 짐승을 제물로 바쳐 제사지내는 것)마저 끊길 것이니 이 양자의 이해(利害)를 그대는 깊이 계량하라."

그러자 장영은 눈물을 흘리면서,

"거친 자들의 후예들과 어리석은 백성이 억울한 침학을 견디지 못하여 서로 모여 구차히 살아왔는데 이제 어지신 태수님의 말씀을 들으니 소인의 무리가 다시 살아날 때인 줄 아옵니다."

라고 말하고는 자기 진영으로 돌아갔다. 이튿날 장영은 부하 일만여 명과 처자식들을 거느리고 돌아와 두 손을 결박하고 항복하였다. 장강은 단거를 몰아 장영의 진영으로 들어가 술과 음악으로 잔치를 베풀고는 무리들을 흩어 보내어 가고 싶은 곳으로 마음대로 가게 하였으며, 그들이 살 집을 친히 마련해 주고 농토를 주선해 주었으며, 그들 자제들 중 이속(吏屬)이 되고자 하는 자들은 불러들이니 인정으로써 기꺼이 복종하게 되어 남쪽 고을이 편안하게 되었다.

사자양(謝子襄)이 처주(處州) 지사로 있었는데 반졸(叛卒) 오미(吳米)가 산골짜기에서 웅거하여 난을 일으켰다. 조정에서 군사를 내어 토벌하게 하니 한 고을 전체가 흉흉하였다. 그러자 사자양이 힘써 군사들을 성 안에 머물게 하고는 스스로 계책을 세워 급습하여 그 괴수를 포획하자 나머지 일당들은 뿔뿔이 흩어져 도망쳐 버렸다.

> 土賊旣平 人心疑懼 宜推誠示信 以安反側.

토적이 이미 평정되었는데도 백성들이 걱정과 두려움에 떨면 (수령은) 마땅히 믿음을 보임으로써 백성들이 잠을 못 이루고 엎치락뒤치락하는 것을 안정시켜 주어야 한다.

【字義】疑:의심할 의. 懼:두려워할 구. 推:밀 추(퇴). 따질 추. 천거할 추. 側:곁 측. 가 측.

【語義】土賊(토적):지방에서 일어나는 도적의 떼. 疑懼(의구):걱정하고 두려워함. 推誠(추성):성의를 다함. 反側(반측):잠을 이루지 못하고 엎치락뒤치락하는 것.

【解說】선조(宣祖) 때 이수일(李守一)이 북도(北道:咸鏡道와 平安道)의 절도사가 되었는데 그보다 앞서 난민(亂民) 국경인(鞠景仁) 등이 왕자를 잡아 적에게 넘길 것을 모의한 일이 있었다. 사건이 평정되자 그 일에 연루된 사람들은 죽임을 당할까 걱정하여 잠수하여 물을 건너가 북쪽 오랑캐에게 투항했다. 이공(李公)이 백성들을 위로하고 타이르고 어루만지니 한 달도 안 가서 민심이 크게 안정되었다.

제6조 어구(禦寇): 적(敵)의 침략을 막음

병사(兵事)는 너무 광범위하고 커서 모두 갖추어 기술할 수 없으므로 여기서는 수령이 해야 할 일 가운데 두드러진 것들만 추려서 백 가운데 하나만 간략히 기록한다.

値有寇難 守土之臣 宜守彊域 其防禦之責 與將臣同.

외적의 침입을 당하면 수령은 마땅히 자기의 위수(衛戌) 지역을 지켜야 하며, 그 방어 책임은 장수와 같다.

【字義】値:값 치. 만날 치. 寇:도적 구. 彊:굳셀 강. 국경 강. 禦:막을 어.

【語義】値有(치유):뜻밖에 만남. 어떤 일을 당함. 寇難(구난):외적(外敵)이 쳐들어오는 난리. 守土之臣(수토지신):지방을 지키는 신하, 즉 수령. 彊域(강역):자기 경내(境內)의 땅. 위수 지역. 將臣(장신):장수.

【解說】위(魏)의 학소(郝昭)가 진창(陳倉) 태수가 되었는데 제갈량(諸葛亮)이 몇 만의 병사를 이끌고 산관(散關:蜀나라에서 長安으로 들어오는 관문)으로 나와 진창을 포위하고는 사람을 보내 학소를 회유했으나 항복하지 않았다. 학소가 거느린 병사는 몇 천 명에 불과했다.

제갈량이 진격하여 높은 사다리를 올려 세우고는 충거(衝車)로 성을 공략했다. 학소는 화전(火箭:불을 매달아 쏘는 화살)으로 사다리를 공격하니 많은 적군들이 불에 타죽었으며, 끈에 돌을 매달아 충거를 마구 짓찧으니 충거가 부서졌다. 그러자 제갈량은 다시 백 척(尺)짜리 정란(井欄)을 만들어 그 위에 올라가 성 안에 화살을 쏘아대고 흙덩이로 참호를 메우며 곧바로 성벽을 기어오르려 하니 학소는 다시 안쪽에 겹담장을 쌓았다. 제갈량이 이번에는 땅굴을 파고 성 안으로 뚫고 들어가려 하자 학소는 땅을 파서 가로막아 버렸다.

이렇게 밤낮으로 서로 공방하기를 이십여 일이나 하였다. 위나라에서는 장합(張郃)을 원군으로 파견했으나 제갈량의 군대는 그가 당도하기도 전에 식량이 바닥나 되돌아가고 말았다.

심신겸(沈信謙)이 가산(嘉山) 군수로 있을 때의 일이다. 임진년에 왜구의 침략을 당하니 민심이 허물어져 난민들이 창고로 달려들어 곡식을 마구 약탈해 갔다. 마침 임금의 행차가 가산을 지나게 되자 심신겸은 정승 유성룡(柳成龍)에게,

"이 고을에는 양곡이 넉넉하고 관청 창고에 쌀 일천 석이 있어 지원군인 명(明)나라 군사에게 풀어먹이려 하였더니 불행히도 사태가 이 지경에 이르렀습니다. 하니 공(公)께서 잠시 머물러 진정시켜 주시면 고을 사람들이 마구 노략질해 가지는 못할 것입니다. 그렇게 하지 않으면 난동이 일어나 소신(小臣) 또한 이곳에 머물지 못하고 해변으로 피할 수밖에 없을 것입니다."

라고 아뢰었으나 유성룡은 심신겸의 말을 따르지 않고 효성령(曉星嶺)을 향해 떠나가 버렸다. 이윽고 고을 사람들이 난동하여 창고에 있던 곡식을 모두 약탈해 가고 심신겸 또한 성(城)을 떠나고 말았다.

병법에 이르기를 "허(虛)하면 실(實)하게 보이게 하고, 실하면 허한 것 처럼 보이게 하라."고 했거니와 이는 또한 수비하고 방어하는 사람으로 서 마땅히 알아 두어야 할 일이다.

【字義】 虛:빌 허. 示:보일 시. 實:열매 실. 내용 실.
【語義】 虛而示之實(허이시지실):비었으면 찬 것처럼 보이게 함. 守禦 (수어):수비와 방어.

【解說】 한(漢)나라 때 염범(廉范)이 운중(雲中) 태수로 있을 때의 일이 다. 흉노의 큰 무리가 쳐들어와 그가 맞서 싸우게 되었는데 아전들 이 군사가 적다고 이웃 고을에 편지를 보내 구원을 요청하려 했으나 염범이 허락하지 않았다. 날이 저물자 그는 군사들에게 명령하여 횃 불을 두 개씩 교차시켜 매어서 곳곳에 높이 매다니 온 군영 안이 별 이 늘어선 듯했다. 그러자 흉노는 한군(漢軍)의 구원군이 당도한 줄 알고 크게 놀라 날이 밝기를 기다려 퇴진하려고 했다.

그는 군중(軍中)에 명하여 잠에서 깨는 즉시 병사들에게 밥을 먹인 후 새벽녘에 추격을 하여 수백 급(級)의 목을 베었고, 흉노는 서로 먼저 달아나려다 저희들끼리 밟아 깔려 죽은 자들도 천여 명이나 되 었다. 이 일로 해서 다시는 흉노가 운중(雲中)을 공격해 오는 일이 없게 되었다.

정승 이완(李浣)이 숙천 부사(肅川府使)로 있을 당시의 일이다. 청 (淸)나라 장수 용골대(龍骨大)가 오백 명의 기병을 거느리고 갑자기 안주(安州)로 들이닥쳐 그곳의 병사(兵使) 유비(柳斐)를 협박하여 호시(互市:두 나라 사이에 交易을 하는 시장)를 안주로 옮기려 하였다. 유비가 그에 응하지 않자 용골대는 검(劍)을 빼어 유비가 쓰고 있던 투구를 내리치고는 군졸들로 하여금 성문을 포위하고 지키게 하였다.

이완이 소식을 듣자 즉시 군마(軍馬)를 출동시켜 깃발을 펄럭이고 북을 크게 울리면서 굉장한 기세로 성 밖을 지나 산골짜기에 진을 치고는 밤에 습격하리라는 소문을 냈다. 그러자 용골대는 병사들을 돌려 황급히 돌아가 버렸다.

守而不攻 使賊過境 是以賊而遺君也 追擊庸得已乎.

수비만 하고 공격하지 않아 적으로 하여금 국경을 지나게 하는 것, 이는 적을 임금에게로 보내는 것이니 쫓아가 공격하는 것을 어찌 그만둘 수 있겠는가.

【字義】 賊:도둑 적. 遺:남길 유. 버릴 유. 보낼 유. 擊:칠 격. 庸:떳떳할 용. 쓸 용. 어찌 용.

【語義】 守而不攻(수이불공):수비만 하고 공격은 하지 않음. 過境(과경):국경을 넘어옴. 賊而遺君(적이유군):도적을 임금에게 보냄. 庸得已乎(용득이호):어찌 그만둘 수 있겠는가!

【解說】 명종(明宗) 때 김수문(金秀文)이 제주 목사로 있었다. 을묘년(乙卯年:1555년)에 왜구가 영암(靈巖) 땅에서 패하여 제주도로 기수를 돌렸는데 김수문이 있는 힘을 다하여 왜구를 물리쳤다. 왕께서 이 소식을 듣고 글을 내렸다.

"과인은 왜적이 제주 땅을 침범했다는 소식을 듣고 멀리 떨어진 외딴 섬에 병력도 빈약한 것을 생각하고는 걱정과 근심이 거듭하여 잠도 이루지 못하고 좌불안석이었도다. 이제 경(卿)의 글월을 대하고 보니 경이 나라에 바친 충의(忠義)가 아니었더라면 어찌 능히 소수의 군대로 다수의 적군을 무찔러 이 대첩을 이룰 수 있었겠는가."

하고 특별히 한 계급을 진급시키고 단의(段衣:윤기 있고 두터운 비단으로 지은 옷) 한 벌을 하사하였다.

선조 임금 때 정경달(丁景達)이 선산 부사(善山府使)로 있을 때의 일이다. 임진왜란을 당하여 적군이 부(府)를 점거하고는 물러가지 않았다. 정공(丁公)은 서둘러 산골로 들어가 읍민들과 장리(將吏)들을 모아 의논하여 네 곳에 영채(營寨)를 만들었는데 낙동강 동쪽에 두 채, 서쪽에 두 채를 세웠다. 그런데 적의 요새가 동서의 중간에 있는데다가 강물까지 넘쳐흘러 강 왼편의 두 영채가 호령이 통하지 않았다.

그래서 경내(境內)를 넷으로 나누어 각기 도청(都廳)을 설치하고 각 도청마다 장령(將領) 한 사람과 향소(鄕所) 한 명과 복병장(伏兵將) 여섯 명 및 유격장(游擊將) 열여덟 명을 배치하였다. 그리고 각 도청에 영을 내려 적이 공격해 오면 피하고 다시 돌아가면 진을 치게 하니 곡물을 획득하기도 하고 낙오된 적을 잡아 베고 하여 성과가 컸다. 적군이 기필코 정공(丁公)을 생포하려 했으나 끝내 잡을 수 없었다.

이충무공(李忠武公)이 순천(順川) 수영(水營)에 있을 때 정경달이 장수로서의 지략이 있음을 알고는 그를 종사관(從事官)으로 삼았다.

> 危忠凜節 激勵士卒 以樹尺寸之功 上也 勢窮力盡 繼
> 之以死 以扶三五之常 亦分也.

　높은 충성과 늠름한 절개로 군졸들을 격려하여 조그마한 공이라도 세
우는 것이 으뜸이며, 형세가 궁해지고 힘이 다하면 죽음으로써 끝을 맺
어 삼강오륜의 도리를 지키는 것 또한 본분(本分)인 것이다.

【字義】 危:위태할 위. 높을 위.　凜:찰 름. 늠름할 름.　勵:힘쓸 려. 권면
　　할 려.　樹:나무 수. 심을 수. 세울 수.　繼:이을 계. 맬 계.　扶:도울
　　부. 붙들 부.　常:항상 상. 도리 상.　分:나눌 분. 직분 분.
【語義】 危忠(위충):높은 충성.　凜節(늠절):늠름한 절개.　樹(수):‘立’의
　　의미로 ‘세우다’의 뜻.　尺寸之功(척촌지공):작은 공적.　勢窮力盡
　　(세궁역진):형세가 궁해지고 힘이 쇠진함.　扶(부):지킴. 놓치지 않
　　음. 어긋나지 않음.　三五之常(삼오지상):삼강오륜의 도리.　分(분):
　　본분.

【解說】 장순(張巡)이 진원(眞源) 현령으로 있을 때의 일이다. 안록산(安
　　祿山)이 반란을 일으키자 장순은 아전들과 백성들을 거느리고 현원
　　황제(玄元皇帝:唐代에 황제의 성이 李氏라 하여 老子를 추존하여 玄
　　元皇帝라 칭하고 각지에 그의 사당을 짓게 하였다)의 사당에 곡하
　　고, 군사를 일으켜 적의 토벌에 나섰다.
　　　적이 성을 포위하여 사정이 급해지자 그는 당(堂) 위에 천자의 초
　　상을 걸어 놓고 장수와 군졸들과 함께 알현하며 대의(大義)로써 격려
　　하였다. 식량이 바닥나고 성이 함락되자 장순은 임금이 계신 서쪽을
　　향해 두 번 절하면서, ‘소신은 힘이 다 되었나이다. 살아서 폐하의

은혜에 보답치 못한 것을 죽어 여귀(厲鬼)가 되어 적을 죽임으로써 갚을까 하옵니다.' 하고는 허원(許遠)·남제운(南霽雲)·뇌만춘(雷萬春) 등 삼십육 명과 더불어 죽었다.

선조(宣祖) 때 김시민(金時敏)이 진주(晋州) 목사로 있었는데 임진년에 왜적이 침입해 들어왔으나 성을 굳게 쌓고 적을 방어하니 어쩔 수 없이 퇴각하였다. 그 이듬해 6월에 왜군이 다시 쳐들어와 진주성을 포위하자 8일 만에 성이 함락되면서 김시민의 후임 목사 서예원(徐禮元)과 판관(判官) 성수경(成守璟)·창의사(倡義使) 김천일(金千鎰)·본도 병사(兵使) 최경회(崔慶會)·충청 병사 황진(黃進)·의병 복수장(復讐將) 고종후(高從厚) 등이 모두 전사했다. 군사와 민간인 중 죽은 자가 육만여 명이었고 소·말·닭·개까지도 남은 것이 없었다. 왜적들은 성을 허물고 호(壕)를 메우고 나무를 베어 버리는 등 지난번 패퇴에 대한 분풀이를 했다.

그날이 계사년(癸巳年, 1593년) 6월 28일이었는데 당시의 상황은 이러하다. 밖으로부터 지원군은 당도하지 않은데다가 김천일이 이끄는 군대는 서울에서 모집한 무리들이었다. 게다가 김천일과 서예원이 사이가 좋지 않아 서로 시기하고 명령이 엇갈려 이로 인하여 크게 패망한 것이다.

김천일·최경회·황진 등이 죽기 직전에 이런 시(詩)를 남겼다.

촉석루 아래에서 세 장사(壯士)가
한 잔 술을 들고 웃으며 긴 강물을 가리키며 말했다.
'강물은 만고(萬古)를 도도히 흘러 물결이 마르지 않으리니
우리의 혼(魂)도 영원히 죽지 않으리라.'

훗날 시문(詩文)이 뛰어났던 신유한(申維翰)이 이렇게 시를 지었다.

천지는 세 장사에게 임금의 은혜를 갚게 하였고,
강산은 나그네를 높은 누각에 머물게 하도다.

乘輿播越 守土之臣 進其土膳 表厥忠愛 亦職分之常也.

임금의 수레가 난리를 피하여 다른 지방으로 오면 그 지방의 수령은
자기 고을의 토산 음식을 진상하여 충성과 사랑을 표시하는 것 또한 수
령의 떳떳한 직분이다.

【字義】播:뿌릴 파. 달아날 파. 越:넘을 월. 膳:선물 선. 반찬 선.
【語義】乘輿(승여):임금이 탄 수레. 播越(파월):임금이 도성을 떠나 다
른 곳으로 피난함. 進(진):진상함. 임금께 바침. 土膳(토선):그 지방
의 특산물 음식.

【解說】선조(宣祖) 때 정구(鄭逑)가 통천(通川) 군수로 있었는데 왜구가
깊숙이 쳐들어와 임금이 평양으로 행차하는 길에 가산군(嘉山郡)에
당도했다. 각 도에서 공물 바치는 것이 모두 끊겼으나 통천에서는
사람을 보내어 그 지방의 특산 음식을 바쳤다.
또 한밤중에 어가(御駕)가 동파역(東坡驛)에 당도하자 파주(坡州)
목사 허진(許晉)과 장단(長湍) 부사 구효연(具孝淵)이 지대차사원(支
待差使員:중국 사신을 맞는 사람으로 지방 수령 중에서 선발된 임시
직)으로 그곳에서 대기하고 있다가 임시로 어주(御廚:임금의 음식을
차리는 주방)를 설치했다. 임금을 경호하던 사람들이 온종일 굶주려

허기진 나머지 어주 안으로 난입하여 마구 탈취해 먹는 바람에 임금께 올릴 음식이 바닥나자 허진과 구효연은 두려워 달아나 버렸다.

정축년(丁丑年:仁祖 15년. 1637년) 정월 초하룻날 아침에 청(淸)나라 군대가 삼전도(三田渡:仁祖가 淸太宗에게 항복한 곳으로 한강 연안의 나루터)에 진을 치고 있는데 광주(廣州) 목사 허호(許瑚)가 포위된 성 안에서 쌀로 떡을 빚어 임금께 진상하고 나머지를 만조백관들에게 돌리니 한 사람이 몇 가래씩 받아먹으며 눈물을 흘렸다.

> 兵所不及 撫綏百姓 務財訓農 以贍軍賦 亦守土之職也.

전쟁이 이르지 않은 지역에서는 백성들을 안심시켜 물자의 비축에 힘쓰고 농사를 권장함으로써 군비(軍費)를 충당해 주는 것 또한 수령의 직분이다.

【字義】兵:병사 병. 전쟁 병. 撫:어루만질 무. 綏:편안할 수. 贍:넉넉할 섬. 보탤 섬.

【語義】兵所不及(병소불급):전쟁이 미치지 않은 지역. 撫綏(무수):어루만져 편안하게 함. 務財(무재):물자를 비축하는 것에 힘씀. 贍(섬):도와줌. 넉넉하게 함. 軍賦(군부):군대에서 소용되는 물자나 비용.

【解說】전란이 일어날 때는 아무리 그 서슬이 날카롭더라도 한쪽에서부터 충돌이 생기는 법이지 나라 전체가 일시에 전란에 휩쓸리는 것은 아니다. 아직 전란이 미치지 않은 곳에서는 백성들을 안심시켜 동요치 않도록 해야 하며, 군수 물자의 비축에 힘을 모으도록 힘써야 한다. 백성들이 혼비백산하여 사방으로 흩어져 버린다면 정작 전란을

겪고 있는 곳에서는 구원을 청할 길이 없게 된다.

그러므로 아직 전쟁의 기미가 보이지 않는 지방의 수령은 백성들의 마음을 어루만지고 타일러 각자 전쟁에 대비하여 물자를 비축하고 농사를 멈추지 않게 하는 것이 자신이 맡고 있는 고을을 위하는 일일 뿐만 아니라 현재 전쟁 중에 있는 고을을 지원할 수도 있는 길이다. 또한 자기 고을의 형세가 조석 간에 전란이 미칠 기미를 보이면 성을 쌓고 참호를 파고 병기를 수리하고 갑옷을 수선하여 전투 태세를 갖추어야 할 것이다.

9. 형전육조(刑典六條)

제1조 청송(聽訟):송사(訟事)를 다룸

> 廳訟之本 在於誠意 誠意之本 在於愼獨.

청송(聽訟)의 근본은 성의에 있고, 성의의 근본은 신독(愼獨)에 있다.

【字義】廳:관아 청. 건물 청. 愼:삼갈 신. 獨:홀로 독. 홀어미 독.
【語義】廳訟(청송):재판을 하기 위해 송사(訟事)의 내용을 살피는 것.
　　誠意(성의):참된 마음. 愼獨(신독):스스로 양심에 부끄러움이 없도
　　록 신중히 하는 것.

【解說】≪대학(大學)≫에서 공자의 말씀을 인용하여 "청송(廳訟)을 하게
　　된다면 나도 다른 사람들과 같겠지만, 나는 아예 송사(訟事)가 생기
　　지 않게 하겠다."고 하였다. 무릇 청송을 하는 것과 아예 송사가 생
　　기지 않도록 하는 것 사이에는 그 차이가 크다. 청송이란 음성과 표
　　정으로써 백성들을 교화하는 것이며, 무송(無訟)이란 밝은 덕을 품
　　고 큰소리로 얼굴을 붉히지 않는 가운데 백성들을 교화하는 것이다.
　　　성인(聖人)은 늘 신독(愼獨)과 성의로써 수신(修身)할 것을 생각하
　　므로 백성들이 스스로 감동하며 경외하는 마음으로 우러러 진실이
　　아닌 말을 감히 진술하지 못할 것이니 이것이 백성을 교화하는 지극
　　한 공(功)이다. 천하의 백성이 너무도 많고 총총하니 집집마다 다니
　　면서 타이르고 일일이 입씨름을 벌일 수도 없는 일이다. 그러므로

성인의 도는 참된 마음과 독실함과 공손을 다함으로써 천하가 저절로 평안하게 하는 것이니 이는 모두 아예 송사가 생기지 않게 하려는 뜻이다.

> 其次 律身 戒之誨之 枉者伸之 亦可以無訟矣.

그 다음에는 율신(律身)하여 타이르고 가르치며 억울한 것을 풀어 줌으로써 또한 송사를 없게 할 수 있다.

【字義】律:법칙 률. 법에 따를 률. 戒:경계할 계. 枉:굽을 왕. 伸:펼 신.

【語義】其次(기차):그 다음. 律身(율신):자신의 몸과 마음을 바르게 닦음. 誨(회):가르침. 枉者(왕자):굽은 것. 억울한 것.

【解說】수(隋)나라의 유광(劉曠)이 평향(平鄕) 현령으로 있으면서 남다른 정사를 폈는데 의(義)와 이치로써 밝혀 타이르니 소송을 하던 자들이 모두 허물을 깨우치고 돌아갔다. 옥(獄) 안에는 풀이 가득 자라서 그 위에 비단을 펴도 될 정도였다. 후에 고경(高熲)이 그를 천거하여 거주 자사(莒州刺史)로 삼았다.

　장영(張詠)이 익주(益州) 지사로 있을 때 소장(訴狀)을 내어 제소하는 자가 있으면 사실 여부를 소상히 밝혀 그 자리에서 판결하였다. 그는 판결을 내릴 때마다 실제의 죄는 가벼운데 법에 규정된 벌은 지나치게 무거운 것과 죄는 큰데 벌은 가벼운 것을 반드시 구별하여 판례의 말을 만들어 두었는데, 촉(蜀)나라 사람들이 그 판례들을 판목에 새겨 책으로 묶으니 이것을 ≪계민집(戒民集)≫이라 한다. 이

책의 내용은 풍속을 돈독히 하고 효도와 의리를 독실하게 하는 것을
근본으로 하고 있다.

> 聽訟如流 由天才也 其道危 聽訟必核 盡人心也 其法
> 實. 故 欲詞訟簡者 其斷必遲 爲一斷而不復起也.

청송(聽訟)을 물 흐르듯 하는 것은 천부적인 재능이 있어야 하니 그
방법은 위험하며, 사건의 내용을 속속들이 파헤치려면 마음을 다해야
하는 것이니 이 방법이 확실하다. 그러므로 사건을 자세히 살피려 하면
판결이 지연되지만 한번 판결하면 다시는 재론하지 않게 된다.

【字義】流:흐를 류. 由:말미암을 유. 核:씨 핵. 實:열매 실. 참될 실.
　　詞:말 사. 글 사. 호소할 사. 遲:더딜 지. 復:회복할 복. 다시 부.
【語義】道(도):방법. 核(핵):속속들이 파헤치는 것. 實(실):확실함. 簡
　　(간):자세히 살핌. 詞訟(사송):민사 소송, 여기서는 각종 소송 사건.
　　不復起(불부기):다시 일어나지 않음.

【解說】수령으로서 성질이 급하여 번거로운 것에 대해 참을성이 없는
　　사람은 소장(訴狀)을 대할 때마다 그 근원부터 캐서 밝히려 하지 않
　　고 다만 눈앞의 소장만을 근거로 대강 더듬어 판결하려 하니, 아득
　　하게 얽히고 설켜 반신반의(半信半疑)하면서 급하게 판결을 내리고
　　나면 아전들은 호령하며 소송인들을 내쫓고 수령은 눈앞의 골치 아
　　픈 자들이 없어진 것만을 구차히 다행으로 안다.
　　　이 한 가지 일이 수령에게는 대수롭지 않게 여겨질지 모르나 백성
　　들에게는 실로 중대한 일이니 반드시 한 차례의 명쾌한 판결을 거쳐

한쪽은 세우고 한쪽은 떨어뜨린 후에야 편히 쉴 수 있다.

　수령의 위엄으로서 여러 번 번복하기는 어려운 일이니 백성들 간에 원수진 것이 어떻게 저절로 가라앉겠는가. 풀만 베고 뿌리를 남겨두면 해마다 다시 돋아나는 법이어서, 한 가지 일로 서로 다투는 일이 다섯 차례, 열 차례까지 가니 이것이 송사가 날로 번거로워져 다스릴 수 없게 되는 이치다.

> 壅蔽不達 民情以鬱 使赴愬之民 如入父母之家 斯良牧也.

　막히고 가려져 통하지 못하면 백성들의 사정은 답답한 법이니 찾아와 호소하는 백성들로 하여금 (관청을) 자기의 부모 집에 드나들듯 하게 하는 것, 이것이 훌륭한 수령이다.

【字義】壅:막을 옹.　鬱:답답할 울. 울창할 울.　赴:다다를 부. 갈 부.　愬:하소연할 소. 헐뜯을 소.

【語義】壅蔽不達(옹폐부달):막히고 가려져 통하지 못함.　赴愬(부소):수령에게 찾아와 호소하는 것.

【解說】호대초(胡大初)는 이렇게 말했다.

　"백성들은 수령 보기가 하늘만큼이나 멀 뿐 아니라 신(神)만큼이나 두려우니 원통한 일을 당하고 고통을 받아도 관청 문을 드나들 수 없고, 요행히 그 앞에 이르러도 이졸들이 막고 꾸짖으며 몽둥이와 곤장이 서로 엇갈리니 겁 많고 마음 약한 사람들은 입도 열기 전에 정신이 아득해지고 기가 질리게 된다. 그러므로 수령은 관영의 대문과 뜰을 활짝 열어 놓고 이졸들은 물러나 있게 한 후 몸소 백성을 불러 앞에 앉히고 편안한 표정으로 캐어 물어가며 하고자 하는 말을 다 하게 해야 한다. 그래도 막히고 가려져 수령을 대면하지 못하는 사람들을 위해 관영의 문 밖에 동라(銅鑼)를 걸어 두어 스스로 치게 한다. 이리 하면 백성들이 억울한 사정을 호소하지 못하는 일은 없을 것이다."

> 凡有訴訟 其急疾奔告者 不可傾信 應之以緩 徐察其實.

무릇 소송이 있어 몹시 급하게 달려와 고한 것이라면 얼핏 믿어서는 안 되며, 차근차근히 그 실상을 살펴가며 응해야 한다.

【字義】疾:병 질. 빨리 질. 奔:달릴 분. 傾:기울 경. 잠깐 경. 緩:느릴 완. 부드러울 완. 徐:천천히 할 서.

【語義】急疾(급질):몹시 급함. 奔告(분고):달려와서 고함. 傾信(경신): 얼핏 믿음. 應之以緩(응지이완):응하되 차근차근히 함.

【解說】정선(鄭瑄)이 말했다.

"송사가 관청에 이르면 대개는 사실보다 불려서 소장을 작성하는데, 구타당한 것을 살인했다고 하며, 재물로 다툰 것을 겁탈했다고 하며, 남의 집에 들어간 것을 도둑질했다 하며, 묘지의 경계를 조금만 침범당해도 시신을 파냈다고 한다. 또 한 사람이 소송에 걸리면 그의 부자·형제들까지 연루된 것으로 끌어들이며, 심하면 그 사람과 전혀 무관한 사람까지도 걸고 넘어가 평소에 미워하던 감정을 풀려 하는 경우도 있다.

이런 경우는 반드시 옳고 그름을 가리기 위한 의도라기보다는 일단 관으로 끌려 들어오게 하여 한바탕 곤욕을 치르게 하고 그의 돈과 물자를 축나게 하며 그의 아내와 딸을 욕되게 함으로써 분풀이를 하려는 것뿐이다.

이런 자에게는 반좌법(反坐法:誣告나 僞證으로 남을 억울한 죄에 빠뜨린 사람에게 피해자와 똑같은 형벌을 가하는 제도)을 엄히 적용하여 거짓임이 드러나면 그에 해당하는 죄로 처단해야 한다.”

소(訴)를 제기하는 사람의 말이 가히 경악할 만한 것일지라도 수령은 한쪽 말만 그대로 믿고 시비곡직(是非曲直)을 이치로 따져 논단해서는 안 되며, ‘쌍방은 각기 전후의 사정을 글로 올리도록 하라. 양쪽에서 작성한 내용을 대조하여 판별할 것인즉 한 자(字)라도 다시 첨가할 수는 없다.’고 하면 된다.

수령으로서 노련하지 못한 사람은 갑(甲)이 제소해 오면 갑이 옳다 하면서 그 이치를 장황하게 늘어놓아 을(乙)을 간악한 자로 만들며, 을이 제소하면 을이 옳다 하며 앞서의 견해를 번복하여 갑을 위증과 무고로 논죄한다. 이런 짓을 두 차례, 세 차례 번복하기 일쑤이니 아침저녁으로 바뀌고 뒤집히는 것이 삶은 사슴 가죽 같고 성난 두꺼비 씨름 같아서 조롱하는 소리가 온 고을에 넘칠 것인즉 이런 짓은 크게 꺼려 기피해야 한다.

片言折獄 剖決如神者 別有天才 非凡人之所宜傚也.

단 한마디 말로 옥사를 판결하면서 칼로 베듯 신(神)처럼 하는 것은 남다른 천재가 있어야 하는 것이므로 평범한 사람으로서는 흉내 낼 바가 아니다.

【字義】 片:조각 편. 折:꺾을 절. 결단할 절. 剖:쪼갤 부. 가를 부. 倣:본
받을 효.

【語義】 片言(편언):단 한마디의 말. 折獄(절옥):옥사를 결단함. 剖決(부
결):옳고 그름을 칼로 베듯 가름. 倣(효):따라서 함. 흉내 냄.

【解說】 명(明)나라 때 성옹(盛顒)이 속록읍(束鹿邑) 지사로 있었는데 송
사로 다투는 자들이 있으면 형법(刑法)을 쓰지 않고 이치로써 깨우쳐
타이르니 그들은 머리를 조아리고 잘 듣고 따르며 다시 소송을 제기
하는 일이 없었다. 또 이웃 고을의 송사도 여러 해가 지나도록 판결
을 받지 못하여 그에게로 가지고 오면 성옹은 단 한마디 말로 딱 부
러지게 판결하니 소송인들은 진심으로 승복하고 돌아갔다.

　　백성들이 말하기를, '성지사께서는 맑기가 물 같고 밝기가 거울
같다.'하였다. 속록읍의 변두리에 황폐한 땅이 있었는데 사람들이
자연히 모여들어 저자[市]를 이루니 사람들이 그의 덕망을 지목하여
청관점(淸官店)이라 하였다.

人倫之訟 係關天常者 辨之宜明.

　인륜에 관계된 송사는 천리(天理)에 매인 것이니 그 판결을 명확하게
해야 한다.

【字義】 倫:인륜 륜. 常:항상 상. 도리 상. 辨:분별할 변.

【語義】 人倫之訟(인륜지송):인륜에 관한 송사. 係關(계관):관계됨. ～에
매임. 天常(천상):하늘의 상리(常理).

【解說】 황패(黃覇)가 영천(潁川) 태수가 되었을 때의 일이다. 어떤 부잣집에 형제가 함께 살고 있었는데 아랫동서와 맏동서가 비슷한 무렵에 임신을 하였다. 그런데 맏동서는 낙태가 되었으나 그 사실을 숨기고 있다가 아랫동서가 아들을 낳자 그 아이를 데려다가 자기 자식이라고 우기는 바람에 논송(論訟)이 3년을 끌었다.

황패 그 아기를 데려오게 하여 가운데에 놓고 두 여자로 하여금 다투어 데려가게 했다. 그랬더니 맏동서는 재빠른 동작으로 아기를 움켜잡는 손이 몹시 사나웠고, 아랫동서는 혹시라도 다칠까 두려워하는 모양이 몹시 측은하였다. 황패는,

"네가 재물을 탐하여 이 아이를 가지려 한 짓이니 어찌 아이가 다칠 것을 걱정하겠느냐!"

하고는 맏동서를 처벌하였다. 당시 중국에서 후사(後嗣)를 세우는 법이 지금의 우리나라 풍속과는 같지 않았기 때문에 이런 기괴한 일이 생긴 것이다.

> 骨肉之爭 忘義殉財者 懲之宜嚴.

친족 간의 쟁송(爭訟)에 있어 의리는 잊고 재물만을 좇는 자는 응징하되 마땅히 엄하게 해야 한다.

【字義】 爭:다툴 쟁. 忘:잊을 망. 殉:따라 죽을 순. 따를 순. 懲:징계할 징.
【語義】 骨肉之爭(골육지쟁):친족 간의 싸움. 忘義殉財(망의순재):의리는 잊고 재물만 좇음. 懲(징):징계함. 응징함.

【解說】이약곡(李若谷)이 병주(并州) 태수로 있을 때의 일이다. 한 백성이 소송을 제기하였는데 제 숙부가 저를 조카로 인정하지 않고 재산을 다 차지하려고 하는데, 여러 차례 태수가 바뀌었지만 아직도 바로잡히지 않고 있다는 것이다.

이약곡은 그 백성에게 집으로 돌아가 숙부를 패라고 명령했다. 그는 어찌 감히 숙부를 팰 수 있느냐고 사양했으나 이약곡은 고집을 부려 강행하게 하였다. 그의 말대로 하자 숙부는 과연 소(訴)를 제기하며 숙부를 패는 조카 놈이 어디 있느냐고 처벌을 요구해 왔다. 그러자 이약곡은 그 조카에게 숙부를 구타한 것에 해당하는 벌을 준 후 재산을 공정히 분배해 주었다.

田地之訟 民産所係 一循公正 民斯服矣.

전답(田畓)에 대한 소송은 백성들의 재산에 관계되는 것이니 한결같이 공정하게 해야만 백성들이 이에 승복할 것이다.

【字義】產:낳을 산. 재산 산.　係:맬 계. 이을 계.　循:돌 순. 좇을 순.　服:옷 복. 복종할 복.

【語義】民産所係(민산소계):백성들의 재산에 관계되는 것.　一循(일순):한결같이. 시종일관.

【解說】선조(宣祖) 때 신응시(辛應時)가 호남 지방의 안찰사로 있을 때의 일이다. 남원(南原)에 어떤 부자가 있었는데 사교(邪敎)에 미혹되어 재물을 다 바쳐 부처를 섬기고 전답을 몽땅 만복사(萬福寺)에 시주하고는 땅문서까지 영구히 바쳐 그 정성을 표하였으나 그 후 굶어

죽음을 면할 길이 없게 되었다.

그에게 외아들이 있었는데 구걸하여 먹고 다니다가 도저히 견디기 힘든 지경이 되자 소장에 사연을 갖추어 적어 수령에게 하소하여 시주했던 전답을 되찾으려 하였지만 여러 차례에 걸쳐 패소(敗訴)하니 결국 안찰사에게 하소연하기에 이르렀다. 신응시는 그 소장을 받아 보고 끄트머리에 이렇게 판결하여 적었다.

"전답을 시주한 것은 당초부터 복을 구하기 위함이었는데 지금에 와서 몸은 굶어죽기에 이르고 자식은 구걸 행각을 하니 부처의 영험 없음을 이로써 능히 알 수 있는 바이다. 그러니 만복사(萬福寺)의 중은 시주로 받았던 전답을 그 주인에게 돌려주고 복은 부처에게서 받도록 하라."

이에 온 도(道)가 쾌재를 불렀다.

어떤 무관(武官)이 한 고을의 현령으로 있을 때 백성 간의 전지(田地) 소송이 있어 갑(甲)이 옳고 을(乙)이 그르다고 공정한 판결을 내려 주었다. 그런데 얼마 후 권세 있는 한 재상이 을(乙)로부터 뇌물을 받아먹고는 그 현령에게 항의하는 편지를 보내 위협과 횡포를 표시하였다. 그러자 현령은 갑(甲)을 불러들여 눈물을 흘리면서,

"내가 권세 있는 재상의 말에 따르지 않으면 이 자리를 보전할 수 없으니 잘못된 것임을 알면서도 번복하여 부득이 오결(誤決)을 내리지 않을 수가 없다. 그러니 너는 훗날 지하(地下)에서 나를 찾아오려거든 도산(刀山)의 지옥으로 오라."

하자 갑(甲) 또한 가슴을 치고 통곡하며 물러갔다. 오늘날 세태의 한심스러움이 이 지경에 이르렀다.

牛馬之訟 聲名所出 古人遺懿 其庶效之.

소나 말에 대한 쟁송은 (수령이) 명성을 드날릴 수 있는 계기가 되니 옛 선인들이 남긴 훌륭했던 (판결을) 모두 따르는 것이 좋다.

【字義】懿:아름다울 의. 훌륭할 의. 庶:여러 서. 무리 서. 效:본받을 효.

【語義】聲名(성명):명성. 懿(의):아름다움. 훌륭함. 庶(서):거의 전부. 效(효):본받음. 따름.

【解說】당(唐)나라 때 장윤제(張允濟)가 무양(武陽) 현령으로 있을 때의 일이다. 이웃 고을인 원무현(元武縣)에 암소 한 마리를 가지고 처가에 들어가 살고 있는 자가 있었는데 8, 9년 사이에 암소가 십여 마리의 송아지를 낳아 그 사람이 살림을 나려 하니 처가에서는 소를 내주지 않았다. 그 사람은 자기 고을에서 여러 차례 소송을 했으나 판결을 얻지 못하자 고을의 경계를 넘어 장윤제에게 고소를 해 왔다. 장윤제가 물었다.

"네 고을에도 현령이 있을 터인데 어찌 남의 고을로 소(訴)를 가져 왔느냐?"

그러자 그 사람은 눈물을 흘리면서 연유를 말하였다. 이에 장윤제는 좌우의 아전들로 하여금 그 사람을 묶게 하여 머리에 베적삼을 뒤집어씌우고는 그의 처가 마을로 가서 소도둑을 잡았다고 하면서 그 마을의 소들이 모두 어디서 온 것인지를 물었다. 그러자 그의 처가 사람들은 그 까닭을 알지 못한 채 사건에 연루될까 두려워,

"이것들은 제 사위의 소들입니다."

하였다. 장윤제는 그 집 사위에게 뒤집어씌웠던 것을 벗기게 하고,

"이 사람이 당신의 사위이니 소를 돌려주라."

하고 판결하였다.

財帛之訟 券契無憑 察其情僞 物無遁矣.

재물이나 비단에 관한 송사로서 증빙할 문서가 없는 경우라도 그 사실과 허위를 잘 살펴보면 실상은 감춰질 수 없다.

【字義】帛:비단 백.　券:문서 권.　契:맺을 계.　憑:기댈 빙. 의거할 빙.
　遁:숨을 둔.

【語義】財帛(재백):재물과 비단.　券契(권계):문서. 서류.　無憑(무빙):증빙할 만한 것이 없음.　情僞(정위):사실과 허위.　物無遁(물무둔):실상은 감춰질 수 없음.

【解說】정호(程顥)가 호현(鄠縣) 주부(主簿)로 있던 때의 일이다. 어떤 백성이 제 형의 집을 빌려 살고 있었는데 그 집에서 땅을 파다가 감춰 둔 돈이 나왔다. 형의 아들이 현령에게 소(訴)를 제기하였으나 판결을 내리지 못하였다. 그러자 정호가 '이것은 쉽게 판결할 수 있다.' 하고는 그 형의 아들에게,

"네 아비가 돈을 묻어 둔 지 얼마나 되었느냐?"

하고 물으니 사십 년 되었다고 대답했다.

"그러면 집을 빌려 산 지는 얼마나 되었느냐?"

하고 물으니 이십 년 되었다고 대답했다. 정호는 곧 돈 일만 닢을 가져다 살펴보고 나서는 그 집을 빌린 자에게,

"오늘날 관에서 돈을 주조해 내면 5, 6년도 안 되어 세상에 널리 퍼지게 마련이다. 그런데 이 돈은 네가 집을 빌리기 전에 주조된 것들이니 이것을 어떻게 해명하겠느냐?"

하니 그 사람이 결국 승복하였다.

무릇 재물을 가지고 소송을 하는 경우 증거가 될 만한 문서가 없으면 수령의 직권으로 영을 내려 쌍방이 절반씩 손해 보라 하면서 그 피해를 균등하게 한 후에 서서히 그들의 말과 기색을 살펴보면 진실과 허위를 가릴 수 있으며 그로써 시비를 가릴 수 있는 경우가 많다. 그런데 근래의 수령들은 그냥 절반씩 손해 보고 물러가라고 해 버리니 백성들이 그런 수령을 일러 '반실태수(半失太守)'라 하거니와 이는 최하급의 수령이다.

虛明照物 仁及微禽 異聞遂播 華聲以達.

마음을 비워 사물을 밝게 비추고, 어진 마음이 하찮은 짐승들에까지 미치면 기이한 소문이 퍼져 나가 마침내 빛나는 명성이 두루 미칠 것이다.

【字義】 照:비칠 조.　異:다를 이. 기이할 이.　遂:드디어 수. 나아갈 수.　播:뿌릴 파. 퍼뜨릴 파.　華:빛날 화.

【語義】 虛(허): '虛'는 '빈 마음'을 의미하니 마음을 비우면 세상의 모든 사물의 진면목(眞面目)을 그대로 볼 수 있다.　微禽(미금):하찮은 짐승들.　異聞(이문):기이한 소문.　華聲(화성):빛나는 명성.

【解說】 온창(溫彰)이 경조윤(京兆尹)이 되었는데 하루는 만령(挽鈴:官廳

의 바깥쪽에서 끈을 늘이고 안으로 끌어 그 끝에 매단 방울)을 울리는 자가 있어 살펴보니 까마귀였다. 온창은 필시 제 새끼를 사람들이 잡아갔음을 호소하는 것이리라 생각하고는 아전들에게 명하여 알아보게 하니 과연 까마귀 새끼를 꺼내 간 자를 잡게 되었다.

장차산(張次山)이 태산(泰山) 수령으로 있던 때의 일이다. 황새들이 계석(戒石) 앞에 모여 무엇인가를 호소하는 듯한 시늉을 하므로 그는 황새들을 타일러 우선 날아가 있도록 하고는 병관(兵官)에게 영을 내려 뒤따라가 살피게 하였다. 그랬더니 황새들이 큰 나무 위에 가서 앉는 것이었다. 그 나무 밑의 집에 사는 자가 황새 새끼 두 마리를 잡아간 것이었다. 장차산이 그 죄를 벌주고 새끼를 놓아 주게 하니 황새들은 날아갔다.

생각해 보면 이 두 가지 일은 그다지 신기하고 기이한 일도 아니다. 제비가 서까래 위에 집을 짓는 것은 사람들에게 의지하여 피해를 멀리하고자 함이요, 참새가 기와 지붕 위에서 지저귀는 것은 사람들에게 호소하여 그 환난을 없애기 위한 것이다. 이렇게 새들이 인간에게 호소하는 것은 흔히 있는 일인데, 우둔한 자는 살펴 알지 못하고 현명한 사람만이 홀로 깨달아 알 뿐이다.

> 墓地之訟 今爲弊俗. 鬪敺之殺 半由此起 發掘之變 自以爲孝 聽斷 不可以不明也.

묘지에 대한 소송은 오늘날의 폐속(弊俗)이 되어 버렸다. 싸움을 벌여 때려죽이는 사건의 절반이 바로 이 묘지의 쟁송으로 인한 것인데 (남의 분묘를) 파헤치는 변고를 일으키고 스스로 효를 행한 것으로 생각하니 (사건의 자초지종을) 듣고 판결하는 것을 명확하게 하지 않으면 안 된다.

【字義】鬪:싸울 투. 毆:몰 구. 掘:팔 굴. 斷:끊을 단. 결단할 단.
【語義】鬪毆之殺(투구지살):싸움을 벌여 때려죽임. 發掘(발굴):파내는
  것. 聽斷(청단):송사에 있어 사건의 자초지종을 듣고 판결을 내리
  는 것.

【解說】정선(鄭瑄)이 말했다.
  "세상 사람들이 곽박(郭璞:중국 晉나라 사람으로 風水地理에 밝았
  음)의 풍수지리설에 미혹되어 좋은 묏자리를 탐내느라 몇 해가 지나
  도록 어버이를 장사지내지 않는 자가 있는가 하면, 이미 장사지낸
  묏자리가 불길하다 하여 한 번 파서 옮기는 데에 그치지 않고 서너
  차례씩 옮기는 자들도 있다. 또 묏자리를 놓고 집안 간에 쟁송을 벌
  여 어버이 시신(屍身)이 땅에 들어가기도 전에 집안이 이미 쑥대밭이
  되는 일도 있고, 심지어는 그 묏자리가 형제간에 각기 화복(禍福)을
  달리 한다는 풍수설에 빠져 골육(骨肉) 간에 원수가 되는 일도 있다.
  또 어버이를 장사지내는 자가 풍수설에 지나치게 빠져들어 남의
  산을 침범해 차지하고 남의 조상의 무덤을 파서 해골을 버리기에 이
  르니, 원한이 잇달아 송사가 얽히고 죽기를 한하여 이기려 하며, 가
  산(家産)을 다 쏟아 넣고 생업까지 패망하고서도 끝내 좋다고 하는
  묏자리를 차지하지 못한다. 복을 받기는 고사하고 화(禍)가 눈앞에
  닥치니 그 어리석음이 어찌 하나같이 이에 이르는 것인가.'

> 國典所載 亦無一截之法 可左可右 惟官所欲 民志不定
> 爭訟以繁.

　우리나라 법전에 실린 것 또한 일관된 법조문이 없어 오로지 관(官)이
하고자 하는 바에 따라 이쪽을 옳다고 할 수도 있고 저쪽을 옳다고 할
수도 있으니 백성들의 뜻이 안정되지 못하여 쟁송이 많아지는 것이다.

【字義】 截:끊을 절.　惟:생각할 유. 오로지 유.　繁:번성할 번. 많을 번.
【語義】 國典(국전):우리나라 법전(法典). 주로 ≪경국대전(經國大典)≫,
　　≪속대전(續大典)≫, ≪대전통편(大典通編)≫을 지칭.　所載(소재):
　　실려 있는 것.　一截之法(일절지법):칼로 벤 듯이 일관되게 자른 법
　　조문.

【解說】 살피건대 송사에 응하는 것은 백성들의 대사(大事)이다. 고소인
　　과 피고소인 및 문제의 묏자리가 모두 관영(官營)에서 가까운 곳에
　　있으면 피해가 심하지 않지만, 그들의 소재지가 서로 멀리 떨어져
　　있으면 한 번 송사하러 가는 데에 드는 비용이 적지 않으니 해가 가
　　고 달이 가면 그 비용이 얼마나 될 것인가. 가산을 탕진하고 결국에
　　는 패망에 이르는 자가 많을 것이다.
　　대체로 산소 자리를 다시 잡으려 하는 쪽은 그 형편이 넉넉하여 외
　　람된 생각을 품는 자요, 남에게 침탈당하는 쪽은 분명 그 집안이 조
　　락(凋落)하여 남들로부터 업신여김을 받는 자이다. 그러므로 수령된
　　사람은 무릇 묘지에 관한 송사를 다룰 때 법으로써 금하기 어려운
　　것은 법조문에 의거하여 장례를 치르게 허락하되 감히 묘역을 넓게
　　점거하지 못하도록 해야 하며, 법으로 따져 마땅히 파헤쳐야 할 것

은 벽력같이 독려하고 성화같이 몰아쳐 날짜를 정하고 다짐을 받아 감히 기일을 넘기는 일이 없게 해야 한다.

또 오늘날 공사(公私) 간의 모든 법이 옛것을 버리고 새것을 좇는 터이니 ≪경국대전≫과 ≪속대전≫의 규정이 서로 같지 않으면 ≪속대전≫을 좇을 것이며, ≪속대전≫과 ≪대전통편≫의 규정이 같지 않으면 ≪대전통편≫의 규정을 좇도록 하여 법조문의 적용에 갈팡질팡하는 일이 없어야 백성들의 생각이 안정되고 송사가 줄어들 것이다.

> 貪惑旣深 攘奪相續 聽理之難 倍於他訟.

탐욕과 미혹(迷惑)이 이미 깊고, 억지로 밀치고 빼앗는 일이 서로 이어지니 판결의 어려움이 다른 소송보다 두 배나 더하다.

【字義】惑:미혹할 혹. 의심할 혹. 攘:물리칠 양. 어지러울 양. 빼앗을 양. 奪:빼앗을 탈.

【語義】貪惑(탐혹):탐욕과 미혹. 攘奪(양탈):강제로 밀쳐내고 빼앗음. 聽理(청리):송사의 내용을 들어 처리함. 倍於他訟(배어타송):다른 소송 사건의 두 배.

【解說】주자(朱子)가 숭안(崇安) 태수로 있던 때의 일이다. 어떤 소민(小民)이 대갓집의 좋은 묏자리를 탐하여 비석을 미리 그 분묘 앞에 몰래 묻어 두었다. 몇 년 후에 돌연히 자기네 묘소를 강점(强占)당했다고 소송을 냈는데 양가(兩家)가 관청에서 끈질기게 다투어 결말이 나지 않았다.

주자가 몸소 그 묏자리에 가서 살펴보니 산수(山水)가 밝고 수려하
며 봉황이 춤추고 용이 날아오르는 형상임을 보고는 이는 필시 대갓
집이 소민(小民)의 묏자리를 침탈한 것이 분명하다고 생각했다. 그
리하여 겉흙을 헤치고 땅 속을 파 보니 과연 비석이 묻혀 있는데 비
문 내용이 모두 소민의 조상 이름자였다. 주자는 즉시 그 묏자리를
소민에게 돌려주라고 판결을 내려 버렸다.

그 후 주자는 무이산(武夷山)에 은거하던 중 일이 있어 그 지방을
지나다가 한가로운 걸음으로 그곳 주민들에게 물으니 당시 그 소민
이 비석을 몰래 미리 묻고 무고하여 자기를 속였다는 사실을 자세히
듣게 되었다. 주자는 당시의 큰 실수를 후회하고 괴로워했지만 이제
와서 어찌할 도리가 없었다. 주자처럼 사리에 밝고 사물에 통달한
분도 이렇듯 소민에게 속아 넘어가는데 하물며 용렬하고 어두운 수
령이야 더 말해 무엇하겠는가.

奴婢之訟 法典所載 繁瑣多文 不可據依 參酌人情 不
可拘也.

노비에 관한 송사는 법전에 실린 것이 너무 번잡하고 자세하고 조문
(條文)이 많아 그것에 의거할 수 없으니 인정(人情)을 참작할 것이며 법
조문에만 구애되어서는 안 된다.

【字義】瑣:자질구레할 쇄. 가루 쇄. 據:근거 거. 의거할 거. 酌:술 부을
작. 헤아릴 작. 拘:잡을 구. 한정할 구.
【語義】繁瑣(번쇄):번잡하고 지나치게 자세함. 多文(다문):조문(條文)
이 많음.

【解說】≪경국대전≫에 이렇게 규정하였다.

"부모가 자식들에게 노비를 나누어 주는 경우, 승중자(承重子:아버지와 할아버지를 대신하여 조상의 제사를 받드는 長孫)에게는 5분의 1을 더 주고, 중자녀(衆子女:맏아들 이외의 아들과 딸)에게는 똑같이 나누어 주며, 양첩(良妾:良民의 딸을 첩으로 삼은 것)에게서 얻은 자녀에게는 7분의 1을, 천첩(賤妾:노비나 기생을 첩으로 삼은 것)의 소생에게는 십 분의 1을 준다."

살피건대 조선 초기에는 사가(私家)의 노비가 나라 안에 가득하여 한 집에서 거느린 수가 몇 백 명에서 천 명까지 이르렀기 때문에 노비를 자식들에게 분배하는 법조문이 이렇듯 자세했던 것이다. 그런데 옹정(雍正) 신해년(辛亥年:英祖 7년(1731년). 이해 3월에 公私賤法을 정하여 남자는 父役, 여자는 母役을 따르게 하였음) 이후로 양처(良妻) 소생은 어미를 따라 양민이 되므로 나라 안의 노비가 크게 줄었다. — 이치로 따지면 절반만 줄어드는 것이지만 1대(代)에 절반 줄고 2대에 또 그 절반이 줄어 세대가 거듭됨에 따라 점점 없어지기에 이르렀다.

그래서 명문대가에서도 겨우 한두 명의 노비를 사서 아들들에게 나누어 주는 형편이 되었기 때문에 오늘날에 이르러서는 노비 분배법이 논의될 것이 없지만 이도 재물에 속하므로 논의하지 않을 수 없다.

천하의 모든 법이 천자(天子)와 제후로부터 나와 나라 전역에 전하여 그로써 나라를 다스려 나아가는 것이므로, 승중자가 모든 유산을 물려받고 중자(衆子)들의 몫은 승중자 몫의 백 분의 1도 되지 않는다. 왕과 제후들이 이러하거늘, 어찌 사가(私家)의 법에서만 승중자와 중자에게 똑같이 분배해 주고 승중자에게 단지 3분의 1이나 5분의 1만을 더 주는 데 그치는가.

초목(草木)이 제 자신을 기를 때 원줄기를 강하게 하고 가지를 약하게 하는 것은 땅에 굳게 서 있어 전체가 쓰러지지 않기 위함이요, 안채를 높고 크게 짓고 행랑채를 낮고 작게 짓는 것은 가옥 전체의 균형을 바르게 하고 아랫사람들이 윗사람을 우러르게 하기 위함이다. 그런데 오늘날에는 가지가 원줄기와 같고 행랑채가 안채와 가지런하니 이것이 어찌 하늘의 이치에 맞고 인륜(人倫)의 질서를 빛내는 일이겠는가.

법의 제정이 이와 같기 때문에 가문(家門)이 두어 대(代)를 넘기지 못하고 그 종가(宗家)가 미약해지며, 또 두어 대를 지나면 제사를 잇지 못하니 마침내 멸문(滅門) 지경에 이르는데 이는 법이 잘못 제정되었기 때문이다.

그러므로 수령은 모든 송사, 특히 노비에 관한 송사를 처리함에 있어 반드시 법조문에만 구애되어서는 안 되며, 인륜의 도를 중시하여 판결해야 할 것이다.

> 債貸之訟 宜有權衡 或尙猛以督債 或施慈以已債 不可膠也.

채무 관계에 대한 송사는 공평히 하는 것이 마땅하며, 경우에 따라서는 빚 갚기를 냉엄하게 독려해야 할 것이요, 또 어떤 경우에는 자애를 베풀어 빚을 탕감해 주어야 하며 (구태여 법조문에만) 매달려서는 안 된다.

【字義】債:빚 채. 빌릴 채. 貸:빌릴 대. 줄 대. 權:권세 권. 저울추 권.

衡:저울대 형.　猛:사나울 맹. 엄격할 맹.　已:이미 이. 끝낼 이.　膠:
아교 교. 붙을 교. 집착할 교.

【語義】債貸(채대):돈이나 곡식을 빌리고 갚고 하는 것.　權衡(권형):형
평(衡平). 공평.　尙猛(상맹):몹시 냉엄함.　督債(독채):빚 갚기를 독
려함.　已債(이채):빚을 탕감해 줌.

【解說】≪경국대전≫에 이르기를, "사채(私債) 이자를 지나치게 받는 자
는 장(杖) 팔십 대에 처한다." 하였고 그 주(註)에 "열 푼[分]을 이율
로 하면 매달 1푼 이자를 받는 것이니 가령 열 되에 대해 한 되를 받
는 따위이며, 매년 5푼을 받으면 열 되에 대해 다섯 되를 받는 따위
인데 연월(年月)이 많이 지나도 이자가 본전의 갑절을 넘을 수는 없
다."고 하였다.

　생각건대 전자(前者)는 오늘날의 소위 대돈 변리(大頓邊利:月 1할
의 이자)라는 것이요, 후자는 오늘날의 5푼 변리라는 것이다. 두 방
법 모두 지나친 것이라 형전(刑典)에서 금하고 있다.

　살피건대 형전(刑典)에서는 여러 해가 된 것은 갑절의 이자까지 허
용하고 호전(戶典)에서는 십 년이 되었더라도 2할까지만 허용하니,
빚을 준 사람은 형전의 법조문을 따르고자 하고 수령의 판결은 호전
의 규정을 따르게 된다. 그렇지만 수령은 반드시 법조문만을 캐어
판결하기보다는 형편이 닿는데도 구태여 갚지 않으려 하는 자는 엄
히 독려하여 갚게 하고, 터무니없는 고리(高利)를 받으려 하는 경우
에는 그 이자를 탕감해 주는 너그러운 정사를 펴야 할 것이다.

> 軍簽之訟 兩里相爭 考其根脈 確然歸一.

군첨의 송사로 두 마을이 서로 다툴 때는 그 근원이 되는 맥을 깊이
생각하여 확실하게 한쪽으로 귀결 지어야 한다.

【字義】 簽:제비 첨. 뽑아 올릴 첨. 爭:다툴 쟁. 脈:줄기 맥.
【語義】 根脈(근맥):뿌리가 되는 맥락. 근본적인 맥. 歸一(귀일):한쪽으
   로 귀결 짓는 것.

【解說】 가령 갑(甲), 을(乙) 두 마을이 군첨 하나를 놓고 갑은 을에게로
   돌리고 을은 갑에게로 돌리면 수령은 이쪽으로 기울었다 저쪽으로
   기울었다 하니 어느 한쪽이 이기기도 했다 지기도 했다 하면서 몇
   해가 지나 서류 뭉치가 산처럼 쌓이게 된다. 이런 경우 수령은 양쪽
   마을에 영을 내려 군첨과 관련된 모든 증빙 서류를 빠짐없이 제출
   하게 하여 서로 대질시킨다. 그것만으로 명쾌한 판결을 내리기 어
   려우면 과거 십 식년(式年) 동안의 호적과 군안 및 군포를 거둔 장
   부를 낱낱이 조사하여 판결하되 어느 한쪽으로 확실하게 귀결 지어
   야 한다.

> 決訟之本 全在券契 發其幽奸 昭其隱慝 唯明者 能之.

송사 판결의 근본은 오로지 권계(券契)에 있는데 숨겨진 간계를 적발
해 내고 은닉된 것을 밝혀내는 것은 오직 현명한 사람만이 할 수 있다.

【字義】 券:문서 권. 契:맺을 계. 幽:그윽할 유. 어두울 유. 昭:밝을 소.

慝:숨길 닉. 사특할 특.

【語義】決訟之本(결송지본):송사를 판결하는 근본. 券契(권계):어음 따위의 각종 문서. 幽奸(유간):숨겨진 간계(奸計).

【解說】완평(完平:선조에서 인조 때의 大臣 李元翼)의 《청송요식(聽訟要式)》에,

"처음 송사가 시작되면 고음(侤音:쌍방에서 맞고소하는 날에 수령이 다짐을 받는 것)을 받고, 고음을 받았으면 원정(原情:저쪽에서 그 사건 내용에 대해 진술하는 것)을 받아야 하며, 양쪽에서 바친 증빙 서류들을 열람하고 난 후 그것을 봉인하여 각 주인에게 돌려준다."

고 하였다. 각종 증빙 서류는 그 선후(先後) 관계 — 年·月·日·時 등 사건 발생의 선후 관계 — 와 호적 유무를 검토할 것이며, 소장의 격식이 어긋나지 않았나를 살펴야 하며, 기한은 법조문을 상고하고 친족 관계는 격식에 어긋남이 없는가를 살펴야 한다.

각종 서류는 쌍방의 것을 대비해 가며 검토하고, 덧바르거나 긁어 낸 흔적이 있나를 살펴야 하며, 도장 찍은 자리는 전문(篆文)을 세밀히 살펴야 하며, 도장을 찍고 난 후에 추가 기록한 것이 있는가를 살펴야 한다.

또 연월은 생사(生死) 관계를 상고해야 하며 — 문서의 연월일과 재물 주인의 사망 연월일을 대조함 — 출입 관계를 상고해야 하며 — 재물 주인이 외국에 사신으로 나가 체류한 일이 있는 경우 — 종이를 붙여 연결한 것은 그 간계와 허위를 살펴야 하며, 입안(立案)한 것은 서명과 화압(花押)을 상고하고, 나라의 기일(忌日)에 해당하는지 상고해야 한다. — 나라의 기일이나 유고 때는 관청이 휴무하기 마련이므로 그 날짜로 작성된 문서는 위조다.

살피건대 이 요식은 옛사람들이 송사를 처리할 때 정성스럽고 치밀하게 살펴 오늘날처럼 경솔하게 판결하지 않았음을 보여 주고 있으며, 당시의 관청이 법을 준수함이 근엄하고 오늘날과 같이 난잡하지 않았음을 보여 준다.

제2조 단옥(斷獄):옥사(獄事)를 판단함

경전(經典)이 전하는 형옥의 의의와 고금의 인명(人命)에 관한 옥사를 논한 것들은 그 글들을 수정해서 ≪欽欽新書≫를 만들었으므로 여기서는 반복하지 않겠다.

> 斷獄之要 明愼而已. 人之死生 係我一察 可不明乎 人之死生 係我一念 可不愼乎.

단옥(斷獄)의 요체는 (오로지) 밝게 살피고 신중하게 처리하는 데에 있다. 사람의 죽고 사는 것이 내가 한 번 살피는 것에 달려 있으니 어찌 밝게 살피지 않을 수 있겠으며, 사람의 죽고 사는 것이 내가 한 번 생각하는 것에 달려 있으니 어찌 신중히 처리하지 않을 수 있겠는가.

【字義】斷:끊을 단. 결단할 단.　要:요긴할 요. 요구할 요.　愼:삼갈 신.
念:생각 념.

【語義】斷獄(단옥):죄의 유무(有無)와 경중(輕重)을 결단하는 것.　明愼(명신):밝게 살피고 신중히 처리함.　係我一察(계아일찰):내가 한 번 살피는 것에 달려 있음.　可不明乎(가불명호):밝게 살피지 않을 수 있겠는가.

【解說】≪주역(周易)≫에 이르기를, "밝게 살피고 신중히 생각하여 형벌을 내리되 죄인을 오랫동안 옥에 머물게 해서는 안 된다."고 하였거니와 단옥(斷獄)의 요체는 밝게 살피고 신중히 처리하는 데에 있다.

밝게 살피기만 하고 신중하게 처리하지 않으면 뜻밖의 판결에 크게 놀라 억울함이 많을 것이며, 신중히 처리하되 밝혀 살피지 않으면 일이 막히고 지체되어 판결하기가 어려우니 이 또한 곤란한 처사이다. 그러므로 밝게 살피고 신중하게 판결해야만 능옥(能獄:옥사의 처리에 능한 것)이라 할 수 있다.

호대초(胡大初)가 말하기를 '속담에 도둑을 잡으려면 모름지기 그의 장물을 잡고, 간통한 자를 잡으려면 모름지기 그 짝을 잡아야 한다.'고 했거니와 이것은 비록 속된 말이기는 하나 지극히 도리에 맞는 말이다. 무릇 죄수를 조목조목 따져 문초할 때는 반드시 사실과 부합되어야 신빙할 수 있는 것이다.

또 말하기를 '옥사를 처리함에 있어 세 가지 경계해야 할 것이 있으니 첫째는 내가 취(醉)하는 것이요, 둘째는 죄수가 취하는 것이요, 셋째는 죄수가 파리하고 수척해지는 것인데, 내가 취하면 훗날 후회할 일이 생길 것이며, 죄수가 취하면 두려워할 줄을 모르며, 그가 파리하고 수척해지면 더욱 흉악해지기 때문이다.' 라고 하였다.

> 大獄蔓延 冤者什九 己力所及 陰爲救拔 種德徼福 未有大於是者也.

큰 옥사(獄事)가 만연하면 억울한 자가 열 가운데 아홉이나 되니 (수령은) 자기의 힘이 미치는 대로 은밀히 구하여 빼내어 준다면 은덕을 베풀고 복을 받음이 이보다 더 큰 것이 없다.

【字義】蔓:덩굴 만. 퍼질 만. 延:늘일 연. 이을 연. 이끌 연. 冤:원통할 원. 什:열 십. 拔:뽑을 발. 가릴 발. 무성할 패. 徼:돌 요. 구할 요.

변방 요.

【語義】大獄(대옥):큰 옥사(獄事). 什九(십구):열 중 아홉. 己力所及(기력소급):자기[수령]의 힘이 미치는 것. 陰爲救拔(음위구발):은밀히 구하여 빼냄. 種德徼福(종덕요복):은덕을 베풀고 복을 받음. 未有大於是者(미유대어시자):이것보다 더 큰 것이 없음.

【解說】자하산인(紫霞山人)이 이렇게 말했다.

"지극히 원통한 일을 당하여 하늘에 호소해도 응답이 없고 땅에 호소해도 응답이 없으며, 부모에게 호소해도 또한 어찌지 못하는데 형관(刑官) 한 사람이 홀연히 송안(訟案)을 검열하고 그 뿌리를 밝혀서 풀어 주어 죄 없는 평인(平人)으로 해 주면 이에 형관의 존귀함을 안다."

우정국(于定國) 부자(父子)는 현의 옥리로 있으면서 억울한 옥사를 많이 처리하였는데 법에 걸린 자들도 우공(于公)의 판결에 대해서는 원한을 품지 않았다. 일찍이 자기 집 대문이 부서져 부로(父老)들이 함께 고치려 하니 우정국 부친 우공이 그들에게 이르기를,

"대문을 조금 높여서 사마(駟馬)가 끄는 덮개 높은 수레가 드나들 수 있게 하라. 일찍이 내가 옥사를 다스릴 때 음덕(陰德)을 많이 쌓았고 억울하게 처리한 일이 없었으니 자손들 중에 반드시 흥왕할 사람이 나올 것이다."

하였다. 과연 나중에 그의 아들[于定國]이 승상(丞相)이 되었다. 생각건대 옛사람들이 덕을 심어 복을 받음에 있어 그 취하는 바가 이와 같았다.

誅其首魁 宥厥株連 斯可以無冤矣.

우두머리 괴수는 목을 베고 그와 연루된 자들은 너그러이 용서해 준다면 이로써 가히 원통함을 없앨 수 있다.

【字義】誅:벨 주.　魁:괴수 괴.　宥:너그러울 유.　株:그루 주. 연루될 주.
【語義】首魁(수괴):우두머리 괴수.　宥(유):죄를 너그러이 용서함.　株連(주련):죄인과 관련이 있음.

【解說】금(金)나라 때 석고(石皐)가 정주(定州) 태수로 있을 때의 일이다. 당현(唐縣)의 흉악한 자들이 반란을 모의하여 명단에 그 현의 백성들의 이름을 적은 것이 무려 수천 명이었는데 그 무리들이 명단을 정주로 가지고 와 고발하였다. 이에 석고가 국문을 주관했는데 때가 겨울인지라 석고는 그 문서를 받아 들고 대청으로 올라서다 짐짓 넘어지는 척하면서 그 문서를 화로에 빠뜨려 다 태워 버리니 거기에 적힌 명단을 다시 캐낼 수 없게 되었다. 그리하여 석고는 그 우두머리만을 죄 주고 나머지는 모두 풀어 주었다.

운주(鄆州) 백성 가운데 요사스러운 재주를 퍼뜨리는 자가 있었는데 따르는 무리들이 모두 백여 명이나 되었다. 그들을 잡은 자들은 공(功)으로 상을 받으려고 역모를 꾀했다면서 무고하였다. 이에 간의(諫議) 이응언(李應言)이 그 사건을 조사하여 수모자(首謀者) 몇 명만을 목 베고 나머지는 모두 살려 주었다.

疑獄難明 平反爲務 天下之善事也 德之基也.

의심이 가는 옥사는 밝혀내기 어려우므로 평번(平反)에 힘쓰는 것이
천하의 착한 일이요 덕의 바탕이다.

【字義】疑:의심할 의. 獄:옥 옥. 平:평평할 평. 고를 평.
【語義】疑獄(의옥):의심스러운 옥사. 平反(평번):억울한 죄를 다시 조사
　　하여 감형하는 것. 또는 먼저 것보다 벌을 가볍게 해 주는 것. '反'
　　은 '번'으로 읽어야 하며 '뒤집다'의 뜻. 爲務(위무):힘씀.

【解說】한(漢)나라 소제(昭帝) 때 준불의(雋不疑)가 경조윤(京兆尹)이 되
　　었는데 아전들과 백성들이 그의 위엄과 신의를 존경하였다. 그는 현
　　을 순행할 때마다 죄수들의 이름을 적어 가지고 돌아오곤 했는데 그
　　때마다 그의 모친은 평번(平反)이 얼마나 되는가를 물었다. 준불의
　　가 평번이 있다고 하면 그의 모친은 기뻐하며 웃었고, 평번이 없다
　　고 하면 노하여 식사도 하지 않았다. 그러했기 때문에 준불의는 관
　　리 생활을 하면서 엄하기는 했으되 잔혹하지는 않았다.

久囚不釋 淹延歲月 除免其債 開門放送 亦天下之快
事也.

오래 가두어 두고 풀어 주지 않아 세월만 질질 끄는 옥사는 그 빚을
면제해 주고 옥문(獄門)을 열어 놓아 보내는 것 또한 천하의 통쾌한 일
이다.

【字義】釋:풀 석. 淹:담글 엄. 오래될 엄. 放:놓을 방. 快:쾌할 쾌. 좋
　　아할 쾌.

【語義】久囚不釋(구수불석):죄인을 오래 가두어 두고 풀어 주지 않음. 淹延(엄연):오래 질질 끄는 것. 放送(방송):놓아 보냄.

【解說】백거이(白居易)가 탁지부(度支部:국가 재정을 맡아 보던 관청) 죄수로서 문향(閿鄕)의 옥에 갇힌 자가 세 차례의 사면령에도 죄를 사면 받지 못하는 것을 보고는 상주하여 아뢰기를,

"아비가 죽으면 아들을 가두고 지아비가 갇히면 아내는 개가(改嫁)해 버리는데, 빚은 갚을 기약이 없고 가둠에는 휴일이 없으니 청컨대 일체의 죄를 사면해 주옵소서."

하였다. 그가 상주하기를 십여 회 이상이나 하니 마침내 조정에서도 이를 허락하였다.

明斷立決 無所濡滯 則如陰曀震霆 而清風掃滌矣.

현명한 판단으로 즉시 처결하여 세월의 지체됨이 없으면 구름이 끼어 음산한 하늘과 벼락을 청풍(淸風)이 말끔히 쓸어버린 듯할 것이다.

【字義】濡:적실 유. 더딜 유. 滯:막힐 체. 머무를 체. 曀:음산할 에(예). 震:우레 진. 벼락 진. 霆:천둥소리 정. 번개 정. 掃:쓸 소. 滌:씻을 척.

【語義】明斷(명단):현명한 판단. 立決(입결):선 채로(즉석에서) 판결하는 것. 濡滯(유체):지체됨. 陰曀(음에):구름이 끼어 음산한 것. 震霆(진정):천둥. 벼락. 掃滌(소척):쓸고 씻어 냄.

【解說】수(隋)나라 때 신공의(辛公義)가 병주 자사(幷州刺史)로 있던 때

의 일이다. 그는 부임하는 길로 먼저 감옥으로 달려가 옥사를 조사하여 십여 일에 걸쳐 판결을 모두 끝내 버리고는 정청(政廳)으로 돌아와 새로운 송사를 처리하되 즉석에서 판결해 주었다. 어쩔 수 없이 가두어야 할 자가 있는 경우에는 신공의 자신도 청사에서 잤다. 어떤 사람이 그에게,

"공무에는 정도(程度)가 있는 것인데 왜 자청하여 고생을 하십니까?"

하자 그는,

"내가 덕이 없어 백성들에게 송사를 없게 해 주지 못하면서 어찌 백성을 옥에 가두고 집에서 편히 잘 수 있겠나."

하고 대답했다. 죄인들이 이 말을 듣고는 진심으로 승복하였다. 또 후에 소(訴)를 제기하는 자가 있으면 마을 사람들끼리 서로 깨우쳐 주며 '이처럼 조그만 일로 어찌 자사님을 수고롭게 하는가.' 하면서 쟁송자 쌍방이 서로 양보하여 소송을 그만두었다.

錯念誤決 旣覺其非 不敢文過 亦君子之行也.

착각을 하여 그릇된 판결을 내린 후 그것이 잘못 되었음을 깨달았으면 감히 (자신의) 실수를 어물어물 넘기지 않는 것 또한 군자(君子)의 행실이다.

【字義】 錯:어긋날 착. 誤:그르칠 오. 文:글월 문. 법도 문.
【語義】 錯念(착념):착각된 생각. 틀린 판단. 文過(문과):허물을 어물어물 숨기는 것.

【解說】명(明)나라 때 계본(季本)이 건령부(建寧府) 추관(推官)으로 있던 때의 일이다. 그는 송사(訟事)를 대하면 재빨리 판결하였으므로 관정(官庭)에는 밀린 사건이 없었다. 그런데 한 번은 중대한 옥사를 처결하였는데 법을 적용한 판결문을 다 작성하여 상부에 올리고 난 후에야 자기의 판결이 잘못 되었음을 깨닫고는 크게 후회하였다.

그런데 마침 그가 발탁되어 다른 곳으로 떠나게 되자 그 사연을 모두 기록하여 상사(上司)에게 품달하면서, 후에 다시 판결할 사람으로 하여금 증거를 취하여 바르게 해결해 줄 것을 청원했다. 계본(季本)이 송사에 대한 자기 과실을 스스로 시정함이 이와 같았다.

생각건대 다른 일들은 잘못 처리된 것을 그대로 두면 다만 자기 한 사람의 허물이 될 뿐이지만 옥사는 잘못 처리된 것을 그대로 두면 남의 생명을 해치는 것이다. 반드시 하늘의 재앙이 있을 것이니 이를 본받아야 할 것이다.

> 法所不赦 宜以義斷. 見惡而不知惡 是又婦人之仁也.

법이 용서해 주지 않는 것은 마땅히 의(義)로써 단죄해야 한다. 악을 보고도 미워하지 않는 것, 이것 또한 여자 같은 (편벽된) 인(仁)이다.

【字義】 赦:용서할 사. 풀어줄 사.　惡:악할 악. 미워할 오.　婦:며느리 부. 지어미 부.

【語義】 見惡而不知惡(견악이부지오):악을 보고도 미워할 줄 모름.　婦人之仁(부인지인):남자로서 여자처럼 편벽되고 옹졸한 것. 소인(小仁).

【解說】 주자(朱子)는 요자회(廖子晦)에게 보내는 답서(答書)에서 이렇게

말했다.

"옥사는 사람의 목숨에 관계되는 것이니 더욱 마음을 다하여 다루어야 한다. 근세의 속된 풍속은 음덕을 베푼답시고 대개 죄 있는 사람들을 풀어 보내는 것을 능사로 삼으며, 선량한 사람들이 호소할 길이 없는 것은 생각하지 않는데 이것은 가장 큰 폐단이므로 경계하지 않을 수 없다. 그러나 벌을 내리면서도 딱하고 안타깝게 생각하는 마음이 없다면 이 또한 안 될 일이다."

酷吏慘刻 專使文法 以程其威明者 多不善終.

가혹한 관리가 참혹하고 각박하게 오로지 법조문만을 따짐으로써 그 위엄과 밝음을 드러내려 하는 자는 대개 그 끝이 좋지 않다.

【字義】 酷:심할 혹. 慘:참혹할 참. 刻:새길 각. 모질 각. 程:한도 정. 길 정. 보일 정. 多:많을 다.
【語義】 酷吏(혹리):가혹한 관리. 慘刻(참각):참혹하고 각박함. 文法(문법):법조문. 程(정):통하다. 관철하다. 드러내다. 不善終(불선종):끝이 좋지 않음.

【解說】 한(漢)나라 때 왕온서(王溫舒)가 하내(河內) 태수로 전근되었는데 그가 고을의 호탕하고 교활한 자들을 잡아들이니 그에 연좌된 가구가 천여 호(戶)나 되었다. 그는 상부에 글을 올려 죄가 큰 자들은 그 일족들까지 죽이고 죄가 작은 자는 그 자신만을 죽이며, 그들의 재산을 몰수하여 관리들의 포흠을 메우게 해 줄 것을 청하였다. 이윽고 논보(論報)가 이르자 흘러내린 피가 십여 리나 되니 12월이 다

가도록 고을 안에는 자식을 찾는 어미의 소리가 끊기고 밤에는 감히 나돌아다니는 자가 없으니 밖에 개를 짓게 하는 도둑이 없었다. 봄이 되자 왕온서는 발을 구르며 탄식하기를,

"아, 안타깝도다. 겨울이 한 달만 더 길었더라면 일을 흡족하게 끝낼 수 있을 텐데……."

하였다. 그가 살벌한 위엄 행사하기를 좋아하고 백성들을 사랑하지 않음이 이와 같았다. 그런데 후에 못된 농간질로 이득을 취한다는 고발을 당하자 그는 스스로 목숨을 끊었다.

당(唐)나라 때 이광원(李匡遠)이 성질이 포악하여 하루라도 형벌로써 처단하지 않으면 참연하여 즐거워하지 않았다. 그는 매질하는 소리를 들으면 '이것은 육고취(肉鼓吹:사람을 패는 소리가 악기 소리로 들렸음을 의미)로군.' 하였다. 그는 임종하는 자리에서,

"내가 평생에 수십 명의 수도승을 죽였더니 이로 인해 팔십이 년의 장수(長壽)를 누린 것이다."

하였다. 그를 묻으니 도적들이 그의 묘지를 파헤치고는 사지(四肢)를 잘라 버렸다. 잔혹한 형벌에 대한 대가는 이런 것이다.

士大夫 不讀律 長於詞賦 闇於刑名 亦今日之俗弊也.

사대부가 율서(律書)를 읽지 않아 사부(詞賦)에만 능하고 형명(刑名)에는 어두운 것 또한 오늘날의 폐단이다.

【字義】律:법칙 률. 법에 따를 률. 長:길 장. 어른 장. 나을 장. 詞:말 사. 글 사. 호소할 사. 賦:부세 부. 매길 부. 거둘 부. 闇:숨을 암. 어두울 암.

【語義】讀律(독률):율서를 읽는 것. 長(장):잘함. 능함. 詞賦(사부):시
문(詩文).

【解說】≪유산필담(西山筆談)≫에서 말했다.

"형명학(刑名學)은 세상 사람들이 천하게 여기지만, 고요(皐陶:舜
임금의 신하로 法理에 통달하여 法을 세워 형벌을 정하고 獄을 만들
었음)가 덕을 심었던 것도 형명(刑名)에서 말미암았고, 강고(康誥:≪
書經≫ 周書의 篇名)·여형(呂刑:≪書經≫ 周書의 篇名으로 周代의
刑制를 다루었음)에서도 그 법을 자세히 밝혔으며, 공자께서도 문하
생들에게 따로 한 과목으로 형명학을 가르쳐서 자로(子路)가 능히 단
한마디로 옥사를 판결하는 것을 자주 칭찬하셨다.

또 공자가 처음 조정(朝廷)에 드신 것도 본디 소사구(小司寇:중국
고대의 下級 司法官)로 시작하여 대사구(大司寇:중국 고대의 최고
사법관)에 이른 것인데 이것들은 모두 형률(刑律)을 관장하던 직책이
었지 당시 제주(祭酒:古代에 學政을 관장하던 長官)나 사업(司業)으
로써 공자를 대접했다는 말은 듣지 못했다.

그런데 오늘날 군자들이 학문을 하면서 항우(項羽)와 패공(沛公)의
시를 그 극치로 삼고 한가로이 있을 때는 마작이나 강패(江牌) 놀이
만 뛰어난 재주로 여기니, 일찍이 ≪대명률(大明律)≫ 한 권이나 ≪
속대전(續大典)≫·≪세원록(洗寃錄)≫ 몇 권을 훑어보지도 못하면
서 겨우 6품(六品)에 오르면 먼저 고을 수령 자리를 구한다.

그리하여 느닷없이 큰 옥사를 대하게 되면 살리고 죽이는 권한을
손에 쥐고서도 의옥(疑獄)의 심문에 임해서는 아전들의 입만 바라보
며, 판결을 번복함이 오직 자기가 총애하는 기생의 손에 따라 바뀌
어 백성들의 원통한 일이 두터이 쌓이고 복록(福錄)이 끊기니 심히

딱한 노릇이다.

　오늘날 청나라에서는 법을 세워 교관(教官)·학정(學政) 과목과 경의(經義)·책문(策問) 외에 따로 형률 한 과(科)를 두어 병행하여 시험을 치르는데 우리나라는 이 제도를 받아들이지 않아 사람의 목숨을 지푸라기처럼 여기고 나라의 법을 울타리 밑에 버리면서 스스로 훌륭한 선비의 맑은 모습을 갖춘 것으로 생각하니 슬프도다, 이 크나큰 착오여!"

人命之獄 古疎今密 專門之學 所宜務也.

사람의 목숨에 관계되는 옥사는 옛날에는 소홀하게 하였으나 오늘날에는 치밀하니 전문적인 학문으로 하여 마땅히 힘써야 할 것이다.

【字義】疎:성길 소. 거칠 소.　密:빽빽할 밀. 촘촘할 밀.
【語義】人命之獄(인명지옥):사람의 목숨에 관계되는 옥사.　古疎今密(고
　소금밀):옛날에는 소홀하였는데 오늘날에는 치밀함.

【解說】고려 명종(明宗) 15년에 남원군(南原郡)의 어떤 사람이 고을의
　아전과 사이가 나빠 그의 집에 가서 그를 기둥에 묶고 집에 불을 질
　러 죽였다. 여러 신하들이 투살론(鬪殺論)으로 의논하다가 판결하기
　를, '그 죄상으로 따져 얼굴에 글자를 새겨 상민(常民)의 신분으로
　낮추어야 한다.'고 하였다.
　　또 능성(綾城) 사람으로 어린애 업은 여자를 채찍질하는 바람에 그
　여자가 놀라 물로 뛰어들었는데 그만 죽고 말았다. 여러 신하들이
　투살론으로 판결하기를, '모자(母子)를 일시에 죽인 것이니 겁살(劫

殺)로써 논죄한다.' 고 하였다.

생각건대 그 당시에는 사람의 목숨이 걸린 옥사를 다스리는 법이
이렇듯 소홀하였으나 오늘날에는 법조문이 찬연하여 오히려 그 적용
에 차이가 없다.

獄之所起 吏校恣橫 打家劫舍 其村遂亡 首宜慮者 此
也. 上官之初 宜有約束.

옥사가 생긴 곳에서는 아전과 군교들이 방자하게 횡포를 부려 집을
부수고 약탈하며 마침내 폐촌(廢村) 되기에 이르니 (수령이) 으뜸으로
우려해야 할 것은 이것이다. 부임 초기에 마땅히 다짐해 두어야 한다.

【字義】恣:마음대로 자. 방자할 자. 劫:위협할 겁. 빼앗을 겁. 遂:드디
어 수. 나아갈 수. 慮:생각할 려. 근심할 려.
【語義】獄之所起(옥지소기):옥사가 생긴 곳. 恣橫(자횡):방자하게 횡포
를 부림. 打家劫舍(타가겁사):집을 부수고 약탈함. 上官之初(상관
지초):수령이 부임한 후 곧.

【解說】내가 백성들과 오래 어울려 살아서 대개 살인의 옥사를 잘 알거
니와 고발하는 것은 열 가운데 두셋뿐이며 일곱이나 여덟은 다 숨긴
다. 진실로 한 번 철저히 조사하면 마을 전체가 폐촌이 되어 해를 넘
기지 못하고 쇠락하여 마을을 비우고 뿔뿔이 흩어지므로 피살자의
가족들은 비록 슬프고 원통함이 가슴을 터지게 하지만 마을의 부로
(父老)들과 호걸들이 저지하여 막는다.

그들은 범인을 쫓아내고 피살자의 가족에게 뇌물을 주어 달래고는

급히 서둘러 시체를 매장한 후 입을 막아 버린다. 혹 아전과 군교들
이 그 사실을 알고 위협하면 즉시 마을에서 이삼백 냥의 돈을 거두
어 뇌물로 주되 고발하지 않으려 하니 그 해독이 얼마나 큰가는 이
로써 알 수 있다. 그러므로 수령된 사람은 깊이 유의하지 않으면 안
될 것이다.

> 獄體至重 檢場取招 本無用刑之法 今之官長 不達法例
> 雜施刑杖 大非也.

옥사의 체통은 지극히 중한 것이어서 검장(檢場)에서 취조할 때는 본
디 형구(刑具)를 사용하는 법이 없는데도 오늘날의 벼슬아치들은 법례
에 통달치 못하여 아무렇게나 형장(刑杖)을 가하니 (이는) 크게 잘못된
것이다.

【字義】體:몸 체. 몸소 체. 격식 체. 招:부를 초. 밝힐 초. 達:통달할
 달. 이를 달. 雜:섞일 잡. 어수선할 잡.
【語義】獄體(옥체):옥사의 체통. 檢場(검장):죄인을 문초하는 곳. 取招
 (취초):범인을 취조하여 범행을 진술하게 하는 것. 用刑(용형):형구
 (刑具)를 사용함. 不達法例(부달법례):법례에 통달치 못함. 雜施(잡
 시):아무렇게나 행함. 大非(대비):크게 잘못됨.

【解說】근래에 군현의 실정을 보면 수령들이 잘 알지 못하는데다가 아
 전들 또한 무식하여 검장에서 문초를 행할 때 태연히 태장(笞杖)을
 가하거나 주장(朱杖)으로 갈빗대를 내리쳐 고통이 극에 달하니 누가
 능히 참아 내겠는가. 없는 것을 가리켜 있다고 하고 거짓된 것을 꾸

며 진실이라 하여 마침내 억울한 옥사를 성립시키니 이것이 이른바 '단련성옥(鍛鍊成獄)'이다. 이는 분명히 나라의 법에도 위배될 뿐만 아니라 반드시 귀신의 화가 미칠 것인즉 절대 그리 해서는 안 된다.

친척이나 이웃이 사건에 연루되어 들어간 경우 안면에 구애되어 차마 바르게 고하지 못하고 횡설수설하는데 그것은 인지상정(人之常情)일 뿐만 아니라 오히려 시골 마을의 후한 풍속이니 겉으로는 엄히 심문할지라도 속으로는 가상하고 사랑스럽게 여겨야 할 것이다. 이런 사람에게 어찌 형장(刑杖)을 가하여 고통과 핍박에 못 이겨 인정과 양심을 저버리게 할 것인가. 간교함을 캐내어 복종하게 하는 것은 눈앞의 조그만 쾌사일 뿐이며, 미풍양속을 도탑게 하고 길러 나아가는 것은 오래오래 이어질 큰 정사이니 진실로 식견 있는 수령이라면 어찌 이것을 염두에 두지 않겠는가.

> 誣告起獄 是名圖賴 嚴治勿赦 照律反坐.

무고(誣告)하여 옥사를 만드는 것을 일러 도뢰(圖賴)라 하는데 (그런 자는) 엄히 다스려 용서치 말 것이며 반좌법(反坐法)을 적용해야 한다.

【字義】 誣:속일 무. 비방할 무. 圖:그림 도. 꾀할 도. 賴:의뢰할 뢰. 전 가시킬 뢰. 赦:용서할 사. 풀어줄 사. 照:비출 조. 대조할 조.

【語義】 圖賴(도뢰):죄를 저지르고는 그것을 남에게 뒤집어씌우는 것. 反坐(반좌):거짓 증언이나 무고(誣告)로써 남을 죄에 빠지게 한 자에 대하여 피해자와 동일한 벌을 주는 것.

【解說】 스스로 빠져 죽은 것을 빠뜨려 죽인 것이라 한다거나 스스로 목

을 매어 죽은 것을 강제로 목 졸라 죽였다고 한다거나 스스로 찌른 것을 남이 찔러 죽였다고 한다거나 스스로 독을 마신 것을 맞아 죽었다고 한다거나 저절로 병이 든 것을 남이 속을 썩여 병이 난 것이라고 하는 등의 무고 행위가 많다.

이런 사건들은 법서(法書)를 고찰해 보면 그 형태와 증거가 각기 다르므로 판별해 내기 어렵지 않으나 옥사가 끝난 후에야 그 판별이 나오면 수령의 뜻이 이미 해이해져, 다시 악을 징계할 생각은 하지 않고 대강 곤장을 쳐서 풀어 보내니 백성들이 두려워할 것이 뭔가.

무고하는 자들은 반좌율에 저촉되니 사죄(死罪)로써 사형에 처함이 마땅한데 그러지는 못할망정 유배조차 면제해 준다면 어찌 소홀한 처사가 아니겠는가. 이는 악을 미워하는 마음이 진정으로 절실하지 못하기 때문이다. 마땅히 상사에게 알려 벌을 주고 용서치 말아야 할 것이다.

> 檢招彌日 錄之以同日 此宜改之法也.

검정에서 취조하는 것이 여러 날이 지났는데도 기록은 모두 같은 날짜로 하는데 이것은 마땅히 고쳐야 할 법이다.

【字義】彌:미륵 미. 두루 미. 오랠 미. 改:고칠 개.
【語義】檢招(검초):검정(檢庭)에서 취조하는 것. 彌日(미일):여러 날이 지나감. 錄之以同日(녹지이동일):같은 날짜로 기록함.

【解說】검정(檢庭) 취조(取調)는 혹 5, 6일이 되어서야 끝내게 되는데도 검안(檢案)에는 모두 같은 날짜로 기록하고 있다. 다시 추문(推問)하

면 혹 첫 번째의 취조 때와 똑같이 말하기도 하고 혹은 후에 거짓으로 꾸며 진술하기도 하며, 또는 처음 문초 때는 진실을 숨겼다가 나중의 문초 때는 이실직고하여 그 날짜의 다소와 시각의 길고 짧음이 사실을 족히 추험(推驗)함으로써 진실과 거짓을 판별해 낼 수 있는데도 모두 같은 날짜로 기록하니 이는 크게 잘못된 관례다. 이런 관례는 나라의 법전이나 조정의 명령에도 없는 것이며 이속들의 그릇된 인습에 불과할 뿐이다.

수령은 마땅히 감사와 의논하여 이 그릇된 관례를 고쳐 2일이라든가 3일이라는 식으로 사실대로 기록해 둔다면 고험(考驗)할 때 두루 도움이 될 것이다.

> 大小決獄 咸有日限 經年閱歲 任其老瘐 非法也.

크건 작건 옥사의 판결에는 모두 정해진 기한이 있으니 해가 거듭함에도 그가 늙고 병들어 죽도록 방치하는 것은 법에 어긋나는 일이다.

【字義】 決:결단할 결. 판단할 결. 咸:다함. 두루 미칠 함. 閱:볼 열. 셀 열. 지낼 열. 瘐:병들 유. 옥사할 유.

【語義】 日限(일한):기한(期限). 기일. 經年(경년):해를 넘김. 閱歲(열세): 한 해가 지남. 任(임):내버려 둠. 방치해 둠. 老瘐(노유):죄수가 늙거나 병들어 죽는 것.

【解說】 ≪경국대전(經國大典)≫에 이렇게 규정되어 있다.
'무릇 옥사의 판결은 대사(大事)의 경우 그 기한이 삼십 일이요(死刑에 해당하는 경우), 중사(中事)의 경우는 이십 일이요(徒刑이나 流

刑에 해당하는 경우), 소사(小事)의 경우는 십 일이다(笞刑이나 杖刑에 해당하는 경우). 증언할 사람이나 물증이 다른 지방에 있어서 반드시 참고하고 추궁해야 할 경우에는 그 지역의 멀고 가까움에 따라 왕복 일수를 계산하여 빼고 역시 그 기한 이내에 판결을 마쳐야 한다.'

증거를 밝히기 어렵고 사증(辭證)이 뒤얽혀 부득이 기한을 넘기게 되는 경우에는 그 사유를 보고해야 한다. 무릇 형옥은 명확히 밝히는 것이 중요하므로 속결을 요구할 수는 없겠으나 진실로 마음과 힘을 다한다면 그 기한 내에 충분히 마칠 수 있을 것이다.

근년 이래로 감사들이 임금의 지극한 뜻을 우러러 받들지 못하고 구습에 빠져, 즉시 판결하여 죄수를 풀어 보내지 못하고 무지한 백성으로 하여금 한번 잡혀 들어오면 계절이 바뀌어도 나갈 수 없게 하니 굶주리고 추위에 떨다가 죽음에 이르는 자들까지 생긴다. 또 영어(囹圄)의 고통은 하루가 1년 같고 한 남자가 옥에 갇히면 온 집안이 생업을 폐하게 되니, 가족 간의 화합을 깨고 재앙을 주는 일이 이보다 더한 것이 없다. 그러므로 옥사를 다스리는 관리는 성문하고 논죄할 일이 있으면 잠시라도 지체되지 않도록 해야 한다.

保辜之限 隨犯不同 認之不淸 議或失平.

보고(保辜)의 기한은 범죄에 따라 각기 다른데 인증이 확실치 않으면 논죄를 할 때 공평을 잃게 된다.

【字義】辜:허물 고. 隨:따를 수. 認:알 인. 인정할 인. 淸:맑을 청. 깨끗할 청. 議:의논할 의.

【語義】保辜(보고):얻어맞은 사람의 생사(生死)가 결말이 날 때까지 때린 사람을 가두어 두는 것. 認之不淸(인지불청):확인이 분명치 않음. 議(의):죄를 논하는 것. 失平(실평):공평을 잃음.

【解說】《대명률(大明律)》에 '손발이나 기타의 물건으로 남을 때려서 그 상처 입힌 것이 가벼우면 보고(保辜)의 기한을 이십 일로 할 것이며, 날카로운 쇠붙이나 뜨거운 물이나 불로 남에게 상처를 입힌 자는 그 기한을 삼십 일로 한다. 또 팔다리를 부러뜨렸거나 뼈를 상하게 하였거나 낙태하게 한 자는 손발로 했건 다른 물체를 사용했건 모두 보고의 기한이 오십 일이다.'고 하였다.

　그런데 오늘날의 풍속에서는 소고(小辜)의 기한을 삼십 일로 하고 대고(大辜)의 기한을 오십 일로 하여, 일체의 구타 상해에 대해 그 기한이 모두 동일하고 대소(大小)의 구별만 있는 것처럼 하는데 이것은 잘못이다. 또 여기에서 '보(保)'는 '양(養)'을 뜻하니 범인으로 하여금 자기가 다치게 한 사람을 치료하게 하는 것을 '보고양인(保辜養人)'이라 하는 것인즉 가해자가 직접 피해자를 보양해 주는 것이므로 이것을 잘못 해석해서는 안 될 것이다.

> 殺人匿埋者 皆當掘檢 大典之註 本是誤錄 不必抱也.

　살인을 하여 암매장한 것은 모두 발굴하여 검시해야 하거니와 《대전통편》의 주(註)는 본디 잘못 기록된 것이니 그것에 구애될 필요는 없다.

【字義】匿:숨길 닉. 埋:묻을 매. 掘:팔 굴. 抱:안을 포. 품을 포. 지

킬 포.

【語義】 匿埋(익매):몰래 암매장하는 것. 掘檢(굴검):캐내어 검시(檢屍) 함. 大典之註(대전지주):≪대전통편(大典通編)≫의「刑典」檢驗條에 註의 형식으로 '殺人匿埋'를 기록한 것을 가리킴.

【解說】 숙종(肅宗)·영조(英祖)·정조(正祖) 임금의 하교(下敎)에서는 모두 굴검(掘檢)을 허락하였으나 ≪대전통편≫의 증주(增註)에서는 '무릇 굴검을 해야 하는 경우에는 임의로 시행해서는 안 되며 반드 시 상사(上司)에게 알린 후 행해야 한다.'고 하였는데 이것은 편집하 는 과정에서 잘못된 것이다. 상세한 것은 ≪欽欽新書≫에서 설명했 으므로 여기에서는 생략한다.

제3조 신형(愼刑):형벌을 신중히 함

> 牧之用刑 宜分三等 民事用上刑 公事用中刑 官事用下
> 刑 私事無刑焉 可也.

　수령이 형벌을 사용하는 데에는 마땅히 세 등급으로 나누어 시행해야
하는데 민사(民事)에 연루된 죄에는 상형(上刑)을 쓸 것이며, 공사(公事)
에 연루된 죄에는 중형(中刑)을 쓸 것이며, 관사(官事)에 관련된 죄에는
하형(下刑)을 써야 하고, 사사(私事)에 관한 죄에 대해서는 형(刑)을 가
하지 않음이 마땅하다.

【字義】民:백성 민.　公:공평할 공. 함께 할 공.　官:벼슬 관. 관리할 관.
　　私:사사 사.
【語義】用刑(용형):형벌을 가하는 것.　上刑(상형):태(笞) 삼십 대를 치는
　　형벌.　中刑(중형):태(笞) 이십 대를 치는 형벌.　下刑(하형):태(笞) 열
　　대를 치는 형벌.　私事(사사):한 가정 내의 일.

【解說】민사란 전정(田政) · 부역(賦役) · 군정(軍政) · 곡부(穀簿) · 송옥
　　(訟獄) 등 백성들의 일에 관리나 향갑들이 농간질하고 침학하여 해를
　　끼치는 것을 말한다. 민사와 관련하여 지은 죄에 대해서는 태(笞) 삼
　　십 대에 해당하는 상형(上刑)을 행한다.
　　　또 공사(公事)란 조운(漕運) · 세납(稅納) · 물선(物膳)의 상납 및 경
　　사(京司)와 상사(上司)에게 수납(輸納)하는 물건과 공문서의 이송이
　　기한을 넘기는 등 봉공(奉公)의 업무에 지장과 결손을 초래하는 것을

말한다. 공사에 관계된 죄에 대해서는 태 이십 대를 치는 중형(中刑)을 적용한다.

관사(官事)란 제사·빈객·법례(法禮)의 준수·책응(策應)·조알(朝謁)의 예절 및 공봉(供奉)의 직무 등 고을의 일체 사무로 그 관부(官府)를 유지하는 일에 아관(衙官)과 이속들이 조심하지 않고 근면치 않아 법령을 어기는 것을 말한다. 관사에 관련된 죄에는 태장 십오 대로써 하형(下刑)을 행한다.

사사(私事)란 자식이 부모를 공경하는 것, 부인이 내아(內衙)에 거처하는 것, 자식이 책방(册房)에 거처하는 것, 가묘(家廟)에서 제사를 받드는 것, 친구를 접대하는 것, 쌀이나 땔감의 사용, 놋그릇이나 나무 상자의 제작, 삼베·비단·모시·무명의 매입(買入) 등 일체의 가정사를 말한다. 사사에 잘못이 있는 경우, 한 대의 태장(笞杖)이나 반 대의 회초리도 소노(小奴)에게 가해서는 안 되는 것이니 이른바 사사에는 형벌이 없어야 한다는 것이다.

큰 죄는 부드럽게 타일러 경계하고 작은 죄는 입을 다물고 용서하되 다만 백성을 괴롭히는 죄에 대해서는 노기(怒氣)를 띠고 징계하면 이에 위엄이 서게 될 것이다.

執杖之卒 不可當場怒叱 平時約束申嚴 事過懲治必信 則不動聲色 而杖之寬猛 唯意也.

매질을 행하는 군졸에게 즉석에서 화내고 질책해서는 안 되며 평소에 거듭 엄하게 다짐을 하되 일이 끝난 후에 징계하여 다스리기를 반드시 지키면 음성과 낯빛을 변하지 않고서도 매질의 너그러움과 사나움을 뜻대로 할 수 있을 것이다.

【字義】執:잡을 집. 처리할 집. 叱:꾸짖을 질. 寬:너그러울 관. 猛:사
　　나울 맹. 엄격할 맹.

【語義】執杖之卒(집장지졸):장형(杖刑)을 집행하는 군졸. 當場(당장):현
　　장. 즉석에서. 怒叱(노질):성내고 질책함. 懲治(징치):징계하여 다
　　스림. 不動聲色(부동성색):음성과 낯빛을 변하지 않음. 杖之寬猛
　　(장지관맹):매질의 너그럽고 사나움.

【解說】수령으로서 사나운 형벌을 좋아하는 자는 죄수에게 매질을 시키
　　기 전에 먼저 장형(杖刑)을 집행하는 군졸을 치는데 그때마다 반드시
　　붉은 곤장으로 복사뼈를 때려 즉시 땅에 나동그라지게 한다. 또 죄
　　수에게 곤장질하는 자가 사납게 치지 않으면 수령은 그에게 심한 매
　　를 가하니 갑(甲) 때문에 을(乙)의 복사뼈가 깨지고, 을 때문에 병
　　(丙)의 복사뼈가 깨져, 덩굴이 뻗듯 가지가 뻗듯 정(丁)이나 무(戊)에
　　까지 이르니 본래의 사건은 까마득히 잊혀지고, 갑자기 큰 소란이
　　일어 심한 경우에는 뼈가 깨져 기절하였다가 마침내 죽음에 이르게
　　되어 명분 없는 귀신이 줄줄이 잇달아 심히 안타까운 노릇이다.
　　　죽은 자의 슬픔과 원한은 고사하고 그 다스림의 체통이 어찌 전도
　　되지 않겠는가. 이 습속은 답습할 것이 못 된다.

守令所用之刑 不過笞五十自斷 自此以往 皆濫刑也.

　　수령이 행할 수 있는 형벌은 태(笞) 오십 대 이내에서 스스로 결단할
　수 있는 것인즉 이것을 지나치는 것은 모두가 남형(濫刑)이다.

【字義】笞:볼기칠 태. 매질할 태. 往:갈 왕. 濫:넘칠 람. 함부로 할 람.

【語義】所用之刑(소용지형):사용할 수 있는 형벌. 自斷(자단):스스로 결단함. 自此以往(자차이왕):이보다 지나친 것. 濫刑(남형):남용된 형벌.

【解說】우리나라에서 현재 사용되는 형(刑)에는 대략 세 종류가 있는데 태형(笞刑)·장형(杖刑)·곤형(棍刑)이 그것이며 큰 죄에는 사형(死刑)을 쓴다. 태(笞)에는 두 종류가 있으니 작은 것은 태(笞)이며 큰 것은 태장(笞杖)이라 한다. 또 장(杖)에는 세 종류가 있는데 작은 것은 신장(訊杖)이라 하고 중간 것은 성장(省杖)이라 하며 가장 큰 것을 국장(鞫杖)이라고 하나 실상은 모두 신장이다. 그리고 곤형(棍刑)에는 다섯 가지가 있는데 대곤(大棍)·중곤(中棍)·소곤(小棍) 외에 중곤(重棍)과 치도곤(治盜棍) 등 두 가지가 더 있다.

　　그런데 수령의 직권으로써 행할 수 있는 형벌은 그 한도가 태(笞) 오십이니 수령은 개인적인 감정이나 일시적 흥분으로 이를 초과하는 일이 없어야 한다.

今之君子 嗜用大棍 以二笞三杖 不足以快意也.

요즈음 벼슬아치들은 큰 곤장 사용하기를 좋아하여 2태(笞)나 3장(杖)만으로는 마음의 흔쾌함을 느끼지 못한다.

【字義】嗜:즐길 기. 좋아할 기. 棍:몽둥이 곤. 곤장 곤. 杖:지팡이 장. 몽둥이 장. 장형 장.
【語義】君子(군자):여기의 君子는 덕망을 갖춘 선비를 의미하지 않고 일반적인 관리들을 가리킨다. 快意(쾌의):마음이 흔쾌한 것.

【解說】살피건대 수령이 사용하는 형벌은 태 오십 대 이내에서 스스로 결단할 수 있는 정도이고, 신장(訊杖)·군곤(軍棍) 등은 수령으로서 감히 쓸 수 없는 형벌인데도 근래에 습속이 흐리고 거칠어져 법례를 알지 못한 채 태나 장은 폐지해 버리고 오로지 곤(棍)만을 사용한다. 아픔과 가려움을 구별할 줄 모르는 자들이 매양 곤을 사용하는 것을 통쾌한 일로 삼으니 아, 애석하도다! 때리는 자야 통쾌할지 모르나 맞는 자야 어찌 통쾌하겠는가. 슬픈 일이로다! 남의 아픔과 고통을 나의 쾌락으로 삼으니 마음 어질지 못함이 어쩌다가 이 지경에 이르렀는가.

신장의 법은 반드시 상사에게 아뢰고 나서 시행해야 하는 것인데도 오늘날 아전·향승은 고사하고 사족(士族)들까지도 한 번 수령의 비위를 건드리기만 하면 멋대로 고문을 자행하니 어찌 나라에 법이 있다고 하겠는가. 백성에게 형벌이 있음은 나라의 법을 밝히려는 것인데 내가 먼저 법을 허물어뜨리면 무엇으로 법을 밝히겠는가.

刑罰之於以正民　末也. 律己奉法　臨之以莊　則民不犯
刑罰雖廢之　可也.

백성을 바로잡는 데 형벌은 마지막 수단이다. (수령이) 자신을 신칙하고 법을 받들어 행하기를 엄숙한 마음으로 하면 백성들이 죄를 범하지 않을 것인즉 (그리 되면) 형벌을 폐하여도 좋을 것이다.

【字義】末:끝 말.　律:법칙 률. 법에 따를 률.　莊:씩씩할 장. 엄할 장. 廢:폐할 폐. 버릴 폐.

【語義】正民(정민):백성을 바로잡음.　律己(율기):수령이 자신을 신칙함.

臨之以莊(임지이장):엄숙한 마음으로 임함.

【解說】 나라를 다스리는 일도 가정을 다스리는 일과 같거니와 항차 한 고을에 있어서랴. 한 가정의 어른이 날이면 날마다 고함이나 지르고 노기에 차 있으며, 자제들을 매질하고 노비들을 묶어 놓고 두들긴다고 해 보자. 돈 한 푼을 훔쳐도 용서치 아니하고 국 한 그릇을 엎질러도 용서치 않아 심하면 철퇴로 어깨를 내리치고 다듬이 방망이로 볼기를 친다. 그런데 자제들의 눈속임은 더 심해지고 노비들의 도둑질도 더욱 방자해진다. 온 집안이 서로 헐뜯고 오직 탄로 날까 두려워 상하가 서로 농간하여 어른을 속인다. 이리 되면 가풍과 기강이 흐트러져 큰 혼란으로 내닫게 되니 어찌 법도와 체통이 있는 집안이라 하겠는가.

이와 반대되는 가정을 살펴보자. 집안의 어른은 새벽 일찍 일어나 세수하고 머리를 단정히 빗고 의관을 정제하고 엄숙하게 앉아 아침 문안을 받은 후 각자에게 그날 할 일을 나누어 맡겨 처리하게 한다. 따르려 하지 않는 자가 있으면 점잖게 타일러 깨닫게 하고, 수치가 될 만한 것은 숨겨 드러내지 않다가 한가할 때 본인만 슬며시 불러 차근차근 훈계하고 꾸짖는다. 어른이 부지런하니 아랫사람들이 따라서 근면하며, 어른이 근엄하고 깔끔하게 통솔하여 모범이 되니 매사가 순조롭지 않을 수 없다. 1년 내내 뜰에서는 매질하는 소리가 없고, 드나드는 사람들은 그 집안에 화기(和氣)가 가득하고 봄바람이 상쾌하게 스며듦을 느낀다. 거문고·비파와 서책이 깨끗하게 정돈되지 않은 것이 없고, 초목과 가축이 모두 깔끔하고 기름지니 묻지 않더라도 법도 있는 군자의 가정임을 알 수 있다.

이런 일로 살피건대 큰소리 치고 얼굴을 붉힘으로써 백성을 교화

하는 것은 말단의 방법이요, 형벌로써 백성을 바로잡으려 하는 것
또한 말단의 방법이다. 수령 자신이 바르면 백성들 또한 바르게 마
련이며, 수령 자신이 바르지 않으면 백성에게 형벌을 가한다 하여
바르게 되지는 않을 것이다.

古之仁牧 必緩刑罰 載之史策 芳徽馥然.

옛날의 어진 수령은 반드시 형벌을 완화하였으니 (그 행적이) 역사의
기록에 실려 아름답고 향기로운 자취가 찬연히 빛나고 있다.

【字義】 緩:느릴 완. 느슨할 완. 載:실을 재. 策:꾀 책. 계책 책. 馥:향
    기 복.
【語義】 古之仁牧(고지인목):옛날의 어진 수령. 史策(사책):역사의 기록.
    芳徽馥然(방휘복연):'芳'과 '馥'은 모두 꽃다운 아름다움과 향기이
    니 훌륭한 행적의 향기로운 자취가 역사에 찬연히 빛남을 의미한다.

【解說】 유관(劉寬)이 세 고을을 역임하였는데 온화하고 인자하여 용서
    하는 일이 많았다. 그는 일찍이 말하기를 '형벌로써 백성을 다스리
    려 하면 백성들은 죄만 면하려 하지 부끄러움을 모르게 마련이다.'
    고 하면서 아전들과 백성들에게 허물이 있으면 부들 잎으로 만든 채
    찍으로 가볍게 벌하여 부끄러움만 보일 뿐이었다.
      조극선(趙克善)이 군읍을 맡아 다스릴 때의 일이다. 그는 죄인의
    종아리를 때릴 때마다 슬프고 측은한 마음으로 괴로운 표정을 하면
    서 '때리는 사람의 괴로움이 이렇듯 큰데 맞는 사람의 고통이야 어
    떠하겠는가. 저들이 고통스럽지 않을 리가 없는데도 또 죄를 범하니

애석하도다.' 하였다.

一時之忿 濫施刑杖 大罪也. 列朝遺戒 光于簡册.

일시적인 분노에서 형장(刑杖)을 남용하는 것은 큰 죄이다. 역대의 선왕들께서 남기신 가르침은 중요한 책들 속에서도 빛나고 있다.

【字義】 忿:성낼 분. 濫:넘칠 람. 함부로 할 람. 戒:경계할 계. 光:빛 광. 簡:편지 간. 간소할 간.

【語義】 濫施(남시):지나치게 형벌을 가하는 것. 列朝(열조):역대의 선왕(先王)들. 簡册(간책):'簡'은 '중요한'의 뜻이니 중요한 서적.

【解說】 세종 12년에 이렇게 하교하셨다.

"사람 몸의 다섯 가지 내장은 등에 가까이 있는데 관리들이 백성을 고문하고 곤장을 칠 때는 대체로 등을 때려 목숨을 해친다. 그래서 금후로는 등에 태형을 가하는 법을 없애니 만에 하나라도 어기는 자가 있다면 죄를 주리라."

숙종 18년에 8도의 관찰사들에게 이렇게 유시하셨다.

"임금은 우레 같은 권위로 백성을 죽이고 살릴 수 있으나 무릇 사람에게 형벌을 가하고 죽임에 있어서는 감히 사사로운 희로(喜怒)의 감정에 따라 행하지 않으며, 그 살리고 죽임을 한결같이 공론에 따르고 있다. 현재 법으로 살인과 관인(官印)의 위조는 반드시 목 베어 죽이는 죄에 해당하니 결코 용서할 수 없는 악이다.

그런데도 공경대신들과 재상들을 모아 재차 삼차 상세히 따지고 법조문을 끌어 죄를 적용해 보고 살리려 해도 반드시 죽일 수밖에 없고, 정상(情狀)과 죄 모두 용서할 여지가 없더라도 모든 대부(大夫)들이 '죽여야 한다'고 한 연후에야 사형을 집행하는 것은 사람 목숨이 지극히 귀중한 때문 아니겠는가.

그런데 크고 작은 주현(州縣)의 관장(官長)들은 임금이 백성들을 불쌍히 여기는 마음은 염두에도 없고 형벌을 결단할 때 법대로 하지 않는 경우가 많아, 티끌만한 미움이나 일시적인 분노만으로 특별히 큰 곤장을 만들어 마음대로 때려죽이니 사람의 목숨을 가볍게 여김이 지푸라기만도 못하다. 그런 무리들은 단 한 사람이라도 다시 관직에 등용치 않음으로써 두려워하고 조심할 줄 알게 해야 한다.'

> 婦女 非有大罪 不宜決罰 訊杖猶可 笞臀尤褻.

부녀자에게는 큰 죄가 아니고는 벌을 가하는 것이 옳지 않다. [또 부득이하게] 신장(訊杖)을 가하는 것은 있을 수 있으나 볼기를 치는 것은 더욱 추잡한 짓이다.

【字義】 訊:물을 신. 臀:볼기 둔. 尤:더욱 우. 오히려 우. 褻:더러울 설. 추잡할 설.

【語義】 訊杖(신장):심문할 때 치는 매. 笞臀(태둔):볼기를 치는 것. 尤褻(우설):더욱 추함. 더욱 욕됨.

【解說】 부녀자는 비록 살인을 저질렀더라도 임신 여부를 살핀 후에야 곤장을 칠 수 있는 법인데 하물며 다른 죄에 있어서랴. 볼기를 치는 자는 부녀자의 고쟁이를 벗기고 월의(月衣:월경 때 입는 옷)를 찢어내고 동이로 물을 부어 속옷이 살에 찰싹 달라붙게 하는데 법정에서

그 일이 행해지니 오히려 보기에 민망하다. 그런데 요즈음의 관장들은 아예 엉덩이를 노출시키게 하고 곤장을 치니 그 해괴하고 망측스러운 일은 차마 귀로 들을 수가 없다.

어떤 현령이 아녀자의 볼기를 노출시키도록 명령하였는데 그 여인은 옷을 추키고 벌떡 일어서 현령을 향해 크게 꾸짖기를, 현령의 어미를 들추고 할미를 들먹이며 추한 욕설을 마구 퍼부으니 현령이 오히려 난처하여 미친 여자로 돌려 내쫓아 버렸다. 윗사람이 그 도를 잃으니 아랫사람이 업신여겨 무례한 짓을 한 것인데 장차 어찌하겠는가. 수령은 마땅히 이 점을 유념하여 삼가 예법을 지켜 후회되지 않도록 해야 할 것이다.

老幼之不拷訊 載於律文.

노인이나 어린애에게 고문을 가해서는 안 된다는 것은 법조문에 실려 있다.

【字義】拷:칠 고. 律:법칙 률. 법에 따를 률.
【語義】老幼(노유):노인과 어린애. 拷訊(고신):고문하는 것. 律文(율문):법조문.

【解說】세종 12년에 이렇게 하교하셨다.
"감옥에 갇히는 것과 몽둥이찜질의 엄중함은 사람들에게 다 같은 고통이다. 그런데 그중에서도 더욱 가긍한 것은 칠십 세 이상 된 노인과 십오 세 이하의 어린애들이다. 그러니 금후로는 십오 세 이하와 칠십 세 이상 된 사람들에게는 살인강도를 제외하고는 구속을 허

락하지 않으며, 팔십 세 이상과 십 세 이하의 사람들은 비록 살인을
범했다 하더라도 가두거나 고문을 가하지 말도록 하라."

惡刑 所以治盜 不可輕施於平民也.

악형(惡刑)은 도적을 다스리는 것이니 일반 백성들에게 경솔하게 시
행해서는 안 된다.

【字義】惡:악할 악. 미워할 오. 刑:형벌 형.
【語義】惡刑(악형):몹시 심한 형벌.

【解說】악형에는 두 가지가 있는데 첫째는 난장(亂杖:발가락을 뽑아 버
　　리는 것)이요, 둘째는 주리(周牢:작대기 두 개를 양쪽 정강이 사이에
　　서 교차시켜 비트는 형벌)이다. 난장은 이미 영조(英祖) 46년에 폐지
　　되어 도적을 다스리는 데조차 사용하지 않으나 주리를 트는 형벌은
　　아직도 남아 있어 관장(官長)이 화가 치밀면 아전이나 노비들에게 간
　　혹 사용하는데 위로 국법을 어기고 아래로 백성들에게 덕을 잃음이
　　이보다 더 큰 것이 없다.

제4조 휼수(恤囚):옥에 갇힌 죄수를 보살핌

獄者 陽界之鬼府也 獄囚之苦 仁人之所宜察也.

감옥이란 이승의 지옥이니 어진 사람들은 옥에 갇힌 죄수의 고통을 마땅히 살펴야 할 바이다.

【字義】陽:볕 양. 인간 세상 양. 鬼:귀신 귀. 府:마을 부. 관아 부. 囚: 가둘 수. 죄인 수.

【語義】陽界(양계):이승. 사람이 사는 세상. 鬼府(귀부):귀신들이 사는 곳. 저승. 지옥.

【解說】옥 안에서 겪는 온갖 고통은 이루 다 말할 수가 없다. 그중 큰 것으로 다섯 가지 고통이 있으니 첫째가 형틀의 고통이요, 둘째가 토색질당하는 고통이요, 셋째가 질병의 고통이요, 넷째가 춥고 배고픈 고통이요, 다섯째가 오래 갇혀 있는 고통이다. 이 다섯 가지 고통이 줄기가 되어 천 개의 가지가 뻗고 만 개의 잎이 돋는 것이다.

사형수는 장차 죽임을 당할 것인데도 먼저 이 고통을 받으니 그 처지가 슬픈 것이요, 죄가 가벼운 옥수(獄囚)는 그 죄가 무겁지 않은데도 똑같이 이 고통을 당해야 하며, 죄 없이 들어온 억울한 옥수는 터무니없는 무함(誣陷)을 입어 이 고통을 당해야 하니 이 세 가지 모두 슬픈 일이다. 백성을 기르는 사람으로서 어찌 살피지 않을 수 있겠는가.

> 枷之施項 出於後世 非先王之法也.

칼을 목에 씌우는 것은 후세에 나온 것이지 선왕들의 법이 아니다.

【字義】枷:칼 가. 項:항목 항. 목 항.
【語義】枷(가):죄인의 목에 씌우는 칼. 施項(시항):목에 씌움.

【解說】≪주례(周禮)≫의 〈추관(秋官)〉에 말했다.

"장수(掌囚)란 수감된 도적을 관장하고 지키는 사람이다. 옥에 갇힌 자의 죄가 상죄(上罪)인 경우에는 곡(梏:두 손을 각기 하나의 나무에 묶는 것)을 채우고, 공(拲:두 손을 하나의 나무에 함께 묶는 것)을 채우고 차꼬를 채우며, 중죄(中罪)인 경우에는 차꼬를 채우고 곡(梏)을 채우며, 하죄(下罪)인 경우에는 곡만 채운다. 또 왕족에게는 공(拲)만 채우고, 벼슬자리에 있는 자에게는 차꼬만 채운다."

칼[枷]이란 옥졸들의 편의를 위하여 만들어진 것이다. 칼을 씌우면 죄수는 굽어보거나 올려다볼 수 없고 호흡이 통하지 않아 일시 반각(一時半刻)도 사람이 견딜 수 없으니 차라리 죽이는 편이 낫지 칼을 씌우는 것은 옳지 않다. 성인(聖人)들은 지혜가 많아 결코 칼을 만들지 않았던 것이다.

칼이란 죄수에게는 생사가 눈앞에 이른 것이고 옥졸에게는 죄수를 뜻대로 조종할 수 있는 도구가 된다. 귀중한 목숨이 저 큰 권한에 맡겨 있으니 어떤 보물인들 아까워할 것이며 어떤 요구인들 감히 거절하겠는가. 칼과 수갑은 재물을 녹이는 큰 화로인 것이다. 상부로부터의 영(令)은 따르지 않고 아랫사람들의 재물만 녹아드니 얼마나 괴로우면 마구 갖다 바치겠는가. 어진 수령이라면 칼 씌우는 것을 결코 소홀함이 없이 잘 단속해야 할 것이다.

獄中討索 覆盆之冤也 能察此冤 可謂明矣.

옥 안에서 토색질을 당하는 것은 남모르는 원통함이니 이 원통한 사
정을 능히 살필 줄 알아야 가히 현명하다고 할 수 있다.

【字義】討:칠 토.　索:찾을 색.　覆:다시 복. 엎을 복. 덮을 부.　盆:동이
　　분.　冤:원통할 원.

【語義】覆盆之冤(복분지원):남모르는 원통함. '覆盆'은 동이를 엎는 것
　　을 말하니 그 안에서 일어나는 일들은 아무도 알 수가 없다.

【解說】오늘날 옥 안에서의 토색질 중에는 그 혹독한 벌과 포학한 형
　　(刑)이 바깥세상에서는 들어 보지도 못한 것들이 많다. 학춤[鶴舞]·
　　원숭이 매달리기[猿掛]·계란 기름짜기[榨卵]·추뇌(推腦) 등 여러
　　가지 은어(隱語)가 있으며 다 궁구하여 힐책하기 어렵다.
　　　또 옥졸은 스스로 '신장(神將)'이라 부르고 고참 죄수는 자칭 '마
　　왕(魔王)'이라 하면서 굶주린 귀신처럼 서로 물어뜯고 연기를 내뿜
　　고 불길을 토하는 것이 이승 사람들로서는 능히 상상조차 할 수 없
　　는 것이 많다. 소위 자물쇠 공(工)에는 내졸(內卒)과 외졸(外卒)이 있
　　고 고참 죄수 중에는 영좌(領座)·공원(公員)·장무(掌務) 따위의 칭
　　호가 있다.
　　　신참 죄수가 들어올 때마다 다섯 가지 포학한 형벌을 섞어 사용하
　　는데 문에 들어서면 유문례(踰門禮)가 있고, 감방에 들어서면 지면
　　례(知面禮)가 있고, 칼을 벗으면 환골례(幻骨禮)가 있고, 며칠 지나

면 신참을 면했다고 하는 면신례(免新禮)가 있다. 또 밥이 들어가면 밥을 빼앗고 옷이 들어가면 옷을 빼앗으며 대나무 깔개에도 그 값을 징수하고 기름과 땔감에도 추렴이 있어 온갖 괴로움과 해독을 이루 다 기술할 수가 없다.

윗사람들이 금지시켜도 비웃기만 하고 그만두지 않으며 아래 죄수 가 고발하면 학대가 더욱 심하여 고해바칠 수도 없다. 암흑이 차츰 차츰 땅을 덮어 또 다른 하나의 세계를 여니 바깥세상에서는 이를 살필 수 없는 것이다.

이런 폐단을 없애고자 한다면 꼭 한 가지 방도가 있으니 그것은 사 람을 가두지 않는 것뿐이다.

疾痛之苦 雖安居燕寢 猶云不堪 況於犴狴之中乎.

질병의 고통은 편안한 잠자리에 기거해도 견딜 수 없다고 하는데 하 물며 옥 안에 있어서랴.

【字義】燕:잔치 연. 편안할 연. 堪:견딜 감. 況:상황 황. 하물며 황. 犴:들개 안. 감옥 안. 狴:감옥 폐(비).

【語義】疾痛之苦(질통지고):질병으로 인한 고통. 燕寢(연침):원래는 임 금이 한가롭게 지내는 궁궐을 뜻하나 여기서는 편안한 잠자리를 가 리킴. 不堪(불감):견디지 못함. 犴狴(안폐):원뜻은 사나운 짐승을 가두는 우리이나 여기서는 감옥을 가리킴.

【解說】≪속대전(續大典)≫에 규정하였다.

"옥이란 죄를 징계하는 곳이지 사람을 죽음으로 끌고 가는 곳이 아닌데도 심한 추위와 무더위와 배고픔과 질병으로 해서 비명(非命)에 죽는 자들이 나온다. 그러므로 수령은 안팎의 옥리들에게 명하여 옥 안을 깨끗이 청소하게 하고 질병을 치료해 주도록 해야 하며, 간호하고 부양해 줄 가족이 없는 죄수에게는 관에서 옷과 식량을 지급토록 해야 한다. 해이하고 게을러서 이를 봉행치 아니하는 자는 엄히 다스리도록 하라."

이것은 영조(英祖) 11년(1735년)에 내린 하교다. 그런데 내가 ≪문헌비고(文獻備考)≫를 살펴보니 이것은 일찍이 세종 임금의 하교였다.

獄者 無鄰之家也 囚者 不行之人也 一有凍餒 有死而已.

옥이라는 것은 이웃이 없는 집이요, 죄수는 돌아다닐 수 없는 사람이니 한번 얼고 굶주리면 죽음만이 있을 뿐이다.

【字義】 鄰:이웃 린. 凍:얼 동. 餒:주릴 뇌.
【語義】 無鄰之家(무린지가):이웃이 없는 집. 不行之人(불행지인):돌아다닐 수 없는 사람. 凍餒(동뇌):몸이 얼고 굶주림.

【解說】 손일겸(孫一謙)이 남도(南都)의 사옥(司獄)으로 있던 때의 일이다. 전부터 중죄수에게는 쌀을 하루에 한 되씩 주어 왔는데 그 대부분을 옥졸이 도둑질해 밥이 부족하다는 말이 들려 왔다. 또 배식(配食)을 할 때 강자와 약자들에게 고루 행해지지 않아 전혀 얻어먹지 못하는 자들까지 있었다. 죄수가 처음 옥에 들어오면 옥졸이 축축하

고 더러운 곳에 몰아넣고는 돈을 토색질하는데 돈을 얻지 못하면 마른 땅을 차지할 수 없게 하고 음식을 넣어 주지 않아 관청이 온통 시장바닥처럼 되어 버렸다.

손일겸은 이런 행위를 일체 엄금하고는 손수 저울을 하나 만들어 쌀을 달고 밥을 계량하여 날마다 묘시(卯時)와 사시(巳時)에 명단을 보고 차례대로 나누어 주니 배식이 고르게 되었다. 또 그는 죄수의 옷이 해진 것을 보면 빨아서 기워 입혔고 경범자로서 더욱 굶주리는 자들에게는 중죄수들의 밥의 절반을 주게 하니, 그로 해서 죄수들은 죽지 않게 되었고 옥졸들은 감히 횡령하지 못했다.

獄囚之待出 如長夜之待晨 五苦之中 留滯 其最也.

옥에 갇힌 죄수가 출옥을 기다리는 것은 긴 밤에 새벽을 기다리는 것과 같으니 다섯 가지 고통 중에서도 유체(留滯)가 가장 괴로운 것이다.

【字義】待:기다릴 대. 대접할 대. 의지할 대. 晨:새벽 신. 留:머무를 류. 滯:막힐 체. 머무를 체.

【語義】待出(대출):출옥(出獄)을 기다림. 待晨(대신):새벽을 기다림. 留滯(유체):옥에 오래 갇히어 머묾.

【解說】옥사를 유체시키는 것은 성인(聖人)들이 꺼려했던 바이다. 옥에 중죄수가 있어 그 사정이 지극히 억울한 자는 한 달에 세 차례 추문(推問)하여 보고하되 수령은 자기의 소견을 모두 진술하여 결방(決放)을 청원해야 한다.

또 죄가 가벼운 죄수는 본디 가두지 않는데 혹시 우연히 갇힌 자가 있다면 반드시 그 사람의 성명을 벽 위에 써 붙이고 날마다 살펴보아야 하며, 형리에게 명을 내려 매일 수도안(囚徒案)을 고쳐 올리게 하고 수령은 매일 아침 맑은 정신으로 살펴 형편에 따라 곧 결방해야 한다.

> 牆壁疎豁 重囚以逸 上司督過 亦奉公者之憂也.

(감옥의) 담장과 벽이 엉성하고 허술하여 중죄수가 탈출하는 일이 생기면 상사가 그 허물을 문책할 것이니 이 또한 공무를 받들어 행하는 사람이 우려해야 할 바이다.

【字義】牆:담 장. 疎:성길 소. 豁:뚫린 골 활. 빌 활. 逸:편안할 일. 달아날 일. 過:지날 과. 허물 과.

【語義】牆壁(장벽):담장과 벽. 疎豁(소활):엉성하고 허술함. 督過(독과):잘못을 꾸짖고 문책함. 奉公(봉공):공무를 받들어 행함.

【解說】호대초(胡大初)는 이렇게 말했다.

"지금 각 고을 감옥의 담이 무너지고 벽이 헐어 단단하지 못한 것이 많으니 즉시 수리해야 한다. 그런데 수리하기에 앞서 만 가지 간악한 작태부터 깊이 헤아려 미리 막아야 한다. 가령 옥리들이 중죄수로부터 뇌물을 받고는 멋대로 하도록 방임해 두는데 낮에 물을 마시겠다는 핑계로 흙벽을 적셔 놓고는 밤이 깊으면 벽을 뚫고 담을 넘어 유연히 달아나지만 옥리들은 깊이 잠이 들어 알아챌 수 없다.

이것이 이해관계를 이용한 가장 큰 폐단이니 수령은 마땅히 죄의 경중을 살피고 헤아려 중죄자는 외벽이 가까운 방에 수감치 말 것이며, 담장 위에는 반드시 가시넝쿨을 얹고 벽 안쪽은 판자로 막으며, 닷새마다 한 번씩 몸소 순찰하여 살펴보고 허술한 곳이 있으면 즉시 수리하도록 해야 한다."

歲時佳節 許其還家 恩信旣孚 其無逃矣.

설날과 추석에는 (죄수들에게) 각기 제 집으로 돌아가는 것을 허락해야 하거니와 이미 은혜와 믿음이 진실하면 도망하는 자가 없을 것이다.

【字義】 佳:아름다울 가. 좋을 가. 節:마디 절. 명절 절. 孚:미쁠 부.
　　　　逃:도망할 도.
【語義】 歲時(세시):해가 바뀌는 때, 즉 설날. 佳節(가절):'仲秋佳節'의
　　　　준말로 '추석'. 恩信(은신):은혜와 신망. 孚(부):참됨. 진실함.

【解說】 당(唐)나라의 여원응(呂元膺)이 기주 자사(蘄州刺史)로 있던 때
　　　　의 일이다. 일찍이 죄수를 점고하였는데 한 죄수가,
　　　　"내일이 설날인데도 부모님께 돌아가 뵙지 못하니 이보다 큰 불효
　　　가 없습니다."
　　　　하면서 눈물을 흘렸다. 원응이 이를 측은히 여겨 모두 수갑을 풀어
　　　돌려보내며 기일 내에 꼭 돌아오도록 하라고 타이르자 옥리들이 '불
　　　가합니다.'고 아뢰었다. 그러자 원응은,
　　　　"내가 진심으로 대하는데 저들이 어찌 나를 저버리겠느냐."
　　　　하고는 죄수들을 집으로 돌려보냈는데 모두 기일 내에 돌아왔다.
　　　이후로 도둑의 무리들이 감격하고 부끄러움을 느껴 고을 경계를 피
　　　해 갔다.

> 久囚離家 生理遂絕者 體其情願 以施慈惠.

   오랫동안 감옥에 갇혀 있어 집에 들어가지 못해 마침내 자식의 생산이 끊기게 된 자에게는 (수령이 몸소) 그 간절한 뜻과 소원을 몸으로 느껴 자애로운 은혜를 베풀어야 한다.

【字義】 離:떠날 리. 떨어질 리.   遂:드디어 수. 나아갈 수.   絕:끊을 절.
   다할 절.   願:원할 원.

【語義】 久囚離家(구수이가):오랫동안 옥에 갇혀 있어 집에 들어가지 못함.   生理(생리):자식의 생산.   體(체):몸으로 느낌.   情願(정원):간절한 뜻과 소원.   慈惠(자혜):자애로운 은혜.

【解說】 후한(後漢)의 오우(吳祐)가 교동상(膠東相)이 되었을 때 일이다. 안구(安丘) 땅의 관구장(毌丘長)이란 사내가 어미와 함께 저자[市場]에 가는 길에 취객을 만났는데 그 취객이 어미를 욕보이자 관구장은 그를 죽이고 자수하여 갇히는 신세가 되었다. 오우가 관구장에게 '처자가 있느냐?'고 물으니 '처는 있으나 자식은 없습니다.'라고 대답했다. 그러자 오우는 안구의 관아에 통첩을 내려 관구장의 아내를 데려오게 하고는 차꼬와 수갑을 풀어 주어 옥 안에서 동침하게 하니 그의 아내가 임신하게 되었다.
   겨울이 되어 형(刑)을 집행하게 되자 관구장은 손가락을 깨물어 그 피로 장차 태어날 자기의 자식에게 '오우의 은혜를 갚으라.'하는 유서를 쓰고는 교수형을 받아 죽었다.

> 老弱代囚 尙在矜恤 婦女代囚 尤宜難愼.

　노약자가 대신 갇힌 경우에는 더욱 잘 살펴 긍휼히 여겨야 하거니와 부녀자들이 대신 갇히게 되는 경우에는 더욱 어렵게 생각하여 삼가야 한다.

【字義】囚:가둘 수. 죄인 수.　尙:오히려 상. 더욱이 상.　在:있을 재. 살필 재.　尤:더욱 우. 오히려 우.　難:어려울 난.　愼:삼갈 신.

【語義】代囚(대수):대신하여 옥에 갇힘.　尙在(상재):더욱 잘 살핌.　難愼(난신):어렵게 생각하여 삼감.

【解說】영조(英祖) 37년에 이렇게 하교하셨다.

　"노인을 노인으로 어른을 어른으로 대접하는 것은 혈구(絜矩:사람을 생각하고 살피어 바른 길로 향하게 하는 것)의 도(道)이다. 무릇 범죄를 조사하고 다스림에 있어 아들로써 아비를 대신하고 아우로써 형을 대신하는 것은 더욱 좋은 일이다. 그러나 아비가 아들을 대신하고 형이 아우를 대신하며 심지어 그 어미가 대신하는 경우에 이르러서는 윤리와 기강이 어긋나고 또한 풍속의 교화에도 좋지 못한 영향을 준다. 또 잡직(雜職)에 근무하는 자들에게 있어서 그 본처(本妻)를 가두고 차지(次知:주인을 대신하여 형벌을 받는 하인)라 하며 침탈하고 뜯어내는데 그 폐단이 백 가지나 된다.

　그러니 이후로는 아비로써 아들을 대신하거나 형으로써 아우를 대신하거나 본처를 추문(推問)하면서 차지(次知)라고 하는 등의 '대수(代囚)'라는 명분을 일체 엄금한다. 혹시라도 이를 어기는 자가 있다면 대소(大小)의 관리를 막론하고 제서율(制書律)을 적용하여 다스릴 것이며, 관노와 관속은 즉석에서 곤장을 쳐서 유배하리라."

流配之人 離家遠謫 其情悲惻 館穀安挿 牧之責也.

유배된 사람은 가정을 떠나 멀리 귀양살이를 하게 되니 그 사정이 가엾고 측은하다. 집과 양곡을 대주어 편안히 살게 하는 것이 수령의 책무다.

【字義】流:흐를 류. 귀양 보낼 류. 配:나눌 배. 귀양 보낼 배. 謫:귀양 갈 적. 館:집 관. 挿:꽃을 삽. 끼어들 삽.

【語義】遠謫(원적):멀리 귀양 감. 館穀(관곡):집과 양식. 安挿(안삽):편안히 살아감.

【解說】죽을죄를 지은 것이 아니기 때문에 유배를 당하는 것이니 능멸하고 핍박하는 것은 어진 수령의 정사가 아니다. 유배에는 네 등급이 있는데 첫 번째는 공경대부(公卿大夫)를 안치(安置)하는 형태의 것이요, 둘째는 죄인의 친족을 연좌시켜 귀양 보내는 것이요, 셋째는 탐관오리를 법에 따라 도형(徒刑)이나 유형(流刑)에 처하는 것이며, 넷째는 천류 잡범을 아래의 벼슬아치들이 귀양 보내는 것이다.

정국(政局)이 한번 변하여 대세가 이미 기울면 의정 대신이라 할지라도 능멸과 모욕을 받기 마련인데 하물며 대부나 일반 선비들이야. 그래도 다시 뒤집힐 가망이 있으면 수령이 먹을 것을 은밀히 보내 주고 아전들도 은근한 충성을 바치지만, 근본이 외롭고 위태로워 앞길이 보이지 않는 자의 경우에는 그 모욕과 학대가 이루 말할 수 없다. 내 시(詩)에 '조금 궁함이 있으면 불쌍히 여겨 주는 사람이 있으나 크게 궁하면 구휼해 주는 사람도 없도다.(小窮有人憐 大窮無人恤.)'라고 한 것도 이를 일러 한 말인 것이다.

곤궁할 때 받은 감동은 뼛속 깊이 새겨지는 법이며 곤궁할 때 받은 원한 또한 골수에 사무치는 법이니, 덕을 품고 땅에 묻히면 반드시 저승에서 보답을 받을 것이며 원한을 품고 죽으면 반드시 저승에서 재앙을 받을 것이다. 천지가 변화하고 추위와 더위가 바뀌듯이 부귀한 자가 반드시 늘 즐거운 것이 아니요, 궁핍하고 고통 받는 자 또한 하늘의 보살핌을 받을 수 있는 것인즉 군자는 이 점을 명심하여 마음을 다해야 할 것이다.

제5조 금포(禁暴):세력 있는 자들의 횡포를 막음

> 禁暴止亂 所以安民 搏擊豪强 毋憚貴近 亦民牧之攸
> 勉也.

횡포를 막고 난동을 금지하는 것은 백성들을 편히 살게 하는 바탕이니 호강(豪强)한 자들을 누르고 귀족의 측근들을 두려워하지 않는 것 또한 백성을 기르는 사람이 꾸준히 힘써야 할 바이다.

【字義】搏:두드릴 박. 칠 박. 擊:칠 격. 憚:꺼릴 탄. 두려워할 탄. 攸:바 유. 오랠 유. 勉:힘쓸 면.

【語義】禁暴(금포):횡포를 막음. 止亂(지란):난동을 금지함. 搏擊(박격):손바닥으로 내려친다는 의미이며 호되게 다루는 것. 毋憚(무탄):꺼리지 않음. 두려워하지 않음. 攸勉(유면):꾸준히 힘씀.

【解說】호강한 자들의 무리에는 모두 일곱 부류가 있는데 귀척(貴戚:왕이나 귀족들의 친척이나 외척)·권문(權門)·금군(禁軍)·내신(內臣)·토호(土豪)·간리(奸吏)·유협(游俠)이 그것이다. 무릇 이 일곱 부류의 족속에 대해서는 제재를 가하고 억눌러 백성들을 편안히 살게 해 주어야 한다.

후한(後漢) 때 동선(董宣)이 낙양령(洛陽令)이 되었는데 호양 공주(湖陽公主)의 하인이 사람을 죽이고 공주의 집으로 숨어 버리자 동선은 공주가 외출하기를 기다렸다가 그 수레에서 하인을 끌어내려 쳐죽였다. 임금이 동선으로 하여금 공주에게 사죄토록 하였으나 따르지 않자 강제로 그의 머리를 숙이려 해도 끝내 듣지 않았다. 임금이 '강항령(强項令:목이 강하고 꼿꼿한 수령)을 풀어 보내도록 하라.' 하고는 오히려 돈 삼십만 전을 하사하니 이로 인하여 토호들과 교활한 자들이 벌벌 떨며 동선을 '누워 있는 호랑이'라고 불렀다.

> 權門勢家 縱奴豪橫 以爲民害者 禁之.

 권문세가에서 종들을 멋대로 풀어 주어 방자하게 날뜀으로써 백성들에게 해를 입히는 것은 금해야 한다.

【字義】縱:세로 종. 놓을 종. 豪:호걸 호. 군셀 호. 거드름 피울 호. 橫: 가로 횡. 제멋대로 할 횡.

【語義】縱奴豪橫(종노호횡):종들을 멋대로 풀어 놓아 방자하게 날뛰게 함. 爲民害(위민해):백성들에게 해를 끼침.

【解說】유정원(柳正源)이 춘천 부사로 있던 때의 일이다. 현직 정승의 종이 상전의 위세를 빙자하여 남의 관재(棺材) 수십 구(具)를 빼앗고 사람을 때려 피를 흘리게 했으므로 이졸을 보내 잡아서 벌을 주고 관재 값을 추징하여 그 주인에게 돌려주었다. 그러자 정승이 그 소문을 듣고 '내 집 종이 진실로 죄가 있거니와 유(柳) 아무개가 아니었다면 능히 이같이 하지 못했을 것이다.' 하였다.

> 禁軍怙寵 內官橫恣 種種憑藉 皆可禁也.

 금군(禁軍)이 임금의 총애에 의탁하여 (횡포를 부리거나) 내관이 횡행

방자한 짓을 할 때마다 갖가지 권세를 빙자하는 것은 모두 금해야 한다.

【字義】怙:믿을 호. 의지할 호. 寵:사랑할 총. 恣:마음대로 자. 방자할
　　자. 憑:기댈 빙. 의거할 빙. 藉:깔 자. 자리 자.
【語義】禁軍(금군):궁궐을 지키고 임금의 호위와 경비를 맡는 군대. 怙
　　寵(호총):임금의 총애에 의지함. 內官(내관):궁중에서 심부름하는
　　내시. 橫恣(횡자):횡행하고 방자함. 種種(종종):갖가지. 그때마다.

【解說】김시진(金始振)이 수원 부사로 있던 때의 일이다. 얼부(孽孚:제
　　나라를 배신하고 남의 나라 앞잡이 노릇을 한 자) 이일선(李一善:孝
　　宗 때 通官으로 활동하다가 병자호란 후 淸나라의 앞잡이 노릇을 했
　　음)의 아우가 수원에 살면서 제 형의 세력에 기대어 멋대로 방자한
　　짓을 일삼고 또 나라의 기밀을 누설하는 일까지도 서슴지 않았다.
　　이에 김공(金公)이 그를 불러 즉석에서 목을 베어 여러 사람들 앞에
　　돌렸다.
　　　좌중에 있던 사람들이 '먼저 주상께 아뢰어야 할 것입니다.' 하자
　　그는 '말썽이 생기면 내가 감당할 뿐 조정에 누를 끼칠 수는 없다.'
　　고 말했다. 그러자 주위에서 보고 듣던 사람들이 모두 크게 놀라면
　　서 두려워하였고 이일선이 와서 그 광경을 보고도 감히 연유를 캐묻
　　지 못했다.

> 土豪武斷 小民之豺虎也 去害存羊 斯謂之牧.

　토호들이 힘을 믿고 마구 날뛰는 것은 힘없는 백성들에게는 늑대와
호랑이니 그 피해를 제거하고 양(羊)을 살리는 것, 이것이야말로 (백성

을) 기르는 것이다.

【字義】武:호반 무. 斷:끊을 단. 결단할 단. 豺:승냥이 시. 存:있을 존.
　　　보살필 존.
【語義】武斷(무단):무력으로 처단함. 힘을 믿고 마구 날뜀. 豺虎(시호):
　　　늑대와 호랑이. 去害(거해):피해를 제거함. 存羊(존양):양을 살림.
　　　'양(羊)'은 온순하고 힘없는 백성을 이름.

【解說】정언황(丁彦璜)이 평산(平山) 현감으로 있던 때의 일이다. 고을
　　　의 습속이 본래 호활(豪猾)하여 무단(武斷)하는 자들이 많았다. 그들
　　　은 백성들이 한가한 틈만 보이면 마을에 모아 위협하여 부려먹고 관
　　　역(官役)에는 나가지 못하게 했다. 정언황은 그중 강력히 날뛰어 제
　　　압하기 힘든 자 하나를 다스렸다. 그런데 그는 평소에 중앙의 권문
　　　세가들과 교분을 맺고 있어 그들로부터 받은 서찰이라 하며 청탁의
　　　편지들을 내밀었다.
　　　　그러나 정언황이 단 한 가지도 들어 주지 않고 더욱 호되게 다루자
　　　그는 도망쳐 숨어 살다가 분을 못 이겨 화병으로 죽고 말았다. 정언
　　　황은 숨어 있던 팔십여 명의 토호들을 모조리 색출하여 군액에 충당
　　　했다. 그 후로는 토호들이 두려워 떨게 되었으며 명령하면 행해지고
　　　금지하면 행하지 않았다.

> 惡少任俠 剽奪爲虐者 亟宜戢之 不戢 將爲亂矣.

악소(惡少)들이 협기(俠氣)에 몸을 맡겨 남을 협박해서 (금품을) 탈취
하고 포학한 짓을 일삼는 자는 속히 막아야 하며, 이를 막지 못하면 장

차 반란을 일으키게 된다.

【字義】 俠:의기로울 협. 제멋대로 굴 협. 勡:겁박할 표. 亟:빠를 극. 자
주 기. 戢:거둘 집.

【語義】 惡少(악소):악한 소년들. 소년 악당. 任俠(임협):협기에 몸을 내
맡김. 勡奪(표탈):협박하여 탈취함. 爲虐(위학):포학한 짓을 함.
亟(극):하루 빨리. 속히. 戢(집):못하게 하는 것. 막는 것.

【解說】 한(漢)나라 때 윤상(尹賞)이 장안령(長安令)이 되었을 때의 일이
다. 장안에 간활한 무리들이 점점 늘어 동네 소년들이 아전을 죽이
는 일도 벌어지고, 사례를 받고 원수를 갚아 주는 일도 있었다. 또
서로 모여 구슬 찾기를 하는데 붉은 구슬을 고른 자는 무리(武吏)를
죽이고, 검정 구슬이 나온 자는 문리(文吏)를 죽이며, 흰 구슬이 나
온 자는 저들이 죽인 사람들의 장사를 지내 주기로 하여 사상자들이
길에 즐비하였다.

　그래서 윤상이 이들을 잡아 가둘 옥을 만드는데 땅을 파서 사방으
로 깊이를 두어 길이나 되게 하였고, 벽돌을 쌓아 입구를 만들고 그
구멍을 큰 돌로 덮으니 사람들은 그것을 ‘호랑이굴’이라고 이름 붙
였다. 그리고는 포졸들을 보내 간악한 악소배(惡少輩)들을 잡아들이
게 하여 이 호랑이굴에 넣고는 큰 돌로 덮어 버렸다. 며칠 지나 열어
보니 그들 모두 서로를 베고[枕] 죽어 있었다.

> 豪强之虐 毒痛下民 其竇尙多 不可枚擧.

호강(豪强)한 자들의 포학한 행위는 백성들에게 해독을 끼치고 병들

게 하는데 그 구멍이 아주 많아 낱낱이 열거할 수가 없다.

【字義】毒:독 독. 痡:앓을 부. 질병 부. 竇:구멍 두. 개천 독. 尙:오히
려 상. 더욱이 상. 枚:낱 매. 낱낱이 매.

【語義】毒痡(독부):해독을 끼치고 병들게 함. 竇(두):구멍. 방법. 尙多
(상다):아주 많음. 枚擧(매거):낱낱이 열거함.

【解說】오늘날 호강한 자들의 압제 중에서도 가장 심한 것은 궁장토(宮
庄土:각 宮에 소속되어 있는 논밭)·둔전(屯田:각 지방의 軍糧 자급
을 위해 반급해 주던 밭)·패점(覇占:문벌 높은 사람이 부잣집의 방
탕한 아들을 꾀어 거짓 차용 증서를 만들고는 그 액수를 터무니없이
불려, 관가에 고발하여 돈을 강탈해 내는 것)·입안(立案:황폐한
산·첩첩 산의 봉우리·먼 갯벌·작은 섬 등을 문벌 높은 자들이 멋
대로 文卷을 만들어 제 소유라 우기는 것) 등이다.

　이중 궁장토로 인한 백성들의 폐해는 이러하다. 궁장토는 날이 가
고 달이 갈수록 불어나 여러 궁의 척족(戚族)들이 광대한 땅을 차지
하고는 사람을 보내어 도조(賭租)를 징수해 가는데 이를 이름 하여
도장(導掌)이라 한다. 그런데 이들이 소작인들에게 국가의 부세를
면제시켜 주면서 사사로운 수익만 늘려 나아가는데도 수령은 팔짱만
낀 채 감히 이를 단속하지 못하니 이들이 백성들을 착취하는 데에는
끝이 없다.

　또 소위 둔전이란 것이 날로 달로 불어나 여러 영문(營門)과 아문
(衙門)이 광대한 전답을 차지하고는 말단의 군교나 이속을 파견하여
경작한 사람들에게서 도조를 받아 가는데 이를 둔감(屯監)이라 한
다. 사납고 간교한 둔감이 사방으로 흩어져 두들겨 패고 쥐어짜기를

백성들 뼈에 사무치게 하지만, 실제로 영문이나 아문에 들어가는 것은 열 가운데 하나요, 사복(私腹)을 채우는 것은 아홉이다. 위로는 왕의 전답이 날로 줄어드는 것이요, 아래로는 백성들의 고혈이 날로 말라들며, 중간으로는 영문이나 아문에 별 보탬이 없으며, 이리저리 날뛰는 교활한 무리들만 비호해 주고 윤택하게 할 뿐이니 수령은 마땅히 이를 금해야 한다.

패점(覇占)의 폐단은 이러하다. 부잣집에는 대개 방탕한 자식들이 있어 술과 노름에 빠져 그 아비의 속을 태운다. 이에 문벌 높은 자들이 아들을 꾀어 몰래 차용 증서를 받아내고는 자기가 빌려 준 돈이 천 냥, 만 냥이라고 주장한다. 그러면 미숙한 수령은 문벌 높은 자와 부잣집 탕아의 거짓 진술을 믿고 즉시 그 부자를 잡아 가둬, 가혹하게 매질을 하고 칼을 씌우고 족쇄를 채움이 또 엄하니, 부자는 온갖 고초를 견디다 못해 기름진 전답 일천 경(頃)의 땅문서를 내 주어 문벌 높은 자의 소유로 넘겨 준다. 이런 폐습은 도처에서 자행되고 있으나 충청도 지방이 더욱 심하다. 수령으로서 어찌 이를 앉아서 보기만 하고 금하지 않는 것인가.

그리고 황폐한 산·첩첩 산의 봉우리·먼 갯벌·작은 섬들 중에 천지가 열린 이래로 어느 누구의 소유로도 기재되지 않은 땅들을 문벌 높은 족속들이 멋대로 문권(文卷)을 만들어 제 것이라 하는데 이를 입안(立案)이라 한다. 이들은 그런 땅에 속해 있는 풀 한 포기·나무 한 그루·물고기 한 마리·게 한 마리까지도 제 것이라 하면서 백성들이 그것을 채취하거나 잡으면 세(稅)를 거두어 간다. 그리하여 백성들은 땔나무를 채취할 곳이 없고 도끼가 있어도 써먹을 길이 없게 된다. 또 물고기 통발은 나라에 속하지 않으며 염전(鹽田)은 엉뚱한 자들의 사욕을 채우는 데에 바닥이 난다.

이상의 네 가지 피해 이외에도 호강(豪强)한 자들로 인해 백성들이 입는 피해는 이루 헤아릴 수 없이 많아 백성들은 마침내 파산하고 멸망해 버린다. 수령이 아무리 못나고 힘을 펴지 못한다 해도 백성을 기르는 사람으로서 어찌 가만히 앉아서 구경만 하고 막지 않을 수 있겠는가.

狹邪奸淫 携妓宿娼者 禁之.

(수령은 관리들이) 협사(狹邪)를 일삼고 음란한 행위를 하며 기생을 데리고 희롱하고 창녀를 끼고 잠자는 것을 금해야 한다.

【字義】携:이끌 휴. 妓:기생 기. 娼:창녀 창.
【語義】狹邪(협사):뒤로 못된 짓을 하는 것(여기서는 부도덕한 남녀 관계). 奸淫(간음):음란한 짓을 하는 것. 携妓(휴기):기생들을 데리고 노는 것. 宿娼(숙창):창녀와 잠을 자는 것.

【解說】관리가 창녀를 끼고 노는 것에 대해서는 법률이 지극히 엄하다. 그러나 이미 기강이 풀리고 어지럽게 된 지 오래이므로 지금에 와서 갑자기 금지한다면 공연히 소란만 일으킬 뿐이다. 다만 산놀이를 갈 때나 물놀이를 할 때 기생을 데리고 가 풍악을 울리게 하는 것은 이교(吏校)들로서 감히 할 일이 아니니 수령은 부임한 지 한 달이 지나면 곧 엄히 약조하여 이렇게 일러야 한다.

"이속이나 군교로서 감히 기생을 끼고 노는 자는 즉시 법에 따라 엄히 다스릴 것이며, 관적(官籍)에서 영구히 제적시킬 것이며, 기생 집에서 소란을 피우거나 싸움질을 하여 송사(訟事)가 생기게 하는 자에게는 가중 처벌법을 적용하여 결코 용서치 않으리라."

市場酗酒 掠取商貨 街巷酗酒 罵詈尊長者 禁之.

저잣거리에서 술주정을 하고 가게의 물건을 약탈하거나 자기보다 나이 많은 사람에게 술주정하며 욕지거리하는 것은 금해야 한다.

【字義】 酗:주정할 후. 掠:노략질할 략. 罵:꾸짖을 매. 詈:꾸짖을 리.
【語義】 酗酒(후주):술주정하는 것. 商貨(상화):장사하는 물건. 상품.
街巷(가항):길거리. 좁은 골목길. 罵詈(매리):꾸짖고 욕함. 尊長(존장):웃어른. 자기보다 연장자.

【解說】 장터마다 반드시 한두 명의 행패꾼이 있어 장사꾼들에게 늑대나 호랑이처럼 군림하는데 중국에서는 이런 무리를 소패왕(小覇王)이라고 부른다. 이들은 말질과 되질의 권한을 손아귀에 쥐고는 저울과 자[尺]의 농간을 부린다. 또 창녀를 사서 술을 팔게 하고 가축을 밀도살하여 고기를 판다. 또 늘 술에 취해 있어 욕질을 하며, 남의 물건을 약탈한다. 낯을 붉히고 눈을 흘기면서 독을 치고 항아리를 깨버려도 어느 누구도 말 한마디 하지 못한다.

그러니 수령은 마땅히 각별히 염탐하고 조사한 뒤 결박해서 큰 곤장으로 살점이 해질 정도로 패고 큰 칼을 목에 씌워 혼쭐을 내 준 후, 다시는 감히 그런 짓을 못하도록 해야 한다. 그리하면 장사꾼들은 즐거운 마음으로 생업에 종사할 것이며 백성들은 마을에서 기뻐할 것인즉 신명한 수령이라는 소문이 사방에 넘칠 것이다.

> 賭博爲業 開場群聚者 禁之.

　도박을 직업 삼아 노름판을 벌이고는 사람들을 떼 지어 모이게 하는
것은 금해야 한다.

【字義】賭:내기 도.　博:넓을 박. 노름할 박.　群:무리 군.　聚:모을 취.
【語義】賭博爲業(도박위업):직업 삼아 도박을 함.　開場(개장):(도박판
　을) 벌이는 것.　群聚(군취):떼 지어 모이게 함.

【解說】여러 가지 도박 중에서 사람의 심성을 망치고 재산을 날려 부모
　와 친척들을 걱정시키는 것으로는 마조(馬弔)가 으뜸이며, 쌍륙(雙
　陸)과 강패(江牌)가 그 다음이다. 아전들이 포흠을 지고 군교들이 부
　정을 저지르는 것은 대개 노름으로 인한 경우가 많으니 수령은 거듭
　거듭 영을 내려 엄히 금해야 할 것이다. 그래도 고쳐지지 않는 자가
　있으면 시노(侍奴)·시동이나 그 밖의 성복을 보내어 눈에 띄는 대로
　잡아 법으로써 속전(贖錢)을 거두어 노비들에게 나누어 주고 옥에 갇
　힌 죄수들을 구휼한다. 또 관(官)의 재물을 포흠한 것이 많으면 그
　원인을 캐어 그것이 노름으로 인해 생긴 것이라면 많이 딴 자의 돈
　을 환수하여 부족액을 채워 넣도록 한다.

> 俳優之戱 傀儡之技 儺樂募緣 妖言賣術者 並禁之.

　광대놀음이나 꼭두각시 놀이나 나악(儺樂)으로 사람들을 끌어 모아
요사스러운 말로 술수를 파는 것도 모두 금해야 한다.

【字義】俳:배우 배. 優:넉넉할 우. 뛰어날 우. 광대 우. 戲:희롱할 희.
놀 희. 傀:허수아비 괴. 儡:꼭두각시 뢰. 儺:푸닥거리 나. 妖:요사
할 요.

【語義】俳優(배우):광대. 傀儡(괴뢰):꼭두각시. 儺樂(나악):음력 섣달
그믐 밤에 악귀를 쫓아내는 의식을 할 때 사용하는 음악. 募綠(모
연):사람들을 끌어 모음.

【解說】남쪽 지방의 이속과 군교들은 사치와 방종이 풍속이 되어 봄여
름마다 화창한 날이면 광대들의 익살스러운 연기와 초라니들의 산대
놀이를 낮이 다하고 밤이 새도록 즐기는데, 수령들은 이를 금하지
않고 관정(官庭)에 끌어들이는 경우도 있으며, 심하면 내아(內衙)의
부녀자들까지 발[簾]을 쳐 놓고 그 음란하고 외설스러운 장면을 내다
보니 이는 예법에 크게 어긋나는 일이다.

이런 광경을 백성들에게 보여 주면 그것에 빠져들지 않는 자가 없
어 남녀 할 것 없이 들떠 몰려다니면서 음란한 짓을 하느라 그 방탕
함이 한이 없으며, 창고의 포흠과 세(稅)를 훔쳐내는 것이 대개 여기
에서 연유한다.

그러므로 수령은 방(榜)을 붙여 백성들에게 유시하고, 광대와 꼭두
각시 놀이패를 자기의 관할 지역 내에 들어오지 못하게 막음으로써
백성들 사이의 풍기를 바로잡아야 할 것이다.

私屠牛馬者 禁之 徵贖 則不可.

소나 말을 사사로이 잡는 것은 금해야 하며, (이를 어긴 자로부터) 속
전을 징수하는 것은 안 된다.

【字義】屠:죽일 도. 잡을 도.　贖:속죄할 속. 속전 속.

【語義】私屠(사도):가축을 사사로이 도살하는 것.　徵贖(징속):속전을 징
수함.

【解說】우리나라의 풍속으로는 암말과 수말의 교배를 금하고 있어 망아
지의 생산이 막혀 버렸다. 그래서 일만 호가 있는 고을에 말이 몇 십
필에 불과하니 병들어 죽는 외에 사사로이 말을 도살하는 일은 없
다. 다만 소의 밀도살은 엄히 금해야 하나 우리나라에는 양(羊)이 없
어 명절을 맞아도 소가 아니고는 고기를 구할 길이 없으니 백성들이
간절히 원하는 것을 가혹하게 금할 수만은 없다.

다만 세력 있는 아전이나 힘 있는 백성이 혼인 잔치나 장례·제사
를 위해 소를 잡는 것이 풍속이 되었는데 이것은 금해야 한다. 법으
로 개를 잡는 것도 금하는 것이 마땅할 터인데 어찌 소를 사사로이
잡을 수 있단 말인가.

법에 따라 상사에게 보고하면 내 고을 백성의 재물만 손실되고 저
들의 창고만 풍족히 채워 줄 뿐이니 무의미한 일이다. 장(杖) 백 대
를 태(笞) 오십 대로 감하여 행하고, 도(徒:징역) 3년에 해당하는 죄
인에게는 소의 가죽·힘줄·뿔을 바쳐 속죄하게 하고 수령이 직접
처리해 버리는 것이 옳은 일이다.

또 사사로운 도살이 발각되어 그에 대해 속전을 징수하는 데에는
세 가지 해로움이 있는데 백성의 재산을 축내는 것이 첫째요, 수령
자신의 이름을 더럽히게 되는 것이 둘째요, 아전들의 악을 조장하게
되는 것이 세 번째의 해(害)이니, 결단코 속전을 징수해서는 안 된
다. 다만 토호나 부민(富民)들 중 법에 저촉됨이 가벼운 것은 속전을
징수하여 그 돈으로 옥수(獄囚)들을 구휼해도 좋을 것이다.

印信僞造者 察其情犯 斷其輕重.

도장을 위조한 자는 그 정상(情狀)과 죄를 살펴 죄의 경중(輕重)을 판단해야 한다.

【字義】察:살필 찰. 자세할 찰. 斷:끊을 단. 결단할 단.
【語義】印信(인신):도장. 情犯(정범):정상(情狀)과 죄.

【解說】내가 가주서(假注書:注書란 승정원의 正七品 벼슬로 임금의 전교를 작성하는 일을 함. 가주서란 주서의 유고 때 임무를 대행하는 사람)로 있으면서 전지(傳旨)를 쓰는데 형조에 기록된 죄수들 중 어인(御印)을 위조한 죄로 갇힌 자가 이십여 명이었다. 그 후 십 년이 지나 형조참의(刑曹參議)가 되어 죄수를 심문하였더니 어인을 위조한 자가 또 이십여 명이었다. 그래서 내가 아전에게,
  "십 년 전의 죄수들이 아직도 미결수로 있는 것이냐?"
  하고 물었더니 아전이 대답하였다.
  "그럴 리가 있겠습니까. 해마다 판결하여 풀어 주는데도 이듬해가 되면 죄를 범하는 자들이 또 전과 같습니다. 해마다 판결을 받는 자가 사오십 명 되는데 금년에는 적은 편입니다."

族譜僞造者 罪其首謀 宥其從者.

족보를 위조한 것에 대해서는 그 주모자만을 벌주고 종범(從犯)은 관대하게 처리한다.

【字義】譜:족보 보. 罪:허물 죄. 죄 줄 죄. 宥:너그러울 유.

【語義】罪(죄):죄를 줌. 벌을 줌. 首謀(수모):주모자(主謀者). 宥(유):관
　　대히 처리함. 용서해 줌. 從者(종자):우두머리의 지시에 따라 죄를
　　범한 공범자.

【解說】족보를 위조한 죄인의 처벌에 대해서는「병전육조(兵典六條)」의
　　〈첨정(簽丁)〉편에서 자세히 기술하였으므로 여기서는 다시 논하지
　　않겠다.

제6조 제해(除害):백성들의 각종 피해를 제거함

爲民除害 牧所務也 一日盜賊 二日鬼魅 三日虎狼 三
者息 而民患除矣.

백성에게 해가 되는 것을 제거하는 것이 수령의 소임이니 첫째가 도
적떼요, 둘째가 귀신붙이들이요, 셋째가 호랑이와 늑대인즉 이 세 가지
가 없어져야 백성들의 근심도 사라질 것이다.

【字義】除:덜 제. 없앨 제. 임명할 제. 魅:매혹할 매. 도깨비 매. 狼:이
　　리 랑. 息:쉴 식. 그칠 식.
【語義】鬼魅(귀매):귀신붙이들. 虎狼(호랑):호랑이와 늑대. 息(식):그
　　침. 없어짐.

【解說】우리나라 사람들이 서로 모여 한가로이 이야기할 때 어떤 것이
　　가장 무섭냐고 물으면 의견이 각기 달라 어떤 사람은 도적떼가 가장
　　무섭다 하고, 또 어떤 사람은 귀신붙이가 가장 무섭다 하고, 어떤 사
　　람은 호랑이가 가장 무섭다고 하는데 어쨌거나 이 세 가지가 백성들
　　에게는 가장 두렵고 큰 피해를 준다는 사실을 알 수 있다.
　　　이 중 귀신붙이로 인한 걱정은 반드시 인간의 조작에 연유하여 생
　　기는 것이니 음흉한 사당(祠堂)과 요사스러운 무당이 바로 귀신이 의
　　지하는 곳이다. 그러므로 귀신으로 인한 근심은 요사스러운 것들을
　　제거하는 것을 근본으로 삼으면 사라질 것이다. 또 도적떼와 호랑이
　　로 인한 근심은 수령의 권한으로 동원할 수 있는 인력과 장비와 지

혜로써 제거해 줄 수 있으며, 불가능한 경우에는 상부에 구원을 요
청하여 소탕한다면 백성들이 마음 편히 살수 있을 것이다.

> 盜所以作 厥有三繇 上不端表 中不奉令 下不畏法 雖
> 欲無盜 不可得也.

도적이 생기는 까닭에는 세 가지 조건이 있으니 윗사람들은 (행실이)
바르고 밝지 못하며, 중간 사람들은 명령을 올바로 받들어 행하지 않으
며, 아래 백성들은 법을 두려워하지 않는 것이 그것이다. (이 세 가지가
고쳐지지 않고서는) 도적을 없애려 해도 없앨 수 없다.

【字義】作:지을 작. 일어날 작. 繇:역사 요. 말미암을 유. 端:끝 단. 단
　　　정할 단. 表:겉 표. 드러날 표.
【語義】盜所以作(도소이작):도적이 생기는 까닭. 三繇(삼요):세 가지 따
　　　르는 것, 즉 세 가지 조건. 不端表(부단표):바르고 밝게 행동하지 않
　　　음. '端'은 '正'이며 '表'는 '明'이니 '不端表'는 행실이 올바르지
　　　못하고 어두운 데가 있음. 奉令(봉령):명령을 받들어 행함. 畏法(외
　　　법):법을 두려워함. 不可得(불가득):해낼 수 없음. 이룰 수 없음.

【解說】윗사람들이 행실이 바르고 밝지 못하다는 것은 사신이나 수령들
　　　이 탐욕스럽고 불법을 자행하는 것을 말한다. 그래서 백성들은 일산
　　　(日傘) 밑을 가리켜 '대도(大盜)'라고 하는 것이다. 행실이 이미 바르
　　　지 못하니 그림자가 무엇을 좇아 곧겠는가? 도적들까지도 몰래 서로
　　　수군거리기를,
　　　　"지위가 저렇게 높고 백성들의 우러름이 저렇듯 정중하며 나라에

서 받는 은혜가 저다지 큰데도 도적질을 하는데, 우리 같은 소인배들이야 아침저녁이 어찌 될 지도 모르는 형편인데 풀 죽고 근심에 싸여 말라비틀어질 게 뭐란 말인가."

한다. 도적들끼리 모이면 으레 하는 말이 이러하니 어찌 그들의 도적질을 금할 수 있겠는가. 공자께서 계강자(季康子:魯나라에서 가장 큰 권력을 가졌던 嘉族. 공자는 한때 그의 부친과 관리 생활을 하였음)에게, "진실로 그대가 탐욕을 부리지 않는다면 도적들은 상을 준다 해도 도적질을 하지 않을 것이오."라고 일침을 놓으신 것은 바로 이를 두고 하신 말씀이다.

또 중간 사람들이 명령을 받들어 행하지 않는다는 것은 무릇 토포군관(討捕軍官)이 모두 도적의 두령으로 이들을 끼지 않고는 도적질을 할 수가 없다는 말이다. 이들은 한길과 큰 저자에 도적들을 투입시켜 안팎이 서로 화응(和應)하며 빼앗고 훔치는데 도적 혼자서는 그런 짓을 할 방도가 없다. 부잣집과 세도 있는 집의 의복과 그릇을 훔쳐도 팔 길이 없고 그것을 팔 수 있는 것은 군관뿐이다. 도둑질한 물건 값이 열 냥이라면 석 냥은 훔친 자가 먹고 나머지 일곱 냥은 군관 몫이 된다.

또 새 도둑이 패거리에 들어오면 으레 참알례를 행하게 되어 있어 세 번 장물을 바치고 나서야 자기도 일부 얻어먹기를 바랄 수 있는데 어쩌다 한 번이라도 눈속임을 했다가는 즉시 관가로 잡혀오게 된다. 그러므로 수령은 이런 사정을 잘 알아 백성들 사이에 물건을 잃어버렸다는 신고가 있으면 은밀히 경계하고 타일러 돌려주도록 해야 한다.

그리고 아래 백성들이 법을 두려워하지 않는다 함은 여관이나 주막의 주인들이 도적들을 숨겨 주는 것을 두고 한 말이다. 대개 도적의 두목들은 성읍 내 저점(邸店) 같은 곳에 은신하지 산 밑의 외딴 마을로 숨어들지는 않는다. 여관이나 주막에는 하루에도 천 명이나 손님을 받으니 낯선 객이 있다 해도 사람들이 의심을 두지 않는다.

　조용하고 궁벽한 곳에서는 한 사람의 나그네가 투숙해도 사방의 이웃에서 누구냐고 캐물으니 신분이 곧 탄로 나고 만다. 그러므로 신분을 숨기려는 자들은 모두 5리나 십 리 간격으로 여관이나 주막에 고리로 잇듯 포진하고는 일을 꾀할 때 서로 화응하고 급한 상황이 닥치면 서로 전달하니, 훔친 물건을 숨겨 두는 곳도 바로 이런 곳이요 가족을 의탁하는 곳도 바로 이런 곳이다.

　그러므로 수령은 각 여관과 주막에 경고하여 그런 자들을 숨겨 주는 경우에는 반드시 죽게 될 것임을 상기시키고, 단 한 번이라도 법을 어기는 자는 결코 용서치 않는다면 도적들이 소굴로 삼을 곳이 없어질 것이다.

> 宣上德意 赦其罪惡 棄舊自新 各還其業 上也.

　(수령은) 은덕을 베풀고자 하는 임금의 뜻을 펴서 그들의 죄악을 용서해 주고, 지난날의 (버릇을) 버리고 스스로 새사람이 되어 각기 제 본업으로 돌아가게 하는 것이 상책이다.

【字義】宣:베풀 선. 떨칠 선.　赦:용서할 사. 풀어줄 사.　棄:버릴 기.
　還:돌릴 환.
【語義】上德意(상덕의):임금이 은덕을 베풀고자 하는 뜻.　棄舊自新(기구자신):옛 버릇을 버리고 스스로 새로운 사람이 되는 것.

【解說】진(晉)나라의 강유(江逌)가 고을 현령으로 있던 때 일이다. 산속으로 도망하여 생활하는 가족이 수백 가구가 있었는데 험준한 산을 믿고는 버티고 있어 전후의 수령들이 평정하지 못하였다. 강유는 부임하는 길로 그 괴수를 불러 후히 구휼하니 열흘에서 한 달 사이에 어린애를 업고 모두 내려왔다. 강유는 일찍이 이렇게 말한 적이 있다.

"패역을 하는 백성들은 은덕을 베풀어 맺어야 하며, 무지한 무리들은 이치를 깨우쳐 타일러야 하니 정말로 굶주림과 추위를 면해 준다면 누가 병기(兵器)를 들 생각을 하겠는가. 조정이 이미 그 부세와 요역을 번거롭게 하는데다가 지방 관청에서 징수와 요구 사항이 더 늘어나면 백성들도 어쩔 수 없이 노략질이라도 하여 살기를 꾀할 것이니, 이는 삶을 구함이지 난동을 부리고자 함이 아닌 것이다."

如是然後 改行屛跡 道不拾遺 有恥且格 不亦善乎.

이와 같이 한 연후에야 행실을 고치고 (악행이) 자취를 감추게 되어 길에 떨어져 있는 물건도 주워 갖지 않으며, 부끄러움을 알아 고쳐 나아갈 것이니 이 또한 좋지 않겠는가.

【字義】屛:병풍 병. 감출 병. 跡:발자취 적. 拾:주을 습. 열 십. 且:또 차. 공경스러울 저. 도마 조. 格:격식 격. 고칠 격.

【語義】改行屛跡(개행병적):행실을 고치고 자취를 감춤. 道不拾遺(도불습유):길에 떨어진 물건을 줍지 않음. ≪孔子家語≫〈相魯篇〉에 나오는 말임. 有恥且格(유치차격):부끄러움을 알아 고치게 됨.

【解說】 송(宋)나라 때 범순인(范純仁)이 낙양(洛陽)의 윤(尹)으로 있었다. 마침 사극장(謝克莊)이란 관리가 하양(河陽)에서 낙양으로 오면서 도중에 말에게 먹이를 주며 주막에서 쉬고 있는데, 한 노인이 담장 아래에서 따스한 햇볕을 쬐고 있었다. 어떤 사람이 그 노인에게 와서,

"댁의 송아지를 누가 훔쳐 갔습니다."

하고 알렸는데 그 노인은 앉아 있는 채로 고개도 돌리지 않는 것이었다. 그러자 조금 있다가 다시,

"댁의 송아지를 누가 훔쳐 갔다니까요."

하고 말하니 그 노인은 조금도 얼굴빛이 변하지 않은 채 태연자약하게,

"필시 이웃집에서 장난하느라고 감췄을 뿐이야."

하고 느릿느릿 말하는 것이었다. 사극장이 이상히 여기고는 그 노인 곁으로 다가가,

"노인장의 집 송아지를 도둑맞았다고 두 번이나 알려 드렸는데도 돌아보지도 않으니 어찌 된 영문입니까?"

하고 물었다. 이에 그 노인은 웃으면서 말하기를,

"우리 고을에 범공(范公)께서 계시는데 누가 도둑질을 하려 하겠소."

하고 대꾸하는 것이었다. 과연 얼마 안 있어 송아지가 그 노인의 집으로 돌아왔다. 사극장은 감탄하고 떠났다.

奸豪相聚 怙惡不悛 剛威擊斷 以安平民 抑其次也.

간교한 세도가들이 서로 뜻을 모아 악행을 일삼고 고치려 하지 않는

것을 (수령이) 굳센 위세로 쳐서 끊음으로써 백성들을 평안하게 하는 것이 또한 그 차선책이다.

【字義】 聚:모을 취. 怙:믿을 호. 의지할 호. 悛:고칠 전. 깨달을 전.
剛:굳셀 강. 抑:누를 억. 또한 억.

【語義】 奸豪(간호):간교한 세도가. 怙惡(호악):악에 의지함. 악행을 일
삼음. 不悛(부전):고치지 않음. 剛威(강위):굳센 위세. 擊斷(격단):
쳐서 끊어 버림. 抑(억):또한. 문득. 삼가.

【解說】 북주(北周)의 한포(韓褒)가 옹주 자사(雍州刺史)로 있던 때의 일
이다. 그 지방에 도적이 득실거렸는데 한포가 은밀히 탐지해 보니
모두 세력 있는 자들의 소행이었다. 그는 모르는 체 시치미를 떼고
더욱 두터운 예우로써 대하며,
  "나는 원래 글공부나 한 서생이니 어찌 도적 막는 일을 알겠소. 믿
는 것은 그대들뿐이니 나와 함께 도척의 근성을 나누어 주시오."
  하고는 사납고 간교하여 향리의 우환이 되는 자들을 모두 불러다
우두머리로 삼아 담당 지역의 경계를 나누어 맡기면서, 제 구역 안
에서 도적질이 자행되었는데도 도적을 잡지 못하는 경우에는 고의로
놓아 준 것으로 간주하여 그 우두머리를 처벌하기로 하였다. 일이
이쯤 되자 우두머리로 뽑힌 자들이 모두 자수하고 엎드려 말하기를,
  "지금까지의 도적질은 모두 저희들 짓이었습니다."
  하면서 자기들이 거느린 도적 무리들의 성명을 적어 바쳤으며, 혹
도망가 숨은 자들의 은신처를 모두 털어 놓았다. 한포는 그 명단을
받아서 간수한 후 고을 성문에 크게 방을 써 붙이기를,
  "도둑질한 죄를 스스로 아는 자는 속히 달려와 자수하면 그 죄를

면해 주겠노라. 그러나 이 달이 다 가도록 자수하지 않는 자는 모두 잡아 사형에 처할 것이며, 그 재산을 몰수하여 앞서 자수하는 자들에게 상으로 주리라."

하니 열흘에서 한 달 사이에 모든 도적들이 자수해 왔다. 한포가 도둑의 명단을 맞추어 보니 단 한 명도 어긋남이 없었다. 그들의 죄를 용서하여 스스로 새사람이 되게 하였으며 이로 하여 도적떼가 모두 사라졌다.

懸賞許赦 使之相捕 使之相告 以至殘滅 又其次也.

상(賞)을 걸어 죄의 사면을 허락하되 서로 잡아들이고 고발하게 함으로써 마침내 쇠잔하여 다 없어지게 하는 것도 차선책이다.

【字義】懸:달 현. 걸 현. 捕:잡을 포. 殘:잔인할 잔. 해칠 잔. 남을 잔.
    又:또 우.

【語義】懸賞(현상):상(賞)을 거는 것. 許赦(허사):죄의 사면을 허락함.
    相捕(상포):서로 체포함. 相告(상고):서로 고발함. 殘滅(잔멸):쇠잔
    하여 다 없어짐.

【解說】한(漢)나라 때 장창(張敞)이 산양(山陽) 태수가 되었는데 교동(膠東)과 발해(渤海) 지방에 도적이 떼를 지어 일어났다. 장창이 상을 걸고 도적들에게 알려 서로 잡아 베면 그 죄를 사면해 주겠다고 하였다. 또 아전들 중 도적을 잡는 데에 공이 있는 자는 그 이름을 상서(尚書)에게 올려 현령의 자리에 임용된 사람이 수십 명이나 되었다. 이로 말미암아 도적 패거리들이 각기 흩어져 저희들끼리 서로

잡아 베니 아전들과 백성이 혼연일체가 되었다.

朱墨之識 表其衣裾 以辨禾莠 以資鋤拔 亦小數也.

주묵의 표지를 그 옷 뒷자락에 함으로써, 벼와 피를 가려 호미로 김을 매듯 (도둑을 잡아내는 데에) 도움을 주는 것 또한 작은 술수가 된다.

【字義】識:알 식. 표지 지.　裾:자락 거.　禾:벼 화.　莠:가라지 유.　資: 재물 자. 도움 자.　鋤:호미 서.

【語義】朱墨之識(주묵지지):주묵의 표지. '朱墨'은 붉은색의 먹.　衣裾 (의거):옷자락. 옷의 뒷자락.　禾莠(화유):벼와 피. '莠'는 벼에 해가 되는 잡초.　資(자):도움이 됨.　鋤拔(서발):호미로 김을 매는 것.　小 數(소수):작은 술수.

【解說】성창(盛昶)이 어느 고을의 현령으로 있었는데 도적떼 수백 명이 한밤중에 창고를 약탈하러 왔다. 이에 성창이 주묵과 붓 두 자루를 가지고 몰래 뜰 안의 나무 위로 올라가 도적들이 드나들기를 기다렸다가 붓을 적셔 그들의 옷자락에 조금씩 뿌렸다. 그리고는 이튿날 아침에 고을의 성문을 닫고는 은밀히 순라군에게 명하여 옷에 주묵의 흔적이 묻어 있는 자들을 모조리 잡아들여 한 명의 도적도 놓치지 않았다.

僞轝運喪 譎盜之恒例也 僞訃察哀 詗盜之小數也.

거짓으로 상여를 꾸며 장사지내는 것은 간교한 도적들이 늘 쓰는 수

법이니 거짓 부고(訃告)를 받고 그 슬퍼하는 모양을 살피는 것도 도적의 동태를 염탐하는 작은 술수이다.

【字義】轝:수레 여.　喪:잃을 상. 죽을 상.　譎:속일 휼.　訃:부고 부.　詗:염탐할 형.

【語義】僞轝運喪(위여운상):거짓으로 상여를 꾸며 장사지내는 것.　譎盜(휼도):간교한 도적.　恒例(항례):늘 쓰는 수법.　僞訃(위부):위장된 부고(訃告).　察哀(찰애):진실로 슬퍼하는지를 살핌.　詗盜(형도):도적의 동태를 염탐하는 것.

【解說】측천무후(則天武后:唐나라 高宗의 황후. 高宗이 죽자 스스로 帝位에 올라 神聖皇帝라 하였음) 때의 일이다. 일찍이 태평공주(太平公主:唐 高宗과 則天武后 사이의 딸로 그녀의 말 한마디가 政事를 좌우하였음)에게 자개 그릇 두 개에 보물을 가득 담아 하사하였는데 값으로 치면 금(金) 일백 일(鎰:무게의 단위, 1鎰은 이십사 兩)에 해당하였다. 그런데 하사받은 지 얼마 안 되어 도둑맞고 말았다. 측천무후가 크게 노하여 장사(長史)에게 이르기를,

"사흘 안에 도둑을 잡지 못하면 그 죄로 네놈이 죽으리라."

하였다. 그러자 호주 별가(湖州別駕)인 소무명(蘇無名)이 자청하여 측천무후를 뵙고는,

"기간에 구애를 두시지 않는다면 신이 폐하를 위하여 도둑을 잡겠습니다."

하였다. 마침 한식날이 되자 소무명은 이졸들을 불러 약속하기를,

"열 명이나 다섯 명씩 무리를 지어 동북쪽 성문에서 엿보고 있다가 호인(胡人)의 무리 십여 명이 상복을 입고 북망산(北邙山:河南省

洛陽縣 북쪽에 있는 산. 중국 역대 왕족이나 귀족들의 무덤이 많다. 이에 연유하여 사람이 죽어 묻히는 곳을 의미하게 되었음)으로 나가는 것을 보거든 뒤따라 가보라."

하고 말하였다. 이졸들이 지켜보고 있으려니까 과연 그런 무리들이 있어 달려와 아뢰기를,

"호인들이 새 무덤에 이르러 제물을 차려 놓고 곡을 하는데 조금도 슬퍼하지 않고 무덤 주위를 돌며 서로 쳐다보고 웃었습니다."

하였다. 소무명이 기뻐서 '이제 되었다' 하고는 이졸들로 하여금 호인들을 모두 잡아들이고 무덤을 파 보게 하였다. 그리고는 관을 열어 보니 보물이 가득하였다. 이에 측천무후가 소무명에게, '경은 무슨 재주로 이 도둑들을 알아내었는가?' 하니 소무명이 대답하였다.

"신이 고을에 부임해 오던 바로 그날 이 도적들이 보물을 내다가 장사지냈습니다. 그런데 장사지내는 모습을 보니 위장된 것임을 알았습니다. 다만 보물을 묻은 장소를 알지 못하고 있었을 뿐인데, 마침 오늘이 한식날이어서 도적들이 성묘를 꾸며 반드시 성 밖으로 나가리라는 것을 혜량하고 있었습니다. 도둑들이 제물을 차려 놓고 곡을 하면서도 슬퍼하는 기색이 조금도 없어 장사지낸 것이 그 어버이가 아니었음을 분명히 알 수 있었습니다. 게다가 곡을 마치고 무덤을 둘러보며 서로 쳐다보고 웃는 것은 보물을 묻어 둔 무덤에 아무런 손상이 없음을 기뻐하는 것이었습니다.

그러니 전날 폐하께서 부현(府縣)에 독촉하여 도둑 잡기를 다그치셨더라면 그들은 보물을 모두 꺼내 가지고 도망쳐 버렸을 것입니다. 이번에는 이졸들이 보물을 찾느라 설치고 돌아다니지 않았기에 도둑들은 마음이 느긋해져 아직까지도 꺼내지 않았던 것입니다."

하자 측천무후는 소무명에게 황금과 비단을 하사하고 품계를 두

등급 올려 주었다.

運智出謀 鉤深發隱 唯能者 爲之.

지혜를 발동하고 계략을 짜내 깊은 것을 갈고리로 헤집어 내고 숨겨진 것을 캐내는 것은 오직 유능한 수령만이 할 수 있다.

【字義】 運:옮길 운. 움직일 운. 謀:꾀할 모. 鉤:갈고리 구. 끌어낼 구.

【語義】 運智(운지):지혜를 발동함. 出謀(출모):계략을 짜내는 것. 鉤深(구심):깊은 것을 갈고리로 헤집어 냄. 發隱(발은):숨겨진 것을 캐냄.

【解說】 후한(後漢)의 모용언초(慕容彦超)가 운주(鄆州)를 다스릴 때 전당고(典當庫)를 설치하여 물건을 저당 잡고 돈을 빌려 주었다. 그런데 어떤 간교한 백성이 가짜 은(銀) 2정(錠)을 맡기고 돈 십만을 꾸어 갔는데 그것을 주관하는 아전이 여러 날 후에야 그 사실을 발견했다.

　모용언초가 이 일을 알고는 은밀히 그 아전을 시켜 밤에 창고의 담벼락을 뚫고는 그 안에 있던 금은비단 등을 다른 곳으로 옮기고 도둑맞은 것으로 보고하게 하였다. 그리고는 곧 저자에 방을 붙이고 사람들을 풀어 도둑을 잡게 하는 한편, 백성들로 하여금 자기가 저당 잡혔던 물건들을 신고하면 이를 변상해 주겠다고 하자 백성들이 다투어 맡긴 물건을 신고하였다. 얼마 후 가짜 은을 맡기고 돈 십만을 꾸어 간 자를 잡아 문초하니 모든 죄를 자백했다.

察理辨物 物莫遁情 唯明者 爲之.

이치를 살피고 물정을 분별하면 사물이 그 실상을 숨기지 못하기 마련인데 (이것은) 현명한 수령만이 할 수 있는 일이다.

【字義】 物:물건 물. 만물 물. 遁:숨을 둔. 情:뜻 정. 사정 정.

【語義】 察理(찰리):이치를 살핌. 辨物(변물):물정을 분별함. 物莫遁情 (물막둔정):사물이 그 실상을 숨기지 못함.

【解說】 전진(前秦)의 부융(苻融)이 기주(冀州) 목사(牧使)가 되었을 때 일이다. 어떤 노파가 날이 저물어 강도를 만났는데 길 가던 사람이 뒤쫓아가 그 강도를 잡았다. 그런데 그 강도가 도리어 행인을 강도라고 무고하니 부융은 꾀를 내어 말했다.

"두 사람이 동시에 달리되 먼저 성문을 빠져나가는 자가 강도가 아니다."

그랬더니 두 사람은 있는 힘을 다하여 달렸다. 그들이 돌아오자 부융은 낯빛을 가다듬으며 뒤에 온 자에게 '네놈이 바로 강도로다!' 하고 판정하였다. 부융이 죄를 들추고 숨겨진 것을 적발함이 이와 같았다. 부융 성품이 명찰하여 강도가 행인보다 더 잘 달린다면 결코 행인에게 붙잡히지 않았을 것이라 생각했으니 이로써 보건대 빨리 달릴 수 있던 자가 도적을 잡은 행인임이 틀림없었던 것이다.

영조(英祖) 때 우홍규(禹弘圭)가 죽산 부사(竹山府使)로 있었다.

어느 날 용인(龍仁) 고을에 갔는데 어떤 사람이 장에서 소를 팔아 받은 돈 열 냥을 옆에 놓아두었다가 도둑맞았다. 소를 판 사람이 도둑을 쫓아가 잡았는데 그 사람 또한 자기 돈이라고 우기는 바람에

마침내 고을의 관청에서 송사를 하게 되었다. 현령이 힐문하기를,

"돈꿰미의 끈을 무엇으로 만들었느냐?"

하니 돈을 훔친 자는 잘 대답하였으나 소를 판 사람은 잘 알지 못하였다. 그래서 현령은 그 돈을 훔쳐간 자에게 돌려주었다.

곁에서 보고 있던 우홍규가 의심하여 두 사람에게 사는 곳을 묻고 가둔 뒤 몰래 사람을 시켜 그 아내들을 잡아다 문초하니 소를 판 자의 아내는 남편이 소를 팔러 장에 갔다고 하고, 돈을 훔친 자의 아내는 남편이 빈손으로 장에 갔다고 하였다. 마침내 도둑질한 자를 심문하여 사실을 밝혀내니 온 고을이 놀라고 탄복하였다.

> 凶年 子弟多暴 草竊小盜 不足以大懲也.

흉년이 들면 자제(子弟)들이 많이 사나와지는데 좀도둑과 작은 도적질은 (구태여) 크게 징계할 필요가 없다.

【字義】 多:많을 다. 暴:사나울 폭(포). 竊:훔칠 절. 懲:징계할 징.

【語義】 多暴(다포):많이 사나워짐. 草竊(초절):좀도둑. 小盜(소도):작은 도적질. 不足以大懲(부족이대징):크게 징계할 필요가 없음.

【解說】 후한(後漢) 때 공문거(孔文擧)가 북해상(北海相)이 되었을 때, 어떤 백성이 아비의 상을 당하여 무덤 곁에서 곡을 하며 우는데 그 기색에 초췌한 데가 없어 그 백성을 벌주었다.

또 한 백성은 그 어미가 병을 앓다 차도가 있으면서 햇보리 밥을 먹기를 원하나 제 집에 없자 이웃집의 익은 보리를 훔쳐다 밥을 지어드렸다. 이에 공문거는 특별히 상을 주고 타이르기를, '네 집에 없는

것은 내게 와서 청하고 다시는 남의 것을 훔치지 말라.' 하였다.

枉執平民 鍛之爲盜 能察其寃 雪之爲良 斯之謂仁牧也.

평민을 잘못 잡아들여 억지로 두들겨 맞춰 도둑으로 만든 것은 그 원통함을 능히 잘 살피고 죄를 씻어 주어 양민이 되게 해야 이를 어진 수령이라고 할 수 있다.

【字義】 枉:굽을 왕. 잘못 왕.　鍛:불릴 단. 두드릴 단.　雪:눈 설. 씻을 설.

【語義】 枉執(왕집):잘못 잡아들임.　鍛之爲盜(단지위도):억지로 두들겨 맞춰 도둑으로 만드는 것.　雪之爲良(설지위량):죄를 씻어 주어 양민이 되게 함.

【解說】 지난 날, 내가 곡산 부사(谷山府使)로 있을 때 감사가 급히 공문을 보내왔다.

"금천(金川) 고을의 깊은 산속에 도적의 무리 사오십 명이 모여 살고 있는데 이들 중에 백마를 타고 다니는 장수가 있어 토산현(兎山縣:黃海道 金川郡에 있던 고을 이름)의 군교를 결박하여 저들의 소굴로 데리고 가 타일러 보냈는데, 이튿날 그 일당 사오십 명이 토산현의 관아를 치러 온 것을 아전과 관노들이 쫓아냈으니 빨리 군교와 병졸 및 조포군(助捕軍) 수백 명을 출동시켜 때를 놓치지 말고 소탕하고 토벌하라."

이 공문이 이르자 곡산부(谷山府)의 백성들이 모두 공포에 떨었다. 내가 '가만히 있으라.' 하고는 군교들 중 나약한 자 한 명을 불러 오랏줄도 휴대하지 말고 관첩(官帖)만 지니고 곧장 도적의 소굴로 가서 전하되 우두머리 세 명만 데리고 오라고 했더니 그 군교 녀석은 눈물만 흘리고 있었다. 내가,

"네가 금천 땅에 들어가는 길에 오가는 말을 들어 보면 반드시 염려하는 바가 놓이리라. 그리고 도적의 소굴로 들어가는 것이 정말로 두렵거든 그냥 돌아오너라."

하였더니 그 군교가 하직하고 떠났다. 그리고는 이튿날 도적의 우두머리 세 명을 데리고 돌아왔는데 살펴보니 모두 양민들이었다. 토산 고을의 군교가 무고하였던 것이다.(당시 金川郡守 洪秉德이 내게 "金川 백성들이 丁公의 공으로 살아났습니다." 하였다.)

誣引富民 枉施虐刑 爲盜賊執仇 爲吏校征貨 是之謂昏牧也.

무고한 부민(富民)을 잡아들여 함부로 모진 형벌을 가하고, 도적을 위하여 원수를 갚아 주고, 아전과 군교들을 위하여 재물을 토색질하는 수령을 일러 어두운 수령이라 한다.

【字義】誣:속일 무. 비방할 무. 枉:굽을 왕. 잘못 왕. 執:잡을 집. 처리할 집. 仇:원수 구. 昏:어두울 혼.
【語義】誣引(무인):무고하게 끌어들임. 죄 없는 사람을 잡아들임. 枉施(왕시):함부로 실시함. 虐刑(학형):잔학한 형벌. 執仇(집구):원수를 갚아 줌. 征貨(정화):재물을 토색질함. 昏牧(혼목):어두운 수령. 마음이 흐린 수령.

【解說】 내가 일찍이 토포사(討捕使)로 있으면서, 아전과 군교들이 도적들을 사주(使嗾)하여 촌민들 중 재물이 많은 자를 무고로 잡아들이고 장물(臟物) 사들인 사람으로 몰아붙이는 것을 보았다. 도적을 다스리는 수령은 이런 일도 생길 수 있다는 것을 잘 알지 않으면 안 된다.

무릇 무함을 입고 끌려온 사람들은 첫 문초에서 허위임이 밝혀지더라도 아전과 군교들에게 뇌물을 바치지 않을 수 없게 되어 있다. 그리고는 도적을 사주하여 재초(再招)에서 또 이와 같이 하고, 삼초·사초를 거치면서 한 사건에 연루되는 자가 수십 명이나 된다. 포교가 오랏줄을 차고 평민들의 집에 이르면 즉석에서 소 한 마리가 풀려 나가고 평민이 관부에 잡혀 들어오면 억울한 누명을 벗고 나가더라도 논배미가 저당 잡히거나 팔려 나간다.

수령은 이런 실정을 잘 알아서 장물을 사들인 사람의 이름이 실려 있더라도 절대 일방적으로 믿고 잡아들여서는 안 되며, 아전들에게 세 번·네 번 물어서 진실로 무고한 것이라면 죽음도 달게 받겠다는 다짐을 받은 후에야 그 사람을 불러들이는 것이 마땅하다. 만일 무함으로 잡아들인 경우에는 아전과 군교들을 주리 틀어 누가 이런 짓을 교사했는지 밝혀 아전과 군교를 엄히 처벌하고 용서치 말아야 한다.

> 鬼魅作變 巫導之也 誅其巫 毁其祠 妖無所憑也.

귀신붙이가 변괴를 일으키는 것은 무당이 끌어내는 짓이니 그 무당을 목 베고 그의 신당(神堂)을 헐어 버려야 요귀가 깃들일 곳이 없게 된다.

【字義】 巫:무당 무. 導:이끌 도. 誅:벨 주. 毁:헐 훼. 妖:요사할 요. 요

괴 요. 憑:기댈 빙.

【語義】作變(작변):변괴를 일으킴. 巫導(무도):무당이 끌어냄.

【解說】 귀신붙이가 사람을 우롱하여 떠받들게 하는 것에는 혹 악인이
신령의 형상을 거짓으로 꾸며 사람들로 하여금 자기를 숭봉(崇奉)하
게 하는 것도 있고, 혹은 토신(土神)이나 석불(石佛)에 의지하기도
하고, 혹은 야수나 독충에 의지하기도 하여 사람들로 하여금 그런
무지한 사물들을 떠받들게 한다.

　이런 것들은 모두 무당 · 신사(神師) · 술객(術客) · 요사스러운 중
따위가 끌어내어 백성들의 재물을 빼앗으려는 것이 목적이다. 수령
은 이런 부류들을 엄히 살피고 혹세무민(惑世誣民)하는 자를 목 베어
용서해 주지 않음으로써 없앨 수 있다.

　춘성군(春城君) 남이웅(南以雄)은 성질이 굳세고 과감하였다. 그가
법관으로 있을 때 어떤 무당이 요술로 세인(世人)들을 현혹시키니 남
공(南公)이 그 무당을 잡아들여 처벌하려 했다, 그 무당이 요술을 부
려 그가 앉아 있는 의자를 뒤흔들어 몸을 가누지 못하자 좌우의 아
전들이 새파랗게 질리지 않는 이가 없었으나 그는 의연히 앉아 조금
도 동요하지 않았다. 그가 의자에서 일어나 마룻바닥에 앉자 무당이
또 요사를 부렸다. 그가 벽에 기대어 앉자 무당의 요술도 더 이상 위
력이 없었다. 그는 마침내 곤장을 쳐서 그 무당을 죽여 버렸다.

假託佛鬼 妖言惑衆者 除之.

부처나 귀신에 거짓으로 의탁하여 요사스러운 말로 대중을 현혹시키
는 자는 제거해 버려야 한다.

【字義】假:거짓 가. 託:의탁할 탁. 惑:미혹할 혹. 의심할 혹.

【語義】佛鬼(불귀):부처나 귀신. 妖言(요언):요사스러운 말. 惑衆(혹중):대중을 현혹시킴.

【解說】고려 시대에 권화(權和)가 청주 목사(淸州牧使)가 되었을 때의 일이다. 고성(固城)의 요사스러운 백성 이금(伊金)이란 자가 스스로 미륵불이라 칭하면서 대중들을 현혹하기를,

"무릇 신당에 기도하고 제사를 지내는 자들과 말고기·쇠고기를 먹는 자들과 자기의 재물을 남들에게 나누어 주지 않는 자들은 모두 죽는다. 내 말이 믿기지 않거든 3월이 되어 보라. 해와 달이 모두 그 빛을 잃을 것이다. 또 나는 능히 풀에 푸른 꽃을 피게 하고 나무에 곡식의 열매를 맺게 할 수 있으며, 한 차례의 파종으로 두 차례 수확을 할 수 있다."

라고 하였다. 어리석은 백성들이 이 말을 믿고는 쌀·비단·금·은 따위를 시주하였으며, 그가 이르는 곳에는 혹 수령들이 환영을 나오는 경우도 있었다. 그가 청주 땅에 이르자 권화는 그 우두머리 다섯 놈을 결박하여 가두고, 도당(都堂)에 보고하여 모든 도(道)에 공문을 내어 그 일당들을 모두 잡아 참수해 버렸다.

> 憑依雜物 邪說欺愚者 除之.

잡된 사물(神物)을 빙자하여 의탁하고 요사스러운 말로 어리석은 사람들을 속이는 자는 제거해 버려야 한다.

【字義】欺:속일 기. 愚:어리석을 우.

【語義】憑依(빙의):빙자하여 의탁함. 邪說(사설):간사스러운 말.

【解說】 정호(程顥)가 호현(鄠縣)의 상원 주부(上元主簿)로 있던 때의 일
이다. 모산(茅山)에 큰 못이 있어 거기에 용(龍)이 살고 있었는데 모
양은 도마뱀 같으며 오색이 영롱하였다. 상부 연간(祥符年間:宋나라
眞宗의 年號. 1008~1016년)에 중사(中使:내밀히 보내는 칙사. 內
使)가 일찍이 용 두 마리를 잡아 가지고 서울로 들어가다가 도중에
서 한 마리를 잃어버리고는 하늘로 날아 올라갔다고 아뢰었다. 이
일이 있고부터 그 지방 풍속이 그 못에 살고 있는 용을 엄숙히 받들
고 게을리 하지 않았으며 신령스러운 것으로 삼자 정호가 용을 잡아
서 포(脯)를 떠 버렸다.

　송(宋)나라 왕사종(王嗣宗)이 빈주(邠州) 지사로 있었는데 성의 동
쪽 영응공(靈應公) 사당 곁에 산굴이 있어 그 굴속에 여우 떼가 서식
하고 있었다. 그런데 어떤 요사스러운 무당이 그 여우들에 의탁하여
사람들의 화복(禍福)을 점쳐 주었다. 이에 왕사종이 사당을 헐어버
리고 굴에 불을 질러 여우 십여 마리를 모두 죽이니 음사(淫祀)가 마
침내 끊어졌다.

虎豺嗷人 數害牛豕 設機弩穽攫 以絕其患.

호랑이와 늑대가 사람을 물어 죽이고 소와 돼지를 자주 해치면 덫과
쇠뇌를 설치하거나 함정을 파서 잡아 그 근심을 없애야 한다.

【字義】豺:승냥이 시. 嗷:먹을 담. 씹을 담. 數:셈 수. 자주 삭. 촘촘할
　　　촉. 機:틀 기. 기회 기. 위험할 기. 弩:쇠뇌 노. 穽:함정 정.

【語義】虎豺(호시):호랑이와 늑대.   噉人(담인):사람을 씹음. 즉 사람을
물어 죽이거나 잡아먹음.   數害(삭해):자주 해침.   牛豕(우시):소와
돼지.   機弩(기노):틀과 쇠뇌. 즉 덫과 뇌포(弩砲).   穽(정):함정. 구덩
이.   획(攫):잡는 것.

【解說】호랑이를 잡는 방법으로 가장 좋은 것은 노도(弩刀)를 쓰는 것이
고, 그 다음으로 좋은 방법은 함뢰(檻牢)를 쓰는 것이며, 다음으로는
정창(阱槍:구덩이를 파고 그 안에 창 5, 6개를 세워 꽂은 후 그 위에
삼대를 깔고 흙을 덮어 함정에 빠져서 찔리게 함)이다. 화포(火砲)를
쓰는 것은 최하의 방법이다. 왜냐하면 포수가 호랑이 사냥을 할 때
적게는 몇 십 명에서 많으면 백 명이나 떼를 지어 마을을 횡행하는
데, 그들이 주민들에게 술과 밥을 토색질하여 생기는 피해가 호랑이
나 늑대로 인해 생기는 피해보다 오히려 더 크기 때문이다.
　　수령은 이런 행패를 결단코 막아야 하며, 마을마다 노도(弩刀)를
설치하도록 명을 내려 대여섯 마리씩 잡아 죽인다면 호랑이 떼가 서
로 부르면서 멀리 숨어 버릴 것이다.

10. 공전육조(工典六條)

제1조 산림(山林): 조림(造林) 정책(政策)

> 山林者 邦賦之所出 山林之政 聖王重焉.

산림은 나라의 공부(貢賦)가 나오는 곳이므로 훌륭한 임금은 산림의
정책을 중히 여겼다.

【字義】邦:나라 방.　賦:부세 부. 매길 부. 거둘 부.　聖:성인 성. 거룩할
　　　성. 뛰어날 성.
【語義】邦賦(방부):나라의 공부(貢賦).　聖王(성왕):훌륭한 임금.

【解說】≪주례(周禮)≫에 '산에는 세 등급이 있으니 대산(大山)·중산
　　　(中山)·소산(小山)이 그것이며, 숲에도 세 등급이 있으니 대록(大
　　　麓)·중록(中麓)·소록(小麓)이 그것으로 각각 열두 명의 관리를 두
　　　어 산림을 지키고 보호하게 한다. 한겨울(음력 동짓달)에 나무를 베
　　　는데 일반 백성들이 나무를 베는 데에는 일정한 기간이 있고, 나라
　　　의 공장(工匠)이 목재를 골라 베는 데에는 금지 조항이나 제재가 없
　　　다. 나무를 토벌하는 자는 누구를 막론하고 형벌을 받는다.'라고 했
　　　다.
　　　　주(周)나라 이전에는 한 자 한 치의 땅도 왕의 땅 아닌 것이 없었
　　　다. 왕이 자기의 전답을 백성들에게 주어 농사를 짓게 하고는 전조
　　　(田租)를 거두었으며, 왕이 자기의 산을 백성들에게 주고 숲을 주어

나무를 가꾸게 하고, 왕이 자기의 천택(川澤)을 백성들에게 주어 활용하게 하고 부공(賦貢)을 거두어 왕실의 재용(財用)을 충당하였다.

그런데 진(秦)나라 이후로는 왕이 한 자 한 치의 땅도 차지하지 않고 스스로 늘리지도 않으면서 백성들이 농사지은 것에서 조세를 거두니 백성들이 원망하고, 백성들의 산에서 벌목하여 쓰니 백성들이 원망하여 태아의 칼자루(太阿倒柄:太阿는 楚王이 지녔던 寶劍의 이름이며, 太阿倒柄은 天子가 신하에게 大權을 빼앗김을 비유하여 쓰이는 말)가 거꾸로 잡힌 지 오래도록 되돌려 찾지 않음으로써 왕에게 권리가 없게 되니 백성들이 왕의 덕을 모르게 된 것이다. 이는 양식 있는 사람들이 깊이 우려하는 바이다.

그런데 우리나라의 산림 정책에는 오로지 송금(松禁:소나무를 베지 못하게 하는 것) 한 가지 조목만 있을 뿐, 전나무 · 잣나무 · 단풍나무 · 비자나무에 대해서는 전혀 불문에 붙이고 있다. 그러면서도 송금(松禁)에 대해서는 그 법례가 특별히 엄하고 조목이 지극히 치밀하다. 그러니 산 사람을 보양(保養)하고 죽은 사람을 장사지내는 등 생민(生民)들의 일용 물자를 한 구멍도 터 주지 않고 사방을 꽉 막아 놓으니 그 형세가 부득불 둑이 터져 봇물이 사방으로 쏟아져 내쓸리는 것과도 같다.

명령이 이미 문란해지면 백성들은 그에 따르지 않아 혹 빈 말로써 금령을 내리기도 하고 혹은 법으로써 죄를 다스려도 산림은 날로 벌거숭이가 되고 재정은 날로 고갈되니 위로는 국가의 계획에 도움이 되지 않으며 아래로는 백성들의 소용(所用)에 편의를 주지 못한다.

그렇지만 한 고을의 수령 권한으로는 어찌할 도리가 없으니 오로지 법조문 내에서 참작하고 삼가 지켜 목전의 죄과를 면하는 도리밖에 없다.

封山養松 其有厲禁 宜謹守之 其有奸弊 宜細察之.

　봉산에서 기르는 소나무에 대해서는 엄격한 금령이 있으니 (수령은) 마땅히 정성껏 지켜야 하며 농간의 폐단이 있으면 낱낱이 조사하고 살펴야 한다.

【字義】封:봉할 봉. 쌓을 봉.　厲:갈 려. 괴로울 려.　謹:삼갈 근.　細:가늘 세. 자세할 세.

【語義】封山(봉산):나라에서 벌목을 금지하는 산.　厲禁(여금):엄격히 금함.　奸弊(간폐):농간의 폐단.

【解說】우리나라에는 좋은 목재가 없어서 오로지 소나무만을 사용하고 있다. 궁궐과 민간의 가옥과 관곽(棺槨)까지 모두 소나무로 만드는데 그것의 사용 금지 조항이 이렇듯 광범하고도 세밀하니 법이 어찌 올바로 실행될 수 있겠는가.

　완도(莞島) 한 곳만을 예로 들어 말해도 다른 지방의 사정을 유추할 수 있다. 완도는 황장목(黃腸木:棺槨을 만드는 데에 쓰는 품질이 좋은 소나무)의 봉산(封山)이다. 그래서 첨사(僉使)가 지키고 현감이 관리하며, 수사(水使)가 벌채를 금지하고 감사가 총괄하여 통솔하는데, 작은 죄는 곤장에 벌금이 오천 전이요 큰 죄는 신장(訊杖:신문하면서 행하는 몽둥이질)에 벌금이 사천 전이니 벌금으로 거두어들이는 돈이 수만 냥이다.

　그런데 완도 둘레의 수백 리 땅에서는 가옥을 짓는 데도 완도에 의존하며, 배를 만드는 데도 완도를 바라보며, 관곽(棺槨)을 만들거나 쟁기를 만드는 데도 완도를 바라보며, 소금 굽는 자나 질그릇 굽는 자나 나무꾼이나 숯 굽는 자들까지도 완도(莞島)만 바라본다. 무릇 땅에 까는 것, 물에 띄우는 것, 아궁이에 때는 것, 화로에 담는 불덩이까지도 완도의 나무 아닌 것이 한 가지도 없다. 이런 관점에서 본다면 제도화된 법조문이 올바르지 않으니 그 법을 범했다 하여 모두를 논죄할 수는 없는 것이다.

백성 한 사람을 잡아 가두면 나무 일백 그루가 더 베어진다. 그러니 상앙(商鞅:秦나라 때 정치가인 公孫鞅. 孝公 밑에서 法制·田制·稅制를 개혁하여 진나라를 크게 융성시켰음)이 다스린다 하더라도 막아 내지 못할 것이다. 감사와 수령을 이익 되게 하고 아전과 군교를 살찌우면서 힘없는 백성에게 해독을 입히고 국가에 손실을 끼치는 것 외에는 얻는 것이 아무것도 없다. 또 산은 민둥산이 되고 마을이 소란스러우며, 법은 있으나 마나한 것이 되고 재물의 소모만 초래할 뿐 아무것도 이로울 것이 없다.

그러므로 마땅히 옛 법을 본받아 관에서는 중추(仲秋)에 백성들을 감독하여 잡초를 깎아 내고, 중동(仲冬)에는 나무를 채취하되 재목이 될 만한 놈은 기르고 재목이 될 수 없는 놈은 베어 내야 한다. 또 지나치게 조밀하게 들어선 것들은 솎아서 성기게 하고, 옹이가 많은 종자는 제거해 버려야 한다.

또 관에서는 산림에 대해 부세를 거두어 국고를 보조하고, 백성들은 관으로부터 허가를 받아 채벌하므로 후환을 두려워하지 않아도 되니 공사 간의 편익이 이보다 좋을 수 없다. 그렇지만 일개 고을의 수령으로서는 임의로 할 수 없는 일이니 마땅히 이 뜻을 잘 살펴서 금지된 법은 어기지 않도록 해야 할 것이며, 법을 어긴 자에게는 관용을 베풀어 백성들의 재산이 날로 깎이고 국가의 목재가 날로 손실되지 않도록 하는 것이 좋을 것이다.

> 私養山之禁其私伐 與封山同.

　사유림(私有林)의 사사로운 벌채에 대한 금지 조항은 봉산(封山)의 경
우와 같다.

【字義】私:사사로울 사.　伐:칠 벌. 벨 벌.　與:더불 여. 줄 여.
【語義】私養山(사양산):사유림(私有林).　私伐(사벌):사사로운 벌채. 관
　의 허가 없이 임의로 자기 산의 나무를 베는 것.

【解說】금송절목(禁松節目)에 '바다 연변의 삼십 리 내에서는 사유림이
　라 할지라도 사사로운 벌채는 일절 금한다.'고 되어 있다.
　　생각건대 산림을 사사로이 조림(造林)하는 것은 목재를 활용하기
　위해서이다. 그런데도 벌채 금하기를 봉산과 같이 한다면 누가 산림
　을 가꾸겠는가. 날마다 매질을 하며 강요해도 오히려 가꾸지 않을
　것이다. 그렇기 때문에 바닷가의 모든 산이 민둥산 아닌 것이 없고,
　오로지 귀족들의 묘소 둘레에만 대강 나무를 심을 뿐이다. 사유림의
　벌목 금지 조항은 마땅히 봉산의 경우와는 크게 차등을 두어 자진해
　서 조림에 힘쓰는 길을 열어 준다면 산림의 푸르고 무성함이 배가될
　것이다.
　　수령이 이런 일을 당하면 백성들의 사정을 살펴 자기의 산에서 벌
　목하는 사람들을 가혹하게 금하지 말아야 할 것이다.

> 封山之松 寧適朽棄 不可以請用也.

　봉산(封山)의 소나무는 차라리 썩혀 버리는 것이 옳은 일이니 사용하

기를 청해서는 안 된다.

【字義】 寧:편안할 녕. 차라리 녕. 適:맞을 적. 朽:썩을 후. 棄:버릴 기.
【語義】 寧適(영적):차라리 ~함이 알맞음. 朽棄(후기):썩혀 버림 請用
(청용):사용하기를 청함.

【解說】 금송절목(禁松節目)에 '바람에 쓰러진 소나무는 끌어다 파는 것
을 허락하지 말고 쓰러진 자리에서 그냥 썩혀야 한다.'고 규정하고
있다.
　　무릇 새와 짐승은 급사(急死)한 것이 맛이 좋고 완사(緩死)한 것은
맛이 나쁘다. 초목의 경우에도 급사한 것은 수액(樹液)이 온전하고
완사한 것은 수액이 말라 있다. 말라서 죽은 소나무에 벌레가 생기
는 것도 이 때문이다. 바람에 쓰러진 소나무라도 어찌 반드시 그리
하겠는가. 바람에 쓰러진 지 얼마 안 되어 도끼로 다듬으면 산 나무
를 자른 것과 똑같이 쓰일 수 있다.
　　그런데 오늘날의 법으로는 그것이 불가능하다. 바람에 쓰러진 당
초에는 감히 손을 대는 것이 범법 행위가 되므로 몇 달이 지나야 비
로소 잘라 목재를 만드니 어찌 벌레가 먹지 않겠는가. 그러나 법례
가 이미 그렇기 때문에 관청의 청사(廳舍)가 헐어 보수하는 데에 목
재가 간절히 필요할지라도 그 목재를 활용하게 해 달라고 상부에 요
청할 수가 없다.

> 黃腸曳木之役 其有奸弊者 察之.

황장목(黃腸木)을 (산에서) 끌어 내리는 부역에 농간의 폐단이 있는지

(수령은) 잘 살펴야 할 것이다.

【字義】腸:창자 장. 曳:끌 예. 役:부릴 역. 부역 역.

【語義】曳木(예목):목재를 산에서 끌어 내리는 것. 奸弊(간폐):농간질로
    생기는 폐단.

【解說】재궁(梓宮:가래나무[梓]로 만든 임금의 棺)을 만들 재목을 산에
    서 끌어 내리는 날에는 몇 개의 고을이 일제히 동원되어 사람들이
    "영차! 영차!"를 외치며 있는 힘을 다하여 일을 하는데 사나운 아전
    들과 거친 군교들이 일하는 사람들의 등에 채찍질을 하고 엉덩이를
    발길로 내지른다.
      넉넉한 집과 넉넉한 마을에서는 돈으로 때우고 부역을 면하므로
    가난하여 허약하고 병든 사람들에게만 노역이 편중되어 그 고통이
    이만저만한 것이 아니니 그들의 고통을 조금이라도 덜어주는 것은
    마땅히 수령이 유념해야 할 일이다.
      무거운 것을 옮기기 위해서는 먼저 길을 닦아야 하며, 수레를 만드
    는 것이 그 다음으로 해야 할 일이다. 길이 평탄하고 넓으면 세 사람
    만으로도 열 사람 몫의 일을 할 수 있으며, 수레가 잘 구르면 열 사
    람으로 백 명 몫의 일을 할 수 있는데 무엇이 어려워 그렇게 하지 않
    는 것인가.

商賈潛輸禁松之板者 禁之 謹於法而廉於財 斯可矣.

  장사꾼이 금지된 송판을 몰래 운반해 가는 것은 법에 따라 삼가며 재
물에 청렴한 것이 옳은 일이다.

【字義】賈:값 가. 장사 고.　潛:잠길 잠. 숨길 잠.　輸:보낼 수.　板:널빤
지 판.

【語義】商賈(상고):장사꾼.　潛輸(잠수):몰래 수송함.　禁松之板(금송지
판):사고파는 것이 금지된 송판(松板).　謹於法(근어법):법을 지키어
삼감.　廉於財(염어재):재물에 청렴함.

【解說】열수(洌江:漢江)에는 두 개의 수원(水源)이 있는데 하나는 황효
수(黃驍水)로 흔히 남강(南江)이라고 하며, 다른 하나는 녹효수(綠驍
水)로 흔히 북강(北江)이라 한다. 이 두 줄기 강 연안 고을의 수령들
술값은 모두 국가 소속의 송판에서 나온다.

그러나 이교(吏校)들이 열 명을 잡으면 그 가운데 수령에게 고발하
는 것은 하나요, 뇌물을 받고 풀어 주는 것이 아홉이며, 수령이 열
명을 잡으면 그들이 훔쳐 가던 송판을 빼앗아 속공(屬公)시키는 것이
하나요, 부탁을 받고 풀어 주는 것이 아홉이다. 그러니 필경 국가의
목재가 날이 갈수록 손실되고 국용(國用)에 도움이 되는 것은 없다.

수령은 마땅히 ≪주례(周禮)≫를 본받아 중동(仲冬)에만 나무를 베
고, 산감(山監)으로 하여금 감시하게 하며, 부세를 거두어 국고에 도
움이 되도록 해야 한다. 그러나 그것도 한 고을의 수령으로서 마음
대로 할 수 있는 일이 아니니 금할 것은 금하되 법을 범한 것은 너그
러이 처리해야 하며, 가혹하게 다루어서 백성들의 원한을 사는 일이
없도록 할 것이며, 탐욕을 부려 사람들의 입에 오르내리지 않도록
해야 할 것이다.

植松培松 雖有法條 能弗害之而已矣 何以植之.

소나무를 심고 가꾸라는 법조문이 있기는 하지만, 해치지만 않으면 가능한 일인데 어째서 심어야 한단 말인가.

【字義】植:심을 식. 培:배양할 배. 弗:아닐 불. 말 불. 何:어찌 하.
【語義】能弗害之而已(능불해지이이):해치지 않는 것만으로도 가능함.

【解說】≪경국대전(經國大典)≫에 이렇게 규정하고 있다.
　'먼 지방의 금산(禁山)에는 벌목과 화전(火田)을 금하며, 매년 봄에 소나무 묘목을 심거나 씨앗을 뿌려서 키우되 그해 연말에는 심은 묘목과 씨앗 뿌린 수를 자세히 기록하여 보고해야 한다. 산지기가 이를 어기면 장(杖)이 팔십 대요, 담당 관리가 어기면 장 육십 대에 처한다.'
　생각건대 바람이 불면 솔방울에서 씨앗이 절로 떨어져 자연히 숲이 조성될 터인즉 송금(松禁)만 잘하면 될 일인데 어째서 굳이 재배하라 하는가.
　덕산(德山)의 나무꾼(茶山 자신을 가리켜 부른 것)이 〈승발송행(僧拔松行)〉이라는 시를 지었는데 그 내용은 이러하다.

　백련사(白蓮寺) 서편 석름봉(石廩峰)에
　발걸음을 조금씩 옮기며 소나무를 뽑아 버리는 중[僧]이 있네.
　땅 위로 겨우 두어 치[寸] 솟아오른 어린 소나무,
　연한 줄기와 보드라운 솔잎이 어이 저리도 어여쁘고 실한가.
　어린 것들은 모름지기 깊이 사랑하고 보호해야 하는 것이거늘,
　하물며 나이 들어 큰 재목이 될 것들을
　어이하여 눈에 띄는 족족 모조리 뽑아 버려

그 싹을 말리고 그 종자까지 멸종시키려 하는가.

농부가 호미와 보습으로 잡초를 캐듯 하며,

향정의 소리(小吏)가 사람들의 통행을 위해

관도(官道)를 내느라고 가시덤불을 잘라내듯 하며,

위오(蔿敖:本名은 孫叔敖. 어릴 적에 길에서 雙頭毒蛇를 만났는데 처참하게 잡아 죽여 음덕을 쌓았다는 중국의 古事가 있음)가 어릴 적에 음덕을 쌓느라고 길에서 마주친 독사를 처참히 잡아 죽이듯 하며,

긴 머리를 풀어헤친 귀신이 붉은 터럭을 휘날리며 투덜거리며

구천 그루의 나무를 뽑아 버리듯 하는구나.

중을 면전으로 불러 그 까닭을 물으니

중은 목이 메어 말을 못하고 눈물만 이슬 흐르듯 하는구나.

'옛날에는 이 산에 소나무 가꾸기를 온갖 고초를 겪으면서 부지런히 하였소.

사승(師僧)들도 공손히 약조를 지켜 땔나무를 아끼느라 찬밥을 그냥 먹었고,

산림 순찰하기를 새벽종이 울릴 때까지 하였소.

읍내의 나무꾼들도 감히 산에 근접을 못하였는데

항차 촌사람들의 도끼야 날이나 갈아 보았겠소.

수영(水營) 소교(小校)들이 장수의 명령을 받아

절 문에 들어와 말에서 내리는데 그 기세가 벌떼와도 같았소.

지난해 바람에 꺾인 소나무를 보고 법을 어겼다고 중에게 가슴을 쥐어박으니

억울함을 하늘에 호소해도 그 군교들의 노여움은 가시지 않아

일만의 행전(行錢)으로 죄는 간신히 면하였소.

그런데 올해도 소나무를 베어 항구로 나르면서

왜구에 대비하여 배를 만들기 위함이라 하더니,

조각배 하나 만들지 않고 우리 산만 벌거숭이가 되어

옛 모습은 찾아볼 길이 없게 되었소.

그러니 지금 내가 모조리 뽑아 버리고 있는 이 어린 소나무들도

그대로 자라게 내버려 두면 다시 화근이 될 것인즉

어찌 그 화근을 일찌감치 뽑아 버리는 일을 게을리 하겠소.

이제부터는 소나무 뽑는 일을 농부가 씨앗 뿌리듯 하고,

오로지 잡목만을 남겨 근근이 겨울이나 날까 하오.

아침에 관에서 비자나무를 색출하라는 첩문(帖文)이 내려왔으니

이 나무들마저 뽑아 버리고 절 문을 닫아야지.'

> 諸木栽植之政 亦徒法而已 量可久任 宜遵法典 知其速
> 遞 無自勞矣.

나무를 심고 가꾸는 정책 또한 있으나 마나한 법일 뿐이다. (수령은 자기가) 오래 유임되리라 예상되면 마땅히 법을 준수하여 (육림에) 힘써야 할 것이로되 곧 체임될 것을 알면 스스로 힘을 기울일 것까지는 없다.

【字義】栽:심을 재. 徒:무리 도. 헛될 도. 형벌 도. 量:헤아릴 량. 추측할 량. 速:빠를 속. 遞:갈릴 체. 전할 체.

【語義】栽植(재식):심고 가꾸는 것. 徒法(도법):명목뿐인 법. 量可久任(양가구임):오래 유임될 것으로 예상함. 速遞(속체):곧 체임됨.

【解說】송정절목(松政節目)에 '소나무 일만 주(株) 이상을 심은 자에게

는 특별한 상을 내릴 것이다.' 하였으나 아직 한 도(道), 한 고을에서
도 조정의 명령을 받들어 행한 곳이 없다. 그러니 이제 와서 별도의
법조문을 만들 필요는 없고 오로지 옛 법을 수정하여 널리 알리기만
하면 될 것이다.

남쪽 해변에 있는 예닐곱 고을에서는 — 서쪽으로는 해남(海南)에
서부터 동쪽으로는 순천(順天)에 이르기까지 — 귤과 유자가 생산되
는데 그 주변의 여러 섬에서 생산이 더욱 풍성하더니 수십 년 이래
로 날로 쇠퇴하고 달로 줄어들어 지금에 와서는 귀족들의 집에나 어
쩌다 한 주 있고, 섬 전체는 오직 현관의 감독 하에 가꾸는 너덧 주
가 있을 뿐이다.

귤과 유자의 생산이 이렇게 감소하게 된 것은 해마다 중추(仲秋)가
되면 저졸(邸卒)이 이첩(吏帖)을 가지고 와서 그 개수를 세어 기록하
고 나무 줄기에 봉인을 했다가 과일이 익으면 와서 따 가는데 혹 바
람으로 몇 개 떨어진 것이 있으면 그 값을 징수하기 때문이다. 그리
고 광주리에 수북이 따 가면서도 대가는 단 한 푼도 치르지 않는다.
게다가 저졸들을 접대하느라 닭을 잡고 돼지를 잡으니 그 비용이 더
많이 든다.

그래서 백성들은 귤과 유자나무에 구멍을 파고는 살그머니 후추를
넣어 시들어 죽게 해서 명단에서 빠지려 한다. 또 잘라낸 그루터기
에서 움이 돋으면 잘라 버리고 씨가 떨어져 싹이 나는 족족 뽑아 버
리니 이것이 귤과 유자가 멸종되는 까닭이다.

대체로 법을 만들던 당초부터 올바르지 못한 요소가 있었기 때문
에 그 폐단이 흐르고 흘러 이 지경에 이른 것이다. 하늘이 만물을 낳
고 땅이 기르며 봄바람과 비와 이슬에 저절로 무성해지는 것이니,
사람을 파견하여 감시하는 것도 좋은 계책이 아니며 관원을 내보내

서 살피게 하는 것도 좋은 계책이 아니다.

다만 종자를 뿌리는 일만을 신칙하고 그 이후의 관리는 백성들에게 맡겨 두었다가 과일이 익은 후에 대가를 후히 치루고, 강탈해 가는 것을 막으면 귤과 유자가 크게 번식할 것이다. 금지하는 법조문이 세밀해질수록 백성들의 고충은 그만큼 더 커지는 것이니 누구라서 씨 뿌리고 가꾸려 하겠는가.

> 嶺阨養木之地 其有厲禁 宜謹守之.

산 고개와 좁은 산골 중에는 나무를 기르는 것을 엄히 금하는 곳이 있으니 삼가 지켜야 할 것이다.

【字義】嶺:고개 령. 阨:좁을 애. 막을 액. 厲:갈 려. 괴로울 려.
【語義】嶺阨(영애):산 고개와 좁은 산골.

【解說】영액(嶺阨)이란 도적이 침입해 오는 길목의 요충지여서 관방(關防:關門. 국경의 수비)을 설치해 놓은 곳이다. 그러므로 그런 곳에 나무를 기르는 것은 마땅히 안팎의 형편을 잘 살펴서 선정해야 한다.

평화로운 시절에는 성을 쌓지 않아도 되겠지만 난리를 당하면 마땅히 목책을 설치해야 할 것이다. 성의 바깥쪽은 훤하고 말끔하게 하여 적군으로 하여금 몸을 숨길 곳을 없게 해야 하며, 성의 안쪽에는 나무를 많이 심어서, 외적이 쳐들어와 난리가 있을 때 나무를 베어 울타리를 만들거나 나무 자체를 은폐물로 삼는다. 또 나무를 베어 무기를 만들거나 뇌목(檑木:나무를 둥글게 깎아 높은 곳에서 굴려 떨어뜨려 적군을 살상하는 무기)으로 사용하여 적을 막도록 한다.

그런데 오늘날에는 그렇지가 않아서 성터에는 구획이 없고 안과 밖이 구분 없이 온통 나무가 무성하고 밀림을 이루어 수목은 오로지 길을 막는 도구 구실만 하니, 졸지에 외적이 쳐들어오면 미처 나무를 베어 버리기도 전에 적군이 먼저 요지를 차지하고는 그곳을 거점으로 하여 나무들을 은폐물로 삼고는 총과 화살을 쏘아대 영액의 시설은 도리어 적을 이롭게 하고 감싸 줄 뿐 아군에게는 아무런 도움을 주지 못할 것이다.

> 山腰禁耕之法 宜有測定 不可縱弛 亦不可膠守也.

산허리에 경작을 금지하는 법은 마땅히 측량하여 정해야 하는 것이니 함부로 풀어 주어서도 안 되며, (원칙만을) 굳게 지켜서도 안 된다.

【字義】腰:허리 요.　測:헤아릴 측. 잴 측.　縱:세로 종. 놓을 종. 멋대로 할 종.　弛:늦출 이. 풀릴 이.　膠:아교 교. 붙을 교. 집착할 교.

【語義】山腰(산요):산허리.　禁耕(금경):경작을 금함.　測定(측정):측량하여 정함.　縱弛(종이):함부로 풀어 줌.　膠守(교수):원칙만을 지킴.

【解說】≪속대전(續大典)≫에 '산허리 위쪽을 개간하여 경작하는 것은 엄금하며, 산허리 아래쪽도 본디부터 있던 밭은 불문에 붙일 것이로되 나무를 베어 내고 새로이 밭을 일구는 것은 일절 금한다.'고 되어 있다.

생각건대 산의 높고 낮음이 만 가지로 다르고 산허리의 높낮이 또한 만 가지로 다르니 법이 이미 분명치 않아서 백성들이 범하지 않고자 하여도 지키기가 어렵다.

구릉과 큰 언덕은 산등성이에 있을지라도 경작을 금해서는 안 되며, 지산(枝山)으로서 산줄기가 길게 뻗은 등성마루는 경작을 금해야 하나 그 아래쪽은 금할 필요가 없다. 오직 주산(主山)과 대악(大獄) 중 하늘에 닿을 듯이 높은 산허리의 경작이 논의의 쟁점이 되는데 그런 경우에는 반드시 평지에 높이를 측량하는 표지를 세워, 혹 삼백 장(丈)을 한계로 하거나 혹은 이백 장으로 그 한계를 엄격히 정하여 백성들로 하여금 법을 범하는 일이 없게 하는 것이 마땅할 것이다.

西北蔘貂之稅 宜從寬假 其或犯禁 宜從濶略.

서북 지방에서 나는 인삼과 담비 가죽에 대해 물리는 세금은 너그러이 해 주어야 하며, 혹 금조(禁條)를 어긴 자라도 관대히 처분해야 한다.

【字義】 蔘:삼 삼. 貂:담비 초. 假:거짓 가. 용서할 가. 濶:넓을 활. 관대할 활. 略:간략할 략. 다스릴 략.

【語義】 蔘貂(삼초):인삼과 담비 가죽. 寬假(관가):너그러이 용서함. 관대하게 처리함. 濶略(활략):관대히 처분함.

【解說】 담비 가죽과 인삼은 우리나라의 소중한 재화이다. ≪한서(漢書)≫와 ≪남북사(南北史)≫ 이래로 무릇 낙랑(樂浪)과 현도(玄菟)·고구려·발해의 재화를 논할 때 모두 초피(貂皮)와 인삼을 으뜸으로 삼고 있다. 그래서 이 두 가지를 금조(禁條)에서도 부득불 엄밀하게 하는 것이다.

그런데 나라에서 거두는 것은 오직 황첩세(黃帖稅) 세 냥뿐이며 나머지는 이른바 속공(屬公)이라는 명목을 달아 탐관오리들의 전대로 들어가 나라의 쓰임에는 보탬이 되지 않고 백성들의 재물만 박탈당하니 무슨 이로움이 있겠는가. 수령은 마땅히 이것을 살펴서 공답으로 바치는 것에 대해서는 다 제값을 주고, 나머지는 아전들에게 수탈당하는 일 없이 백성들이 마음대로 팔도록 허락해 주어야 한다.

간혹 금령을 어긴 자가 있으면 그 사정을 세밀히 살펴 궁핍하고 가련한 자는 관대하게 처분해 줄 것이며, 간악하기 이를 데 없는 자는 법에 따라 속공(屬公)시키되 사실대로 상사에게 보고하며 행여라도 사욕을 채워서는 안 된다. 보고하지 않은 것은 유보해 두었다가 군기(軍器)를 수리한다든가 상을 준다든가 하는 일이 있을 때 보태어 쓸 것이며, 단 한 푼이라도 자신의 배를 불리는 데에 쓰지 않는다면 가히 청백리(淸白吏)의 이름을 들어도 부끄러움이 없을 것이다.

東南貢蔘之弊 歲加月增 盡心稽察 毋至重斂.

동남 지방에서 인삼을 공납하는 데 따르는 폐단은 해가 갈수록 더하고 달이 갈수록 늘어나니 (수령은) 마음을 다하여 깊게 살펴야 하며 과중하게 거두지 말아야 한다.

【字義】稽:상고할 계. 멈출 계. 斂:거둘 렴. 염할 렴.

【語義】貢蔘(공삼):인삼을 공물로 바치는 것. 歲加月增(세가월증):해가 갈수록 더하고 달이 갈수록 증가함. 稽察(계찰):깊이 생각하여 살핌. 重斂(중렴):과중하게 염출함.

【解說】정만석(鄭晩錫)이 연일(延日)의 현감으로 있을 때 조정의 교지에

응답하여 다음과 같은 상소를 올렸다.

"공삼(貢蔘)의 폐단은 오늘날에 이르러 극에 달하였습니다. 산에서 캐는 것은 점점 희귀해지고 민가에서 재배하는 것이 많아졌습니다. 예부터 나삼(羅蔘)이라고 일컬어지는 것이 간혹 산에서 나오기는 하나 삼상(蔘商)들이 은밀히 심약(審藥:관영에 속해 있는 醫官)과 더불어 농간질을 하는데 제가 판 것이 아니면 심약들로 하여금 모조리 물리치게 하기 때문에 모든 고을의 삼 공납은 삼 장수와 거래해서 바치는 것이 관례로 되어 있으며 이 관례를 타파할 수 없게 되었습니다.

공삼 한 돈쭝 값이 4관(貫:1관은 사십 냥)인데 간색가(看色價:품질을 검사하여 등급을 매기는 데 드는 비용)·평축가(秤縮價:무게를 계량하는 데 드는 비용)·운수가(運輸價)에다 심약과 의생들에게 바치는 인정 잡비(人情雜費) 등을 합하여 계산하면 한 돈쭝을 공납하는 데 드는 비용이 모두 일곱 관이 넘습니다.

이것은 백성들의 부담인데 혹 전결에 포함시켜 징수하기도 하고 혹은 군포(軍布)에 덧붙여서 포(布)로 거두어 부역은 점점 번거로워지고 군첨(軍簽)은 더욱 어려워지니 어찌 백성들의 뼈를 깎는 폐단이 아니겠습니까.

진실로 토산 삼을 진상하는 것이라면 그 값이 일만 전에 이르고 힘이 열 배가 든다 한들 임금의 약으로 공양하는 것인데 누구라서 감히 이의를 달겠습니까마는 지금의 실정은 그렇지 않습니다.

이름만 나삼(羅蔘)일 뿐 실제로는 서울로부터 사서 내려온 것들입니다. 그래서 왕왕 진상으로 올린 삼이 되돌아와 다시 바쳐지기도 하니 이것은 삼 장수들의 이익과 심약(審藥)들의 축재를 도울 뿐입니다. 어찌 백성들의 고혈을 짜서 저들만을 살찌우겠는지요."

> 金銀銅鐵 舊有店者 察其奸惡 新爲礦者 禁其鼓冶.

금·은·구리·철은 오래 전부터 있어 온 점포는 그 농간질이나 부정 (不正)을 살피고, 새로이 광산을 차린 것에 대해서는 제련(製鍊)을 금해야 한다.

【字義】 奸:간사할 간. 범할 간. 惡:악할 악. 미워할 오. 礦:쇳돌 광. 鼓:북 고. 冶:풀무 야. 단련할 야.

【語義】 舊有店(구유점):오래 전부터 있어 온 노점(爐店). 新爲礦(신위 광):새로 차린 광산. '礦'은 '鑛'과 같음. 鼓冶(고야):쇠붙이를 풀무 질하고 다듬는 것.

【解說】 살피건대 《주례》에서 이르는 광인(鑛人)의 직무는 금·옥· 납·돌 등이 나는 땅을 관장하여 그 채굴을 엄히 금하거나 때맞추어 이를 채취하는 것이다. 한(漢)나라 이래로 소금과 철에 대한 권한은 국가에 있었으니 그것들은 임금과 제후의 큰 재화이기 때문이다.

금·은·구리·철 등이 나는 곳에는 널리 노점(爐店)을 설치하여 나라의 쓰임을 돕고, 금전(金錢)·은전(銀錢)·동전(銅錢)에는 각기 그 가치의 차등을 두어 나라의 화폐로 삼는 것이 내가 고심하는 바이다.

그런데 오늘날의 노점은 요사스러운 백성들이 사사로이 설치한 것인 데다가, 호조(戶曹)에서 세금을 징수하는 액수는 극히 사소하며, 그들의 간계를 숨겨 주고 도적들을 취합하여 난을 일으키니 농사짓는 사람들은 품팔이꾼이나 머슴을 구할 수 없고 장사하는 사람들은 물건을 사고팔 수 없어 좋은 전지(田地)는 날로 줄어든다.

또한 금점(金店)에서 전지를 사들여 도금장(淘金場)으로 이용하므로 자연이 날로 파괴되니 훗날 조정 대신들이 채굴을 논의한들 산의 정기(精氣)가 이미 쇠퇴하고 피폐되어 다시는 샘솟듯하지 않을 것인즉, 지금으로서는 광물의 채취를 엄금하는 것이 최상책이다.

내가 곡산(谷山) 부사로 있을 때 간민(奸民) 서너 명이 은점(銀店)을 개설하기로 의논하고는 호조(戶曹)의 관문을 받아 계사(計士)를 수행하여 내려왔는데 그들을 엄히 다스려 은점의 개설을 막았다.

土産寶物 無煩採掘 以爲民病.

(그 지방에서) 나는 보배로운 광물들을 번거롭게 채굴함으로써 백성들에게 병폐를 끼치는 일이 없도록 해야 한다.

【字義】寶:보배 보. 煩:번거로울 번. 採:캘 채. 掘:팔 굴.

【解說】소위 보물이라고 하는 것은 경주에서 나는 수정(水晶)과 성천(成川)에서 나는 황옥(黃玉)과 면천(沔川)에서 나는 오옥(烏玉), 장기(長鬐)에서 나는 뇌록(磊綠), 남포(藍浦)에서 나는 벼룻돌, 해남(海南)에서 나는 양지석(羊脂石), 흑산도의 바다 속에서 나는 석웅황(石雄黃) 같은 것들을 말한다.

무릇 보물이 생산되는 곳에서는 사민(士民)들의 뼈를 깎는 폐단이 있게 마련이니 수령은 이 점을 잘 알아서 누가 요구해도 응하지 말 것이며, 자기 경내에 보물이 있다는 보고를 받아도 채굴해서는 안되며, 돌아가는 날에 단 하나의 돌조각도 짐 속에 꾸려 넣지 않아야 가히 청백리라 할 수 있다.

> 採金之法 又有新方 苟有朝令 試之無妨.

채금법(採金法)에는 새로운 방법이 있는데 만일 조정에서 명령이 내린다면 시험해 보아도 무방하다.

【字義】苟:진실로 구. 구차할 구. 妨:방해할 방.
【語義】新方(신방):새로운 방법. 苟(구):만일. '若'과 같은 의미.

【解說】우리나라는 전 국토에서 황금이 산출되는데 채취하지 못하도록 금하는 것은 두 가지 폐단이 있기 때문이다. 한 가지는 농사에 방해가 되기 때문인데 그 까닭은 이렇다. 금을 채취하기 위해서는 반드시 물로 일어야 하는데 추운 겨울에는 할 수 없으므로 봄과 여름에 하게 된다. 그런데 어리석은 백성들은 그 일이 농사보다 더 큰 이익을 주는 줄로 알고는 근본(농사)을 버리고 말(末:금을 채취하는 일에 동원되어 품삯을 받는 것)을 추구하여 씨 뿌릴 시기를 놓쳐 버리게 되는 것이다.

두 번째의 폐단은 채금으로 인하여 큰 소란이 일어나는 것이다. 채금에 대한 세금은 일꾼들의 인원수에 따라 거둔다. 채취하는 인원이 많으면 세금도 많고 인원이 적으면 세금도 적다. 그래서 채금을 감독하는 사람은 많은 금을 채취할 욕심으로 인부들의 내력은 알아보지도 않고 많은 인원을 모집하니, 지원자들이 개미 떼나 까마귀 떼처럼 몰려들어 소란스럽기가 난리 난 듯하며 죄짓고 도망 다니는 자들을 숨겨 주기까지 한다.

이와 같은 폐단을 막기 위하여 다음과 같은 조례를 별도의 규제책으로 제시한다.

1. 화도법(火淘法:물 대신 불을 이용하여 금을 걸러 내는 방법)은 금이 함축되어 있는 흙을 걸러 금을 채취하는 방법 중에서 물이 아니라 불을 이용하여 걸러 내는 방법이다. 먼저 얼음 굴 모양의 흙구덩이를 파서 창고 수십 칸을 만들고 따뜻한 구들장을 깐다. 그러고 나서는 백 명을 시켜 금이 섞인 흙을 파게 하고 오십 명으로 하여금 져 나르게 한다. 감무(監務)는 매일 몇 차례씩 흙을 걸러 금의 함유량을 탐사한다.

흙구덩이에 흙이 가득 차면 일정량씩 구들로 옮겨 건조시키고, 건조가 끝난 것은 맷돌로 잘게 간 다음 성근 체와 고운 체로 걸러 먼저 굵은 덩이를 채취한다. 그 다음 거지법(車芝法)을 써서 체 밑에 떨어진 흙을 버리고 사제법(篩蹄法)으로 미세한 것을 채취한다. 그리고 마지막 단계로 목조법(木槽法)을 써서 금가루를 채취하면 마른 흙 속의 금을 한 알갱이의 누락도 없이 채취할 수 있다.

모래를 일어 금을 얻는 것이 고금의 상법(常法)이지만 따뜻한 계절이 아니고는 물을 이용할 수 없으니 농사에 방해가 되는 것은 이 때문이다. 그런데 이 화도법을 창안하여 활용한다면 물 대신 불을 이용함으로써 채취하는 계절을 여름에서 겨울로 바꿀 수 있으니 진실로 더없이 좋은 방법이다.

2. 금이 산출되는 곳은 계곡의 공한지(空閒地)에 많으나 간혹 전답과 이어진 곳도 있으니 그런 경우에는 반드시 지가(地價)를 계산해 주고 금의 채취가 끝난 후에 그 땅을 되돌려 준다면 땅 임자의 입장에서 보면 잠시 빌려 준 것에 불과하게 된다. 입동 이후부터 춘분 이전까지는 농사를 짓는 기간이 아니니 무슨 해가 있겠는가. 다만 큰 촌락이나 묘지를 침범하게 되는 곳은 채굴을 허가해서는 안 될 것이다.

3. 금을 캐는 것은 입동 날에 공사를 시작하여 춘분 하루 전날에 끝내도록 그 기간을 엄격히 정하여 기한을 넘기는 일이 없게 해야 한다.

4. 인부들을 고용하여 금을 채취하는 경우에는 신원이 확실하고 성품이 부지런하며 건강한 사람을 골라 쓰도록 하며, 선발된 사람에게는 공조(工曹)에서 만들어 주는 요패(腰牌)에 또렷하게 낙인을 찍어 주어 패용하게 한다.

제2조 천택(川澤):치수(治水) 정책(政策)

> 川澤者 農利之所本 川澤之政 聖王重焉.

　냇물과 웅덩이는 농사를 지어 이익을 얻는 근본이므로 성왕(聖王)들은 천택(川澤)의 정책을 중히 여겼다.

【字義】川:내 천.　澤:못 택. 은혜 택.　重:무거울 중. 소중할 중.
【語義】川澤(천택):냇물과 웅덩이. 農利(농리):농사를 지어 얻는 이익.

【解說】내가 생각하기로 '저(瀦)'란 안에 물을 가두어 놓고 밖으로 새지
　　못하게 하는 것이며, '방(防)'이란 밖에 있는 물을 막아 안으로 침입
　　하지 못하게 하는 것이다. 또 '구(構)'란 '거(渠)'이니 저(瀦)와 방
　　(防)의 물은 모두 이 구(構)를 통하여 흘려보낸다. 그리고 '열(列)'은
　　'열(甽)'과 통용되는 것으로 논의 우묵하게 패인 곳을 말한다.
　　　선왕(先王)들은 따로 관직을 두어 치수(治水)를 관장하게 하였는데
　　오늘날의 수령은 어찌 홀로 팔짱만 끼고 앉아 보고만 있는가. 호수
　　와 웅덩이에는 해감[淤]이 앉으니 때때로 거두어 버림으로써 물의
　　소통을 원활하게 해야 한다. 또 제방(隄防)이 허물어진 곳이 있으면
　　때때로 보수하고 개축해야 하며, 구거(溝渠)는 막히는 때도 있으니
　　그때마다 뚫어서 터놓아야 하며, 밭고랑이 파손되면 보완토록 권해
　　야 한다.
　　　수령의 책무 중 농사일에 주력하는 일보다 더 급한 것은 없으며,
　　농사에 힘을 쏟는 일 가운데 물을 다스리는 일보다 더 급한 것이 없

다. 지난 역사를 돌이켜보건대 훌륭한 관리들의 무성한 업적들은 모두 수리(水利)에 있었다. 그런데 오늘날의 수령들은 치수(治水)에 대해서는 남의 일로만 생각하니 어찌 된 일인가.

> 川流逕縣 鑿渠引水 以漑以灌 與作公田 以補民役 政之善也.

냇물이 (자기) 고을을 가까이 지나서 흐르면 (수령은) 도랑을 파서 물을 끌어들여 관개(灌漑)함으로써 (백성들과) 더불어 공전(公田)을 일구어 민역(民役)을 보충해 주는 것이 선정(善政)이다.

【字義】逕:좁은 길 경. 지날 경. 지를 경. 곧 경. 鑿:뚫을 착. 구멍 조.
　　渠:개천 거. 漑:물 댈 개. 灌:물 댈 관. 作:지을 작.
【語義】逕縣(경현):고을 가까이 지나감. 鑿渠(착거):도랑을 팜. 漑(개):
　　'灌(관)'과 같은 의미로 '물을 대는 것'. 公田(공전):국가나 공공기
　　관 소유의 논밭을 말함.

【解說】성호(星湖:1681-1763, 英祖 때 大實學者 李瀷의 호. 茶山은 그
　　의 실학사상을 집대성함) 선생께서 말씀하셨다.
　　"천하에 가장 아까운 것은 유용한 것을 활용하지 않는 것이다. 사
　　방의 들이 모두 말라 곡물은 시드는데 냇물이 그대로 흘러 바다로
　　들어가게 버려두니 어찌 아깝지 않겠는가. 오늘날 물을 막아 전답에
　　물을 대는 사람들은 전답은 높이 있고 물은 낮기에 물이 새어 둑이
　　무너질까 걱정하는데 이는 노력을 기울이지 않기 때문이다.
　　물은 산으로부터 내려오기 마련이고, 따라서 그 근원은 반드시 높

으므로 오랜 세월이 흐르다 보면 땅이 뚫리고 패여 수세(水勢)가 낮아지는 것이 당연하다. 그러니 오랜 세월을 두고 돌을 쌓아 패인 곳을 메워 차츰차츰 물의 흐름을 막으면 모래와 흙이 침전되어 물길 또한 점차 높아질 것이며, 높아지는 데 따라서 둑을 높이 쌓으면 어찌 물을 댈 수 없겠는가."

수령은 자기 고을에서 다소 떨어진 지점으로 통과하는 냇물이 있으면 백성들을 동원하여 물줄기를 끌어들여 논밭에 관개토록 하고, 또 여력이 있으면 빈 땅을 일구어 백성들과 더불어 농사지으면 고을의 재정에도 보탬이 될 것이요, 백성들의 요역을 메워 줄 수도 있을 것이다.

> 小曰池沼 大曰湖澤 其障曰陂 亦謂之堤 所以節水 此
> 澤上有水之 所以爲節也.

작은 것을 지소(池沼)라 하고 큰 것을 호택(湖澤)이라 하며 막은 것을 방죽 또는 제방이라고 하는데 그것으로 물을 조절한다. (周易에서) '못 위에 물이 있는 것'을 '절(節)'로 한 것은 이 때문이다.

【字義】池:못 지. 沼:못 소. 湖:호수 호. 障:막을 장. 陂:방죽 피. 비탈 파. 堤:둑 제. 節:마디 절. 절도 절.

【語義】小曰池沼(소왈지소):작은 것을 일러 지소(池沼)라고 함. '池'는 땅을 파서 만든 못이며 '沼'는 자연적으로 패여 생긴 늪. 湖澤(호택):호수와 큰 연못. 障曰陂(장왈피):'障'을 '陂'라 함. '障'은 '막다'의 뜻이며, '陂'는 '방죽'의 뜻. 堤(제):둑. 제방. 澤上有水之 所以爲節(택상유수지 소이위절):이 구절은 ≪주역(周易)≫ '수택절(水

澤節)' 괘의 '澤上有水節'을 응용한 것이다. '못 위에 물이 있는 것을 절(節)로 삼는다.' 는 뜻.

【解說】 송(宋)나라 때 조상관(趙尙寬)이 당주(唐州)의 지사(知事)로 있을 때 일이다. 당주는 본디 비옥한 땅이었으나 5대에 걸쳐 난을 겪는 동안 논밭을 경작하지 않아 땅은 광활한데 백성은 적어 부역을 충당할 수가 없었다. 그래서 사람들과 논의를 하니 어떤 자들은 주(州)를 폐(廢)하고 읍(邑)으로 만들자고 하였다. 그러자 조상관은,

"땅이 넓어 얼마든지 개간할 수 있고 백성의 수가 적어도 얼마든지 불러들일 수 있는데 어찌 폐주(廢州)를 하겠느냐."

하고는 옛 지도와 기록들을 찾아 조사하여 한(漢)나라 때 소신신(召信臣:前漢 때 南陽 太守로 있으면서 돌을 쌓아 둑을 만든 후 물을 대어 농토를 크게 넓혀 백성들을 잘 살게 함)이 만들었던 제방과 도랑의 옛 자취를 발견해 내고는, 군졸들을 동원하여 세 곳에 방죽을 쌓고 하나의 도랑을 만들어 다시 흐르게 함으로써 일만여 경(頃)의 논밭에 물을 댈 수 있게 하였다. 그리고 백성들로 하여금 자신을 위한 지거(支渠)를 수십 개 만들어 서로 돌려가며 물을 대게 하니 사방에서 몰려오는 백성들이 구름 같았다.

조상관은 또 상부에 요청하여 백성들에게 관전(官錢)을 대여하게 함으로써 경우(耕牛)를 사게 하니 초목이 무성하던 황무지가 3년 만에 다시 기름진 옥토가 되고 가구 수도 일만 호(戶)를 넘게 되었다. 인종(仁宗)이 소문을 듣고는 몹시 갸륵하게 여겨, 조서를 내려 포상토록 하고 벼슬의 품급을 올려 주고 상금을 하사하였다.

조상관은 5년간 당주(唐州)를 맡아 다스렸는데 백성들이 그의 초상을 그려 사당에 모셨으며, 왕안석(王安石)과 소식(蘇軾)은 신전시

(新田詩)와 신거시(新渠詩)를 지어 그를 찬미하였다.

> 東土名湖 僅有七八 餘皆窄小 然且葑合而不修矣.

우리나라 땅에는 이렇다 할 만한 호수가 겨우 7, 8개밖에 없고 나머지는 모두 좁고 작다. 그나마 방기풀이 우거진 데다 수축(修築)하지도 않고 있다.

【字義】僅:겨우 근. 窄:좁을 착. 葑:순무 봉. 방기 뿌리 풍. 修:닦을 수. 고칠 수.

【語義】東土(동토):동쪽의 땅. 즉 우리나라 땅. 僅(근):겨우. 餘皆(여개):나머지는 모두. 窄小(착소):좁고 작음. 然且(연차):그러나 그나마. 葑合(봉합):방기풀이 얽힘.

【解說】반계(磻溪) 유형원(柳馨遠)이 말했다.
"김제(金堤)의 벽골제(碧骨堤), 고부(古阜)의 눌제(訥堤), 익산과 전주 사이의 황등제(黃登堤) 등은 방파제로 큰 것이어서 한 지방 전역에 걸쳐 큰 이로움을 주었었다. 옛날에는 나라의 온 힘을 기울여 축조한 것인데 오늘날 모두 황폐해져 버렸다. 무너진 곳이 몇 길[丈]에 불과하니 그것을 수축하는 데에 드는 공력(功力)으로 일천 명이 열흘이면 할 수 있는 정도에 불과하여 처음 축조에 든 공력에 비하면 일만 분의 1도 못 되건만, 이를 건의하는 자가 아무도 없으니 너무도 한탄스럽고 안타까운 일이다. 이 세 둑을 다시 막아 물을 저수(貯水)하면 일천 경(頃)의 논밭에 물을 댈 수 있을 것인즉 그리 되면 노령(蘆嶺)의 위쪽 지방으로는 영원히 흉년이 없을 것이다."

이 밖에도 우리나라의 큰 저수지로는 함창(咸昌)의 공골제(空骨堤), 제천의 의림지(義林池), 덕산의 합덕지(合德池), 광주(光州)의 경양지(景陽池), 연안(延安)의 남대지(南大池) 등이 있는데, 지금은 해감이 끼어 모두 막혀 버렸으니 이것은 수령된 자들의 책임이다.

> 土豪貴族 擅其水利 專漑其田者 嚴禁.

토호나 귀족으로서 수리(水利)를 제멋대로 하여 오로지 제 논밭에만 물을 대는 것은 엄금해야 한다.

【字義】 豪:호걸 호. 굳셀 호. 거드름 피울 호. 擅:멋대로 할 천. 漑:물 댈 개.

【語義】 擅(천):제멋대로 함. 專漑其田(전개기전):오로지 제 농지에만 물을 댐.

【解說】 송(宋)나라 때 왕제(王濟)가 용계(龍溪)의 주부(主簿)로 보임(補任)되었을 때 일이다. 그 고을에는 수백 경(頃)에 물을 댈 만큼 큰 저수지가 있었는데 그가 부임하기 전 어떤 마을의 토호가 돈을 바쳐 그 저수지의 이용권을 독차지하고 있었다. 왕제가 부임하여 모두 캐내고 물을 끌어 고을 백성들의 전답에 대었더니 이때부터 가뭄에 대한 걱정이 없게 되었다.

若瀕海捍潮內 作膏田 是名海堰.

　바닷가에 바닷물이 들어오지 못하도록 막고 기름진 농토를 만드는
것, 이를 일러 '해언(海堰)'이라 한다.

【字義】瀕:물가 빈. 가까울 빈.　捍:막을 한.　潮:밀물 조. 조수 조.　膏:
　　기름 고. 堰:둑 언.
【語義】瀕海(빈해):바닷가. 바다에서 가까운 곳.　捍潮內(한조내):바닷
　　물이 안으로 들어오는 것을 막음.　膏田(고전):기름진 농토.　海堰(해
　　언):바닷둑. 바다 가까이에 쌓은 제방.

【解說】범중엄(范仲淹)이 서계(西溪) 염창(鹽倉)의 감사로 있었는데 통
　　주(通州)·태주(泰州)·해주(海州) 세 고을 모두 조수(潮水)가 성 아
　　래까지 들어오니 땅에 소금기가 배어 땅이 척박해져 농사를 지을 수
　　가 없었다. 그가 조정에 건의하여 세 주(州)의 경계에 바다를 막고
　　둑을 쌓아 백성들의 농지를 보호토록 해 달라고 요청하자, 조정에서
　　는 조서를 내려 허락하고는 그를 흥화령(興化令)으로 삼아 공사를 일
　　임하여 관장하게 했다. 훗날 백성들은 그의 공덕을 기려 사당을 짓
　　고 자식을 낳으면 '범(范)'을 성(姓)으로 삼았다.
　　중국에서는 방죽이면 어떤 것이든 '제언(堤堰)'으로 통칭하고 있
　　으나 우리나라에서는 바다의 조수를 막아 농지를 보호하는 것만을
　　일러 '언(堰)'이라고 한다. 우리나라는 삼면이 바다로 둘러싸여 있으
　　니 해언(海堰)을 쌓는 일이 큰 정사(政事)인 것이다.

> 江河之濱 連年衝決 爲民巨患者 作爲隄防 以安厥居.

　강이나 바다를 낀 유역에서는 해마다 (물결에) 부딪쳐서 무너지는 것이 백성들의 큰 근심거리이니 제방을 만들어 안심하고 살 수 있게 해 주어야 한다.

【字義】濱:물가 빈. 가까울 빈.　衝:찌를 충. 부딪칠 충.　決:결단할 결. 판단할 결.　厥:그 궐.

【語義】濱(빈):가까운 곳. 유역(流域).　連年(연년):연년(年年). 해마다. 衝決(충결):부딪쳐서 무너짐.　巨患(거환):큰 근심거리.　厥居(궐거): '厥'은 '撅'과 통하며, '撅'은 '掘(땅을 파다)'의 뜻이니 '厥居'란 '땅을 파서 만든 집', 곧 일반 백성들의 집을 말한다.

【解說】숙종(肅宗) 임금 때 김필진(金必振)이 원성(原城) 현감으로 있었는데 현의 치소(治所) 가까이 물이 차올랐다. 원성현에는 예부터 제방이 있어서 물의 범람을 피해 왔는데 이때는 물이 방죽을 뚫고 민가로 밀려들어 하루아침에 일백여 호(戶)가 떠내려갔다. 김공(金公)은 급히 현상금을 걸어 수영 잘하는 사람들을 모집하여 물에 떠내려가는 사람들을 건지게 하니 익사자가 적었다.

　물이 빠져나간 후 제방의 개축을 논의하게 되었는데 아전들과 백성들이 모두 노역을 꺼리면서 금년 같은 물난리는 항상 있는 것이 아니라고 했다. 그러나 공(公)은 "지금 일찌감치 대처해 놓으면 후에 근심될 일이 없을 것이다." 하고는 각 호(戶)의 장정과 승도(僧徒)들을 하루에 이천 명씩 동원하여 돌을 끌어다 쌓았더니 7일 만에 제방이 완성되었다. 이로 해서 제방이 당초보다 더 높아지니 물난리에 대한 걱정이 영구히 사라져 버렸다.

漕路所通 商旅所聚 疏其汎溢 固其隄防 亦善務也.

뱃길이 닿는 곳이나 장사꾼과 나그네들이 모여드는 곳에 물이 범람하
는 것을 소통하게 하고 그 제방을 견고하게 하는 것도 잘하는 일이다.

【字義】漕:배 조. 배 저을 조.   厥:그 궐.   通:통할 통.   旅:나그네 려.
   汎:넓을 범. 뜰 범.   溢:넘칠 일.
【語義】漕路(조로):뱃길.   商旅所聚(상려소취):장사꾼과 나그네들이 모
   여드는 곳.   汎溢(범일):물이 범람하여 넘침.

【解說】진(晉)의 명장 두예(杜預)가 양양(襄陽)에 진을 치고 있었다. 파
   구호(巴丘湖)라는 호수는 원수(沅水)와 상수(湘水)가 합류하는 곳으
   로써 안팎의 산하(山河)가 실로 험난하고 견고하여 초(楚)와 월(越)이
   믿고 의지하는 곳이었다. 그래서 두예는 양구(楊口)를 열고 하수(夏
   水)의 물줄기를 끌어 파릉(巴陵)에 이르기까지 일천여 리를 안으로는
   양자강의 험한 물길을 터 버리고 밖으로는 영릉(零陵)과 계림(桂林)
   의 뱃길과 통하게 하니, 전략적으로도 유리해졌거니와 백성들의 교
   통에 큰 도움이 되었다.

池澤所産 魚鼈蓮茨菱蒲之屬 爲之厲守 以補民役 不可
自取以養己.

못이나 늪에서 나는 산물, 즉 물고기 · 자라 · 연(蓮) · 검릉(茨菱) · 부

들 등속(等屬)은 엄히 지켜서 백성들의 요역(徭役)을 보태 주어야 하며, (수령이) 스스로 취하여 자신을 보양(補養)해서는 안 된다.

【字義】鼈:자라 별. 蓮:연꽃 련. 芡:가시연 검(감). 菱:마름 릉. 蒲:부들 포.

【語義】所産(소산):생산되는 것. 산물(産物). 鼈(별):자라. 芡菱(검릉): 마름열매(菱實). 날로 먹기도 하고 가루를 만들어 食用함. 蒲(포):부들. 어린 싹은 나물로 먹으며 잎과 줄기는 돗자리·부채 등을 만드는 재료로 쓰임. 養己(양기):자신을 보양함.

【解說】생각건대 지존하신 천자께서도 못이나 늪에 대해서는 백성들에게 부세(賦稅)를 무겁게 하여 백성들의 원망을 사지 않았는데 하물며 수령이야 말해 무엇하겠는가.

　수령들 중 비루한 자는 '내 통발[筍]을 손대지 말라. 내가 떠난 후에야 어찌되든 그것까지야…….' 하고는 못을 말려 고기를 잡아 한번 포식하고는 물고기 알까지 멸종시켜 버리며, 연꽃 열매·연 뿌리·마름열매·부들 따위까지 마구 채취하며 또한 엄히 금하지 않는다. 그리하여 나라 안의 못들이 텅 비어 있을 뿐이니 백성을 기르는 자로서 어찌 부끄러운 일이 아니겠는가. 마땅히 못가에 초소를 지어 지키게 해야 할 것이다.

제3조 선해(繕廨):관아(官衙) 건물의 수리

> 廨宇頹圮 上雨旁風 莫之修繕 任其崩毁 亦民牧之大
> 咎也.

　관청 건물이 기울고 무너져 천정으로는 비가 새고 옆 벽으로는 바람이 들어오는 것을 수리하지 않고, 헐리고 무너지게 내버려 두는 것 또한 수령의 큰 허물이다.

【字義】廨:관아 해.　宇:집 우.　頹:무너질 퇴. 쇠할 퇴.　圮:무너질 비.
　　旁:옆 방.　繕:기울 선. 고칠 선.　咎:허물 구.

【語義】廨宇(해우):관청 건물.　頹圮(퇴비):기울고 무너짐.　上雨(상우):
　　천정에서 빗물이 떨어짐.　旁風(방풍):옆으로 바람이 들어옴.　任
　　(임):내버려 둠.　崩毁(붕훼):무너지고 헐림.　大咎(대구):큰 허물.

【解說】수령들 중 어질지 못한 자는 그 뜻을 재물 늘리는 것에 두고 벼
　　슬자리를 보존하는 일에 두고 있으니 위로는 임금을 사랑하지 않고
　　아래로는 백성들을 사랑하지 않음이 이와 같다. 그러므로 관아의 청
　　사가 백 번을 무너져도 구할 생각을 하지 않으니 관사(官舍)가 늘 허
　　물어져 있어도 고치지 못하는 것은 이 때문이다.
　　　어쩌다가 한 수령이 이를 수리하는 경우에는 공무를 빙자하여 사
　　리(私利)를 도모하는데, 그 경비를 지나치게 설정하여 상부에 요청
　　하며 창고의 곡식을 농간질하고 백성들의 고혈을 빨아 아전들과 한
　　패가 되어 그 나머지를 훔쳐 제 배를 채운다. 그러나 오래가지 않아

발각되어 죄값을 치르기 마련이다.

　그러므로 관사를 수리하는 일은 죄에 빠지는 수령이니 아무리 청렴하고 유능한 선비라 해도 모두 경계하고 조심하여 가만히 있는 것이 상책이라고 생각한다. 기울어진 데를 장나무로 떠받쳐 놓고 뚫어진 지붕을 대강 때워 구차하게라도 몇 년을 지내려 한다.

　전임 수령이 가 버리면 후임자 또한 그렇게 하는데 이는 당(堂)과 관사가 임금께서 자기를 대신하여 백성들을 보살필 신하의 거처로서 주신 것이라는 사실과, 사신(使臣)들을 영접하는 장소로 제공한 것임을 알지 못하기 때문이다. 서까래 하나가 부러져도 그 허물이 곧 신하에게 있으니, 어찌 감히 그리 할 수 있는가.

> 律有擅起之條 邦有私建之禁 而先輩於此 自若修擧.

　≪대명률(大明律)≫에는 (관리가) 임의로 공사를 벌이는 것에 대한 조항이 있으며, 우리나라 법에는 사사로이 건축하는 것을 금지하는 조항이 있으나 선배들은 그것에 구애되지 않고 스스로 (관사의) 수리를 행하였다.

【字義】擅:멋대로 할 천. 輩:무리 배.
【語義】律(율):율서(律書). 여기서는 明나라 때 편찬된 기본 형법전(刑法典)인 ≪大明律≫을 말한다. 擅起(천기):상부의 허가를 받지 않고 수령이 임의로 공사를 벌이는 것. 私建(사건):사사로이 지음. 自若(자약):태연히. 아무런 구애됨 없이. 修擧(수거):수리를 행함.

【解說】≪대명률(大明律)≫에 이렇게 규정하였다.

"무릇 관아에 영조(營造)할 것이 있으면 마땅히 상부에 품신(稟申)해야 하는데 하지 않거나, 상부의 회보(回報)를 기다려야 하는데 기다리지 않고 함부로 공사를 벌여 역인(役人)들과 장인(匠人)을 고용해 쓰는 경우에는 그들의 품삯을 모두 계산하여 좌장(坐臟:관리가 아무런 근거 없이 백성에게서 재물을 거두는 것)으로써 논죄한다. 그러나 성(城)의 담장이 무너지고 창고나 공해(公廨)가 파괴되었을 때 민가의 장정들과 군인들을 차출하여 수리하는 것은 예외이다."

≪대명률≫에는 또 이런 규정도 있다.

"각 관청의 공해(公廨)·창고, 또는 국(局)이나 원(院)의 방사(房舍)에 파손이 있다면 해당 관리가 즉시 상부에 보고하여 수리해야 하며 이를 어기는 자는 태(笞) 사십 대에 처한다."

이 두 조항을 잘 생각해 보면 함부로 공사를 벌이는 것을 금지하는가 하면 파괴된 것을 그대로 방치해 두는 것 또한 그 죄가 무거우니 어찌 저것을 핑계로 이것을 버릴 수 있겠는가. 오직 회계(會計)를 정당하게 하면 그만인 것이다.

김유선(金有先)이 성주(星州) 목사(牧使)로 있으면서 정당(政堂)을 중건했는데 이에 대해 신숙주(申叔舟)가 다음과 같은 기문(記文)을 지었다.

"근년 이래로 법은 엄하고 백성들은 사나워서 고을의 수령들이 거의 다 공사 벌이기를 꺼리하여 공해(公廨)가 무너지고 헐어도 앉아서 보고만 있고, 돌 하나 기왓장 하나도 다시 수리하여 바로잡지 않고 팔짱만 낀 채 체임(遞任)되기만 기다린다. 김군(金君)이 부임해와 탄식하면서 '법이 비록 엄하나 범하지 않는다면 어찌 법을 두려워할 것이며, 백성들이 사납다 하나 괴롭히지 않는다면 어찌 백성을 꺼릴 것인가.' 하고는 재목을 모으고 장인들에게 명하여 몇 달 안 가 공사를 마쳤도다."

누각이나 정자에서 한가롭게 즐길 만한 경관 또한 성읍(城邑)의 장소
로서 없어서는 안 되는 것이다.

【字義】樓:다락 루. 층집 루. 亭:정자 정. 閒:한가할 한. 燕:잔치 연.
즐겁게 할 연. 觀:볼 관. 모양 관.

【語義】樓亭(누정):누각과 정자. 閒燕之觀(한연지관):한가하게 즐길 만
한 경관. 不能無者(불능무자):없어서는 안 되는 것.

【解說】이첨(李詹)이 강화(江華)의 이섭정(利涉亭)에 대한 기문(記文)에
서 이렇게 적었다.
"고을의 치소(治所)에 관유(觀游)할 만한 곳이 있어야 함은 이론의
여지가 없다. 심기가 번잡하고 생각이 어지러우며 시야가 막히고 의
지가 침체되는 경우를 당하면, 군자에게는 반드시 놀고 쉴 만한 대
상과 기분을 돋우고 상쾌하게 할 만한 곳이 있어 주위를 둘러보고
배회하여 정신을 평정하고 확 트이게 한 후라야, 번잡한 것은 간이
해지고 어지러운 것은 진정되며 막힌 것은 뚫리고 침체된 것은 흐르
게 마련인 것이다."

吏校奴隷之屬 宜令赴役 募僧助事 是亦一道.

아전과 군교·노예 등도 마땅히 공역(工役)에 나가도록 영을 내려야

하며, 중들을 모아 공사를 돕게 하는 것 또한 한 가지 방도이다.

【字義】隷:종 예. 屬:무리 속. 이을 촉. 赴:다다를 부. 갈 부. 募:모을
　　모. 뽑을 모. 僧:중 승.
【語義】赴役(부역):공역(工役)에 나감. 一道(일도):한 가지 방도.

【解說】변인달(邊仁達)이 이천(利川) 현감으로 있을 때의 일이다. 장차
　　향교를 세우고자 하여 공무를 보는 중에 여가를 내어 아전과 군교들
　　을 공사에 동원하되 백성들의 힘은 빌지 않았다. 또 산에 가서 목재
　　를 베는 경우에는 불공 드리러 온 신도들에게 부탁하여 운송을 지원
　　받았다. 그리고 중들을 모아 날마다 몸소 공사를 독려하니 한 달도
　　못 되어 향교가 낙성되었다.
　　손소(孫昭)가 안동 부사로 있을 때의 일이다. 관풍루(觀風樓)를 세
　　우기에 앞서 부중(府中)의 부로(父老)들을 불러,
　　"백성들 가운데 산속으로 도망하여 중이 된 자들이 많소. 그들 중
　　에는 기와를 잘 굽는 자들도 있을 것이며, 목공(木工)을 잘하는 자들
　　도 있을 것이며, 먹줄을 잡고 길이를 잘 재는 자들도 있을 터인즉 그
　　명단을 가져오시오."
　　하니 부로들은 그 이튿날로 수십 명의 이름을 적어 올렸다.
　　손소가 그 기능에 따라 각기 일을 나누어 맡기니 여러 공인들이 일
　　제히 분발하고 서로 경쟁하는 마음으로 일에 임하여 나무를 벌채해
　　도 백성들은 알지 못하고, 목재를 날라도 백성들은 알지 못하고, 흙
　　을 다져서 벽돌을 만들고 가마를 쌓아 기와를 구워도 백성들은 알지
　　못하는 가운데 몇 달 만에 공사가 끝났다.

> 鳩材募工 總有商量 弊竇不可不先塞 勞費不可不思省.

목재를 모으고 장인들을 모집하는 것은 잘 요량하여 폐단의 소지를 막지 않을 수 없으며, 노역과 경비는 (신중히) 생각하고 살펴야 한다.

【字義】鳩:비둘기 구. 모을 구. 弊:폐단 폐. 폐해 폐. 해질 폐. 竇:구멍 두. 개천 독. 塞:변방 새. 막을 색. 省:살필 성. 덜 생.

【語義】鳩材(구재): '鳩'는 '聚'의 뜻이니 '鳩材'는 목재를 모은다는 뜻. 弊竇(폐두):폐단이 생길 구멍. 勞費(노비):노역(勞役)과 경비. 思省 (사성):생각하고 돌이켜 살핌. 즉 신중을 기하여 검토함.

【解說】좋은 목재를 구하기는 어렵지 않으나 훌륭한 장인(匠人)을 구하기는 정말 어려운 것이다. 각 공정에 있어 훌륭한 장인을 구하면 일을 요량하는 데에 착오가 없고, 각종 재료와 목재에 부족하고 남음이 없을 것이니 노역과 경비가 절감된다.

그렇지만 훌륭한 장인을 구하지 못하면 도끼질하는 자들과 톱질하는 자들이 명령에 순종하지 않아 곧은 목재와 굽은 목재가 올바로 쓰이지 못하며, 인부들은 일손을 놓고 빈둥대기 일쑤여서 공사 기간이 자꾸 연장되고 자재를 절약하는 데에 절도가 없어 손실이 크다.

그러므로 반드시 삼경(三京) 안에서 나라의 큰 목수를 골라 도장 (都匠:도목수. 수하에 목공들을 거느리는 큰 목수)으로 삼아야 효과가 있을 것이다. 주위 사람들이 자기가 호감을 갖는 사람들을 천거하여 허풍 떨며 추켜세우는 일이 있는데 모두 믿어서는 안 된다.

治廨旣善 栽花種樹 亦淸士之跡也.

관아의 청사가 이미 잘 다듬어졌으면 꽃을 재배하고 나무를 심는 것
또한 청아한 선비의 자취이다.

【字義】治:다스릴 치. 廨:관아 해. 栽:심을 재. 跡:발자취 적.
【語義】治廨(치해):관사(官舍)에 대한 손질. 栽花(재화):꽃을 재배함.
　　　種樹(종수):나무를 심는 것.

【解說】진(晋)나라의 반안인(潘安仁)이 하양(河陽) 현령이 되었는데 고
　　　을의 백성들에게 명령하여 복숭아나무와 오얏나무를 많이 심게 하였
　　　더니 백성들이 노래하였다.
　　　"반(潘) 사또님 정사가 자랑스럽네.
　　　하양의 온 고을이 꽃으로 덮였네."

제4조 수성(修城):병란(兵亂)에 대비하여 성곽(城廓)을 쌓음

修城浚濠 固國保民 亦守土者之職分也.

성을 수축하고 해자(垓字)를 파서 국방을 튼튼히 하고 백성을 보호하
는 일 또한 수령된 사람의 직분이다.

【字義】浚:깊게 할 준.　濠:해자 호. 도랑 호.　固:굳을 고.
【語義】浚濠(준호):성 밑에 빙 둘러서 파는 못[池]. 해자(垓字).

【解說】≪예기(禮記)≫의 〈월령(月令)〉편에 '맹추(孟秋)에 담장의 터진
　　곳을 막고 성곽을 보수하며, 중추(仲秋)에 성곽을 쌓고 곡식 창고를
　　수리하며, 맹동(孟冬)에 성곽의 터진 곳을 막고 문(門)을 튼튼히 한
　　다.'고 되어 있다. 또 ≪춘추(春秋)≫를 상고해 보면 성을 쌓는 일에
　　대한 것이 해마다 끊이지 않고 기록되어 있음을 알 수 있다.
　　　옛 법에 '수시로 또는 달마다 수리해야 하는 것이 성곽이다.' 라고
　　했는데 오늘날 각 군현의 성은 한 번 쌓은 후 일백 년이 지나도록 돌
　　하나 기와 한 조각을 올리지 않고 있다가 성벽이 무너져 떨어져 나
　　가고 해자가 메워진 후에야 비로소 개축을 논의한다. 때를 놓치지
　　않고 수리하고 보수했다면 어찌 그렇게까지 되었겠는가. 성을 수축
　　하는 것은 수령의 급선무인 것이다.

兵興敵至 臨急築城者 宜度其地勢 順其民情.

병란이 일어나 적군이 쳐들어오는 긴급한 상황이 임박하여 성을 쌓을 때는 마땅히 그 지세(地勢)를 잘 파악하고, 백성들의 형편에 맞도록 해야 한다.

【字義】 兵:병사 병. 전쟁 병. 興:일 흥. 일으킬 흥. 度:법도 도. 헤아릴 탁. 살 택. 勢:형세 세. 권세 세.

【語義】 兵興(병흥):병란이 일어남. 臨急(임급):위급한 상황이 임박함. 度(탁): '헤아린다'의 뜻이니 여기서는 지세를 잘 파악하여 성의 위치 선정이나 공사에 반영함을 의미함.

【解說】 제(齊)나라 때 원숭조(垣崇祖)가 예주 자사(豫州刺史)로 있을 때 외성(外城)을 수축하고 비수(肥水)에 둑을 쌓아 방비를 굳게 하려 하였는데 문무백관들이 모두 이렇게 말하며 말렸다.
　"옛날에 불리(佛貍:남북조 시대의 後魏의 황제 太武帝의 字)가 쳐들어왔을 때, 성안의 군졸이 지금의 몇 배나 되었는데도 외성이 너무 넓어 지키기 어렵게 되자 안쪽으로 물러나 내성만을 지켰습니다. 또 비수 이래로 일찍이 둑을 쌓은 일이 없으니 지금에 와서 그 일을 벌인다면 헛수고만 할 뿐 이익은 없을 것입니다."
　그러나 원숭조는,
　"외성을 버린다면 오랑캐들이 반드시 그것을 근거지로 삼아 밖으로는 망루를 쌓고 안으로는 길게 담을 둘러칠 것인즉 앉아서 포로가 될 것이다."
　하고는 비수의 서북쪽에 둑을 쌓고, 둑의 북쪽에 작은 성을 쌓고, 그 둘레에 참호를 깊게 팠다. 위나라 사람들이 작은 성을 공격해 오니 원숭조는 백사모(白紗帽)를 쓰고 견여(肩輿)를 타고 성에 올라갔다. 둑을 터서 밑으로 물을 쏟게 하자 위나라 사람들과 말들이 물에 빠져죽어 그 수가 일천을 헤아렸고 위군은 패퇴하여 달아나 버렸다.

城而不時 則如勿城 必以農隙 古之道也.

때가 아닌 때 성을 쌓는 것은 성을 쌓지 않음만 못하다. 반드시 농한기를 틈타서 쌓는 것이 예부터의 도리이다.

【字義】城:성 성. 성 쌓을 성. 隙:틈 극. 빌 극.
【語義】城而不時 則如勿城(성이불시 즉여물성):'성을 쌓되 때를 잘못 잡아 쌓는 것은 차라리 성을 쌓지 않음만 못하다.'는 뜻. 農隙(농극): 농한기를 틈타서 함.

【解說】≪춘추(春秋)≫에 성(城)에 대한 기록이 스물아홉 가지 있는데 그중 때를 잘못 잡아 쌓은 것이 스물세 개나 되거니와 성인(聖人)들이 불시(不時)를 경계함이 이와 같았다. 어찌 그 시기를 묻지 않을 수 있는가. 놀고 있는 손들을 끌어 성을 쌓는다면 봄이라도 상관 없다.

　방극근(方克勤)이 제령부(濟寧府)의 지사로 있었는데 한여름에 수장(守將)이 백성들을 독려하여 성을 쌓았다. 그러자 방극근이 이를 보고는,

"백성들이 농사일에 눈코 뜰 새 없는데 어찌 축성의 노역까지 시켜 더욱 피곤하게 하는가."

하고 중서성(中書省)에 청하여 공사를 중지시켰다. 그런데 마침 그때까지 오래 계속되던 가뭄이 갑자기 비로 바뀌니 제령의 백성들은,

"누가 우리의 노역을 중단시켰는가, 사또의 힘일세.

누가 우리의 곡식을 단비로 살려 냈는가, 사또의 비일세.

사또여, 가지 마십시오.우리 백성의 부모이십니다."

하고 노래하였다.

古之所謂築城者 土城也. 臨難御寇 莫如土城.

옛날 소위 축성이란 토성(土城)이었다. 난리를 당하여 적을 막아내는 데에는 토성만한 것이 없다.

【字義】築:쌓을 축. 臨:임할 림. 難:어려울 난. 난리 난.

【語義】臨難(임난):난리를 당함. 御寇(어구):적을 막아냄.

【解說】흙을 단단히 다져가며 쌓는 것을 '축(築)'이라 하고, 돌을 겹겹이 쌓는 것을 '체(砌)'라 하며, 벽돌을 층층이 포개어 쌓는 것을 '추(甃)'라 하거니와 이렇듯 글자의 뜻이 각각 다르다. ≪시경(詩經)≫에 '축성(築城)'이라 했고 ≪춘추≫에도 축성이라 했거니와, 몽염(蒙恬:秦의 始皇帝 때의 名將. 삼십만의 군졸로 흉노를 정벌하고 만리장성을 쌓았음)의 만리장성에 이르기까지 모두가 토성이었다.

　석성(石城)을 쌓는 데에는 그 노역과 비용이 엄청나게 소요될 뿐만 아니라 오래 견디지도 못하고 적을 막아내지도 못한다. 석성은 겉만 단단하고 속은 물러서 금이 가거나 내려앉거나 구멍이 나니, 몇 해 못 가서 얼었던 것이 봄에 녹으면 떨어져 나가고 여름비에 젖어 무너지고 깨진다. 게다가 성을 공략할 줄 아는 자는 울퉁불퉁한 갑옷을 입고 발에는 용의 발톱 같은 갈고리를 동여매고는, 돌 뿌리를 잡고 여럿이 당기면 우르르 무너져 내릴 것이니 장차 무엇에 쓰겠는가.

그러므로 외적이 침입할 조짐이 있어 아침저녁으로 난리가 염려되는 경우에는 모름지기 서둘러 토성을 쌓아야 한다.

堡垣之制 宜遵尹耕堡約 其雉堞敵臺之制 宜益潤色.

성(城)과 담장의 제도는 마땅히 윤경(尹耕)의 ≪보약(堡約)≫을 준수하되 그 치첩(雉堞)과 망루의 체제는 더 보완해야 한다.

【字義】堡:작은 성 보. 垣:담 원. 雉:꿩 치. 담 치. 堞:성가퀴 첩.
【語義】堡垣(보원):'堡'는 '작은 성'을 의미하며 '垣'은 '낮은 담'을 뜻하니 '성과 담장'. 尹耕堡約(윤경 보약):'尹耕'은 明代 사람으로 성을 쌓는 방법을 낱낱이 기술하여 ≪堡約≫으로 묶었음. 雉堞(치첩):성 위에 쌓는 담. 敵臺(적대):적의 동향을 살피는 망루. 潤色(윤색):여기서는 '부족한 점을 보완하다'는 뜻.

【解說】윤경(尹耕)은 ≪보약(堡約)≫에서, "보(堡)의 체제는 크고 작음에 제한받거나 굽고 곧음에 구애될 것이 없다. 다만 그 안에 많은 군정(軍丁)을 수용하고, 멀리 밖을 살필 수만 있으면 된다."고 말했다.

그러나 큰 것이 작은 것만 못하니 작으면 견고하기 때문이다. 또 곧은 것이 굽은 것만 못하니 굽으면 지키기가 쉽기 때문이다. 살피건대 보(堡)의 체제는 산의 형세에 따라 그 굴곡을 맞추면 된다. 그러나 아무리 작은 성일지라도 치성(雉城)이 없으면 차라리 성이 없음만 못한 것이다.

우리나라의 성은 모두 치성이 없고 성 위의 담장에 대략 포혈(砲穴)만 뚫어 놓았으니 장차 무엇에 쓰겠는가. 적이 몰래 성 밑에 달라붙어 성벽을 허물어 들어간다면 위에서 돌을 폭포수처럼 내려 굴린다 해도 적의 등에 떨어지지 않을 것인즉 하물며 탄환과 화살이야 말해 무엇하겠는가.

성문의 좌우에는 모름지기 곡성(曲城)을 만들어 옹성(甕城)을 대신할 수 있게 해야 하며, 문이 없는 쪽에도 곡치(曲雉)를 설치하여 두 치첩 사이의 거리가 오륙십 보를 넘지 않게 하여 화살과 탄환이 서로 미칠 수 있게 해야만 성벽에 달라붙는 적병을 막을 수 있을 것이다.

그러니 윤경의 ≪보약≫도 그때그때 지세에 맞추어 변형해야 하는 것이며, 그 변통법을 말이나 글로 다할 수는 없다.

> 其在平時 修其城垣 以爲行旅之觀者 宜因其舊 補之以石.

평화로운 때 성과 성벽을 쌓아 여행자들의 관망대(觀望臺)로 삼으려 하는 경우에는 마땅히 그 옛 법에 따라 돌로 보수해야 한다.

【字義】因:말미암을 인. 따를 인. 舊:예 구. 補:기울 보. 도울 보.
【語義】平時(평시):전쟁이 없는 평화로운 시절. 行旅之觀(행려지관):여행자들의 관망대.

【解說】남쪽 연해안 지방의 군현에 있는 성들은 수리할 수 있는 것이 하나도 없고 수축할 만한 것도 없다. 다만 무너지고 깨져서 보는 사람

으로 하여금 처량하고 서글픈 느낌을 갖게 하는 것은 떨어져나간 것을 보수하고 끊어진 곳을 이어서 외관상으로나마 보기 좋게 해야 할 것이다.

이때 돌을 반듯반듯 잘라서 담을 치기만 하면 되고, 옹성·포루(砲樓)·망대·노대(弩臺)·포루(舖樓)·현안(縣眼)·누조(漏槽) 등의 방어 시설까지 구비할 필요는 없다. 그렇지만 진주·울산 같은 곳의 군영과 영변·정주 등 산읍의 성은 본디부터 돌로 된 성이므로 적을 방어할 수 있는 체제를 갖추어야 할 것이다.

제5조 도로(道路): 교통(交通)을 위한 도로(道路) 행정(行政)

> 修治道路 使行旅願出於其路 亦良牧之政也.

도로를 수리하고 만들어 여행자로 하여금 그 길을 이용할 마음이 일게 하는 것 또한 훌륭한 수령의 정사이다.

【字義】旅:나그네 려. 願:원할 원.

【語義】修治(수치):수리하고 만듦. 行旅(행려):나그네. 여행자.

【解說】《주례(周禮)》의 〈추관(秋官)〉편에 보면 야려씨(野廬氏)는 나라의 도로를 관장하면서 사기(四畿:'畿'란 王城에서 오백 리 거리 이내의 지역)에 이르기까지 막힌 길이 없게 하였다. 도로들 가운데 배나 수레가 서로 부딪치는 것이 있으면 이를 풀어 소통되게 해야 하므로 나라에서 큰일을 맡길 때는 도로를 잘 닦고 못 닦는 데 따라 정하였다.

우리나라에서는 성 안의 정로(正路)는 폭을 3인(仞:1인은 8자)으로 해야 하며, 성 밖의 길 중에서도 이웃 고을로 통하는 길은 그대로 3인으로 하고 큰 마을로 통하는 길은 2인으로 해야 하며, 논밭 사이의 작은 길은 폭을 1인으로 하는 것이 마땅하며, 1인도 못 되는 길은 모두 엄하게 신칙하여 1인이 되도록 하되 감히 폭을 줄이지 못하게 해야 사람들의 통행에 불편이 없을 것이다.

아전과 군교를 보내 백성들을 다그쳐 길을 닦게 할 때 채찍으로 등을 치고 발길로 볼기를 차서 이리 넘어지고 저리 쓰러지니, 닭을 삶고 돼지를 잡느라 마을 전체가 소란하다. 부잣집은 뇌물을 주어 넌지시 빠지고 부역으로 죽어나는 것은 오직 가난한 자들뿐이다. 수령은 이런 사정을 잘 살펴 아전이나 군교를 파견치 말 것이며, 부득이하여 파견하는 경우에는 거듭 타이르고 엄히 경계하여 횡포를 부리지 못하게 해야 한다.

> 橋梁者 濟人之具也 天氣旣寒 宜卽成之.

교량이란 사람들로 하여금 물을 건너게 하는 도구이니 날씨가 차지면 즉시 설치해야 한다.

【字義】橋:다리 교. 굳셀 교. 梁:들보 량. 濟:건널 제. 구제할 제. 具: 갖출 구. 寒:찰 한.
【語義】濟人之具(제인지구):사람들로 하여금 물을 건너게 하는 도구. 天氣(천기):공기. 날씨. 기온. 卽成(즉성):즉시 설치함.

【解說】자산(子産)이 정(鄭)나라의 정치를 맡았을 때 자기가 타는 수레에 백성들을 태워 진수(溱水)와 유수(洧水)를 건네 주었다. 맹자(孟子)가 이를 보고 말했다.

"은혜로운 일이긴 하나 정사를 펼 줄 모르는 것이다. 걸어서 건너는 다리를 11월에 놓고, 수레로 건너는 다리를 12월에 놓는다면 백성들이 물을 건너는 고통을 겪지 않으련만."

살피건대 당시의 11월과 12월은 지금의 9월과 10월이다. 하령(夏令)에 이르기를 '맹동(孟冬)에는 다리를 놓아야 한다.'고 했고, 월령(月令)에도 '맹동에는 교량을 놓는 일에 힘써야 한다.'고 했거니와 요컨대 상강(霜降) 날에는 즉시 명령을 내려 걸어서 건너는 다리를 놓게 하고, 입동(立冬) 날에는 거듭 영을 내려 거마(車馬)로 물을 건널 수 있는 다리를 놓는 일은 수령이 마땅히 해야 할 일이다.

> 津不闕舟 亭不缺堠 亦商旅之所樂也.

나루터에 배가 없는 일이 없고, 역정(驛亭)에 이정표가 **빠진** 곳이 없으면 장사꾼들과 여행자들이 좋아할 것이다.

【字義】津:나루 진. 闕:대궐 궐. 궐할 궐. 이지러질 궐. 亭:정자 정. 역마을 정. 堠:돈대 후. 樂:즐거울 락. 좋아할 요. 음악 악.

【語義】津(진):나루터. 闕舟(궐주):배가 없음. 亭(정):여기서는 '역정(驛亭)'을 가리킴. 堠(후):이정표(里程標). 商旅(상려):장사꾼과 여행자.

【解說】원주(原州)의 개채(開岩) 나루에 거친 자가 있어 스스로 사족(士族)이라 하면서 나루터를 지키고 사람들을 잘 건네 주지 않았다. 장사꾼이나 여행자가 지나가는 경우에는 다른 나루터보다 두 배나 비싼 뱃삯을 받고서야 건네 주곤 했다. 그리고 떠돌이 선비이거나 행색이 초라하여 뜻대로 토색질할 것이 없는 경우에는 바위굴 속에 배를 숨기고는 종일토록 배를 대지 않았다.

이런 일들도 수령된 사람의 책임이니 자기 관내에 나루터가 있으면 방(榜)을 붙여 엄히 신칙하되 뱃삯을 두 배로 받는 자와 배를 불러도 응하지 않는 자는 엄히 규찰하고 금해야 한다.

또 5리마다 정(亭)을 하나씩 두고 십 리마다 후(堠)를 하나씩 두는 것은 행인들의 길 안내를 위한 것이다. 그러므로 정마다 푯말을 세우고 후마다 후인(堠人:길 안내가 표시된 장승)을 세워 사방의 이수(里數)와 지명·마을 이름 등을 상세히 기록하면 여행자들이 기뻐할 것이다.

> 店不傳任 嶺不擡轎 民可以息肩矣 店不匿奸 院不恣淫
> 民可以淑心矣.

여점에서 짐을 나르지 않게 하고 가마를 메고 고개를 넘는 일이 없게 하면 백성들이 어깨를 쉴 수 있을 것이며, 여점에서 간악한 자들을 숨겨 주지 않고 원(院)에서 음란한 행위를 자행하지 않으면 백성들은 마음을 맑게 할 수 있을 것이다.

【字義】任:맡길 임. 擡:들 대. 멜 대. 轎:가마 교. 肩:어깨 견. 匿:숨길 닉. 恣:마음대로 자. 방자할 자. 淑:맑을 숙.

【語義】店(점):여관이나 주막. 傳任(전임):짐을 져 나름. 嶺(령):고개. 擡轎(대교):가마를 멤. 匿奸(익간):간악한 자를 숨겨 줌. 院(원):역참(驛站)과 역참 사이에 두었던 관영(官營) 여관으로 처음에는 공무로 여행하는 관원들을 위한 것이었으나 후에는 일반 여행자들도 이용하였음. 恣淫(자음):음란한 행위를 함부로 하는 것. 淑心(숙심):마음을 맑게 함.

【解說】백성들에게 짐을 지워 나르게 하는 것은 여점의 큰 폐단이다. 감영의 비장(裨將)들과 각 고을의 책객(册客)들이 제 상관을 속이고 사사로이 짐을 꾸려 관아의 문턱만 빠져나오면 눈에 띄는 백성을 불러

강제로 짐 보따리를 지운다. 기세에 눌려 한 번 짐을 진 사람은 다른 여점까지 나르게 되고, 여의치 않으면 다시 다른 여점으로 나르게 하니 백성들의 불만과 고통이 어떠하겠는가.

나라에서 공부(貢賦)를 수송할 때도 이렇게 하지는 않는다. 짐을 나르고 가마를 메는 일은 그 차역(差役)과 면역(免役) 제도가 여러 차례 변경되었는데 오늘에 와서는 필부(匹夫)와 천인들까지도 머리에 전립(氈笠:죄인을 다루는 병졸이 軍裝할 때 쓰던 갓) 하나 눌러쓰고는 백성들에게 행패를 부리게 되었다. 수령으로서 공로(孔路)에 있는 사람은 상사에게 알리고 그 방유(榜諭)를 받아 엄금해야 한다.

또 가마를 메고 고개를 넘는 백성에게 다른 요역을 면제해 주던 일은 본디 사신을 접대하고 이웃 고을의 수령을 예우하기 위한 것이었다. 그런데 비장 · 책객 · 토호 등이 사사로이 위엄을 부려 백성들을 강요하여 가마를 메게 한다. 들판에서 일하고 있는 백성들을 잡아다 개와 닭 몰듯 하며 뺨을 때리고 머리채를 잡아끄니 백성들의 고통이 만 가지 형상이다. 수령이 이를 알아서 엄단하고 내 자제들부터 고개를 걸어서 넘게 해야 한다.

나는 오랫동안 백성들 틈에 살아서 그들의 실정과 허위를 조금 아는데 무릇 도적이 숨는 곳은 모두 여점이다. 정말로 정결한 마을에는 숨어 있기가 어렵기 때문이다. 그러나 여점은 사방에서 모여든 사람들이 오래 머무는 일이 없기 때문에 몸을 숨기기에 편리하다. 그런데 여점 주인과 주모(酒母)가 그들과 내통하여 숨겨 주고 피신하게 하며, 감영의 군교들도 이들과 결탁하여 핏줄이 통하듯 막힘이 없으니 어찌 이들을 잡아낼 수 있겠는가. 수령은 이런 사정을 잘 알아서 모든 여점에 방(榜)으로써 유시하여 감히 간악한 무리들을 숨겨 주는 자들은 엄벌에 처하리라 공고해야 한다.

역참이나 원(院)이 있는 마을에서는 간혹 부유한 자들이 돼지를 잡고 술을 빚어 음란하고 방탕한 행위를 자행하며 마작·골패 따위의 노름을 벌이고 기생이나 광대·꼭두각시 놀이패들을 불러들여 큰소리로 노래하고 소리를 질러 백성들의 습속을 완악해지게 한다. 수령은 이런 행위를 밝게 살피어 엄히 금해야 하며, 범하는 자는 결코 용서해서는 안 된다.

路不鋪黃 畔不植炬 斯可曰知禮矣.

길 위에 황토를 깔지 않고 길가에 횃불을 세우지 않으면 이로써 가히 예(禮)를 안다고 할 수 있다.

【字義】鋪:펼 포. 가게 포. 畔:밭두둑 반. 배반할 반. 植:심을 식. 둘치. 炬:횃불 거.

【語義】鋪黃(포황):도로 위에 황토를 까는 것. 畔(반):길 가장자리. 植炬(치거):횃불을 세우는 것.

【解說】≪다산필담(茶山筆談)≫에서 말했다.

"임금이 행차하시는 길 복판에 황토를 까는 습속이 언제부터 시작되었는지는 자세히 알 수 없다. 태양의 황도(黃道)를 상징한 것이라고 하는 사람도 있으나 사실인지 아닌지 모르겠다. 사신을 받들어 군현으로 모실 때 특별히 황토 한 삼태기를 가져다가 길 양편에 뿌리는 것도 5리 떨어진 역정(驛亭)에서부터 관사에 이르는 사이에만 하면 된다. 그런데도 오늘날에는 감사(監司)가 순력(巡歷) 차 들르는 때도 임금의 행차 때와 똑같이 길 한가운데에 황토를 펴는 법을 그대로 쓰고 있다.

또 치거(植炬:길가에 횃불을 세워 사람을 시켜 잡게 하는 것)는 오직 임금의 행차 때만 하게 되어 있는데 오늘날에는 감사의 순력 때도 치거를 행하고 있다. 이는 임금의 의전(儀典)으로써 감사를 맞음이니 치거를 행하는 자로서는 아첨을 하는 것이 되고, 치거의 의식을 받는 자에게는 참람한 것이니 그대로 해서는 안 된다."

제6조 장작(匠作):여러 가지 도구와 용기(用器)의 제작

> 工作繁興 技巧咸萃 貪之著也 雖百工具備 而絕無製造
> 者 淸士之府也.

공작(工作)을 번거로이 일으키고 재주 있는 장인(匠人)들을 다 모아
들이는 것은 지나친 탐욕의 드러남이며, 온갖 장인들이 다 갖추어 있어
도 일체 제조하지 않는 것이 청렴한 선비의 관부(官府)이다.

【字義】繁:번성할 번. 많을 번.　著:나타날 저. 지을 저.　絕:끊을 절. 뛰
어날 절. 결코 절.　府:마을 부. 관아 부.

【語義】工作(공작):각종 기구를 만드는 것.　技巧(기교):여기서는 '재주
있는 장인(匠人)'의 뜻.　萃(췌): '모으다'의 뜻.　貪之著(탐지저):탐욕
의 두드러짐.　百工(백공):온갖 장인(匠人).

【解說】위중부(魏中孚)가 영천 판관(永川判官)으로 있었는데 그는 스스
로 청렴결백을 좋아하였다. 동료 수령들이 기물(器物)을 제작한다고
흥청거리니 중부도 전혀 생각이 없을 수는 없었다. 아전들이 기물을
제조하고자 할 때면 먼저 장인들로 하여금 소요 경비를 대략 계산하
여 올리게 하였다. 아전들이 공사(公私) 간에 필요한 수효를 적어 올
리면 번번이 "보류, 보류." 하고 뒤로 미루었다. 그가 임기를 마치고
돌아가려 하니 그동안 "보류, 보류." 하고 미룬 액수가 몇 천 몇 백
꿰미인지 알 수 없을 정도였다.

　살피건대 이는 현명한 수령이라면 반드시 본받아야 할 점이다. 그

래서 나는 말하거니와 '크게 탐하지 않는 자는 반드시 청렴한 법이다.'

야사(野史)에 보면 충무공 이순신(李舜臣)은 통제사로 있을 때 날마다 장인들에게 명하여 인두·가위·패도(佩刀) 등을 만들어 권귀(權貴)들에게 선물하였다. 이는 그들로 하여금 각기 그 직위를 보전하여 적을 평정하는 공을 이루려 함이었지 아첨으로 섬기고자 함에 있지 않았다. 그런데 후세 사람들이 관례로 삼아 뇌물로 바치는 경우가 많다. 이순신의 경우 그 본의를 캐 보면 보다 한 차원 높은 것이었으므로 상식으로 논할 수 없는 것이다.

設有製造 毋令貪陋之腸 達於器皿.

설령 (기물을) 제조하는 일이 있더라도 탐욕스럽고 더러운 마음이 그릇에까지 미치게 하지는 말라.

【字義】設:베풀 설. 세울 설. 설령 설. 令:하여금 령. 명령 령. 陋:더러울 루. 腸:창자 장. 마음 창. 皿:그릇 명.

【語義】設(설):설령. 가령. 毋令(무령):~하지 않도록 하라. 貪陋之腸(탐루지장):탐욕스럽고 더러운 마음. 器皿(기명):그릇. 식기.

【解說】≪다산필담≫에서 말했다.
"내가 옛 그릇을 보니 구리가 아주 얇았고, 옛 서적을 보아도 종이가 몹시 얇았다. 그런데 근세에 이르러 탐욕의 풍조가 날로 치열해져 동기(銅器)의 무게가 옛것의 세 배나 되고 ― 구리 수저의 두께가 어른 머리통만 하여 입이 작은 사람은 수저를 입에 넣을 수도 없다.

— 서지(書紙)의 두께는 옛 종이의 두 배나 된다.

그 연유를 물어 보면 '훗날 궁핍한 사정에 이르면 그것을 내다 팔아도 바탕이 워낙 두껍고 무거우니 높은 값을 받을 수 있기 때문이오.' 하고 대답한다. 아, 서글픈 일이로다. 마음가짐이 이와 같아서야 어찌 그 복을 오래 누릴 수 있으랴. 이 두 가지 일을 나는 심히 부끄러워하는 바이다."

凡器用製造者 宜有印帖.

무릇 각종 그릇을 제조하는 데에는 마땅히 인첩(印帖)이 있어야 한다.

【字義】凡:무릇 범. 印:도장 인. 찍을 인. 帖:문서 첩. 증서 첩.
【語義】器用(기용):그릇. 印帖(인첩):제품에 무게와 값을 새겨 넣는 도장첩.

【解說】동기(銅器) 만드는 장인이 있는 고을에서 관정(官定) 가격을 헐한 쪽을 따랐거나, 이노(吏奴)가 제조를 관장하는 경우 수령의 명령이라 핑계하고는 사사로이 제조하거나, 내사(內舍)나 책방(冊房)에서 수리(首吏)에게 사사로이 위촉하여 절제 없이 만드는 것 등은 원망을 사는 길이다.

그러므로 수령은 부임하면 곧 장인들을 불러들여 '이제부터 관에서 제조하는 구리 그릇은 반드시 인첩을 넣어야 그 제조를 허락할 것이니 받을 가격은 너희가 손으로 기록하여 증빙할 수 있게 하라.'고 다짐해야 한다.

인첩의 서식(書式)은 이렇다. '갑자년, 2월 초아흐레, 관조첩', 둘째 줄에는 '놋주발 한 벌, 무게 십 냥 5전', 셋째 줄에는 '놋대접 한 벌, 무게 8냥', 넷째 줄에는 '놋접시 다섯 벌, 무게 각 2냥', 다섯째 줄에는 '수노(首奴) 득손(得孫)'이라 하고 한가운데 관인을 찍는다. 제조가 끝나면 '匠人 金益喆'이라고 자필로 서명하고 각 줄마다 값을 기록한다. 다른 기물들, 가령 가마솥·괭이·가래·자기·질그릇·가죽 제품 등에도 모두 이 법을 적용한다.

作爲農器 以勸民耕 作爲織器 以勸女功 牧之職也.

농기구를 만들어 백성들에게 농사를 권장하는 일과 베틀을 만들어 여자들에게 일을 권장하는 것은 수령의 직무이다.

【字義】 耕:밭 갈 경. 織:짤 직. 기치 치. 功:일 공. 공로 공.
【語義】 耕(경):농사. 織器(직기):배 짜는 기계. 베틀. 功(공):일.

【解說】 옛날 한(漢)나라의 조과(趙過)는 누거(耬車:씨 뿌리는 데 사용하는 수레)와 누두(耬斗:씨 뿌리는 데 사용하는 말)를 만들어 파종법(播種法)을 가르쳐 백성들의 힘을 크게 줄여 주었으며, 명(明)나라 때 진유학(陳幼學)은 관산현(관山縣)의 지사로 있으면서 방거(紡車) 팔백여 대를 만들어 가난한 집 아녀자들에게 주어 길쌈하게 하였으니 이것은 모두 옛 사람들의 아름답고 빛나는 업적이다.

게다가 기묘한 기물들이 나중에 나오는 것일수록 더 정교한데 우리나라 백성들만 막연하여 듣지도 못하고 있을 뿐이다. 수령은 정사를 펴는 동안 여가를 이용해서 그 방법을 발전시켜 농기와 직기를 만들어 백성들에게 가르침으로써 힘을 빌려 준다면 이 또한 좋지 않겠는가.

作爲田車 以勸農務 作爲兵船 以設戎備 牧之職也.

전거(田車)를 만들어 농사일을 권장하고, 병선(兵船)을 만들어 오랑캐
의 침입에 대비하는 것도 수령의 직무이다.

【字義】務:힘쓸 무. 일 무. 戎:병장기 융. 오랑캐 융.
【語義】田車(전거):농사에 사용하는 수레. 農務(농무):농사일. 兵船(병
    선):전쟁에 쓰이는 배. 戎備(융비):오랑캐의 침입에 대비함.

【解說】전거(田車)는 간단하고 엉성해서 만들기가 지극히 쉬운데도 백
    성들이 아직 본 적이 없다. 그것으로 풀과 거름을 나르고 곡식을 나
    른다면 한 수레로 소 네 마리가 나를 수 있는 양을 운반할 수 있으니
    어찌 힘이 크게 덜어지지 않겠는가. 수령은 틈나는 대로 전거를 고
    안하여 보급하면 좋을 것이다.
      또 수령은 바닷가의 군현에 전선(戰船)과 병선(兵船)이 있으면 몸
    소 감독하여 수리하고 견고하게 개조해야 하며, 그 수가 부족하면
    새로이 건조하여 갑작스러운 적의 침입에 대비해야 한다.

講燒甓之法 因亦陶瓦 使邑城之內 悉爲瓦屋 亦善政也.

벽돌 굽는 방법을 가르치고 그것을 응용하여 기와를 굽게 하여 읍성
안을 모두 기와집으로 고치게 하는 것 또한 선정(善政)이다.

【字義】燒:사를 소. 익힐 소. 甓:벽돌 벽. 陶:질그릇 도. 구울 도. 瓦: 기와 와. 悉:다 실. 屋:집 옥.

【語義】講(강):강구함. 가르침. 燒甓(소벽):벽돌을 굽는 것. 陶瓦(도 와):기와를 굽는 것.

【解說】당(唐)나라의 위단(韋丹)이 홍주 자사(洪州刺史)가 되어 처음으로 기와집 짓는 방법을 가르쳤다. 도공(陶工)을 불러 사람들에게 기와 굽는 법을 가르치게 했는데 기와 굽는 재료를 마당에 모아 그 비용을 계산하여 받게 하면서 영리를 취하지 못하게 하되 그들에게 부세의 절반을 감면해 주었다.

도망하여 돌아오지 않는 자들에게는 관에서 대 주어 짓게 했으며, 가난하여 기와집을 지을 수 없는 자들에게는 물자를 대 주고 음식과 반찬을 실어다 주면서 친히 권장하니 기와집을 지은 것이 삼천칠백 호요, 2층으로 지은 것이 사천칠백 호였다. 백성들에게는 화재 걱정이 없어졌으며, 덥고 습한 날에는 2층으로 올라가 더위를 피할 수 있었다.

量衡之家異戶殊 雖莫之救 諸倉諸市 宜令畫一.

집집마다 도량형이 다르고 차이가 있는 것은 바로잡을 수 없더라도 창고와 시장에서 사용되는 것들끼리는 영을 내려 통일시켜야 한다.

【字義】衡:저울대 형. 殊:다를 수. 救:구원할 구. 막을 구. 倉:곳집 창. 畫:그림 화. 그을 획.

【語義】量衡(양형):도량형. '量'은 되나 말 등 양을 측정하는 도구이며,

'衡'은 저울. 家異戶殊(가이호수):집집마다 다르고 차이가 있음.
救(구):구제함. 바로잡음. 諸倉(제창):모든 창고. 畫一(획일):통일
시킴.

【解說】 저울과 말[斗]을 근엄하게 하고 법도를 자세히 밝힌 것은 무왕
(武王)의 업적이요, 도량형을 균일하게 하는 일은 월령(月令)에서 중
시한 바이니 이것은 임금의 큰 정사이다. 그런데 오늘날 나라 안에
서 사용되는 도량형기가 집집마다 다르니 한 고을을 다스리는 수령
이 어찌 다 바로잡을 수 있겠는가.

　다만 자기 고을의 경계 안에서만 장사꾼들의 자[尺]를 모두 거두어
들이고 군리(軍吏)들이 군포를 거둘 때 사용하고 있는 자를 모두 거
두어들여, ≪오례의(五禮儀)≫에 실린 포백척(布帛尺)을 상고하여 그
것을 표준 삼아 새 자를 만들어야 하며, 장사꾼들의 되[升]를 거두어
들이고 창리(倉吏)의 양곡 수납하는 곡(斛:섬)을 거두어 그 중간치를
잡아 새 양기(量器)를 만들어야 하며, 장사꾼들의 저울을 거두어들
이고 관리들이 목화를 수납할 때 쓰는 저울을 회수하여 그 중간치를
잡아 새 저울을 만들어 그것으로 거래하고 출납토록 해야 한다.

　이러한 일들은 수령의 다스림의 교화가 백성들에게 스며든 후에라
야 할 수 있는 것이니 새로 부임하자마자 어지럽게 뒤얽히게 하면
소요만 더하고 백성들을 의혹에 빠지게 할 뿐이다.

11. 진황육조(賑荒六條)

제1조 비자(備資):물자(物資)를 비축(備畜)함

> 荒政 先王之所盡心 牧民之才 於斯可見 荒政善而 牧
> 民之能事畢矣.

황정(荒政)은 선왕들께서도 온 심력(心力)을 기울이신 것이니 목민을
하는 재능은 여기에서 볼 수 있으며, 황정을 잘 펴야만 목민관으로서의
가장 큰 임무를 마쳤다 할 수 있다.

【字義】荒:거칠 황. 흉년 들 황. 斯:이 사. 畢:마칠 필.
【語義】荒政(황정):기근 때 백성을 구제하는 정책. 盡心(진심):마음을
　　다함. 즉 온 힘을 기울임. 於斯(어사):여기에서. 즉 황정을 펴는 것
　　에서. 能事(능사):중요한 일. 가장 큰 임무.

【解說】≪주례(周禮)≫의 〈대사도(大司徒)〉편에 황정(荒政) 열두 가지로
　　써 만백성을 구제한다고 했다.
　　그 첫째가 산리(散利:나라에서 곡식의 종자와 양식을 백성들에게
　　골고루 빌려 주는 것)요, 둘째가 박정(薄政:흉년이 든 해에 조세를
　　감면해 주는 것)이요, 셋째가 완형(緩刑:형벌을 가볍게 해 주는 것)
　　이요, 넷째가 이력(弛力:부역을 줄여 주는 것)이요, 다섯째가 사금
　　(舍禁:산림과 하천 등의 출입 금지를 풀어 백성들로 하여금 주린 배
　　를 채우게 하는 것)이요, 여섯째가 거기(去幾:闕門과 저자에서 낱낱

이 들추어 세금 거두는 일을 그만두는 것)요, 일곱째가 생례(省禮:나라 제사의 예절과 나라의 손님맞이 예절을 간략히 하는 것)요, 여덟째가 쇄애(殺哀:凶禮, 즉 喪禮를 생략하는 것)요, 아홉 번째가 번악(蕃樂:음악과 歌舞를 일체 하지 않음)이요, 열 번째가 다혼(多昏:義式을 갖추지 않고 혼례를 치르는 일을 권장함)이요, 열한 번째가 색귀신(索鬼神:지내지 않던 제사를 다시 찾아 지내는 일을 삼가게 함)이요, 열두 번째가 제도적(除盜賊:각처에서 날뛰는 도적과 강도를 제거하는 일)이다.

흉년으로 기근이 들어 백성들이 굶주리게 되는 사태에 이르면 수령은 이상의 열두 가지 사항이 철저히 이행되는 정책을 펴, 백성들의 배고픔과 고통을 덜어 주도록 해야 한다.

곡량자(穀梁子)는 다음과 같이 기록하고 있다.

"다섯 가지 곡식이 여물지 않으면 큰 기근이 온다. 한 가지 곡식이 여물지 않은 것을 '겸(嗛)'이라 하며, 두 가지 곡식이 여물지 않은 것을 '기(饑)'라 하며, 세 가지 곡식이 여물지 않은 것을 '근(饉)'이라 하며, 네 가지 곡식이 여물지 않은 것을 '강(康)'이라 하며, 다섯 가지 곡식이 여물지 않은 것을 '대침(大侵)'이라 한다.

대침이 있는 해에는 군왕도 여러 가지 반찬을 갖추어 먹지 아니하며, 누대와 정자의 난간에 도색을 하지 않으며, 활쏘기를 폐지하며, 조정으로 들어가는 길을 쓸지 않으며, 관리들은 도포를 입되 반드시 규정에 따르지 않으며, 귀신에게 기도는 하되 제사는 지내지 않는 것이 대침이 있는 해에 갖추어야 할 예(禮)이다."

내가 생각하기로는 흉년이 드는 해에는 선왕들의 예에 따라 별도의 법제를 만들어 목민을 하는 사람들로 하여금 그 뜻을 알게 해야 한다.

救荒之政 莫如乎預備 其不預備者 皆苟焉而已.

흉년에 백성들을 구제하는 정책으로는 (넉넉할 때) 미리 비축해 두는
것이 상책이다. 미리 비축하지 않는 자는 구차함을 면치 못할 따름이다.

【字義】預:맡길 예. 미리 예.   備:갖출 비. 준비할 비.   苟:진실로 구. 구
  차할 구.
【語義】救荒之政(구황지정):흉년이 든 해에 백성들을 구제하는 정책.
  莫如乎~(막여호~):~만한 것이 없다. ~함이 상책이다.   預備(예비):
  미리 비축해 둠.   苟焉而已(구언이이):구차할 따름이다. 구차함을 면
  치 못한다.

【解說】양곡을 미리 비축하는 것은 군왕의 정책에 드는 일이니 한 고을
  의 수령으로서야 어찌할 수 있겠는가. 내가(수령이) 이미 군왕의 자
  식들(백성들)을 넘겨받았으니 흉년을 당하여 장차 어찌하겠는가. 한
  고을에 기근이 들면 이웃 고을의 곡식을 옮겨올 수 있으며 한 도(道)
  에 기근이 들면 이웃 도에서 옮겨올 수 있지만, 만일 나라 전체가 큰
  기근이 들어 기사(己巳)·갑술(甲戌)년 같은 해를 당한다면 장차 어
  찌할 것인가.
  창고가 텅텅 비어 고을 내에서는 곡식을 구할 수가 없고, 모든 읍
  에서 온통 소동이 일어나 감사에게 구원을 요청할 수도 없어 오직
  속수무책으로 황망한 마음으로 그들이 줄지어 쓰러져 굶어 죽어가는
  것을 보고만 있을 따름이니 명색이 백성들을 기른다는 자로서 어찌
  낯이 붉어지지 않겠는가.
  무릇 물건이란 귀하면 천해질 징조이며 천하면 귀해질 징조이니,

여러 해 풍년이 들어 곡식이 흙처럼 흔해지면 수령은 마땅히 몇 천 냥을 풀어 사사로이 곡식 몇 천 섬을 사 놓고 기근에 대비해야 하며, 그랬다가 모내기가 끝나고 큰 흉년이 들 염려 없다고 생각되면 그 곡식을 내다 팔되 고을 내 곡식 시세가 헐하면 배에 실어 다른 고을로 운반해 팔면 반드시 남을 것이다.

무릇 미리 비축하는 정책으로는 두 가지가 있는데 하나는 수령이 곡식을 사들이는 것이요, 다른 하나는 그동안의 포흠을 징수하는 것이다. 곡식을 사들이는 것은 위에서 말한 방법대로 하면 되며, 포흠질한 것을 징수하는 것에 대해서는 뒤에서 또 언급하겠다. 무릇 아전들의 포흠은 마땅히 풍년 든 해에 적발하여 곡식이 흔할 때 모두 징수하여 창고를 채워야 한다. 법으로써 응당 창고에 남겨야 할 곡식이 실제의 수량대로 채워져 있으면 흉년이 든다 한들 무슨 걱정이 있겠는가.

맹자의 말씀이 생각나거니와 "개나 돼지가 사람의 양식을 먹어 축내도 단속할 줄 모르면서, 길에 굶어 죽은 시체가 널려도 창고를 열어 진휼(賑恤)할 줄 모르는구나." 라고 하였다.

이것은 풍년 든 해에 미리 비축하지 않고 흉년에 백성들의 굶주림을 구하지 않는 것은 그 죄가 칼로 사람을 찔러 죽이는 것과 다름없음을 나타낸 것이다. 미리 비축해 두는 일은 백성과 국가가 함께 힘써야 할 일이니 비축이 없는 것은 정책이 없는 나라인 것이다.

穀簿之中 別有賑穀 本縣所儲 有無虛實 亟宜查驗.

곡식 장부 가운데에는 진곡을 기록한 장부가 따로 있어야 하며, 본현에서 여축해 놓은 것에 대해 허실의 유무를 자주 조사하고 살펴야 한다.

【字義】賑:구휼할 진. 儲:쌓을 저. 亟:빠를 극. 자주 기. 査:조사할 사.
驗:검사할 험.

【語義】穀簿(곡부):곡식의 현황을 기록한 장부. 賑穀(진곡):진휼을 위해
비축해 둔 곡식. 所儲(소저):여축해 놓은 것. 亟(기):자주. 빈번히.

【解說】 상진곡(常賑穀)은 호조(戶曹)의 진곡이요, 군자곡(軍資穀)은 여
러 왕에 걸쳐 백성들을 구제하고 진휼하는 데에 쓰이던 것이다. 또
군작미(軍作米)와 보환곡(補還穀)은 진휼과 구제를 위하여 설치했던
것이다. 그리고 교제곡(交濟穀)과 제민곡(濟民穀)과 산산곡(蒜山穀)
은 이웃 고을끼리 서로 어려울 때 구제하기 위하여 설치한 것이다.
감사가 흉년을 대비하여 비축한 곡식을 영진곡(營賑穀)이라 하며,
수령이 흉년을 대비하여 비축한 것을 사비곡(私備穀) 또는 자비곡(自
備穀) 또는 사진곡(私賑穀)이라고도 한다.

큰 기근을 당하면 이상과 같은 비축미가 어찌 요긴하게 쓰이지 않
겠는가. 각각 남겨 둔 것의 실제 수량과 포흠진 수량의 많고 적음은
진실로 철저히 조사하고 살피지 않으면 그 허물에 대한 책임을 면치
못할 것이다. 실제로는 허류(虛留)인데 아전들이 상사로부터 받은
것이 창고에 남아 있는 것처럼 속인다면 장차 급한 상황에 닥쳐 이
를 어찌하겠는가.

돌이켜보건대 국초(國初)에는 진자(賑資)를 미리 비축함이 이와 같
았는데 오늘날 이 좋은 제도가 모두 폐지되었으니 어쩌다 이리 되었
는지 그 까닭을 모르겠다.

> 歲事旣判 亟赴監營 以議移粟 以議蠲租.

그해 농사의 작황이 이미 판명되었으면 (수령은) 급히 감영으로 달려
가 곡식 옮기는 일과 조세를 감면해 줄 방도를 논의해야 한다.

【字義】 赴:다다를 부. 갈 부. 蠲:밝을 견. 덜 견. 租:조세 조.
【語義】 歲事(세사):그해 농사의 작황을 말함. 亟赴(극부):급히 달려감.
　移粟(이속):진휼을 위해 곡식을 옮김. 蠲租(견조):조세를 감면해 줌.

【解說】 숙종(肅宗) 임금께서 즉위하시던 해에 큰 흉년이 들어 백성들에
　게 신포(身布)의 절반을 감해 주고, 군보미 응납이 열두 말인 사람에
　게 두 말을 감해 주었으며, 전세(田稅)와 대동미를 차등을 두어 감하
　도록 명하셨다.
　영조(英祖) 16년에 비변사에서 왕께 이렇게 아뢰었다.
　"북부 지방(함경도와 평안도)에 진자(賑資)를 이미 나누어 푼 것이
　피곡(皮穀) 오만 석이고, 이제 또 영남 지방에 대동미 이만 석과 군
　작미 일만 석, 세대두(稅大豆) 이만 오천 석, 호남에 위대두(位大豆)
　오천 석을 마련하여 추가로 풀면 모두 십일만 석이 됩니다. 이것을
　먼저 차례로 입송(入送)하게 하고, 호서와 호남 지방의 군포를 각각
　일만 필씩 거두어 쌀로 바꾸어 선혜청에 상납하게 하되 쌀로 바꾼
　군포의 대가는 북부 지방 감영에 영을 내려 나누어 받은 돈과 포(布)
　를 올려 보내게 하시어 포를 내주었던 아문(衙門)에 갚게 하는 것이
　지당합니다."
　이에 영조 대왕께서 쾌히 윤허하셨다. 또 영조 38년에 삼남(三南)
　지방에 큰 기근이 들자 왕께서 다음과 같이 교서를 내리셨다.

"호서를 맡고 있는 안집사(安集使)의 서계(書啓)를 보니 굶주리는 백성들의 모습이 눈으로 보는 듯하구나. 강화(江華)의 쌀 이천 석과 북도(北道:경기도 이북의 도. 황해도·평안도·함경도)의 교제창에 있는 곡식 삼만 석을 특별 급여토록 허락하니 각 도의 감사들은 서로 잘 헤아려 배고파 신음하는 백성들을 구제토록 하라. 교제창의 곡식은 호남에 사만 석, 영남에 삼만 석을 일제히 급여토록 하라."

돌이켜 생각건대 그해(壬午年)에는 경기와 삼남 지방에 큰 기근이 들었는데, 미리 아경(亞卿:卿의 다음 벼슬로 六曹의 參判 및 左尹과 右尹) 네 사람으로 안집사를 삼고 유신(儒臣) 네 사람으로 감운어사(監運御使)를 삼아, 한편으로는 백성들을 안심시키고 한편으로는 배로 운송하는 일을 감독하게 했다. 그리하여 상하가 분발하고 중간 사람들과 밖의 사람들이 그에 따라 움직여 사방 각 도의 백성들로 하여 굶어 죽거나 병드는 비극이 없게 하였다. 아, 이보다 극진한 치정(治政)이 또 있는가.

> 與其移粟於遠道 莫若留財於本地 兩便之政 宜議仰請.

먼 지방으로부터 곡식을 운반해 오는 것은 본지(本地)에 물자를 비축해 두는 것만 못하니 양쪽을 모두 편하게 하는 정책이 있다면 마땅히 의논하여 상부에 앙청(仰請)해야 한다.

【字義】 留:머무를 류. 便:편할 편. 곧 변. 仰:우러를 앙.
【語義】 移粟(이속):곡식을 옮김. 留財(유재):물자를 비축함. 兩便之政(양편지정):양쪽을 모두 편하게 하는 정책. 仰請(앙청):허리를 구부려 청함. 즉 상부(上部)에 간곡히 요청함.

【解說】 청주(淸州) 목사 남구만(南九萬)이 임금께 상소하여 이렇게 아뢰었다.

"지금 의논하는 자들은 '눈앞에 죽어가는 자들을 살리고자 곡식을 다 없애 버리면 2, 3개월 사이에 살아남을 백성이 단 하나도 없을 것이니 차라리 이들이 죽어가는 것을 참고 보면서 현재의 곡식을 굳게 지켜야 합니다. 지금 죽는 자들은 그냥 놔두고 살아남는 자들은 살게 하였다가 3, 4개월 사이에 곡식을 풀어 진휼하면 그때까지 살아남는 백성은 끝내 살아날 수 있을 것이다.' 라고 합니다.

이런 논의를 하는 것으로 보아 백성들이 궁하고 대책이 막연하여 다급하고 당황하는 모습을 상상할 수 있습니다. 본 고을에서 전세(田稅)와 대동미를 납부한 것이 육지와 배로 운송되면서 그 소요됨이 엄청나 백성이 낸 것이 셋이면 그중 하나만이 겨우 서울에 닿을 뿐입니다. 그러니 이제 그 세곡을 거두어 본 고을에 유치해 두었다가 진휼할 곡식으로 충당한다면 고을의 백성 전체를 구하지는 못할지언정 다소는 도움이 될 것입니다."

돌이켜 보컨대 역대의 모든 임금들이 흉년을 당할 때마다 각 지방으로 곡식을 옮기고 하사했으며, 부세를 경감해 주고 군포를 덜어 주라는 영을 내렸다. 그러니 수령된 자는 선대(先代)의 사례들을 익히 알고 있어야만 큰 기근을 당하여 상량(商量)할 수 있고 또 급히 감영에 달려가 글을 올려 앙청해 줄 것을 독려할 수 있을 것이요, 황급하고 허겁지겁 정신을 못 차려 임금의 혜택의 길을 막는 일을 자초해서는 안 될 것이다.

補賑諸物 厥有內頒 繼述之政 遂以成例.

진휼을 보조하기 위한 모든 물자는 임금의 베푸심에서 나오는 것이니 그 뜻을 잘 이어받아 펴는 정책은 마침내 훌륭한 표본이 될 것이다.

【字義】補:기울 보. 도울 보.　厥:그 궐.　頒:나누어줄 반. 퍼뜨릴 반. 繼:이을 계. 맬 계.　述:펼 술. 지을 술.　遂:드디어 수. 나아갈 수.

【語義】補賑諸物(보진제물):진휼을 보조하기 위한 모든 물자.　內頒(내반):임금이 물건을 내어 백성들에게 나누어 주는 것.　繼述(계술):조상의 뜻과 사업을 이음.　成例(성례):예가 됨. 표본이 됨.

【解說】진휼사목(賑恤事目)에 다음과 같이 일렀다.

'각 도에 설치하는 진장(賑場)에는 청하는 대로 공명첩(空名帖)을 내려 보내 각 고을에 고루 나누어 주도록 영을 내려서 진자(賑資)에 보탬이 되도록 해야 한다.'

영조 원년에 교서를 내려 이르셨다.

'공명첩은 백성을 진휼하는 일이 급하여 허락하지 않을 수 없으나 각 아문에서 그것을 어떻게 처리하고 있는지는 내가 직접 보지 못하였다. 서울 밖의 백성을 진휼하기 위해 부득이한 경우 외에는 첩문을 일체 팔지 못하게 하라.'

생각건대 공명첩이란 가선대부(嘉善大夫)나 절충장군(折衝將軍)의 직첩(職牒)으로서, 성명을 기입할 자리를 비워 둔 것을 말한다. 그 수첩을 한 장마다 다섯 냥을 받기도 하고 일곱 냥을 받기도 하는데 백성들이 대개 사려고 하지 않아 끝내는 억지로 배당을 한다. 이리 되면 관(官)에는 벼슬을 팔아먹는다는 꺼림칙함이 있고, 백성들은 부극(掊克:租稅를 부과하여 억지로 거둠으로써 백성을 해침)의 원한을 품게 될 것이니 이것은 좋은 제도가 아니다.

上恩雖均 亦唯良牧 克獲承受.

임금의 은혜가 고를지라도 역시 훌륭한 수령만이 능히 그 은혜를 올바로 이어받을 수 있다.

【字義】唯:오직 유. 克:이길 극. 능할 극. 獲:얻을 획. 承:이을 승.
【語義】上恩(상은):임금의 은혜. 良牧(양목):훌륭한 수령. 克獲承受(극획승수):능히 획득하여 이어받음.

【解說】정백자(程伯子)가 부구현(扶溝縣)의 수령으로 있을 때 수재(水災)로 인하여 백성들이 굶주리고 있었다. 선생이 곡식을 대여해 줄 것을 청하였는데 이웃 고을에서도 청했다. 그러자 사농(司農)이 사자를 보내 실상을 조사하게 하였다. 사자가 정 선생의 이웃 고을에 이르자 그곳의 수령이 갑자기 태도를 바꾸어 곧 곡식이 여물 것이니 꾸어 주지 않아도 괜찮겠다고 스스로 진술하였다.
　그러자 사자는 선생의 고을에 이르러 이웃 고을처럼 요청을 철회하라고 했다. 그러나 선생은 그럴 수 없다고 했다. 사자는 부당하게 대여해 줄 수 없다고 하자 이에 선생은 백성들이 굶주리고 있음을 강력히 말하면서 곡식을 대여해 주기를 간곡히 청하였다. 그리하여 마침내 곡식 육천 석을 얻어내 주린 백성들을 구제했다.
　이에 사농은 대여해 준 장부를 보고 민호의 등급은 같은데 한쪽에는 대여해 주고 다른 한쪽에는 대여해 주지 않았음을 알고는 노하여

현으로 공문을 보내어 주리(主吏)에게 곤장을 치게 했다. 그러자 선생이 나서며,

"굶주림의 구제는 식구의 많고 적음에 따라야지 민호의 등급의 높고 낮음에 따르는 것은 부당합니다. 또 죄가 있다면 수령인 내게 있지 아전들에게는 아무 죄도 없습니다."

라고 말하여 결국 무사했다.

御史下來 管賑監賑 亟宜往謁 以議賑事.

어사가 (서울에서) 내려와 진휼 정책을 관리하고 감독하면 (수령은) 급히 가서 뵙고 진휼에 대한 사항들을 의논해야 한다.

【字義】御:다스릴 어. 막을 어. 管:주관할 관. 다스릴 관. 謁:뵐 알. 아뢸 알.

【語義】管賑(관진):진휼 정책을 관리함. 監賑(감진):진휼의 시행을 감독함. 往謁(왕알):가서 알현함.

【解說】흉년이 들어 진휼 정책을 감독하게 하는 경우에는 대신(大臣:고위 관리)을 파견해야 한다. 그래서 한위공(韓魏公)은 대신으로서 익주(益州)의 안무사가 되었으며, 부정공(富鄭公)은 귀신(貴臣)으로서 청주(淸州)를 진휼하는 정사를 맡았던 것이다. 본조(本朝:李氏 王朝)에 있어서도 상당부원군(上黨府院君) 한명회(韓朋澮)가 삼도구황사(三道救荒使)가 되어 진실로 만인의 목숨을 살리고 한 도(道)를 보존시켰으니 구황 정책은 이렇듯 나라의 중대사이기 때문이다.

그런데 근래에 들어 새로 발탁된 유신(儒臣)들을 감진어사(監賑御

史)로 파견하는 일이 많은데 이것은 일찍이 없었던 일인데다가, 기사년(己巳年)·갑술년(甲戌年)에는 한 사람의 사자도 파견하지 않아 남쪽 백성들로 하여금 호소할 곳도 없이 쓰러져 잇달아 죽게 하니 이 또한 일찍이 없었던 일이다. 이미 죽어 뼈만 남았는데 뒤늦게 어사를 파견하여 이미 어그러진 일의 이치를 추궁한들 무슨 도움이 되겠는가.

鄰境有粟 宜卽私糴 須有朝令 乃毋遏也.

이웃 고을에 곡식이 있으면 (수령은) 즉시 사사로이 사들임이 마땅한데 모름지기 조정의 명령이 있어야 이를 막지 못할 것이다.

【字義】境:지경 경. 곳 경. 糴:쌀 살 적. 遏:막을 알.
【語義】鄰境(인경):이웃 고을. 私糴(사적):수령이 곡식을 사사로이 사들임. 朝令(조령):조정의 명령. 毋遏(무알):막지 못함.

【解說】≪주례≫의 〈대사도(大司徒)〉편에 '큰 기근이 들면 이웃 나라[諸侯國]들로 하여금 통재(通財)하게 한다.'고 하였는데 통재란 이웃 나라 간에 서로 구제함을 말한다. ≪춘추(春秋)≫ 〈환공(桓公)〉편의 '규구지맹(葵丘之盟)'에서도 곡식의 매매를 막지 말 것을 하나의 조항으로 넣고 있다. 또 ≪주역≫에도 '유부연여(有孚攣如), 부이기린(富以其鄰)'이라 하였는 바, 이는 곧 왼손이 저리면 오른손이 풀어 주고 오른손이 저리면 왼손이 풀어 주어야 하는 이치다. 연여(攣如)란 이웃 나라끼리 서로 구제해 주는 것을 말한다.
　　이웃 나라 간에도 이러한데 요즈음 사람들은 이 뜻을 알지 못하고 똑같이 한 나라의 신민(臣民)이면서도 서로 곡식 매매를 막는 것을 풍속으로 삼으니 천하에 어찌 이런 일이 있는가. 이는 조정에서 마땅히 경계하여 막아야 한다.

황간(黃幹)이 한양군(漢陽軍)의 지사로 있었는데 흉년이 들자 다른 고장의 쌀을 사들이고 상평창을 열어 백성들을 구제하였다. 이때 제치사(制置司)에서 영을 내려 본군(本軍:漢陽軍)의 곡식을 옮기고 다른 고장에서 사들이는 것을 금하려 했다.

그러자 황간은 '소신(小臣)이 파면당한 후에 그 정책을 펴시기 바랍니다.' 하고는 끝내 황정(荒政)을 펴니 이웃 고을의 굶주린 백성들까지 떼 지어 모여들어 그들도 고루 따뜻하게 보살펴 주었다. 따뜻한 봄이 되어 돌아가고자 하는 자들은 양식을 주어 돌려보내고, 돌아가려 하지 않는 자들에게는 집을 지어 주어 살게 하니 백성들이 크게 감격하고 기뻐하였다.

其在江海之口者 須察邸店 禁其橫暴 使商船湊集.

강이나 바다의 포구를 낀 고을에 재임한 수령은 반드시 저점을 잘 감시하여 그 횡포를 막아 장삿배들이 마음 놓고 드나들게 해 주어야 한다.

【字義】口:입 구. 어귀 구.　須:모름지기 수. 반드시 수.　邸:집 저. 관저 저. 이를 저.　湊:모일 주.　集:모을 집. 이룰 집.

【語義】邸店(저점):점방. 상점.　湊集(주집):모여들다.

【解說】흉년에 상선이 포구에 정박하면 점주(店主:船主人)와 아랑(牙郎: 말질을 하는 사람. 執斗者)들이 조작하여 값을 깎아 내리며, 관교(官

校)와 읍리(邑吏)가 침탈하고 농간을 부린다. 그러면 상인들이 그 소
문을 듣고 배를 돌려 멀리 달아나니 이것이 쌀값이 날로 오르는 까
닭이다. 수령은 이것을 잘 살펴서 상인들의 마음을 기쁘게 해 주도
록 힘써 그들이 모여들게 하면 돈 있는 사람들은 곡식을 거래할 수
있을 것이다.

주자는 〈걸종편흥판장(乞從便興販狀)〉에서 이렇게 간청하고 있다.

'방을 써 붙여 쌀 거간꾼들이 값을 깎아 내리지 못하게 하고, 객인
들에게도 마음대로 곡식을 내다 팔 수 있게 하였는데 다만 극히 염
려되는 것은 주군(州軍)이 그것을 막아 외부의 장사꾼들을 드나들지
못하게 하고, 간혹 어떤 주군은 망령되이 잡물(雜物)이라는 이름을
붙여 세금을 물리니 이 때문에 장사꾼들이 곡식을 반입·판매하기를
꺼리는 것입니다. 바라건대 감사께서 크고 자애로우신 마음으로 이
를 엄히 막아 주십시오.'

不俟詔令 便宜發倉 古之義也 使臣之行也 今之縣令
則何敢焉.

조령을 기다리지 않고 편의에 따라 창고를 여는 것이 옛날에는 옳은
일이었으며, 이것은 사신이 행할 일이니 오늘날의 현령이 어찌 감히 (임
의로) 행하겠는가.

【字義】俟:기다릴 사. 發:필 발. 드러낼 발. 倉:곳집 창. 敢:감히 감.
구태여 감.
【語義】不俟(불사):기다리지 않음. 詔令(조령):임금의 명령. 發倉(발
창):창고를 여는 것. 使臣(사신):왕명을 수행하기 위해 중앙에서 파

견하는 관리. 敢焉(감언): '焉敢'. 어찌 감히 ~하겠는가.

【解說】당나라 때 장수타(張須陀)가 제군(齊郡)의 승(丞)이 되었는데 기
근이 들어 창고를 열어 진휼하려는데 관속들 모두 '조령을 기다려야
지 임의로 내 주어서는 안 됩니다.' 하였다. 이에 장수타는 '내가 이
일로 죄를 얻는다면 죽더라도 한이 될 것이 없다.' 하고는 먼저 창고
를 연 후에 조정에 글을 올리니 임금이 이를 책망치 않았다.

　당나라 때 원반천(貝半千)이 무양위(武陽尉)로 있을 때의 일이다.
마침 흉년이 들어 원반천은 현령인 은자량(殷子良)에게 곡식을 풀어
백성들을 구제할 것을 청하였으나 은자량이 따르지 않았다. 은자량
이 주(州)의 자사를 만나러 간 사이 반천은 창고의 곡식을 풀어 백성
들을 구제하였다. 자사는 크게 노하여 반천을 감옥에 가두었다.

　그때 설원초(薛元超)가 하남(河南)의 절도사로 와서 태수(太守)를
꾸짖어 말했다. '그대는 백성들의 굶주림을 보고서도 진휼할 줄을
모르거늘, 그 혜택이 일개 위(尉)에 불과한 사람에게서 나왔는데 어
찌 그를 죄 있다 하겠는가.' 하여 원반천은 비로소 풀려났다.

제2조 권분(勸分): 백성들에게 서로 나누어 베풀기를 권함

> 勸分之法 遠自周代 世降政衰 名實不同 今之勸分 非
> 古之勸分也.

권분의 법은 멀리 주(周)나라 시대에 비롯되었거니와 세대가 내려오
면서 정치가 쇠퇴하여 그 명칭과 실제가 일치하지 않으니 오늘날의 권
분은 옛날의 권분과는 거리가 멀다.

【字義】勸:권할 권. 힘쓸 권. 分:나눌 분. 降:내릴 강. 항복할 항. 衰:
    쇠할 쇠.
【語義】勸分(권분):기근이 들었을 때 넉넉한 사람들에게 권하여 굶주리
    는 사람들과 나누어 먹게 함. 世降政衰(세강정쇠):세대가 내려옴에
    따라 정치가 쇠퇴함. 名實不同(명실부동):(권분이라는) 명칭과 실제
    가 일치하지 않음.

【解說】돌이켜 생각건대 옛날 사람들은 백성들에게 목(睦:형제간의 화
    목) · 인(婣:인척간의 의리) · 임(任:이웃간의 서로 도움) · 휼(恤:불쌍
    한 사람에 대한 동정)을 가르쳤으며, 이 가르침을 따르지 않는 자는
    형벌로 다스렸다. 그러하였으니 흉년이 들어 곡식을 나누어 먹도록
    권하면 그렇게 하지 않는 자가 없었다. 형제간에 나누어 먹고, 인척
    간에 나누어 먹고, 이웃 마을끼리 나누어 먹고, 가난하고 외로운 사
    람들에게 나누어 줌으로써 왕의 명을 받들었다. 결코 재물을 관(官)
    에 바쳐서 모든 백성 간에 나누어 먹는 방법은 쓰지 않았다. 후세의

법은 비록 옛 법과는 다르나 곡식을 팔거나 꾸어 주도록 권했을 뿐 거저 줄 것을 권장하지는 않았다.

　그런데 우리나라에서 권분이란 백성들의 재물을 강제로 빼앗아 거저 나누어 주도록 하니 이것은 권분이 아닌 것이다. 그러면서도 권분은 본디 ≪춘추≫에서 나온 것이라 하니 어찌 딱한 노릇이 아니겠는가.

中國勸分之法 皆是勸糶 不是勸餼 皆是勸施 不是勸納
皆是身先 不是口說 皆是賞勸 不是威脅. 今之勸分者
非禮之極也.

　중국의 권분 방법은 곡식 팔기를 권하는 것이었지 거저 먹여 줄 것을 권하는 것이 아니었으니 이는 '施'를 권함이지 '納'을 권함이 아니며, 이는 실천을 앞세운 것이지 말로만 한 것이 아니었으며, 이는 상(賞)으로써 권한 것이지 위협으로써 강요한 것이 아니었다. 그러니 오늘날의 권분이란 비례(非禮)의 극치이다.

【字義】糶:쌀 팔 조.　餼:쌀 희. 보낼 희.　施:베풀 시.　納:들일 납. 바칠 납.　身:몸 신. 몸소 신. 체험할 신.　極:극진할 극. 다할 극.

【語義】勸糶(권조):곡식 팔기를 권함.　勸餼(권희):거저 먹일 것을 권함. 勸施(권시): '施(베풂)'를 권함.　納(납):바침. 납부함.　身先(신선):행동(실천)이 먼저임.　口說(구설):입으로만 말함. 즉 말로만 함.　賞勸(상권):상을 주어 권장함.

【解說】증공(曾鞏)이 통판(通判)으로 있을 때 흉년이 들었는데 상평창의

곡식만으로는 진휼하기에 부족한 데다가 깊은 산골에 사는 사람들이 모두 성곽까지 올 수도 없는 일이고, 한꺼번에 많은 사람들이 몰려 오는 경우 전염병이 번질 우려가 있었다. 그래서 미리 속현(屬縣)에 하명하여 부유한 자들을 불러 자체적으로 곡식을 채워 놓게 해서 십 오만 석을 구한 후 상평가(常平價)보다 값을 조금 더하여 백성들에게 주었다.

그리하여 백성들은 성까지 가지 않고서도 곡식을 편히 구할 수 있었고, 먹고 남는 곡식이 있어 가격도 안정되었다. 또 곡식 오만 석을 사서 백성들에게 양식과 종자로 꾸어 주니 이에 힘입어 농사에 어려움이 없었다.

이것은 곡식을 팔도록 권장하는 것으로 그 값은 상평가보다는 약간 비싸고 시세보다는 약간 싼 정도이다. 그런데 오늘날의 권분은 값을 조금도 주지 않고 거저 빼앗으니 도대체 어디에 근거한 것인지 모르겠다. 그러면서도 이에 순순히 따르지 않는 백성이 있으면 엄한 형벌과 사나운 곤장으로 마치 도적 다스리듯 하니 한 번 흉년을 만나면 부유한 백성들이 먼저 곤욕을 겪게 마련이다.

그래서 남쪽 지방의 백성들 사이에서는 '사는 것이 죽는 것만 못하고 부자가 가난뱅이만 못하다.'라는 말을 한다. 포학한 정치 중에도 이보다 더한 것이 없으니 수령된 자는 마땅히 이를 잘 알아 정책을 펴 나아가야 할 것이다.

吾東勸分之法 使民納粟 以分萬民 雖非古法 例已成矣.

우리나라의 권분법은 백성들로 하여금 곡식을 바치게 하여 (그것을) 모든 백성들에게 나누어 주는 것이니 (이것은) 옛 법이 아닌데도 이미 관례가 되어 버렸다.

【字義】納:들일 납. 바칠 납. 例:법식 례. 관례 례.
【語義】吾東(오동):동방국, 즉 우리나라. 納粟(납속):곡식을 바침. 例已
成(예이성):이미 관례가 되어 버림.

【解說】고려 고종(高宗) 13년에 제서(制書)를 내려 일렀다.
　　'전라도의 기근이 심하니 비축해 둔 것이 있는 주군(州郡)에서는
창고를 열어 진급(賑給)할 것이며, 비축이 없는 주군에서는 각기 개
인의 곡간에서 남는 곡식을 취하여 진급토록 하고 풍년이 드는 해에
갚아 주도록 하라.'
　　본조(本朝) 명종(明宗) 16년에 내외의 관리들에게 명하여 황정(荒
政)을 실시토록 하였는데 방조(放租) · 이금(弛禁) · 이속(移粟) · 납곡
(納穀) · 권분(勸分) · 수기(收棄)에 이르기까지 마음을 쓰지 않은 것
이 없었으며 병든 자는 구제하고 죽은 자는 장사지내 주었다.

察訪別坐 酬之以官 厥有故事 載於國乘.

찰방(察訪)과 별좌(別坐)는 벼슬로 갚아 주는데 이것은 옛날에도 있던
일이며 나라의 역사에도 실려 있다.

【字義】訪:찾을 방. 酬:갚을 수. 載:실을 재. 乘:탈 승. 사기 승.
【語義】察訪(찰방):조선시대에 각 도의 역참 일을 맡아 보던 외직 문관.
別坐(별좌):조선시대 각 관아의 낭관(郎官). 정5품 및 종5품. 酬之以
官(수지이관):벼슬로 갚아 줌. 國乘(국승):국사(國史). 나라의 역사.

【解說】숙종(肅宗) 9년에 진휼청(賑恤廳)에서는 역관(譯官) 변이창(卞爾昌)이 쌀 오십 석을 진휼미로 바쳤다 하여 그에게 가설첨지첩(加設僉知帖)을 내려 줄 것을 청원하였다. 그러자 승정원에서는 '가설직을 사족(士族)에게만 허락한 것은 이미 임금께서 결정하셨던 일이다.' 하고는 반대 의사를 표명했다. 숙종께서는 다른 상을 내리라고 하명하셨다. 이에 진휼청 당상인 민유중(閔維重)이,

"신축년(辛丑年)의 계하사목(啓下事目)을 살펴보니 찰방·별좌·판관·첨정·부정(副正)·통례정·첨지·동지(同知) 등의 실직(實職)을 가설(加設)하여 모두 사은(謝恩)할 것을 허락했으며, 봉증(封贈)하는 일도 정관(正官)의 예에 따라 통례정 같은 벼슬은 사족에게만 허락하고, 첨지·동지 등은 사족과 양민 모두에게 허락하되 양민은 사족보다 열 석을 더 납부한다고 하였습니다. 게다가 양민이 사재(私財)를 진휼미로 바친 것에 대한 보상을 달리 해 줄 방법이 없으며, 이를 불허한다면 장차 큰 기근을 당하여 누가 곡식을 선뜻 내놓겠습니까."

하고 간하였다. 그러자 우의정 김석주(金錫胄)가 왕께 아뢰어 윤허를 받았다.

중추부란 옛날의 추밀원이며, 동지와 첨지는 추밀원의 대부(大夫)이다. 천지간에 신분이 분명히 정해져 있으니 임금이 최상이요, 대부(大夫)가 다음이며, 사(士)가 그 다음이니 대부의 명칭을 어찌 가벼이 빌려 줄 수 있겠는가. 대부의 아내를 부인(夫人)이라 하는데 이는 옛날 제후의 비(妃)에게만 붙이던 호칭이었다.

그런데 오늘날에는 주졸(走卒)이나 천류(賤流)까지 하나의 방편으로써 추밀원의 대부에 차임하고 그 아내를 정부인(貞夫人)·숙부인(淑夫人)이라 하니 천하에 이런 일이 있을 수 있는가. 또 기왕에 대

부의 명칭을 주었으면 마땅히 대부의 예(禮)를 적용하여 초헌(軺軒)을 타고 소뢰(少牢)로 제사지내고, 다른 대부들과 자리를 함께 하게 함이 마땅하다. 그렇게 할 수 없다면 대부의 명칭을 주어서는 안 되는 것이다.

잡직(雜職) 벼슬에 있는 자는 통덕랑(通德郎)으로부터 곧장 승진하여 절충장군이 되어야 마땅하며, 1품·2품이 되더라도 역시 '장군'이라는 명칭을 붙임으로써 이들을 대우한 후에라야 명칭과 지위가 비로소 존엄해질 것이다. 그런데 오늘날에는 찰방·별좌는 사족에게만 허락하고 첨지·동지는 하천(下賤)까지 통하니 어찌 이치에 맞는다 하겠는가.

나라의 제도에 종4품 이상은 그 품계가 대부이며, 정5품 이하는 낭관(郎官)이라 하는데 크게 등급을 매기면 판서는 상대부(上大夫)요, 참판은 중대부(中大夫)요, 참의는 하대부(下大夫)가 된다. 사족의 경우는 3품과 4품은 상사(上士)가 되고 5품과 6품은 중사(中士)가 되며, 7품에서 9품까지는 하사(下士)가 된다.

진휼미를 바치게 하여 상을 주고자 한다면 오십 석 이상은 참봉을, 백 석 이상 낸 사람에게는 봉사(奉事)를, 이백 석 이상자에게는 직장(直長)을, 삼백 석 이상자에게는 주부(主簿)를 주면 될 것이다. 또 이들의 승진도 정5품 통덕랑에 이르면 끝나게 하고 직급은 첨정·판관·두부·별제로 한정을 두면 된다.

단, 이들로 하여금 대궐에 들어가 사은할 수 있고, 수레를 타고 조상의 묘에 갈 수 있고, 죽어서 명(銘)을 쓰게 하고, 장사 때 제주(題主)하게 하며, 현손(玄孫)에 이르기까지 군역을 면제해 주면 진휼미를 거두는 데에 차질이 없을 것이다. 구태여 대부니 부인이니 하는 칭호를 붙여 주어야 할 까닭이 무엇인가.

將選饒戶 分爲三等 三等之內 又各細剖.

　장차 요호를 선정코자 한다면 3등급으로 나누고, 그 3등급을 각기 다시 세분한다.

【字義】饒:넉넉할 요.　又:또 우.　細:가늘 세. 자세할 세.　剖:쪼갤 부. 가를 부.

【語義】饒戶(요호):넉넉한 집. 부잣집.　細剖(세부):세분(細分)함.

【解說】요호란 자기 집에 여덟 식구가 먹고도 남을 만큼의 곡식을 가진 사람을 말한다. 수령은 침기표(砧基表)를 만들어 백성들의 빈부(貧富)를 잘 살피고, 공론(公論)을 모아 요호를 상·중·하 3등급으로 나눈다. 하등을 9급으로 나누되 두 석(십오 말을 한 섬으로 만듦)으로부터 시작하여 한 석이 더할 때마다 1급씩 올려, 제1급은 열석을 배당한다. 중등도 9급으로 나누되 이십 석으로부터 차례로 열 석씩 더하여 제1급에는 백 석을 배당한다. 상등도 9급으로 나누되 이백 석으로부터 차례로 백 석씩 더하여 제1급에는 곡식 일천 석을 배당한다.

乃選鄕望 排日敦召 採其公議 以定饒戶.

　그리고 나서 각 마을의 덕망 있는 사람들을 골라 날을 정하여 모두 불러 그들의 공론을 들어 요호를 정한다.

【字義】敦:도타울 돈. 다스릴 퇴.

【語義】乃(내):이에. 그러고 나서. 鄕望(향망):마을에서 덕망 있는 사람.
排日(배일):날짜를 잡음. 敦召(퇴소):모아서 부르는 것.

【解說】대체로 요호를 뽑아내는 것이 기호(飢戶)를 가려내는 것보다 훨
씬 어렵다. 기호는 본디 가난하므로 혹 잘못 뽑는 일이 있더라도 사
사로운 면식(面識) 때문이지 뇌물을 주고받았기 때문은 아니다. 그
러나 재산이 있는 요호는 요행히 면해 볼까 하고 이리저리 찾아다니
며 뇌물을 써 가며 청탁을 한다. 그러므로 설사 지극히 공평무사한
공론이 있었더라도 청탁을 들어주는 자는 의심을 면할 수 없다.

　향승이 진언하기를 '이 아무개는 실제로는 가난하여 열 섬이 합당
치 않으며, 장 아무개는 꽤 부유하니 백 석에 넣어도 충분할 것입니
다.' 라고 하면 수령은 이에 대해, '저 사람이 이 아무개의 가난함을
호소하는 것은 그에게 뇌물을 받아서가 아닌가? 또 장 아무개가 부
유하다고 간하는 것은 그가 뇌물을 주겠다던 약속을 어겼기 때문이
아닌가?' 하고 의심할 것인즉 혐의가 있는 사람은 이를 말하기가 어
려운 것이다.

　그러므로 사심이 없는 자는 물어도 대답하지 않고, 사심을 낀 자는
말을 해도 믿기 어려우니 수령이 뒤로 은밀히 염탐하더라도 어찌 한
쪽 말만을 들어 농간이 생기지 않으리라 안심할 것이며, 공회(公會)
에서 묻고자 한들 저들끼리 짜고서 부화뇌동하지 않으리라 어찌 안
심하겠는가. 그렇기는 하나 어느 한쪽 말만을 듣느니보다는 공론을
듣는 편이 낫다.

> 勸分也者 勸其自分也 勸其自分而 官之省力多矣.

권분이란 스스로 알아서 나누어 줄 것을 권장하는 것이니 스스로 나누어 주도록 권하면 관(官)의 힘이 크게 덜어질 것이다.

【字義】省:살필 성. 덜 생.
【語義】自分(자분):스스로 나누어 줌. 省力(생력):힘을 덜어 줌.

【解説】요호(饒戸)에도 저마다 형제와 인척이 있고 이웃이나 총호(塚戸:묘지기)가 있다. 그런데도 그 본성이 인색하여 그들을 구휼하려 하지 않기 때문에 수령이 권면하여 곡식을 내게 하는데 이를 일러 권분이라 하는 것이다. 재물을 강제로 빼앗아 그 사람과 전혀 상관없는 사람들에게 주어 버린다면 그 사람인들 어찌 좋다고 하겠는가. 옛날의 권분은 반드시 그러한 것은 아니었으니 '권분(勸分)'이라는 명칭과 이 말의 뜻을 돌이켜 생각해 보고 반드시 옛것에 맞추어 행해야 할 것이다.

수령이 권분을 행하는 방법은 이러하다. 먼저 기구(飢口)를 뽑아 책 한 권을 만들고, 요호를 추려서 책 한 권을 만든다. 그리고 나서 기구의 명단 중에서 형제나 인척이나 이웃 및 기타 연관 있는 집이 요호에 들어 있는지 조사하여 각기 주(註)를 달아 명기(明記)한다. 그리고는 본래 배당된 섬의 수를 조사해서 기구를 붙여 주되 대략 한 섬으로 노약자 한 사람을 진휼하게 한다. 본래 백 섬이 배당된 자에게는 백 사람을 붙여 주고 열 섬이 배당된 자에게는 열 명을 붙여 주어 진부(賑簿)에 기재토록 하고, 사장(私場)에서 나누어 주도록 한다. 이때 기구들을 불러 이렇게 유시한다.

'이제 너희들은 아무개의 요호에 붙여졌으니 순번에 따라 희미(饎米)를 받아 당장 죽을 끓여 먹도록 하라. 그리고 일체를 공장(公場)의 경우와 똑같이 시행할 것이니 너희는 물러가 받도록 하라. 만일 아무개의 요호가 인색하고 아까운 마음을 품고 진휼에 성의를 다하지 않으면 너희가 와서 보고하라. 그런 행위가 발각될 경우에는 내가 너희를 위하여 사장을 없애고 그 곡식을 두 배로 징수하여 공장(公場)에서 나누어 줄 것이니 그리 알라.'

진휼하는 날에는 지혜로운 사람을 특별히 파견하여 근면히 하는지 태만히 하는지, 또 성실히 하는지 속임수를 쓰는지 잘 살피고 검토하게 한다. 그리 하면 권분의 본뜻을 잃지 않고서도 백성들이 진휼을 받는 것이 공장에서 받을 때보다도 나을 것이다.

勸分令出 富民魚駭 貧士蠅營 樞機不愼 其有貪天 以爲己者矣.

권분의 영(令)이 내리면 부유한 자들은 물고기처럼 소스라쳐 놀라고 가난한 자들은 파리 떼처럼 악착스러워지게 마련이니, 수령이 신중하지 않으면 그 은덕을 탐하여 제 것으로 하려는 자들이 생길 것이다.

【字義】出:날 출. 내놓을 출. 駭:놀랄 해. 흩어질 해. 蠅:파리 승. 營:꾀할 영. 오락가락할 영. 樞:돌쩌귀 추. 근원 추. 機:틀 기. 기회 기. 위험할 기. 愼:삼갈 신. 天:하늘 천. 자연 천.

【語義】魚駭(어해):물고기가 놀라듯 소스라쳐 놀람. 貧士(빈사):가난한 사람들. 蠅營(승영):파리 떼가 몰려들듯 작은 이익에 악착스러움. 樞機(추기):중추가 되는 기관(機關). 여기서는 수령을 가리킴. 貪天

(탐천):은덕(공로)을 탐함.   爲己(위기):자기 것으로 삼음.

【解說】나는 《다산일초(茶山日鈔)》에 다음과 같은 내용을 기록했다.

　'가경(嘉慶) 갑술년(甲戌年) 겨울에 한 유생이 마침 군재(郡齋)에 들어갔다가 화제가 권분에 이르렀다. 그 유생이,

　"관의 명령이 엄하다 해도 백성들이 버틴다면 수령께서는 어찌하시겠습니까?"

　하고 물었다. 이에 수령은,

　"으뜸가는 부자가 버틴다면 불가불 곤장을 쳐야겠지."

　하고 대답했다. 그러자 그 유생은,

　"그렇고말고요. 곤장을 치지 않고는 진휼미를 바치려 하지 않을 것입니다."

　하고는 군문(郡門)을 나와 곧장 부잣집으로 달려가서는,

　"당신에게 일천 냥이 배당되었는데 내게 일백 냥만 주면 내가 힘써 삼백 냥을 감하게 해 줄 테니 당신은 이백 냥 득을 볼 수 있지 않겠소?"

　하고 말했다. 그러나 그 부자는,

　"어허, 내가 내놓을 수 없다는데 누가 내 목을 뽑겠소."

　하고는 응하려 하지 않았다. 유생이 다시,

　"내 말은 수령의 뜻을 잘 알고 하는 말이오. 관에서는 내가 굶주리는 것을 가련히 여겨 당신으로 하여금 베풀게 하려 하는 것인데 당신이 듣지 않으니 반드시 허물을 쓸 것이요."

　했다. 그래도 그 부자는 듣지 않고 차갑게 코웃음을 쳤다. 유생이 다시 관으로 가서 수령의 낌새를 살펴보니 내일 창고로 나가 그 부자를 불러들일 것이 분명했다. 그래서 밤중에 다시 가서 그 낌새를

은밀히 알려 두었다.

"내일 수령이 당신을 불러 곤장을 칠 것이오. 내 말이 믿기지 않거
든 어디 두고 보시오."

그래도 그 부자는 믿지 않고는 '나를 어쩌겠는가.' 했다. 과연 이
튿날 수령은 그 부자를 불러 일천 냥을 바칠 것을 명했다. 그 부자
는,

"어떤 일이 있어도 그리는 못합니다."

하고 고집을 부렸다. 마침내 수령은 곤장을 치게 하여 그 부자의
응낙을 받아냈다. 부자는 관고(官庫)의 뜰에서 나오자 곧장 그 유생
을 찾아가 그날로 일백 냥을 주면서 삼백 냥을 감해 줄 것을 요청했
다. 그러자 이번엔 유생이,

"그야 쉬운 일이지. 두 번이나 세 번에 걸쳐 오백 냥만 바치면 내
가 한 번 힘써 보지."

하고는 짐짓 군청에 들어가 한담이나 나누고 나왔다. 그 부자는 이
미 오백 냥을 가지고 와 있어 유생이 챙기고는 그에게 간곡한 사정
을 글로 올리게 하였다. 그 글이 심히 애처롭고 측은하여 수령의 뜻
도 점차 누그러져 삼백 냥을 감해 줄 것을 허락하였다. 유생은 그 은
덕마저 탐하여 자기의 깊은 배려인 양하니 누가 이것을 알겠는가.
그 부자도 유생에게 고마워하고 흠모할 뿐이다.

그러므로 목민관은 정책에 관해 단 한마디도 경솔히 입 밖에 내어
서는 안 되는 것이다. 풍운 같은 변화가 이렇듯 극단에 이르니 이는
군자도 능히 예측할 수 없는 것이다.

> 竊貨於飢吻之中 聲達邊徼 殃流苗裔 必不可萌於心也.

　굶주린 입 속에서 재물을 도둑질해도 그 소리가 변방에 닿고 그 재앙이 먼 후손까지 미치는 법이니 어떤 일이 있어도 도둑질이 마음에 싹터서는 안 된다.

【字義】竊:훔칠 절. 飢:주릴 기. 吻:입술 문. 입 문. 邊:가 변. 徼:돌요. 변방 요. 殃:재앙 앙. 苗:모 묘. 핏줄 묘. 裔:후손 예. 萌:싹맹. 싹틀 맹.

【語義】竊貨(절화):재물을 훔치는 것. 飢吻(기문):굶주린 입. 邊徼(변요):변방. 殃流苗裔(앙류묘예):재앙이 먼 후손에까지 미침. 萌於心(맹어심):마음속에 싹틈.

【解說】≪한암쇄어(寒嚴瑣語)≫에 기록되어 있다.

　"하늘이 준 성품은 순수하게 선량하지 않은 것이 없으나 그것이 굽어지고 없어지게 되면 금수(禽獸)만도 못하게 되는 것이니 이는 군자라도 능히 헤아리지 못하는 바이다.

　수의사자(繡衣使者)가 탐리(貪吏)의 죄를 논하면서, '굶고 있는 입의 숫자를 거짓으로 사천팔백 명으로 늘려 그 희미(餼米)를 훔쳤다는데 나도 처음에는 믿지 않았으나 낱낱이 캐어 살펴보니 과연 무고(誣告)가 아니었다.'고 말한다. 또 '권분미 백오십 섬을 돈으로 거두면서 한 섬을 열다섯 냥으로 계산해서 이천이백오십 냥을 받아 사사로이 챙겼다 하여 처음에는 믿지 않았으나 조사해 본 결과 과연 사실이었다.'고 말한다.

　그들은 이렇게 도둑질로 모은 돈으로 옥천(玉泉)의 세포(細布)·탐라의 대복(大鰒)·은쟁반과 은합(銀盒)·5척이나 되는 다리[髢]와 오색 대자리 등 진기한 물건들을 사서 수레에 싣거나 등짐으로 져서 권세 있는 사람에게 뇌물로 바친다. 그러면 딱하게도 권세가는 그들의 봉록이 원래 후해서 그런 것들을 사오는 줄 알 뿐 권분전으로 사다 바치는 줄은 알지 못하는 것이다.

물건을 받으니 감동과 기쁨이 온 집안에 가득하지만 천지간에 귀신들이 즐비하게 늘어서 환히 지켜보고 있어 일단 재앙이 일면 모두가 똑같이 패망당할 줄 모르니 어찌 애석한 일이 아니겠는가. 그러므로 옛날 재상들은 선물 꾸러미를 받는 일이 없었으니, 그 안에 큰 독이 들어 있어 먹어서는 안 되기 때문이었다."

南方諸寺 或有富僧 勸取其粟 以贍環山 以仁俗族 抑 所宜也.

남쪽 지방에 있는 사찰들 중에는 간혹 부유한 절들이 있는데 그들에게 권분을 요청하여 곡식을 받아 산 주변의 백성들을 도와주고 중의 세속 친족들에게 인(仁)을 베풀게 하는 것도 (수령이) 해야 할 일이다.

【字義】贍:넉넉할 섬. 도울 섬.
【語義】富僧(부승):부유한 중. 贍環山(섬환산):산 주변 사람들을 도와줌. 仁俗族(인속족):속세에 살고 있는 친족들에게 인(仁)을 베푸는 것. 抑(억):또한, 역시. 所宜(소의):마땅히 해야 할 바.

【解說】남쪽 고을의 사찰들이 옛날에는 넉넉하였으나 지금은 모두 패망하였다. 그래도 간혹 한두 명의 부유한 중이 있어 해마다 곡식을 수

백 섬씩 추수하니 관례에 비추어 등급을 나누어 진자(賑資)에 보태게 해도 큰 잘못은 아닐 것이다. 다만 이 경우 절 주위의 마을과 중의 친족들에게 진휼을 베풀게 하는 것이 좋다.

기사(己巳)·갑술(甲戌)의 흉년에 수령이 이교들을 파견하여 절의 재물을 수색하고 검사하여 공용미(公用米)까지 빼앗아 가, 불공에 쓸 양곡마저 모자라므로 종과 징과 가마솥까지 내다 팔기에 이르렀다. 모든 중들이 원통함을 하소연하며 부르짖으니 그 참혹한 소리는 차마 귀로 들을 수가 없었다. 이 또한 수령이 경계해야 할 바이다.

진양기(陳良器)가 강주(江州)의 지사로 있을 때 큰 흉년이 들고 질병이 번지자 백성들에게 죽을 끓여 먹이고 약을 달여 먹었다. 그것으로 부족하자 여산(廬山)의 모든 절들이 재물을 충당하여 살려낸 것이 일만여 명이었다.

제3조 규모(規模): 진휼(賑恤)을 합리적으로 함

> 賑有二觀 一日及期 二日有模. 救焚拯溺 其可以玩機
> 乎 馭衆平物 其可以無模乎.

진황(賑荒)을 할 때는 유념해야 할 점이 두 가지 있으니 첫째가 시기를 맞추는 것이요, 둘째가 규모를 정하는 것이다. (진황은) 불에 타는 것을 구조하고 물에 빠진 것을 구원하는 일과 같은데 어찌 기회를 보느라 시기를 늦출 수 있겠으며, 대중을 인도하고 물자를 고루 펴는 일인데 어찌 규모가 없어도 되겠는가.

【字義】 拯:건질 증. 馭:말 부릴 어.

【語義】 二觀(이관):두 가지 볼 점. 즉 두 가지 주의할 점. 及期(급기):시기를 맞춤. 有模(유모):규모가 있음. 규모를 정함. 救焚(구분):불에 타는 것을 구조함. 拯溺(증닉):물에 빠진 것을 구원함. 玩機(완기): 기회를 익힘. 즉 기회를 엿보느라 시기를 늦춤. 馭衆(어중):대중을 바른 길로 인도함. 平物(평물):물자를 고르게 분배함.

【解說】 수재(水災)가 아무리 심해도 그 화는 물가의 마을에 그치며, 바람과 서리와 병충과 우박으로 인한 피해도 온 천하의 재해는 아닌 것이다. 그러나 큰 가뭄으로 수목이 타 들어가기를 각 고을과 마을이 그러하면 온 나라 백성들이 모두 굶주려 도저히 손쓸 수가 없다.

　　그러니 수령은 입추(立秋)부터 신속히 대책을 세우고 시각을 다투어 기회를 잡아서 이로운 쪽을 좇아 날쌘 독수리나 맹수처럼 재빨리 행동해야 한다. 그러고 난 연후에야 시책을 펴고 조치를 강구하는 것이 두서(頭緖)가 있을 것인즉 이를 소홀히 해서는 안 될 것이다.

또 그 규모를 파악하여 설정하는 일은 이렇게 한다. 수령은 백성들이 굶주리기 전에 서찰을 띄워 각 고을 중 가뭄으로 인한 피해를 입은 마을이 몇이나 되며, 백성들 중 자신의 능력으로 먹을 수 있는 자는 몇이나 되며, 관청에서 먹여 주어야 할 사람은 몇 명이나 되며, 백성들에게 도랑과 제방 공사에 취로(就勞)하게 하여 구제할 곳은 몇 군데나 되는가, 창고에 있는 돈이나 곡식 중 풀어서 진휼할 수 있는 것은 얼마나 되는가, 부유한 자들에게서 곡식을 거출할 경우 권분의 대상이 되는 집은 몇 호나 되는가, 승려와 도사들의 먹고 남은 곡식 중 장부에 기록된 것은 얼마나 되는가, 등을 파악하여 보고하게 하고 그에 맞추어 진휼 규모를 설정해야 한다.

若夫賑糶之法 國典所無 縣令有私糴之米 亦可行也.

진조법은 나라의 법전에는 없지만 현령이 사사로이 사들인 쌀이 있으면 역시 행할 수 있다.

【字義】糶:쌀 팔 조. 糴:쌀 살 적.
【語義】賑糶(진조):진휼하기 위해 쌀을 싼 값으로 파는 것. 國典(국전): 나라의 법전. 私糴之米(사적지미):사사로이 사들인 쌀.

【解說】우리나라 법에는 진희(賑餼)만 있을 뿐 진조(賑糶)는 원래 없다. 그렇지만 수령이 기근을 대비하여 사사로이 사들였던 쌀이 있으면 싼 값에 풀어 백성들을 진휼할 수 있을 것이다.

이중방(李仲芳)이 기주(冀州)의 통판으로 있을 때 흉년이 들었는데 창고의 곡식을 모두 내어 백성들에게 빌려 주면서 풍년드는 해에 갚도록 하였다. 그는 "창고의 묵은 곡식을 햇곡식으로 바꾸니 좋고, 굶주린 백성들은 양식을 이어 갈 수 있어 좋으니 양쪽에 모두 이로운 것이 아닌가." 하였다. 과연 이듬해에 풍년이 드니 고맙게 여긴 백성들이 앞다투어 곡식을 상환하였다. 그때 대여 받은 곡식 덕분에 살아난 자가 수십만 호나 되었다.

평상시에 수령이 사사로이 사들였던 곡식이 없었다면 속수무책으로 바라보고만 있을 뿐이니 어찌 딱한 노릇이 아니겠는가. 그러므로 수령은 풍년이 든 해에 자기 돈으로라도 곡식 사들이는 일을 소홀히 해서는 안 될 것이다.

其設賑場 小縣宜止一二處 大州須至十餘處 乃古法也.

진장을 설치할 때 작은 고을에는 한두 곳에 그치고 큰 고을에는 십여 곳에 설치하는 것이 옛 법이다.

【語義】賑場(진장):진휼곡을 백성들에게 나누어 주는 장소.

【解說】살피건대 우리나라 진법(賑法)에는 큰 고을이라 해도 읍내에만 진장을 설치하고 혹 외창이 있으면 그곳에 외장(外場)을 설치하게 되어 있어 불편이 크다. 며칠씩이나 굶어 따오기처럼 목이 가늘어지고 얼굴이 누렇게 떠서 금방이라도 쓰러질 정도의 백성들이 거친 곡식 몇 되를 타러 어찌 멀리 내장(內場)까지 갈 수 있겠는가. 대체로 고을이 크고 지역이 넓은 곳에서는 마땅히 상부에 요청하여 8, 9개의

진장을 설치하게 하고, 수령은 그 진장들을 순행하면서 진조하는 것을 감독해야 굶주린 백성을 구제할 수 있을 것이다.

서울에는 민호(民戶)가 많기는 하나 동쪽과 서쪽의 진원(賑院)이 5리를 넘지 않으니 몇몇 곳에만 진원을 더 설치해도 굶주린 백성들이 스스로 걸어가 찾아 먹을 수 있지만 군현에서 민호의 수는 적으나 외촌(外村)은 읍에서 백 리나 떨어져 있으니 여기저기에 진원을 설치하여 주린 백성들로 하여금 멀리까지 찾아가는 고통이 없도록 해야 한다.

> 仁人之爲賑也 哀之而已 自他流者受之 自我流者留之
> 無此疆爾界也.

어진 사람이 진휼을 행하는 것은 오직 (백성을) 불쌍히 여기기 때문이니, 다른 고장으로부터 흘러 들어오는 사람들을 받아 주고 내 고장에서 나가려는 사람들을 머물러 있게 하여 내 고장 네 고장의 경계를 두지 말아야 한다.

【字義】疆:지경 강. 爾:너 이

【語義】爲賑(위진):진휼을 베푸는 것. 自他流者(자타류자):다른 고장으로부터 들어오는 사람. 自我流者(자아류자):내 고장에서 다른 고장으로 나가는 사람. 此疆爾界(차강이계):내 고장과 네 고장의 경계. 즉 수령들의 입장에서 볼 때 내가 진휼해 줄 사람과 네가 진휼해 줄 사람을 가리지 않음.

【解說】백성을 다른 고장으로 이동시킴은 선왕들의 법인데 오늘날 사람

들은 ≪맹자≫만 읽고 이민(移民) · 이속(移粟)을 양(梁)나라 혜왕(惠王)의 얕은 꾀로만 알고 이민의 방법을 강구하지 않았다. 오늘날의 감사(監司)들은 다른 도(道)에서 큰 기근이 들면 자기 고을의 변방에 신칙하여 유민(流民)을 받아들이지 못하게 함으로써 경전(經典)에 대한 무지몽매로 인한 피해가 이 지경에 이르렀다. 무릇 진휼의 정책을 논하는 사람들은 내 고을 사람 네 고을 사람을 가려 살펴서는 안된다.

토정(土亭) 이지함(李之菡)이 현령으로 있을 때 유민(流民)들이 다해진 옷을 걸치고 걸식하는 것을 불쌍히 여겨 큰 집을 지어 그들을 거처하게 하고 수공업 기술을 가르쳐 주었다. 한 사람 한 사람 대면하여 가르치고 친절히 타일러 각자 자신의 의식(衣食)을 해결하게 하며, 가장 무능한 사람에게는 볏짚을 주어 짚신을 삼도록 독려하니 하루에 열 켤레를 삼았다. 그것을 내다 파니 하루 일한 것으로 쌀 한 말 정도를 살 수 있었고 나머지로는 옷을 사 입도록 하니 두어 달 사이에 먹고 입는 것이 족해졌다.

今之流民 往無所歸 唯宜惻怛勸諭 俾勿輕動.

오늘날의 유민들은 (막상 자기 고장을) 떠나도 돌아갈 곳이 없으니 오직 측은하고 딱하게 여겨 권하고 타일러서 가벼이 떠나지 못하게 해야 한다.

【字義】怛:슬플 달. 방자할 단. 諭:타이를 유. 비유할 유. 俾:더할 비. 하여금 비.
【語義】往無所歸(왕무소귀):떠나 보았자 돌아갈 곳이 없음. 惻怛(측

달):측은히 여겨 슬퍼함. 勸諭(권유):권하고 타이름. 俾勿輕動(비물 경동):가벼이 떠나지 못하게 함. '俾'는 '使'의 뜻.

【解說】 주자(朱子)가 남강군(南康軍)을 맡고 있을 때 유민(流民)들을 권유하는 글에서 이렇게 말했다.

"본군(本軍)이 재해를 입어 많은 인호(人戶)가 이리저리 떠돌이 생활을 하고 있는데 한번 고향을 떠나면 길거리에서 온갖 어려움과 고생을 겪다가 왕왕 갈 곳을 잃고, 심한 사람들은 횡사하기까지 한다. 그리하여 조상들의 산소와 논밭과 집을 버려두고 주관하는 사람이 없어 어수선하고 황폐해져 지금까지도 그 흔적이 남아 있으니 그 내력을 물어보면 가슴을 아프게 한다. 게다가 회남(淮南)·호북(湖北) 지방도 곡식이 제대로 여물지 않았으니 이 고장을 버리고 저 고장으로 가보아야 한결같이 굶주림뿐이니 무슨 이로움이 있겠는가.

이제 모든 민호(民戶)에 권하니 각 고을에서도 다방면으로 구휼 대책을 찾고 있고 조정에서도 관대한 은혜를 내릴 것인즉 안심하고 생업에 힘쓰도록 하라. 경솔한 생각으로 쉽게 집을 버리고 떠나 후회하는 일이 없도록 하라."

생각건대 주자의 이 글에는 측은하고 따뜻하고 간곡한 정이 담겨 있으니 흉년이 드는 해에 수령은 이와 같은 유시를 방(榜)으로 써 붙여 백성들로 하여금 경솔하게 고향을 버리지 못하게 해야 한다.

중국의 법에는 떠돌이 백성에게도 본고장의 백성들과 마찬가지로 진휼해 주도록 되어 있으나 우리나라에서는 한번 떠돌면 오직 죽음이 있을 뿐이다. 그러므로 수령은 각 마을에 신칙하여 그런 사람을 보거든 붙잡아서 현으로 데리고 와 유걸창(流乞廠)에 수용하도록 해야 어진 수령이라 할 수 있다.

> 其分糶分餼之法 宜博考古典 取爲楷式.

분조하고 분희하는 방법은 마땅히 옛 법전들을 두루 살펴서 (좋은 것을) 취하여 법식으로 삼아야 한다.

【字義】 楷:본보기 해. 곧을 해.

【語義】 分糶(분조):곡식을 싼 값으로 팔되 어른과 아이의 식구 수에 따라 나누는 것.   分餼(분희):곡식을 무상으로 지급하되 어른과 아이의 식구 수에 따라 나누는 것.   博考(박고):두루 살핌.   古典(고전):옛 선인들의 법전.   楷式(해식):법식. 상식.

【解說】 증공(曾鞏)은 ≪구재의(救災議)≫에서 다음과 같이 말했다.

'창고를 열어 곡식을 주는데 어른에게는 1인당 하루에 두 되, 어린 아이에게는 하루에 한 되를 주어 진휼하려 하니 이것은 키워서 굶겨 죽이는 결과를 가져올 뿐 백성들을 위해서는 깊은 배려도 장기적인 대책도 되지 못한다. 중호(中戶)로 계산해도 열 식구는 될 것이니 어른 여섯 명이 한 달에 받는 곡식이 세 가마 여섯 말이요, 아이 네 명이 받는 것이 한 가마 두 말이다. 그렇다면 한 호(戶)를 먹여 살리는 데에 한 달에 곡식 다섯 가마 가까이 든다. 이래 가지고는 오래 버티기 힘들다.'

내가 여러 책들을 검토해 보았는데 진휼법에 대한 것으로는 주자(朱子)가 ≪주자별집(朱子別集)≫에 기록한 조례만큼 소상한 것이 없다. 우리나라의 어진 사대부들 중 주자를 애모하지 않는 이가 없으면서도 진휼법에 있어서만은 예부터 오늘날에 이르기까지 자기 임의로 행하고 주자의 가르침에서는 단 하나의 조목도 골라 활용하지 않으니 참으로 이상한 일이다.

> 乃選飢口 分爲三等 其上等 又分爲三級 中等下等 各
> 爲一級.

기구(飢口)를 선정하여 세 등(等)으로 나누고 그 상등(上等)을 다시 세
급(級)으로 나누며 중등과 하등은 각기 한 급으로 한다.

【語義】分爲三等(분위삼등):上等·中等·下等 세 등급으로 분류함. 分
　　爲三級(분위삼급):세 급으로 나눔.

【解說】요호(饒戶)의 등급을 정할 때는 가장 부유한 사람이 상등이 되지
　　만 기구(飢口)는 가장 심하게 주린 사람이 상등이 된다. 상등에 속하
　　는 사람들은 목숨이 위급하니 급히 진희(賑餼)로써 구해 주어야 할
　　자들이다. 중등에 속하는 사람들은 당장은 사정이 급하나 일단 춘궁
　　기에 구제해 주면 추수 때 능히 갚을 수 있으니 곧 진대(賑貸)로써
　　구해 주어야 할 자들이다. 하등에 속하는 사람들은 사정이 급하기는
　　하나 아직 돈이나 포(布)가 수중에 있으니 진조(賑糶)로써 구해 주어
　　야 할 자들이다.
　　　상등은 다시 3급으로 나눈다. 이중 상급에 속하는 사람들에게는
　　소한(小寒)부터 진희를 시작하여 망종(芒種)에 끝내고, 중급에 속하
　　는 사람들에게는 입춘부터 진희를 시작하여 입하(立夏)에 끝내며,
　　하급에 속하는 사람들에게는 입춘 후 열흘째 되는 날로부터 진희를
　　베풀어 입하 열흘 전에 끝낸다.
　　　또 중등(中等)에 속하는 사람들에게는 진대(賑貸)를 베푸는데 경칩

에 한 번 대여하고, 청명에 한 번 더 주어야 하며, 양곡의 양은 육십 일 분이다.

하등에 속하는 사람들에게는 춘분에 한 번 양곡을 파는데 그 양도 육십 일간의 양식으로 한다.

그리고 수령이 기구(飢口)를 선발하여 상하의 등급을 매길 때는 우선 침기표(砧基表)를 잘 살피고 각 호(戶)의 재산이 어느 정도인가를 두루 파악하고 금년의 이앙(移秧) 실적과 김매기 실적을 상세히 구분하여 등급 분류에 조금도 치우침이 없게 해야 한다.

제4조 설시(設施) : 진장(賑場)의 설치 및 진휼(賑恤)의 시행

乃設賑廳 乃置監吏 乃具錡釜 乃具鹽醬海帶乾鰕.

진청(賑廳)을 설치한 후에 감독하는 아전을 배치하고, 가마솥을 갖추어 놓고, 염장과 다시마와 말린 새우 등을 구비해 두어야 한다.

【字義】 錡 : 가마솥 기. 鰕 : 새우 하.
【語義】 錡釜(기부) : 가마솥. 鹽醬(염장) : 간장·된장·고추장 등 음식의 간을 맞추는 양념. 海帶(해대) : 다시마. 乾鰕(건하) : 말린 새우.

【解說】 천하의 모든 일에는 인재(人材)를 얻지 못하면 능히 그 일을 잘 할 수 없다. 진장(賑場)에는 도감(都監) 한 사람과 감관(監官) 두 사람과 색리(色吏) 두 사람을 파견하되 반드시 청렴하고 신중하게 일을 잘 처리할 수 있는 사람을 골라 보내야 한다.

촌감(村監)을 파견할 때는 더욱 세심한 배려로써 사람을 골라야 한다. 살펴보면 촌감들은 뇌물을 받고 농간 부리기를 오히려 양식이 충분한 사람들에게는 진희를 베풀고, 홀아비나 과부처럼 의지할 데 없는 사람들은 진희의 대상에서 빼고는 그들이 죽어가는 모습을 서서 바라보기만 할 뿐이다. 기구(飢口) 가려내는 일을 그런 자들에게 맡겨서는 안 될 것이다.

청렴하고 신중한 사람을 엄격히 선정하여 그들로 진장(賑長)을 삼아 향(鄕)마다 한 사람씩 배치하여 향내의 진휼을 관장토록 한다. 기구의 증감과 존망(存亡)의 숫자가 발생하지 않을 수 없을 것인즉 특히 가난한 자에게 한두 사람 분을 더 붙여 주도록 허락해야 한다.

또 가마솥과 약간의 반찬·양념을 마련해 두라고 한 것은 한꺼번에 수백 명의 굶주린 입이 몰려들면 차례를 기다리느라 기운이 쇠진할 것이므로 우선 죽이라도 끓여 여러 날 굶주린 배를 채워 주기 위함이다.

乃簸穀粟 以知實數 乃算飢口 以定實數.

그리고 나서는 양곡의 실제 수량을 헤아려 파악하되 키질하여 깨끗한 알곡으로 만들어야 하며, 기구를 계산해서 실제 배당 수를 정해야 한다.

【字義】 簸:까부를 파.
【語義】 簸穀粟(파곡속):키질하여 깨끗이 한 알곡.

【解說】 곡식 중에서 먹을 수 있는 것은 알곡뿐이니 껍질을 벗기지 않은 곡식은 아무리 많아도 먹을 수가 없으며, 쭉정이와 겨가 아무리 많아도 먹을 수 없다. 조정이나 관청에서 진휼곡으로 분급해 주는 곡식은 모두 쭉정이와 겨뿐인데도 몇 말이니 몇 가마니 하면서 과장되게 헛된 명분만 내세웠을 뿐, 분급받은 것을 가지고 집으로 돌아와 키질해 보면 남는 것은 고작 닭 모이 정도밖에 되지 않으니 그것으로 얼마나 버티어 나가겠는가.

그러니 수령은 황정(荒政)을 펴기에 앞서 나라에서 받은 곡식이나 감영에서 보내 온 곡식을 모두 키질하여 티끌과 겨를 날려 버리고 알곡만을 다시 말질하되, 수북수북 고봉(高捧)으로 되어서 튼튼한 섬에 넣어 단단히 묶어서 은밀한 창고에 저장하고는 그 실제의 총수로써 계산하여 분급해야 한다.

> 乃作賑牌 乃作賑印 乃作賑旗 乃作賑斗 乃作閽牌 乃
> 修賑曆.

진패를 만들고, 진인을 만들고, 진기를 만들고, 진두를 만들고, 혼패
를 만들고, 진력을 만들어 (황정에 임해야 한다.)

【字義】牌:패 패. 閽:문지기 혼. 曆:책력 력
【語義】賑牌(진패):진휼 받을 사람들의 가족 사항을 새겨 만든 패. 賑印
(진인):진휼곡을 분급해 줄 때 감독관이 확인했다는 증거로 찍는 도
장. 賑旗(진기):진휼곡을 타러 갈 때 맨 앞의 인솔자가 들고 가는 깃
발. 賑斗(진두):진휼곡을 될 때 사용하는 말[斗]과 되[升]. 閽牌(혼
패):진장 문을 들어갈 때 주는 출입을 허가하는 패. 賑曆(진력):기구
(飢口)의 증감을 정리하여 기록한 장부.

【解說】진패(賑牌)를 만드는 법식은 이러하다.
　'갑부(甲部) 청기(靑旗) 제1대(隊) 제2패(牌), 동시향(東始鄉) 춘산
리(春山里) 양인(良人) 이덕봉(李德奉), 나이 삼십일 세, 뽑힌 희구
(饒口)는 남자 장정 1구(口), 여장(女壯) 1구, 남로(男老) 1구, 여약(女
弱) 1구이니 열흘간의 희미가 한 말 여섯 되임. 대조 확인하여 패와
같이 시행바람. 가경(嘉慶) 갑술(甲戌) 소한(小寒)에 행현령 화압(花
押) 도감(都監) 김○○ 화서(花署).'
　이와 같이 기록하여 임의로 수정할 수 없도록 해서체(楷書體)로 나
무판에 새기되 길이와 폭을 1척(尺)으로 한다. 이때 그의 향리명(鄉

里名)과 성명 등 몇 조항은 비워 놓고 새겨 빳빳한 종이에 찍어 현장에서 빈 칸을 메워 기록하고 인주로 도장을 찍어 희미를 받을 사람에게 준다.

진인(賑印)은 나무에 새긴 조그만 도장인데 거기에는 '受饋之記'라는 네 글자를 새겨 넣는다. 주린 백성이 창고에 들어와 목민관에게 와서 진패를 바치면 감리는 장부와 대조 확인한다. 그 내용이 일치하면 그의 팔뚝에 먹물로 이 진인을 찍고 진패를 다시 내 주어 뜰로 들어가 희미를 받게 한다.

진기(賑旗)란 희미를 받을 때 사용하는 깃발이다. 가령 희구(饋口)가 일만이면 날마다 일천 명에게 분급해도 열흘이 되어야 고루 한 차례씩 돌아간다. 첫째 날에는 갑부(甲部)에게 진휼미를 분급하고, 둘째 날에는 을부(乙部)에게, 셋째 날에는 병부(丙部)에게, 넷째 날에는 정부(丁部)에게, ……이런 식으로 하여 제9일에는 임부(壬部)에게, 제10일에는 계부(癸部)에게 분급하되, 매일 일천 명 분의 희미를 지급할 때마다 4구(口)로 하나의 패(牌)를 만들면 이백오십 명이 되며, 오십 명으로 1기(旗)를 만들면 한 차례씩 희미를 받는 데 5기면 된다.

또 다섯 가지의 진기(賑旗)를 만드는 방법은 이렇다. 포(布)의 길이는 1척(尺) 5촌(寸)으로 하되 글자는 넣지 않는다. 제1기는 청포(靑布)로 만들고 제2기는 홍포(紅布)로, 제3기는 황포(黃布)로, 제4기는 백포(白布)로, 제5기는 흑포(黑布)로 만든다.

이렇게 진기(賑旗)를 만들어 기총(旗總)으로 하여금 들게 하고, 기구(飢口)들로 하여금 각기 자기가 속하는 깃발을 뒤따르게 하여 진장으로 인솔한다. 이것은 질서를 문란하게 하지 못하게 하기 위함이니, 질서가 문란해지면 희미의 분급이 올바로 시행되기 어려워 거듭

해서 받는 자가 생기는가 하면 전혀 받지 못하는 자도 생기고 도둑질하는 자도 생기며 서로 다투는 일도 생기게 된다.

진두(賑斗)란 진휼미를 될 때 사용하는 말[斗]과 되[升]를 말한다. 읍내의 진장에서 사용하는 두승(斗升)과 외촌의 진장에서 사용하는 두승을 관두(官斗)라 하는데 관두는 마땅히 서로 통일되어야 하며, 각 향(鄕)에서 사용하고 있는 사두(私斗)와도 통일되어야 한다. 여러 호(戶)가 희미를 함께 받아 가지고 돌아와 마을에서 나누는데 관두와 사두가 통일되지 않으면 의심과 비방과 다툼이 일게 된다.

또 혼패(閽牌)란 희장(餼場)에 입장할 때 지참하는 패로서, 길이와 너비를 반 척(尺)으로 하며 앞면에는 '餼場入門之記'라고 새기고 뒷면에는 화압(花押)하고 낙인을 찍는다. 혼패를 지참하지 아니한 자는 희장의 문을 들어설 수 없다.

진력(賑曆)이란 기구의 증감을 조사하여 기록한 장부이다. 희미를 받는 사람들 중에는 혹 사망자도 있고 새로이 전입되는 숫자도 있어 구름과 안개처럼 변동이 많고 매일매일 다르니 4명으로 1패(牌)를 만들고, 십 패로 1대(隊)를 만들고, 5대로 1기(旗)를 만들고, 5기로 하루 분의 희미를 지급하려 한다면 그 진력을 아침저녁으로 수정하여 정리해야만 문란해지지 않을 것이다. 사망자가 날로 늘어 모든 기(旗)가 무너지면 5기를 모두 고쳐서 새 진력을 주고 아울러 새 패를 준다.

오늘날 수령들은 대개 진장을 설치한 이래로 삭제는 하면서도 보충하지는 않으니 이것은 백성들이 심히 애석해 하는 바이다. 남들이 행하지 못하는 것을 한 후에라야 어진 수령이라 할 수 있는 것이니 전례를 따르는 일에만 마음을 기울여서는 안 되는 것이다.

> 小寒前十日 書賑濟條例 及賑曆一部 頒于諸鄕.

소한(小寒) 열흘 전에 진제의 조례와 진력 1부(部)를 써서 모든 향에 배포한다.

【字義】賑:구휼할 진. 濟:건널 제. 구제할 제. 頒:나누어줄 반. 퍼뜨릴 반.

【語義】賑濟條例(진제조례):진휼과 구제에 관한 조례.

【解說】위의 여러 조항에서 말한 조목은 신법(新法)에 관계되므로 나이 많은 사람들은 들어본 적이 없는 것들이니 한 통을 정서하여 모든 마을에 배포해야 한다. 그리고 영을 내려 그 마을에서 글과 일 처리에 능한 사람을 관으로 보내 배워 가게 하는데, 수령은 지혜가 남다른 형리(刑吏)를 차출하여 수령이 보는 앞에서 그들에게 상세하고 분명하게 가르쳐 주게 하고 의심나는 점이나 모르는 점이 없도록 해서 각 마을로 돌려보내 모든 조례들을 깨우쳐 알리도록 해야 한다. 큰 마을에 각각 진제조례(賑濟條例) 1부씩 배포하고 그 근처의 작은 마을들은 큰 마을로 가서 유시를 듣게 한다.

> 小寒之日 牧夙興 詣牌殿瞻禮 仍詣賑場 饋粥頒餼.

소한 날에 수령은 일찍 일어나 패전으로 나아가 첨례를 행하고 나서 진장으로 나가 죽을 쑤어 먹이고 희미(餼米)를 분급해야 한다.

【字義】夙:이를 숙. 詣:이를 예. 나아갈 예. 瞻:볼 첨. 仍:인할 잉. 이

에 잉. 饋:보낼 궤. 먹일 궤. 粥:죽 죽.

【語義】夙興(숙흥):일찍 일어남. 牌殿(패전):고을에 왕의 위패를 모셔 놓은 곳. 매월 초하루와 보름, 그리고 왕을 대신해서 큰 정책을 펴는 날에 지방 장관들이 이 위패 앞에서 절을 한다. 瞻禮(첨례):왕이 계신 대궐 쪽을 우러러보며 절하는 예(禮). 饋粥(궤죽):죽을 먹임. 頒餼(반희):희미를 나누어 줌.

【解說】소한 날 수령은 아침 일찍 패전으로 가서 향을 피워 놓고 대궐을 향해 사배(四拜)한 다음, 한동안 부복(俯伏)하여 마음속으로 왕께 이렇게 여쭙는다.

'재주가 미천한 소신이 이 큰일을 당하니 성상(聖上)께서 제게 맡겨 주신 적자(赤子)들의 목숨을 오직 충성과 지혜를 다하여 보존하게 하겠나이다. 상천(上天)께서 임하여 지켜보시는데 소신이 어찌 마음을 다하지 않겠나이까.'

예(禮)가 끝나면 수령은 패전의 좌대로 올라가 문무(文武)의 장리(將吏)들을 불러 모두 패전의 뜰에 엎드리게 하고 이렇게 유시한다.

"백성은 우리 임금의 적자(赤子)이며, 굶주린 백성들은 그 적자들 중 구차하고 가련한 사람들이다. 문무의 장리들인 너희는 그 적자들의 형장(兄長)이니 우리 아우들이 굶주려 죽어가는데 나와 너희가 어찌 힘을 다하여 구제하지 않겠느냐. 너희는 이 뜻을 명심하고 모든 진사(賑事)를 처리함에 있어 충성과 지혜를 다하여 깨끗한 마음으로 이 큰일을 성취해야 할 것이다. 만에 하나라도 속임이나 불충(不忠)한 행위가 있다면 큰 벌을 면치 못하리라."

그리고 나서 수령은 진장으로 나아가 굶주린 백성들에게 죽을 쑤어 먹이게 하고 희미를 분급한다.

> 立春之日 改曆修牌 大展其規 驚蟄之日 頒其貸 春分
> 之日 頒其糶 淸明之日 頒其貸.

　　입춘 날에는 진력과 진패를 다시 고치고 수정하여 정리하고 그 규모
를 크게 펴고, 경칩 날에는 진대(賑貸)를 나누어 주고 춘분 날에는 진조
를 반급하며 청명 날에는 진대를 반급한다.

【字義】蟄:숨을 칩.　糶:쌀 팔 조.
【語義】改曆(개력):진력을 고쳐 정리함.　修牌(수패):진패를 수정하여 정
　　리함.　大展(대전):크게 폄. 단시일의 정책이 아닌 장기간의 정책을
　　수립하여 펴는 것.

【解說】진휼 정책이 입춘에 이르면 장부들이 방대하고 복잡해지니 오래
　　된 진력은 파기하고 구패(舊牌)는 거두어들이며 부(部)와 대(隊)를 고
　　쳐 정리하여 새 진력을 작성하고 진패도 다시 만들어 나누어 준다.
　　　진대란 오늘날의 부환(付還)이다. 경칩 때쯤이면 땅이 이미 풀리고
　　농사일이 시작되므로 먼저 그 양식을 보조하고, 청명이면 봄이 이미
　　깊어 씨 뿌리는 일이 급해지므로 그 종자를 보조해 주어야 한다.

> 流乞者 天下之窮民 而無告者也. 仁牧之所盡心 不可
> 忽也.

　　유랑하며 걸식하는 사람들은 세상에서 가장 궁핍한 백성들로서 의지
할 곳조차 없는 사람들이다. 어진 수령이라면 이들에게 마음을 다하여
진휼할 것이요, 결코 소홀히 대해서는 안 된다.

【字義】窮:다할 궁. 궁할 궁. 忽:갑자기 홀. 소홀히 할 홀.

【語義】流乞(유걸):떠돌이 생활을 하면서 걸식(乞食)하는 것. 無告者(무
 고자):호소할 곳이 없는 사람. 의탁할 곳이 없는 사람. 忽(홀):소홀
 히 대하는 것.

【解說】 중국의 진정(賑政)은 유민(流民)들을 위주로 시행되기 때문에
 진휼의 혜택으로 살아난 사람들이 많은데 우리나라의 진정은 거민
 (居民:일정한 고장에서 생활하는 주민)을 위주로 행해지기 때문에
 한때 진휼을 받아도 필경은 다 죽게 마련이니 어찌 슬픈 일이 아니
 겠는가.

 〈진휼사목〉에 '무릇 떠돌아다니며 걸식을 하는 사람을 구제하는
 경우에는 그 죽쌀과 메주콩을 모두 현령으로 하여금 스스로 마련해
 주게 하되 회감(會減)이 있어서는 안 된다.'고 하였으나 현령이 어찌
 반드시 어진 사람만 있겠는가.

 일정한 지역에서 생활하는 거민(居民)으로서 진휼을 받고도 쇠약
 해지거나 병드는 자가 생기면 수령은 원망과 비방의 소리를 듣게 되
 고 상사로부터도 그 허물을 문책당하는데, 떠돌며 걸식하다가 죽는
 사람을 보고도 대수롭지 않게 생각하고 상사도 굳이 책망하지 않아
 수령은 아무런 거리낌도 없고 태만히 지나칠 뿐이니 중국의 법과는
 너무도 다르다.

 어질지 못한 사람들은 '떠돌이 걸식자들은 모두 무용지물로서 하
 늘이 버린 자들이요, 나라에 해가 되는 존재들이다. 나태해서 하는
 일이 없고 도둑질이 습성이 되어 거두어 길러 보았자 양곡만 축내고
 필경은 죽고 마니 그들을 진휼하는 데에 공연한 힘만 들고 아무런
 공(功)이 없다. 그러니 차라리 곤궁에 빠지면 진휼을 하지 말고 일찌

감치 죽게 버려둔다면 그들로 보아서도 덜 비참하고 국가로 보아도 애석할 게 없을 것이다.' 라고 말들을 하니 아, 딱하도다! 그런 억지 소리가 어디 있는가.

무릇 풍년이 드는 해에는 떠돌이 걸인을 볼 수 없고 마을에는 양민들만 있더니 흉년을 당하면 이런 무리들이 생겨난다. 이들도 본래는 양민이었으며 버림받은 자들이 아니었다. 다만 그 육친이 뿔뿔이 흩어지거나 죽거나 한 데다가 사방의 이웃들도 이들을 받아 주지 않아 홀아비·과부·고아·불구자가 되어 몸을 의탁할 곳이 없어 부평초처럼 정처 없이 떠돌아다니다 이 지경에 이른 것이다.

배고픔이 쌓이고 오랫동안 추위에 떨어 그 착한 성품을 잃고 염치를 잃고 분별력도 희미해져 귀신이나 짐승처럼 되어 남들로부터 혐오를 받게 된 것이지 그 본성이야 남들과 다름이 있겠는가. 하늘이 그들의 게으름을 미워하여 이런 고통을 주는 것이라고 한다면 하늘은 어찌하여 탐관오리들은 미워하지 않고 그런 즐거운 생활을 준단 말인가.

그러니 그것은 어질지 못한 사람들이 하는 말이니 이치에 맞지 않는 말로서 논할 바가 못 된다. 그러므로 수령은 마땅히 떠돌이 걸인들을 보살피고 어루만져 하늘의 노여움을 사지 말아야 할 것이다.

死亡之簿 平民飢民 各爲一部.

사망자의 명부는 평민과 기민을 각기 1부(部)씩 작성한다.

【字義】簿:문서 부. 장부 부.
【語義】平民(평민):여기에서는 굶주림이 아닌 다른 원인으로 죽은 사람

을 말함. 飢民(기민):굶주려 죽은 사람.

【解說】 동짓날 열흘 전에 수령은 모든 향(鄕)과 리(里)에 영을 내려 동짓날 자시(子時) 이후로 죽은 자는 그 마을의 풍헌(風憲)에게 급히 보고하고 풍헌은 그것을 기록하여 책으로 만들되 병으로 죽은 자의 이름 옆에 '병사(病死)'라고 주(註)를 달고 굶어죽은 자에게는 '아사(餓死)'라고 주를 단다. 부자나 고령자가 병으로 죽더라도 기록에 빠뜨리지 말 것이며, 태어나자마자 죽는 영아(嬰兒)까지도 기록에 빠뜨려서는 안 된다.

또 동짓날로부터 5일째 되는 날 해시(亥時) 이전에 사망한 자는 모두 기록하여 따로 한 권으로 묶되 다음날 즉시 수령에게 보고하고, 이 일을 닷새에 한 번씩 되풀이하여 망종(芒種) 날까지 계속한다.

기구(飢口) 중에서 사망자가 나오면 희구(饎口)와 대구(貸口)·조구(糶口)로 분류하여 희구만을 모아 따로 책 하나를 만들고, 대구와 조구를 합하여 또 한 권으로 묶는다.

희구가 사망하면 이임(里任)에게 급히 보고토록 하고, 이임은 향의 진장(賑長)에게 급히 보고토록 한다. 그러면 진장은 그것을 정리하여 한 권으로 묶어 닷새에 한 번씩 수령에게 보고한다. 혹시 한 구(口)라도 누락되면 누락시킨 사람으로 하여금 곡식 한 말을 벌금으로 물게 한다.

항상 보면 수령은 기민의 사망은 전혀 살피지 않고, 향감과 이임도 대충 몇 구(口)로써 그 책임을 때우려 하며, 수령은 그것마저 숨기고는 감사에게 보고하지 않은 채 자기 고을에서는 굶어죽은 사람이 하나도 없다고 하면서 조정의 임금으로 하여금 굶어죽은 백성의 실제 숫자를 알지 못하게 하니 이것은 큰 죄이다.

다른 고을의 수령들이 모두 그렇게 하고 나 혼자만 사실대로 아사
자의 수를 보고하여 죄와 벌을 받게 된다 해도 이는 지극한 영광이
다. 선비와 군자가 글을 읽고 자기 수양을 하는 것은 바로 이런 경우
에 올바로 쓰기 위함이니 단 한 구(口)라도 숨겨서는 안 될 것이다.

饑饉之年 必有癘疫 其救療之方 收瘞之政 益宜盡心.

기근이 드는 해에는 반드시 전염성 열병이 만연하는 법이니 그것을
구제하고 치료해 주는 방법과 (죽은 자들의 시체를) 거두어 묻어 주는
정책을 펴는 것에 더욱 마음을 다해야 할 것이다.

【字義】癘:창질 려. 문둥병 라.   瘞:묻을 예.
【語義】癘疫(여역):전염성 열병의 총칭.   救療(구료):구제하고 치료함.
　　收瘞(수예):거두어서 묻음. 장사지냄.

【解說】무릇 기호(飢戶)가 전염병에 걸렸을 경우에는 그 마을의 진장(賑
　　長)에게 보고하고, 진장은 수령에게 보고하며, 수령은 곧 약을 구하
　　여 공급하되 그 이웃 마을로 하여금 방법을 강구하여 구제하고 치료
　　하도록 해야 한다.
　　　사망자가 생기면 곧 희구에 결원이 생길 것이니 수령은 전염병에
　　걸린 자들의 명단을 가져다 병든 호구의 몇 구(口)로써 빈자리를 메
　　우도록 한다.
　　　온 집안 식구가 몰사하였는데 전염병에 걸릴까 두려워서 아무도
　　장사지내 주려 하지 않는 경우에는 그 가호(家戶)에 줄 희미 3회분을
　　지급하여 그 마을의 상호(上戶)로 하여금 사람을 시켜 염(斂)하고 장

사지내게 해야 한다.

嬰孩遺棄者 養之爲子女 童穉流離者 養之爲奴婢 並宜
申明國法 曉諭上戶.

버려진 갓난아기를 양육하여 (자기의) 자녀로 삼고, 떠돌아다니는 어
린애들을 (데려다) 길러 노비로 삼게 하되, 이 두 경우에 (수령은) 마땅
히 국법을 거듭 밝혀 주고 상호(上戶)들을 깨우쳐 타일러야 한다.

【字義】 嬰:어린아이 영. 孩:어린아이 해. 穉:어릴 치. 申:거듭 신.
　　曉:새벽 효. 깨달을 효. 諭:타이를 유.
【語義】 嬰孩(영해):갓난아이. 遺棄(유기):내버리는 것. 童穉(동치):어
　　린아이. 申明(신명):거듭 밝힘. 曉諭(효유):깨우쳐 일러 줌.

【解說】 버려진 아이를 거두어 기르는 법에 대해서는 '애민육조(愛民六
　　條)'의 제2조 자유(慈幼)편에서 상세히 논하였다.
　　　숙종(肅宗) 갑신년(甲申年)에 진휼청 당상(堂上)인 민진후(閔鎭厚)
　　가 왕께 아뢰었다.
　　　"외방(外方)의 감진절목(監賑節目)에 따르면 '죽을 먹여 구휼한 기
　　민(飢民)들 중 거두어 기른 지 육십 일이 넘은 자들에 대해서는 법을
　　세워 그 대책을 마련하되 십삼 세 이하인 아이들에 대해서는 그 자
　　손들까지 노비로 삼게 하고, 십사 세 이상인 자들에 대해서는 그 사
　　람만을 노비로 삼게 한다.'고 되어 있습니다. 그런데 소신이 직접 서
　　울에 있는 진청(賑廳)을 점검해 보고 살펴보니 그 일처리 방법이 지
　　방의 진청과는 차이가 있어, 사십 일 이상 거두어 기른 자들 중 십오

세 이하인 자들은 그 자손들까지 노비로 삼고, 십육 세 이상인 자들은 그 자신만을 노비로 삼으며, 거두어 기른 지 사십 일 이하인 자들에 대해서는 장약(壯弱)을 막론하고 그 사람만을 노비로 삼게 하는 것이 지당할 줄로 아옵니다."

그리하여 임금은 그의 말에 따랐다.

그렇지만 사족(士族)의 자녀로서 떠돌며 걸식을 하다가 수양되어 노비가 된 자들은 기근이 풀려 평온해진 후에 수령이 관(官)의 돈을 속전(贖錢)으로 내주어 다시 양민으로 돌리면 이 또한 음덕(陰德)이라 하겠다.

제5조 보력(補力): 흉년에 백성들의 양식에 보탬이 되는
방안 모색

> 歲事旣判 宜飭水田 代爲旱田 早播他穀 及秋申勸
> 種麥.

　벼농사가 이미 (흉작으로) 판명이 났거든 (수령은) 마땅히 논을 밭으로 삼아 일찌감치 다른 곡물을 파종토록 신칙해야 하며, 가을에 이르러서는 보리를 파종토록 다시 한 번 권장해야 한다.

【字義】飭:신칙할 칙. 훈계할 칙.　旱:가물 한. 밭 한.　播:뿌릴 파.
【語義】歲事(세사):농사. 여기서는 그해 벼농사의 작황(作況).　飭(칙):신
　　칙함. 지시함.　水田(수전):논.　旱田(한전):밭.　早播(조파):일찌감치
　　파종(播種)함.　申勸(신권):거듭 권장함.　種麥(종맥):보리를 파종함.

【解說】이것이 소위 대파(代播)라는 것이다. 대파할 수 있는 곡물은 불
　　과 몇 가지뿐이니 차조[黏粟]와 메밀과 늦콩이 그것이다. 이 세 가지
　　곡식의 종자는 평년에 수백 석씩 모아 두어 뜻밖의 사태에 대비해야
　　한다. 그렇지 않으면 백성들에게 각자 사사로이 여축해 두었다가 큰
　　가뭄이 드는 해에 대비토록 신칙해야 한다.
　　　또 대파하는 논에 대해서는 세금을 면제해 주겠노라고 미리 통고
　　해야 백성들은 기꺼이 대파하려 할 것이요, 관의 영(令)이 분명치 않
　　으면 백성들이 응하지 않을 것이다.
　　　수령은 이미 말라 버린 논에 다른 곡식을 파종하도록 권하되 그 종

자를 보조해 주고 소와 양식을 마련해 주면서 파종에 힘쓰게 해야한다.

또 ≪예기(禮記)≫에 이르기를, "중추(仲秋)에는 보리의 파종을 권해야 하거니와 이것은 풍년이 든 해에도 마찬가지이다."라고 했다.

春日旣長 可興工役 公廨頹圮 須修營者 宜於此時補葺.

봄이 되어 해가 길어지면 여러 가지 공사를 시작할 수 있으니 공청(公廳)이 헐고 깨져 수리와 영선(營繕)이 필요한 곳은 이때 보수하고 이엉도 다시 인다.

【字義】廨:관아 해. 頹:무너질 퇴. 圮:무너질 비. 葺:기울 즙. 일 즙
【語義】春日旣長(춘일기장):봄 해가 이미 길어짐. 봄이 되어 낮이 길어짐. 工役(공역):여러 가지 공사의 노역. 公廨(공해):관(官)에 소속된 일체의 건물. 공청. 頹圮(퇴비):허물어지고 파손됨. 修營(수영):수리하고 고침. 補葺(보즙):보수하고 지붕을 이엉으로 이는 것.

【解說】송(宋)나라 효종(孝宗) 때 절동(浙東)에 큰 기근이 들자 주자(朱子)는 그곳의 제거(提擧)로 있으면서 기민(飢民)들을 모집하여 수리(水利) 공사를 일으키자고 청했으나 조정에서는 난색을 표했다. 그러자 주자는 다시 이렇게 간곡히 상소했다.

"해마다 한재(旱災)가 들어 나라에서는 창고를 열어 진휼하는데 만약 그 액수에 조금만 더 보태어 백성들을 모아 공역(公役)의 자금으로 쓴다면 백성들도 재난에서 구제하고 나라에도 이로울 것인즉

이것은 일거양득입니다. 신이 보건대 온 들판이 극히 황량하고 쓸쓸하나 저수지가 있는 곳만은 벼가 잘 자라고 결실도 훌륭하여 풍년이나 다를 바 없었습니다. 그래서 수리 시설은 반드시 하지 않으면 안 된다는 사실을 더욱 절실히 깨닫게 된 것입니다.

만약 촌(村)과 보(保)마다 저수지를 이용할 수 있게 한다면 백성들은 떠돌이 생활을 한다거나 굶어 죽을 염려가 없게 될 것이며, 나라에서는 백성들의 진휼과 구제를 위해 세금을 감해 주지 않아도 될 것입니다."

효종(孝宗) 때 참판 이후산(李後山)이 강원도 안찰사로 있었는데 마침 큰 기근이 들었다. 임진왜란 때 훼손된 감영의 사옥이 오랜 세월이 지나도록 복구되지 않고 있는 것을 보고는 '옛 선인들은 흉년을 당하면 토목 공사를 일으켜 진휼하였으니 그것도 한 가지 방법이다.' 하고는 감영의 창고를 열어 쌀과 포(布)를 풀며 기민들을 모집하니 구름처럼 몰려들어 백성들의 굶주림도 풀어 주고, 몇 달 안 가서 청사(廳舍)가 완전히 복구되었다.

救荒之草 可補民食者 宜選佳品 令學宮諸儒 抄取數種 使各傳聞.

기근을 구제할 수 있는 풀로서 백성들의 양식에 보탬이 될 수 있는 것은 마땅히 좋은 품종을 골라 학궁(學宮)의 유생들로 하여금 몇 종씩 가져오게 하여 각기 널리 알리도록 해야 한다.

【字義】佳:아름다울 가. 좋을 가. 抄:뽑을 초.
【語義】佳品(가품):좋은 품종. 抄取(초취):골라서 취함. 傳聞(전문):전

하여 알림.

【解說】 이태연(李泰淵)이 전라 감사로 있을 때 마침 큰 흉년이 들었다.
그는 굶주린 백성들의 실정을 밝혀 상소하면서 아울러 그들이 먹고
연명하는 풀 열매를 바쳤다. 아울러 백성들의 세금을 감면해 줄 것
을 청하여 백성들의 힘을 크게 펴 주었다. 또 죽실(竹實)과 해조(海
藻:미역·다시마·김 등의 해초)를 미리 저장했다가 백성들의 식량
을 돕고, 자비로운 승려들을 모아 길가에서 죽을 쑤어서 많은 떠돌
이 걸인들을 구휼하였다.

　명종(明宗) 9년에 진휼청에서 왕께 아뢰었다.

　"곡식을 저축하여 굶주린 백성을 진휼하는 것이 황정(荒政)의 근
본이오나 저축한 곡식이 모자라 백성이 굶게 되면 보고만 있을 수
없는 일입니다. 세종대왕께서는 《구황 벽곡방(救荒辟穀方)》을 저
술하시어 온 백성들의 목숨을 구하셨습니다. 가령 솔잎은 사람의 위
장을 보익(補益)하고 장수를 누리게 함이 오곡보다 더 낫다고 하셨으
니 이는 실로 백성들을 구휼하는 좋은 처방입니다. 바라옵건대 솔잎
을 먹는 방법을 판목(板木)에 새겨 널리 반포하게 하소서."

　그러자 왕이 이에 따랐다.

　순조(純祖) 9년에 기근이 들었는데 전염병이 크게 번져 바다 가운
데의 섬들도 이를 면치 못하였다. 오직 보길도(甫吉島)의 백성들만
이 무사했는데 이 섬에는 칡이 많아 백성들 모두 칡가루를 만들어
겨울부터 봄까지 그것을 양식 삼아 먹었기 때문이었다. 칡가루는 기
근을 구해 주었을 뿐 아니라 전염병에서도 구해 주었던 것이다. 이
섬 안에 넉넉한 집이 꼭 한 가구 있었는데 칡가루를 먹지 않아 온 가
족이 전염병으로 죽었다. 이것은 내가 직접 본 사실이다.

살피건대 서광계(徐光啓)의 ≪농정전서(農政全書)≫에 구황본초
(救荒本草) 수십 편이 실려 있는데 그 가운데 채용할 만한 것이 많
다. 수령된 이는 그것들을 발췌하여 고을의 유생들로 하여금 주민들
에게 권하도록 하되 수령이 몸소 영을 내려 백성들의 비방을 사는
일이 없도록 해야 한다.

> 凶年除盜之政 在所致力 不可忽也 得情則哀 不可殺也.

흉년이 든 해에 도적을 제거하는 정책은 (수령이) 온 힘을 다해야 할
바이며 결코 소홀히 할 수 없으나 그 사정을 알고 보면 불쌍해져 죽이지
못하는 것이다.

【字義】除:덜 제. 없앨 제. 임명할 제. 致:이를 치. 다할 치. 情:뜻 정.
사정 정.

【語義】除盜之政(제도지정):도적을 없애는 정책. 得情則哀(득정즉애):
그 사정을 알고 나면 불쌍해짐.

【解說】왕증(王曾)이 낙양(洛陽) 수령으로 있을 때 흉년이 들었다. 그래
서 쌀을 넉넉히 가진 자가 있으면 굶주린 사람들이 작당을 하여 위
협하고 탈취해 갔다. 이웃 고을에서는 이런 경우 강도로 논죄 받아
죽임을 당하는 자들이 엄청나게 많았다. 그러나 왕증은 이들을 매질
하고 풀어 주었다. 멀고 가까운 고을의 수령들이 이 소문을 듣고는
본받아 실행하여 온전하게 살아난 자가 수천을 헤아렸다.
생각건대 왕증의 처사는 반드시 본받을 바는 못 된다. 도적을 퇴치
하는 것은 ≪주례≫ 대사도의 열두 가지 황정의 한 가지인데 그렇게

해서야 도적이 퇴치되겠는가. 다만 죽음만을 면하게 벌주어야 양민을 보호할 수 있을 것이다.

≪대명률(大明律)≫에서는 강도를 절도보다 그 죄를 중히 여겨 강도는 신분의 고하를 막론하고 무조건 극형에 처하라고 되어 있다. 그러나 내가 생각하기에 그렇게 선을 그어 처벌할 일도 아니다. 흉년에 강도질을 하는 것은 절도로는 큰 소득을 얻을 수 없어서 그렇게 하는 것이 아니다. 오히려 도둑질을 하는 자는 그 본성이 고약하여 풍년이 들었다고 그만두지 않으며 강화를 주어 선도하려 해도 그 본성을 쉽게 버리지 않는다.

그렇지만 흉년에 강도질을 한 자는 그 이듬해에는 양민이 된다. 그러므로 배고픔을 못 이겨 한때 강도를 저질렀다 하여 그들을 죽이는 것은 애석한 일이며, 그 사정을 알고 보면 딱하고 동정해 주어야 하는 경우가 많다. 그러므로 흉년의 강도는 섬으로 흩어 유배시켰다가 풍년을 기다려 풀어 주는 것이 좋을 것이다.

飢民放火者 宜亦嚴禁.

굶주린 백성으로서 불을 지르는 자는 마땅히 엄금해야 한다.

【語義】飢民(기민):굶주린 백성. 放火(방화):불을 지름.

【解說】나는 ≪다산필담≫에서 말했다.
"기사 · 갑술년의 기근에 굶주린 사람들이 타고난 선량함을 잃고 밥 한 그릇과 국 한 사발에 원한을 품어 섶을 안아다 이웃집에 불을 지르니 남당(南塘)의 사백여 호가 날마다 8, 9호씩 불에 타 열흘도 못 가서 폐허가 되었다. 바닷가 마을에서는 이런 우환이 더욱 심하였다. 그러니 법을 엄히 밝혀 방(榜)을 내걸어 그런 악습을 근절해야 할 것이다.”

≪대명률≫에서는 이렇게 규정하고 있다.

“방화하여 남의 집을 고의로 태우는 자는 장(杖) 일백 대에 도(徒) 3년이요, 방화하고서 재물을 도적질한 자는 참형(斬刑)에 처하며, 방화하여 남을 살상한 자는 고의로 살해한 자와 같은 죄로 다스린다. 또 방화하여 관의 공해(公廨)나 민가의 창고에 쌓아 둔 물건을 고의로 불사른 자는 모두 참형에 처한다.”

靡穀莫如酒醴 酒禁未可已也.

곡식을 소모함에는 술과 단술을 담그는 것이 으뜸이니 술 담기를 금하는 것은 그만둘 수 없는 것이다.

【字義】靡:죽 미. 소비할 미. 醴:단술 례.
【語義】靡穀(미곡):곡식을 소모함. 酒醴(주례):술과 감주. 酒禁(주금): 술 담그는 것을 금함. 未可已(미가이):그만둘 수 없음.

【解說】흉년 든 해에 술 담기를 금하는 것은 오늘날에도 옛날과 다름이 없다. 그러나 이교(吏校)들이 주금(酒禁)을 빙자하여 백성들을 침탈하니 술 담기는 금하지 못하고 백성들만 더욱 고통스럽게 된다. 또 탁주는 밥을 대신하여 배고픔을 덜어줄 수 있고 길을 가는 사람들에게 도움이 되니 반드시 엄금할 필요는 없다. 다만 읍내의 소주(燒酒)는 이교들이 난잡하게 술주정을 하게 하는 바탕이 되니 불가불 엄단

해야 할 것이다.

> 薄征已責 先王之法也 冬而收糧 春而收稅 及民庫雜徭
> 邸吏私債 悉從寬緩 不可催督.

　조세의 부담을 덜어 주고 채무를 탕감해 주는 것은 선왕들의 법이었
으니, 겨울에 환곡을 거두어들이고 봄철에 세금을 거두는 것과 민고(民
庫)의 잡스러운 요역과 저리(邸吏)들의 사사로운 빚은 너그러이 늦추어
주어야 하며 다그치고 독촉해서는 안 된다.

【字義】征:칠 정. 구실 정.　徭:부역 요.　邸:집 저. 관저 저. 이를 저.
　　悉:다 실.　催:재촉할 최.

【語義】薄征(박정):조세의 부담을 덜어 주는 것.　已責(이채):공적(公的)
　　인 채무를 탕감해 주는 것.　收糧(수량):양곡을 거두어들임.　雜徭(잡
　　요):여러 가지 잡스러운 요역.　私債(사채):사사로운 빚.　寬緩(관완):
　　너그러이 늦추어 줌.　催督(최독):다그치고 독촉함.

【解說】수령은 상강(霜降) 이후 날마다 절박한 사정을 알려 굶주리지 않
는 민호로 하여금 환곡을 속히 갚게 하여 진휼의 바탕을 마련하되,
백성들의 딱한 사정을 마음 깊이 느끼고 온후하게 타일러 감동시킨
다면 바칠 힘이 되는 자들로부터 10월 안으로 환수할 수 있을 것이
다. 그러나 도저히 바칠 형편이 못 되는 사람에게 아무리 추상 같은
질타를 가하고 날마다 매를 쳐 피를 흘리게 해도 아무 소용이 없다.
　민고(民庫)에서 징수하는 것은 모두 불법이다. 그 자체가 이미 불
법인 데다가 아전들이 또한 농간질을 하니 수령은 흉년이 들면 친히

장부를 들고 먼저 자기의 재량권에 속하는 것부터 감해 주고 나서 그 밖의 조례들 중 폐지할 수 있는 것은 폐지하고 상부에 자세히 논보(論報)하여 그 징수를 막도록 함이 좋다.

　노자(老子)는 "백성을 다스리는 것은 작은 생선을 삶는 것과 같다."고 했거니와 그것은 조금만 흔들려도 뭉개지고 흐트러지기 때문이다. 흉년이 든 해의 백성들은 더욱 동요되기 쉬운 것이다.

제6조 준사(竣事): 진황(賑荒) 정책(政策)의 끝마무리

賑事將畢 點檢始終 所犯罪過 一一省察.

진황의 정책을 마무리할 즈음해서는 (지금까지 펴 온 정책을) 시작부터 끝까지 점검하여 (자신이 저지른) 죄와 허물을 하나하나 돌이켜 살펴야 한다.

【字義】 將:장수 장. 장차 장.　畢:마칠 필.
【語義】 將畢(장필):끝마치려 함.　始終(시종):시작부터 끝까지.

【解說】 수령이 두려워해야 할 것이 세 가지 있으니 백성과 하늘과 자신의 양심이다. 뜻에는 진실하지 못한 것이 있으며 마음에는 바르지 못한 것이 있다. 상사(上司)를 속이고 국가를 속이며 구차하게 형벌을 피해 가며 자신의 이록(利祿)이나 꾀하면서도 스스로 천하의 제일가는 재주꾼인 양 생각하는 자들이 있다.

그런데 백성들은 터럭만한 속임이나 거짓도 모르는 것이 없으니 수령이 자신의 죄를 알고자 한다면 모름지기 백성들의 말에 귀를 열어 두어야 할 것이다. 상사는 속일 수 있고 임금은 속일 수 있으나 백성은 속일 수 없다. 하늘과 땅과 온갖 귀신들이 즐비하게 늘어서 환히 보고 있으니 하늘을 속일 수는 없다. 또 애써 태연한 척하고 상심하지 않은 척해도 하늘을 우러러 부끄럽고 땅을 굽어 보아도 부끄러우니 자신의 마음은 속일 수 없다. 이 세 가지에 속임이 없으면 수령으로서 진휼 정책을 펴는 데에 그 허물이 별로 없을 것이다.

내가 ≪다산필담≫에서도 언급했거니와 수령이 진황의 정사를 펼 때 범해서는 안 될 오도(五盜)와 오익(五匿:다섯 가지 숨기는 것)과 오득(五得)과 오실(五失)이 있는데 이것을 스스로 되살피면 단 하나라도 범하지 않을 수 있을 것이다.

오도(五盜)란 도희(盜餼:餼米를 도둑질하는 것) · 도대(盜貸:賑貸할 것을 도둑질하는 것) · 도구(盜口:상부에 餼口의 수를 속여 수령이 가로채는 것) · 도권(盜勸:勸分을 도둑질하는 것) · 도비(盜備:備資를 도둑질하는 것)를 말한다.

오익(五匿)이란 익사(匿死:상부에 죽은 사람의 숫자를 숨기는 것) · 익아(匿餓:굶주리는 백성의 수를 숨기는 것) · 익표(匿殍:굶어 죽은 사람의 수를 상부에 숨기는 것) · 익살(匿殺:굶주리는 백성에게 오히려 양곡을 내라고 매질하여 죽인 백성이 있음을 숨기는 것) · 익포(匿逋:아전들이 逋欠한 것을 수령이 상부에 숨기는 것)이다.

오득(五得)이란 득재(得財:五盜의 악행을 통해 훔쳐 낸 재물을 자기 고향집으로 실어 보내는 것) · 득지(得紙:공문서가 산더미처럼 쌓이도록 처리하지 않고는 그것을 벽지로 사용하는 것) · 득상(得賞:수령이 飢口를 거짓으로 늘리고 備資를 과장 보고하여 상을 받는 것) · 득방(得謗:수령의 농간과 비행에 대한 백성들의 원성이 길에 가득한 것) · 득죄어천(得罪於天:수령이 온갖 악행을 저지른 것에 대한 죄를 하늘로부터 받는 것)이다.

오실(五失)이란 실희(失餼:아전이 수령 눈을 속여 餼米를 훔쳐가니 수령은 희미를 잃는 것임) · 실죽(失粥:굶주린 백성들에게 먹일 죽을 아전 · 창노 · 진노 · 주방의 노비들이 먹으니 죽에 손실이 생김) · 실대(失貸:아전이 진대할 알곡을 빼내고 쭉정이와 겨를 채워 넣어 수령은 진대에 손실을 입게 됨) · 실인심(失人心:수령은 자신이

나 아전들의 부정으로 인해 민심을 잃게 됨)·실관직(失官職:이상의 죄를 크게 저지른 수령은 귀양 가고 가벼이 저지른 자는 관직을 박탈당함)이다.

수령은 조용한 밤에 스스로를 돌이켜 성찰하여 이상의 이십 가지 조목 중 단 하나라도 범한 것이 없어야 황정의 임무를 올바로 수행했다고 할 수 있다.

自備之穀 將報上司 自查情實 毋敢虛張.

(수령이) 스스로 비축한 곡식을 상사에게 보고할 때 몸소 그 실체의 사정을 조사하여 보고하되 헛되이 과장해서는 안 된다.

【字義】查:조사할 사. 張:베풀 장. 넓힐 장.
【語義】自備之穀(자비지곡):수령이 스스로 비축한 곡식. 自查(자사):몸소 조사함. 虛張(허장):헛되이 과장함.

【解說】수령에게 어찌 스스로 비축해 둔 곡식이 있겠는가. 진실로 자기 집의 양곡을 운반해 오거나 자기의 전답에서 난 곡식이 아니라면 모두가 그 고을에서 난 곡식이다. 자기의 봉급을 덜어서 곡식을 사들여 비축했다 해도 '자비곡(自備穀)'이라는 이름을 붙일 수 없는 것인데 항차 교묘한 방법으로 사들이고 함부로 가렴(加斂)하여 그것을 외람되이 '자비곡'이라 하며 임금을 속이니 어찌 큰 죄가 아니겠는가. 무릇 진곡을 지출할 때는 그 출처를 자세히 조사하여 진실로 '자비곡'이라는 명칭을 붙여도 부끄럽지 않아야 하며, 공문(公文)에 회보하더라도 몇 십 섬으로 해야지 과장해서는 안 된다.

善與不善 其功其罪 詳觀法令 斯可以自知矣.

잘한 일과 잘못한 일, 그 공(功)과 죄는 법령을 상세하게 관찰함으로써 (수령) 자신이 알 수 있게 되는 것이다.

【字義】 詳:자세할 상. 斯:이 사.
【語義】 詳觀(상관):상세하게 관찰함.

【解說】 ≪경국대전(經國大典)≫의 비황조(備荒條)에 이렇게 규정하고 있다.

"수령이 기민(飢民)을 진휼하는 일에 마음을 다하지 않아 굶어 죽는 사람들이 많은데도 이를 숨기고 보고하지 않는 자는 중죄로 논해야 한다."

또 ≪속대전≫에도 규정하고 있다.

"수령이 진황의 정책을 잘 펴서 그 도(道)에서 가장 훌륭한 공적을 세운 것에 대해서는 상을 내린다."

숙종 23년에 왕은 다음과 같이 하교하였다.

"옛날 문왕(文王)은 구덩이를 파서 주인 없는 유골을 장사지내 주도록 명을 내렸고, 문황(文皇:唐太宗)은 비단을 풀어서 전사한 군졸들의 유해를 거두게 하였다. 슬프도다! 이 수만의 굶어 죽은 귀신과 썩은 유골의 가혹한 재앙은 전쟁에서 죽은 그들보다도 더하구나. 측은한 마음이 절로 솟구치니 지방의 관리들에게 분명히 칙령을 내려 정성껏 묻어 주어 지극한 뜻에 부응토록 하라."

芒種之日 旣罷賑場 乃設罷賑之宴 不用妓樂.

망종(芒種) 날에 진장을 파하고 나서는 파진연을 베푸는데 이때 기생
과 풍류를 쓰지 않는다.

【字義】芒:까끄라기 망. 罷:마칠 파.
【語義】罷賑之宴(파진지연):진장(賑場)을 파하면서 베푸는 잔치. 妓樂
   (기악):기생과 풍류.

【解說】파진연(罷賑宴)이란 진황의 큰일을 끝내고 나서 그동안 수고한
   사람들을 위로하기 위해 베푸는 잔치이므로 경사롭고 기쁜 일이 아
   니니 한 잔의 술과 한 접시의 고기로 여러 사람의 노고를 풀어주면
   된다. 굶어 죽은 자가 일만이나 되어도 그 유해도 아직 묻어 주지 못
   하였고, 살아 있는 자들 중에도 병에 걸려 신음하고 있는 이들이 많
   으며, 주린 창자에 갑자기 보리밥을 잔뜩 먹어 죽어가는 자 또한 많
   으니 파진연은 결코 즐거운 잔치가 될 수는 없는 것이다.
   내가 보아 온 바로는 큰 흉년 끝에 관에서 파진연을 베풀면서 장구
   소리를 내고 노래를 부르면 백성들이 모두 탄식하고 눈물을 흘리며
   성난 눈으로 흘겨보지 않는 자가 없으니 기생과 춤과 노래와 악기는
   절대로 사용해서는 안 된다. 수령이 조금이라도 지각 있는 사람이라
   면 어찌 그런 짓을 하겠는가.

이날(파진연을 베푸는 날)에 (그동안의) 공적을 따져서 상을 주고, 그
이튿날 장부를 정리하여 상사에게 보고한다.

【字義】厥:그 궐. 簿:문서 부. 장부 부. 司:맡을 사. 벼슬 사.
【語義】論功行賞(논공행상):공적을 따져서 포상을 함. 厥明日(궐명일):
그 이튿날. 修簿(수부):장부를 정리함. 報司(보사):상사에게 보고
함.

【解說】진감(賑監)·진리(賑吏)와 외촌의 진감·향갑(鄕甲), 그리고 권
분할 때 이십 석 이상을 냈던 사람은 상·중·하족(下族)을 막론하고
모두 파진연에 초대해야 한다. 다만 깊은 시골의 풍속이 미개하고
문란하여 중족(中族)이 상족을 꺼려하고 하족이 중족을 꺼려하여 당
상(堂上)과 당하가 분쟁을 일으켜 환심을 잃게 될 우려가 있으니 파
진연을 베풀 때는 객사(客舍)의 뜰에 자리를 평평하게 만들고, 수령
으로부터 상하의 좌석을 구분치 말고 모두 한자리에 앉아 잔치를 하
면 아무런 시비도 없을 것이다.
　이날 포상하는 방법은 이렇다. 진감은 대체로 노인이므로 그들에
게는 부채나 신발을 상으로 주고, 감관 두 명에게는 무청(武廳)의 적
당한 직책을 준다. 또 외촌의 진감 십여 명에게는 부채나 빗·담뱃
대 등을 상으로 주며, 향갑 십여 명에게도 부채나 빗을 선물로 준다.
진리(賑吏) 2명에게는 각각 부채와 빗을 주고 내년에 좋은 자리에 차
임할 것을 약속한다.
　또 이백 석 이상의 권분을 협조한 사람에게는 부채 하나씩 주고 조

정의 상전(賞典)을 기다리게 한다.

　오십 석에서 백 석까지의 권분자에게는 각각 부채 하나씩 주고 조정의 상전을 기다리게 하되 조정에서 포상이 내려오지 않으면 그 고을에서 상을 주기도 하고 본인의 소원에 따라 향임(鄕任)이나 군임(軍任)을 준다.

　그리고 이십 석·삼십 석·사십 석 또는 십 석 이하의 권분을 낸 사람들에게도 그에 상응하는 포상을 하여 수령으로서 고마운 마음을 표해야 한다.

　파진연을 베푼 다음날 수령은 그동안 펴 온 황정(荒政) 내용을 일목요연하게 정리하여 상사에게 보고해야 하는데 이때 다음 사항들을 유념해야 한다. 즉 마감하는 문서를 작성할 때 수령은 자신의 공을 내세우지 않도록 해야 하며, 다른 사람들의 공적을 드러내어 상하(上下)의 듣는 사람으로 하여금 모두 수령의 도량에 감복하게 해야 한다. 좌우에서 정책을 돕는 사람들도 감동하고 기뻐할 것이다. 자비곡(自備穀)은 일천 석이 되더라도 절대 기록에 올려서는 안 되며, 권분곡은 불과 몇 석뿐이라도 결코 누락됨이 있어서는 안 된다.

> 大饑之餘　民之綿綴　如大病之餘　元氣未復　撫綏安集 不可忽也.

　큰 기근 후에는 백성들이 솜처럼 힘없이 늘어지는 것이 마치 중병을 앓고 난 후에 원기를 회복치 못한 (환자와 같으니), (수령은 그들을) 어루만져 편안하게 해 주는 일을 소홀히 해서는 안 된다.

【字義】饑:주릴 기. 흉년 기　餘:남을 여. 나머지 여.　綴:엮을 철.　撫:어

루만질 무. 綏:편안할 수. 集:모을 집. 편안히 할 집.

【語義】大饑之餘(대기지여):큰 가뭄이 든 후에는. 綿綴(면철):솜처럼 흐물흐물함. 撫綏(무수):어루만져 편안하게 함. 安集(안집):편안함.

【解說】 백성을 편안하게 해 주는 방법으로는 첫째가 양식을 보조해 주는 것이요, 둘째가 농사를 짓도록 소를 마련해 주는 것이요, 셋째가 조세를 감면해 주는 것이며, 넷째가 공적인 채무를 탕감해 주는 것이다.

수령은 때때로 마을과 들을 순행하면서 그 질병과 고통을 물어 원하는 것을 풀어 주고, 최선을 다해 그들의 어려운 사정을 들어 그 근본을 북돋아 주어야 하며, 동요하지 말고 아전들로 하여금 침학하지 못하게 하며 혹 다칠까 걱정해 주면 이것이 큰 병을 고쳐주는 방법이 된다.

또 유민(流民)을 편안히 정착해서 살게 해 주는 것은 어진 정책 중에서도 시급한 것이다. 근래에 보면 굶주림과 질병에서 채 회복도 되기 전에 관(官)에서는 밀린 조세를 추징하기에 급급하니 도망치던 자들은 더욱 멀리 달아나고 남은 자들마저도 뿔뿔이 흩어지면서 남쪽 백성들은 '풍년이 흉년만 못하고, 부유함이 가난함만 못하며, 사는 것이 죽느니만 못하다.'고 말들을 한다.

집과 마을이 한번 텅 비면 다시 채워질 수 없고, 논밭이 한번 황폐해지면 다시 일굴 수 없는 것이다. 그러니 얻는 것은 터럭만하고 잃는 것은 태산만하여 근본이 이미 무너져 버리니 나라가 장차 어디에 의지하겠는가. 그러므로 조정에서 걱정해야 할 바와 수령이 힘을 쏟아야 할 것은 백성들을 편안히 해 주는 것이 급선무다.

12. 해관육조(解官六條)

제1조 체대(遞代) : 수령(守令)의 교체(交遞)

> 官必有遞 遞而不驚 失而不戀 民斯敬之矣.

벼슬자리에는 반드시 체임(遞任)이 있게 마련이니 체임되더라도 놀라지 않고 벼슬을 잃더라도 연연(戀戀)하지 않으면 백성들은 이를 존경할 것이다.

【字義】遞:갈릴 체. 戀:그리워할 련. 아쉬워할 련.
【語義】遞(체):갈림. 교체됨. 失而不戀(실이불연):관직을 잃더라도 연연하지 않음.

【解說】체대(遞代)의 명목으로는 크게 네 가지를 들 수 있다. 첫째, 수령의 임기가 끝나거나 승진되어 물러나는 것을 순체(順遞)라 하며 둘째, 영전도 좌천도 아니면서 자의 또는 타의에 의해 임기 도중 그만두게 되는 것을 경체(徑遞)라 하며 셋째, 죄를 지어 파직당하는 것을 죄체(罪遞)라 하며 넷째, 신병(身病) 등의 불행을 당하여 체임되는 것이 그것이다.
　속담에 '벼슬살이는 머슴살이'라 했거니와 이는 아침에 등용되었다가 저녁에 파출(罷黜)당하는 일도 있어 벼슬살이의 덧없음을 빗대어 한 말이다. 그런데 수령들 중 천박한 자들은 관아를 자기 집으로 알아 오래 누리려 하다가 하루아침에 상사(上司)가 격문(檄文)을 날

리거나 저가(邸家)에서 통고문을 보내오면 갑자기 놀라고 당황하여
어찌할 바를 모르며 마치 큰 보물이라도 잃은 것처럼 낙심하니, 처
자식들은 서로 돌아보며 눈물 흘리고 아전과 노복들은 몰래 상전을
훔쳐보며 비웃으니 이렇게 되면 관직 말고도 잃는 것이 더 많게 된
다. 이 어찌 딱한 노릇이 아니겠는가.

그러므로 옛날의 현명한 수령들은 관아를 잠시 머물고 가는 여관
쯤으로 여겨, 날이 새면 일찍 떠날 듯이 장부와 문서를 깨끗이 해 두
고 행장을 꾸려 두어 늘 가을철 송골매가 나뭇가지에 앉아 있다가
훌쩍 날아갈 듯이 했으며, 한 점의 속된 애착도 마음에 두지 않아 체
대의 공문이 당도하면 즉시 떠나며 넓은 도량으로써 벼슬자리에 연
연하지 않았으니 이것이 곧 청빈한 선비의 취할 태도인 것이다.

송대(宋代)의 왕환지(王渙之)는 벼슬살이 나아가는 자들을 일깨워
이렇게 말했다.

"수레를 탈 때는 늘 전복되어 떨어질 것이라는 자세로 대처하고,
배를 탈 때는 늘 전복되어 물에 빠지리라는 자세로 대처하며, 벼슬
에 나아갈 때는 늘 불우함이 닥치리라는 자세로써 임하라."

棄官如蹝 古之義也 旣遞而悲 不亦羞乎.

벼슬을 헌신짝처럼 버리는 것은 옛사람들의 의기(義氣)였으니 이미
체임을 당하여 슬퍼함은 또한 수치가 아닌가.

【字義】蹝 : 천천히 걸을 사. 짚신 사.   羞 : 부끄러울 수.
【語義】棄官如蹝(기관여사) : 벼슬을 헌신짝같이 버림.   遞而悲(체이비) :
체임을 당하여 슬퍼함.

【解說】 도연명(陶淵明)이 팽택(彭澤) 현령이 되었는데 군수가 독우(督郵:晉代의 郡守 보좌관. 현을 순찰하며 현령의 성적을 조사함)를 파견하여 팽택에 당도하자 아전이, "의관 속대를 갖추시고 맞으십시오." 했다. 그러자 도연명은, "나는 닷 말 쌀을 받자고 시골의 젊은 애에게 허리를 굽힐 수는 없다."고 탄식하며 인수(印綬)를 풀어 던지고는 떠나면서 〈귀거래사(歸去來辭)〉를 읊었다.

세종(世宗) 임금 때 설위(薛緯)가 만경(萬頃:전라북도 김제군에 있던 현)의 현령이 되었는데 그는 사람됨이 청렴하고 성실했다. 그런데 감사의 오해로 인하여 꾸짖음과 모욕을 당하자 홀(笏)을 내던지고 떠나면서 이런 시를 남겼다.

'몇 해를 강군(江郡)에서 홀로 거문고를 탔으니

내 뜻이 높은 산, 깊은 물에 있기 때문이었다.

이제 세상에서 종자기(種子期:楚나라 사람으로 伯牙의 거문고 소리만 들어도 그의 심사를 꿰뚫어 알았다)의 귀를 만나기 어려우니

현(絃) 속의 백아(伯牙:초나라 사람으로 거문고의 名人)의 마음을 누구라서 알아 줄 것인가.'

治簿有素 明日遂行 淸士之風也 勘簿廉明 俾無後患 智士之行也.

평소에 장부를 잘 정리해 놓아 내일이라도 곧 떠날 수 있게 함은 청렴한 선비의 기풍이며, 장부를 청렴하고 명백하게 마감하여 후환이 없게 함은 슬기로운 선비의 행동이다.

【字義】 勘:헤아릴 감. 견딜 감. 廉:청렴할 렴. 俾:더할 비. 하여금 비.

【語義】治簿有素(치부유소):평소에 장부를 잘 정리해 놓음. 勘簿廉明
(감부염명):장부를 청렴하고 분명하게 마감함.

【解說】수령이 평소에 관아를 여관처럼 생각하여 월말마다 장부를 정리
하고 스스로 마감하여, 빚지고 포흠질한 것이 없고 문란하고 뒤섞인
것이 없으면 느닷없이 체보(遞報)를 받더라도 그 달의 장부만 정리하
면 되므로 불과 몇 십 분이면 끝낼 수 있을 것이니 장부를 마감하기
가 아주 쉬울 것이다.
    폄체(貶遞:考課에서 中等이나 下等을 받아 자리를 물러나는 것)나
봉체(封遞:암행어사가 관아의 창고를 밀봉하고 수령을 파직시켜 쫓
아냄)를 당한 사람을 보면 머리를 떨어뜨리고 기력을 잃어 얼굴에 핏
기가 없고, 비를 맞아 축 늘어진 용기(龍旗) 같고, 인형극이 끝나 막
을 내린 후의 꼭두각시 같아, 이청(吏廳)에 기거하며 기공(寄公) 노릇
도 달갑게 하며 부모와 처자들은 노청(奴廳)에 나가 마치 포로 신세
처럼 된다. 한편에서는 밀린 장부를 정리하고 다른 한편에서는 떠날
채비를 하느라고 부산스럽고 요란하여 만사가 어지럽게 뒤엉킨다.
    채번옹(蔡樊翁)이 나의 선친(先親:晋州의 牧使를 지낸 丁載遠)의
묘비명을 쓰면서 다음과 같이 기록했다.
    '군(君)이 진주에서 병으로 누웠는데 좌우에 의지할 만한 사람이
없었다. 세 아들이 분곡하여 — 若鉉 · 若銓 · 若鍾 · 若鏞의 네 아들
중 세 명만 부친의 임종을 지켜본 것 같다. — 하는 수 없이 내가 각
아전들의 문부(文簿)를 검토해 보니 뒤죽박죽이고 두서가 없어 어찌
해야 좋을지 난감했다.
    그러던 중 마침 베갯머리에 있는 작은 상자에서 정공(丁公)이 손수
기록한 종이 한 장을 각방(各房:吏房 · 戶房 · 禮房 · 兵房 · 刑房 · 工

房)의 포흠과 잉여가 낱낱이 조목조목 적혀 있었다. 그 종이에 적힌 내용과 아전들이 보관한 장부들을 대조하여 각기 보완토록 명령하고, 그대로 시행하게 하니 남고 부족함이 하나도 없었다. 정공(丁公)은 벼슬살이를 함에 있어 그 규모를 끝까지 신중하고 치밀하게 하는 것이 이와 같았다.'

> 父老相送 飮餞于郊 如嬰失母 情見于辭 亦人世之至榮也.

부로들이 수령을 떠나보내며 교외에서 술잔치를 베풀어 작별을 고하면서, 갓난아기가 어미를 잃는 것처럼 하고 그 정(情)이 말에 배어 나오면 이 또한 인간 세상의 지극한 영광인 것이다.

【字義】餞:보낼 전. 郊:들 교. 근교 교.
【語義】父老(부로):고을의 나이 지긋하신 어른들. 飮餞(음전):술잔치를 베풀어 작별함. 嬰(영):갓난아이. 情見于辭(정견우사):정이 말에 배어 나타남.

【解說】나의 벗 한익상(韓益相)은 가난한 선비이다. 벼슬살이로 이리저리 객지를 떠돌기 수십 년에 갖은 고생을 다했다. 느지막하게 경성판관(鏡城判官)이 되자 벗들은 그가 이제라도 좀 살림이 윤택해지기를 바랐다. 그러나 경성부에 부임해서도 여전히 청렴결백한 데다가 녹봉으로 받은 돈 오륙만 전을 모두 풀어 굶주린 백성들을 진휼하고 요역을 덜어 주었다.
    그 후 사소한 일로 그가 파직당하여 돌아올 때 오천여 호의 부로

(父老)들이 교외까지 나와 전송했으며, 각 호에서 베 한 필씩 거두어 노자에 보태라고 주었으나 사양하고 받지 않았다. 집에 돌아와 보니 아궁이에 불을 넣은 지 사흘이나 되었건만 끝내 후회하는 기색이 없었다.

歸路遭頑 受其叱罵 惡聲遠播 此人世之至辱也.

돌아가는 길에 완악한 자를 만나 질책과 꾸짖음을 받고 고약한 소문이 멀리까지 퍼져 나아가는 것은 인간 세상의 지극한 치욕이다.

【字義】遭:만날 구. 頑:완고할 완. 악할 완. 叱:꾸짖을 질. 罵:꾸짖을 매. 播:뿌릴 파. 퍼뜨릴 파.

【語義】遭頑(구완):완악한 자와 마주침. 叱罵(질매):질책과 꾸짖음.

【解說】≪북사(北史)≫(唐의 李延壽가 지은 北朝 242년간의 역사책)에 이렇게 기록되어 있다.

"청주(靑州)의 풍속이 천박하고 악하여 태수가 부임하여 경내(境內)에 들어오면 그곳 백성들은 벽돌을 품고 머리를 조아려 그 뜻을 관찰하다가 임기가 끝나 돌아갈 때는 벽돌을 꺼내어 치니 그 인정의 향배가 손바닥을 뒤집기보다 빠르다. 그러므로 장안(長安)의 민요에 '옥 안에 죄수가 없으면 사내(舍內)에 청주인(靑州人)이 없는 것이다.'라는 가사가 들어 있다. 이연실(李延實)이 청주의 태수로 부임하자 임금께서도 '벽돌을 품는 풍속이니 마음을 잘 쓰도록 하라.'고 당부할 정도였다."

제2조 귀장(歸裝):체임(遞任)되어 돌아가는 수령의 행장(行裝)

清士歸裝 脫然瀟灑 敝車羸馬 其清飇襲人.

청렴한 선비의 돌아가는 행장은 모든 것을 벗어 던져 초연하고, 그 기품이 맑고 깨끗하며, 낡아서 해진 수레에 파리한 말을 탔어도 그 청고(淸高)한 기품은 사람들의 마음을 감동하게 한다.

【字義】瀟:강 이름 소. 맑을 소. 灑:뿌릴 쇄. 깨끗할 쇄. 敝:해질 폐.
羸:파리할 리. 飇:폭풍 표. 襲:엄습할 습. 덮을 습.
【語義】歸裝(귀장):돌아가는 행장. 脫然(탈연):훌훌 벗어 던지고 초연함. 瀟灑(소쇄):기운이 맑고 깨끗함. 敝車(폐거):낡아 해진 수레.
羸馬(이마):파리한 말. 淸飇(청표):맑고 힘찬 기품. 襲人(습인):사람들의 마음을 파고듦. 즉 감동하게 함.

【解說】고려 시대에 유석(庾碩)은 안동 부사(安東副使)로 있으면서 많은 선정을 베풀었다. 그런데 최이(崔怡)와 송국첨(宋國瞻)의 모함을 입어 암타도(巖墮島)로 유배를 가게 되었다. 그가 떠나려 하자 노인이고 어린애고 모두 나와 길을 막고 통곡을 하면서,
"하늘이여, 우리 사또께 무슨 죄가 있나이까. 사또께서 떠나 버리시면 우리는 어찌 살아가오리까."
하며 붙들고 늘어져 떠나지 못하게 하였다. 그러자 유석을 압송해 가기 위해 온 별초(別抄)가 그들을 꾸짖고 고함을 쳐서야 길이 열렸다. 그의 부인이 자녀들을 데리고 돌아가는데 사사로이 준비한 말이

세 필뿐이라 걸어서 가는 사람도 있었다. 고을 사람들이 하루만 더 묵기를 간청했으나 듣지 않았으며 말과 종자(從者)를 내 주어 호송하려 했으나 부인은,

"남편이 죄를 입어 귀양을 가면 우리도 모두 죄인인데 어찌 인마 (人馬)를 번거롭게 할 수 있겠소."

하며 굳이 사양했다. 고을 사람들이 간곡히 청했으나 끝내 받아들이지 않자 사람들은 감탄하여 말했다.

"과연 우리 사또의 배필이시다."

笥籠無新造之器 珠帛無土産之物 淸士之裝也.

옷상자와 장롱은 새로 만든 것이 없어야 하며, 주옥과 포백은 (다스린 고을의) 토산물이 없어야 청렴한 선비의 행장이라 할 수 있다.

【字義】 笥:상자 사. 籠:대바구니 롱. 帛:비단 백.
【語義】 笥籠(사롱):옷상자와 장롱. 珠帛(주백):주옥과 포백.

【解說】 성종(成宗) 때의 문관 이약동(李約東)이 일찍이 제주(濟州) 목사로 있다가 돌아올 때 가죽 채찍 하나만을 가지고 가려 하다가 '이것 역시 제주의 물건이 아닌가.' 하고는 관아의 문루(門樓)에 걸어 두고 왔다. 제주도 사람들이 그것을 보물처럼 간직했다가 새 목사가 부임해 올 때마다 그 자리에 내어 걸었다. 세월이 오래 되어 그 채찍이 낡아 버리자 고을 사람들은 이약동이 처음 그 채찍을 걸었던 자리에 그의 치적을 그림으로 그려 걸어서 그에 대한 사모의 마음을 전했다.

이약동이 바다를 건너는데 배가 바다 한가운데에 이르자 갑자기 배가 기울면서 위태롭게 되었다. 그러자 그는,

"나의 행장에 떳떳치 못한 물건이라고는 단 하나도 없는데 막객(幕客) 중에 나를 속이고 욕되게 함을 신(神)께서 깨우쳐 주시기 위함이로다. 너희는 한 치의 속임도 없이 밝히도록 하라."

하고 다그쳤다. 그러자 배가 떠나기에 앞서 이약동이 유장(儒將)으로 천거되었음을 제주의 군교들이 알고는 갑옷 한 벌을 싸서 몰래 수행원들에게 주며 바다를 다 건넌 후에 공께 아뢰라 하였음을 이실직고하면서 이공(李公) 앞에 갑옷을 내놓았다. 그가 갑옷을 바다에 던지자 이내 파도가 자고 배가 움직였다. 그래서 그 자리를 투갑연(投甲淵)이라 이르는 것이다.

> 若夫投淵擲火 暴殄天物 以自鳴其廉潔者 斯又不合於天理也.

대저 물에 던져 버리고 불에 던져 넣는 행위는 천물(天物)을 함부로 없애 버림으로써 스스로 청렴결백하다는 것을 떠벌이는 것이니 이 또한 천리(天理)에 부합하지 않는다.

【字義】若:같을 약. 만약 약.　擲:던질 척.　暴:사나울 폭(포)　殄:다할 진. 멸할 진.　鳴:울 명.

【語義】投淵擲火(투연척화):물에 던져 버리고 불에 집어 던짐.　暴殄(폭진):함부로 없애 버림.　自鳴(자명):스스로 떠벌임.

【解說】송(宋)나라의 공기(孔覬)가 벼슬살이를 하는데 두 아우가 동쪽의

고향으로 돌아가려 할 때 비단·종이·돗자리 등의 짐이 배로 십여 척이나 되었다. 공기가 명하여 그것들을 모두 해안에 모아 놓고 불 지르게 하고는 이렇게 말했다.

"너희가 외람되이 선비 축에 끼는데 어찌 장사치가 되어 고향으로 돌아가겠는가."

이견(李沔)이 영남의 절도사로 있다가 임무를 마치고 돌아갈 때, 석문(石門)에 이르러 배를 멈추고 가인(家人)들이 가지고 오는 물소 뿔과 상아 등을 모두 뒤져서 강물에 던져 버리고 떠났다.

살피건대 ≪예기(禮記)≫에 '재화는 땅에 버려지는 것을 싫어하니 혼자서 깊숙이 간직해 두어서도 안 된다.'고 했거니와 공기(孔覬)와 이견(李沔)은 어찌 그 물건들을 강가의 가난한 백성들에게 나누어 주지 않았던가. 떳떳한 물건이 아니어서 수령이 가지고 떠나기 부끄럽다면 물이나 불 속에 던져 버리느니 가난한 백성들에게 베푸는 것이 또한 덕인의 소행이 아니겠는가.

歸而無物 淸素如昔 上也 設爲方便 以贍宗族 次也.

(수령이 집으로) 돌아올 때 재물이 없어 가난하기가 예전과 같으면 최상이요, 방편을 마련하여 종족(宗族)을 넉넉하게 해 주는 것은 차상(次上)이다.

【字義】昔:예 석. 어제 석. 贍:넉넉할 섬.

【語義】歸而無物(귀이무물):집으로 돌아온 후에도 재물이 없음. 淸素 (청소):청빈하고 텅 빔. 즉 가난함. 如昔(여석):예와 같음. 벼슬살이 떠나기 전과 같음. 設爲(설위):마련함. 세움. 贍(섬):도와 줌. 넉넉

하게 해 줌.

【解說】정선(鄭瑄)은 다음과 같이 말했다.

"자기의 재물을 풀어 천하의 백성에게 베푸는 것을 사업(事業)이
라 하며, 재물을 풀어 자기 일가 사람들에게 베푸는 것을 산업(産業)
이라 하며, 천하의 백성들에게 해를 입혀서 자기 일가 사람들을 이
롭게 하는 것을 원업(寃業)이라 하거니와, 산업으로써 사업을 행하
면 사람들이 원망하고, 산업으로써 원업을 행하면 하늘이 죽인다."

그는 또 이렇게 말하고 있다.

"불의의 재물을 많이 얻어 남에게 원망 들을 빚을 자손에게 갚게
하는 것은 복이 아니다. 종묘와 사당을 세우고 종족을 넉넉하게 해
주고 가난한 친척을 구휼하는 것은 진실로 아름다운 일이기는 하나
성급하게 모두를 좋게 하려는 마음이 있으면 반드시 심한 패행(悖行)
이 따르게 마련이니, 어찌 덕을 쌓고 상서로운 치정(治政)을 행하여
벼슬을 오래 함으로써 부유함을 오래 누리는 것만 하겠는가."

제3조 원류(願留):백성들이 수령의 유임(留任)을 청원(請願)함

> 惜去之切 遮道願留 流輝史册 以照後世 非聲貌之所能
> 爲也.

　(수령이) 돌아가는 것을 애석해 하는 마음이 절실하여 (백성들이) 길을 막고 유임하기를 바라는 것은 그 빛나는 업적을 역사의 기록에 흐르게 함으로써 후세를 밝히는 것이니 이는 말과 표정만으로 할 수 있는 일이 아니다.

【字義】惜:아낄 석. 아쉬워할 석.　切:끊을 절. 간절할 절.　遮:가릴 차.
　　輝:빛날 휘.　貌:모양 모.
【語義】惜去之切(석거지절):가는 것을 애석해하는 마음이 절실함.　遮道
　　(차도):길을 막음.　願留(원류):백성들이 수령의 유임을 원함.　流輝
　　(유휘):빛나는 업적을 흘러들게 함.　史册(사책):역사의 기록.　聲貌
　　(성모):음성과 외모. 즉 말과 표정.

【解說】당(唐)나라 때 이원굉(李元紘)이 윤주(潤州)를 다스리면서 은혜
　　로써 정사를 폈는데 체임되어 떠나려 하자 아전들과 백성들이 길을
　　막고 만류했으며 까마귀와 까치들까지 떼를 지어 날아와 수레의 행
　　차를 둘러싸 막았다.
　　　유정원(柳正源)이 자인(慈仁) 현감으로 있을 때의 일이다. 휴가를
　　얻어 돌아갈 채비를 하면서 벼슬을 버릴 생각을 하였다. 이에 고을
　　사람들이 눈치를 채고는 아문(衙門)을 지키며 사흘 밤낮을 돌아가지

않았다. 그러자 그는 처자 권속들을 관아에 남겨 놓고 떠나면서 고을 백성들에게 다시 돌아올 뜻을 보였다. 그리고는 고향에 돌아가 감사에게 세 차례나 사직서를 올렸으나 감사는,

"백성들이 마음의 갈피를 잡지 못하는 것이 마치 자애로운 어머니를 잃은 것 같으니 공(公)을 버려 사(私)를 취함은 옳지 않은 듯하오."

하면서 허락하지 않자 하는 수 없이 귀임하니 고을 사람들 모두 교외에까지 나와 환영하였다.

奔赴闕下 乞其借留 因而許之 以順民情 此古勸善之大柄也.

(백성들이) 대궐 아래로 급히 달려와 (자기 고을 수령의) 유임을 허락해 줄 것을 애걸하면 그것을 받아들여 허락함으로써 백성들의 뜻에 따르는 것, 이것이 예부터 권선(勸善)의 큰 방편이다.

【字義】奔:달릴 분. 급히 갈 분. 赴:다다를 부. 갈 부. 借:빌릴 차. 기댈 차. 柄:자루 병. 권세 병.

【語義】奔赴(분부):급히 달려감. 借留(차류):유임을 허락함. 大柄(대병):'柄'은 '칼자루·권세'를 뜻하니 '大柄'은 '큰 방편'이란 뜻.

【解說】후한(後漢) 때 구순(寇恂)이 영천(潁川)의 태수로 있다가 조정으로 불려가 집금오(執金吾)가 되기 위해 임금을 따라 떠나려 하는데 백성들이 길을 막고 1년만 더 유임시켜 주기를 간곡히 애원하자 임금이 이를 허락하였다.

당나라 선종(宣宗) 때 이군석(李君奭)이 예천령(醴泉令)이 되어 정사를 펴니 인화(人和)를 이루었다. 임금이 성 서쪽에서 사냥을 하다가 점점 위수(渭水) 쪽으로 들어갔다. 마침 부로(父老) 수십 명이 그곳의 불당에서 재를 올리고 있었는데 임금이 그것을 보고 연유를 물었다. 그러자 부로들은 "예천 현령께서 어진 정사를 폈는데 임기가 찼으므로 체대되지 않게 해 주십사고 부처님께 재를 올리고 있습니다."라고 대답했다.

임금이 아무 말도 않고 궁으로 돌아와 병풍에 '이군석'이라고 크게 써 놓았다. 후에 중서(中書)에서 두 차례나 예천 현령의 후보 명단을 올렸으나 임금은 두 번 다 지워 버렸다. 1년 후에 회주(懷州)의 자사가 궐원(闕員)이 되어 사람 쓰기를 청하자 임금께서는 친필로 '예천 현령 이군석이 적임자이다.'라고 썼다. 중간에 아무도 예측하지 못한 일이었으나 후에야 이 사실이 밝혀졌다.

> 聲名所達 或鄰郡乞借 或二邑相爭 此賢牧之光價也.

명성이 사방으로 퍼져 나가 혹 이웃 군(郡)에서 (그 수령을) 빌기를 애걸하거나 두 읍(邑)이 서로 모셔 가려고 다툰다면 이것은 어진 수령의 빛나는 가치인 것이다.

【字義】 聲:소리 성. 명예 성. 所:바 소. 곳 소.

【語義】 聲名(성명):명성. 所達(소달):사방으로 퍼져 나감. 乞借(걸차): 빌려 달라고 애걸함.

【解說】 송(宋)나라의 두연(杜衍)이 건주(乾州)의 수령으로 있었는데 1년

도 안 가서 안무사(安撫使)가 그의 치적을 높이 평가하여 그로 하여
금 봉상부(鳳翔府)를 맡게 하였다. 그러자 두 고을의 백성들이 고을
의 경계에서 다투었는데 한쪽 백성들은 "이분은 우리의 수령이신데
왜 너희가 빼앗으려 하느냐."고 주장했고, 다른 한쪽에서는 "이제는
우리의 수령이신데 너희가 왜 상관하느냐."고 버티었다.

이정악(李挺岳)이 서산(瑞山)의 군수로 있을 때 현종(顯宗) 임금이
해마다 온천에 행차하셨는데 모든 것을 간소하게 하라는 명령이 있
기는 했으나 그래도 여러 고을의 노역과 비용이 적지 않았다. 그런
데 이공(李公)이 소신껏 일을 잘 처리하여 임금의 행차가 가까이 오
도록 아전과 백성들은 알지 못했다. 마침내 조정에서 공(公)에게 파
주(坡州) 목사를 제수하자 서산 사람들은 자애로운 어머니를 잃은 듯
서로 모여 억울함을 호소하기를 "어찌하여 이곳에서 빼앗아 저곳에
주는가." 하였다.

或久任以相安 或旣老而勉留 唯民是循 不爲法拘 治世
之事也.

오래 재임(在任)하여 서로 편안하거나 이미 늙었는데도 애써 유임시
켜, 오직 백성들의 뜻에 따르고 법에 구애되지 않는 것이 훌륭한 치세법
(治世法)인 것이다.

【字義】 勉:힘쓸 면. 循:돌 순. 좇을 순.
【語義】 久任(구임):그 자리에 오래 머물음. 수령의 재임(在任) 기간이 긴
   것. 勉留(면류):애써 유임시킴. 民是循(민시순):백성의 뜻에 따름.

【解說】살피건대 당(唐)·우(虞)의 제도에서는 관리를 9년에 세 차례 고과(考課)하여 내치거나 진급시키거나 하였는데 한(漢)나라 이후로는 6년을 기한으로 삼아 역대의 여러 나라가 이를 따랐다. 우리나라 군현의 관리 또한 6년을 만기로 정해 놓고, 품등(品等)이 높은 자에 대해서는 3년을 만기로 했으며, 사신에 대해서는 2년을 만기로 했다. 그런데 명(明)나라 제도에서는 주현(州縣)의 관리들을 대부분 9년 만기로 했으니 이는 참으로 그 자리에 적합한 인물을 고르고 법을 세워 백성을 편안하게 하는 훌륭한 방법인 것이다.

살피건대 수령의 나이 제한이 당하관(堂下官)은 육십사 세요, 당상관(堂上官)은 육십칠 세인데 이는 대체로 칠십 세 이전에 6년·3년의 임기를 마치게 하기 위함이다. 그렇지만 사람의 정력이 서로 다르니 진정으로 명성과 치적이 뛰어난 사람이 있다면 상신(相臣)과 전신(銓臣)이 특별히 주청하여 차임해 보내는 것도 좋을 것이다.

因民愛慕 以其聲績 得再莅斯邦 亦史冊之光也.

백성들이 (수령을) 애모하고, 수령이 그 명성과 치적으로 한 고을에 다시 임용되는 것 또한 역사의 기록에 남을 영광이다.

【字義】慕:그릴 모. 績:길쌈할 적. 공적 적. 莅:다다를 리. 지위 리. 斯:이 사.

【語義】聲績(성적):명성과 치적. 再莅(재이):다시 임용됨. 斯邦(사방): 이 고을. 즉 한 고을. 史冊之光(사책지광):역사의 기록에 남는 영광.

【解說】역사를 돌이켜보면 한(漢)나라 때 황패(黃覇)는 두 차례에 걸쳐

영천(潁川) 태수가 되었으며, 위상(魏相)은 두 차례 하남(河南)을 맡아 다스렸고, 구순(寇恂)은 두 차례 하내(河內)를 맡았다. 또 진번(陳蕃)은 낙안(樂安)을, 도간(陶侃)은 형주(荊州)를, 곽급(郭伋)은 병주(幷州)를 각기 두 차례에 걸쳐 맡아 다스렸다. 이는 백성들의 간절한 호소나 수령 자신의 훌륭한 명성과 치적으로 재임된 경우들이거니와 이들은 한 고을을 어루만져 편안하게 해 주었던 것이다.

其遭喪而歸者 猶有因民不舍 或起復而還任 或喪畢而
復除.

상을 당하여 돌아간 자가 백성들이 놓아 주지 않음으로 해서 부모의 상중에 다시 벼슬자리로 되돌아오기도 하며, 탈상(脫喪) 후에 다시 제수되기도 한다.

【字義】遭:만날 조. 당할 조. 舍:집 사. 버릴 사. 畢:마칠 필. 除:덜 제. 없앨 제. 임명할 제.
【語義】遭喪(조상):상(喪)을 당함. 不舍(불사):놓아 주지 않음. 起復(기복):부모의 상중(喪中)에 벼슬길에 나아감. 復除(부제):다시 제수함.

【解說】명(明)나라 때 항충(項忠)이 섬서성(陝西省)의 안찰사가 되었는데 마침 그 지방에 기근이 들자 그는 상주(上奏)한 것에 대한 회보(回報)도 기다릴 새 없이 곧 창고를 열어 진휼하니 백성들이 그의 은혜에 크게 감복하였다. 그가 계모의 상을 당했다는 소문을 들은 백성들은 대궐에 몰려가 그의 유임을 애걸하였다. 조정에서는 그에게 조서를 내려, 상복을 입지 말고 다시 섬서성으로 되돌아가게 하였

다. 그 이듬해에 항충은 다시 조정으로 불려가 대리경(大理卿)이 되었는데 섬서의 백성들이 다시 대궐 앞에 꿇어 앉아 그를 되돌려 주기를 간하니 천자께서 이를 허락하였는데 군졸들과 백성들은 항충이 돌아옴을 기뻐하여 향을 피워 영접했다.

　명(明)나라 때 유백길(劉伯吉)이 탕산현(碭山縣)을 맡아 다스리다가 친상(親喪)을 당하여 돌아갔다. 탈상을 하자 탕산의 백성들이 대궐 아래에서 기다리고 있다가 그를 자기네 고을로 재임시켜 줄 것을 간하였다. 그러자 이부(吏部)에서 임금께, '신임 수령이 이미 탕산에 부임한 지 2년이나 되었습니다.'고 아뢰자 임금께서 '신임자가 전임자보다 낫다면 구관(舊官)을 다시 생각지 않을 것인즉 그가 떠난 지 오래인데도 백성들이 아직도 그를 생각하고 있으니 신임자보다 나음을 알겠도다.' 하고는 유백길을 다시 탕산으로 보냈다.

陰與吏謀 誘動奸民 使之詣闕而乞留者 欺君罔上 厥罪甚大.

남몰래 아전들과 모의하고 간교한 백성들을 꾀어 충동질하여 대궐로 나아가 [자기의] 유임을 애걸하게 만드는 것은 임금을 속이고 윗사람을 속이는 것으로 그 죄가 대단히 크다.

【字義】陰:그늘 음. 몰래 음.　詣:이를 예. 나아갈 예.　欺:속일 기.　罔:그물 망. 속일 망.

【語義】陰與吏謀(음여리모):남몰래 아전과 모의함.　誘動(유동):꾀어서 충동질함.　詣闕(예궐):대궐로 나아감.　罔上(망상):윗사람을 속임.

【解說】 명(明)나라 때 유적(劉迪)이 영령(永寧)의 세과대사(稅課大使)로 있었는데 임기가 다 되자 양을 잡고 술을 걸러 고을의 노인들을 초대하여 잔치를 베풀면서, 대궐에 나아가 자기의 유임을 빌어 달라고 부탁하였다. 백성들이 그의 청에 따라 대궐에 나아가 그를 유임시켜 줄 것을 빌었으나 그 사실이 발각되어 선종(宣宗)이 노하여 그를 하옥시켰다.

왕취(王聚) 역시 유적과 동시대의 사람으로 한중(漢中)의 동지(同知)로 있을 때 아전들을 부추겨 자기의 유임을 상주해 줄 것을 청했다. 지부(知府)에서 이 사실을 조정에 아뢰자 선종(宣宗)이 노하여 아전들과 더불어 죄주었다.

≪명사(明史)≫의 〈순리전(循吏傳)〉편을 보면 '선종(宣宗) 때 순리(循吏)와 양리(良吏)를 가장 중히 여겼는데 이부상서(吏部尚書) 건의(蹇義)가 수령을 고르는 일에 더욱 신중하여 고과(考課)할 때 밝고 세밀해서 마욱(馬旭)·양신지(楊信之) 등 십여 명이 모두 최고 임기인 9년을 채우고도 백성들이 유임을 빌자 품계를 높여서까지 유임시켜 주었다.

이러한 기풍이 영종(英宗) 때까지 미쳐 관리의 다스림이 순후(淳厚)해서 고을 백성들이 유임을 주청하면 대개 허락해 주었다. 그런데 그 사이에 간계를 부린 자들이 없었던 것도 아니니 앞에서 말한 유적·왕취 같은 자들이 이에 속한다.

제4조 걸유(乞宥):백성들이 수령의 죄의 용서를 비는 것

> 文法所坐 黎民哀之 相率籲天 冀宥其罪者 前古之善
> 俗也.

　(수령이) 법조문에 저촉되어 죄를 입으니 많은 백성들이 슬퍼하여 서로 이끌어 임금께 호소하여 그 죄를 용서해 주기를 바라는 것은 옛날의 좋은 풍속이었다.

【字義】坐:앉을 좌. 자리 좌. 죄 입을 좌. 黎:검을 여. 많을 여. 率:거느
　　릴 솔. 비율 률　籲:부를 유. 부르짖을 유. 구할 유. 冀:바랄 기. 宥:
　　너그러울 유. 용서할 유.

【語義】文法(문법):글로 기록한 법. 법조문. 所坐(소좌):죄 입은 바. 黎
　　民(여민):백성의 무리. 많은 백성들. 籲天(유천):하늘을 향해 무죄를
　　부르짖음. 여기서는 임금께 호소함을 뜻함. 冀宥(기유):용서를 바
　　람.

【解說】≪주례(周禮)≫의 〈사훈(司勳)〉편에 이렇게 말하고 있다. '민공
　　(民功)을 용(庸)이라 하고, 사공(事功)을 노(勞)라 하며, 치공(治功)을
　　역(力)이라 한다.' 이는 당(唐)·우(虞)의 옛 법전에서 말하는 '수레
　　와 옷으로 공을 갚는다.'와 통한다.
　　　소사구(小司寇)의 팔의법(八議法:당대에 評議하여 형벌을 감면해
　　주던 여덟 가지 조건. 議親·議故·議賢·議能·議功·議貴·議
　　勤·議賓)에 보면 네 번째가 '의능(議能)'이요, 다섯 번째가 '의공

(議功)'이요, 일곱 번째가 '의근(議勤)'이니 이른바 십 대(代)를 용서하여 능력 있는 자를 권장하였다. 천하의 공(功)이니 능(能)이니 하는 것이 모두 백성을 잘 기르고 편안하게 해 주는 것보다 더한 것이 없다. 진실로 백성이 수령을 사랑하고 받드는 정이 거짓됨이 없고 호소하여 울부짖는 소리가 슬퍼서 감동할 만하다면, 수령의 죄가 깊고 무겁더라도 용서하여 백성의 충정을 받아들임이 좋지 않겠는가.

근래에는 붕당(朋黨)을 만들어 서로 넘어뜨리고 모함하여 한번 배척당하면 백성들이 조정에 수령의 죄를 용서해 주기를 빌어도 그들마저 죄의 그물에 걸려 그 죄가 한없이 불어난다. 백성들이 수령을 불쌍히 여기고 탄식하며 구해 내고 싶지만 감히 한마디도 수령의 결백을 입 밖에 내지 못하니 세상의 도가 날로 더럽혀지고 천박해짐이 이와 같다.

≪명사(明史)≫에 이런 기록이 있다.

'고두남(高斗南)이 정원(定遠)의 지현(知縣)이 되었는데 재능과 식견이 탁월하고 풍부하여 선정이 많았다. 그런데 영주 지부(永州知府) 여언성(余彦誠) 등 아홉 명과 더불어 어떤 죄에 연루되어 징계를 당하게 되었다. 그러자 고을의 부로들이 급히 대궐로 달려가 고두남의 선정의 치적을 열거하여 아뢰자 태조가 이를 가상히 여겨 관복과 보초(寶鈔:明나라 太祖 洪武 8년에 발행한 지폐 大明通行寶鈔)를 하사하고 다시 고을을 맡게 하였다. 그리고 호소하러 온 마을의 부로들에게도 노자를 내려 주었다. 그들이 임지로 돌아간 후 그 치적은 더욱 두드러졌다.

얼마 후 청렴한 관리 몇 명이 천거되었는데 그 속에 고두남도 들어 있었다. 태조는 그 이름을 〈창선방(彰善榜)〉과 〈성정기(聖政記)〉에 기록하게 하여 후세의 관리들에게 선정을 권장했다.'

명나라 성조(成祖) 때 이상(李湘)이 동평주(東平州)의 지사로 있었다. 성조는 만년에 북방을 자주 정벌했는데 산동(山東)의 장리(長吏)로 하여금 백성을 독려하여 군량미를 운반하게 하였다. 그런데 길이 너무 멀어 도중에 죽는 자들이 많이 나왔으나 동평주 백성들 중에서는 희생자가 나지 않았다.

그러자 어떤 간교한 자가 이상을 무함하여 그가 백성들의 재물을 가렴한다고 포정사(布政司)에 무고하자 고을 백성 일천삼백 명이 달려가 순안어사(巡按御史)와 포정사 및 안찰사에게 호소하여 그의 억울함을 밝혔고, 그 고을의 부로 칠십 명은 다시 대궐로 달려가 간교한 자의 무함을 폭로했다. 임금은 그 사건을 형조에 내려 사실을 규명하게 하고는 이상을 복직시키고 무함한 자를 법으로 처단했다.

살피건대 좌이(佐貳)의 벼슬에는 승(丞)이 있고 사(史)가 있고 주부(主簿)가 있고 위(尉)가 있는데 우리나라에는 이런 관직이 없다. 수령이 고을을 다스릴 때 두려움 없이 방자하여 백성들이 날로 곤궁해지는 것은 바로 이 때문이다. 한유(韓愈)는 〈남전현승청벽기(藍田縣丞廳壁記)〉에서, '승좌(丞佐)에게는 권한이 없으니 있으나마나하다.'라고 심하게 말했으나 ≪명사(明史)≫의 기록을 보면 승좌들 가운데 백성들을 편안하게 해 주고 대단한 치적을 쌓은 사람들이 헤아릴 수 없이 많으니 이는 조정의 권장 여하에 달려 있는 것이다.

조선조 초에 경소(京所)·향소(鄕所)라는 것이 있었는데 이들 직책은 모두 빈좌(賓佐)로서 정사를 보좌했다. 경소에는 경상(卿相)이 많아 서울에 있으면서 공무를 관장하였고, 향소는 유품(儒品)으로서 시골에 있는 자들이 차지했는데 본디 빈좌(賓佐)이므로 '좌수(座首)'라는 이름으로 불렀다.

그런데 오늘날에 와서는 천족(賤族)과 간민(奸民)이 좌수가 되어

아전과 모의하여 농간을 부리고 속이고 감추니 마땅히 그 명칭을 혁
파하여 '주부(主簿)'로 강등시키고, 따로 경관(京官)을 뽑아 승좌로
차임하여 명나라의 옛 제도를 따름이 좋을 것이다.

제5조 은졸(隱卒): 수령이 재임(在任) 중 사망하는 경우

在官身沒 而淸芬益烈 吏民哀悼 攀輀號咷 旣久而不能
忘者 賢牧之有終也.

벼슬자리 재임 중에 죽어 그 그윽한 향기가 더욱 진해져 아전과 백성
들이 애도하여 상여를 붙잡고 목 놓아 울고, 세월이 오래 되어도 잊히지
않는 것, 이것이 어진 수령의 끝마침이다.

【字義】沒:빠질 몰. 죽을 몰. 芬:향기 분. 攀:더위잡을 반. 매달릴 반.
  輀:상여 이. 號:이름 호. 부르짖을 호. 咷:울 도. 노래할 조.
【語義】在官身沒(재관신몰):벼슬자리에 있는 동안 죽는 것. 淸芬(청분):
  맑은 향기, 곧 고결한 인품. 益烈(익렬):더욱 진해짐. 攀輀(반이):상
  여를 붙잡고 못 떠나게 하는 것. 號咷(호도):목 놓아 우는 것.

【解說】동한(東漢)의 왕환(王渙)이 낙양 수령이 되었는데 몸가짐이 공정
  하고 명찰하여 감춰진 농간을 잘 캐냈고, 겉으로는 엄하고 안으로는
  자비로워 백성들이 그를 존경하고 따랐다. 왕환이 마침내 임지에서
  죽으니 백성들은 모두 눈물을 흘리며 그를 위하여 사당을 세우고,
  시를 짓고 음악을 올려 제사지냈다. 태후가 이를 가상히 생각하여
  조칙을 내려 그 아들을 낭중으로 삼았다.
  　양(梁)나라의 임방(任昉)이 의흥(義興) 태수로 있을 때의 일이다.
  임기를 마치고 돌아왔는데 입을 옷이 없었다. 마침 그 고을의 진군
  장군(鎭軍將軍)으로 있던 심약(沈約)이 그에게 옷 한 벌을 보내 영접

하였다. 후에 신안(新安) 태수가 되어 정사를 청렴결백하게 하였다. 끝내 임지에서 죽었는데 너무도 가난하여 염(殮)을 할 수 없었다. 그의 유언에 신안 땅의 물건은 단 하나라도 도성으로 가져가지 말라고 하였으므로 잡목으로 관을 만들고 입었던 옷을 빨아 그것으로 염을 하였다. 온 경내(境內)가 이를 애통해 하고 안타깝게 여겼다.

채군산(蔡君山)이 태강(太康)의 주부(主簿)로 있다가 그 고을에서 죽었다. 고을 사람들이 그의 가난함을 애석히 여겨 돈 이백 전을 부의금으로 내놓자 그의 부인 정씨(程氏)가 울면서 "우리 가문이 본디 청렴으로써 벼슬살이를 하였는데 이것을 받아 내 남편을 욕되게 할 수는 없소." 하고는 거절하고 받지 않았다.

명(明)나라 때 증천(曾泉)이 좌천되어 범수(氾水)의 전사(典史)로 보임되었다. 아랫자리로 내쫓겼음에도 게으른 마음을 가지지 않고 땅을 개간하여 곡식을 수확하고, 재목을 베어 집의 건축과 수리에 대비하고, 상거래를 원활하게 하고 포흠의 책임을 완수하니, 관에는 비축이 있게 되고 백성들은 부세(賦稅)의 근심이 없게 되었다. 또 배를 만들고 관(棺)과 널[槨]을 준비해 두어 백성들의 기용(器用)을 넉넉히 해 주니 혼사와 상사(喪事)에 부족함이 있는 자는 모두 관(官)에서 자금을 융통받았다.

증천이 죽던 날, 늙은이 어린애 할 것 없이 모두가 항곡(巷哭:길을 걸어가면서도 죽음을 슬퍼하여 우는 것)했다. 정통(正統:明나라 英宗 때 연호) 4년에 하남(河南)의 참정(參政)이 임금께 글을 올려 증천의 선정(善政) 내용을 낱낱이 아뢰면서,

"신이 범수 고을을 순행하다 보니 증천이 죽은 지 이미 3년이 지났음에도 백성들이 그의 은혜를 늘 마음에 품고 있어 그의 얘기만 꺼내면 모두가 눈물을 흘리니 옛날의 순리(循吏:법을 잘 지키며 공

무에 열성을 다하는 관리)라 할지라도 어찌 이보다 더 낫겠습니까. 청컨대 그의 벼슬을 회복하게 하시고 조칙을 내리시어 그 훌륭한 미행(美行)에 대해 포상을 내려 주시옵소서."

하니 왕이 그의 뜻을 따랐다.

寢疾旣病 宜卽遷居 不可考終于政堂 以爲人厭惡.

병으로 자리에 누워 병이 깊어지면 즉시 거처를 옮김이 마땅하며, 정사를 살피는 곳에서 임종을 함으로써 남들에게 혐오감을 갖게 해서는 안 된다.

【字義】寢:잘 침. 앓아누울 침. 旣:이미 기. 다할 기. 끝낼 기. 考:생각할 고. 오래 살 고. 厭:싫어할 염.

【語義】寢疾旣病(침질기병):병으로 자리에 눕게 되어 병이 깊어짐. 遷居(천거):거처를 옮김. 考終(고종):임종함. 목숨이 끝남. 于政堂(우정당):정사를 살피는 곳에서. 爲人厭惡(위인염오):다른 사람들로 하여금 싫어하게 함. 혐오를 느끼게 함.

【解說】정당(政堂)이라는 곳은 공무를 수행하는 장소이지 사사로운 가정집이 아니다. 그런데 불행히도 수령이 정당에서 운명한다면 곧 부임해 오는 수령이 그 장소를 꺼려할 것이며 나쁜 말들이 분분히 일어날 것이다. 그러므로 수령은 병석에 눕게 되면 스스로 자신의 병의 정도를 살펴 깊이 우려되는 바가 있거든 즉시 서재 등 다른 곳으로 거처를 옮기는 것이 마땅하며, 병을 참으며 누워 견디는 것을 덕으로 생각해서는 안 된다. 옛 선인들 중 확고한 정신이 있던 사람들

은 굳이 꺼리거나 혐오할 필요가 없다고 하나 내 생각으로는 마땅히
근신하고 피하는 것이 도리에 맞는 일이다.

이위국(李緯國)이 상원(祥原) 군수가 되었는데 그 고을 관사(官舍)
에 귀신이 붙어 앞서 수령으로 부임해 왔던 사람들이 죽자 그 이후
로 오래 비워 둔 채 거처하지 않았다. 그런데 그는 부임하는 즉시 그
집을 수리하게 하여 그곳에 거처했다. 그날 밤 그의 말이 까닭 없이
죽었다. 그는 괘념치 않고 의연히 넘겨 버리니 그 후로는 아무 일도
없었다.

또 그는 후에 이천(利川) 부사가 되었는데 전임자들이 잇달아 셋이
나 관사에서 죽었다. 고을 사람들이 그들을 위하여 대나무로 엮은
자리를 펴고 부당(府堂)의 신에게 제사를 지냈다. 그런데 그 후에도
여러 부사들이 그곳에 부임해 왔으나 여전히 그 관사를 두려워하고
회피하여 민가에서 기거하였다.

그러나 이위국은 부임해 오는 날로 아전들에게, "신관이 부임해
오면 구관은 당연히 물러가야 하는 것이다. 귀신의 도리라 하여 어
찌 사람의 도리와 다르겠느냐." 하고는 즉시 설치했던 신좌(神座)를
옮기게 하고 그곳에 거처했다.

살피건대 이것은 범부(凡夫)들이 능히 할 수 있는 일이 아니다. 자
기 스스로 삼가고 피하여 요사스러운 말의 빌미를 만들지 않는 것이
역시 좋지 않겠는가.

> 喪需之米 旣有公賜 民賻之錢 何必再受 遺令可矣.

장례에 쓰이는 상수미는 이미 나라에서 하사한 것이 있을 것인즉 백
성들이 부의금으로 내는 돈을 어찌 또 받을 수 있는가. [수령은 임종에

앞서] 유언의 명령으로써 그러지 못하게 함이 옳은 일이다.

【字義】需:쓰일 수.　賜:줄 사. 베풀 사.　賻:부의 부.　遺:남길 유. 끼칠
유.

【語義】喪需之米(상수지미):장례를 치를 때 소용되는 쌀.　公賜(공사):나
라에서 하사함.　民賻之錢(민부지전):백성들이 부의금으로 내는 돈.
遺令(유령):죽기 전에 유언으로 하는 명령.

【解說】≪속대전≫에 보면 '외관(外官)으로서 자신이 죽거나 가족의 상
을 당한 사람에게는 상수미를 지급하되 차등을 둔다. 관찰사나 수령
이 임지에서 친상을 당하면 영남 지방과 호남 지방의 고을을 맡은
사람에게는 사십 석이고 호서 지방에는 삼십 석을 내린다. 또 관찰
사나 수령 자신이 죽은 경우에는 영남·호남 지방에 대해서는 사십
석이고 호서 지방에 대해서는 삼십오 석이다. 해서(海西:황해도) 지
방의 관찰사나 수령에게는 친상과 기상(己喪) 모두 삼십오 석이다.
그리고 처상(妻喪)에 대해서는 기상(己喪)의 절반이다.'라고 되어
있다.
　생각건대 나라에서 내리는 쌀이 이렇게 넉넉하고 후한 것은 백성
들로부터 장례비를 갹출치 못하게 하기 위함이다. 임금의 하사를 받
고서 백성들로부터 또 부조금을 거두는 것이 옳은 일이겠는가. 백성
들의 부의금은 결단코 받아서는 안 된다. 수령이 병으로 자리에 누
워 병세가 위독해지면 스스로 유언의 명령을 내려, 내가 죽더라도
백성들로부터 부조금을 거두지 말라고 하는 것이 옳은 일이다.

> 治聲旣轟 常有異聞 爲人所誦.

  (수령의 훌륭한) 치적에 대한 평판이 이미 크게 울려퍼지면 으레 기이
한 소문이 나게 마련이어서 사람들의 칭송하는 바가 된다.

【字義】治:다스릴 치. 轟:울릴 굉. 異:다를 이. 기이할 이. 誦:외울 송.
   칭송할 송.
【語義】治聲(치성):수령의 훌륭한 치적에 대한 평판. 轟(굉):원래 의미
   는 수레바퀴가 구를 때 삐걱거리는 소리를 형용한 말이나 여기에서
   는 수령의 선정에 대한 백성들의 칭송 소리가 그처럼 널리 퍼져 나
   아감을 뜻한다. 異聞(이문):기이한 풍문. 所誦(소송):칭송하는 바.

【解說】왕업(王業)의 자(字)는 자향(子香)으로 형주 자사(荊州刺史)가
   되었는데 후덕한 정사를 폈다. 그가 지강(支江)에서 죽자 백호(白虎)
   세 마리가 머리를 숙이고 꼬리를 끌며 밤을 새워 그의 상(喪)을 호위
   하다가 상여가 고을 경계를 넘자 홀연히 보이지 않았다고 한다.

제6조 유애(遺愛):수령이 백성들의 애모(愛慕) 속에 죽거나 떠나감

> 既沒而思 廟以祠之 則其遺愛 可知矣.

이미 죽은 후에까지 (백성들이 수령을) 생각하여 묘당을 세우고 제사를 지낸다면 그가 남긴 사랑을 가히 알 만하다.

【字義】廟:묘당 묘. 祠:사당 사. 제사지낼 사.

【語義】既沒而思(기몰이사):이미 죽었는데도 생각함. 廟以祠之(묘이사지):묘당을 세우고 제사를 지냄. 遺愛(유애):남긴 사랑. 즉 수령이 생전에 백성들을 사랑으로 보살핀 것이 죽은 후에까지 백성들의 마음에 남는 것.

【解說】한(漢)나라 때 주읍(朱邑)이 젊어서 동향(桐鄕)의 색부(嗇夫)가 되었는데 청렴하고 공평하였으며 가혹하지 않아 일찍이 백성들에게 태형(笞刑)을 가하거나 욕되게 한 일이 없으며, 노인과 외로운 사람들과 과부를 찾아다니며 고충을 물어 도와주니 아전들과 백성들이 그를 사랑하고 존경하였다. 그는 차츰 벼슬이 올라 대사농(大司農)에 이르렀는데 병이 들어 죽게 되자 아들을 불러서 일렀다.

"내가 오래 전에 동향에서 벼슬살이를 했는데 그곳 백성들이 나를 사랑하였느니라. 그러니 내가 죽거든 반드시 동향에 묻어 다오. 후세의 자손들이 동향의 백성들만 못할 것이다."

마침내 주읍이 죽자 그 아들은 유언대로 동향의 서쪽 성곽 밖에 장사지냈다. 과연 그의 말대로 그곳 백성들은 봉분(封墳)을 높이고 사당을 세워 세시(歲時)에 제사지내기를 끊지 않았다.

태종(太宗) 때 김희(金熙)가 남원(南原) 부사가 되었는데 백성 돌보기를 자식같이 하고 송사(訟事) 판결을 물 흐르듯 하여 벼슬살이한 지 몇 해 안 가서 고을이 조용하고 평안해졌다. 그 후 얼마 있다 재임 중에 병으로 죽었는데 그 고을 백성들이 해마다 기일(忌日)이 되면 어김없이 제사를 지냈다.

세조 때 김계희(金係熙)가 나주(羅州) 목사가 되었는데 백성들에게 은혜로운 정사를 펴고 배움의 길을 크게 닦아 놓았다. 그가 나주를 떠난 후까지 그곳 백성들은 그를 생각하더니 그가 죽자 어버이의 상을 당한 듯 슬퍼하고 그의 뜻을 기리기 위해 기금(基金)을 설치하여 해마다 기일이 되면 고을 백성들이 어른 아이 할 것 없이 모두 모여 명륜당(明倫堂)에서 제사를 지냈다.

> 生而祠之 非禮也. 愚民爲之 相沿而爲俗也.

살아 있는 사람의 사당을 세우는 것은 예의에 어긋나는 일이다.
어리석은 백성들이 그런 짓을 하는데 서로 따라 하다 보니 습속이 되어 버린 것이다.

【字義】愚:어리석을 우. 沿:물 따라갈 연. 따를 연. 俗:풍속 속.
【語義】生而祠(생이사):살아 있는 사람의 사당을 세움. 相沿而爲俗(상연이위속):서로 따라 함으로써 습속이 됨.

【解說】생사(生祠)의 풍속은 원래 서경(西京)에서 생겨났다. 한(漢)나라

때 석경(石慶)이 제(齊:여기서는 독립된 나라 이름이 아니라 漢의 屬國으로서의 齊를 말함)의 재상이 되어 선정을 베풀었던 바, 백성들이 훌륭한 행적을 흠모하여 그의 생존 시에 사당을 세웠다. 또 난포(欒布)는 일찍이 연(燕)이라는 고을을 맡아 다스렸는데 사람들이 그의 청렴하고 공평한 치정(治政)을 흠모하여 생사당(生祠堂)을 지었다. 그 후로도 백성들을 위해 훌륭한 업적을 남긴 사람들이 생전에 사당을 지어 받았으나 이 풍속은 당(唐)과 송(宋) 시대에 이르러 더욱 만연하였다.

≪설초산담(雪樵山談)≫에 다음과 같이 기록되어 있다.

'생사당의 폐단이 해마다 더하고 달마다 늘어나서, 그 영당(影堂)들의 향불이 양편으로 줄줄이 늘어섰는데 오히려 죽고 난 뒤에 사당을 세웠다는 소리는 들을 수 없으니 이는 대개 아첨에서 나온 풍속이다.

무릇 귀한 자리에 오르리라 촉망되는 수령에게는 반드시 그의 생전에 아첨을 하여 그 덕을 보려 하기 때문에 교활한 아전과 간사한 백성들이 서로 결탁하여 수령이 임지를 떠나 집에 도착하기도 전에 이미 사당이 세워지는 형편이니 이 습속을 금하지 않는다면 그러한 간계에서 생기는 사당을 이루 다 불사르기 어려운 지경에 이를 것이다.

수령이 아직 생존해 있으니 그 소문이 그의 귀에 들어가지 않을 리가 없을 터인데도 묵묵히 속으로 기뻐만 하고 헐어 버릴 생각을 하지 않으니 어찌 옳은 처사라 하겠는가!'

刻石頌德 以示悠遠 卽所謂善政碑也. 內省不愧 斯爲難矣.

돌에 덕을 새겨 기림으로써 오래오래 보여 주는 것, 이것이 곧 선정비이다. 속으로 반성하여 부끄럽지 아니한 것, 이것은 참으로 어려운 것이다.

【字義】刻:새길 각. 頌:칭송할 송. 기릴 송. 悠:멀 유. 한가할 유. 愧: 부끄러울 괴.

【語義】刻石頌德(각석송덕):돌에 덕을 새겨 기리는 것. 悠遠(유원):유구하고 영원함. 즉 오래오래 먼 후세까지. 善政碑(선정비):훌륭한 정사를 편 업적을 새겨 넣은 비석. 內省不愧(내성불괴):속으로 반성하여 부끄럽지 아니함.

【解說】 진(晉)나라 때 양호(羊祜)가 오랫동안 양양(襄陽)을 맡아 다스렸는데 백성들에게 어질고 은혜로운 정사를 많이 폈다. 그가 죽자 고을 백성들은 그가 평소에 자주 가서 노닐며 쉬던 현산(峴山)에 묘비를 세우고 사당을 지었다. 그리고 세시(歲時)에 제사를 올리는데 그 묘비를 바라보는 자들 가운데 눈물 흘리지 않는 자가 없었으므로 두예(杜預)가 그 묘비를 '타루비(墮淚碑)'라 이름 하였다.
　진(晉)나라 때 완략(阮略)이 제국(齊國)의 내사(內史)가 되었는데 백성들에 대한 보살핌과 교화가 컸다. 그가 벼슬살이 도중에 죽자 제의 백성들은 그의 덕과 은혜를 기리기 위해 비를 세우고자 하였으나 당시 나라의 제도가 매우 준엄하여 사도(司徒)·위서(魏舒)로부터 그 이하의 벼슬아치에게는 비를 세울 수 없게 되어 있었다. 그렇지만 제의 백성들은 완략의 은덕을 생각하여 법을 범하면서까지 모두 합세하여 그를 위해 비를 세웠다. 그리고는 대궐로 달려가 죄를 기다렸다. 그러자 조정에서 사정을 듣고는 그의 선정에 더욱 감탄하였다.

선정비(善政碑)의 허상과 실상이 서로 엉켜 애매하게 된 것은 위(魏)와 진(晉)나라 때부터 이미 있어 온 폐단이다. 그리하여 금지령이 준엄해지자 백성들이 함부로 세우지 못하였다.

돌이켜보건대 우리나라의 경우, 선왕(先王)이신 정조(正祖) 때 이 법령을 더욱 엄히 하여 삼십 년 이래에 세운 비는 모두 쪼아 없애게 하였는데 지금 이 금령이 다시 해이해져, 학정으로 괴롭히던 수령이 떠나기가 무섭게 쇄마전(刷馬錢)·입비전(立碑錢)이라 하여 백성들이 더욱 곤경에 빠지게 되니 어찌 슬픈 일이 아닌가. 수령은 떠나온 후 백성들이 자기의 공덕비를 세운다는 소문을 듣는 즉시 그것을 막아야 한다.

木碑頌惠 有誦有諂 隨卽去之 卽行嚴禁 毋底乎恥辱矣.

목비를 세워 그 은혜를 기리는 경우 칭송하기 위한 것도 있고 아첨하기 위한 것도 있으니 세우는 즉시 제거토록 하고, 곧 엄히 금하여 치욕을 당하지 않도록 하라.

【字義】諂:아첨할 첨. 隨:따를 수. 게으를 타. 毋:말 무. 아닐 무. 底:밑 저. 이를 지.

【語義】木碑頌惠(목비송혜):나무로 비를 만들어 세워 그 은혜를 칭송함. 有誦有諂(유송유첨):칭송하는 것도 있고 아첨하는 것도 있음. 隨卽去之(수즉거지):세우는 즉시 제거함. 毋底乎恥辱(무지호치욕):치욕에 이르지 않도록 하라.

【解說】≪한암쇄화(寒巖瑣話)≫에 이렇게 쓰고 있다.

'한 가지 정사(政事)가 조금 엄하면 여기저기서 비방이 일고, 한 가지 명령이 조금 편하면 여기저기 목비(木碑)가 세워지니 이것을 일러 폐민(弊民)이라 한다. 목비는 수령이 마땅히 금해야 한다. 모든 백성을 기쁘게 해 주어도 그 가운데 반드시 한 사람쯤은 원한을 품게 마련이니, 오늘 새로 세운 비가 깨끗하나 내일 허물로 인하여 더렵혀질 우려가 있는 것이다.

이루어짐도 없고 허물어질 것도 없음은 옛날 소씨(昭氏)가 거문고 소리를 내지 않은 것과 같으니(≪莊子≫에 나오는 故事, 昭文氏는 거문고를 소리 없이 탔다고 함), 세우는 대로 제거하는 것만 같지 못하니 모든 고을에 엄하게 신칙하여 다시는 세우지 못하게 해야만 후회가 없을 것이다.'

판서 이상황(李相璜)이 충청도 암행어사가 되었을 때의 일이다. 동이 틀 무렵 괴산군(槐山郡)에 이르렀는데 군(郡)에서 5리쯤 떨어진 곳에 있는 미나리 밭에서 한 백성이 소매에서 나무 조각을 꺼내어 진흙 속에 거꾸로 꽂았다가 다시 빼서 길 위에 똑바로 세우고, 또 수십 발짝 앞으로 가서 또 하나를 꺼내어 그렇게 하기를 다섯 차례나 반복하는 것이었다.

어사가 가까이 다가가, "그게 뭐요?" 하고 물으니, "이것은 선정비(善政碑)요. 나그네는 모르오." 하고 대답했다. 그러자 어사가 또 물었다. "왜 진흙에 묻었다가 꺼내어 세우는 거요?"

"암행어사가 두루 돌아다니지 않는 곳이 없으니 이방(吏房)이 나를 불러 이 비(碑) 열 개를 주며 동쪽 길에 다섯 개를 세우고 서쪽에 다섯 개를 세우라 하였소. 그런데 나는 그 어사가 눈이 멀어 이 비가 정말로 수령을 칭송하여 만들어진 것으로 잘못 알까 봐 이렇게 진흙을 묻혀 세우는 것이오."

　이에 어사 이상황은 그 길로 관아로 들어가 비리(非理)를 낱낱이 캐내어 그곳 수령을 봉고(封庫) 파직시켰다.

> 既去而思 樹木猶爲人愛惜者 甘棠之遺也.

　(수령이) 이미 떠나갔는데도 (백성들이) 그를 생각하여, (평소에 그가 가까이하던) 수목(樹木)까지 백성들의 사랑과 아낌을 받는 것은 감당(甘棠)의 유풍(遺風)이다.

【字義】 猶:오히려 유. 움직일 요. 惜:아낄 석. 아쉬워할 석. 棠:아가위 당. 팥배나무 당.

【語義】 爲人愛惜者:(위인애석자):백성들의 사랑과 아낌을 받는 것. 甘棠之遺(감당지유):감당(甘棠:팥배나무)의 유풍(遺風). 주(周) 문왕(文王) 때 소백(召伯)이 남국을 맡아 선정을 베풀었는데 그가 떠난 후 백성들이 그 덕행을 추모하여 그가 쉬던 감당(甘棠)을 끔찍이 사랑했다는 고사(故事)를 인용한 것.

【解說】 송(宋)나라 때 신중보(辛仲甫)가 팽주(彭州)의 지사로 있으면서 길가에 버드나무를 심었는데 사람들은 그것을 '보궐류(補闕柳:보궐이란 天子를 보필하여 올바른 말을 諫하여 過失을 보완해 드리는 직책의 벼슬)' 라 이름 하였다.(辛仲甫가 후에 補闕의 벼슬을 지냈기에 그 이름을 붙여 준 것임) 그런데 이순(李順)의 난이 일어나자 백성들은 그 보궐류가 손상당하지 않도록 힘을 다하여 보호하였다.

　구준(寇準)이 귀주(歸州) 파동현(巴東縣)의 현령이 되어 많은 선정

을 베풀었다. 그는 관아의 뜰에 잣나무 한 쌍을 손수 심었는데 백성
들은 이것을 감당(甘棠)에 비유하여 오늘날까지도 내공백(萊公栢)이
라 부르고 있다.

愛之不諼 爰取侯姓 以名其子者 所謂民情大可見也.

(백성들이 수령을) 애모하고 잊지 못하여 수령의 성(姓)을 취해 자기
자식의 이름자에 넣는 것에서 수령에 대한 백성들의 정이 두터움을 볼
수 있다.

【字義】諼:속일 훤. 잊을 훤. 侯:제후 후. 어조사 혜. 爰:이에 원. 끌 원.
【語義】愛之不諼(애지불훤):애모하고 잊지 못함. 爰取侯姓(원취후성):
제후의 성(姓)을 취함. 즉 백성들이 제 자식의 이름을 지을 때 선정
을 베푼 수령이나 현령의 성을 넣어 작명(作名)하는 것. 民情大可見
(민정대가견):백성들의 정이 큼을 볼 수 있음.

【解說】강조(江柞)라는 사람이 안남(安南) 태수가 되었는데 백성들이 그
의 덕을 생각하여 아들의 이름을 '강(江)'이라고 지었다. 한퇴지(韓
退之)가 양산령(陽山令)이 되었는데 백성들이 그 은덕을 못 잊어 아
들을 낳으면 그의 성(姓)을 넣어 자(字)를 지어 주는 일이 많았다.
이런 경우는 많아 가령 장사(長沙) 백성들이 종경(宗慶)을 사모한
나머지 '종(宗)'자를 넣어 이름을 짓는 이가 많았고, 신식(新息) 백
성은 가표(賈彪)를 사모하여 '가(賈)'자를 넣어 지었으며, 순창(順
昌) 백성은 유위(俞偉)를 생각하여 '유(俞)'자를 넣어 짓는 등 이런
일은 헤아릴 수 없이 많다.

既去之久 再過茲邦 遺黎歡迎 壺簞滿前 亦僕御有光.

이미 (그 고을을) 떠난 지 오래 되었는데 다시 그 고을을 지나가게 될 때 과거에 자기가 남겨두고 떠났던 그 백성들이 옛 수령을 반가이 맞아 온갖 음식을 차려 환대하면 말몰이꾼에게까지 그 후광이 있게 된다.

【字義】茲:이 자. 검을 자. 黎:많을 려. 무리 려. 壺:병 호. 簞:소쿠리 단. 僕:종 복. 마부 복. 御:거느릴 어. 막을 어.

【語義】再過茲邦(재과자방):이 고을을 다시 지나감. 遺黎(유려):수령이 과거에 남겨두고 떠났던 백성들. 壺簞(호단):물병과 밥 소쿠리. 즉 온갖 마실 것과 먹을 것. 僕御(복어):말몰이꾼.

【解說】위경준(韋景駿)이 비(肥)의 현령이 되어 선정을 베풀었는데 그곳을 떠난 지 오랜 후에 조주(趙州)의 장사(長史)로 부임해 가는 길에 다시 비현(肥縣)을 지나가게 되었다. 그곳 백성과 아전들이 놀라고 기뻐하며 서로 다투어 음식을 차려 와 여러 날 묵게 되었다. 겨우 열 살 정도밖에 안 되는 아이 두어 명이 그 속에 끼어 있음을 보고는 위 공(韋公)이 아이들에게 물었다.

"내가 이곳을 떠나 북쪽으로 갔던 때를 계산해 보면 너희들이 태어나기도 전이라 너희들은 나의 은덕을 입은 적이 없는데 나를 이리 다정히 대해 주니 어쩐 일이냐?"

그러자 그 아이들은 이렇게 대답했다.

"근래에 어른들로부터 우리 고을의 공해(公廨)·학당(學堂)·관사(館舍)·제방(堤防)·교량(橋梁) 등은 모두 어르신께서 남기신 자취 라는 말씀을 들었습니다. 그래서 저희들은 아주 옛날 사람인 줄로 알았는데 뜻밖에도 이렇게 가까이에서 우러러 뵙게 되니 반갑고 고마운 마음이 평소보다 갑절이나 더해지는 것 같습니다."

興人之誦 久而不已 其爲政 可知已.

뭇사람들의 칭송이 오랜 세월이 지나도록 그치지 않는다면 그 베푼 정사가 어떠했으리라는 것을 가히 알 수 있다.

【字義】興 : 수레 여. 많을 여. 已 : 이미 이. 그칠 이. 뿐 이.
【語義】興人之誦(여인지송) : 뭇사람들의 칭송. 久而不已(구이불이) : 오랜 세월이 지났는데도 그치지 않음. 爲政(위정) : 베푼 정사.

【解說】등유(鄧攸)가 오군(吳郡)의 태수가 되었는데 나라의 녹을 받지도 않고 자기가 먹을 양식까지도 가지고 왔으므로 그 고을의 것이라고는 물만을 축냈을 뿐이다. 그가 떠나니 백성들이 유임해 줄 것을 상소하였으나 뜻대로 되지 않자 백성들은 '등(鄧) 사또는 끌어당겨도 오시지 않고, 사(謝) 사또는 떠밀어도 가지를 않네.'라고 노래를 지어 불렀다.

고려 공민왕 때 하윤원(河允源)이 원주(原州)를 맡아 다스리면서 어진 정사를 폈다. 임기가 차서 떠나려 하니 치악산(雉岳山)의 운감(云鑑) 스님이 이렇게 시를 읊었다.

'아이가 어미 곁에서 즐거이 놀 적에는
엄마의 은혜와 사랑을 알지 못하나
어미가 떠나니 아이가 울고 외치는 것은
추위와 배고픔이 닥쳐서가 아닌가.

(兒嬉在母側 恩愛尙未知 母去兒啼號 無乃逼寒飢)'

居無赫譽 去而後思 其唯不伐而陰善之乎.

(수령이) 재임하고 있는 동안에는 그 혁혁한 공적을 칭송함이 없다가
도 떠나간 후에 생각하는 것은 (수령이 공적을) 자랑하지 않고 뒤로 선
정을 베풀었기 때문이다.

【字義】赫:빛날 혁. 성대할 혁. 譽:기릴 예. 명예 예. 唯:오직 유. 伐:
    칠 벌. 자랑할 벌.
【語義】居無赫譽(거무혁예):수령이 재임하고 있는 동안에는 대단한 칭
    송이 없음. 去而後思(거이후사):수령이 떠나고 난 후에야 백성들이
    그의 공덕을 생각함. 不伐而陰善(불벌이음선):자신의 공적을 자랑
    하지 않고 은근히 뒤로 선정을 펴는 것.

【解說】한(漢)나라의 하무(何武)가 여러 차례 군수가 되었는데 재임 중
    에는 혁혁한 명예가 없었으나 떠나고 난 후에는 백성들로부터 항상
    사모를 받았다.
       진(晉)나라의 사안(謝安)이 오회(吳會)의 태수가 되어 관직에 있을
    때는 명예가 없었으나 떠난 후 백성들이 그를 크게 생각하였다.

仁人所適 從者如市 歸而有隨 德之驗也.

어진 사람이 가는 곳에는 따르는 사람들이 장터만큼이나 많은 법이니
임지를 떠났는데도 따르는 사람이 있으면 이는 (그 수령이) 덕이 있다는

증거이다.

【字義】適:맞을 적. 갈 적. 隨:따를 수. 게으를 타. 驗:시험 험. 증거
   험.
【語義】仁人所適 從者如市(인인소적 종자여시):어진 사람이 가는 곳에
   는 따르는 사람들이 장터처럼 많음. 歸而有隨(귀이유수):돌아온 후
   에도 따르는 사람이 있음. 德之驗(덕지험):덕에 대한 증거.

【解說】≪오대사(五代史:宋의 歐陽修가 梁·唐·晋·漢·周의 5代에
   걸친 역사를 기록한 冊)≫에 다음과 같이 기록되어 있다.
   '오(吳)나라의 월현(越儇)이 영가(永嘉)의 수령으로 있으면서 정사
   의 교화가 두루 미치니 백성들이 그를 사랑하였다. 그가 고소(姑蘇)
   의 수령으로 옮겨가게 되자 영가의 백성들 중에는 가족을 모두 데리
   고 그를 따라 고소로 간 사람들이 있는데 이들을 일러 수사호(隨使
   戶)라 한다.'

若夫毀譽之眞 善惡之判 必待君子之言 以爲公案.

대저 험담과 칭송의 진위라든가 선과 악의 판단 같은 것은 반드시 군
자의 말씀을 기다려 이로써 공안(公案)을 삼아야 한다.

【字義】毀:헐 훼. 비방할 훼. 譽:기릴 예. 칭찬 예. 待:기다릴 대. 대접
   할 대. 의지할 대.
【語義】毀譽之眞(훼예지진):험담과 칭송의 진위(眞僞). 公案(공안):공론
   (公論)을 통하여 결정한 안(案).

【解說】 당(唐)나라 때 원결(元結)은 도주(道州)의 자사에게 다음과 같은 청벽기(廳壁記)를 지어 경계로 삼게 했다.

　'천하가 태평할 때는 사방 천 리 안에 있는 생물을 자사(刺史)가 능히 살리고 죽일 수 있으며 기쁘게 하거나 슬프게 할 수 있다. 또 천하에 병란이 일어나면 사방 천 리 안의 백성을 보호하며 환난을 제거하는 것이 자사에게 달려 있을 따름이다.

　그러므로 무릇 자사가 문무(文武)의 재략(才略)이 없다든지 청렴하지도 않고 아랫사람들에게 엄숙함도 없으며, 밝지도 은혜롭지도 공정하지도 정직하지도 않다면 한 고을의 생명 있는 것이 모두 그 해를 입게 된다.

　아, 애석하다. 내가 이 고을에 와서 온통 빈 시정(市井)과 폐허만 남고 생민(生民)이 다 사라진 것을 보고 그 사연을 물어보았더니 나도 모르게 눈물이 흘러내렸다. 전임 자사들이 탐욕하고 더럽고 명석치 못하고, 나약하여 옳고 그름을 가릴 줄을 몰랐으며, 단지 입고 먹는 일에만 주력하여 몇 년 사이에 백성들은 자사들의 사욕에 침탈당하고, 게다가 관원들에게까지 다그침과 핍박을 받아 백성들 중 간악하고 부강한 자들 빼고는 거의 살아남을 수 없었다.

　나이가 많은 노인들에게 물어보니 전후의 자사들 가운데 가난하고 힘없는 백성을 기르고 구휼하여 법령을 잘 지킨 사람이 있다면 서이도(徐履道)와 이익(李廙) 두 사람뿐이었다고 한다. 그 밖의 여러 자사들에 대해 물어보니 간혹 선정을 베푼 사람이 있기는 했으나 이 두 사람에는 미치지 못하였고, 악정을 베푼 자사는 이루 다 말로 할 수 없다고 했다. 그래서 이 기(記)를 지어 자사에게 주어 경계로 삼고자 하는 것이다.'

　당(唐)나라 때 여온(呂溫)이 후기(後記)를 지어 다음과 같이 기록하였다.

　'원차산(元次山)이 스스로 〈도주자사청기(道州刺史廳記)〉를 지어 선행을 밝히면서도 그들에 휩쓸리지 않으며, 또한 악행을 지적하되 속임 없이 솔직하게 자신의 속마음을 드러내는 것을 경계로 삼았으니 밝은 관리의 사표로서 오래오래 관청의 벽에 걸려 있다. 그러니 이후로 탐학 방자하여 백성들을 괴롭히는 자는 스스로 부끄럽지 않겠는가.

　내가 어릴 적부터 옛 사람들의 순리전(循吏傳)을 읽고 그 사람됨을 사모하여 사대부로서 후대에 이름을 남기는 것이 이보다 더 높음이 없겠구나 하고 생각했는데, 이 고을의 자사가 된 후로 하노라고 했다고 스스로 평가를 하지만 그래도 그 뜻에 이르지는 못하였다.'

■ 다산(茶山) 연보(年譜)

1762년 임오년(영조 38년, 1세)

· 6월 16일 사시(巳時), 경기도 광주군 초부면(草阜面) 마현리(馬峴里), 지금의 경기도 양주군(楊州郡) 와부면(瓦阜面) 능내리(陵內里)에서 진주 목사(晋州牧使) 정재원(丁載遠)과 고산(孤山) 윤선도(尹善道)의 증손 공재(恭齋) 윤두서(尹斗緖:朝鮮 中期의 화가)의 딸 윤씨 부인의 4남으로 태어났다.(맏형 若鉉은 南氏 夫人 소생이며 동복 형으로는 若銓과 若鍾이 있음) 본관은 나주(羅州)의 속현인 압해(押海)로 나주 정씨라고도 한다. 관명(冠名)은 약용(若鏞), 자는 미용(美鏞)·송보(頌甫), 호는 사암(俟菴)·다산(茶山)이다.

그해 윤 5월, 영조(英祖)대왕이 왕세자인 사도세자(思悼世子)를 서인으로 폐한 후 뒤주에 가두어 죽이는 사건에 가담하였다가 부친 정재원(丁載遠)이 벼슬을 잃고 廣州의 농가로 돌아갔는데 마침 그해에 약용이 태어났으므로 그의 아명을 歸農이라 하였다.

1763년 계미년(영조 39년, 2세)

· 완두창(豌豆瘡)을 앓음.

1765년 을유년(영조 41년, 4세)

· 천자문을 배우기 시작.

1767년 정해년(영조 43년, 6세)

· 부친인 丁載遠이 임지인 연천(漣川) 현감으로 부임하자 부친을 따라가

글공부를 시작한다.

· 2월, 제주(祭酒)의 사용을 허용함.

· 3월, 환흑분류법(還穀分留法)을 엄수케 함.

1768년 무자년(영조 44년, 7세)

· '山'이라는 오언시와 ≪삼미자집≫이라는 저작물을 만듦.

1770년 경인년(영조 46년, 9세)

· 11월 9일, 모친 淑人 尹氏 사망.

1771년 신묘년(영조 47년, 10세)

· 부친에게서 경서와 사서를 배움.

1774년 갑오년(영조 50년, 13세)

· 杜詩(杜甫의 시)를 읽고 시를 지음.

1776년 병신年(영조 52년, 15세)

· 2월 22일, 무승지(武承旨) 홍화보(洪和輔)의 딸 豊山 홍씨와 혼인함.

· 부친이 호조좌랑으로 보직 발령되어 함께 서울 남촌으로 이사함.

1777년 정유년(정조 元年, 16세)

· 처음으로 성호(星湖) 이익(李瀷)의 유고(遺稿)를 봄. 이때부터 스스로 성
  호 이익의 학문을 사숙함. 가을, 부친의 임지인 화순(和順)으로 따라감.

1778년 무술년(정조 2년, 17세)

· 화순 북방에 있는 동림사(東林寺)에서 둘째 형 약전과 함께 공부함.

· 광주 무등산에 올라 서석산기(瑞石山記)를 씀. 그해 박제가가 ≪북학의
  (北學議)≫를 편찬.

1779년 기해년(정조 3년, 18세)

· 부친의 명에 따라 서울로 올라가 과거시험 공부를 함. 그해 성균관에서
  시행하는 승보시(陞補試)에 선발됨.

1780년 경자년(정조 4년, 19세)

· 부친이 예천군수를 사임하자 본향인 광주(廣州)로 돌아와 글을 배움.

1781년 신축년(정조 5년, 20세)

· 서울에서 과거시험에 응시. 7월, 딸을 낳았으나 닷새 만에 죽음.

1782년 임인년(정조 6년, 21세)

· 창동(倉洞), 지금의 남대문에 살림집을 마련함.

1783년 계묘년(정조 7년, 22세)

· 2월, 세자 책봉을 경축하는 증광감시(增廣監試)에 응시하여 經義 初試
  에 入格함. 선정전(宣政殿)에 들어가 정조대왕을 알현하였는데 왕의 특
  별한 관심을 받음.

· 9월 12일, 장남 학연(學淵) 태어남.

1784년 갑진년(정조 8년, 23세)

· 여름, ≪중용강의(中庸講義)≫를 집필하여 정조대왕께 바침.

· 9월 28일, 庭試 初試에 入格. 맏형 약현의 처남인 이벽(李蘗)에게서 천
  주교에 관해 듣고 관련된 책을 봄.

1785년 을사년(정조 9년, 24세)

· 2월 25, 27일, 泮製에 뽑힘.

· 11월 1일, 柑製 初試에 入格.

· 12월 1일, 정조대왕으로부터 ≪대전통편(大典通編)≫ 한 질 하사받음.

1786년 병오년(정조 10년, 25세)

· 2월 4일, 別試 初試에 入格.

· 7월 29일, 차남 학유(學游) 태어남.

· 8월 6일, 到記 初試에 入格.

1787년 정미년(정조 11년, 26세)

· 국조보감(國朝寶鑑) 한 질과 白綿紙 일백 장을 하사받음.

1788년 戊申年(정조 12년, 27세)

· 1월 7일, 3월 7일, 반제에 入格.

1789년 기유년(정조 13년, 28세)

· 12월, 삼남 구장(懼牂) 태어남.

1790년 경술년(정조 14년, 29세)

· 2월 29, 翰林김試에 入格. 예문관 검열(檢閱)이 됨.

· 3월 8일, 海美縣(지금의 瑞山郡)에 유배되었다가 3월 19일에 사면됨.

1791년 신해년(정조 15년, 30세)

· 5월 23일, 사간원 정언(正言)을 제수받음. 겨울, ≪시경의(詩經義)≫ 팔
  백여 조를 임금께 바침.

1792년 임자년(정조 16년, 31세)

· 3월 29일, 홍문관 수찬(修撰)을 제수받음.

· 4월 9일, 부친 晉州公 서거함. ≪기중가도설(起重架圖說)≫ 완성.

1793년 계축년(정조 17년, 32세)

· 4월, 소상(小祥)을 지내고 상복을 벗음.

1794년 갑인년(정조 18년, 33세)

· 10월 29일, 경기도 암행어사에 임명됨.

· 12월, 홍문관 부교리.

1795년 을묘년(정조 19년, 34세)

· 1월, 사간원 사간(司諫)에 제수. 동부승지에 제수.

· 2월, 병조참의에 제수. 그해 여름, 작은 형인 약전이 주문모(周文謨)의
  천주교 활동에 연루되어 7월 26일에 다산은 金井道의 察訪으로 좌천
  됨. 이때 ≪서암강학기(西巖江學記)≫, ≪도산사숙록(陶山私淑錄)≫을
  작성하고 星湖 유고를 정리함.

1796년 병진년(정조 20년. 35세)

· 12월 1일, 병조참지를 제수받음.

· 12월 4일, 좌부승지를 제수받음.

1797년 정사년(정조 21년, 36세)

· 윤 6월 2일, 곡산 부사(谷山府使)로 나아가 큰 치적을 올림.

· 6월, 정약용 자신이 洋學에 물들었음을 깨닫고 승지 사퇴를 상소함.

· 겨울, ≪마과회통(麻科會通)≫ 12권을 완성함. 이 책은 홍역을 다스리는 여러 가지 약방문을 기록한 것으로, 다산은 일찍이 여러 아들을 홍역으로 잃었음.

1798년 무오년(정조 22년, 37세)

· 4월, ≪사기찬주(史記纂註)≫를 지어 임금께 바침.

1799년 기미년(정조 23년, 38세)

· 2월, 정월에 淸의 고종황제가 붕어하여 淸에서 칙사가 왔으므로 다산은 호조참판의 가함(假函)을 가지고 칙사 일행을 맞음.

· 4월 24일, 병조참지를 제수받음.

· 5월 4일, 동부승지를 제수받음.

· 6월, 반대파의 무고에 대해 ≪자명소(自明疏)≫를 임금께 올리고 관직에서 물러나기를 청함.

· 12월, 사남 농장(農牂)이 태어남.

1800년 경신년(정조 24년, 39세)

· 봄, 가족을 이끌고 배를 타고 苕川의 별장으로 내려갔으나 임금의 소명을 받고 곧 상경함.

· 6월 28일, 정조대왕 승하함.

1801년 신유년(순조 원년, 40세)

· 2월 9일 새벽, 政院의 論啓로 하옥됨.

· 3월, 長鬐로 유배됨. 둘째 형 약전은 지금의 完島인 薪知島로 귀양 가고 셋째 형 약종은 옥사. 이것이 천주교 박해로 인해 발생한 辛酉邪獄임.

· 여름, ≪백언시(百諺詩)≫를 완성함.

· 11월, 황사영(黃嗣永) 사건으로 다시 체포되어 강진으로 유배됨. 유배 후 ≪목민심서(牧民心書)≫ 집필 시작.

1802년 임술년(순조 2년, 41세)

· 겨울, 사남 농장(農䍎) 사망.

1803년 계해년(순조 3년, 42세)

· 봄, ≪단궁잠오(檀弓箴誤)≫를 씀.

· 여름, ≪조전고(弔奠考)≫를 씀.

· 겨울, ≪예전상의광(禮箋喪儀匡)≫을 씀.

1804년 갑자년(순조 4년, 43세)

· 봄, ≪아학편훈의(兒學編訓義)≫를 씀.

1805년 을축년(순조 5년, 44세)

· 여름에 ≪정체전중변≫, 일명 ≪기해방례변≫ 3권이 이루어졌다. 겨울에 큰아들 학연이 찾아왔다. 이에 보은산방(寶恩山房)에 나가 밤낮으로 ≪주역≫과 ≪예기≫를 가르쳤다. 혹 의심스러운 곳이 있어 그가 질문한 것을 답변하여 기록해 놓았는데 모두 52칙이었다. 이를 이름 하여 <승암문답(僧菴問答)>이라고 하였다.

1807년 정묘년(순조 7년, 46세)

· 5월에 장손 대림(大林)이 태어났다.

· 7월에 형의 아들 학초(學樵)의 부음을 받고 묘갈명을 썼다. ≪상례사전(喪禮四箋)≫ 50권이 완성되었다.

· 겨울에 <예전상구정(禮箋喪具訂)> 6권이 이루어졌다.

1808년 무진년(순조 8년, 47세)

· 봄에 다산(茶山)으로 옮겨 거처했다. 다산은 강진현 남쪽에 있는 만덕사(萬德寺) 서쪽에 있는데 처사(處士) 윤단(尹博)의 산정(山亭)이었다.

공이 다산으로 옮긴 뒤 대(臺)를 쌓고 못을 파고 꽃나무를 열 지어 심었으며 물을 끌어 폭포를 만들었다. 동쪽과 서쪽에 두 암자를 짓고 나서 서적 천여 권을 쌓아놓고 글을 지으며 스스로 즐기며 석벽(石壁)에 '정석(丁石)' 두 자를 새겼다.

· ≪주역≫의 어려운 부분을 들추어 <다산문답> 1권을 썼다.

· 봄에 둘째 아들 학유가 방문했다.

· 여름에 가계(家誡)를 썼다.

· 겨울에 <제례고정(祭禮考定)>이 이루어졌다. 또 ≪주역심전(周易心箋)≫이 이루어졌다. <독역요지(讀易要旨)> 18칙을 지었고 <역례비석(易例比釋)>을 지었다. <춘추관점(春秋官占)>에 보주(補注)를 냈다. <대상전(大象傳)>을 주해했다. <시괘전(蓍卦傳)>을 주해하였다. <설괘전(說卦傳)>을 정정하였다. ≪주역서언(周易緖言)≫ 12권이 이루어졌다.

1809년 기사년(순조 9년, 48세)

· 봄에 <예전상복상(禮箋喪服商)>이 이루어졌다. ≪상례외편(喪禮外篇)≫ 12권이 완성되었다.

· 가을에 ≪시경강의(詩經講義)≫를 산록(刪錄)했다. 내용은 ≪모시강의(毛詩講義)≫ 12권을 첫머리에 놓고 따로 ≪시경강의보유≫ 3권을 지었다.

1810년 경오년(순조 10년, 49세)

· 봄에 ≪관례작의(冠禮酌儀)≫·≪가례작의(嘉禮酌儀)≫가 이루어졌다. 봄, 여름, 가을에 3차례 가계(家誡)를 썼다.

· 9월에 큰아들 학연이 바라를 두드려 억울함을 상소했기 때문에 특별히 은총이 있었으나 홍명주의 상소와 이기경의 대계(臺啓)가 있어서 석방되지 못했다.

· 겨울에 ≪소학주관(小學珠串)≫이 이루어졌다.

1811년 신미년(순조 11년, 50세)

· 봄에 ≪아방강역고(我邦疆域考)≫, 겨울에 <예전상기별(禮箋喪期別)>이 이루어졌다.

1812년 壬申年(순조 12년, 51세)

· 봄에 ≪민보의(民堡議)≫가 이루어졌다.
· 겨울에 ≪춘추고징(春秋考徵)≫ 12권이 완성되었다. <아암탑문(兒菴塔文)>을 지었다.

1813년 계유년(순조 13년, 52세)

· 겨울에 ≪논어고금주(論語古今注)≫가 이루어졌다. 이 책은 여러 해 동안 자료를 수집하여 이해 겨울에 완성했는데 40권이다. 이강회(李綱會), 윤동(尹峒)이 도왔다. ≪논어≫에 대해서는 이의(異義)가 워낙 많아서 <원의총괄(原義總括)> 표를 만들어 <학이(學而)> 편에서부터 <요왈(堯曰)> 편까지의 원의를 총괄한 것이 175조가 된다. 춘추삼전(春秋三傳)이나 ≪국어≫에 실린 공자의 말을 모아 한 편을 만들어 책 끝에 붙였는데 <춘추성언수(春秋聖言蒐)> 63장이 그것이다.

1814년 갑술년(순조 14년, 53세)

· 4월에 장령(掌令) 조장한(趙章漢)이 사헌부에 나아가 특별히 대계(臺啓)를 정지시켜 죄인 명부에서 그 이름이 삭제되었다. 그때 의금부에서 관문(關文)을 발송하여 석방시키려 했는데 강준흠(姜浚欽)의 상소로 막혀 발송하지 못했다.
· 여름에 ≪맹자요의(孟子要義)≫가 이루어졌다.
· 가을에 ≪대학공의(大學公議)≫ 3권이 이루어졌다. ≪중용자잠(中庸自箴)≫ 3권이 이루어졌다. ≪중용강의보≫가 이루어졌다. 겨울에 ≪대동수경(大東水經)≫이 이루어졌다. 또 이여홍(李汝弘:汝弘은 李載毅의

字)의 편지에 답하여 학문과 사변의 공(功)을 논했다.

1815년 을해년(순조 15년, 54세)

· 봄에 ＜심경밀험(心經密驗)＞과 ＜소학지언(小學枝言)＞이 이루어졌다.

1816년 병자년(순조 16년, 55세)

· 봄에 ≪악서고존(樂書孤存)≫이 이루어졌다.
· 6월, 손암(巽菴)의 부음을 들었다. 손암의 묘지명을 썼다.

1817년 정축년(순조 17년, 56세)

· 가을에 ≪상의절요(喪儀節要)≫가 이루어졌다. ≪방례초본(邦禮艸本)≫의 저술을 시작했는데 끝내지는 못했다. 뒤에 ≪경세유표≫로 개명했다.

1818년 무인년(순조 18년, 57세)

· 봄에 ≪목민심서≫가 이루어졌다. 여름에 ≪국조전례고(國朝典禮考)≫ 2권이 이루어졌다.
· 8월에 이태순(李泰淳)의 상소로 관문(關文)을 발하여 다산을 떠나 14일 비로소 열수의 본집으로 돌아왔다.

1819년 기묘년(순조 19년, 58세)

· 여름에 ≪흠흠신서(欽欽新書)≫가 이루어졌다. 이 책의 이름은 ≪명청록(明淸錄)≫이었는데 후에 우서(虞書)의 '흠재흠재(欽哉欽哉)', 즉 형벌을 신중히 하라는 뜻으로 이름을 고쳤다.
· 겨울에 ≪아언각비(雅言覺非)≫ 3권이 이루어졌다.

1820년 경신년(순조 20년, 59세)

· 겨울에 옹산(翁山) 윤정언(尹正言)의 묘지명을 지었다.

1821년 신사년(순조 21년, 60세)

· 봄에 ＜사대고례산보(事大考例刪補)＞가 이루어졌다.

· 겨울에 남고(南皐) 윤참의 지범(尹參議持範)의 묘지명을 썼다.

1822년 임오년(순조 22년, 61세)

· 이 해는 다산의 회갑년이다. <자찬묘지명>을 지었다. 윤지평 지눌(尹持平持訥)의 묘지명을 썼다. 이장령 유수(李掌令儒修)의 묘지명을 썼다. 신작(申綽)의 편지에 답하면서 육향의 제도를 논했다.

1823년 계미년(순조 23년, 62세)

· 9월 28일, 승지(承旨) 후보로 낙점되었으나 얼마 후 취소되었다.

1827년 정해년(순조 27년, 66세)

· 10월에 윤극배(尹克培)가 '동뢰구언(冬雷求言)'으로 상소하여 다산을 참혹하게 무고하였으나 끝내 실현되지 못했다.

1830년 경인년(순조 30년, 69세)

· 5월 5일에 약원(藥院)에서 탕제(湯劑)의 일로 아뢰어 부호군(副護軍)에 단부(單付)되었다. 그때 익종(翼宗:순조 아들)이 위독하여 약원(藥院)에서 약을 논의할 것을 청했다. 약을 달여 올리기로 했는데 채 올리기도 전 6일 세상을 떠났다.

1834년 갑오년(순조 34년, 73세)

· 봄에 ≪상서고훈(尙書古訓)≫과 ≪지원록(知遠錄)≫을 개수(改修)하고 합하여 모두 21권으로 만들었다.

· 가을에 다산에 있을 때 ≪상서≫를 읽으면서 매색(梅賾)의 잘못된 이론을 잡아서 논술했던 ≪매씨서평(梅氏書平)≫을 개정했다. 순조의 환후가 급해 명을 받들고 12일에 출발했는데 홍화문(弘化門)에 이르러 초상이 있음을 듣고 이튿날 고향으로 돌아왔다.

1836년 병신년(헌종 2년, 75세)

· 2월 22일 진시(辰時)에 열상(洌上)의 정침(正寢)에서 생을 마쳤다. 이날은 다산의 회혼일(回婚日)이어서 족친(族親)이 모두 왔고 문생(門生)들

이 다 모였다. 장례 절차는 유명(遺命) 및 <상의절요(喪儀節要)>를 따랐다. 이에 앞서 임오년(1822) 회갑 때 공이 조그마한 첩(帖)을 잘라 장례 절차를 유명으로 적어 두었다.

· 4월 1일에 유명대로 여유당(與猶堂) 뒤편 광주(廣州) 초부방(草阜坊) 마현리(馬峴里) 자좌(子坐)의 언덕에 장사지냈다.

* 1910년 7월 18일에 특별히 정헌대부(正憲大夫) 규장각 제학(奎章閣提學)을 추증(追贈)하고 문도공(文度公)의 시호를 내렸다.

다산 문집의 판본은 필사본으로 서울대학교 규장각 소장본 ≪여유당집(與猶堂集)≫과 한국정신문화연구원 소장본 ≪열수전서(洌水全書)≫, 활자본으로 1936년 신조선사(新朝鮮社)에서 간행한 ≪여유당전서(與猶堂全書)≫ 등이 있다. 영인본으로 1985년 여강출판사가 간행한 ≪여유당전서≫ (전20책)이 있다.

세상을 보는 눈과
마음을 키우는 책 !

미래를 위한 과거로의 산책

세상을
움직이는 책